冯天瑜（1942—2023）

病中开始撰写本书初稿，2021 年

病中修订本书，2022 年

病中校订本书，2022 年

在家中书房，2013 年

在中国传统文化研究中心办公室，2011年

虎年为瓷器画虎，2010 年

在学术研讨会上发言，2009 年

周制与秦制

冯天瑜 著

图书在版编目(CIP)数据

周制与秦制 / 冯天瑜著. — 北京：商务印书馆，2024（2025.3重印）
ISBN 978-7-100-23040-7

Ⅰ.①周… Ⅱ.①冯… Ⅲ.①政治制度史－研究－中国－周代 ②政治制度史－研究－中国－秦代 Ⅳ.①D691.21

中国国家版本馆CIP数据核字（2023）第178259号

权利保留，侵权必究。

周制与秦制

冯天瑜　著

商　务　印　书　馆　出　版
（北京王府井大街36号　邮政编码100710）
商　务　印　书　馆　发　行
三河市尚艺印装有限公司印刷
ISBN 978-7-100-23040-7

2024年3月第1版	开本 880×1230 1/32
2025年3月第5次印刷	印张 18 插页 8

定价：128.00元

制度是人类在一定的文化生态环境中自创的相对稳定、用以实行的规则、法令、礼俗和认知结构,通过传统性、强制性(渐趋自觉)势能,规范社会运作与走向,导致"路径依赖"。制度的长短优劣及其改善之道,应当受到历史的、批判性的特别关注。

——作者手记

目 录

自 序 ... 1
导 言 ... 5
  一、"制度"界说 ... 5
  二、制度的结构性功能:"制度决定论"并不可取 ... 11
  三、中国史学的制度考释传统 ... 15
  四、制度生成机制比较(甲):中与西 ... 21
  五、制度生成机制比较(乙):中与日 ... 29
  六、以"社会形态说"观照制度史 ... 31

第一章　周制来路 ... 34
  一、古制分期 ... 34
  二、"天下为公"的"大同" ... 40
  三、酋邦制与"尧舜禹"崇拜 ... 42
  四、夏制:"大人世及"的"小康" ... 48
  五、商制:"王神与共"·君治建构 ... 55
  六、殷周因革(甲):"共主"进为"君主" ... 60
  七、殷周因革(乙):"神治"到"德治","先鬼重巫"到"人文化成" ... 66
  八、东周—两汉:《三礼》等阐释周制文本集成 ... 72

第二章　宗法封建的分权周制 86
一、天子与贵族共天下 86
二、周制非"奴隶制" 90
三、宗法 96
四、封建 113
五、井田 130
六、礼乐 144
七、原始民主遗存（甲）：启用出身微贱者 156
八、原始民主遗存（乙）：师保辅贰制、国人议政 158
九、原始民主遗存（丙）：乡治、乡校 162
十、原始民主遗存（丁）：采风、诽谤 164

第三章　儒家周制论 177
一、"三代之治"：儒家制度论的文化原型 178
二、孔子的制度保守主义 180
三、孟子的有限君治论 185
四、实施度最高的荀子尊周崇秦论 194
五、古制供参酌而不可重复（甲）：王莽改制——"复周"挽歌 206
六、古制供参酌而不可重复（乙）：王安石变法——托周改制，
以秦制新法富国强兵 211
［附］墨、道、法诸家品评周制 218

第四章　周秦之际制度因革 222
一、周制奠定君治基石 223
二、周制式微 228
三、后世承袭周制，"周"名被多朝沿用 234
四、春秋更制：以郑执政卿子产为例 235
五、战国：士的崛起·客卿当政 239

六、列国变法 244

　　七、君主掌控社会：从周制柔性间接式到秦制刚性直接式 251

　　八、封建贵族政治转向君主直辖的平民—官僚政治 255

　　九、中国制度停滞性及其反证：殷周之变—周秦之变—清民之变 257

第五章　君主专权的大一统秦制 260

　　一、王权绝对化 260

　　二、车同轨—书同文—行同伦：统一民族国家形成 265

　　三、皇帝制度："独制于天下而无所制" 268

　　四、中央集权：三公九卿、中朝外朝 285

　　五、变"世卿世禄制"为"军功爵制""流官委任制" 290

　　六、御史制：监察臣民 292

　　七、郡县制：君主实辖地方 295

　　八、编户齐民制：朝廷直掌平民 308

　　九、地主经济取代领主经济 315

　　十、"利出一孔"：君国独控全部利益通道 319

　　十一、工商官控与民营之辩：《盐铁论》管窥 322

　　十二、皇权"临民"·农民战争频仍，造反而不变制 325

第六章　法家秦制论 331

　　一、法家：秦制构思者、力行者 331

　　二、《管子》："富国强兵""尊王攘夷" 334

　　三、《商君书》：倡耕战和强君国·驭民五术 339

　　四、《韩非子》：君主独裁的法·术·势 346

　　五、强化"治民"，禁绝"民治" 359

　　六、君本位—官本位 366

　　七、四民社会·重本抑末·官商旋转门 375

八、制度成本趋高 379

　　九、天朝上国：对外交际"厚往薄来" 388

　　[附]"过秦""颂秦"文献 391

第七章　百代皆行汉政法 400

　　一、"汉承秦制""复古更化" 400

　　二、皇权—相权博弈 410

　　三、"马上""马下"之辩：文治政府确立 418

　　四、从察举到科举：官僚考选与"英雄入彀" 420

　　五、秦制改良版——汉制的"专制性"程度估量 429

　　六、形上之道（天理、民心）约束皇权 433

　　七、政治实体（贵族、官僚）制衡皇权 437

　　八、民间自治对皇权的稀释，"民变"对皇权的威胁 444

　　九、制衡皇权诸因素的有限性 449

　　十、"霸王道杂之""儒皮法骨"的汉制沿袭百代：对一个名言的
　　　　修订 452

第八章　周制文化与秦制文化 461

　　一、周制文化（甲）："轴心时代"元典创制 461

　　二、周制文化（乙）："道术为天下裂"与诸子争鸣 464

　　三、秦制及其改良版汉制的"文化一统"路径：以法为教—黄老
　　　　无为—独尊儒术 470

　　四、汉制文化：周秦互渗，外儒内法，济之以道 471

　　五、帝王"称制临决"，"治统"囊括"道统"："石渠阁议"
　　　　"白虎观议"及"明祖排孟" 474

　　六、学术集成与精神统制：以《永乐大典》《四库全书》为例 481

第九章　近古—近代解构周秦二制..................491
　一、秦制解构期..................491
　二、明清之际："新民本"论者赞颂"古之君"，谴责
　　　"今之君"..................493
　三、"新民本"在康雍乾嘉隐而未彰，重新昭显于清末民初..................507
　四、道咸经世派申斥"一人为刚"的秦制..................510
　五、"开眼看世界"哲人以近代民主比附周制..................515
　六、早期改良派的"盛世危言"..................520
　七、维新志士解构周秦二制的多元走向..................525
　八、晚清革命派非秦，力辟君主专制，引入民主共和..................537
　九、新文化运动清理重点转向宗法礼教..................541
　十、现代新儒家"复周"构想：以熊十力《论六经》为例..................545

结语　周制、秦制、西制与制度现代转进..................548
　一、周制向秦制递嬗及二者互渗..................550
　二、周秦二制对制度近代转型的奠基与阻碍..................552
　三、秦制改良版——汉制是前近代制度的完成形态..................554
　四、近代体用之辩中的周制、秦制与西制..................555
　五、从"郡县—乡里社会"到"单位社会""后单位社会"：
　　　迈向"自由人联合体"..................559

后　记..................562

自 序

人类是自创制度的生命群体。而制度则是一定生态环境养育的约束人类行为的社会规范,是权利、义务的集合。

一些"社会性动物"(如蜜蜂、蚂蚁及某些兽群、鸟群)也有严密而运作有序的制度,但皆出自本能,而人类制度,是立基于本能又超越本能的人类在社会实践中的理性创造,包括非正式的约束(禁忌、习惯、道德)和正式约束(法律、政令、产权等)。本书兼及二者,而在正式的约束上展开讨论。

人类独具的制度理性,有一个从自发到自觉的发展过程。以东亚大陆而论,历经蒙昧期(旧石器时代)、野蛮期(新石器时代)漫长的自发演进,大约在四五千年前跨入文明门槛(以文字发明、金属器使用、国家出现为标志),夏商周三代渐次进入制度系统建构阶段,适应社会发展的需要,经济、政治、军事、文化制度代有迁衍,关键性更革发生于两个节点:

(一)殷周之际,"崇鬼信巫"的殷制被"人文化成"的周制取代。近哲指出:"中国政治与文化之变革,莫剧于殷周之际。"[1] 此种更革深刻而久远地影响此后三千余年的中国制度走势。

(二)周秦之际,宗法封建的周制向皇权一统的秦制转换,西汉中叶复古更化(部分复归周制、更化秦制),形成"霸王道杂之""儒皮法骨"的汉制。秦制及其改良版汉制传袭两千余年,直至清民之际。

---

[1] 王国维:《殷周制度论》,《观堂集林》二,中华书局1959年版,第302页。

秦汉以降，制度续演变故：新莽试图复周返古而惨败；魏晋南北朝，胡汉交混，回复"亚封建"；唐宋变革，沿袭并发展汉制；明清将君主集权制推向极致。

诸专门制度也因时调整。如财制由三代贡赋制，递变为两汉编户制，继以魏晋租调制、以丁税为主的隋唐租庸调制、重在财产税的中唐两税法、北宋募役法与方田均税法、明一条鞭法等。选官制由春秋的"世卿世禄制"向战国及秦代"军功爵制"转变，汉代行察举制，经魏晋南北朝九品中正制，形成隋唐开其端的科举取士，在世界上较早确立科层制的文官制度。清末废科举，新的选官制度进入曲折的进程。

回望诸制起伏跌宕，生灭消长，不免有歧路亡羊之叹。然而，综观制度史大貌，又有脉络可循：国家制度经历因袭夏商二代的天子—贵族分权的周制①，更革为君主集权的秦制，此谓周秦之变（自战国至秦汉之际四百年间）；秦制及其改良版——汉制延传不辍，宋人欧阳修曰："自汉以后，帝王称号，官府制度，皆袭秦故，以至于今虽有因有革，然大抵皆秦制也。"②

19世纪中叶以降，在新的世界条件下，发生近代性的清民之变（晚清民国以降）。如果说，周秦之变是君治内的异动，柔性王制迈向刚性帝制，那么，清民之变则走出帝制，试图突破君治范域，崎岖坎坷地通往民治。

"走进帝制"的周秦之变与"走出帝制"的清民之变，是中国制度史上具有社会转型意义的两次大更革。值得注意的是，这两次制度更革，都伴随着周制与秦制的递嬗、互渗及解构。历时三千年的周制、历时两千年的秦制，一直没有缺位于波澜起伏的中国制度历程。试观近世，仍可看到周制与秦制变幻着形态的身影。

"周制—秦制—汉制"，皆中土原生，可闻、可见、可考。随着世界

---

① 《论语·八佾》："周监于二代，郁郁乎文哉。"
② 欧阳修撰，李之亮笺注：《欧阳修集编年笺注》第3册，巴蜀书社2007年版，第278页。

历史从分散到整体的演进，近代工业文明在西欧率先兴起，19 世纪中叶以降，西制（包括苏制）东渐，中国社会面临古今"三千年未有"的大变局[①]，遭遇数千年未逢的强敌[②]。在与西制冲突、汲纳的过程中，新制度得以生发，而周秦二制继续发挥或隐或显的作用，吾人不可失察。

作为中国制度史的一对基本范畴，周制、秦制在特定的文化生态[③]中生成、演化，少数要角的"顶层设计"（如周武王—周公之于周制，秦始皇—韩非、李斯之于秦制，汉武帝—公孙弘、董仲舒之于"复古更化"的汉制）固然发挥了关键作用，但决定制度兴灭的基本动因深藏于文化生态之中——东亚大陆半封闭的地理环境、远离其他文明中心的世界方位、农耕型自然经济、宗法式社会结构。这些生态因素的集合与演绎，决定着中国制度史的格局。

有学者提出"轴心制度"概念[④]，略指主导性制度体系。余以为，周制与秦制是中国历史上的"轴心制度"，影响力巨大，具有顽强的延续力。严复称：今之中国人"犹然一宗法之民而已"[⑤]，此指周制的宗法精神沿袭三千年未止；一条广为引述的诗句云："百代都行秦政法"[⑥]，此指秦制两千年来传承不辍。

[①] 李鸿章于清同治十一年（1872）在《复议制造轮船未可裁撤折》中奏称："（欧洲诸国）合地球东西南朔九万里之遥，胥聚于中国，此三千余年一大变局也。"
[②] 光绪元年（1875）李鸿章在《因台湾事变筹画海防折》中再议："历代备边，多在西北。其强弱之势、主客之形，皆适相埒，且犹有中外界限。今则东南海疆万余里，各国通商传教，来往自如，麇集京师及各省腹地，阳托和好之名，阴怀吞噬之计，一国生事，数国构煽，实惟数千年来未有之变局。轮船电报之速，瞬息千里，军器机事之特，工力百倍，又为数千年来未有之强敌。"参见《清史稿》卷 411《李鸿章传》。
[③] "文化生态"包括自然环境（地理环境）与人造环境（社会环境）两大彼此渗透、相为表里的部类。地理环境相对稳定，长时段方见显著变化；社会环境（包括社会再生产过程中结成的经济与社会组织）在中短时段即生变异。参见拙著《中华文化生态论纲》，长江文艺出版社 2021 年版，第 32—34 页。
[④] 谷宇：《轴心制度与政治体系——以中国古代官僚制度与帝国政治体系为研究对象》，复旦大学 2007 年博士论文。
[⑤] 严复：《译〈社会通诠〉自序》，王栻主编：《严复集》第 1 册，中华书局 1986 年版，第 135—136 页。
[⑥] 毛泽东：《七律·读〈封建论〉呈郭老》。

周秦二制与时偕变，但其基旨却未成明日黄花，若干更化着的因素渗入近世制度，今人一直与其共生同行。今制与古制保有深远的历史联系，某些方面甚至有"惊人的相似"，然而今制与古制不存在等式关系，今之制度实施与古之制度实施有着时代性差异，这就要求我们对古制抱历史主义态度。而还原历史本貌的周制、秦制研究，草莱似未深辟，有待吾辈勉力开垦。

本着"了解之同情"[①]，又试作"历史扬弃"（发扬与抛弃），十余年来笔者涉猎周秦两制，曾在拙著《"封建"考论》（2006）、《中国文化生成史》（2013）披露浅识，然言未尽意。近年再贾余勇，运用二重证据法及古今中外比较法，试图在还原两制的基础上，探究其功能及历史演进，撰成此书，供关切制度因革的世君子参酌。衰年且疾患缠身，心有余而力不足，只能略涉两制表浅，并与异域制度"举以相衡"，从全球视野及历史演进序列概览中国制度得失及发展趋势，避入"以水济水"[②]窠臼。

期待时贤纠谬补正。

[①] 语见陈寅恪：《金明馆丛稿二编·冯友兰中国哲学史上册审查报告》，生活·读书·新知三联书店2001年版，第280页。

[②] "以水济水"，意谓以清水给清水增加味道是白费力。《左传·昭公二十年》："若以水济水，谁能食之？"黄宗羲《明儒学案·发凡》："一本而万殊也，以水济水，岂是学问？"皆指不可局限在同系统内兜圈子，而要从异文化的比较中发现问题。

导　言

一、"制度"界说

（一）释义

"制度"，指人类建构的约束自身行为并使社会遵循的规则，是在物质生产、精神生产过程中结成的习惯、法规、戒律的总成。古时分称"制"与"度"。

"制"，金文作𣬉，汉隶作𠠝，《说文解字》曰："𠠝，裁也。从刀从未。未，物成有滋味，可裁断。一曰止也。"此字由意符"未"（味）与立刀旁（示强制）组成，而从味道可以推测事物的性质，故"制"的含义为规定、裁断、限定（止）。另有一释："未"指木，"制"的原意是"以刀断木""裁木作器"，引申为创作活动。

"度"，金文作𢩙，汉隶作度，《说文解字》曰："度，法制也。从又，庶省声。"用庶字省略四点作声旁，边旁"又"（彐）示手，古时以手臂测量长度，故"度"含衡量之义，指度量及度量标准。其本意指分、寸、尺、丈、引也。

1. 名词"制度"

"制"与"度"合成"制度"，指判断标准（必须遵循的尺度），衍意为建制内的规范以及形成规范的过程。此词多见于先秦以来典籍。

《荀子·王霸》云："政令制度，所以接下之人百姓。"[①]认为政令和制

[①] 《荀子·王霸》。

度，都是用来应接（管控）下面庶众百姓的。

《礼记·礼运》云："故政者，君之所以藏身也。是故夫政必本于天……降于五祀之谓制度。"①

汉宣帝教训太子曰："汉家自有制度。"②

东汉末蔡邕曰："制书：帝者制度之命也，其文曰制诏。"③

唐人元结说："昔年在山野，曾作愚巾凡裘，异于制度。"④

宋人王安石说："必也习典礼，明制度。"⑤

以上诸例"制度"为名词，指法令、礼俗等成文及不成文规范。

2. 动词"制度"

《左传》云："且夫富，如布帛之有幅焉，为之制度，使无迁也。"⑥

《礼记·中庸》云："非天子不议礼，不制度。"⑦

《汉书》云："臣愿为民制度以防其淫。"⑧

近人王国维说："由是制度，乃生典礼。"⑨

以上诸例"制度"为动词，指统治者制订法规。

3. 正式制度与非正式制度

作为人们自创游戏规则的制度，包括非正式约束和社会法定的正式约束。本书着重讨论正式制度（如作为国家制度的周制与秦制），这

---

① 《礼记·礼运》。
② 班固：《汉书》卷9《元帝纪》，中华书局1962年版，第277页。
③ 蔡邕：《独断》，上海古籍出版社1990年版，第4页。
④ 元结：《与何员外书》，《元次山集》卷7，中华书局民国《四部备要》影印本，第3页。
⑤ 王安石：《王安石全集》，上海古籍出版社1999年版，第281页。
⑥ 《左传·襄公二十年》。
⑦ 《礼记·中庸》。
⑧ 班固：《汉书》卷64《严安传》，中华书局1962年版，第2809页。
⑨ 王国维：《殷周制度论》，《观堂集林》二，中华书局1959年版，第317页。

种国家制度是联结国家与社会的纽带,是"各不相同的势力之间的一种契约"①。

(二)制度生成

制度起源于人对自然法则的仿效。《周易》节卦《象辞》云:"天地节而四时成;节以制度,不伤财,不害民。"②天地因有节奏而形成一年四季,效法天地之节奏,人世间设以典章制度,就能不浪费资财、不伤害民众。

现代制度注重社会契约属性:制度由社会成员(往往通过其统治机构)制定,要求社会共同遵守。作为人类构建物,制度有一个渐趋自觉的创制过程。

(1)人类群体与生态环境博弈,形成适应环境的秩序,诸如风尚习惯及约定俗成的价值观和伦理规范,这些自组织秩序不仅存在于原始社会,也保留于文明社会。文明社会继续在民间产生新的"集体无意识",参与社会教化和社会控制。

(2)在自然习俗基础上,跨入文明门槛的人们自觉设计规范,建立经济、政治、法律、军事、文化等方面的制度,统称社会制度。其中最具整合力的是国家制度(决定社会各阶层在国家中的地位和采取何种政权形式实现国家管理的制度),而"国家是文明社会的概括","国家的本质特征是和人民大众分离的公共权力"③。

跨入文明门槛的公权力,即"大人世及"的"小康"之制④是本书考察的展开部。前文明的"大同"之制发生于五千年前的上古,新的"大同"则期之遥远的未来。本书对大同之制略涉而不作详议。

---

① 马克思:《〈黑格尔法哲学批判〉导言》,《马克思恩格斯全集》第1卷,人民出版社1956年版,第316页。
② 《周易·节卦·象传》。孔颖达疏曰:"王者以制度为节,使用之有道,役之有时,则不伤时,不害民也。"
③ 《马克思恩格斯选集》第4卷,人民出版社1995年版,第176、116页。
④ 《礼记·礼运》。

人类进入文明门槛之前，生活资料共同拥有，平均享用，人群自发地遵循风俗习惯，先秦哲人将此制追记为"大同"[①]。人类学家在现代尚存于偏远山林的原始人群中，直接观察到此种制度状态，如路易斯·亨利·摩尔根（1818—1881）19世纪中叶通过对易洛魁等北美印第安部落的数十年考察，著《易洛魁联盟》《古代社会》，揭示原始社会的经济制度、姻亲制度、氏族制度。玛格丽特·米德（1901—1978）20世纪上半叶在萨摩亚等南太平洋岛屿通过取材部落人群，证实原始共产制。中国学者吴定良（1893—1969）、黄现璠（1899—1982）、吴文藻（1901—1985）、裴文中（1904—1982）、费孝通（1910—2005）、岑家梧（1912—1966）等的人类学研究（如对黔桂边少数部族、大兴安岭鄂伦春族的田野踏察）发现了无阶级社会制度的"活化石"。

随着生产力发展，出现剩余产品，私有制、奴役制应运而兴，人类社会从自在体系进入人为治理体系。为使治理合法、有效，社会需要拟定契约，以"约定的自由"代替"自然的自由"[②]，国家制度因以产生。先秦法家从君治国家角度强调制度的重要性：

> 凡将立国，制度不可不察也，治法不可不慎也，国务不可不谨也，事本不可不抟也。制度时，则国俗可化，而民从制；治法明，则官无邪；国务壹，则民应用；事本抟，则民喜农而乐战。[③]

1690年，英国思想家约翰·洛克（1632—1704）出版《政府论》，对进入社会状态的国家制度作阶段性分析："国家的幼年时代"，公权力交付给君主，"只是为了公众的福利和安全"，而随着国家制度的成长，统治者企图保持和扩大权力，谋求"与人民截然不同的利益"。洛克指出："有必要更加审慎地考察政权的起源和权利，并找出一些办法来限

---

① 《礼记·礼运》。
② 卢梭：《社会契约论》，何兆武译，商务印书馆1963年版，第19页。
③ 《商君书·壹言》。

制专横和防止滥用权力。"①权力具有无限扩张的天然属性，必须借助约束机制对其加以限定，将权力关进制度的笼子。洛克认为，开启文明制度的两把钥匙是：保护私产，限制权力。

近代思想界反复讨论制度问题，考析国家制度存在的必然性与限定性。恩格斯说：

> 国家是社会在一定发展阶段上的产物；国家是承认：这个社会陷入了不可解决的自我矛盾，分裂为不可调和的对立面而又无力摆脱这些对立面。而为了使这些对立面，这些经济利益互相冲突的阶级，不致在无谓的斗争中把自己和社会消灭，就需要有一种表面上凌驾于社会之上的力量，这种力量应当缓和冲突，把冲突保持在"秩序"的范围以内；这种从社会中产生但又自居于社会之上并且日益同社会相异化的力量，就是国家。②

本书考察的周制与秦制，属于公权力发生社会异化的国家制度，它们产生于中国社会，又凌驾于中国社会之上。我们有必要了解国家如何因时制宜地构建律法、规矩、契约，划定权力边界及其运行机制，达成某种秩序，这种秩序又是如何被破坏并得以重建的。这种研究的基础工作是，回顾公权力在特定文化生态中的起源与分配。而对固有的制度遗产加以扬弃（发扬与摒弃），其前提是对制度遗产作还原式的历史清理。

（三）制度的枢纽作用

论及文化，人们习惯于运用两分法，将其解析为技术体系的"物质文化"与价值体系的"精神文化"。不可忽略的是，在社会实践中，人的精神活动演化出习俗、规则、法律等制度，协调个人—群体、群体—

---

① 洛克：《政府论》下篇，叶启方、瞿菊农译，商务印书馆1983年版，第69—70页。
② 《马克思恩格斯选集》第4卷，人民出版社1995年版，第170页。

社会、社会—国家的相互关系,在物质文化与精神文化之间有发挥枢纽作用的制度。亚里士多德(前384—前322)指出:"整体不等于各个孤立部分的总和",这里存在"整体大于部分之和""整体小于部分之和"的双重可能性①。而文化整体力量的张大或缩小,相当程度上取决于制度(尤其是国家制度)的组织功能的正负效应。一个社会运作良好,得益于制度健全有效;如果运作偏失,往往肇因于制度失当。任何一种制度都是历史产物,各自在不同历史时段发挥积极的或消极的作用。世上并不存在亘古不易的终极式的良法美制。

制度不能单独决定历史,须以物质文化为基础、精神文化作引领,三者交相互动,结为有机整体,共同在社会进程中发挥作用。

明清之际顾炎武(1619—1692)从"修身—齐家—治国—平天下"的系统观出发,归纳宽阔的文化概念:"自身而至于家国天下,制之为度数,发之为音容,莫非文也。"②昭示"制之为度数"(即制度)在文化生成中的关键作用。顾氏在《日知录》中反复强调,总结历史经验的要紧处是考察前人典章,将"博之于名物制度"作为考析重点。

清中后叶龚自珍(1792—1841)对文化作明晰的层次解析:"圣人之道,本天人之际,胪幽明之序,始于饮食,中乎制作,终乎闻性与天道。"③物质文化是开端与前提,"制作"是中间环节,在其基础上,方可进行形而上的精神性探讨("终乎闻性与天道"),确认规范"制作"程序的制度在文化大系统中的枢纽地位。

人类在社会生活中组建制度,形成惯性力量,左右人的行为。先秦管仲学派称:

---

① 一般系统论创立者路·冯·贝塔朗菲(1901—1972)将亚里士多德的整体论思想归结为"整体大于它的各部分之和"。而亚里士多德认为,除了"整体大于部分之和"以外,还可能"整体小于部分之和"。总之,整体与部分之和不存在等式关系。
② 《日知录》卷7,"博学于文"条,黄汝成:《日知录集释》,栾保群点校,中华书局2020年版,第364页。
③ 龚自珍:《五经大义终始论》,《龚自珍集》,上海人民出版社1975年版,第41页。

有道之君，<u>行法修制</u>，先民服也。①

唐人白居易（772—846）申说制度的基本功能：

仁圣之本，在乎<u>制度</u>而已。②

清人戴震（1724—1777）指出：

贤人圣人之理义非它，存乎<u>典章制度</u>者是也。③

制度使人的行为具有规范性和可预见性，故制度形成制约人们社会行为的关键，这是中外制度论的共识。<u>制度</u>好，可以使坏人无法任意横行；<u>制度</u>不好，可以使好人无法充分做好事，甚至会走向反面。④在奥地利出生的英国社会思想家哈耶克（1899—1992）指出，制度提供人在世上行为的基础，没有这个基础，世界将充满无知和不确定性。

制度决定论并不可取，而制度的订定与实行又至关重要，因其处于社会机制的枢要，造成文明前行的"路径依赖"。制度不仅关乎一事之成败，还在文明史中长远地发挥着结构性作用。

二、制度的结构性功能："制度决定论"并不可取

（一）事件—局势—结构

建立制度，使公权力系统化、强势化，是人类应对自然及社会挑战的方法。人群在短时段（以数年、数月甚至数日计），演运此伏彼起的

---

① 《管子·法法篇》。
② 白居易：《策林·立制度》，朱金城：《白居易集笺校》，上海古籍出版社1988年版，第3481页。
③ 戴震：《题惠定宇先生授经图》，《戴震集》，上海古籍出版社2009年版，第214页。
④ 《邓小平文选》第2卷，人民出版社1983年版，第333页。

"事件";在中时段(以数年、数十年、百余年计),形成周期性的"局势";在长时段(或以千百年计)订定制度,铸造较稳定的社会"结构"。偶发的事件受制于局势,在事件与局势背后有形成社会结构的制度加以规范。

制度比事件及其操弄者(人物)更具基础意义,即使是那些制度的制订者,也不可避免地受制于现存制度,如商鞅制订严苛的秦法,他在逃亡时也无法摆脱法条的制裁,死于自订的秦法之下。而商鞅的亡故,也没有中止秦法的实行与推进。①

考察历史,不能只注意"英雄""伟人"在时代舞台上的纵横捭阖,不能只观赏如"大海表层的浪花""闪光的尘埃"那样的戏剧性事变,而尤须考析人物、事件背后的结构性动因。法国年鉴学派学者费尔南·布罗代尔(1902—1985)说:

> 所谓<u>结构</u>,实际上就是那些不受急风暴雨(或用汤因比的话说,"急进或猛退")的影响而长期存有的东西。②

运行于长时段的制度(尤其是国家制度),组成"长期存有的"社会结构。一个文化体由诸要素组成有机结构,"要素"是活跃、易变的,而"结构"则是相对稳定的。这种由制度形成的社会结构,正是考史尤须费心用力的所在。

(二)制度导致"路径依赖",但并非社会运行的终极性决定因素

制度的社会效应之一,在于导致社会运行的"路径依赖"。1993年诺贝尔经济学奖得主、新制度派学者道格拉斯·诺思(1920—2015)指出,制度变迁存在着报酬递增和自我强化的机制,使制度一旦走上某一

---

① 《史记·商君列传》。
② 费尔南·布罗代尔:《文明史:过去解释现时》,《资本主义论丛》,顾良、张慧君译,中央编译出版社1997年版,第161页。

路径，就会在以后的发展中不断强化，已经建立的制度会千方百计维护和扩张自身的存在（包括通过变异性以调整和维系其存在）。如周的宗法制、礼乐制，秦的皇帝制、郡县制、"利出一孔"、"编户齐民"，便是如此。周秦二制的延绵性和变异性，正是本书研讨的展开部。制度导致的"路径依赖"有可能促成社会的健康运行，此为良性路径依赖；也可能阻滞社会进步，使经济环境、政治环境停滞、钝化，此为恶性路径依赖。秦汉以降的王朝兴替，短则十余年，长则两三百年，所谓"其兴也勃焉，其亡也忽焉"[①]，但制度导致的路径依赖却相对持久、漫长，如周制某些要素（如宗法）沿袭三千年，秦制某些要素（如郡县）沿袭两千年。

需要指出的是，第一，制度固然形成路径依赖，但并非凝固性的存在，而是因历史条件的迁徙发生着或隐或显的变化，殷周之变、周秦之变、清民之变便是中国制度史的几次显性更革，其变化幅度之大，不可以道里计。称中国社会全然是"超稳定结构"，并不符合历史实际。

第二，制度虽具有结构性功能，却并不是社会运行的终极肇因，在制度的背后有着更深刻而久远的物质推动力和精神诱导力（如杨小凯所说的文化与信仰）。周秦之际经济、政治、文化的异动，促成周制向秦制实现既因且革的演化，而两制在历史上发挥的良性功能或恶性功能，又跟文化与信仰的因袭和演变密切相关。立足于经济生活的观念领域的变异，是引起制度变迁的能动要素，制度转型有其观念根源，因而制度史研究与文化史研究彼此渗透，互为表里，相与应援。本书是在文化史框架内作制度史研究，或者说是将制度史作为文化史的一个分支展开讨论。

（三）制—政之别

论及制度的"路径依赖"，必须旁及"政"—"制"的同与异。一时之行政与长期之制度，既相互联系又存在差异。

以秦代为例，其"政"与"制"便须区分。秦启动"恶"的杠杆，

[①] 《左传·庄公十一年》。原文为："禹汤罪己，其兴也勃焉，桀纣罪人，其亡也忽焉。"

以暴力、烈政驱万民、扫六国；又顺应天下"定于一"趋势，综汇春秋战国以来诸法条、规矩，奠定一统帝国的制度基石。汉代谴责秦政之酷，名篇是贾谊（前200—前168）的《过秦论》，声讨秦暴，洋溢着正义性、人民性，但少年才子贾生却未能分梳秦"政"与秦"制"，不免偏颇。唐人柳宗元（773—819）《封建论》则注意到"制""政"的联系与区隔，他说，"秦政"之虐，导致二世而亡，而郡县制、统一度量衡、统一文字等"秦制"，却被历朝承袭，此乃"势"所使然。柳氏指出，秦"亟役万人，暴其威刑，竭其货贿，负锄梃谪戍之徒，圜视而合从，大呼而成群，时则有叛人而无叛吏"，故秦朝二世而亡，"咎在人怨，非郡邑之制失也"①。这种辨析"政""制"之论确为睿识。明末清初黄宗羲、顾炎武、王夫之、唐甄等比较周的封建与秦的郡县之利弊得失，获得制度史深见。②

西史同例。拿破仑（1769—1821）晚年囚禁于南大西洋圣赫勒拿岛，陪伴的老部属盛赞其军事天才堪比亚历山大、恺撒，足可流芳百世。拿破仑淡然对曰："我真正的光荣，并非打了四十多次胜仗，滑铁卢一战就让所有战绩一笔勾销。但有一样东西是不会被人忘记的，它将永垂不朽，那就是我的《民法典》。"③ 拿破仑亲自主修《法兰西民法典》，1804年颁布，1807年命名为《拿破仑法典》，此法典并非军政强人拿破仑个人的"顶层设计"，它"起源于伏尔泰、卢梭、孔多塞、米拉波、孟德斯鸠的思想，起源于法国大革命"④。作为启蒙运动的产物，《法兰西民法典》阐扬三大原则：人人平等，私有财产所有权不受限制，契约自由。法典公布二百多年，几经修订，其基本原则至今仍是法国现行法律的准绳，影响遍及欧洲大陆，远涉拉丁美洲、亚洲、非洲。制度久远的结构性效应，

---

① 柳宗元：《封建论》，《柳河东集》，上海古籍出版社2008年版，第45—46页。
② 参见黄宗羲《明夷待访录》、顾炎武《日知录》、王夫之《读通鉴论》、唐甄《潜书》。
③ 见拉斯加斯：《圣赫勒拿岛回忆录》。拿破仑1815年流放圣赫勒拿岛，口述回忆录，由拉斯加斯伯爵记录整理，成上书。
④ 《马克思恩格斯选集》第1卷，人民出版社1995年版，第139页。

可见一斑。

中国史家关于典章的重要性早有卓识。宋元之际马端临说，政治事件多变，难以"参稽互察"，而"典章经制，实相因者也。殷因夏，周因殷，继周者之损益，百世可知"①。马氏指出：

盖历代之统纪，典章系焉。
考制度，审宪章，博闻而强识之，固通儒事也。②

马端临显然以"通儒"自命，致力于典章制度研究，作历史的结构考析，以求"百世可知"。

三、中国史学的制度考释传统

作为社会的结构性要件，制度因时缓进，在长时段作沉潜式更化，无声地规范着速变的事件、人物，并在相当程度上左右演绎于中时段的局势。套用古语"山河依旧，人面全非"，也可以说，历千百年，"制度依旧，人面全非"，故考史不可限于夺人眼球的"事件尘埃"和戏剧性的"局势"变迁，还须探讨久驻性"制度"的起承转合。

中国史学有重视典章制度整理研究的悠久传统。南朝梁目录学家阮孝绪（479—536）在《七录》"纪传录"下增设"旧事""职官""仪典""法制"四类子目，皆属制度史范域。《隋书·经籍志》谓"旧事"即旧有制度，包括"朝廷之政，发号施令"，"治朝之法"及"万民之约契与质剂"，其观照制度已兼涉朝野两方面。

吾国记述并考释制度的典籍甚众，自先秦以至近现代的要者有：

（一）《尚书》多篇，如讲地域制度的《禹贡》，讲刑法的《吕刑》；《周礼》《礼记》中的《王制》《月令》《明堂位》诸文载商周制度配置；《世

---

① 马端临：《文献通考·自序》，中华书局2011年版，第1页。
② 马端临：《文献通考·自序》，中华书局2011年版，第1、2页。

本》有《作篇》，记占卜、饮食、礼乐、图书、器用，乃《史记》《汉书》书志之所本。

殷墟甲骨文、商周金文、敦煌及塞外简牍书卷、长沙马王堆帛书、郭店楚简、睡虎地秦简《秦律》、江陵张家山汉简《二年律令》等出土文献，系殷周秦汉典制的原始篇什，可与《尚书》《仪礼》《周礼》《礼记》等传世制度文编互证。

（二）《史记》"八书"（礼书、乐书、律书、历书、天官书、封禅书、河渠书、平准书）广记典制，司马迁《太史公自序》称："礼乐损益，律历改易，兵权山川鬼神，天人之际，承敝通变，作八书。"① 司马贞《史记索隐》说："此之八书，记国家大体。"② 八书开记典章制度的正史书志体之先河。

班固改"书"为"志"，所撰《汉书》立"十志"（律历志、礼乐志、刑法志、食货志、郊祀志、天文志、五行志、地理志、沟洫志、艺文志）为制度史分类专篇，具有颇高史料价值和学术水平；《汉书·百官公卿表》是西汉职官制度述要，乃研究制度史（尤其是官制史）的必读作品。

后之诸"正史"皆设专志，载述典章制度诸科目，如唐人魏徵"总知其务"的《隋书》有三十卷"十志"（礼仪、音乐、律历、天文、五行、食货、刑法、百官、地理、经籍），是南北朝至隋的制度总汇，其《食货志》《地理志》《经籍志》尤为后世学人案头卷帙。

（三）中古以降迭出典制专书。唐代史学家刘知幾之子刘秩编《政典》三十五卷（已佚），记述黄帝至唐天宝年间制度兴革。杜佑（735—812）在其基础上拓展，博采历代正史书志，编纂典制史巨著《通典》，以二百卷论"九典"（《食货典》十二卷、《选举典》六卷、《职官典》二十二卷、《礼典》一百卷、《乐典》七卷、《兵典》十五卷、《刑法典》八卷、《州郡典》十四卷、《边防典》十六卷），考索各种典章制度源流，其中《礼典》百卷，占全书一半。《通典》不仅是典制资料集成，还对诸制典作评，

---

① 司马迁：《史记》卷130《太史公自序》，中华书局2014年版，第3999页。
② 司马迁：《史记》卷23《礼书》，中华书局2014年版，第1365页。

以"说、议、评、论"方式提出己见,以供资政,杜佑称:"所纂《通典》,实采群言,征诸人事,将施有政。"① 故识者称《通典》为"政书","其书大传于时,礼乐刑政之源,千载如指诸掌,大为士君子所称"②。

南宋郑樵(1104—1162)的《通志》二百卷,以纪传体记上古至隋唐的制度。"会通"为其总则,"会"指会集天下书为一书,"通"指时代相续,古今贯通。全书精华在"二十略"(《氏族略》六卷、《六书略》五卷、《七音略》二卷、《天文略》二卷、《地理略》一卷、《都邑略》一卷、《礼略》四卷、《谥略》一卷、《器服略》二卷、《乐略》二卷、《职官略》七卷、《选举略》二卷、《刑法略》一卷、《食货略》二卷、《艺文略》八卷、《校雠略》一卷、《图谱略》一卷、《金石略》一卷、《灾祥略》一卷、《草木昆虫略》二卷),记"百代之宪章,学者之能事",是简明的典章制度百科全书。郑樵说二十略中除《礼略》《职官略》《选举略》《刑法略》《食货略》外,其余十五略"汉唐诸儒所不得而闻",系他本人创制。近哲称:"郑樵生左马千岁之后,奋高掌,迈远蹠,以作《通志》,可谓豪杰之士也。"③("左"即左丘明,"马"即司马迁)

宋元之际马端临(1254—1340)的《文献通考》三百四十八卷,记上古至宋宁宗时的典章制度沿革,较杜佑《通典》分类详细,有田赋考、钱币考、户口考、职役考、征榷考、市籴考、土贡考、国用考、选举考、学校考、职官考、郊社考、宗庙考、王礼考、乐考、兵考、刑考、经籍考、帝系考、封建考、象纬考、物异考、舆地考、四裔考,计二十四门,各门下再分子门,制度史体例更趋严密。《文献通考》承袭《通典》,取其得,补其失,兼采经史、会要、传记、奏疏等文献,于宋代典制尤称详备,不少内容为《宋史》各志所未载。马端临尤其注意于典章制度的沿革,"爰自秦汉以至唐宋,礼乐兵刑之制,赋敛选举之规,以至官名之更张,地理之沿革,虽终不能以尽同,而其初亦不能以遽异"。《通考》

---

① 杜佑:《通典·序》,中华书局2016年版,第1页。
② 刘昫等:《旧唐书》卷97《杜佑传》,中华书局1975年版,第3983页。
③ 梁启超:《中国历史研究法》,上海古籍出版社2019年版,第33页。

对诸制度的因革"原始要终而推寻之"①,《四库全书总目》称其"条分缕析,使稽古者可以按类而考……按语亦多能贯穿古今,折衷至当"②。

《通典》《通志》《文献通考》皆典章制度通史,合称"三通"或"前三通"。《通典》以《食货》为首篇,表明对经济生活的重视。《通志》将《食货》移于《选举》之后的第十四位,表明对取士制的重视。而《文献通考》再将《食货》列于书首,并增至八门二十七卷之多,显示对经济制度的高度重视。《通典》以精密、简严见长,《通志》论断警辟、富创识,《文献通考》以详赡、博通为独到。"三通"创立了以事类为中心叙述历史的典志体,乃制度史杰构。顾炎武弟子潘耒称郑樵、马端临等人的典章通史"博极古今,通达治体","朝章国典,民风土俗,元元本本,无不洞悉,其术足以匡时,其言足以救世,是谓通儒之学"③,乃确当评语。

明清续"通"之作甚多,如《续通典》150卷、《续通志》640卷、《续文献通考》254卷、《清通典》100卷、《清通志》126卷、《清文献通考》300卷,连同"前三通",合称"九通";民国间修《续皇朝文献通考》400卷,合前共为"十通"。

此外,还有"会要""会典"对历代典章制度的编辑。如《唐会要》100卷、《五代会要》30卷、《宋会要辑稿》366卷、《元典章》60卷、《明会典》228卷,是官修断代典制集成。清代五次官修会典,《康熙会典》162卷、《雍正会典》250卷、《乾隆会典》100卷、《嘉庆会典》80卷、《光绪会典》100卷,"一朝之会典,即记一朝之故事"④,保存了诸朝典章制度的第一手史料。清代私家会要则弥补官家会要的断代之缺,如姚彦渠《春秋会要》4卷,孙楷《秦会要》26卷,杨晨《三国会要》22卷,朱铭盘《西晋会要》80卷、《南朝宋会要》50卷、《南朝齐会要》40卷、《南朝梁会要》40卷,龙文彬《明会要》80卷。明人董说的《七国

---

① 马端临:《文献通考·自序》,中华书局2011年版,第1页。
② 永瑢等:《四库全书总目》卷81,中华书局1965年版,第697页。
③ 潘耒:《〈日知录〉原序》,《日知录集释》,中华书局2020年版,第9页。
④ 司马朝军:《〈四库全书总目〉精华录》,武汉大学出版社2008年版,第362页。

考》14卷，实为战国会要。综览上述，史上各朝代的制度会要大体齐备。

以上诸书记载国家制度沿革，涉及政治、经济、文化诸制演绎状况。旅美学者邓嗣禹1936年将其归于政书类，这类典章制度汇编本又称"政书"。政书略分两类，一为记述历代典制的通史式政书，以"十通"为代表；二为某朝典制，称"会典""会要"，为断代政书。

唐代史家刘知幾（661—721）追述典章制度史籍："刑法、礼乐、风土、山川，求诸文籍，出于《三礼》。及班、马著史，别裁书志。考其所记，多度《礼经》。"[①] 近人梁启超概括道："纪传体中有书志一门，盖导源于《尚书》，而旨趣在专纪文物制度。"[②] 综论之，制度史结构体系酝酿于两汉，正式形成于唐宋，杜佑《通典》、郑樵《通志》、马端临《文献通考》为其代表。

（四）晚清以来，制度更化为国人所注目。清季包世臣（1775—1855）、魏源（1794—1857）等学者与陶澍、林则徐、贺长龄等封疆大吏拓展经世实学，魏源、贺长龄承袭明人陈子龙等编辑之《皇明经世文编》体例，修纂《皇清经世文编》120卷，总汇治体、吏政、户政、礼政、兵政、刑政等制度史篇什；魏源、徐继畲、梁廷枏、姚莹、郭嵩焘、郑观应、薛福成、黄遵宪等介绍欧美日本近代文明，尤重议会制、君主立宪制、共和制，乃至商业制度、军事制度、学校制度的考察。[③] 戊戌维新、清末新政、辛亥革命，皆从改制入手，其成败无不与制度因革的得失相关。

（五）近代学者梁启超（1873—1929）有撰《中国文化史》的宏大计划，但天不假年，先生仅完成《中国文化史·社会组织篇》，作为清华国学院教材。该篇会通中西之法，从社会结构剖析入手，展开婚姻制、家族及宗法制、姓氏制、阶级制、乡治和都市制的考析，使制度研究别开生面。

王国维（1877—1927）1917年撰《殷周制度论》，用出土殷墟甲

---

① 刘知幾：《史通·书志》，上海古籍出版社2008年版，第42页。
② 梁启超：《中国历史研究法》，上海古籍出版社2019年版，第32—33页。
③ 参见冯天瑜、黄长义：《晚清经世实学》，上海社会科学院出版社2002年版。

骨文与《尚书》等传世文献相比照，对殷周之际的制度变迁作创造性考究，指出周之制度大异于殷商者有三，一为立子立嫡之制，二为庙数之制，三为同姓不婚之制，从而确认周制的宗法封建属性。王氏的某些结论（如立子立嫡制始于周代）或有可议之处，但他关于周制基本属性的判断乃不刊之论，其开辟以考古实物比照传世文献的"二重证据法"，开辟探讨制度史的路径，具有里程碑意义。

（六）现代学者吕思勉（1884—1957）撰《中国制度史》，以十七题详述经济制度（农工商业、财产、钱币、金银之用、赋役、征榷、饮食、衣服等），社会制度（宫室、婚姻、宗族、户籍、宗教等），政治制度（国体、政体、选举、官制、兵制、刑法等）[1]，从上古以至民国，展示诸重要制度的源流及演变，追本溯源，内容赡博。

陈寅恪（1890—1969）《隋唐制度渊源略论稿》，追溯隋唐典制渊源，从礼仪、职官、刑律、音乐、兵制、财政诸方面阐述隋唐制度因革要点。又著《唐代政治史述论稿》，考释唐代统治阶级的氏族升降、党派分野、内政外交。[2] 二书为中古制度史杰构。

唐长孺（1911—1994）以《唐书兵志笺证》名家，后在《魏晋南北朝史论丛》及其《续编》《三论》中，全面探讨中古制度史，对士家制、九品中正制、门阀制、府兵制、均田制、科举制作深度考析。唐先生主持敦煌吐鲁番文书整理，重视制度史研究，敦煌文书为唐宋人手写文籍，提供4—11世纪古写本及印本（佛经占九成）；吐鲁番文书提供东晋十六国到元代（4—14世纪）制度史材料。[3]

吴于廑（1913—1993）著《士与古代封建制度之解体》（1941）、《封建中国的王权与法律》（1946），比较中西制度史，论述周代封建制与

---

[1] 吕思勉：《中国制度史》，上海教育出版社1985年版。
[2] 陈寅恪：《隋唐制度渊源略论稿》，上海古籍出版社2020年版；《唐代政治史述论稿》，上海古籍出版社1997年版。
[3] 唐长孺：《魏晋南北朝史论丛》，生活·读书·新知三联书店1955年版；《魏晋南北朝史论丛续编》，生活·读书·新知三联书店1959年版；《魏晋南北朝隋唐史三论》，武汉大学出版社1993年版；主编《敦煌吐鲁番文书初探》，武汉大学出版社1983年版。

西洋中世纪封建制的同与异,指出西洋史上封建社会以后是工商阶级开辟的资本主义社会,而中国封建社会之后是士大夫阶级建立的君主集权社会,进而探讨中西王权、法律的制度性差异。①

严耕望(1916—1996)致力于制度史研究,撰《中国政治制度史纲》《秦汉地方行政制度》《魏晋南北朝地方行政制度》《中国政治思想与制度史论集》等,对制度史作宏观、中观考析,提纲挈领,卓见迭出。②

本书追迹先哲,又自有侧重:未如杜佑、郑樵、马端临、吕思勉那样对诸典制作分目考析,而聚焦于中国国家制度史的两大系统——周制与秦制,试作纵向通释(当然也辅以诸制的横向考辨),以窥探中国制度的演绎脉络、基本特征。这种考察又须置于全球视野,在异地异制的比较中进行,以求通识。

四、制度生成机制比较(甲):中与西

在前文明,诸人群组成由血缘纽带联结的氏族社会,此即"原始共同体时代"。考古学及文化生态学研究证明,因生产力低下,极少剩余产品,生产关系简单,社会结构单一(血缘胞族组合),没有私有制和森严的等级差序,西亚、北非、南亚、东亚、南欧、中南美等古文化的史前制度大同小异。

跨入文明门槛以后,随着生产方式和社会组织复杂化,诸文明多样化发展,国家形态演进歧异,并不存在整齐划一的制度模式。

原始社会晚期,世界各地因自然—社会生态的差异,沿着不同路径走出原始的"大同"之世,建立各自的国家制度。概略言之,出现连续性文明和断续性文明两种类型,前者生发于半封闭的板块状大陆的农耕文明,以政治程序攫取财富而进入文明;后者面对半开放的海洋工商经

---

① 吴于廑:《士与古代封建制度之解体 封建中国的王权和法律》,武汉大学出版社2012年版。
② 严耕望:《中国政治制度史纲》,上海古籍出版社2013年版;《秦汉地方行政制度》,北京联合出版公司2020年版。

济，以贸易和技术程序聚集财富而进入文明。① 下以"断续性文明"希腊罗马、"连续性文明"华夏这两种文化原型为例，略见东西方制度生成机制之别。

（一）古希腊、罗马—中世纪封建西欧—重商主义近世西欧

小国寡民的希腊，地处海湾深入的多山伯罗奔尼撒半岛及周边岛屿，农业为耕地狭窄所限，而手工业及商贸发达，滨海城邦壁立，海外殖民活动遍及地中海以及爱琴海、黑海沿岸，人员迁徙频繁，血缘纽带较早断裂。古希腊系统叙事诗和悲剧，多取材于由血缘关系维系的氏族社会向以财产关系维系的公民社会转化的传说。② 希腊人较早脱离氏族基盘，其据有之地不再是氏族"熟人"场域，而是社团间的异地，结合为由地缘、业缘组成的"生人"契约社会，由新兴的城邦取代血缘纽带组成的农村公社，"由家族到私有再到国家，国家代替了家族"。③

雅典、科林斯、叙拉古、米利都等城邦，官职向公民开放，公民大会（如雅典的五百人会议）是国家最高权力机构，立法、司法、行政分立并相互制衡。在公元前6世纪至前2世纪，斯巴达、雅典、科林斯等独立城邦组成城邦联盟，诸城邦使用共同语言，信仰共同宗教，文化同质，却在政治上相互独立。公元前5世纪，位处阿提卡半岛的雅典在伯罗奔尼撒战争中失败，由其领导的提洛同盟解散，斯巴达领导的伯罗奔尼撒联盟取胜。后来雅典又为北边的马其顿国王亚历山大（前356—前323）征服，进入希腊化时期，几百年间城邦때趋衰。其后亚平宁半岛的罗马兴起，出现民主制、君主制、贵族制交错的混合政制（罗马共和制），在千年间扩及地中海沿岸的广大地域，西欧遂由希腊之"分"迈向罗马之"合"。

---

① 张光直：《连续与破裂：一个文明起源新说的草稿》，《九州学刊》1986年第1期。张光直把两种起源分别称之"连续性文明"和"破裂性文明"，笔者修改为"连续性文明"和"断裂性文明"（或"跳跃式文明"）。陈宣良五卷本《中国文明的本质》（上海人民出版社2015年版）对这两种文明作详尽辨析。
② 赵林：《天国之门：西方文化精神》，湖南人民出版社2020年版，第20—34页。
③ 侯外庐、赵纪彬、杜国庠：《中国思想通史》第1卷，人民出版社1957年版，第11页。

公元5世纪北欧日耳曼蛮族入侵,西罗马崩解,由奴隶社会的帝制之"合"转向中世纪的封建之"分";至中世纪晚期,西欧数以百计的邦国统一为若干王国,由分散重新整合,近代统一市场得以发育。民主遗存、帝制统合、封建分权、统一民族国家,四者交融互摄,中世纪晚期形成市民与王权联盟,与封建贵族抗衡,构成由工业革命推动的西欧近代制度的起点。此即西欧的"断裂性文明"(或曰"跳跃式文明")的大貌。世界史家马克垚早年论著《西欧封建经济形态研究》[1]认为,西罗马帝国灭亡和日耳曼国家的建立,是世界历史上奴隶社会向封建社会过渡的典型。近年世界史学界流行"转型说",否定"断裂说",而马先生经过系统的再研究,"仍然坚持,这一转变是一种断裂,而不是转型,虽然西欧中世纪时有许多罗马文化遗留,但整个社会却是另外一番景象。罗马帝国的一页是被翻过去了"[2]。笔者的理解是,西欧中世纪封建制度并非罗马制度的延续性转型,而是由日耳曼蛮族新建。中世纪的封建国家首先在高卢(今法国一带)由法兰克人建立,并不是在罗马帝国核心区域亚平宁半岛由帝国遗绪组建。

西欧中世纪封建制度是对古代希腊罗马的一种制度断裂和新组。而近代西欧,从西班牙、葡萄牙、荷兰的早期重商主义到英吉利、法兰西的晚期重商主义[3],突破中世纪封建桎梏,对古代希腊罗马制度作否定之否定,实现近代经济制度、政治制度的构建。

西欧中世纪封建国家是对罗马的一种制度断裂和新组。这类情形,在中国制度史上基本上未曾发生。中国古制走的是延续性发展之路,所谓"周监于二代""汉承秦制""唐承汉制""宋承唐制""明承宋制""清承明制",故中国政治家和文化人讨论制度,大多"言必称三代""言必称先王"。

---

[1] 马克垚:《西欧封建经济形态研究》,人民出版社1985年版。
[2] 马克垚:《"西欧奴隶制向封建制过渡"的再认识》,《经济社会史评论》2018年第3期。
[3] 钱乘旦:《资本主义发展史上的大国兴替》,《文汇报》2007年1月22日。

(二) 华夏

华夏①的情形与西欧另成一格。在"东渐于海，西被于流沙"②的半封闭大陆，先民于广袤的农地男耕女织，定居生活，"安土重迁"③"尊天而亲地"④，信奉"同姓则同德，同德则同心，同心则同志"⑤，由血缘纽带维系的宗族传承不辍，氏族共同体基因长存，宗族构成社会基础。周金文屡见"宗"与"室"组成的"宗室"一语，并非如后来宗室专指皇族，例如《诗》《书》便多用此词泛指同宗族人。⑥这种分散的宗室社会，好比互不相关的一堆马铃薯，需要一个袋子统合起来，而强势的君主制度便是实现统合的袋子。⑦王权至上的官僚制度因以繁衍，宗族伦理上升为国家精神，"国家混合在家族里面，叫作社稷"⑧，家国一体的王朝制度延绵久远，政权频繁更迭也未导致君治国家制度发生根本性变化；游牧民族（统称"胡人"）入主中原，对华夏制度有所冲击，却皆演出"征服者被征服"的戏剧，不久即纷纷仿效汉制（当然，汉制也汲纳若干"胡制"）。如此，"由秦汉至明清二千余年之中，君统无改，社会少变。环境既趋固定，思想自多因袭"⑨。

华夏保持氏族制时代的公产组织社会形态进入文明，公权力由大家长式的君主掌握，国家组织与基层的血缘组织结构一致。⑩有论者将西周晚期厉王被国人驱逐，周公、召公联合执政（《史记》持此议），称为中国史上第一共和国诞生。此说失之牵强，周召联合执政还谈不上共和国，

---

① 华夏，汉民族的古称，初指五帝至周王朝所在中原地区的人民与文化。
② 《尚书·禹贡》。
③ 《汉书》卷9《元帝纪》："安土重迁，黎民之性；骨肉相对，人情所愿也。"
④ 《礼记·郊特牲》。
⑤ 《国语·晋语四》。
⑥ 《诗·召南·采蘋》："于以奠之，宗室牖下。"毛传："宗室，大宗之庙也。"顾炎武《日知录·上下通称》："今人以皇族称为宗室，考之于古不尽然，凡人之同宗者，即相谓曰宗室。"
⑦ 参见卡尔·马克思：《路易·波拿巴的雾月十八日》。
⑧ 侯外庐、赵纪彬、杜国庠：《中国思想通史》第1卷，人民出版社1957年版，第11页。
⑨ 《中国政治思想史参考资料绪论》，载萧公权：《中国政治思想史》，新星出版社2005年版，第589页。
⑩ 陈宣良：《中国文明的本质》卷1《总序》，上海人民出版社2015年版。

而只是以双头贵族取代国王的临时政治形式。清华简《系年》与《竹书纪年》皆解读为"共伯和"(共地之伯,名和),而《史记·周本纪》则指周、召二公共治,是周室内外诸侯联合执政,国人参与议政,却并无决定权,此种"二公共治"与希腊、罗马共和制相去甚远。

(三)分野

对比大陆型农本经济的中国与海洋型工商经济的西欧的制度史,可以发现两者制度属性的分野。

其一,西欧社会的血缘纽带较早断裂,形成社会契约以维系社会关系,从希腊、罗马、中世纪以至近代,制度的契约性在起伏跌宕中趋于加强。中国社会则长久保留坚韧的血缘纽带,血缘家庭是基本社会组织。"家"的初义是养豕(猪)之所,甲骨文"家"(㝩)、金文"家"(㝮)的字形呈现房屋内养猪,昭显血缘家庭是一个个独立的小农经济单位。以家为基础,放大为血缘共同体,"克明俊德,以亲九族"①,父系血缘纵向列为九族,以本人为基点,上推四代(父、祖父、曾祖、高祖),下推四代(子、孙、曾孙、玄孙),九族共居住、同命运。各种社会关系由血缘家庭为起始:以父子比拟君臣、以兄弟比拟朋友,构成自治的"家—国—天下"宗族制度体系。此种"家国同构"的制度系统垂之三千年,直至近代,中国人"犹然一宗法之民而已矣"②。严复此言庶几不差!

其二,古代西欧出现过希腊城邦民主制,罗马共和制、帝制,而中国则在商周建立宗法封建的王朝制(与希腊城邦民主制时间对应),周秦之际演绎为定于一尊的皇权制度(与共和罗马、帝制罗马时间对应)。希腊城邦民主制由君主制、贵族制(中经僭主制)演化而来,城邦制的核心概念是拥有参政权、审判权的"公民"和"公民社会"(议会及陪审团等),公民对公共政治有很高的关注度并拥有实际权益。③ 这与秦汉只有

---

① 《尚书·尧典》。
② 严复:《译〈社会通诠〉自序》,王栻主编:《严复集》第1册,中华书局1986年版,第136页。
③ 赵林:《天国之门:西方文化精神》,湖南人民出版社2020年版,第72—76页。

徭役义务、受朝廷管辖而并无自治权的"黔首"大相歧异。罗马帝制也与时间对应的秦汉制度颇相区隔：帝制罗马的权柄执于贵族组成的元老院，法令的制定、军政要务的抉择，乃至皇帝人选、储君选拔，均由元老院决策；此外，罗马的宫廷禁卫军拥有诛杀皇帝的法定权力，所以帝制罗马可分为元首制（从奥古斯都到戴克里先）和君主专制（从戴克里先到西罗马帝国灭亡）两个阶段，前期由元首或奥古斯都（即皇帝）与元老院的贵族群体共理国政，元老院尚有较大权力，后期则全由皇帝依靠军队进行专制统治。而在秦制之下，中国的军政财文权力集于皇帝一身，"天下之事无大小皆决于上"[①]，帝位继承乃皇室"家事"，不容臣民置喙。西汉昭帝无嗣，由武帝孙昌邑王刘贺（？—前59）继位，不久，顾命重臣霍光（？—前68）在征得皇太后及内廷许可后，以"违礼""荒淫"罪名废黜在位27天的刘贺（后封海昏侯），立武帝曾孙刘询（前75—前33）为皇帝（宣帝）。此类做法在帝制罗马司空见惯，在中国则为惊耸千载的特例，千百年后还有人指责霍光专断违制。

其三，西欧中世纪已出现由封建领主、教士、骑士和市民结盟限制王权的举措，形成"弱政府，强社会"的制度结构，与中古、近古中国的"强政府，弱社会"制度结构区别明显。如13世纪初英国的《大宪章》(亦称《自由大宪章》)维护贵族、教会、骑士的权利，保障市民利益，而对王权作出限制，规定非经贵族会议决定，不得征收额外税金；保障贵族和骑士的采邑继承权；承认教会自由不受侵犯；尊重领主法庭的裁定；国王官吏不得任意受理诉讼，对自由人非经合法判决，不得逮捕、监禁、没收财物或放逐出境；承认伦敦和其他自治城市的自治权，保护商业自由。由领主推举25人监督宪章实施。而在中国的秦法、汉制中，未见限制君权的法条，更无保障民间自治的规定。作为中华法系代表的唐律，把威胁、损害皇权的谋反、谋大逆、谋叛、大不敬等定为"十恶"罪，维护等级特权，皇族、官僚、富人犯法可减刑或免刑。

---

① 司马迁：《史记》卷6《秦始皇本纪》，中华书局2014年版，第329页。

其四，与中国制度自古追求天下"定于一"相区别，希腊通行"分权"与"自治"。在总面积不过十万平方公里的爱琴海沿岸诸半岛（伯罗奔尼撒半岛、阿提卡半岛）以及小亚细亚半岛西部沿岸（爱奥尼亚地区）和克里特等岛屿，千年间数百个独立自治的城邦林立，面积最大的斯巴达有 7000 平方公里，人口最多的雅典城邦盛时有 250000 人（公民 40000，余为妇孺和奴隶）。雅典在公元前 5 世纪左右通过商业和殖民活动，在地中海沿岸建立"海上同盟"乃至"海上帝国"（扩及亚平宁半岛、北非、黑海沿岸），但缺乏强劲的政治、军事统合力，不久即衰败以至崩解。继起的罗马实现一统政制，域跨欧、亚、非三洲，曾把地中海变为罗马的"内湖"，但在其广袤疆域，各省区及城邦仍保有自治权，形成许多自治省、自治市，自治市有公民大会、市议会、市级公职人员。自治省市对罗马承担军事、政治、财经义务，却又保留自立的政府、制度和语言等。而与希腊罗马同期的中国周秦两汉，先是组建宗法封建的周制，百余万平方公里、千余万人口统合于天子或霸主（"礼乐征伐自天子出"——"自诸侯出"），形成"华夏中心""四夷宾服"格局；继而建立中央集权的秦制，秦汉帝国拥有数百万平方公里领土[1]，数千万人口，"书同文，车同轨，行同伦"，建立皇帝直辖的郡县制，民众是朝廷直接征收赋役的编户齐民。其政制一统性、专权性，非希腊、罗马可比，连波斯帝国、印度孔雀王朝也难以企及。

传统中国存在某种程度的"民间自治"，除徭役、赋税、国家治安由朝廷直达乡里外，农村的基本民生、教化问题则由乡绅主持的民间社会管理，在日常情况下，民众的感觉是"天高皇帝远""帝力于我何有哉"，此即所谓"王权不下县"。不过，"普天之下，莫非王土，率土之滨，莫非王臣"的"王权一统"观念始终占据优势，"忠孝与共"是中国传统制度的固有理念，主持民间自治的"三老五更"，言论行为大体与皇朝相吻

---

[1] 战国（前 475—前 221）七雄，各有十余万至数十万平方公里，楚国超过百万平方公里。大一统的秦朝（前 221—前 206）国土面积 340 万平方公里；西汉（公元前 206—公元 8 年）国土面积 609 万平方公里；东汉（25—220）国土面积 580 万平方公里。

合,民众心理也趋于"报效官家"。纵览各地的"乡规民约",宗旨皆不出王法、礼教轨范。以上可见中国"民间自治"的有限性和"皇权一统"的普遍性。《水浒传》描写的祝家庄、李家庄、扈家庄、曾头市,都是民间社会组织,而基旨及行径与"赵官家"并无二致。

其五,西欧的中世纪及近代早期(英国光荣革命之前)是王权时代,但王者都有强劲的竞争对手,如教廷和贵族(后来还加上市民),王权须接受法律和制度的约束,在精神世界更须臣服于教皇、主教,王者须由教廷加冕,公权力是二元或多元掌控。而中国的中古、近古时代,皇权虽然有上天、礼教、贵戚、官僚、乡绅的制衡,但贵族与官吏的权力皆由朝廷予夺,公权力为皇帝一元掌控。因帝王神政合一,中国没有宗教领袖给君王加冕的故例,而往往由皇帝向宗教首领颁布金册、赐予名义。藏传佛教效力于元明清帝王,清代自顺治帝册封达赖喇嘛,康熙帝册封五世班禅为"班禅额尔德尼",形成历世达赖和班禅必须由中央政府册封的制度。雍正帝册封第七世达赖喇嘛,赐予印信;乾隆帝册封第八世达赖喇嘛,赐予金印。集政权、神权于一身,是秦汉以降帝制的一大特征。

列朝也出现过弱君,大权旁落于后妃、贵戚、权臣及宦官,但皆为非制度性的分治,皇权一元性没有真正改变。

西欧中世纪[①]建立贵族分权的封建制,与先此一千多年的华夏周制类似,但也有明显差异:西欧中世纪是在罗马帝国解体之际,由分散的军事强人(多为罗马以外的蛮族)先占土地,成为领主,由底层向上推衍自发形成封建格局。在这一过程中,领主制订契约,领主与庶众共同遵守,是为"契约封建"。而西周封建是由王廷自上而下作政治安排,周天子依宗法原则向宗族分封土地和人民,是为"宗法封建"。秦汉以降,在保留宗法关系的同时,确立君主集权官僚制,与中世纪西欧的教会—国

---

① "中世纪"一词由15世纪意大利人文主义者比昂多(1392—1463)率先使用,他在《罗马衰亡以来的千年史》中指"中世纪"为"古典文化与文艺复兴这两大文化高峰之间的一段历史时期"。

王—贵族分权制大相区隔。

西欧中世纪始于公元476年西罗马帝国灭亡,终于公元1453年东罗马帝国灭亡,千年间列邦实行封建的贵族政治、领主经济。在法兰克王朝,流行"我的领主的领主不是我的领主""我的附庸的附庸不是我的附庸"之说,中世纪骑士英勇杀伐,死忠有恩于他们的某位侯爵、伯爵,并不知国家、国王为何物,效命于国王是中世纪末期才发生的事情。中国在同期(隋唐宋元明)则早已确立君主集权下的官僚政治,天下百姓自认皇帝臣民,如《水浒传》所表现的,连反对贪官的落草豪杰如武松等也不忘报效"赵官家",期待日后"边廷上一刀一枪",以"博得个荫妻封子"。中西侠士旨趣颇相差异,正表现中古时代中国与西欧的制度大相径庭,前者是君主集权的皇帝制,后者是贵族、教会与国王分权的封建制。

东西方古代及中世纪的制度分野,造成东西方近代转型的基点颇相差异。

五、制度生成机制比较(乙):中与日

地处"东亚文化圈"(或曰"汉字文化圈")外缘的日本,常被称之与中国"同种—同文—同制",其实并不尽然,二者同中存异,而且差异颇著。且不论中日并非"同种"(有DNA检测为证),"同文"也有可议之处(日本借用汉字,语法结构却不同,因而思维方式区别甚大),以制度论,两国的文化原型颇相异趣。

中国三千多年前已确立君治王朝,而古日本长期处于部族社会,分散的部落于公元5世纪方统合为大和政权(首领称"大王",见之于日本各种青铜铭文),7世纪始立天皇制[①],其后千余年延续此制。被夸张地

---

① 日本最早典籍《日本书纪》《古事记》称,天皇是创世的天照大神后裔,第一任神武天皇公元前7世纪登基,此系神话传说。真实历史是,公元689年日本颁布《飞鸟净御原令》,首出"天皇"之名,第一任是女性天皇。

称之"万世一系"的天皇,大多数是虚君(而中国没有虚君传统,要么君掌实权,要么权虚之君被推翻、取代),朝政由摄政、关白(合称"摄关")掌理,继由太上天皇主持的院政与武士掌权。12世纪末叶以后,脆弱的王政崩解,镰仓幕府(1185—1333)、室町幕府(1336—1573)时期,进一步虚置皇室,其后出现战国纷乱,在强藩中脱颖而出的军事强人织田信长、丰臣秀吉掌理大权(明代万历朝曾误以为丰臣秀吉是日本国王),之后德川氏以征夷大将军掌握军政大权,在江户建立更强势的德川幕府(又称江户幕府[1603—1868]),天皇虚置京都,尸位素餐,远离权力中心江户(1868年改称东京),土地、人民分属世袭大名。由藩国独立、庄园经济、人身依附、武士传统构成"幕藩体制",实行分权的封建政治、领主经济,与同期中国(宋元明清)的君主集权政治、地主自耕农经济恰成反照。

庶众(武士更甚)对领主人身依附是日本中世、近世的突出现象。日本元禄十四年(1701)一群武士为藩主浅野长矩复仇,结成"义盟",刺杀仇家,后46名武士集体切腹自杀,此事件编为名剧《忠臣藏》,演出至今。《忠臣藏》情节与《史记·刺客列传》所载两千多年前战国游侠豫让不惜毁身为恩主复仇的故事类似,也与西欧中世纪(时间与元禄年间相近)骑士死忠于领主可以一比,此皆为封建制度下臣属对领主人身依附的表现。直至幕末——明治"大政奉还",继以"废藩置县"(笔者世纪之交数年在日本讲学地爱知县,便是明治维新时由尾张藩、三河藩两个封建藩国改制合并而成的),日本在19世纪中叶方完成中国两千多年前秦代的"废封建、置郡县",达成科层制的中央集权,臣民从对领主效忠变为对天皇国家效忠。可见,日本制度史序列与西欧类似,而与中国史时序相错甚远,其"中世"(镰仓幕府、室町幕府)、"近世"(江户幕府)的经济——政治制度与同期的宋元明清大相径庭,却与西欧中世纪制度别无二致。

中日制度不仅时序相异,而且主旨有别。日本启蒙思想家福泽谕吉(1835—1901)首版于1875年的《文明论概略》总括日中制度差异:日本政制由"至尊未必至强"的天皇（虚君）与"至强未必至尊"的幕府征夷大将军协同组成（征夷大将军受贵族团体制约），社会二元结构，君制松弛；中国由"至尊而且至强"的帝王独掌大权，君制森严，社会一元结构。

19世纪中叶（江户幕府末期），英国首任驻日本公使欧卢科库（中文名阿礼国[1807—1897]，曾在清末中国滞留二十余年）依据在日本三年实地考察，著《大君之都》（"大君"指幕府将军，非指天皇），称日本的幕藩制为"东洋版的封建制度"，与中世纪西欧封建制"酷似"[①]。旅日多年的章太炎（1869—1936）也发现，近代中国"去封建远"，与西欧类似的日本"去封建近"[②]。故中国与日本近代化的起点相异（中国立基于集权帝制，日本立基于分权封建制），近代化的历程也就颇不相同。一个百年来反复讨论的题目——"何以同期发生的清末洋务运动与日本明治维新的成效大异"，其答案之一，应求索于中日两国近代前夜的制度区别。

综论之，在中国—西欧间、中国—日本间，并不存在同一的制度形态和类似的制度史序列。中国与日本存在着制度上的结构性差异，故中日"同种同文同制"说，乃粗糙不确之论；而将中国制度史套以西欧模式，更是"削足适履"[③]，如此述史必然陷入"语乱天下"[④]。拙著《"封建"考论》第二章详议于此，本书不另赘述[⑤]。

六、以"社会形态说"观照制度史

中国社会制度史历程繁复错综，原始氏族社会约定俗成的习惯法且

---

① 欧卢科库（阿礼国）：《大君之都》，岩波书店1962年版。引语为笔者试译中文。
② 章太炎：《代议然否论》，《章太炎政论选集》上册，中华书局1977年版，第456页。
③ 钱穆：《国史大纲》，商务印书馆1948年版，第18页。
④ 侯外庐：《中国思想通史》第2卷上册，生活·读书·新知三联书店1950年版，第374页。
⑤ 冯天瑜：《"封建"考论》，中国社会科学出版社2010年版，第94—190页。

不深议，自跨入文明门槛，确立权位世袭的王朝政制以后，三千多年的社会制度，略分周制与秦制两大系统。

宗法封建制行"王道"，成形于西周，变态于东周，传世三千年；君主集权制酝酿于春秋战国的列国之间，定格于秦代，行"霸道"，辅以"王道"，传世两千余年。

秦汉以降，由皇帝直辖的科层制官僚系统取代分权贵族政治，日趋刚性化的皇权掌控社会，但柔性君权的周制并未消弭，或隐或显地在朝廷乃至社会基层（村社）延绵推衍。两汉以至明清，秦制呈显性，周制呈隐性，而在观念领域则阳儒阴法，周秦二制彼此颉颃又相互为用，综合为一种"霸王道杂之""儒表法里"的汉制，铸造了前近代中国的社会形态。

"社会形态"是一定生产力制约下经济基础与上层建筑的统一体，是社会经济结构、政治结构、文化结构的综合。社会运动并非仅是政治制度的变迁，而是综合意义上的社会结构的演绎。

"社会形态说"引入中国百年，突破王朝史帝王家谱旧套，开辟史学研究新生面，深化了关于历史发展规律的认识。然而，此说本身并不完善，在中国传播与运用中，曾陷入经济决定论的偏颇，又往往照搬外来公式，或者简单套用"亚细亚生产方式说"，将中国前近代社会一言以蔽之曰"土地国有（王有）的东方专制主义"；或者以《联共（布）党史简明教程》从西欧历史概括出的"五种社会形态单线递进说"框定中国历史，把制度主流非封建的秦汉以下两千年归入"封建社会"。[1] 引起这类偏失的表浅原因，是"社会形态说"涉及的若干核心概念（如"奴隶制度"—"奴隶社会"，"封建制度"—"封建社会"）没有厘清；深层原因是，未能对中国实际运行的国家制度（如"宗法封建制""皇权郡县制"）、土地制度作深入辨析，将中国制度史勉强归于西欧"奴隶制—封建制—资

---

[1] 见拙著《"封建"考论》（中国社会科学出版社 2010 年版），又见拙文《复现中国史分期本真——兼评〈联共（布）党史简明教程〉单线历史模式》，《江汉论坛》2021 年第 3 期。

本主义制"的演进模式。这种做法日益受到质疑。然而质疑之余，又不应回复到王朝递嬗的述史旧套，而当在王朝更迭的表象背后，对经济、政治、社会、文化加以综合，探究中国实际经历的社会形态变迁，并与异域（如西欧各国及日本，乃至印度、波斯等）相比较，发现前近代中国制度特色及运行轨迹。

中国制度历代发生演化，殷周之变、晋唐之变、宋元之变、明末清初之变皆须关注，而尤当考辨的社会形态的战略性更革有两次：

（1）第一次大更革（周制演为秦制）发生于周秦之际，在生产力进步（牛耕、铁制农具使用）、生产关系演化（土地可以买卖的地主经济取代土地占有是政治特权的领主经济）推动下，世袭贵族式微，军功新贵、参政士子崛起；"天子与贵族分权"的宗法封建制，演为"帝王通过朝廷命官统辖庶众""天子与士大夫共天下"的君主集权制。

秦汉以降两千多年，政治经济制度层面，秦制为显、周制为隐；观念文化层面情形似乎相反，"从周"的儒家为显，"从秦"的法家为隐。周秦两制彼此博弈，互动互渗，共构以地主经济、王权政制为内核的中古—近古社会形态。

（2）中国社会形态第二次大更革发生在清民之际。19 世纪中叶以降，随着工业文明降临，西学东渐，世界由分散走向整体，伴随西制的楔入，中国固有的经济—政治结构渐趋解体，发生社会形态的近代转型，由周秦二制综汇而成的社会制度体系是此一转型的基点。

近代制度（无论冠以多少名目）并非单凭某些政治家、思想家"设计"出来，而是在历史演进、中外互动中渐次形成的，是在对周秦二制承继与解构过程中得以重建的。故而清理并反思周制、秦制，须置之于文化生态演化的背景下进行，这是今人探讨制度问题不可旁贷的一项"共业"。

第一章　周制来路

一、古制分期

中国古代国体大略经历三个先后相继的阶段：(1)部落时代，(2)封建时代，(3)郡县时代。①吕思勉的这一简要分期，须作进一步解析。

（一）"部落时代"与"封建时代"之间可单列"酋邦时代"

部落时代也即原始公产的"无君"时代，"未有君臣上下之别"②，"厚赏不行，重罚不用，而民自治"③。这一传说中的制度，其人格代表，是构木为巢的"有巢氏"，取火用火的"燧人氏"，仰观俯察以作八卦的"伏羲氏"，制耒耜教民耕作的"神农氏"（又称"炎帝"），艺五种、制衣冠、定历法的人文初祖"黄帝"。这些"开物成务"的上古文化英雄，实为数千年间创制原初制度的先民群体的代称。④

部落时代的晚期，进入制陶、用玉的新石器阶段，农业、畜牧业发展导致私有财产增殖，社会组织复杂化，聚落—中心聚落—古城—古国相继出现，约在距今7000—4500年间形成若干古城、古国（或曰方邦、酋邦）⑤，如在今内蒙古赤峰红山文化发现距今6500—5000年的古城遗址；

---

① 见吕思勉：《中国制度史》，上海教育出版社1985年版。
② 《管子·君臣》。
③ 《韩非子·五蠹》。
④ 参见拙著《上古神话纵横谈》，上海文艺出版社1983年版。
⑤ 参见王震中网上讲座《中国早期文明演进中的两个阶段特征——从邦国到三代王朝国家》。

甘肃秦安大地湾遗址发现 420 平方米的大房子，堂前庭院有 12 个大柱洞，可能是提供给 12 个部落树立图腾的基座；河南灵宝的仰韶文化遗址发现大型建筑基址，显系部落联盟议事或举行祭祀活动的公共建筑；6000 年前的大溪文化发现早期古城，在稍后的龙山文化晚期发现古城址 70 多处；距今 5300 年前后的河南二里头发现 300 万平方米的古城遗址；距今 4300 年的山西襄汾陶寺古城面积达 280 万平方米；距今 5000 年的良渚文化，有更宏大的宫殿及城垣遗址、贵族墓葬，高水平的水利设施，大量的稻谷和石犁、石镰，众多的精美玉器、陶器、丝织品及刻画符号。这些考古发现与传世文献多邦林立的记述恰相映照，说明 5000 年前后东亚大陆已经出现渐趋繁盛的酋邦社会。《周易》《尚书》《左传》等古典及周金文每以"万"字极言其时酋邦之多：

　　《左传》谓"执玉帛者万国"①，《尚书》谓"协和万邦"②，《周易》谓"先王以建万国"③，《荀子》谓"古有万国"④，西周青铜器铭文称"合受万邦"⑤。

　　传世文献与考古材料共同证实，继部落时代而起，又与后来的王朝时代有异，存在过延绵三千年左右的万国并立的酋邦制，大约相当于传说的尧舜禹时代（距今五千到四千年间），是"大同"到"小康"的过渡形态。

（二）秦汉以降帝制实行"家天下"，又要占有"官天下"（公天下）名义

　　历来作制度史分期，每每为制度的公私之辩这一公案所困扰。今略

---

① 《左传·哀公七年》。
② 《尚书·尧典》。
③ 《周易·比卦·象辞》。
④ 《荀子·富国》。
⑤ 陕西扶风出土《史墙盘》称周文王"合受万邦"。

加考析。

　　置之社会发展史视角，称帝王"官天下"（公天下）实乃王朝时代统治者制造的一个伪命题。历代王朝无一例外均实行"家天下"，却又要占有"公天下"美名，自比尧舜，以招徕民众。

　　秦始皇可能是混淆帝制公私性质的始作俑者。西汉宗室、目录学家刘向（前77—前6）所撰《说苑》记有一段秦代故事：

> 秦始皇帝既吞天下，乃召群臣而议曰："古者五帝禅贤，三王世继，孰是，将为之。"博士七十人未对，鲍白令之对曰："天下官，则让贤是也；天下家，则世继是也。故五帝以天下为官，三王以天下为家。"秦始皇帝仰天而叹曰："吾德出于五帝，吾将官天下。谁可使代我后者？"鲍白令之对曰："陛下行桀纣之道，欲为五帝之禅，非陛下所能行也。"秦始皇帝大怒曰："令之前！若何以言我行桀纣之道也？趣说之，不解则死。"令之对曰："臣请说之。……"①

　　"吞天下"的秦始皇声言，要在"五帝禅贤"与"三王世继"之间择善而从，几十位秦博士未作声，唯齐人鲍白令之（荀子门生）应对曰："天下官，则让贤是也；天下家，则世继是也。"所以五帝公天下而禅让，夏商周三王"私天下"而世袭。始皇自认"吾德出于五帝，吾将官天下"。鲍白令之坦言驳斥，"陛下行桀纣之道"，无资格仿五帝禅让，始皇"黯然无以应对之，……遂罢谋"，不再冒五帝禅让之名号称"官天下"（公天下）。

　　刘向《说苑·至公》多记春秋战国以至秦汉流传的遗闻逸事，上段讲辞显系秦汉之际的小说家言，不可以信史视之，但秦初曾有行"禅让"还是行"世袭"的讨论，却大体如是。秦始皇二十八年（前219）东巡时在今山东峄县留下的峄山石刻（有南唐徐铉临写本，现存西安碑林），文曰"世无万数，陀及五帝，莫能禁止"，流露出对五帝盛名的向往，又实

---

① 《说苑》卷14《至公》，上海古籍出版社1990年版，第120页。

称"乃今皇帝,壹家天下"。秦二世也记言"后嗣为之者,不称成功盛德",表示对五帝德望的景仰而又迷恋"壹家天下"。

刘向《说苑》所讲故事并非空穴来风,秦始皇、秦二世及历代帝王皆标榜"公天下",有的还作出"禅让"姿态,说明尧舜之治声名远扬,最专权的帝王也要冒取这个美名,不过他们实际推行的是一姓之家天下,还想一世、二世直至万世延传不辍。

秦汉以降不断有人继续讨论天下为"公"还是为"私"的问题。西汉太守谷永(？—前11)劝谏成帝:"天生烝民,不能相治",故需要"立王者以统理之";但虐民的无道王者也会导致乱亡(如"暴秦"二世而亡),故"为民"方是君主行政的目标,他指出:

> 方制海内非为天子,列土封疆非为诸侯,皆以为民也。垂三统,列三正,去无道,开有德,不私一姓,明天下乃天下之天下,非一人之天下也。①

谷永以大同之世的"公天下"规劝皇帝,倡"天下之天下,非一人之天下"(此语先出于战国末的《吕氏春秋·贵公》)。

汉代今文经学博士韩婴(约前200—约前130)区分"家天下"与"官天下":

> 五帝官天下,三王家天下,家以传子,官以传贤。②

"官天下"指传说中的五帝(炎黄尧舜等)禅让,"家天下"指夏商周"三王"(夏禹、商汤、周文)世袭传承,其中周代世袭制史载最明确,《韩诗外传》说:"夏殷之王虽则传嗣,其文略矣。至周,始见文王世子

---

① 班固:《汉书》卷85《谷永传》,中华书局1962年版,第3467页。
② 《韩氏易传》,惠栋:《周易述》附《易例》引,中华书局2007年版,第668页。

之制。"① 认为帝王当取切实可行的周制，规范王位世袭。

后世帝王往往称"官家"，宋代太宗、真宗曾与大臣讨论此题，王君玉的《国老谈苑》卷二载："太宗谓曰：官家之称，其义安在？铉曰：三皇官天下，五帝家天下。盖皇帝之谓也。"② 把"官家"与官天下的三皇与家天下的五帝双双挂钩，这正合皇帝心意。真宗与臣子对话，也议及此。可见帝王一方面实施"家天下"，又要占有"官天下"（公天下）名义。宋代尊称皇帝为"官家""赵官家"，欧阳修《新五代史》、佚名《大宋宣和遗事》多用此名。

周秦之际以降，秦的郡县制取代周的封建制，引发汉唐以下围绕政制的公私之辩。一些论者限于道德评判，言未及义，而唐人柳宗元、明清之际王夫之对制度的公与私，作历史主义考论，深入制度问题底里。

柳宗元的《封建论》指出，封建是古制，"尧、舜、禹、汤、文、武而莫能去之"，"势不可也"。殷、周"不革"，未作政制改革，为捍卫宗室子孙以行封建，这是权力用于私（"夫不得已，非公之大者也，私其力于己也，私其卫于子孙也"），而秦革新政制，实行郡县，达成天下一统，成一大公（"秦之所以革之者，其为制，公之大者也"）。柳氏指出，帝王设郡县，出于专权于己的自私之心，但郡县制使天下安平，客观上达成天下之大公。柳氏总评曰：

> 秦之所以革者，其为制，公之大者也；其情，私也，私其一己之威也，私其尽臣畜于我也。然而公天下之端自秦始。③

王夫之赞同柳论，从主观意愿和客观社会效果关系这一哲学视角申述道：

---

① 此为《初学记》所引《韩诗外传》逸文。徐坚等：《初学记》卷10《储宫部》，中华书局1962年版，第229页。
② 王君玉：《国老谈苑》卷2，商务印书馆1936年版，第14页。
③ 柳宗元：《封建论》，《柳河东集》，上海古籍出版社2008年版，第48页。

> 郡县者，非天子之利也，国祚所以不长也；而为天下计，害不如封建之滋也多矣。呜呼！秦以私天下之心而能罢侯置守，而天假其私意行其大公，存乎神者之不测，有如是夫！①

"天假其私意行其大公"，确乎至理哲言！

清人颜元（1635—1704）对柳论又作驳议：

> 秦人任智力以自雄，收万方以自私，敢于变百圣之大法，自速其年世，以遗生民气运世世无穷之大祸，祖龙之罪上通于天矣！②

昔贤对权力的"公"与"私"作道德论或历史论的评判，一直争辩不息，将制度论引向更深层的境界。

（三）制度史简明序列

中国古代制度经历了部族—酋邦—王朝（分前期、中期、后期）几个阶段；近百余年，社会形态及其制度正在发生近代性转化。

综合上述，中国制度史可以略分六段：

（1）部族时代（"三皇"阶段，原始"大同"之制）；
（2）酋邦时代（"尧舜禹"阶段，原始"大同"向"小康"转化）；
（3）王朝时代前期（夏商周三代，宗法封建的"周制"形成）；
（4）王朝时代中期（周秦之际，君主集权的"秦制"构建）；
（5）王朝时代后期（两汉至明清，"霸王道杂之"的汉制延绵）；
（6）近代（清民之际以迄当下，渐次形成工业文明基础上的近代制度系统）。

本书讨论王朝制度，在"周制"与"秦制"的演绎与互渗上展开。

---

① 王夫之：《读通鉴论》，中华书局 2013 年版，第 2 页。
② 颜元：《习斋四存编》，上海古籍出版社 2000 年版，第 153 页。

而王朝制（尤其是前期王朝的周制）与酋邦制有多重联系，酋邦制又与部落时代的"大同"之制藕断丝连，故对部落时代与酋邦时代也须略加追溯；对超越王朝制的近代制度则作进行式探讨。

二、"天下为公"的"大同"

世界各地都经历过漫长的部族时代，新旧大陆的初民以采集—狩猎为生，直接获取自然物，"饥则呴呴，饱则弃余"①，少有剩余生活资料，形成无私产、无特权的原始制度。

人类学的通常说法是（异说暂且存而不议），人类约于 300 万年前衍生于东非高原，渐向亚欧大陆扩散。中国境内发现的最早直立人——元谋人，距今约 170 万年；北京人距今约 50 万年，皆处于以打击法制造石器的旧石器时代，其最早的社会组织是血缘家族。

早期智人（距今约 25 万年至 4 万年的大荔人、许家窑人、丁村人、马坝人、长阳人等）逐渐由血缘群婚向族外群婚过渡。

距今 5 万至 1 万年前，大江南北、黄河上下，出现晚期智人（柳江人、山顶洞人、河套人、资阳人等），刮制、磨制较精细的石器和标枪、弓箭、鱼镖等狩猎捕鱼工具，进入新石器早期。随着采集—渔猎经济的发展，在血缘家族制基础上，氏族制萌生。

至距今 1 万年前后，进入新石器中期（黄河中游的仰韶文化，黄河下游的大汶口文化，长江中游的大溪文化、屈家岭文化，长江下游的河姆渡文化、马家浜文化等），发明农业（北方粟作和南方稻作两系统），饲养家畜，烧制陶器，从事纺织。"昔太古尝无君矣，其民聚生群处，知母不知父"②，一个老祖母繁衍的若干后代组成氏族村落，成员协同劳动、平均分配，形成母系氏族公社制。

---

① 王夫之：《思问录外编》，《船山全书》第 12 册，岳麓书社 2011 年版，第 467 页。
② 《吕氏春秋·恃君览》。

先民在采集—狩猎过程中逐渐驯化野生动植物,发明农业和畜禽饲养业,猎人变农人,食物采集者演变为生产者,攫取性经济提升为加工改造自然物的生产性经济,这便是农业革命。由农业革命养育的氏族公社制产生在文字发明前夕,属于史前期或曰传疑时代,大约与传说中的"三皇"相对应(伏羲、神农、黄帝为"三皇",是传说中的氏族联盟首领)。考古材料与古史传说相映照,展现了氏族制的基本特征:

(一)土地、工具等生产资料氏族公有,氏族人群共同劳作,平均消费,"无私耕私织,共寒其寒,共饥其饥"①。

(二)尚未建立强制性法条,"古之时未有三纲六纪,民人但知其母,未知其父"②,"厚赏不行,重罚不用,而民自治"③。

(三)氏族首领不脱离劳动,不享有特权,没有强制性制度,所谓"神农无制令而民从"④,"无有相害之心,此至德之隆也"⑤。

周秦之际的儒者托孔子之名,对氏族制有一经典追述:

> 大道之行也,天下为公,选贤与能,讲信修睦。故人不独亲其亲,不独子其子,使老有所终,壮有所用,幼有所长,矜、寡、孤、独、废、疾者皆有所养,男有分,女有归。货恶其弃于地也,不必藏于己;力恶其不出于身也,不必为己。是故谋闭而不兴,盗窃乱贼而不作,故外户而不闭。是谓大同。⑥

"大同"是对氏族制的一种概括,虽涂抹上理想化的玫瑰色,却大体反映了前文明时代公有制、原始民主制的基本状貌。古史传说、考古材料、边地民族史(乌丸、契丹、蒙古等)、文化人类学家对今存原始人群实地

---

① 《尉缭子·治本》。
② 陈立:《白虎通疏证》,吴则虞点校,中华书局1994年版,第50页。
③ 《韩非子·五蠹》。
④ 《淮南子·氾论训》,上海古籍出版社2016年版,第311页。
⑤ 《庄子·盗跖》。
⑥ 《礼记·礼运》。

考查，共同证明原始"大同"之制曾经实存。

三、酋邦制与"尧舜禹"崇拜

美国文化人类学家埃尔曼·塞维斯（1915—1996）在《原始社会的组织》《国家与文明的起源》中将人类社会组织划为前后递嬗的四阶段：游群、部落、酋邦、国家。游群在旧石器时代，部落在新石器时代早期，酋邦在新石器时代晚期，国家在金属器时期。酋邦处于部落与国家之间，酋长是部落联盟公举的首领，拥有非强制性的权力，酋长对社会决策有重大影响，但社会决策仍保有集体合议传统。

"酋邦"，华裔学者或称"复杂社会"（许倬云）、"古国"（苏秉琦）、"万邦"（田昌五），还有"邦国""神邦"等名号，皆指由酋长（部落联盟公举的首领）统率的社会制度，既不同于财产及权力公有的部落制，也不同于财产私有、权力世袭的王朝制，而是原始社会末期的军事民主制，社会的决策活动多是"集体性质"的，但酋长已拥有相当高的威权。酋邦是《礼记》所载"大同"与"小康"之间的一种过渡性制度形态，相当于古文献所载传说的尧舜之制，考古发现的河姆渡文化、良渚文化、龙山文化、大汶口文化、屈家岭文化等，皆是酋邦制的散点形态。

（一）逼近国家制度边缘

大约五六千年前后，东亚大陆进入新石器晚期（黄河下游的龙山文化、太湖流域的良渚文化、辽河流域的红山文化等），体力较强健的男子在生产中渐居主导地位，家庭地位提高，对偶婚转为一夫一妻制，组成父系家族，男子是财产继承的主体，按男系计算世系，此乃父系氏族公社制，氏族共同体内部出现财产私有、商业与货币，阶级分化渐趋明显，建立由若干氏族公社组合的部落联盟，可以名之"酋邦"或"邦国"，逼近国家制度边缘。如在钱塘江—太湖流域的良渚文化发现的距今5100年至4100年的古城遗址，有复杂的建筑布局、超级水利坝址和20万斤稻米遗存、精美的玉琮等玉器（显系贵族用品）。

酋邦内部出现君民分化和初步拥有公权力的"帝"，已区别于"无君"的"大同"之制。《尚书》对"帝尧"时期的文化形态记载道：

> 曰若稽古帝尧，曰放勋，钦明文思安安，允恭克让，光被四表，格于上下。克明俊德，以亲九族。九族既睦，平章百姓。百姓昭明，协和万邦。黎民于变时雍。[1]

此时已非"民自治"，而由帝尧主持邦国，尧明察四方，善理天下，氏族内亲爱和睦。这当然是周人对古帝的理想化追思，但其关于酋邦的公权力已由帝者掌管的描述，却有考古材料证实：浙江余杭发现距今5000年的良渚文化大墓，内藏数以千计的随葬玉器，其中有琮、璧、钺三种礼器，琮是神权的代表器具，璧是财富的代表器具，钺是军事统帅的象征。说明当时的社会已存在掌理神权、财权、军权的显要人物，可视为早期王者（殷代甲骨文显示，"王"字来源于兵器"钺"字）。[2] 此间的邦国首领与大众同劳动、共甘苦，又已凭借暴力，享有威权，为众人崇仰、畏服。

（二）禅让

新石器时代晚期尚在文字发明前夕，仍属传疑时代，大约与传说中的"五帝"相对应。古典通常称少皞、颛顼、帝喾、尧、舜为"五帝"，皆为氏族—部落联盟首领，其中为人乐道的是尧、舜。古史相传，那时首领"禅让"，"传贤而不传子"，大事"谋于其众"（西安半坡遗址有方形大屋，便是氏族众议场所），社会处于"通贤共治"[3]的自然状态。

禅让是酋邦时代的首领承袭方式之一。"禅"指在祖宗面前或众头领

---

[1] 《尚书·尧典》。
[2] 中国国家博物馆编：《文物史前史》《文物夏商周史》，中华书局2009年版。
[3] 《尚书大传》：古者"天子命与诸侯辅助为政，所以通贤共治，示不独专，重民之至"。

会议上大力推荐，"让"指原有首领生前让出权位，是一种非血统的首脑继承法。上古时非血统继承与血统继承交替进行，相传黄帝（姬姓）禅位少皞（嬴姓），少皞禅位黄帝的孙子颛顼（姬姓），颛顼先传位嫡子孺帝，孺帝早夭，帝位由颛顼族子喾（黄帝曾孙）继承，帝喾传位儿子帝挚，帝挚禅位异母弟尧（祁姓），帝尧禅位舜（姚姓），舜禅位禹（姒姓）。尧—舜—禹之间的传位是"众举""选贤与能"的禅让典范。史载："尧崩，而天下如一，同心戴舜，以为天子。"[①]"天下诸侯朝觐者，不之尧之子而之舜……故曰：天也，夫然后之中国，践天子位焉。"[②] 先周和周初有王位辞让的传说：泰伯让位王季，王季让位文王，文王让位武王，谓之"三以天下让"[③]。

"禅让"作为酋邦时代的权力承袭法，为后世景仰，往往引为批评君位世袭制的一种比照性标杆，被后人例举、尊崇。不过，王朝时代的君主为了装饰自己，克服王位继承遭遇的困境，或为了给夺权篡位罩上圣洁的光环，往往也举起"禅让"旗号，如战国时燕王姬哙让位国相子之，此为禅位外姓，谓之"外禅"；赵武灵王禅位儿子赵惠文王，谓之"内禅"。外禅的例子还有西汉末皇太子刘婴禅让给王莽（新始祖），东汉末献帝刘协禅让给曹丕（魏文帝），魏元帝曹奂禅让给司马炎（晋武帝），等等，此为改朝换代的一种冠冕堂皇的名义。内禅有唐高祖李渊禅让给嫡次子李世民（其实是李世民逼迫李渊让位），唐睿宗李旦禅让给母亲武曌，武曌禅让给三子李显（唐中宗）。还有唐玄宗与唐肃宗间的禅让，宋徽宗赵佶禅让给宋钦宗赵桓，清乾隆帝禅让给嘉庆帝，等等。这些帝王禅让，仅存其名，已全然丧失酋邦时代禅让"众议推举""选贤与能"的精义。

无论是酋邦时代尧—舜—禹禅让，还是王朝时代的内禅与外禅，都是制度史上权力交接的非常规形式。

---

① 《左传·文公十八年》。
② 《孟子·万章上》。
③ 见《日知录》卷7，"三以天下让"条，《日知录集释》，中华书局2020年版，第365—366页。

（三）人格标志

古典对初民制度的记述往往寄名于传说中的上古文化英雄，如氏族时代的制度象征是传说中的伏羲氏、神农氏、黄帝等[1]，而酋邦首脑的人格标志是传说中的尧、舜、禹。

"尧"又称陶唐氏，帝喾之子，尧为其谥号，发祥地在今山西汾河流域。尧开启禅让之先河，晚年应众诸侯之推荐，由贤明的舜作虞官，测试三年，让舜代行天子之政。

"舜"，又称有虞氏，相传是颛顼七世孙，发祥地在今山西西南的蒲州一带。故尧舜有"唐尧虞舜"之称。

后继于尧舜的"禹"，姒姓，夏后氏，其治水之功、接受舜禅位、军事征伐等事迹，载于传世文献《尚书》《墨子》《史记》，《墨子》的《尚贤》《尚同》记述较确切，西周、春秋青铜器铭文及汉代画像石亦有描述，如汉代画像石上的大禹形象，头戴斗笠，手持耒耜，与古文献所记大禹治水的情况相符。禹因其功绩被众多部落首领拥戴，舜将天子位禅让给禹，禹拥有召集诸侯会盟，掌理军队、刑罚的公权力。

尧、舜、禹不同于上古时代的神农（炎帝）"刑政不用而治，甲兵不起而王"[2]，已建立初级行政管理制度，形成上下等级秩序，但酋邦时代还保持着领袖生活清苦、与民共劳作的氏族制传统：

> 尧之王天下也，茅茨不翦，采椽不斫；粝粱之食，藜藿之羹；冬日麑裘，夏日葛衣；虽监门之服养不亏于此矣。
>
> 禹之王天下也，身执耒臿，以为民先；股无胈，胫不生毛；虽臣虏之劳不苦于此矣。[3]

尧舜禹所象征的酋邦时代（约在新石器时代晚期），正值从"大同"

---

[1] 参见拙著《上古神话纵横谈》，上海文艺出版社1983年版。
[2] 《商君书·画策》。
[3] 《韩非子·五蠹》。

向"小康"转化的阶段,传世文献和愈益丰富的出土文献共同证实这一制度的存在,所谓"于古有征",却征之未详,故自古即有质疑禅让制的论说,如荀子称:"夫曰尧舜禅让,是虚言也,是浅者之传,陋者之说也。"[1] 韩非更不承认和平禅让的存在,舜继尧位、禹继舜位,是"臣弑君"的结果。[2] 唐人刘知幾《史通》引《汲冢琐语》,称舜被禹赶到苍梧而亡。张守节《史记正义》引《竹书纪年》,称"舜囚尧"。类似说法皆剥除古制的理想化外衣,但全然排除彼时和平让权,也是武断之论。

(四)"尧舜禹"崇拜

人类原始社会普遍存在图腾[3]崇拜,先民将某些动物、植物、山石河流视作祖先的象征、保护者,对其崇拜乃至畏惧,后来又演化为对龙、凤、麒麟等虚拟物(往往是对自然物的拼合、改造)的崇拜,进而出现对文化英雄(如伏羲、神农、黄帝等传说古圣)的崇拜。

跨入文明门槛前后的先民,崇拜对象逐渐从虚拟的古圣转向传说的人王。如果说,有巢氏、燧人氏、伏羲、女娲乃至神农、黄帝乃邈远的古圣、神异,后世只能遥为顶礼,无法奉为具体表率,而酋邦制的领袖则提供了较为切实的制度范式,接近现实君主又比现实君主"崇高"的"尧舜禹"成为更真切的崇拜对象,而此种崇拜延传不辍,成为中国制度史上经久不衰的题旨,人们对"尧舜禹"制度完美、品格高尚的称誉,达到无以复加的程度:

> 大哉尧之为君也! 巍巍乎,唯天为大,唯尧则之。[4]
> (尧帝)其仁如天,其知如神。就之如日,望之如云。富而不

---

[1] 《荀子·正论》。
[2] 《韩非子·说疑》。
[3] "图腾"一词源于印第安语,意为"它的亲属""它的标记",指记载神灵的载体,是原始人信仰的某种自然物或想象物。
[4] 《论语·泰伯》。

骄，贵而不舒。①

（舜）年二十以孝闻，三十而帝尧问可用者，四岳咸荐虞舜。②

巍巍乎！舜、禹之有天下也而不与焉。③

禹，吾无间然矣。菲饮食而致孝乎鬼神，恶衣服而致美乎黻冕，卑宫室而尽力乎沟洫。④

美哉禹功！明德远矣。微禹，吾其鱼乎！⑤

（禹）劳身焦思，居外十三年，过家门不敢入。⑥

（禹又有谦逊退让之德）舜崩，三年之丧毕，禹避舜之子于阳城。⑦

昔人的尧舜禹崇拜，兼具道德称颂和制度景仰。"五帝三王之治天下，不敢有君民之心"⑧，炎帝、黄帝、尧、舜只有为民治天下的公念，绝无统治人民（"君民"之"君"为动词，统治之义）的私欲。

这种对"五帝三王"的理想化描述，当然是乌托邦式的寄托，但又有实际效用——为后世树立一种与凌虐臣民的帝王制度对比的典范，从而为"非君论"占据道义制高点。近古改制者（如黄宗羲），借尧舜禹（"古之君"）作为改造现实君制（"今之君"）的对比典范。⑨直至现代，人们仍以"尧舜"作为人格楷模，"人皆可为尧舜""六亿神州尽舜尧"是激励庶众的格言，"尧舜之君"则是当政者高悬的典范。

酋邦制及其尧舜禹崇拜是制度史不可绕过的一个相对独立的段落，"尧舜之治"不断为后世反刍和敬拜。

---

① 司马迁：《史记》卷1《五帝本纪》，中华书局2014年版，第18页。
② 司马迁：《史记》卷1《五帝本纪》，中华书局2014年版，第40页。
③ 《论语·泰伯》。
④ 《论语·泰伯》。
⑤ 《左传·昭公元年》。
⑥ 司马迁：《史记》卷2《夏本纪》，中华书局2014年版，第65页。
⑦ 《孟子·万章上》。
⑧ 苏舆：《春秋繁露义证》，中华书局1992年版，第101页。
⑨ 黄宗羲：《明夷待访录·原君》。详论见本书第九章第二目。

四、夏制："大人世及"的"小康"

文化人类学将原始人阶段（旧石器时期）称之为"蒙昧"时代，将发明农业的氏族制阶段（新石器时期）称之为"野蛮"时代，将私有制和国家出现（金属器时期）称之为"文明"时代。置于中华元典《礼记·礼运》语境，蒙昧—野蛮阶段即"天下为公"的"大同"之世，文明阶段即"大人世及"的"小康"之世，本书讨论的周秦二制成长于"小康"之世，或曰文明时代。

（一）文明标志

在母系氏族制晚期及父系氏族制时期，私有制从萌动到发育，人类社会约定俗成的习惯转变为较系统的、渐具强制性的制度，从而跨入文明门槛。

19世纪中后叶，摩尔根名著《古代社会》根据"生存技术"的进步，将人类社会史作蒙昧、野蛮、文明三分，把文字的发明和应用于文献记录视作进入文明时代的标志。恩格斯《家庭、私有制和国家的起源》进而论列：文明时代则是通过工业和艺术对天然产物进行进一步加工，"国家是文明社会的概括"[1]。至20世纪，柴尔德提出以城市出现作为文明的标志，克拉克洪认为"城市、文字和礼仪性建筑"三者为文明标志。张光直以中国史为例，提出"青铜冶金术、文字、城市、国家组织、宫殿、复杂社仪中心"六项为文明标志；夏鼐以"国家、城市、文字、冶炼金属"四项为文明标志[2]。

中外学界对于"文明社会"有种种界定，综论之，可将跨入文明门槛的标志归为三项：

---

[1] 恩格斯：《家庭、私有制和国家的起源》，《马克思恩格斯选集》第4卷，人民出版社1972年版，第172页。
[2] 张光直：《论"中国文明的起源"》，《考古》2004年第1期。

(1) 文字发明并运用于文献记载；
(2) 金属器（青铜器或铁器）发明与使用于生产和生活；
(3) 城邑（意味着国家）及大型祭祀中心出现。

集此三端，前文明时代的原始公社制度，经酋邦制过渡，进入文明时代的国家制度。如果说，金属工具及文字的发明与使用，分别是跨入文明门槛的生产力标志与文化标志，那么国家出现便是跨入文明门槛的社会制度标志。

国家是文明的概括，是文明社会的运行主体，黑格尔（1770—1831）说："神自身在地上的行进，这就是国家。"①"神"可解读为历史及历史运动规律，国家是历史行进的主体，当然是制度史研究的基本对象。

（二）夏代：由传说迈向信史

夏代是中国古史早有记述的第一个王朝，因无古文字自证，长期被视作传说阶段，而近一个世纪大量考古发现，把夏代推入国家及其信史的边缘，但仍未发现可以自证的系统原始文字。

长江流域、黄河流域、辽河流域、太湖流域陆续发现距今四五千年的大型公共建筑遗址，展示了社会组织从聚落、中心聚落到古城、酋邦的演进，其中心地段大约在黄河中游，这与古史所载大体吻合："三代之君，皆在河洛之间。"②但良渚、红山等遗址的发现，说明酋邦遍及长江、辽河等流域，并非仅在黄河中游一隅。

由仰韶文化晚期的原始殿堂到二里头文化的宫殿建筑，展示了部落—部落联盟—酋邦的发展序列。在河南洛阳偃师的二里头发现公元前20世纪至前17世纪的大型都邑基址，内有城市干道网、中轴线布局的宫殿基址，大量陶器（少数陶片上有近似文字的刻画符号），铜器冶铸作坊，青铜礼器、乐器、兵器、双轮车等。从城址规模看，生活人口在两万

---
① 黑格尔：《法哲学原理》，范扬、张企泰译，商务印书馆1961年版，第259页。
② 司马迁：《史记》卷28《封禅书》，中华书局2014年版，第1649页。

左右。一种估计认为,二里头乃夏代中晚期王城所在,遂被称"华夏第一都";另一种估计认为,二里头乃夏商交替之际的都城或商代都城。

1996年启动,2000年结项的"夏商周断代工程"对夏代作年代学考订,在河南登封王城岗、偃师二里头、巩义稍柴、新密新砦、偃师商城与陕西商州东龙山等处寻找夏代遗存,辨识大型聚落或城址的性质,可能是夏都所在①。随着考古材料进一步发现,有望逐步呈现夏代的历史序列。

周代以后的文献称,"夏"是姒姓夏部落建立的国家,是中国的第一个王朝。"夏"未见于甲骨文,始现于东周时期青铜器铭文,《秦公簋》铭文上有夏字,中间"页"部表示人头,左右两旁为双手,下方为双足。《说文解字》称:",中国之人也。从夊从页从臼,臼,两手。夊,两足也。"整字表示一个高大威猛的人。春秋以降的中原人常自称夏,"夷狄之有君,不如诸夏之无也"②。"越人安越,楚人安楚,君子安雅"③雅指夏地。"裔不谋夏,夷不乱华。"④周人认为是夏人的后代,故以"夏""诸夏""华夏"自称,这种说法传袭后世。

夏的中心可能在黄河中游的洛水一带,夏人活动范围被称之"夏墟""大夏""有夏之居",广及今河南、山西,略涉今陕西、山东。

20世纪中后期在四川广汉发现三四千年前的三星堆文化遗址,展现了相较中原另具特征的高水平青铜文化,其渊源(内源或外来)正在探讨之中。辽河流域红山文化的玉器和铜器,也表明在黄河中游以外的广大地域皆有早期国家初发地。

夏墟有铜器和城址,陶器上有各种刻画符号(陶文),但没有发现系统的、可破译的文字,故夏至今仍是一个尚无原始文字自证的朝代,但已有早期国家制度的种种迹象。夏制被经史古典和地下发掘物双重初证,

---

① 参见"三代工程"首席科学家李伯谦:《"夏代有无"之争已成过去式》,《历史评论》2020年第4期。
② 《论语·八佾》。
③ 《荀子·荣辱》。
④ 《左传·定公十年》。

是一个融入中华民族历史记忆的较模糊的早期制度系统。[1]

(三) 从舜—禹"禅让"转向禹—启"世袭"

夏制的划时代之处,是初立"大人世及"("世及"即世袭)的王朝制度。

据《尚书·尧典》和《史记·夏本纪》所载传说,夏朝发端于禹。大禹治水有功,帝舜褒其劳,封为夏伯,赐"姒"姓,又征询"四岳"(四方部落长老)意见,将部落联盟首领之位禅让给禹。《辞源》对"禅让"作诠释:"古代传说,以帝位让予贤者。"司马迁关于这种权力转移方式有一值得重视的追述:

> 尧知子丹朱之不肖,不足授天下,于是乃权授舜……舜子商均亦不肖,舜乃预荐禹于天。[2]

从这段文字可以发现,尧、舜原先都有传子打算,因尧子丹朱不肖、舜子商均不肖,为邦国安危计,尧、舜放弃"传子"之念,改为"传贤"。《尚书》《史记》等古典记载表明,在禅让制之前,已有传子制(世袭制),而人类学实证研究也证明,世袭制早在氏族游团阶段已经存在,在酋邦阶段更是广泛实行[3]。故以往"禅让制先于传子制"的说法应作修正。古史实际是,禅让制与传子制相与并起,有一个交叉互渗、相与更替的过程,最后方定格于世袭传子制。

关于尧—舜—禹禅让的记述,既有高大上的赞语,也有强者逼老弱让位的解释,如《史记正义》引《括地志》说:"《竹书》云昔尧德衰,

---

[1] 参见中国国家博物馆编:《文物夏商周史》,中华书局2009年版。
[2] 司马迁:《史记》卷1《五帝本纪》,中华书局2014年版,第36—52页。
[3] 王和:《走出部落联盟——读谢维扬著〈中国早期国家〉》,《历史研究》1999年第1期;王冠英:《中国文明起源与早期国家学术研讨会纪要》,《历史研究》2001年第1期。

为舜所囚也。……《竹书》云舜囚尧,复偃塞丹朱,使不与父相见也。"[1]《史通·疑古》引《汲冢书》说:"舜放尧于平阳。"("放"即流放、放逐。)《韩非子》更是荡涤古史关于禅让的理想化色彩,认为尧舜禹时代的"禅让"并不平和、礼让,而是"舜逼尧,禹逼舜",与商周的"汤放桀、武王伐纣"相类似。韩非将舜、禹、汤、武并称"四王",指认"此四王者,人臣弑其君也"[2]。这种说法透露出上古社会难脱丛林法则的严酷景象,也可能是将后世王朝制度的模型套于先古。总之,进入私有制时代,凌驾于社会之上的公权力是强者的争夺物,"世袭继承制度在凡是最初出现的地方,都是暴力(篡夺)的结果,而不是人民的自动许可"[3]。

禹正处在公权力由"禅让"到暴力夺取的转化阶段。有平治洪水之功的禹,经帝舜禅让,成为部落联盟(或称"酋邦")首领,曾于涂山(今安徽蚌埠)会合夏部落及诸夷族长,"执玉帛者万国"[4],接近王者之尊。

酋邦时代的惯例,首领在各部族间轮换,作为中原部族族长的禹(姒姓,夏后氏),原拟禅位给东夷族长皋陶(偃姓,皋氏),皋陶先禹亡故,禹又拟禅位皋陶之子、禹的治水助手伯益;与此同时,禹又培植儿子启的势力。禹死,"启代益作后"[5]("后""王"同义)。相传伯益阻挠启取位,被启诛杀,《竹书纪年》载:"益代禹立,拘启禁之,启反起杀益,以承禹祀。"另一说法,"古者禹死,将传天下于益,启之人因相与攻益而立启"[6]。禹在世时,其子启已具势力,有一批追随者("启之人"),禹死后,"启之人"去益立启。总之,禹—启父子两代实现了首领从禅让到世袭、从公天下到家天下的转变。这是一个错综的权力交替过程,其间充满污秽与鲜血,并非如某些先儒编纂的古典所描述的那样平和、礼让,循循然有君子风。

---

[1] 司马迁:《史记》卷1《五帝本纪》,中华书局2014年版,第37页。
[2] 《韩非子·说疑》。
[3] 马克思:《摩尔根〈古代社会〉一书摘要》,人民出版社1965年版,第123页。
[4] 《左传·哀公七年》。
[5] 《楚辞·天问》。
[6] 《韩非子·外储说右下》。

夏代的发端，有禹、启两说。战国之前的典册，并无"夏禹"一名，而称禹、大禹、帝禹（与帝尧、帝舜相匹配）；称启为夏启、夏后启。这表明周人是把启作为夏代开端的。以禹为夏代始王，称夏禹，是后世的说法。

据《史记·夏本纪》推算，夏代从禹至桀，传袭 14 世 17 王。《竹书纪年》说夏代 472 年，《三统历》说夏代 432 年。"夏商周断代工程"于 2000 年 11 月 9 日公布《夏商周年表》，称夏朝的起始年、终止年，约在公元前 2070 年至前 1600 年，历 470 年。这仍然是一种估测性数据。

（四）国家制度雏形

《尚书》等古文献载述，夏代建立中国最早的国家，开始实行一姓世袭的王朝制度。周秦之际儒者托孔子之名，对继"大同"之后的"小康"之制作如下概述：

> 今大道既隐，天下为家，各亲其亲，各子其子，货力为己，大人世及以为礼，城郭沟池以为固，礼义以为纪。以正君臣，以笃父子，以睦兄弟，以和夫妇，以设制度，以立田里，以贤勇知，以功为己。故谋用是作，而兵由此起。禹、汤、文、武、成王、周公，由此其选也。此六君子者，未有不谨于礼者也。以著其义，以考其信，著有过，刑仁讲让，示民有常。如有不由此者，在执者去，众以为殃。是谓小康。①

这段成为经典的文字陈述了禹启以降的社会变迁："设制度"（"大人世及"的王制）；"立田里"（划分耕地疆界）；"贤勇知"（敬养武人谋士）；"以功为己"（获取私人功利）。这都是向私有制—阶级制转化的表现。

---

① 《礼记·礼运》。

综论之，夏制要义有四：

（1）"大人世及"。"大人"指王与诸侯，"世及"即世袭。夏代的领袖（"大人"）不再由禅让产生，而由先代领袖的子弟承袭，父死子继，辅以兄终弟及，政权在一姓贵胄内世袭。王夫之总括云："古者无君存而立世子之礼。其立嗣也，肇于夏而定于周也。"①

（2）不再全然按血缘组织社会，而作地缘性行政划分。所谓"芒芒禹迹，画为九州"②，设"九牧"为九州之长③。此为地方行政官之始。相传征用九州之铜，铸九鼎代表九州。

（3）建立公共权力机构，首先是暴力机构——军队。史载少康"一旅兴夏"④；又设官以事君，"夏后氏官百"⑤，有牧正（理畜牧）、庖正（理膳食）、车正（理造车）等，并制定刑法（"禹刑"），设监狱（"夏台""圜土"）。

（4）以夏禹为端绪的王朝领袖并称"六君子"（夏禹、商汤、周文王、周武王、周成王、周公）。"六君子"的特点是"谨于礼"，"刑仁讲让"，他们已然是国君，昭显制度步入文明门槛——国家出现，此乃文明三大标志之一。

夏代走出"天下为公"的"大同"，结束酋邦期的尧舜禹"禅让"，开始了"家天下"的"小康"，财产私有、公权力由贵胄掌理并世袭的王朝制度自此发端，政权交接例行化、规范化，达成社会运行的秩序与稳定，这对原始的"大同"是一划时代的进步，后世虽有调整、更革，但大要既定，"小康"延续四千年。

（五）夏的国家首领称"后"，意近君王

《史记·夏本纪》云，舜禅位给禹，"禹于是遂即天子位，南面朝天

---

① 王夫之：《尚书引义·尧典》，《船山全书》第 2 册，岳麓书社 2011 年版，第 242—243 页。
② 《左传·襄公四年》。
③ 《周礼·秋官·掌交》。
④ 《左传·哀公元年》。
⑤ 《礼记·明堂位》。

下,国号曰夏后,姓姒氏"。夏自禹始,首脑多称"后"。

夏无文字传世,从殷代甲骨文可见,"后"(𒀀)象妇女产子之形。《说文解字》释曰:"后,继体君也。象人之形。施令以告四方,故厂之。从一、口。发号者,君后也。""后"以一人之口发令,天下景从。故《说文》称"后者君也"。《史记·夏本纪》将"夏后氏"作夏君主的氏称,多个夏君前冠"后"字,如后启、后相、后羿、后少康、后桀等。又在夏君前冠"帝"字,如帝启、帝太康、帝中康、帝相……直至帝履癸(桀)。

周代文献偶尔将夏代最高统治者称"王"([大]),是兵器"斧"的象形),这是沿袭父系氏族制军事民主阶段首脑的称号,《战国策》云:"制杀生之威之谓王"①,《韩非子》云:"夫王者,能攻人者也。"②强调王者的威权和握有暴力的手段。商周时代"王"逐渐被赋予更多美德义,成为君主的通称。

五、商制:"王神与共"·君治建构

如果说夏制尚无原始文字自证,那么殷商便开始进入有文字可考的王朝建制阶段。

(一) 商史

商族起源,有西方说、东方说、南方说,笔者倾向东方说:契佐禹治水有功,帝舜封契于商(今河南商丘)③,赐"子"姓。商族自契而汤,此为"先公"时期,或称"前商"阶段,历14代,多次迁徙,史称"自契至汤,八迁"④,由黄河下游(东方)发展到中游,徙居范围约在今山

---

① 《战国策·秦策》。
② 《韩非子·五蠹》。
③ 《史记·殷本纪》《水经注》载此。
④ 司马迁:《史记》卷3《殷本纪》,中华书局2014年版,第121页。

东、河南、陕西、河北一带。

商的开国之君天乙（自称大乙），名汤，武力强劲，声言"有夏多罪，天命殛之"①，放逐夏桀，立商朝，开"征诛建新朝"之端绪。商汤至纣为商朝，传17代，31王，史称"先王"时期，约历五百多年（公元前17世纪—前11世纪），《竹书纪年》说496年，《三统历》说629年。"夏商周断代工程"公布的《夏商周年表》称，夏商分界约在公元前1600年，商周分界定为公元前1046年，商代约历554年，是一个东起山东济水、西到陕甘交界、北至易水、南及江汉的"邦畿千里"②而边境游移的庞大王朝。

商代初期因内乱及水旱灾害，长期游耕，五次迁都，"荡析离居，罔有定极"③，史有"殷人屡迁""不常厥土"之说④。商的十九代（一称二十代）君王盘庚迁殷（今河南安阳西北），结束"九世之乱"，都城稳定下来，"行汤之政，然后百姓由宁，殷道复兴，诸侯来朝"⑤。此后直至殷纣灭亡的273年间，皆设都于殷，故称"殷"或"殷商"⑥，其统治范围以黄河中下游为主，延伸到淮河流域、长江中游的鄂湘赣，如商代中期在今武汉郊区建城，今称盘龙城，为商的南土方国所在。⑦

商代是跨氏族的内外服联盟。商王朝是王畿与畿外诸族的同盟，作为松散的"共主"，商王因居中原，故自称"中商"，乃后来周王朝都城称"中国"的先声。

（二）内外服联盟

殷商继承并发展夏代的父权宗族制，其国家组织以氏族为基础。商

---

① 《尚书·汤誓》。
② 《诗·商颂·玄鸟》。
③ 《尚书·盘庚下》。
④ 见张衡《西京赋》。
⑤ 司马迁：《史记》卷3《殷本纪》，中华书局2014年版，第132页。
⑥ 《水经注·谷水》："昔盘庚所迁改商曰殷。"
⑦ 见冯天瑜、刘英姿主编：《商代盘龙城学术研讨会论文集》，科学出版社2014年版。

王自称"余一人",为最大的贵族族长,初行封建,受封者有以封国为姓和以职业为姓两种。以封国为姓,如殷氏、来氏、宋氏、空桐氏、稚氏、北殷氏、目夷氏等;以职业为姓,如索氏(制造绳索的氏族)、长勺氏(制造酒器的氏族)、陶氏(制造陶器的氏族)、施氏(制造旗帜的氏族)等。此外还有若干异姓部族。作为血缘组织的氏族,是商王朝的基本社会组织、军事组织及征收贡赋单位。

殷商国家是以王为最高族长、分封侯伯的贵族政体,殷王对与之结盟的氏族有一定的指挥权,殷墟甲骨文记曰:

周贞令多子族眔犬侯寇周。
贞今者王比仓侯虎伐□方。①

殷商设官渐趋复杂,"有虞氏官五十,夏后氏官百,殷二百,周三百"②。

殷商实行内外服官制("服"意为职事),"内服"是商族活动区域的官守,"外服"是商族以外附属国的官守。内外服制是一种二元统治体制,"越在外服,侯、甸、男、卫、邦伯;越在内服,百僚、庶尹、惟亚、惟服、宗工"③。

商王直接统治区域(王畿)设内服官,"殷正百辟"(百官),有尹(商王的辅佐),卿士(执政官),作册(史官),巫、祝、卜(宗教官),小众人臣(管生产奴隶),小耤臣(管农事),工(管工奴),宰(管家内奴隶)等。

商王在直辖以外地区(方国)设外服官,"殷边侯甸",由侯、伯、男、甸、卫等各级贵族管理。此外还有方国、部落,如鬼方、土方、人方等。

殷商设刑法(由"禹刑"演为"汤刑")、监狱("囹",意戴手枷进

---

① 见《殷虚书契前编》06812、06554。
② 《礼记·明堂位》。
③ 《尚书·酒诰》。

囚牢)，刑制严密、苛酷，有砍头、割鼻、剖腹等酷刑，“殷之法，弃灰于公道者，断其手”[①]。商刑传承久远，直至晚周的战国仍“刑名从商”[②]。

殷商国家制度突显武装的地位，这从殷墟甲骨文“或”(国)字()的构成便可见端倪。是由左边的“戈”(兵器，示武装)与右边的“口”(人口)合成的会意字，意谓军队捍卫人口；金文左右调换，作国，后来外沿增囗(音围，指城垣)，演为小篆“國”，义谓有围垣和军队防御的城，后与“匍(普)有四方”“邦畿千里”的“邦”合称“邦国”，具有国家的意思，而城垣、兵器、人口始终保存在“國”字之内，昭示军队(暴力)是国家制度的核心所在。

殷商中央有常备军，分右、中、左三部(后谓“三军”源此)。以车兵为主，战时配以徒兵。车兵来自贵族与平民，奴隶(“众人”“多臣”)只能充任杂役、徒兵。贵族、方国有地方武装。

如果说夏代国家制度初现，殷商则国家制度正式成型。作为泱泱大国，殷商建立以下君治制度：

(1)“兄终弟及”与“父子相继”交替的王位继承制。商前期多行“兄终弟及”，后期多行“父子相继”[③]。

(2)初立嫡庶制、同姓通婚制。

(3)庶子分封制，立侯国、伯国、子国。

(4)巫卜代神发言，祭祀、用兵等“国之大事”及农业、出行等必求之龟卜、筮法。

殷商行“王神与共”的君治制度。商王自称上帝之子，是为“下帝”。法律、政制皆以天—神名义制定与发布，商王“代天行政”“代天行罚”，而操办者是巫、史、祝、卜，负责诠释天—神命意。《礼记》托孔子之名，描述“先王”礼制，实为殷商“设制度”、西周因袭的状貌：

---

① 《韩非子·内储说上》。

② 《荀子·正名》。

③ 《史记·殷本纪》载：汤至武丁二十一传，传弟十一，传子六，传侄四；武丁以后八传，传弟二，传子六；殷末五世皆传子。

"故先王患礼之不达于下也,故祭帝于郊,所以定天位也;祀社于国,所以列地利也。"其宫廷格局为:"王前巫而后史,卜筮瞽侑皆在左右。"① 这正是"神政一体"的"巫觋文化"状貌。

(三)创制文字

制度的订定与传播仰赖文字,故发明并使用文字于历史记述的殷商对中国制度生成有着特殊贡献。

传说中的文字发明,惊天地、泣鬼神,《淮南子》如此记述"造字圣人":"昔者苍颉作书,而天雨粟,鬼夜哭。"高诱作注诠释其意:"苍颉始视鸟迹之文造书有契,则诈伪萌生;诈伪萌生,则去本趋末,弃耕作之业,而务锥刀之利。天知其将饿,故为雨粟;鬼恐为书文所劾,故夜哭也。"② 这是农本时代对造字何以惊动天地鬼神作的解说。

文字发明成自众手,立基于广大民众的劳作,而由考史获悉,文字的具体创制者是殷王室从事占卜和王事记录的巫史,这与苍颉(仓颉)传说可大体对应:造字的仓颉"观鸟迹虫文始制文字,以代结绳之政,乃轩辕黄帝之史官也"③。传说把"始制文字"的"史官"提前到黄帝之世,而真实情况是殷商巫史在问卜后,将卜问结果刻写在牛胛骨与龟甲版上,这便是今称之"甲骨文""甲骨卜辞"。因巫卜们占卜的题目涉及祭祀、战争、王位继承、宗族活动等"国之大事",故卜辞将当时的政治制度、经济制度、军事制度的内容及运作过程简要地记录下来,提供了制度史研究不可替代的原始材料。

文字发明与使用是殷人的一大功业,自此中国社会正式跨入文明门槛,仅从制度史而论,便有划时代意义。

近人将殷墟出土的在甲骨上刻画的文字称之"甲骨文"或"甲骨卜辞",是今已辨识的中国早期文字。汉字造字法"六书"(象形、指事、

---

① 《礼记·礼运》。
② 《淮南子·本经训》。
③ 凌迪知:《万姓统谱》卷52,上海古籍出版社1994年版,第797页。

形声、会意、转注、假借）① 在殷墟甲骨文中多已运用。世界各文明古国创制的古文字皆取象形，埃及古文字始终未能超出象形，难以表述较复杂的意思，后来便成为"死文字"。汉字也导源于象形图画，东汉许慎《说文解字叙》称，"画成其物，随体诘诎"，现存殷商甲骨文、金文的独体象形字百余，殷人又将象形字作偏旁加以组合，构成会意字、形声字②。于是，殷人文字在象形之外，还能象事、象意，后又有形声字（形声字在甲骨文中偶现，在周金文中大量出现），文字与语言得以沟通。兼具象形、象事、象意、象声功能的古汉字，可以表达较复杂的意义，并通过自身的改良不断适应物质文化、观念文化和制度文化发展的需要，因而汉字成为世界上唯一至今保持生命活力的古文字。由于功能齐备的甲骨文的发明与使用，殷的制度（封建制、亲族制、纪时制、内外服制、官员制等）皆有文字自证，与《尚书》等传世文献的记述可以互参。殷史进入信史时代，不再以传说视之。仅此一端，殷代发明文字便是一项空前、重大的文明贡献。

六、殷周因革（甲）："共主"进为"君主"

殷末周初，中国制度发生一大变革。王国维指出："中国政治与文化之变革，莫剧于殷周之际。"③ 殷周之际除制度发生剧烈变动外，"还存在着许多方面的承继和发展的内容，并且从某种角度上看，甚至可以说承继多于变动"④。笔者观点与此议不约而同，故以"殷周因革"（既因袭又变革）命名本目和下目。

殷周之际制度及文化剧变，是与前代相较而言的。氏族制时代以至

---

① "六书"之名初见《周礼·地官》，西汉刘歆《七略》、东汉许慎《说文解字》具论之。
② 参见唐翼明：《中国书法之美·序言》，《中国书法之美》第 1 卷，广东教育出版社 2022 年版，第 1 页。
③ 王国维：《殷周制度论》，《王国维全集》第 8 卷，浙江教育出版社 2010 年版，第 302 页。
④ 晁福林：《夏商西周的社会变迁》，中国人民大学出版社 2010 年版，"原版自序"，第 1 页。

夏商二代，社会变化平缓，波澜不惊；殷周之际方发生急剧更动，宗法君主制得以确立，对整个中国制度史影响深远。

"殷周因革"须以代殷商而起的周史佐证之。

（一）周史：西周与东周

新石器时期，在今山陕原野生息一部族（早期居姬水两岸，以"姬"为姓；另一支为"姜"姓），其先祖务农，相传首领"弃"率众农耕，种植稷、麦，被帝尧封于邰（今陕西武功县），尊号"后稷"（意谓稷王、农神），其后裔"公刘"至古公亶父，十代居豳（今陕西旬邑），因戎狄侵掠，"古公亶父"（后追尊太王）率众迁至渭水流域岐山以南的周原（故以周为氏，称周人），修筑城郭，以邑为单位聚族而居，发展助耕农业，建国周。周字的甲骨文作"田"，金文作"甹"，上田下口，并指农人与农田，表明周族进入农耕社会。后经王季、季历，渐趋强大，殷商承认其为"西伯"（西方领主）。商王忌周，杀季历，季历子姬昌曾被殷纣囚禁羑里，周人献美女、方物于殷，姬昌方得脱，初行封建，获众拥戴，"庶民子来"[①]。姬昌晚年自号文王，崩后其子姬发为武王，以姜太公为师、周公旦为辅，乘殷用兵淮夷、京畿空虚之际，讨伐殷纣，以后进的西方小国翦灭大国殷商。《诗经》记述周族历史：

> 后稷之孙，实维大（太）王，居岐之阳，实始翦商。至于文武，缵（继）大王之绪。[②]

"夏商周断代工程"2000年11月公布《夏商周年表》，推定周武王伐殷纣王的商周分界为公元前1046年，而战国后期秦于公元前256年灭周，故周朝的始终为公元前1046—前256，传君32代37王，享国790

---

① 《诗·大雅·灵台》。
② 《诗·鲁颂·閟宫》。

年（俗称"周八百年"，取其大略），是中国史上历时最久的朝代。其实这八百年前后制度差异甚大，不宜放在一个框架内笼统论之。

周分西周（前 1046—前 771，立都镐京）与东周（前 770—前 256，立都洛邑，以秦国于前 256 年灭周为终点）。东周以"三家分晋"为中界，前为春秋（以鲁国编年史《春秋》得名，前 770—前 476），约 294 年；后为战国，由刘向编《战国策》得名，以周贞定王姬介继位年（前 476）为始，秦统一中国（前 221）为终，约 255 年。西周与东周制度相异，东周前期的春秋与后期的战国制度也有区别，故以"周八百年"笼统议周制，失之粗疏。但周代又有制度的一贯性，这便是君治在变异中趋于确立，不过西周是天子之下的君治，东周是诸侯分辖的君治。

周代划分为西周与东周，除周天子先后都镐京（西周）、都洛邑（东周）之别以外，还另有区分内容：平王东迁洛邑后，天子立都处还有二次划分：一为王城与成周之分，二为河南与巩县之分。故通常所议之"东周"还有两次东西之分，读周史时须注意[①]。清初历史地理学家顾祖禹（1631—1692）说：

> 东西周之名，前后凡三变。初言东西周者，以镐京对洛邑而言。中间言东西周者，以王城对成周而言（《春秋》昭公二十年，王子朝在王城，时谓之西王；敬王居成周，在王城之东，时谓之东王）。最后言东西周者，以河南对巩而言也。[②]

了然于此，有助于阅览周史、认识周制内部分野。

（二）君主制确立

接续万邦分立的酋邦时代，夏、商、周相继建立各自的一姓王朝

[①] 参见冯永轩：《西周与东周》，《荆楚文库·冯永轩集》（上），武汉大学出版社 2019 年版，第 351—352 页。

[②] 顾祖禹：《读史方舆纪要》，贺次君、施和金点校，中华书局 2005 年版，第 27 页。

(姒夏、子商、姬周),周承袭夏商之制,又有更革:

> 自其表言之,不过一姓一家之兴亡与都邑之转移;自其里言之,则旧制度废而新制度兴,旧文化废而新文化兴。①

王国维《殷周制度论》所说殷周之际制度更革,要指殷的共主制被周的君主制取代。周的君主制是从殷的共主制损益而来的。

商代是王与内外服氏族首领分权的酋邦联盟社会,其时城邦林立,"商汤承之……而建此千七百七十三国焉"②,商王是诸酋邦的"共主",而并非正式的"君王"。就外服言之,畿外诸"方""邦"多是诸氏族的延伸。就内服言之,殷王室是由两大支派与若干小支派组成的子姓父系氏族,两大支派通过父方的交表婚配将王位传甥,每隔世代轮转交替执政。此法在周代演化为昭穆制祭祀作隔代区分,始祖居中,父辈在左称"昭",子辈在右称"穆"。以周代天子七庙为例,大祖居中,三昭位左,三穆位右③。

《史记》议及商制曰:"契为子姓,其后分封,以国为姓,有殷氏、来氏、宋氏、空桐氏、稚氏、北殷氏、目夷氏。"④以氏族标志——姓、氏命名方国,表征商代分封实乃部族内部的自然分化,可称之"氏族封建"。商王是"诸侯之长",通过武力征服和神权宣示,充任方国联盟盟主,与方国诸侯间并未形成法定的君臣关系。如先周虽对商王纳贡并听其调遣,但没有以国君事殷。《诗经》追述文王事迹的篇什,周称殷为

---

① 王国维:《殷周制度论》,《王国维全集》第8卷,浙江教育出版社2010年版,第303页。
② 马端临:《文献通考》卷260,中华书局2011年版,第7078页。
③ 张光直:《商王庙号新考》,《"中央研究院"民族学研究所集刊》第15期,1963年春季,第65—95页。
④ 司马迁:《史记》卷3《殷本纪》,中华书局2014年版,第140页。

"大邦"①；《尚书》则有"小邦周"②与"大邦殷"③的对称，殷周并列，仅有大小之别，尚未确立君臣名分。

殷商这种王室与诸侯并列的情形延至周初，武王在牧野与殷纣王决战前发表誓词，将前来助阵的诸侯尊为"友邦冢君"④（"冢君"意谓"长君"），这是殷制的惯性所致。直到周公东征平叛，再行分封，以血缘宗亲纽带维系国家整体性，此时方明确诸侯是天子的守土之臣，所谓"诸侯之于天子，曰'某土之守臣某'"⑤。王国维说："自殷以前，天子诸侯之分未定也。"周公东征以后，"新建之国皆其功臣昆弟甥舅"，周王地位得到历史性提高：

> 由是天子之尊，非复诸侯之长，而为诸侯之君。……盖天子诸侯君臣之分，始定于此。⑥

自此，周通过宗法制实现对姬姓为宗主的贵族阶层、被征服臣仆、封地土著三种势力的整合，是对商代以氏族立邦的一大突破，商代的"氏族封建"提升为周代的"宗法封建"，以土地为基石的定居农耕文明走向成熟。

殷周鼎革，宗法制—封建制系统确立。殷周更替不仅是"一姓一家之兴替"，而且发生了影响深远的制度更化：

> 周人制度之大异于商者，一曰立子立嫡之制，由是而生宗法及丧服之制，并由是而有封建子弟之制，君天子臣诸侯之制。二曰庙数之制。三曰同姓不婚之制。此数者，皆周之所以纲纪天下，其旨则在纳上下于道德，而合于天子诸侯卿大夫庶民以成一道德

---

① 《诗·大雅·皇矣》："克长克君，王此大邦。"《诗·大雅·大明》："大邦有子，伣天之妹。"
② 《尚书·大诰》。
③ 《尚书·召诰》。
④ 《尚书·牧誓》。
⑤ 《礼记·玉藻》。
⑥ 王国维：《殷周制度论》，《王国维全集》第 8 卷，浙江教育出版社 2010 年版，第 312 页。

之团体。①

王国维说："欲观周之所以定天下，必自其制度始。"② 西周确立"君天子臣诸侯之制"，周天子不再仅是众诸侯拥戴的"共主"，而成为法定的"君主"。

周金文"君"作𠱳，从尹从口，"尹"示治事，"口"示发布命令，"君"合义发号施令、治理国家。从周代开始，"君"（君主、君王）正式成为国家最高统治者的称号。《诗》谓"君之宗之"③；《左传》谓"赏庆刑威曰君"④；《荀子》谓"君者，治辨之主也"⑤；《春秋繁露》谓"君也者，掌令者也，令行而禁止也"⑥。

王国维殷商"兄终弟及"、周代方"父死子继"之说，有可改订之处。王先生弟子徐中舒（1898—1991）认为，殷周二制小异大同，殷已行宗法、封建，周因袭而发展之。王先生另一弟子冯永轩（1897—1979）指出殷商已并行"兄终弟及""父死子继"。《殷周制度论》称"舍弟传子之法，实自周公起"之说应予修正，冯永轩指出："武王未崩时，已立成王为嗣"，"立成王者乃武王，而非周公，立子立嫡之法，断然非周公所定矣，盖周自太王以前十余世，皆父子相传"。⑦

笔者以为，王国维殷周之际方实现"兄终弟及"到"父死子继"转变的论述，固然需要调整，而王先生关于殷周制度变革的基本判断乃不刊之论：周代确立宗法制、君臣制、庙数制、同姓不婚制，以及德治主义，形成完备的宗法封建制度。其殷周之际"旧制度废而新制度兴"之

---

① 王国维：《殷周制度论》，《王国维全集》第 8 卷，浙江教育出版社 2010 年版，第 303 页。
② 王国维：《殷周制度论》，《王国维全集》第 8 卷，浙江教育出版社 2010 年版，第 303 页。
③ 《诗·大雅·公刘》。
④ 《左传·昭公二十八年》。
⑤ 《荀子·礼论》。
⑥ 苏舆：《春秋繁露义证》，中华书局 1992 年版，第 221 页。
⑦ 见冯永轩 20 世纪 40 年代所撰《商周史》第二编《商》，《王静安师〈殷周制度论〉及不同意见》，《荆楚文库·冯永轩集》（上），武汉大学出版社 2019 年版，第 149—163 页。

说，信然！

七、殷周因革（乙）："神治"到"德治"，"先鬼重巫"到"人文化成"

《殷周制度论》又说，殷周之际"旧<u>文化</u>废而新<u>文化</u>兴"，此指从殷的神本文化向周的人本文化转变。

东周形成的儒、道、墨、法、名、兵、阴阳诸家，虽政治理念歧异，但摆脱神本、趋向人本却是大体近似的，这正昭示了殷周变制的真髓所在。

（一）"信巫卜"转向"尚人文"

周尝以夏为宗，从夏而行，如周公谓"我不可不监于有夏"[①]（"监"即鉴，借鉴于夏）。

司马迁概述三代政制特色及三者递嬗关系：

> 夏之政忠，忠之敝，小人以野；故殷人承之以敬，敬之敝，小人以鬼；故周人承之以文，文之敝，小人以僿，故救僿莫若以忠。[②]

夏政"忠"，指政务质朴，这是部落政治的遗迹；商政"敬"，指政务被神鬼礼仪笼罩，通过敬畏神灵迫使人们服从政令；周政"文"，指政务靠文物典章规范人们行为，从敬事鬼神走向遵从人文。周政（文）对夏政（忠）作否定之否定，即辩证式复归。

《礼记》概述夏商周三代文化，揭示周制远承夏制，而与商制相异：

> 夏道尊命，事鬼敬神而远之。……殷人尊神，率民以事神，先

[①]《尚书·召诰》。
[②] 司马迁：《史记》卷8《高祖本纪》，中华书局2014年版，第493页。

鬼而后礼，先罚而后赏。……周人尊礼尚施，事鬼敬神而远之。[1]

此说大体妥当，但须明确：周制复归夏制，包蕴着新生的"人文"精神崛起，这便是《易传》所说，周人初行"观乎人文以化成天下"[2]。

殷人的形上之道是天地鬼神崇拜，王者与天地沟通，由巫祝作中介，贞卜专掌的甲骨文是人王与天神交流的文字，乃传递神意的密码。巫，殷周金文作巫，象两个工字交叉，寓意使用工具测量天地、沟通人神。氏族制时代的文化掌理者是"巫"（女巫）、"觋"（男巫），殷商有巫、史、祝、卜等王室宗教官，甲骨卜辞多有各司其职的卜的名号，如卜旅、卜游、卜即、卜黄等；殷的大臣不少名巫，如巫咸、巫戊、巫贤、巫彭等。巫卜主持祭祀、占卜、记史，执掌文化与政令。

殷商强调"民神不杂"，禁止氏族社会遗留的民众自作巫卜祈求神鬼，使神事与民事截然两分，所谓按《国语》原文为"绝地天通"[3]或"绝天地通"[4]（天上与天下，神与人各司其职，互不干涉），神权集中于王之手，不让民众染指，王者通过掌控人神关系达到专权。[5]

殷周更革，以及春秋时列国兴亡，使周人发现："国将兴，听于民；国将亡，听于神。"[6]将兴之国听从民意，将亡之国乞求鬼神，故需要"依人而行"[7]。这是一个重大的文化转折。

周代仍重天神祭祀，但祭祀对象发生变化：殷人祭拜帝、上帝，称先公先王为上帝之子，宣布商王与上帝有血缘关系，自称"帝子"；而周人崇拜"天"（自然之天与祖宗之天的交混），周王自认"天子""天

---

[1] 《礼记·表记》。
[2] 《易·贲卦·彖辞》："文明以止，人文也。观乎天文以察时变，观乎人文以化成天下。"
[3] 《国语·楚语下》。
[4] 《尚书·吕刑》。
[5] 晁福林：《论殷代神权》，《中国社会科学》1990年第1期。王晖：《商周文化比较研究》，人民出版社2000年版。
[6] 《左传·成公十三年》。
[7] 《左传·成公十三年》。

王",周王使者称"天子使""天王使",《诗》《书》及周金文多有这类记述。天子"祭天于郊,祭祖于庙",把祭祀上天和祖宗置于军事之前,作为国事首要:"国之大事,在祀与戎。"①周代礼器多有祭祀天、帝、上帝、鬼神的铭文。如周成王时祭器《何尊》铭文记"廷告于天（天）";周武王时祭器《天亡簋》的铭文记,君天下的武王举行大礼（"王又大豐[豐]"）,在太室完成对文王的祭祀,使文王快乐地与上帝同在（"丕显考文王,事喜上帝"）。

周对殷商祭祀的因袭,还表现在将天神人格化,周金文的"天"（天）是人首象形,把人王与神鬼同列,隐然以祖代天,将命、天、德、民四者一以贯之,王室在重大政治事件中必须庄严祭祖,行"告庙"礼。春秋时虞人宫之奇答国君问,颇有代表性:

> 臣闻之,鬼神非人实亲,惟德是依。故《周书》曰:"皇天无亲,惟德是辅。"……如是,则非德,民不和,神不享矣。神所冯依,将在德矣。②

虚置鬼神崇拜、坐实祖宗崇拜,以德配天,是周代祭祀的新意所在。当然这种新意埋藏在传统的神鬼崇拜之中,须加剥离方可得见。

周人祭祀的实际对象从殷人的上帝变为社稷、祖宗和人君,这是一种世俗化趋向。"惟天无亲,克敬惟亲。民罔常怀,怀于有仁。鬼神无常享,享无克诚。"③"念兹皇祖,陟降庭止。维予小子,夙夜敬止。"④周人的种种祭典说辞,都在虚化上帝,以祖宗崇拜实之。东周的儒道两家皆持守并发扬此说。

---

① 《左传·庄公三十二年》。
② 《左传·僖公五年》。
③ 《尚书·伊训》。
④ 《诗·周颂·闵予小子》。

周人"敬鬼神而远之"①,"不语怪、力、乱、神"②,其"不朽"论已不是与天神共永久,而是"立德,立功,立言"③,在现世建功立业,垂之子孙,声名传世。

祭于祖先,传于子孙,用祖先代替神灵,是周人的诉求。周时信奉人皆可为神的先祖文化,但没有向神秘主义推进,而是演绎出"惟天地万物父母,惟人万物之灵"④之类理念。王者不必迷恋于尊神敬鬼,而当"先知稼穑之艰难"⑤,"知小人之依"⑥(依,通"隐",痛苦、苦衷之意),走向"民本"。

殷周之际,文化官员的职守也因革兼之:从殷之"巫史不分"变为周之"巫史别途"。周代文化人主体由巫而史,如《左传》所载之史墨、史朝等为史官;《周礼》所载之大史、小史、内史、外史、御史等"五史",为礼官。他们由占卜神意变为观象治历、国史记述、政治建策。

知识人由巫卜而史官、礼官,由信鬼神而重人文,神治走向德治(春秋战国贤臣晏婴、子产、西门豹等破除迷信天命鬼神的人文性言行,昭显这种变化),此为殷周因革的要义,展现了一种精神突破和人文制度构建,对后世影响深刻久远。

(二)"天命恒定论"演为"天命变易论"

周人从殷周更替的事变中,发现"唯命不于常"⑦,"天命靡常"⑧,天命可以改变,故"革命"(革除前朝天命)被视作正义之举。如果说,商

---

① 《论语·雍也》。
② 《论语·述而》。
③ 《左传·襄公二十四年》:"太上有立德,其次有立功,其次有立言,虽久不废,此之谓不朽。"唐人孔颖达解释曰,"立德"谓创制垂法,博施济众。"立功"谓拯厄除难,功济于时。"立言"谓言得其要,理足可传。
④ 《尚书·泰誓上》。
⑤ 《尚书·无逸》。
⑥ 《尚书·无逸》。
⑦ 《尚书·康诰》。
⑧ 《诗·大雅·文王》。

汤推翻夏桀，只提出"有夏多罪，天命殛之"①这一"天惩"理由，那么周人取代殷纣，则有更加堂堂正正的说辞：

> 天地革而四时成。汤武革命，顺乎天而应乎人，革之时大矣哉。②

武王伐纣是"恭行天之罚"，诸侯革不德共主之命，有"天意"与"人心"两方面依据。武王语是垂之千古的"革命"经典论说。尝谓"中国是有悠久革命传统的国度"，其"悠久"可上溯周初，追迹于武王伐纣的誓言。

周人敬畏"天命"，同时关注"人心"，天命也不再仅凭巫卜宣示，而由民意体现：

> 民之所欲，天必从之。……天视自我民视，天听自我民听。③
> 民，天之生也。知天，必知民矣。④

淡化殷人"无往而不卜"的崇鬼尊神，迈向"人文化成"的德治制度。周人认为，一旦失德，便会丧失上天的庇护，有德者可以取而代之。王权的"皇天既付"，取决于民心向背。

中国文化的崇天敬人、尊君重民传统由周制而来。需要指出的是，周制所重之"人""民"，非指个体自由人，而是宗法系统中受制于天子和宗族长老的"人""民"。

（三）从巫卜甲骨文到礼器钟鼎文

周继承殷文字，周金文脱胎于殷甲骨文、金文，其一大进展，便是

---

① 《尚书·汤誓》。
② 《易·革卦·象传下》。
③ 《尚书·泰誓》。
④ 《国语·楚语上》。

将文字从神坛请下人间，初步实现文字与语言的合一。如前所述，文字乃殷人的发明，但殷文字是王室巫卜作人神沟通的专用符号，只有少数从事占卜的贞人、卜者才能使用与辨识这一套密码。甲骨文在百余年前方出土发现，经几代古文字学者（王懿荣、罗振玉、王国维、董作宾、郭沫若、容庚、陈梦家、于省吾、胡厚宣、裘锡圭等）的努力，直至当下，甲骨文破译解读出来的仍未及四成，在已经提取的约 5000 个单字中，可以确认意义的不到 2000 个。

殷周是青铜时代，在青铜（时称"金"）上铸造铭文，称"金文"或"吉金文"（古以祭祀为吉礼，故称铸于祭器的文字为吉金文）；因青铜礼器以钟、鼎为代表，故其铭文又称"钟鼎文"。由承袭并改造甲骨文而来的殷周金文（钟鼎文），内容渐趋丰富：殷金文简略，仅记铸者或先祖名讳及简历，最多 40 字；两周金文记史较详，文字往往数十以至数百，西周毛公鼎铭文 32 行，499 字，载周宣王赐毛公的策命辞，已然是一篇文献。2003 年 1 月陕西省眉县杨家村（处于周原中心南侧）出土 27 件周宣王四十三年铸造的青铜器，其中 24 件有铭文（总字数超过 4000），记述单氏家族辅佐 12 代周王的历史事迹，表明西周已有记录家谱的习惯。一个三足附耳盘（名"逑盘"），铭文 372 字，比著名的微氏墙盘还多出 88 字，此为迄今发现铭文最多的青铜盘。

周金文采用文字—语言对应法，把某些字作音符，配以含有意义的部首作意符，二者组成"形声字"。甲骨文多为象形字、会意字，形声字仅占两成，而周金文形声字占六成（秦篆形声字更达八成）。文字可以记录语音，从而载述具体的历史事件，如武王伐纣、昭王南巡、穆王西狩之类，从甲骨文的"占卜"记录演为金文的"铭功"篇章，文献价值上升。周金文辨识度也大为提高，容庚《金文编》统计，金文单字共 3722 个，现已释读 2420 字。两周金文在西汉已被发现，东汉《说文》收录周代鼎彝古文，清代及近现代释读周金文以解史，已为专学。

金文成为两周迈向"人文化成"的有力工具。与殷墟甲骨文清末方出土相比较，汉代即发现周金文，其释读、研究已历两千年，周金文学比甲骨文学悠久许多。

八、东周—两汉：《三礼》等阐释周制文本集成

制度的文本编纂多滞后于制度实施的盛行期。

周制运行两百余年，至西周末已然式微，"幽王之亡，宗庙社稷以及典章文物，荡然皆尽，镐京之地，已为西戎所有；平王乃自申东保于洛，天子之国与诸侯无异"①。周王室自镐京东迁至申（顾炎武注：申国在今信阳州），又由申迁至洛邑，得以保存周朝之祀，但中兴无望，此后周制进一步趋衰，文化保守主义者试图力挽颓势，而编纂阐发周制的典册便是其"从周""复礼"的一种努力。

"礼"起源颇早，相传尧命舜"修五礼"，舜命伯夷"典三礼"②，这当然是汉代人对尧舜时代的拔高评述，实际情况是，夏商二代礼制萌生，至周代礼制才正式成型。据说周公订礼，将饮食起居、祭祀丧葬、政治管理、歌舞娱乐等全部社会生活纳入"礼"的轨范，构成系统化的礼制。实则这一浩大的制礼作乐工程是在西周三百年间陆续完成的，并在东周乃至两汉加工整理的，而周公是周代礼制的发轫者。将周代礼制的创制全都归于周公，是上古以来把发明创造归功于个别"文化英雄"做法的沿袭。

古来常以"三礼"概括礼制，有以丧礼、葬礼、祭礼称三礼，或以天神、人鬼、地祇称三礼，而更流行以三部记载、议论礼制的典籍称三礼。清人王士禛引用明末杨用宾（1597—1644）《致知小语》云："《周礼》《仪礼》《大戴礼》，曰《三礼》；丧礼、葬礼、祭礼，亦曰三礼；天神、人鬼、地祇，亦曰三礼（出自《舜典》）。"③ 本目"三礼"指三部谈礼的经典。

---

① 顾炎武：《日知录》卷2，"文侯之命"条，《日知录集释》，中华书局2020年版，第103页。文侯即晋文侯，周平王对其赏赐，作《文侯之命》。事见《书序》。
② 司马迁：《史记》卷1《五帝本纪》，中华书局2014年版，第46页。
③ 王士禛：《池北偶谈·谈艺六·三礼》，中华书局1982年版，第380页。

载述周代礼制的系统文本，较重要的是《仪礼》《周礼》《礼记》，合为《三礼》，东汉经学家马融（79—166）注《三礼》、卢植（139—192）撰《三礼解诂》，使用"三礼"之名。而综会今文经学、古文经学的郑玄（127—200）注三部礼书，成《周礼注》《仪礼注》《礼记注》，正式确定《三礼》之名，成就"礼学"，或曰"郑学"。近代考据学家黄侃（1886—1935）说："郑氏以前，未有兼注《三礼》者（以《周礼》、《仪礼》、小戴《礼记》为《三礼》，亦自郑始。《隋书·经籍志》《三礼目录》一卷，郑玄撰）。"[①]

《三礼》乃华夏礼乐文化的集大成，是周制的系统载记与发挥。两汉时期，官员的建言、驳难等议论皆以《三礼》为依据，所谓"言必称礼"。黄侃指出：

> 《三礼》中，《周礼》广大，《仪礼》繁密，《礼记》纷错，等之未有易治者。[②]

《三礼》载述典章制度，在史籍中属于典志体，"典"乃典章，是古代制度的总称；"志"乃记述。典志即记述典章制度的专书。

（一）修纂礼书（甲）：《仪礼》

《三礼》中最早成书的一部是《仪礼》，初名《礼》，为先秦"六经"之一，汉代称《士礼》（因以士大夫礼仪为主），乃战国时儒士汇编，记载创行于西周、流行于春秋以降的各种礼仪节目。西周仪礼繁多，总纲数百条，细目数千条，所谓"礼仪三百，威仪三千"[③]。秦代焚书，《仪礼》载籍零落，汉初鲁地的高堂生蒐集整理，存17篇，记载周代天子、诸侯、大夫践行之礼，次序为：

---

① 黄侃：《礼学略说》，《黄侃论学杂著》，武汉大学出版社2013年版，第448页。
② 黄侃：《礼学略说》，《黄侃论学杂著》，武汉大学出版社2013年版，第454页。
③ 《礼记·中庸》。"礼仪"指大的礼节，又称经礼；"威仪"指小的行为规范，又称曲礼。

士冠礼第一、士昏（婚）礼第二、士相见礼第三、乡饮酒礼第四、乡射礼第五、燕（宴）礼第六、大射礼第七、聘礼第八、公食大夫礼第九、觐礼第十、丧服第十一、士丧礼第十二、既夕礼第十三、士虞礼第十四、特牲馈食礼第十五、少牢馈食礼第十六、有司第十七。

汉宣帝时，以戴德、戴圣、庆普三家传习的文本立于学宫，尊为《礼经》，与《诗》《书》《易》《春秋》并称"五经"，陈列冠、婚、丧祭、乡射、朝聘五类典礼仪节。《礼记》归纳《仪礼》内容：

　　夫礼始于冠，本于昏，重于丧祭，尊于朝聘，和于射乡，此礼之大体也。①

清人邵懿辰释义：

　　冠以明成人，昏以合男女，丧以仁父子，祭以严鬼神，乡饮以合乡里，燕射以成宾主，聘食以睦邦交，朝觐以辨上下。②

　　这些礼仪节目，反映了发端于氏族制、系统化于周制的宗法关系和社会秩序。如"冠礼"由氏族社会"成丁礼"演化来，是青年进入成年阶段的必经仪式，后来变为强化宗法制的仪典。"乡饮酒礼"起源于氏族聚落的"会食制"，主旨在尊老、养老，后转化为维系宗法关系和贵族等级特权的手段。③

　　这部讲礼的仪式之书，是历代贵胄子弟和士人的必修功课，影响达

---

① 《礼记·昏义》。
② 邵懿辰：《礼经通论》，《皇清经解续编》卷1277，上海书店1988年影印本，第1页。
③ 见杨宽：《冠礼新探》，中华书局2008年版。又见杨华：《古礼新研》，商务印书馆2012年版；《古礼再研》，商务印书馆2021年版。

于民间，晋代始名《仪礼》，后列为"十三经"之一。《大唐开元礼》等后世礼书，皆由《仪礼》脱出，是其踵事增华。两宋乃家礼编纂的高峰，名篇有北宋司马光的《书仪》《家范》，范祖禹的《祭仪》，程颐的《伊川程氏祭仪》，尤以南宋朱熹（1130—1200）所撰《家礼》（后称《朱子家礼》《文公家礼》）影响广远。该书分通礼、冠礼、昏（婚）礼、丧礼、祭礼五卷，阐述"冠婚丧祭"诸礼仪的实施方法，超越"礼不下庶人"陈规，强调礼仪乃士庶各色人等的"日用常行之道"，是其"人皆可以为圣"观念的践行。作为《仪礼》的简本和宋代礼仪的概述，《朱子家礼》成为南宋以降，及于元明清的民间礼仪的指导手册，被称为"民间通用"。如果说朱熹的《四书集注章句》乃士子精英的必读范本，那么《朱子家礼》则流行于民间社会，二者覆盖元明清三朝的雅俗两层面。

明末清初的朱柏庐（1627—1698）所撰《治家格言》（又称《朱子家训》）以524字论修、齐、治、平，广采儒家为人处世经验、方法，在清民两代也有广大影响。其"一粥一饭，当思来之不易；半丝半缕，恒念物力维艰""宜未雨而绸缪，毋临渴而掘井"等语句，成为传世箴言。

（二）修纂礼书（乙）：《周礼》

官制是国家制度的要部。先秦记述周代官制的篇什有《尚书·周书》与《荀子·王制》，而系统载录的则为《周礼》。此书在《史记》《汉书》中称为《周官》（此"官"非谓官员，而是官能、功能之意）。《史记·封禅书》说："群儒采封禅《尚书》、《周官》、《王制》之望祀射牛事"[①]，初出《周官》书名。

周人创设典制（"六典"），普涉国家制度的各个方面：

> 一曰治典，以经邦国，以治官府，以纪万民；二曰教典，以安邦国，以教官府，以扰万民；三曰礼典，以和邦国，以统百官，以

---

① 司马迁：《史记》卷28《封禅书》，中华书局2014年版，第1677页。

谐万民；四曰政典，以平邦国，以正百官，以均万民；五曰刑典，以诘邦国，以刑百官，以纠万民；六曰事典，以富邦国，以任百官，以生万民。①

为践行六典，设置六种职官，师法自然，以天、地、春、夏、秋、冬比附其功能：

> 一曰天官，其属六十，掌邦治；二曰地官，其属六十，掌邦教；三曰春官，其属六十，掌邦礼；四曰夏官，其属六十，掌邦政；五曰秋官，其属六十，掌邦刑；六曰冬官，其属六十，掌邦事。②

此书相传撰于周成王时期："（成王）既绌殷命，袭淮夷，归在丰，作《周官》。兴正礼乐，度制于是改，而民和睦，颂声兴。"③

《周礼》由谁成书，有多种说法。古文经学认为摄政的周公手撰《周礼》："周公致太平之迹，迹具在斯"④；又有孔子撰《周官》之说，还有周公初撰、孔子整理之说。汉代何休，宋代欧阳修、胡宏疑其非周公、孔子作品，称为后世"伪书"。清人程廷祚谓"《周礼》为东周人书"⑤，此说近理。今考其内容和文字风格，《周官》《周礼》当为战国至秦汉之际儒者承续编纂。

这部记述周王室及各诸侯国官制及其他制度的专书，通过阐发周代礼制、"六冕"制，展现殷周以降政治、经济、文化、风俗、礼法诸制，所载内容与西周青铜器铭文呈现的西周官制颇相近似，可见其来有自。秦火后，《周官》失传，至西汉景帝、武帝之际，河间献王刘德（前

---

① 《周礼·天官·冢宰》。
② 《周礼·天官·小宰》。
③ 司马迁：《史记》卷4《周本纪》，中华书局2014年版，第171页。
④ 贾公彦：《序周礼兴废》，郑玄、贾公彦：《周礼注疏》，上海古籍出版社1990年版，第5页。
⑤ 程廷祚：《青溪集》，黄山书社2004年版，第3页。

170—前130）从民间征得先秦古籍，有记周代礼制的《周官》一书。[①]
唐人贾公彦称："《周官》孝武之时始出，秘而不传"，"至孝成皇帝，达才通人刘向、子歆校理秘书，始得列序，著于《录》《略》"[②]。西汉末刘向（前77—前6）撰《别录》，其子刘歆（公元前50—公元23）撰《七略》，经《汉书·艺文志》著录，《周官》始为人知，刘歆向王莽新朝奏请，《周官》更名《周礼》，列入学宫。东汉初，刘歆门人杜子春传授《周礼》之学，东汉末经学大师郑玄（127—200）为之作注，《周礼》跃为"三礼"之首。朱熹谓五经注疏，《周礼》最好，《诗》《礼记》次之，《书》《易》为下[③]。可见两汉以降儒林考释《周礼》用力之深。

《周官》更名《周礼》并沿用后世，是因为中国传统将制度概称之"礼"。礼的狭义是"事神致福"的祭祀礼仪，广义则指制度规范，《周礼》之"礼"取广义，"礼，所以统叙万事，故云'统百官'也"[④]。

《周礼》通过系统陈列官制来表述周代的治国方略，涉及祭祀、朝觐、封国、巡狩、丧葬等国家大典，呈现用鼎制、乐悬制、车骑制、服饰制、礼玉制等制度。显示这些典章的周代王官，要分六职（或曰六属）：一曰天官，掌邦治，大冢宰率之，平邦国、均万民、节财用；二曰地官，掌邦教，其长为大司徒，以安邦国、宁万民、怀宾客；三曰春官，其长为大宗伯，掌邦礼（宗教事务）；四曰夏官，其长为大司马，掌邦政（军事事务）；五曰秋官，其长为大司寇，掌邦刑（刑罚事务）；六曰冬官百工，掌邦事（营造事务）。《周礼》中的"冬官"遗失，后以《考工记》（可能系战国初稷下学派所撰）补之。此天、地、春、夏、秋、冬六职称"六官"，又称"六卿"。

《周礼》主要依凭周制而撰，又渗入春秋战国的若干制度，以及秦汉的五刑、田制等，实为周制秦制的混合（以周制为基干），成为两汉以

---

① 班固：《汉书》卷53《景十三王传·河间献王》，中华书局1962年版，第2410页。
② 贾公彦：《周礼正义序》，郑玄、贾公彦：《周礼注疏》，上海古籍出版社1990年版，第5页。
③ 见《朱子语类》。
④ 《周礼正义·天官·大宰》。

降的制度模本。《周礼》之学的展开，推动两汉以降学者（郑兴、郑众、贾逵、马融、郑玄等）对当时制度的研究，如郑玄的《周礼注》大量引述"今制"。朝廷也以《周礼》为范例，建立本朝制度，隋唐的吏、户、礼、兵、刑、工六部制，即脱胎于《周礼》的"六官"；唐的《开元六典》、宋的《开宝通礼》、明的《大明集礼》，皆以《周礼》为蓝本，各有损益。

《周礼》所载具体制度在后世颇多更革，但其规定的宗法秩序及"人法天道"的治国精义承传不辍。从这一意义言之，《周礼》可谓中国王朝时代典制的渊薮，先后列入"九经""十三经"。

《周礼》综列两周至秦汉官制，涉及国体、政体，展开于经济—文化—军事制度，透露出儒家的政治哲学，将周制理想化、规则化，是后儒依"官制象天"的想象设计的制度全书，但并未曾全面实行过。

（三）修纂礼书（丙）：《礼记》

记述周制的"三礼"，成书最晚而影响较大的是《礼记》，它是诠释"礼经"的论文结集。

最先入"经"的《仪礼》详记礼制的仪式细节，缺乏形而上思辨，后编《礼记》则阐发礼治主旨，弥补了《仪礼》缺陷。如果说《仪礼》重在宣讲"仪"（礼的仪式），而《礼记》则于介绍礼的仪式的同时，要在阐发礼的"神"。春秋时鲁昭公访问晋国，讲究言行仪态，晋平公钦佩不已，赞其懂礼，而大夫叔齐不以为然，他说：

> 是仪也，不可谓礼。礼，所以守其国，行其政令，无失其民者也。……礼之本末，将于此乎在，而屑屑焉习仪以亟。言善于礼，不亦远乎！①

---

① 《左传·昭公五年》。

《礼记》编者正是持守叔齐这种对"礼"的精神实质的理解，蒐集整理周秦之际议礼的文章，其中篇什并述六礼（冠、昏、丧、祭、射、乡）的"数"（外在形仪）与"义"（内在精神），兼顾本末，重在阐发"为人君之礼""为人臣之礼""为人子之礼"及"男女之礼""少长之礼""主客之礼"，这便是"夫礼者，所以定亲疏，决嫌疑，别同异，明是非也"①。《礼记》为后世器重，原因正在于不仅介绍礼的外在形仪，更阐发了礼之内在精神。

　　《礼记》又名《小戴礼记》或《小戴记》，是先秦至秦汉之际儒生论述周制的文章汇编，据传是孔子弟子及再传弟子撰，由西汉礼学家戴圣（其叔父戴德称"大戴"，戴圣称"小戴"）编辑，《汉书》记载其成书于东汉建初七年（82）。此书原为解说《仪礼》（时称《礼经》）的文章汇编，附于《礼经》之末，故称"记"，后经东汉郑玄作注而独立成书，唐时被称为"大经"，明清所谓《礼》《礼经》多指《礼记》。

　　今本《礼记》20卷49篇，略分五类：（1）礼治通论，阐述周礼意义（《曾子问》《礼运》《礼器》《学记》《乐记》《坊记》《中庸》《大学》等）；（2）诠释《仪礼》专篇（《冠义》《昏义》《射义》《聘义》《燕义》《乡饮酒义》《明堂位》等）；（3）记孔子言行及孔门诸事（《孔子闲居》《仲尼燕居》《檀弓》等）；（4）记古代礼仪制度并加考证（《王制》《曲礼》《大传》《投壶》《玉藻》《文王世子》《内则》等）；（5）古代礼制格言（《少仪》《儒行》《曲礼》等）。

　　《礼记》反映先秦儒家的天道观、宇宙观、人生观（如《大学》《中庸》《郊特牲》《缁衣》《表记》等篇），以及政治思想（如《礼运》《曲礼》等篇）、教育思想（如《大学》《学记》等篇）、美学思想（如《乐记》等篇）。其主旨在以"礼"治天下。

　　《礼记》乃贯通《仪礼》《周礼》，阐发礼治精义之作，在曹魏时期升格为经，唐代定为"五经"之一，取代《仪礼》地位。唐人韩愈、李

---

① 《礼记·曲礼上》。

翱选出《礼记》中《大学》《中庸》二篇,以之与《论语》《孟子》齐列;北宋程颢、程颐亦将其并举。宋明以降,《礼记》仅次于《论语》,比肩《孟子》。

南宋朱熹(1130—1200)正式将《礼记》中的《大学》(相传孔子弟子曾参撰)、《中庸》(相传孔子嫡孙、受教曾参的子思撰),与《论语》《孟子》合称"四书",与"五经"同奉为儒学最高经典。"五经"之名始于西汉武帝时;"四书"之名始于南宋,朱熹作《四书章句集注》,按照由浅入深的顺序排列为《大学》《论语》《孟子》《中庸》;明清以后按篇幅由少到多,排序改为《大学》《中庸》《论语》《孟子》。元明清三朝科举考试,出题范围限于作为官书的"四书",以朱熹《四书集注》为标准答案,"四书"成为士人必读书,影响力之大,居经典前列。

"四书"是追怀、阐扬周制的文本,其在中古—近古的崇高地位,表明周制并未因强势的秦制而退隐消弭,始终以中国制度文化的精神基干垂拱天下。

《三礼》载述周制,对礼法、礼义作系统记录和创造性诠释,实为周制时代与后周制时代礼制及礼治思想的混成。宋初将《三礼》与《春秋》"三传"及《诗》《书》《易》列入学宫,共称"九经";南宋后又陆续补入《论语》《孝经》《尔雅》《孟子》,合为"十三经",构成宋元明清最高的政治—文化经典。

《三礼》是通过陈述周制的具体事项来透露其形上之道,故学"三礼""应以名物为先务也",名物之学(关于事物名称及具体物类辨识的学问)乃"三礼"研究的入门之处和基本内容。清人黄以周《礼书通故》、林昌彝《三礼通释》、孙诒让《周礼正义》皆从名物训诂入手,阐发周制精义。今人钱玄《三礼名物通释》《三礼通论》,通过对宫室、车马、礼乐器、玉器、燕器、养器、裦器、符节、工具等的考证,呈现周制的等级秩序,这正是从"形而下谓之器"的考订,走向"形而上谓之道"的论析,如黄侃所言:

文物以纪之,声名以发之。知此义也,则《三礼》名物,必当精究;辨是非而考异同,然后礼意可得而明也。

寻图读经,事半功倍。①

黄侃之师章太炎说:"礼者,法度之通名,大别则官制、刑法、仪式是也。"② 钱玄则谓:"是以三礼之学,实即研究上古文化史之学。"③

《三礼》之后,阐述、改造周制的论著不断涌现,较重要者为西汉的《春秋繁露》和东汉的《白虎通义》。

(四)重释周制(甲):《春秋繁露》

汉承秦制,然汉代又汲取秦政暴虐导致二世而亡的教训,故亦借周制的某些旨趣调整制度,武帝时期董仲舒倡导之"复古更化",即试图通过复周制之古,法先王之道,以修订现政之弊。名著《春秋繁露》乃西汉"释周法先"的集成。

董仲舒(前179—前104)初撰《蕃露》(蕃即繁,多露润之意),比为《春秋》的属辞,隋唐以后儒者将董氏与相关学人讨论周制的文集命名为"春秋繁露",现存17卷82篇,最早版本为南宋嘉定四年(1211)江右计台刻本。此书推尊公羊学,称"春秋大一统者,天地之常经,古今之通谊也"④,为皇权一统作论证。阐述阴阳五行、天人感应及"王道三纲可求于天"的伦理思想,发述"赤黑白三统"循环历史观,夏为黑统、商为白统、周为赤统,改朝换代是三统交替,又认定周制循道、执理,故可垂之久远,所谓"圣人异治同理",制度因时而异,但原理不变,故"《春秋》之于世事也,善复古,讥易常,欲其法先王也"。"今所谓新王必改制者,非改其道,非变其理。""故王者有改制之名,无易

---

① 黄侃:《礼学略说》,《黄侃论学杂著》,武汉大学出版社2013年版,第465页。
② 章太炎:《检论·礼隆杀论》,《章太炎全集》第3卷,上海人民出版社1982年版,第399页。
③ 钱玄:《三礼辞典》自序,江苏古籍出版社1998年版,第1页。
④ 班固:《汉书》卷65《董仲舒传》,中华书局1962年版,第2523页。

道之实。"① 由此提出复周之制、修订秦政的"复古更化"论，奠定改良版秦制——汉制的理论基础。

董仲舒崇天尊君，他反复强调：

> 《春秋》之法，以人随君，以君随天。
> 故屈民而伸君，屈君而伸天，《春秋》之大义也。②

这是秦制临世后汉儒对君本位的认同，又作神学式修正（以"天"限"君"），创"人副天数"说，认为人在肉体和精神上都是天的副本与缩影③，沟通上天神权与人间君权。董仲舒认为，秦制成功经验当继承，秦政暴虐导致二世而亡的教训须汲取，主张以周制之德教修正秦制之一味任刑，他说：

> 王者承天意以从事，故任德教而不任刑，刑者不可任以治世，犹阴之不可任以成岁也。为政而任刑，不顺于天，……虐政用于下，而欲德教之被四海，故难成也。④

董仲舒力陈灾异、天谴之说，在致武帝的对策中说："国家将有失道之败，而天乃先出灾害以谴告之。""以此见天心之仁爱人君而欲止其乱也。"⑤ 后之帝王多信从董说，为避灾异乱国，每以勤政爱民自儆（多半只做表面文章），若有失政，则下诏罪己。这成为王朝政治的常用套路。

董氏力倡"春秋大一统"，以为是"天地之常经，古今之通谊也"⑥，他针对当时"百家殊方，指意不同"的文化多元状况，向武帝提议：

---

① 苏舆：《春秋繁露义证》，中华书局 1992 年版，第 15—19 页。
② 苏舆：《春秋繁露义证》，中华书局 1992 年版，第 31—32 页。
③ 见《春秋繁露·人副天数》。
④ 班固：《汉书》卷 65《董仲舒传》，中华书局 1962 年版，第 2502 页。
⑤ 班固：《汉书》卷 65《董仲舒传》，中华书局 1962 年版，第 2498 页。
⑥ 班固：《汉书》卷 65《董仲舒传》，中华书局 1962 年版，第 2523 页。

诸不在六艺之科，孔子之术者，皆绝其道，勿使并进。邪辟之说灭息，然后统纪可一而法度可明，民知所从矣。[1]

继秦朝李斯厉行观念一统之后，董仲舒再次高度强化思想一统。不过，李斯—秦始皇用"以法为教""以吏为师"统一文化，伴随秦代二世而亡归于失效，而董仲舒—汉武帝则用"孔子之术""以儒为师"教化天下，大体达到皇权制度下文化大一统目的。

董氏的大一统观又伸及人性论，提出"性三品"说：圣人生性善，小人生性恶，中人可善可恶，可教化变善，小人是"斗筲之性"，只能接受圣人统治。认为"唯圣人能属万物于一，而系之元也"[2]，"故为人君者，正心以正朝廷，正朝廷以正百官，正百官以正万民，正万民以正四方。四方正，远近莫敢不壹于正"[3]。

以董仲舒为代表的汉儒倡言复周制之古，更化秦之虐政，维系三纲五常，走周秦二制交混、儒—法—道—阴阳诸说交融之路。《春秋繁露》奠定了汇合周秦的汉制的理论基石，对中古—近古制度影响深远。

（五）重释周制（乙）：《白虎通义》

东汉建初四年（79），爱好儒术的章帝刘炟（56—88）亲临白虎观，召集魏应、淳于恭、贾逵、班固等学官、博士及诸生讨论五经同异，由皇帝裁定，统一今古文经学，对周制、秦制加以整理、综汇，后由班固（32—92）等编纂成《白虎通义》（正式名称《白虎通德论》，简称《白虎通》），12卷，44目，涉及522个论题，仿效《春秋繁露》无类比附法，将君臣、父子、夫妇之义与天地、阴阳、五行等自然现象相比拟，所谓"三纲之义，日为君，月为臣也"[4]。"君有众民，何法？法天有众星

---

[1] 班固：《汉书》卷65《董仲舒传》，中华书局1962年版，第2523页。
[2] 苏舆：《春秋繁露义证》，中华书局1992年版，第147页。
[3] 班固：《汉书》卷65《董仲舒传》，中华书局1962年版，第2502—2503页。
[4] 陈立：《白虎通疏证》，中华书局1994年版，第424页。

也。"① "臣有功,归功于君,何法?法归月于日也。"②

《白虎通》卷七专论"三纲六纪",三纲:君为臣纲,父为子纲,夫为妻纲;六纪:敬诸父兄,诸舅有义,族人有序,昆弟有亲,师长有尊,朋友有旧。"三纲法天人,六纪法六合。"大者为纲,小者为纪,"张理上下,整齐人道也"③。这便是纲常名教,在民间发展为"天地君亲师"崇拜。④ 东汉道教盛行,道教典籍《太平经》将"三纲"修订为"君臣—父子—师徒",与"天地君亲师"崇拜相因应。

"三纲六纪"是周制与秦制混交的产物,是两汉以下二千年制度的精神统领,具有法典作用。陈寅恪(1890—1969)说:

> 吾中国文化,具于《白虎通》三纲六纪之说。⑤

称"三纲六纪"为皇权制度之"定义"。

有人以为陈寅恪崇仰、维护三纲六纪,实则他对此"确定之义"是持批判态度的,其《论再生缘》说:"则知端生心中于吾国当日奉为金科玉律之君父夫三纲,皆欲借此等描写以摧破之也。"⑥ 显然赞赏《再生缘》"摧破"三纲。陈氏所著《柳如是别传》"表彰我民族独立之精神,自由之思想。"对三纲六纪有所取舍,并非一概收纳。他说:

> 若以君臣之纲言之,君为李煜亦期之以刘秀;以朋友之纪言之,友为郦寄亦待之以鲍叔。其所殉之道,与所成之仁,均为抽象

---

① 陈立:《白虎通疏证》,中华书局1994年版,第196页。
② 陈立:《白虎通疏证》,中华书局1994年版,第195页。
③ 陈立:《白虎通疏证》,中华书局1994年版,第374—375页。
④ 敬奉天地君亲师,发端《国语》,《荀子》定格,汉代学界奉行,明清流播民间,普设"天地君亲师"牌位。
⑤ 陈寅恪:《王观堂先生挽词序》,《陈寅恪学术文化随笔》,中国青年出版社1996年版,第3页。
⑥ 陈寅恪:《寒柳堂集》,《陈寅恪集》,生活·读书·新知三联书店2001年版,第66页。

理想之通性，而非具体之一人一事。①

陈氏在前引之《王观堂先生挽词序》中指出，时至近代，纲常说已丧失社会基础，其沉沦不可避免，这并非仅仅是"外来学说"（指西学）影响的结果：

> 自道光之季，迄乎今日，社会经济之制度，以外族之侵迫，致剧疾之变迁。纲纪之说，无所凭依，不待外来学说之掊击，而已销沉沦丧于不知觉间。②

三纲六纪成为中国传统之"义"，是汉以来诸王朝变先秦元典仁民精义为忠君文化的结果。故王夫之自题画像中堂联云：

六经责我开生面
七尺从天乞活埋

由此可见，从明清之际新民本论者到现代思想者，都试图通过复归元典精神，以突破秦制纲常的桎梏，寻求中华文化的再生之路。他们对传统礼制取其精华、去其糟粕，反顾过去，是为了从历史高度瞻视未来。吾辈不可忽略王夫之、陈寅恪礼制观的真实意蕴。

---

① 陈寅恪：《王观堂先生挽词序》，《陈寅恪学术文化随笔》，中国青年出版社1996年版，第3页。
② 陈寅恪：《王观堂先生挽词序》，《陈寅恪学术文化随笔》，中国青年出版社1996年版，第4页。

第二章　宗法封建的分权周制

一、天子与贵族共天下

春秋末及战国以降，儒者乐道的"三代之治"，要指周天子与贵族共治天下，此制初兴于殷商，完备于西周，是一种宗法封建的有限君主制。至东周，则演变为公侯贵族与卿大夫共治天下，周天子尸位素餐，仅存空名。

（一）周制得名

西周完备的"周制"，其名既非西周时拟定，也不是秦汉以后新创，而是东周（尤其是春秋）开始的流行语。

《左传》载，春秋时晋国应邾国（鲁国的附庸）之请，扣押鲁国行人（使臣）叔孙婼，叔孙婼与邾国大夫辩论，引周朝封建制度为据："列国之卿，当小国之君，固周制也。邾又夷也，……不敢废周制故也。"[1] 指出鲁国对邾国的废立都是依周制处置的。又《国语》载，单襄公论陈国必亡，讲到周代路旁植树、设食的习俗："周制有之曰：列树以表道，立鄙食以守路。"[2] 可见"周制"在春秋是习常用语。后世沿用周制，如晋代陆机《五等论》曰："借使秦人因循（其）制，虽则无道，有与共弊，覆灭之祸，岂在曩日？"[3]（"曩日"，过去之日）

---

[1]　《左传·昭公二十三年》。
[2]　《国语·周语中》。
[3]　房玄龄等：《晋书》卷54《陆机传》，中华书局1974年版，第1477页。

周室式微的春秋,"周制"仍享声望,列国论争时往往还要引为依据。《公羊传》载,春秋五霸之首齐桓公(?—前643)接受管仲(约前723—前645)建议,举"救中国而攘夷狄"①旗帜,禁篡夺,抑兼并,以宗法封建的周制号令天下。春秋末,"从周"的孔子叹曰:"微管仲,吾其被发左衽矣。"②千余年后宋人朱熹亦称赞:"尊周室,攘夷狄,皆所以正天下也。"③这都是赞扬齐桓公、管仲维系周制,尊王攘夷。

制度不仅指物理力量(军队、行政等),还包括精神力量(思想权、话语权)。中国第一个成系统的国家制度——周制便兼具这两种力量,而这两种力量名义上的操纵者是周天子。

(二)天子

周代的最高统治者称"王",亦称"天子"。

天子是中国崇天文化的产物。古人观测天象,见北斗指寅,大地回春,顺天耕种,可获丰收,于是认天为父,视天为生命源泉,王者为天之子,得天爵(上天赐予的爵位,是一种精神爵位),兼有人爵(天子及上层贵族赐予的爵位,是物质的、外在的爵位),"唯天子受命于天,士受命于君。故君命顺则臣有顺命,君命逆则臣有逆命"④。受命于天的天子遂成为天下人崇仰、遵从之最高统治者。

伪古文《尚书》的《夏书·胤征》说:"尔众士同力王室,尚弼予钦承天子威命。"这是后世儒者之说,尚不能证明夏代有"天子"之称。殷墟甲骨文多用"天"字(𣘡),上部为方形,象头颅,头颅是人的最高部位,其上是苍穹(苍天),"天"便衍生为天空义,卜辞中的天或指至上神,但少为殷商统治者使用。商人信仰"帝"(初文"蒂",花蒂,谓生

---

① 《春秋公羊传·僖公四年》。
② 《论语·宪问》。
③ 朱熹:《四书章句集注》,中华书局1983年版,第154页。
④ 《礼记·表记》。

命之源，引申为创造生命者），掌管风云雷雨、农业收成，但与国祚并不密切相关。周人将商代民间以天为至上神的用法引申为官方意识，"以德配天"，又赋予"帝"以"天"意，"帝命"与"天命"同义，政权合法性由"天命""帝命"决定，王者"受天命而立"。

周代"王权天授"说被大加弘扬，周王是"天之子"的观念升华并得以普及，如果说殷王偶称天子，那么周王便常称天子。《尚书·夏书》中的"天子威命"，这是托夏代之名，而实为晚周关于"天子"的用法。周代编辑的《诗经》有"天子万年""天子万寿""明明天子"一类文句[1]，是周代使用"天子"的记载。成书于东周的《尚书·周书》多篇言及周王"受命于天"，商因失道而亡，周因明德取得民心，而获天子位。《论语》多议天命，称周王是上天儿子，也即行使天命、治理人间的"天子"。春秋晚期的孔子有"天下有道，则礼乐征伐自天子出"[2]的名论。《白虎通》引孟子语："王者父天母地，为天之子也。"[3] 天子是天爵（上天赐予的爵位）与人爵（人世间颁给的爵位）合一的最高尊号。

总之，最晚至东周，天子已成为周王的通称，诸侯可以称王，尚无称天子者。秦汉以降，天子也是皇帝的专称，《礼记》说："君天下曰天子。"[4]《春秋繁露》说："尊者取尊号，卑者取卑号。故德侔天地者，皇天右而子之，号称天子。"[5] 东汉班固《东都赋》云："天子受四海之图籍，膺万国之贡珍，内抚诸夏，外接百蛮。"[6] 唐人高适《燕歌行》："男儿本自重横行，天子非常赐颜色。"[7] 诸例天子皆是帝王的专称。

---

[1] 《诗·大雅·江汉》。
[2] 《论语·季氏》。
[3] 《孟子·告子上》。陈立：《白虎通疏证》，中华书局1994年版，第2页。
[4] 《礼记·曲礼下》。
[5] 苏舆：《春秋繁露义证》，中华书局1992年版，第410页。
[6] 范晔：《后汉书》卷40下《班彪列传》，中华书局1965年版，第1364页。
[7] 孙钦善：《高适集校注》，上海古籍出版社2014年版，第86页。

（三）周公摄政：周制系统化

"天子"神圣化，成为政权的最高指称，是周公摄政时实现的。公元前1043年左右武王伐纣，建立周朝，向贤明的殷贵族箕子（殷纣王叔父）问治，箕子陈述禹传下的"洪范九畴"，即九类治国大法，其中包括八政（食、货、祀、司空、司徒、司寇、兵、师），并倡"毋偏毋颇""王道正直"的社会公正说，武王欣然领受。①

武王在位4年去世，子姬诵（13岁）继位，为成王，其叔父（武王弟）姬旦（尊为"周公"）摄政，以天子名义号令诸侯，天下逐渐平复。周公以天子名义号令天下的方法，后世贵族、权臣多有仿效。如春秋时郑庄公"以王命讨不庭"②；齐桓公取管仲之议，"夹（挟）辅周室"③，"九合诸侯，一匡天下"④；战国中期，秦惠王时张仪倡"挟天子以令诸侯"。三国时袁绍谋士沮授建策"挟天子而令诸侯，畜士马以讨不庭"⑤，诸葛亮对刘备说："今操已拥百万之众，挟天子以令诸侯，此诚不可与争锋。"⑥历来史例表明"天子"是号令天下的大旗，擅权者必借用之。

周公在周天子旗号下，东征平叛，建洛邑，封建贵戚、功臣，致力周制建设。周公发布的诰命载于《尚书·周书》（《大诰》《多士》《酒诰》《梓材》《无逸》《立政》等篇，被认为是西周记事文书)，展现其政治主张，如"敬德保民""明德配天""明德慎罚""有孝有德""当于民监""力农无逸"等。

秦汉之际儒士伏生等称周公摄政七年业绩：

> 周公摄政，一年救乱，二年克殷，三年践奄，四年建侯卫，五

---

① 见《尚书·洪范》。清人考证，此古文《尚书》篇什系汉儒假托箕子所言，但仍保有原始的周初内容。
② 《左传·隐公十年》。
③ 《左传·僖公四年》。
④ 司马迁：《史记》卷62《管晏列传》，中华书局2014年版，第1805页。
⑤ 范晔：《后汉书》卷74《袁绍刘表列传》，中华书局1965年版，第2382页。
⑥ 陈寿：《三国志》卷35《诸葛亮传》，中华书局1959年版，第912页。

年营成周,六年制礼乐,七年致政成王。①

这当然是一种简约化的描述,实则礼乐制度有一个长时段的集体制作过程,不可能由周公在摄政的六年间完成,但称周公是制礼成乐的首席主持人却是不错的。《中庸》说:"武王末受命,周公成文武之德。"清人陈谅直注云:"武王受命之日,年已垂暮,周公以母弟而为相,一代制作,皆出其手,故以成德归之。"② 这"一代制作"出于周公之说,可以取其大意。

(四)周公订制

周公在平定殷纣之子武庚和周武王之弟管叔、蔡叔、霍叔及东方诸国叛乱后,即制订并完善君主制度,要者有四:

(1) 确立"嫡长子继承制",巩固周天子位,防范贵胄对王权的觊觎;

(2) 分封姬姓、姻亲及异姓功臣,建立天子与贵族分权共治的封建制度;

(3) 理顺大宗—小宗关系,维系"礼乐征伐自天子出"的宗法秩序;

(4) 创立"协和天下"的礼乐制度。

周人汲纳内服外服兼备的殷制,组创复合有序的"周制",此一过程萌芽于文王、武王时期,系统化并定型于周公摄政时期,成王、康王进一步完善,终成"以德配天""保民而王"的宗法封建制度。

二、周制非"奴隶制"

一些学者将商周两代制度统称之奴隶制。此说须加辨析。

---

① 伏生等:《尚书大传》,上海书店出版社2012年版,第40页。
② 张思齐:《八股文总论八种》,武汉大学出版社2009年版,第560页。

（一）"奴隶制"界说

奴隶制是奴隶主占有生产资料并完全占有奴隶的制度。奴隶是会说话的工具，在奴隶主的强制下劳动，劳动产品全部归奴隶主占有和支配，奴隶只获得最低限度的生活资料。多种社会形态（包括封建社会、集权帝制社会、资本主义社会）都有奴隶存在，但只有生产劳动主要承担者是失去人身自由的奴隶的社会，才称为奴隶制社会。

（二）商代是奴隶社会

放眼世界古史，古巴比伦、古埃及、古希腊、古罗马驱使战俘、被占领区原住民、负债者、罪犯从事无偿劳动，奴隶构成社会生产的主力，这是典型的奴隶制社会。中国商代与之相似，贵族虏获的战俘（殷墟甲骨卜辞所记"获羌""执羌""来羌"）、罪徒及破产农人组成丧失人身自由的群体，被大量投入农田耕作（如卜辞所记"呼御羌于九田"），或成为手工业奴隶（"工"）、畜牧业奴隶（"刍"），或从事贵族家内劳役（"臣、妾、奚、仆"）。贵族还普遍实行杀奴陪葬的人殉制。早在新石器时代晚期的酋邦制时期就用奴劳作，并有人殉、人祭，商代达到高峰，蓄奴、用奴数额惊人，并且大规模屠杀奴隶祭神、祀祖。重祭祀的商人广行"人祭"，称之"牺牲"，卜辞记商代"伐祭"（把奴隶头颅砍去祭祀），数量有伐五人、伐十人、伐二十人、伐百人，一件卜辞云："八月辛亥，允戈伐二千五百六十五人。"① 从发掘的商王及贵族墓中多次发现数十、数百乃至数千人殉尸骨（包括全首人骨和身首异地的人骨）。

商史及甲骨学家胡厚宣从甲骨文书取证，统计一处殷商人殉、人祭，找到尸首骸骨 3684 人，连同散落无法还原的骨骸，约为 4000 人。胡厚宣又统计甲骨卜辞中的数据：计人祭卜辞甲骨 1350 片，卜辞 1992 条。仅商王武丁时期的人祭卜辞就有甲骨 673 片，卜辞 1006 条，祭用 9021 人。其

---

① 郭沫若主编：《甲骨文合集》07771，中华书局 1982 年版。

中一次用500奴仆作祭祀。武丁在位42年，平均每天杀0.6人用于祭祀。[1]

严酷的压迫导致奴隶逃亡和反抗，商武丁以后的卜辞常有关于奴隶逃亡和商王追捕逃众的载述。《殷虚书契前编》及《续编》记"丧众""告众""王往途众人"、"逐众""途众人"。"众"即奴隶，"逐"即追捕逃亡奴隶；"途"即屠，屠杀奴众。

与驱奴劳作相并行，殷商也用农村公社庶众在王室及宗族土地上耕作，卜辞称"王大令众人曰劦田"[2]，"劦田"指三耒共耕，在王的号令下"众人"集体耕作。现在还难以确定，商代用奴隶劳作与众人耕作何者为主，但考古实证表明，蓄奴、用奴在商代十分普遍。传世文献《尚书·盘庚》载，商王盘庚对众训辞，"奉畜汝众"，"汝共作我畜民"，如果众不服从，便"劓殄灭之，无遗育"。故商代当称作奴隶制社会。

（三）周代农业生产主体并非奴隶而是宗族庶众

承接殷商的西周保有较多氏族公社制遗存，农业生产的主要形态是有一定人身自由的村社庶众在大田劳作。《诗经》的一批农事诗（《七月》《信南山》《甫田》《大田》《臣工》《丰年》等）描述西周农耕场景：族众自带干粮，携妻儿集体耕作，"千耦其耘"（千对农人耕地）[3]，"十千维耦"（王号召万人一齐出动，并力耕作）[4]，"同我妇子，馌彼南亩，田畯至喜"[5]，"曾孙来止，以其妇子。馌彼南亩，田畯至喜"[6]。这里看不到奴隶主驱使奴隶劳作的情形，农业生产的指挥者是"田畯"（田官）及"曾孙"（宗族长老，或释为周王），劳动者是宗族中各有家庭的庶众。

周时农业生产的主体是宗族庶众，他们既不同于终生官属、没有人身自由的"工商皂隶"，也不同于后世的自耕农（周代庶众无私有土地，

---

[1] 胡厚宣、胡振宇：《殷商史》，上海人民出版社2003年版。
[2] 郭沫若主编：《甲骨文合集》00001，中华书局1982年版。
[3] 《诗·周颂·载芟》。
[4] 《诗·周颂·噫嘻》。
[5] 《诗·国风·七月》。
[6] 《诗·小雅·甫田》。

后世自耕农拥有并可以买卖土地），而是介乎下级贵族"士"和"皂隶"之间的村社庶人。《国语》云："公食贡，大夫食邑，士食田，庶人食力，工商食官，皂隶食职，官宰食加。"[1] 庶人的基本生存方式是"食力"（出卖劳力为生）、"力于农穑"（从事农业劳动）。《左传》描述士、庶、工商皂隶各自的职责：

> 其士竟于教，其庶人力于农穑，工商皂隶，不知迁业。[2]

"士"从事文教工作，"庶人"用力于农耕，"工商皂隶"不能变迁行业。皂隶之"隶"分两种：一如睡虎地秦简所称"隶臣妾"，为私家奴隶；二为官家奴隶，如《周礼》所说之"五隶"，包括罪隶（因犯罪沦为奴隶者）和四种战俘（被俘之异族：蛮隶、闽隶、夷隶、貉隶）[3]，他们充任官家手工业劳役，不能改变职业。周代作为农业生产主体的庶众，不在皂隶之列。

（四）周代"人殉"、用奴、"贩奴"考辨

周代部分继承商制，续有人殉（出土周代文献有载），但规模大为缩小，周代更多以束草仿人形或动物形供殉葬用（《老子》提及的"刍狗"，即用草扎成的狗，作祭祀用），春秋中期以后还以泥木人形制品（俑）殉葬，孟子转述孔子对此的评论："始作俑者，其无后乎？"[4] 意谓：最先用土陶俑殉葬者，断绝子孙后代。以陶俑代替生殉尚且不可容忍，为孔孟所深责，表明东周时人殉已遭社会否定。人祭在周代逐渐消弭，是周代脱离奴隶制社会的一个显著标志。

---

[1] 《国语·晋语》。
[2] 《左传·襄公九年》。
[3] 见《周礼·秋官·司隶》郑玄注。
[4] 《孟子·梁惠王上》。

周代仍使用奴隶，墨家称牛马是能动的工具[1]，奴隶（荀子称奴婢为"臧获"[2]）是能动又能说话的工具，这种对奴隶的定义来自殷文化。

周代也买卖奴隶（如《曶鼎》铭文载，以"匹马束丝"换五名奴隶；《大盂鼎》铭文记"锡夷司王臣十又三百，人鬲千又五十夫"）。买卖、封赐的奴隶为战俘、囚犯及其妻、子，多充作服务于贵族生活的"家内奴隶"（多由贵族女子所有），有少量奴隶归男性贵族所有，用于农业及手工业生产。但与奴隶是生产力主体的希腊、罗马有别的是，先秦文献显示，周代农业生产多由村社庶众操作，力农者称民、夫、庶人。村社庶人"三时务农，而一时讲武"[3]，有家庭，兼负"农穑"和"兵役"，显然享有一定程度的人身自由。丧失人身自由的奴、人鬲主要服役于贵族家务。

郭沫若、吕振羽等学者指周代为奴隶社会，取证于周代文献频繁出现"隶"。其实，隶并非都是奴隶，于省吾（1896—1984）指出，"历、鬲、隶"古时并通[4]，隶不可全视作奴隶，往往指"贱官"，即下级官吏，东汉经学家服虔说："隶，隶属于吏也。"[5] 此外，以往常将"众"统归于奴隶，其实古文献中的"众"，既指无人身自由者，亦指有人身自由的庶人。[6] 陈独秀、范文澜、瞿同祖、陈伯达等认为中国古代从氏族社会（或称亚细亚生产制）进入封建社会，没有出现希腊、罗马式的奴隶制度。

商代以后诸王朝多有蓄奴、用奴现象，不仅在周代如此，三千年后的元代还有"驱口"（奴隶的一种名目），《辍耕录》卷17载："今蒙古色目人之臧获，男曰奴，女曰婢，总曰驱口。"明代承此蓄奴之风，《明史》

---

[1] 见《墨子·经说下》。
[2] 见《荀子·王霸》。
[3] 《国语·周语上》。
[4] 于省吾：《释鬲隶》，《史学集刊》复刊号，1981年10月。
[5] 服虔：《春秋传服氏注》，《左传·昭公七年》"舆臣隶"疏引。
[6] 见刘家和：《〈书·梓材〉人历、人宥试释》，《古代中国与世界》，武汉出版社1995年版，第166—181页。

卷 130 载，御史裴承祖"养家奴至一百五十余人"，《日知录》卷 13 载，大将军蓝玉"家奴至于数百。今江南士大夫，多有此风"。清代的"包衣"亦近奴隶。但元的驱口、明的家奴、清的包衣，皆为家内奴婢，卖身于贵胄家内服劳役，而社会生产的主体则是有人身自由的农民，故不能因驱口、家奴、包衣的存在而称元、明、清等近古朝代是奴隶制社会。同理，周代亦不可称奴隶制社会。

综览《诗经》《尚书》《左传》《国语》等先秦典籍，兼采出土周金文，可以得见，周代固然贩奴、用奴，但奴隶多为服务贵族的家内仆从，或世代服役的官营工商业者。而农业生产的主力和赋役的基本承担者是宗族公社庶众，他们因劳役繁重，每每发出抗议（见《诗经》中的《君子于役》《硕鼠》《伐檀》诸篇），这类庶众的怨尤为周王室所搜集，表明周代统治者重视民意。周武王告诫后代，朝廷有事，要谋及卿士（贵族）、谋及龟筮（卜卦者），还要"谋及庶人"[①]；周公告诫成王：要懂得农业劳动的辛苦（"先知稼穑之艰难"），要保护并给恩惠予庶民（"保惠于庶民"）[②]；《诗经》记述成王出游卷阿（卷曲的大丘陵），群臣在"媚于天子"之外，还要示好于庶众，有谓："霭霭王多吉人，维君子命，媚于庶人。"[③] 这些记述皆折射出，周代庶众并未沦为"会讲话的工具"（亚里士多德对希腊大量存在的生产奴隶的定义语）。

（五）周代无奴隶起义的记述

古罗马广用奴隶，贵族对奴隶压迫深重，奴隶暴动此起彼伏，最著名的是公元前 73—前 71 年爆发的斯巴达克斯起义，起义军多达七八万之众，转战亚平宁半岛全境。而与罗马时间相当的周代少见成规模的奴众起事。晚周成书的《庄子》杂篇所载的"盗跖"一类暴动者，"从者

---

① 《尚书·洪范》。
② 《尚书·无逸》。
③ 《诗·大雅·卷阿》。

九千人，横行天下，侵暴诸侯"①，这个寓言故事所记之盗跖的奴隶身份无法确认，起事规模也有限。先秦史籍没有记述类似罗马那样大规模榨取乃至屠戮奴隶的现象，也没有爆发过斯巴达克斯那样的震撼整个罗马共和国的大规模奴隶起义。

（六）小结

周代农耕型自然经济的主要劳动力庶人，隶属于宗族组织，间接受制于周王室，是人身有限自由的农民，故周代并非"奴隶制"，而是保有一定人身依附关系的"宗族隶农制"（或曰"宗法封建隶农制"）。这是周代社会形态的一个基本状态，探讨周制当以此为出发点。

周代（公元前11世纪—前3世纪）承袭夏商的初级王朝制，并作规范化提升，构成宗法封建的国家体制，其要领有二：一为与天子分权的世袭贵族政治，二为土地不能买卖的领主经济。三千年前的周制与一千年前欧洲中世纪及日本中世、近世的制度相似，"即封建时代与贵族政治是也。彼此皆列国并立"②。

中—西、中—日封建制在时段上错置遥远，不可用同一个历史发展模式套论之，彼此间的异同比较，有助于具体把握中—西、中—日古代及中世的制度形态。

三、宗法

周制的根基植于"宗法"之中。

宗法制由氏族社会父系家长制演化而来，是西周社会结构的支柱。宗法结构依凭基层社会保有的传统，又由统治者施政得以强化：王族为防止权力觊觎争夺，按血缘亲疏划分大宗、小宗，使贵胄继承有序，级

---

① 《庄子·盗跖》。
② 梁启超：《论中国与欧洲国体异同》，《饮冰室合集·文集》第2册，中华书局1936年版，第62页。

差有别，达成宗法秩序的稳定与王权的世代传承。

宗法关系萌生于夏，张大于商，完备于周，实现宗法等级制与政权等级制的合一。"周室之宗主权即由是建立。故宗法制就是封建贵族的世袭继统法，将氏族组织演为国家机器。"①

先父冯永轩 20 世纪 40 年代初（其时考古发现远不及现在丰富）所撰《商周史》大量列举出土器物，实证周代"封建""宗法""礼乐""官制"。笔者 20 世纪 60 年代抄誊先父《商周史》文稿时，对以出土文物比照传世文献的研究方法，留下了不可磨灭的印象。仅以宗法而言，《商周史》便举证如下：

> "宗周"之名，见于古器者，有《周宝钟》（西清），献侯作《丁侯鼎》（攈古），辰父《癸番》（集古），《史颂鼎》《善鼎》《匽侯旨鼎》。
> "宗子"之名见于《善鼎》。
> "宗妇"之名见于《宗妇鼎》《晋邦盫》。
> "大宗"之名见于《兮熬壶》《己伯钟》《陈逆簠》。
> "宗室"之名见于《大保鼎》《邿史硕父鼎》《周生豆》《师器父鼎》《蔓龚父簋》。
> "宗老"之名见于《辛中鼎》《辛中姬鼎》……②

这皆是对王国维"取地下之实物与纸上之遗文互相释证"的"二重证据法"的运用。

宗法之义，在周代以至整个王朝时代都被视作制度基旨。《礼记》说，徽号、器械可以更改，但作为"人道"之始的宗法关系不可易移：

---

① 冯永轩：《商周史》第七编《周之制度及文化》，第二章"宗法"，《荆楚文库·冯永轩集》（上），武汉大学出版社 2019 年版，第 279 页。
② 冯永轩：《商周史》第七编《周之制度及文化》，第二章"宗法"，《荆楚文库·冯永轩集》（上），武汉大学出版社 2019 年版，第 279—280 页。

> 圣人南面而治天下，必自人道始矣。立权度量，考文章，改正朔，易服色，殊徽号，异器械，别衣服，此其所得与民变革也。其不可得变革者则有矣，亲亲也，尊尊也，长长也，男女有别，此其不可得与民变革者也。①

"亲其亲、尊其尊、长其长"是后世崇奉的"三代之治"的核心精神。宗法网络内保有人际间的"亲昵"关系，春秋时晋国师旷说："天子有公，诸侯有卿，卿置侧室，大夫有贰宗，士有朋友，庶人、工、商、皂、隶、牧、圉皆有亲昵，以相辅佐也。"② 宗族内部多有经济互助，同族共耕，各阶层内彼此相辅佐，由尊老的"孝"与善待族众的"友"组合而成的"孝友"，是宗法社会奉守的道德准绳，"不孝不友"被认作"元恶大憝"③。宗法的周制在一定程度上保有质朴的社会和谐。

（一）释义

"宗法"乃"宗子法"之省语。

"宗"，周金文作俞，象屋宇内陈列祖先神位，指血缘姻亲家族的共同祖先。《礼记》云："别子为祖，继别为宗。"④ 汉儒释曰："宗者，尊也。为先祖主者，宗人之所尊也。"⑤ "宗子"，初见于西周钟鼎文（《善鼎》铭文作俞），指宗族大宗的嫡长子，古典多用此词。《诗》云："怀德维宁，宗子维城。"⑥ 意谓为政有德，国家安宁；宗子是护卫国基的城墙。

"大宗"之名见于西周钟鼎文（《兮熬壶》《己伯钟》《陈逆簠》），东汉郑玄笺注《礼记》曰："宗子，谓王之嫡子。""别子之世嫡也，族人尊之为大宗，是宗子也。"大宗与宗子同义，与非嫡长子的小宗相对应，

---

① 《礼记·大传》。
② 《左传·襄公十四年》。
③ 《尚书·康诰》。
④ 《礼记·大传》。
⑤ 陈立：《白虎通疏证》，中华书局1994年版，第393页。
⑥ 《诗·大雅·板》。

"大宗者，此别子之长嫡，累代袭继者也"①。另有"宗妇"，指宗子的正妻，在宗族占据要津。（见《宗妇鼎》《晋公盘》）

"宗法"可解为大宗继统之法，或曰嫡长子继承之法，广义为：按宗族血缘亲疏远近继承权力、财产之法。宗法制下的用人，唯"亲亲""贵贵"是选，"弃亲用羁"（"羁"指寄客）②为特例。

周代宗法本为王室贵胄的继统制度，秦汉以后此制播散民间社会，唐宋已然普及乡里，成为乡治基旨。

宗法虽兴起于三代，但先秦以至汉唐尚无"宗法"一词，此名初出于北宋理学家张载（1020—1077）所著《经学理窟》，该书拟宗法十四条，其一曰：

> 管摄天下人心，收宗族，厚风俗，使人不忘本，须是明谱系世族与立宗子法。宗法不立，则人不知统系来处。③

张载所说的"宗法"即"宗子法"的简称，汉唐宋以降此法不仅运行于帝胄之间，民间亦遵循之，较松弛的宗子法普遍实行。

（二）要则

"宗法"之名虽迟至北宋方出现，但以宗族血缘纽带维系酋邦，则在氏族制晚期初现，古称帝尧"克明俊德，以亲九族。九族既睦，协和万邦"④。夏、商宗君合一的国家制度初成，而此制成熟于周，将血缘谱系

---

① 梁启超：《中国文化史·社会组织篇》，《冯永轩手批梁启超王国维讲义两种》，武汉出版社 2021 年版。
② 《左传·昭公七年》。
③ 《经学理窟·宗法》，《张子全书》，商务印书馆 1935 年版，第 92 页。
④ 《尚书·虞书·尧典》。上数四代"高、曾、祖、父"，下数四代"子、孙、曾、玄"，并"己"，共为九族。

"人为的规划形成一大规模有系统之组织者,则周代之宗法也"①。

宗法要则有三:

(1) 父系

周代宗法,是王族按父系血缘亲疏分配国家权力,以建立有序世袭统治的制度,宗族组织与国家组织合而为一,家国同构。夏商两代已初行宗法,周代强化父系嫡传原则,使此制完备化,按父系区分血缘亲疏,确定政治权力、财富、封地继承权。

(2) 族外婚

周代出于维护男权为中心的宗族利益,避免族内等级发生紊乱,"取妻不取同姓"②,以防同姓婚导致"夫与妇齐",打乱嫡庶、长幼、亲疏、尊卑秩序。异姓婚可保持男性在一族内的主导地位,又通过族外婚,如齐(姜)—鲁(姬)、秦(嬴)—晋(姬)、秦(嬴)—楚(芈)联姻,与异国别族结成政治、军事同盟,彼此互补、应援。这种族外婚在周代方正式定制,"夏殷不嫌一族之婚,周世始绝同姓之娶"③。故周代往往以"异姓"为婚姻的别称。"同姓不婚"制传袭后世,唐代规定同姓婚者处徒刑二年④,宋代同此;明律、清律规定,同姓婚者杖六十,并勒令离婚。

周以后实行"同姓不婚"制,既出于生理经验,防范"男女同姓,其生不蕃"⑤,"同姓不婚,恶不殖也"⑥;更有权力继承的考虑:保护嫡长子制,维系嫡庶、长幼、亲疏、尊卑的宗法秩序,以达成政权、族权的安稳。

周制在行"同姓不婚"之际,又行"贵族内婚",即异姓贵族间通婚,故姬姓周室与异姓诸侯多有甥舅关系,周天子称同姓诸侯为伯父、

---

① 梁启超:《中国文化史·社会组织篇》,《冯永轩手批梁启超王国维讲义两种》,武汉出版社 2021 年版,第 7 页。
② 《礼记·曲礼上》。
③ 魏收:《魏书》卷 7《高祖本纪》,中华书局 1974 年版,第 153 页。
④ 刘俊文:《唐律疏议笺解》卷 14《户婚·同姓为婚》,中华书局 1996 年版,第 1033—1038 页。
⑤ 《左传·僖公二十三年》。
⑥ 《国语·晋语》。

叔父或叔伯兄弟、叔伯子侄，称异姓诸侯为伯舅、叔舅或外甥。这种宗法性联系，维护着周王朝的血亲合力。

（3）嫡长子继承

周王称天子，是天下大宗，嫡长子承袭大宗为后继周王，"立嫡以长不以贤，立子以贵不以长"①，君位继承依血缘亲疏判然划定。周王的其他儿子被封为诸侯，诸侯是天子的小宗，诸侯世代迭相宗而同宗天子，故称"宗周"。此名多见于西周礼器铭文，如"王在宗周"②，"唯成王大奉在宗周"③。某些诸侯国的宗法继承关系比较松弛，楚偶尔实行少子继统，秦尚择勇猛者为王。

诸侯在封国内是大宗，由其嫡长子继统，余子被封为卿大夫，卿大夫是诸侯的小宗，在采邑内是大宗，由其嫡长子继统，余子封更小的采邑。贵族长子始终是该等级的大宗（宗子），百代不迁；余子为小宗，经几世传递，小宗降为庶人，孟子谓："君子之泽，五世而斩。"④

近人梁启超概述宗法：

> 今试以封建时一诸侯为中心，作简单之解释：假定一诸侯于此，生有三子，其长嫡子袭为诸侯，余二子不袭爵者谓之别子，各自为开宗之祖。继其世者谓之宗。宗有大小：大宗者，此别子之长嫡累代袭继者也，凡此别子所衍之子孙，皆永远宗之……小宗则宗至同高祖昆弟而止，故曰五世则迁之宗。⑤

---

① 《春秋公羊传·隐公元年》。
② 《史颂鼎》铭文。
③ 《献侯鼎》铭文。
④ 《孟子·离娄下》。《战国策·触詟说赵太后》更有贵胄传不过"三世"之说："今三世以前，至于赵之为赵，赵王之子孙侯者，其继有在者乎？"
⑤ 梁启超：《中国文化史·社会组织篇》，《冯永轩手批梁启超王国维讲义两种》，武汉出版社2021年版，第7—8页。

宗法关系见梁氏《中国文化史·社会组织篇》所制示意图：

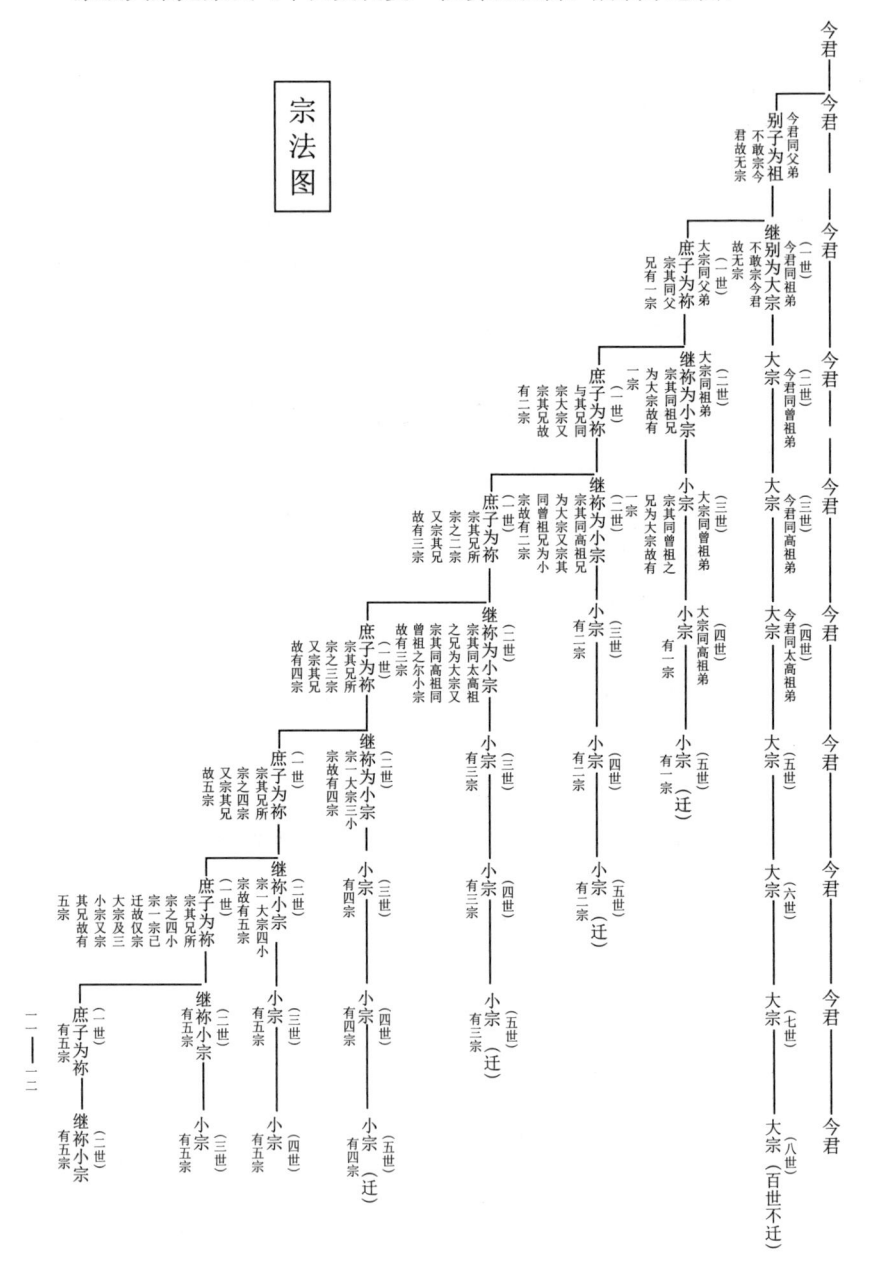

宗法图

（三）大宗统隶小宗

宗法原则严格区分大小宗，大宗永世相传，小宗五世则迁。《礼记》云：

> 别子（指公子、长子）为祖，继别为宗（指大宗），继祢者为小宗，有百世不迁之宗，有五世则迁之宗。百世不迁者，别子之后也。宗其继别子之所出者，百世不迁者也。宗其继高祖者，五世则迁者也。①

大小宗之间是兄弟关系，清人程瑶田《宗法小记》说："宗之道，兄道也。士大夫之家，以兄统弟，而以弟事兄之道也。"②这种区分大宗（兄）、小宗（弟）的制度，目的是确立统治权承袭的主干与侧支之间的网络秩序，以保障"国本安固"。《礼记》云："正室守太庙，尊宗室，而君臣之道著矣。"③"正室"即大宗，主持宗庙祭祀，通过尊崇宗法，维系君臣之道。与此项规则相配合的是"支子不祭"，"诸侯不敢祖天子"，这正是嫡长子继承的宗法周制的本义所在。周制的嫡长子继承，并不虑及继位者的贤否、智否，故遵循此制的后果之一便是：历代帝王及社会大家族执掌人，贤智杰出者少，平庸乃至低劣者居多。然而，继承关系的稳定是宗法社会压倒一切的首选，贤智选拔，非所计也。

宋人张载以自然天理论证大宗小宗制的必要性：

> 天子建国，诸侯建宗，亦天理也。譬之于木，其上下挺立者本也，若是旁枝大段茂盛，则本自是须低摧。又譬之于河，其正流者河身，若是泾流泛滥，则自然后河身转而随泾流也。宗之相承固理也，及旁支昌大，则须是却为宗主。④

---

① 《礼记·大传》。
② 程瑶田：《宗法小记·宗法表》，《程瑶田全集》第1册，黄山书社2008年版，第137页。
③ 《礼记·文王世子》。
④ 《经学理窟·宗法》，《张子全书》，商务印书馆1935年版，第93页。

力主复归周制，以宗法原则规范天下，防止旁支强盛，尾大不掉。

（四）君统与宗统

宗法系统是否并包天子与诸侯，也即君宗与宗统一致与否，历来有争议[①]。《诗经》称"君之宗之"，持二者一致说。《礼记》称"有小宗而无大宗者，有大宗而无小宗者"，郑玄注"公子不得宗君"，这是君统与宗统两分说。可见诗家与礼家各执一端，而这两种观点分别成为后世各朝代君主继位、王侯承袭的依据，故须考辨。

略观原始的出土文献，西周早中期君统与宗统是一致的，如《何尊》铭文云："王享（诰）宗小子于京室"，周初贵族何的父亲事文王有功，武王灭殷后赏赐何，称何为"宗小子"，承认其宗统。但西周晚期，君统与宗统或两分或合一：《盠驹尊》铭文记，某贵族称"万年保我万宗"，贵族与天子属同一宗族，二者是亲戚关系，此为君统、宗统合一；《盠方彝》铭文载，某贵族称"万年保我万邦"，贵族与天子宗族两分，二者是君臣关系，此为君统宗统分野。到东周，君统、宗统进一步悖离，如晋国被魏、赵、韩三家瓜分，周威烈王封三家为诸侯，认可三家分晋，此为春秋—战国分水岭；继之，齐国发生田氏代姜，周安王册命田和为齐侯，周天子已不能制止宗法秩序的紊乱，对君统被异姓取代的做法予以正式承认，表明君统与宗统已然脱钩。当然，东周王室宗法控制力式微，并不意味宗法制的整体衰颓，各诸侯国内部的君统依旧遵循宗统，如姬燕、姬魏、嬴秦、嬴赵、芈楚等在整个战国时期一直沿袭下来，秦汉以降诸王朝也是君统—宗统合一（嬴秦、刘汉、李唐、赵宋、朱明等）。

（五）宗法制—家天下

古中国频繁改朝换代，政治经济典章制度多有变更，但宗法遗意百代沿袭，近代亦难脱宗法网罗。严复（1854—1921）指出，中国封建制

[①] 见刘家和：《宗法辨疑》，《古代中国与世界》，北京师范大学出版社2010年版，第235—253页。

终结于秦，但宗法制自周以下三千余年传承不辍，他说：

> 由唐虞以讫于周，中间二千余年，皆封建之时代，而所谓宗法亦于此时最备。其圣人，宗法社会之圣人也。其制度典籍，宗法社会之制度典籍也。……乃由秦以至于今，又二千余岁矣，君此土者不一家，其中之一治一乱常自若，独至于今，籀其政法，审其风俗，与其秀桀之民所言议思惟者，则犹然一宗法之民而已矣。①

宗法并非仅限于帝王承袭，而且普及到民间社会，朝野皆讲求"亲亲故尊祖，尊祖故敬宗，敬宗故收族"②。在宗法制之下，构建三千年一以贯之的宗君合一国家。民间基层也依此精神，由宗亲维系社会。

两汉以下，随着贵族制的萎缩，只有皇族和贵族保持大宗—小宗的区分，继续实行长子继承制，普通士大夫和庶众实行分家析产，在这一意义上，嫡长继承的宗法制在两汉以后呈衰微之势。汉代以降的宗法已隐然向维护郡县制转化，汉初在各王国建太上皇庙（以确认全天下的共同帝祖，如汉高祖刘邦），遵从"祖有功，宗有德"原则，在各郡国建立郡国庙，祭奉太祖（汉高祖）、太宗（汉文帝）、世宗（汉武帝）。至西汉后期渐废郡国庙，崇儒的汉元帝恢复周礼之制，强调宗庙是天子、王侯的宗族之庙，至东汉不再设郡国庙。然而，秦汉以降的中国社会，始终是以天子为中心的王朝系统与遍及基层的血缘系统并存共生的结构，在"公天下"名义下，形成唯一帝系的"家天下"格局。

就王朝系统而言，所谓"家天下"，指世袭君主的家族统治方式，其常态是嫡长子继承，皇室血统的纯正性被视为至高无上，依宗法原则册立太子称之"国本"，姓氏是王朝标志，如周朝姬姓，以下遂有嬴秦、刘汉、杨隋、李唐、赵宋、朱明、爱新觉罗清。这里遵循的是周制规范的

---

① 严复：《译〈社会通诠〉自序》，《严复集》第1册，中华书局1986年版，第136页。
② 《礼记·大传》。

一整套宗法传统。两汉之际,刘汉远支刘秀靠武力夺得帝位(是为光武帝),又依凭其为刘氏宗亲号召天下;东汉末年,起自底层的刘备崛起为与曹魏、孙吴鼎立而三的蜀汉,也是借助其为刘氏宗亲的身份。明亡以后,清初的一支反清力量以"朱三太子"号召天下,清末多种反清武装重举"复明"旗号,或以"洪门"(借朱洪武得名)招徕人众,打出朱明宗室旗帜,可见宗法影响力的百世不绝。

(1) 宗庙、社稷坛

此为宗法制的具象显示。"宗,尊也。庙,貌也。先祖形貌所在也。"[①]宗庙是君主及诸侯祭奉祖先灵位的地方,安置着代表祖先的木主,在数目上有严格的规定:天子七庙,诸侯五庙,大夫三庙,士一庙,庶人不设庙。[②]

宗庙,夏朝称"世室",殷商称"重屋"(河南安阳殷墟有重屋遗址),周称"明堂",秦汉至明清称"太庙",最早只供奉君王先祖,后来王后及功臣的神位经君王批准也供奉太庙。

古代的宗庙不仅是祭祀、典礼之地,一些重要政略(如册命、献俘受赏、结盟、出师、授兵)也在宗庙内议决和宣示,故先秦以"庙算""庙谋"称军国大计,此种语用沿袭后世,"神机妙算"之类短语也因以产生。

与宗庙并列的是社稷坛,"社"指社神(土地神),"稷"指稷神(谷物神),社稷坛是君主祈求风调雨顺、五谷丰登的祭坛,二者合称"宗庙社稷",是王朝国家之代称。

作为王朝最高祭祀中心、政权象征的宗庙与社稷坛,自周代一直沿袭到明清。遵《周礼·考工记》"左祖右社"规定,明清帝都北京的天安门东北侧立太庙(宗庙,今名劳动人民文化宫,在天安门东),西北侧为社稷坛(今名中山公园,在天安门西),这是宗法—农耕社会三千年一以贯之的宫廷建筑格局。

---

① 《释名·释宫室》,上海古籍出版社 1989 年版,第 1068 页。
② 见《礼记·王制》。

宗庙制传至东亚诸国，如朝鲜半岛的新罗仿效建立宗庙。现存的首尔宗庙，乃朝鲜太祖李成桂敕修，被联合国教科文组织列入世界文化遗产名录。笔者访学首尔，曾参观此宗庙，发现其典制类同宋明。日本的伊势神宫、石清水八幡宫，合称"二所之宗庙"，其格局与唐代庙制相似。琉球第二尚氏王朝，将圆觉寺作为供奉先王的宗庙。越南阮朝的世祖庙，是王室宗庙。

（2）族墓、谱牒

此与宗庙制相配合。按照周代礼制，除了暴亡凶死者，离世的贵族及国人被集体安葬于公共墓地，以便祭扫，有维系宗族凝聚力的作用。

如果说族墓是以物态纪念先祖，谱牒、族谱便是以文字载述宗族历史，在民间亦普遍实行。

（3）姓氏

姓氏是母系氏族社会的遗存。"姓者，统其祖考之所自出者也；……氏者，别其子孙所自分者也。"[①]姓表明血缘关系；氏是姓的分支。贵族在未成年前，由父亲取"名"；成年后，行"冠礼"或"笄礼"，再取"字"。男子的"字"有三个汉字：第一个汉字，表示辈分，如伯、仲、叔、季；第二个汉字，随意题取；第三个汉字，为"父"（女子为"母"）。因为烦琐，后来省略末尾的"父"字、"母"字。姓氏之规定、名字之取法，强化血缘认同，是宗法制效能的一种表现。

周代的一项文化举措，是胙土赐姓、别族命氏，建立以姓氏为中心的一整套权力继承、祭祀规范、社会等级的制度，姓氏成为权力的符号，也是权力的边界。周天子称姓不氏，因为"普天之下，莫非王土"，无须以氏标志天子的权力疆界，但有权赐氏诸侯，诸侯则赐氏给卿大夫，卿大夫再向下属赐氏。这些"氏"的命名有多种情形，或以爵位、官职为氏，或以祖辈名字为氏，或以采邑之名为氏。如此一来，姓氏数量大增。

春秋末以至战国，称老师或有道德有学问者为"子"（如老子、孔子、

[①] 吕祖谦：《东莱先生左氏博议》卷2，商务印书馆1937年版，第19页。

孟子、荀子、庄子等），略下一等，有时在某人名前加"子"，也是一种敬称，如孔子的门徒有学行者，被称子贡、子路、子夏、子游、子张等。

(4) 婚姻

宗法婚姻，是以男权为中心的一夫一妻制，较之氏族社会的杂交乱婚有进步。与一夫一妻制相伴生的，有一夫多妾制，亦是男权主义在两性关系上的体现。帝王除了正妻（后），另有许多妃嫔。天子可与诸侯及异国王族通婚。周代以下列朝，贵族严禁同姓婚姻，讲求门当户对，即贵族男子迎娶同等级的异姓贵族女子，如《红楼梦》描述的贾史王薛"四大家族"之间错综交织的联姻关系。

(5) "六亲"与"九族"

宗法制之下，对宗族关系有细致繁复的划分。常见的有"六亲"与"九族"。

"六亲"有多种诠释，略指父、母、兄、弟、妻、子女。《汉书·贾谊传》云："以承祖庙，以奉六亲，至孝也。"唐颜师古注引应劭曰："六亲，父母、兄弟、妻子也。"[1] 王弼注《老子》："六亲，父子、兄弟、夫妇也。"[2]

"九族"，泛指亲属，具体指自己前辈的父、祖父、曾祖、高祖，下辈的子、孙、曾孙、玄孙。另说，指父族四代、母族三代、妻族二代，共为九族。秦汉以后刑法有"株连九族"，此九族约指后说。

(6) "百姓"与"黎民"

今日泛指平民的"百姓"一词，在周制时代与秦制时代含义差异颇大，须加辨别。清人陈鳣在《对策》中指出古今"百姓"之异："古所谓百姓即百官，故《尧典》或与黎民对言，……非若之以民为百姓也。"[3]

反映周制社会身份的先秦典籍，频用的"百姓"一词，有两种含义：一指民众，如《尚书》引武王誓言："百姓有过，在予一人"[4]，唐人孔颖

---

[1] 班固：《汉书》卷48《贾谊传》，中华书局1962年版，第2231—2232页。
[2] 楼宇烈：《老子道德经校注》，中华书局2008年版，第43页。
[3] 陈鳣：《对策》，商务印书馆1937年版，第9页。
[4] 《尚书·泰誓》。

达疏:"此'百姓'与下'百姓懔懔'皆谓天下众民。"《论语》:"百姓足,君孰与不足?"① 此"百姓"也指庶众。二指非王族的贵族,庶众黎民不在百姓其列。《诗经》云:"群黎百姓。"② 将百姓与群黎(庶众)对称,毛注:"百姓,百官族姓也。"《尚书》云:"九族既睦,平章百姓。百姓昭明,协和万邦。"③ 孔传:"百姓,百官",郑玄注:"百姓,群臣之父子兄弟",百姓指贵族、百官。"平章百姓"意谓辨明百官的职守。官员职守清晰,方可协和万邦,天下太平。《周礼》讲朝会时王与群臣的方位:"其位,王南乡(向),三公及州长、百姓北面,群臣西面,群吏东面"④,百姓(众贵族)与三公一起面北,可见地位显赫。

先秦所用"百姓"多取第二层含义,因为周时的社会由"天子(及王族)—百姓(非姬姓贵族)—群黎(庶众)"三个级次组成,百姓与黎民划然有别。秦制消弭贵族的社会中间屏障功能,君王直接临民,随着贵族与百官分野,"百姓"一词失去本来意蕴,转义指黎民。《尔雅》释"黎"为众,黎民指没有贵族身份的众民。秦汉以降,百姓泛指平民,如南朝时编辑的《昭明文选》所载袁宏《三国名臣序赞》云:"夫百姓不能自治,故立君以治之。"⑤ 唐人刘禹锡诗云:"旧时王谢堂前燕,飞入寻常百姓家。"⑥ 宋人孔平仲引述民谣:"又云'芒种雨,百姓苦'。"⑦

中古以下,百姓常与黎民联用,合成"黎民百姓"一语。

(六)宗法制的紊乱与修复

周制下的君权政治,宗法色彩浓厚,但王室与各诸侯国的继统方式有别,周室遵循宗法规矩,而列国的继位法"并不与周室相同,鲁一生

---

① 《论语·颜渊》。
② 《诗·小雅·天保》。
③ 《尚书·尧典》。
④ 《周礼·秋官·小司寇》。
⑤ 袁宏:《三国名臣序赞》,《文选》,中华书局1977年版,第669页。
⑥ 《乌衣巷》,《刘禹锡集》,上海人民出版社1975年版,第219页。
⑦ 孔平仲:《孔氏谈苑·元旦占候》,齐鲁书社2014年版,第38页。

一及，曹无定制，楚少子继承制，秦择勇猛者"[1]。列国异法，对宗法制的神圣性有消解、稀释作用。严耕望此议大体有据，但也须修正：楚国少子继承并非常制，《左传》云："芈姓有乱，必季实立。"[2] 少子必季继位是国乱时的应急举措，不能说楚国通行少子继位。

西周后期幽王、厉王乱政，周制衰微，相传孔子云："我观周道，幽厉伤之。"[3] 东周礼崩乐坏，鲁国的三桓擅权、晋国的韩赵魏三家瓜分公室、齐国的田氏代姜，为宗法制紊乱的显例。秦国商鞅变法以降，更打破宗法温情脉脉的血亲关系，提倡子告父、妻告夫、弟告兄、生告师，秦律规定，"夫有罪，妻先告，不收"[4]；汉律规定，"妻有罪，夫告之，亦除其夫罪"[5]。这种鼓励"告亲"、禁止"容隐"的政策，导致社会六亲不认，相互告讦，打破了宗法的"差序格局"，而保留并强化了君—臣、君—民的绝对从属关系。

秦汉以后列朝皆行皇帝专权，延绵皇统、维系"家天下"乃第一要务，故秦制可以抛弃贵族分权的封建，却要沿袭并修复宗法，排除背离宗法的行为，如觊觎皇统的活动被视作叛乱，异姓执掌皇权必加纠正（如汉初吕后掌权为刘氏夺回，唐初武后称帝为李氏夺回）。皇家宗统之内也十分讲究嫡庶之辨，若嫡长子继承不能顺利实现，往往出现继统纷争，对垒双方皆以维护宗法统序昭告天下，以获得宗法话语权。朝廷的宗法明争暗斗未曾止歇。

一如唐初的"玄武门之变"，高祖李渊的次子秦王李世民（598—649）在玄武门射杀长兄、太子李建成，李渊只得认可，封李世民为太子，两月后便禅位李世民，是为贞观皇帝（庙号唐太宗）。贞观皇帝在位期间一再论证自己"得位之正"，且试图亲览并修改本朝起居注（这有违修史

---

[1] 严耕望：《中国政治制度史纲》，上海古籍出版社 2013 年版，第 19 页。
[2] 《左传·昭公十三年》。
[3] 《礼记·礼运》。
[4] 《睡虎地秦墓竹简》，文物出版社 1978 年版，第 224 页。
[5] 《张家山汉墓竹简》，文物出版社 2006 年版，第 32 页。

原则），改篡实录馆对"玄武门之变"的记述。宋人司马光撰《资治通鉴》明确指出，《太宗文皇帝实录》中关于玄武门之变的部分不可轻信。

二如宋英宗（1032—1067）时的"濮议"。宋仁宗无嗣，死后以其弟濮安懿王之子赵曙继位，是为英宗，英宗登极后为其父争取正宗地位，吕诲、司马光等反对，君臣间发生激烈朝争，谓之"濮议"。

三如明世宗（1507—1567）时的"大礼议"。明孝宗无嗣，由其近支侄儿、封地湖北的兴献王之子朱厚熜继位，是为嘉靖帝。嘉靖登极后为父亲争取"皇考"之位，从而为自己赢得继统又继嗣的名义，首辅杨廷和等抗疏，皇帝与坚执宗法礼制的群臣发生激辩，史称"大礼议"。

四如清末同治帝载淳（1856—1875）19岁辞世，未留子嗣，同治母亲慈禧太后为延续"垂帘听政"（依清代祖制，太皇太后不能听政），不选载淳侄辈继位，而选载淳的叔伯弟弟载湉（1871—1908）继位，是为光绪帝。此后同治与光绪的后继者关系一直在内廷有争议，成为慈禧的忌讳。1879年同治帝灵柩奉安惠陵，吏部主事吴可读服毒自杀以上奏（谓之"尸谏"），指责两宫皇太后在立嗣问题上"一误再误"，请为同治帝立嗣。值此之际，张之洞等上奏，明确以光绪帝继任者为同治帝嗣子，理顺了"建储"与"继统""继嗣"的关系，慈禧太后得以摆脱困境，继续长期执政。[①]

此类围绕皇位继承的朝争称为"国本"之辩，往往长达经年，皆围绕宗法制的诠释与坐实展开，而结果多是帝王以罢官刑罚迫使"护礼"群臣退让，皇上（或掌实权的太后）把握宗法话语权，维持其至高无上的国家统领权。

宗法论析一直是儒者议政论学的题中之义。如宋儒张载（1020—1077）面对社会乱象，试图复兴周之宗法制以增强朝廷的社会掌控力，他说：

[①] 参见拙著《冯天瑜文存·张之洞评传》，湖北人民出版社2020年版，第29—31页。

宗子之法不立，则朝廷无世臣。且如公卿一日崛起于贫贱之中，以至公相，宗法不立，既死遂族散，其家不传。宗法若立，则人人各知来处，朝廷大有所益。[1]

稍晚于张载的程颐（1033—1107）亦有同论：

今无宗子法，故朝廷无世臣。若立宗子法，则人知尊祖重本。人既重本，则朝廷之势自尊。[2]

先于张载的范仲淹（989—1052）倡"义田"，欧阳修（1007—1072）、苏洵（1009—1066）等也提出敬宗收族、义恤乡里，办"义仓""义学""义冢"，以维系宗族的物质生活与精神生活，规范社会秩序。张、程、范、欧、苏等宋儒寄望于宗法的社会协调作用，开启宋明理学先绪。

东周以降，宗法关系有所松动，但宗族组织仍旧发挥重要作用，《战国策》记述，在秦楚战争中遭遇重挫的楚国，"立社主，置宗庙，令帅天下西面以与秦为难"[3]，召集居民聚于宗族首领（社主）麾下，以宗庙团结族众，抗击秦军来犯。这是宗法制社会组织功能的典型表现。大而言之，历代王朝的权力世袭、"君统"的一以贯之，皆依凭宗法制的维系。宗法精神的影响所及，从帝室、权贵阶层达于民间社会。"为尊者讳，为亲者讳，为贤者讳"[4]的训条，讲究血统、门第、辈分、亲疏、等级、资历的社会风习，均为宗法制的余荫。

周制以下三千年，宗法制延续而多有变化。西周实行封建领主经济，爵位与地权合一，拥有土地是贵族的政治特权，宗法宗族制规范了一种

---

[1] 《经学理窟·宗法》，《张子全书》，商务印书馆 1935 年版，第 92 页。
[2] 《二程遗书》，上海古籍出版社 2000 年版，第 294 页。
[3] 《战国策·秦策一》。
[4] 《春秋公羊传·闵公元年》。

法定性的社会关系。自春秋战国渐行土地可以买卖的地主经济，严格的宗法宗族关系松动，秦代西汉庶众皆为直辖于朝廷的编户齐民。至东汉及魏晋南北朝，门阀地主趋强，形成权贵阀阅把持的等级宗法宗族制，世族地主通过"谱牒制"控制政权，"有司选举，必稽谱牒"，"中正所铨，但在门第"，农民沦为人身依附于门阀的佃客、部曲[①]。隋唐以后，罢九品中正制，消弭世族的部分特权，宗法关系于淡化中仍传承不辍。明清随着地主自耕农经济发展，宗法宗族制一方面淡化贵贱等级，另一方面又将宗法制延伸到庶众社会，编修族谱、建庙祭祖普及民间，国人于宗法"食之饮之，君之宗之"[②]，"岁时以敬祭祀，以序宗族"[③]，宗法关系于变异中传承不辍。故严复称，近世中国人"犹然一宗法之民而已"[④]。此为的论。

四、封建

"宗法"的孪生兄弟是"封建"。二者如车之两轮、鸟之双翼，共构周制基础。封建是宗法的政制体现，宗法是封建的精神内核和社会基础。宗法制贯穿周代以降三千年，封建制则盛行于西周，东周解纽，秦汉后让主位于君主直辖的郡县制，但封建制余脉仍延传不辍。

古典载封建制较详者为《礼记·王制》，被视为"伪托"的《周官》（即《周礼》）也载封建细节甚详，须采之出土原始文献加以辨证。[⑤]

（一）释义

封建是由"封"与"建"组成的联合结构名词。

---

① 李文治：《中国封建社会土地关系与宗法宗族制》，《历史研究》1989 年第 5 期。
② 《诗·大雅·公刘》。
③ 《礼记·哀公问》。
④ 严复：《社会通诠·译序》，商务印书馆 1981 年版，第 3 页。
⑤ 见冯永轩：《商周史》第七编《周之制度及文化》，第一章《封建》，第三章《官制》，《荆楚文库·冯永轩集》（上），武汉大学出版社 2019 年版，第 274、285—290 页。

（1）封，甲骨文作𡊝，象树木植于土中之形。金文作𡊿，左为土上植树，右为人手（楷书右寸，亦指手），表示聚土培植，引申为植树土上，以明田界、疆界。"封"的本义是"分田界、划疆域"，引申义"赐土封侯"。《说文解字》云："𡊿，爵诸侯之土也。从之从土，从寸。""封"为动词，意谓王者将土地爵位赐给诸侯。

（2）建，甲骨文作𢍏，象一人将木柱竖立于某范围内，小点表示土粒，有建筑施工意。金文作𢎛，省土粒，保留人施工状。小篆作𢎛，为会意字，从聿（意为律）。《说文解字》云："建，立朝律也。"《广雅》："建，立也。"引申为创设，《尚书·洪范》："皇建其有极。"《周礼·天官序》："官惟王建国。"

（3）封、建二字组成"封建"，始见于《诗·商颂·殷武》："命于下国，封建厥福"，毛传释曰："封，大也"，故此处"封建"意谓"大立"，与后世所称"封建"相关度有限。在"封土建国"义上使用"封建"一名，初现于《左传》讲周初政制：

> 昔周公吊二叔之不咸，故封建亲戚，以蕃屏周。[1]

周公因管叔、蔡叔不贤（"咸""贤"同义），联合殷后裔武庚叛周，故平定之，再广封亲戚建国，以屏卫周室。晋人杜预注、唐人孔颖达疏之《春秋左传注疏》曰："故封立亲戚为诸侯之君，以为藩篱，屏蔽周室。"此为"封建"义的清晰表述。

（二）从夏商的"氏族封建"到周初"宗法封建"

"封建"乃封土建国之谓，此制开端古远，马端临称"封建莫知其所从始也"[2]。

---

[1] 《左传·僖公二十四年》。
[2] 马端临：《文献通考·自序》，中华书局2011年版，第16页。

相传夏代已行封建,"禹为姒姓,其后分封,用国为姓,故有夏后氏、有扈氏、有男氏、斟寻氏、彤城氏、褒氏、费氏、杞氏、缯氏、辛氏、冥氏、斟戈氏"①。姓是血缘符号,氏是地缘标识。血缘地缘结合的夏代封建只是传说,并无原始文献佐证。而商代封建则有甲骨文确认:殷商之世已有分封子弟之制,如商王武丁时"侯雀"指封于雀地的侯爵,"子宋"指封于宋地的子爵。卜辞中称"子某"的贵族将近百名,除了商王一门子弟,大多是异姓诸侯。

夏商乃氏族自然生成的氏族联盟,夏王、商王乃诸侯共主,还不是正式的君王,此间行"氏族封建","封建"是王朝对氏族所据地域的一种认可。

有甲骨文可考的殷商是商王与内外服氏族首领分权的酋邦联盟社会,氏族制遗迹随处可见,原始共同体的特征远未褪尽。

就内服言之,殷王室是由两大支派与若干小支派组成的子姓父系氏族,两大支派通过父方的交表婚配将王位传甥,每隔世代轮转交替执政②。就外服言之,畿外诸"方""邦"多是氏族的自然延伸。《史记》议及商制:"契为子姓,其后分封,以国为姓,有殷氏、来氏、宋氏、空桐氏、稚氏、北殷氏、目夷氏。"③以氏族标志——姓、氏命名方国,表征商代分封实乃部族内部的自然分化。商王是通过武力征服和神权宣示,充任方国联盟盟主,与方国诸侯间并未形成法定的君臣关系。如先周虽对商王纳贡并听其调遣,但没有正式以国君事殷。《诗经》追述文王事迹的篇什,称殷为"大邦"④;《尚书》则有"小邦周"⑤与"大邦殷"⑥的对称,殷周并列,仅有大小之别,尚未确立正式的君臣名分。

---

① 司马迁:《史记》卷2《夏本纪》,中华书局2014年版,第109页。
② 张光直:《商王庙号新考》,《"中央研究院"民族学研究所集刊》第15期,1963年春季,第65—95页。
③ 司马迁:《史记》卷3《殷本纪》,中华书局2014年版,第140页。
④ 《诗·大雅·皇矣》:"克长克君,王此大邦。"《诗·大雅·大明》:"大邦有子,伣天之妹。"
⑤ 《尚书·大诰》。
⑥ 《尚书·召诰》。

殷商这种王室与诸侯并列的情形延至周初，武王在牧野与殷纣王决战前发表誓词，将前来助阵的诸侯尊为"友邦冢君"[1]，这是殷制的惯性所致。直到周公东征平叛，再行分封，以血缘宗亲纽带维系国家整体性，此际方明确诸侯是天子的守土之臣，所谓"诸侯之于天子，曰某土之守臣某"。王国维说："自殷以前，天子诸侯之分未定也。"周公东征以后，"新建之国皆其功臣昆弟甥舅"，周王地位得到历史性提高：

> 由是天子之尊，非复诸侯之长，而为诸侯之君。……盖天子诸侯君臣之分，始定于此。[2]

由此，周制实现姬姓为宗主的贵族阶层、被征服臣仆、封地土著三种势力的整合，这是对商代以氏族立邦的一大突破，商代的"氏族封建"上升为周代的"宗法封建"，体现了以土地为基石的定居农耕文明政制上走向成熟。

殷周鼎革，重要变化是宗法制—等级制—封建制系统的确立。

封建提升为完备国家典制，当在西周，周天子自称上天"元子"（长子），将土地和臣民赐予诸侯（包括对部族原来据有区域的认可），在"宗法"精神指导下立制——"立子立嫡之制，由是而生宗法及丧服之制，并由是而有封建子弟之制，君天子、臣诸侯之制"[3]。

（三）周初三次封建

西周遵循宗法原则实行分封，包括分授土地、臣民及厘定大宗、小宗，仅行之于列入宗法体制内的贵族世系，庶众的世代交接、财产承袭并不行宗法封建之法，不过庶众作为被上级大宗封赐给下级小宗的臣民，也被纳入宗法封建系统之中。

---

[1] 《尚书·牧誓》。
[2] 王国维：《殷周制度论》，《王国维全集》第8卷，浙江教育出版社2010年版，第312页。
[3] 王国维：《殷周制度论》，《王国维全集》第8卷，浙江教育出版社2010年版，第303页。

周代由"氏族封建"进而为"宗法封建"有一个发展过程。

甲、文王姬昌时周"三分天下有其二,以服事殷"①,此说虽有夸张,但周地广大是事实。姬昌在位五十年,前期为殷之属国,受封西伯侯,即西土伯(霸)主,后七年自称承天命称王,沿袭氏族封建的办法,将渭水南北领地分封周族,"文王受命,取岐周故墟周、召地分爵二公"②,以掌理渭水、泾水一带世袭领地。《诗》云:"凡周之士,不显亦世"③("不显"即"丕显",凡周朝继承爵禄的卿士,累世光荣尊显)。此为周的第一次封建。

乙、武王灭殷后,拓殖于广袤的殷商故土,分封四类诸侯:(1)古圣后裔,如分封神农后人于焦、黄帝后人于祝、尧后人于蓟、舜后人于陈、禹后人于杞,此谓"三恪"封建("恪"为敬意,前代三朝子孙封王侯,谓"三恪")。(2)有功之臣,如封姜尚于齐,以表彰他协助武王灭纣;封熊绎于楚,以纪其先祖鬻熊效忠文王。(3)同姓子弟,《左传》等典册载,姬姓封国有召、鲁、唐(后称晋)、燕、管、蔡、卫、郑、曹、毛、毕、滕、郕、郜、茅、邢等诸侯。(4)殷商后裔,将殷纣之子禄父(武庚)封于殷(原商朝王畿之地),命弟管叔、霍叔、蔡叔为"三监"(监视武庚)。此为第二次封建,"众建诸侯,裂土为民",宗法精神得到展现。

武王伐纣,纣自焚而亡,但武王"立其子武庚,宗庙不毁,社稷不迁"④,使殷人得守先人故土。后来武庚叛乱,周公灭之,"乃命微子启代殷",可见周初封建是保存前朝余脉的,顾炎武称:"古圣王之征诛也,取天下而不取其国,诛其君,吊其民,而存[其]先世之宗祀焉,斯已矣。"⑤这与后世"人主一战取人之国,而毁其宗庙、迁其重器者异矣"⑥。

---

① 《论语·泰伯》。
② 司马迁:《史记》卷34《燕召公世家》引《史记索隐》,中华书局2014年版,第1875页。
③ 《诗·大雅·文王》。
④ 顾炎武:《日知录》卷2,"武王伐纣"条,《日知录集释》,中华书局2020年版,第77页。
⑤ 顾炎武:《日知录》卷2,"武王伐纣"条,《日知录集释》,中华书局2020年版,第77页。
⑥ 顾炎武:《日知录》卷2,"武王伐纣"条,《日知录集释》,中华书局2020年版,第78页。

丙、武王死，成王幼，武庚联合奄及淮夷，窜通"三监"叛乱。摄政之周公东征平叛，诛管叔、杀武庚、放逐蔡叔，收殷余民，营建洛邑，以镇东土。殷人叛乱及其平定，突显了宗法屏卫周室的重要性，周公遂大封姬姓及与之联姻的姜姓等功臣。《左传》称："文、武、成、康之建母弟，以蕃屏周。"①成王亲政及康王时，继续宗法封建，宣王时还封弟姬友于郑。周公及成王、康王、宣王的分封，为第三次封建（俗称周公封建），是最重要的一轮宗法封建。

周公摄政，关中镐京称"宗周"（天下朝宗于周，故曰"宗周"，表周室为天下宗主）；洛水边建洛邑，称"成周"（周道始成，王所都也），两京之间千里之地（今陕西关中、河南西部）为王畿②，由王室直辖，在其他地域大行殖民封建，以为周之屏藩。周初作两种人口调动：一是周室宗亲往东土武装殖民，管理领地臣众；二是"迁殷顽民于洛邑"，以便控制。但周公封建仍然保留对殷人的尊重，以微子封宋（今河南商丘），而且让宋享有较高礼遇。"宋公朝周，则曰臣也；周人待之，则曰客也。"③微子对于周，"受国而不受爵。受国以存先王之祀，不受爵以示不为臣之节，故终身称'微子'也。……《微子之命》以旧爵名篇，而知武王、周公之仁，不夺人之所守也"④。让微子奉殷祀，以安抚殷民，这仍是以宗法精神治理天下。

较之文王、武王封建，周公封建尤其突显宗法原则，向周室宗亲及功臣（多与周室有姻亲关系）"受民受疆土"⑤（"受"即"授"，授予）。平定纣子禄父（武庚）后，周公封康叔于卫，将"殷民七族"交给康叔监管⑥，封周公子伯禽、姜太公后人领东方大国鲁与齐。司马迁对周封建的两种类型有简明概括：

---

① 《左传·昭公九年》。
② 《周礼·夏官·职方氏》："乃辨九服之邦国，方千里曰王畿。"畿，国都附近地区。
③ 顾炎武：《日知录》卷2，"武王伐纣"条，《日知录集释》，中华书局2020年版，第78页。
④ 顾炎武：《日知录》卷2，"微子之命"条，《日知录集释》，中华书局2020年版，第87页。
⑤ 周康王时"大盂鼎"铭文。
⑥ 见《左传·定公四年》。

> 然封伯禽、康叔于鲁、卫,地各四百里,亲亲之义,褒有德也。太公于齐,兼五侯地,尊勤劳也。①

周初封国数量诸书记载不一,少则数十,多则数百②,汉代典籍更有千余之说③。封国面积有的很小(如滕国"方五十里",还有"十里之诸侯")。

战国所成之书对周初封建的记述较为近实。《左传》称西周分封:

> 武王克商,光有天下,其兄弟之国十有五人,姬姓之国者四十人,皆举亲也。④

"兄弟之国",即同姓之国,《周礼》谓"以脤膰之礼,亲兄弟之国",贾公彦疏:"兄弟之国,谓同姓诸侯,若鲁、卫、晋、郑之等。"⑤后又延伸到与周室联姻的功臣封国。

"姬姓之国",指周室宗亲封国,其数量居多。《荀子》谓周公:

> 兼制天下,立七十一国,姬姓独居五十三人。⑥

史载姬姓诸侯中,文王诸子十六国(蔡、郕、霍、卫、滕、曹、原、郜等),武王诸子四国(邗、晋、应、韩等),周公后裔七国(鲁和凡、蒋、邢、茅、胙、祭等六国),召公之子封于燕。异姓诸侯有:殷贵族微子启封于宋,姒姓封于杞,姜姓封于齐、纪、向、申、吕,嬴姓封于葛等。

周公在新辟的东部设置两个最重要的封国:一为鲁,由周公之子伯禽领封,携带周王室全套礼器,统辖殷民六族,与宗周(洛邑)成一轴

---

① 司马迁:《史记》卷17《汉兴以来诸侯年表》,中华书局2014年版,第967页。
② 《吕氏春秋·观世》:"周之所封四百余,服国八百余。"
③ 《盐铁论·轻重》:"周之建国也,盖千八百诸侯。"《汉书·贾山传》:"昔者周千八百国。"
④ 《左传·昭公二十八年》。
⑤ 《周礼·春官·大宗伯》。
⑥ 《荀子·儒效》。

线，镇抚东方；二为齐，由太公姜尚之子丁公领封，都营丘，拥重兵，执征伐特权，代表周室以军事威镇列国。加上文王后裔、武王弟康叔封地卫国，雄据中原，鲁—齐—卫构成周人统治东土的轴心。

周代三次封建，可分为两种类型（文王、武王为第一类，周公为第二类），时间上分三个级次：

（1）文王分封，大体承续殷商方国部落联盟形制，天子乃诸侯之长而非诸侯之君。此为第一类型、第一级次。

（2）武王分封，姬姓居半，甚至多半，"昔武王克商，光（广）有天下，其兄弟之国者十有五人，姬姓之国者四十人，皆举亲也"①。此为第一类型、第二级次。

（3）周公分封，扩大举亲（姬姓）比例，天子为诸侯之君，受封诸侯为天子的"守臣""屏臣"。此为第二类型、第三级次。古今所论周制封建，主要指周公主持的宗法封建。

西周封建地域，北及燕山内外，西抵陇东、泾渭关中，东至黄渤海滨，南涉淮河及长江中下游，奠定华夏的版图基础。

王夫之指出"同姓封"对于周王朝的益处：

> 周大封同姓而益展其疆域，割天下之半而归于姬氏之子孙，则渐有合一之势。②

封建以宗法为归依，达成初步的天下合一，"封建世，君臣上下，一以宗法统之。天下大宗，诸侯、卿大夫皆世及，复各为其宗"③。

（四）"五等爵制"辨

西周设立封建官制，战国末及秦汉之际成书的《周礼》《礼记·王

---

① 《左传·昭公二十八年》。
② 王夫之：《读通鉴论》卷11，中华书局2013年版，第570页。
③ 谭嗣同：《仁学》，《谭嗣同全集》，中华书局1981年版，第368页。

制》《孟子》有详细记载（以上后来皆列为经书）。往昔论周制，多遵经学传统，以申发圣贤经义为主，具体的史迹真相却并不认真推究。这些经籍排出整齐的五等爵序列，充作周代官制主干。然而，此序列不过是"经书"及注经者对西周制度的理想化追述，考之原版的周代青铜礼器铭文，便发现经后人反复修订的传世典册所述未可全信，如诸书津津乐道的"五等爵制"，便颇多虚拟。

《周礼》称，大宗伯之职"以玉作六瑞，以等邦国"[1]。于周王之下有公、侯、伯、子、男五等爵禄。《礼记》称，大宗伯之职"王者之制爵禄，公、侯、伯、子、男凡五等"[2]。《孟子》载北宫锜问："周室颁爵禄也，如之何？"孟子答曰："尝闻其略也。天子一位，公一位，侯一位，伯一位，子男同一位，凡五等也。"[3] 上三书所述周代五等爵序列（公、侯、伯、子、男，或王、公、侯、伯、子男），流播广远，却与历史实态颇有差距。先父早年所著《商周史》指出：

> 五等爵之说，以金文铭词证之，其文不足为据。[4]

考之以出土金文铭词可知，王为国君（周天子及诸侯）通称，公、侯、伯、子、男并非规范的爵禄等级序列，而是散用的贵族称号。

"公"是上层贵族尊号，并不专指最高爵位。"侯"指射侯，古作"矦"。《康熙字典》云：矦"从矢，取射义，射之有侯"，"古者以射选贤，射中者获封爵，故因谓之诸侯"[5]，侯乃军事封爵，非特指第二等爵位。"伯"是同辈排行（伯仲叔季）之首，指宗族之长，引申为行政首长（如大宗伯），或指诸侯国之君（如荣伯、郑伯、秦伯）；伯又与

---

[1] 《周礼·大宗伯》。
[2] 《礼记·王制》。
[3] 《孟子·万章》。孟子对此说并无把握，特交代："其详不可得而闻也。"
[4] 冯永轩：《商周史》第七编《周之制度及文化》，《荆楚文库·冯永轩集》（上），武汉大学出版社2019年版，第274页。
[5] 中华书局编辑部编：《康熙字典》，中华书局2010年版，第103页。

"霸"通假,"霸主"或称"伯主"。"子""男"是对贵族男人的尊称,也指爵位。《左传》还有"公、侯、伯、子、男、甸、采、卫、大夫"九等之说。

晚周诸侯往往混称公、侯、伯,后来有的自立为王,故诸侯称号有公、侯、伯、王等,如齐桓公(生前称齐侯)、晋文公、魏文侯、秦穆公(生前称秦伯)、楚庄王、秦昭王等。同一诸侯国,往往爵称多变,如《春秋》称鲁为公,《鲁侯鬲》《鲁侯角》铭文称鲁为侯;《春秋》称秦为伯,《秦公钟》铭文称公;《春秋》称晋为侯,礼器铭文称公;滕、薛时称侯,时称公、称伯、称子;邾、莒称子,又称公。

综上可见,"五等爵"并非序列严格的定制。整齐的五等爵序,乃晚周两汉士人追记的一种整齐性归纳,与西周混用爵名的实际情况有异。

后世按照《周礼》《礼记》《孟子》所述,正式实行"五等爵制",是以"复周"自命的王莽在西汉居摄三年(公元8年)至建立新朝时所为。新朝灭亡,五等爵随之停用。越二百余年,三国魏元帝时,在司马昭主导下重行此制。以后列朝沿用五等爵封赐公侯伯,如宋代封寇准莱国公、封王安石荆国公、封司马光温国公;明代封李善长韩国公、封刘基诚意伯;清末封曾国藩一等毅勇侯、封左宗棠二等恪靖侯、封李鸿章一等肃毅侯。然而秦汉以降官僚政治居主导地位,三省六部、丞相太守县令之类,才是官制通称,作为贵族政治的五等爵只用作荣衔。

综观周制,周代有贵胄爵位之设,但从周金文反映的实况来看,周代并无五等爵的严格定称,如史书载杞、宋、虞、西虢等是公爵国,但出土西周铭文记虞国为侯国。西周时列国往往以"侯、甸、男、邦、采"等混称,大约是以固定的"侯、甸、男"加上游移的"采、卫、邦伯",没有普行西欧中世纪那样严格的"公侯伯子男"贵族序列,故不宜对中西封建贵族的爵位作望文生义的简单类比。

(五)"天有十日,人有十等"

摆脱模糊不清的"五等爵制"框架,有益于还原本然形态的周代封建官制乃至整个等级制度。

西周是宗法等级社会，《左传》对这种等级状况有一概括：

> 天有十日，人有十等，下所以事上，上所以共神也。故王臣公，公臣大夫，大夫臣士，士臣皂，皂臣舆，舆臣隶，隶臣僚，僚臣仆，仆臣台。①

"臣"为动词，意驱使、管理，从王到台，一级又一级地管辖、统领。"王"是最高统治者，统率天下土地人民；"公"是王下最高官职，"公，臣之极也"②；"大夫"是公统属的掌治各类政令的官员；"士"是最低一级官员，管理具体政务；"皂""舆"为士所辖的小吏、差役，尚有人身自由；"隶""僚"以下，至"仆""台"则是家奴、贱役。

清代考据家俞正燮释"皂"："皂者，《赵策》所云补黑衣之队，卫士无爵，而有员额者。"③ 释皂为穿黑衣的侍从或卫士。

《左传》服虔注，释"舆"："舆，众也，佐皂举众事也。"④

《国语》释"隶"："皂隶食职"⑤，指隶有卑职微禄。

《左传》疏释"僚"："僚，劳也，共劳事也。"⑥

（六）周制职官

周制的等级划分细密，其基本组成是天子—诸侯—卿大夫三级结构，其官制存在于此结构之中。《礼记》谓："天子有田以处其子孙，诸侯有国以处其子孙，大夫有采以处其子孙，是谓制度。"⑦ 其官僚系列存于

---

① 《左传·昭公七年》。
② 王弼、韩康伯、孔颖达：《周易正义》，上海古籍出版社1990年版，第137页。
③ 俞正燮：《癸巳类稿》卷2，辽宁教育出版社2001年版，第62页。
④ 《左传·昭公七年》。
⑤ 《国语·晋语》。
⑥ 《左传·昭公七年》。
⑦ 《礼记·礼运》。

此制度之中，由周公封建时封赐官阶，"惟周公位冢宰，正百工"①（百工即百官）。

西周的士（官员）有"天子之士"与"诸侯之士"的区别，前者是周天子直辖的官员，后者是分封贵族统领的职官。

据周代青铜器铭文，又参以传世文献，西周官制分卿士、诸侯、卿大夫三个等次。

（1）卿士，《令方彝》等铜器铭文多作"卿事"。古籍所言卿士往往指"天子之士"，辅佐周天子执政，上有太师、太傅、太保，合称"三公"、师保，下设六卿、五官，分管各类政务。周代彝器铭文所见周王室职官，有卿事寮（《令方彝》）、大史寮（《毛公鼎》）、作册（《走簋》）、宗伯（《孟姜壶》）、大祝（《禽鼎》）、司寇（《南季鼎》）、司马（《师奎父鼎》）、有司（《散盘》）等。

（2）诸侯。天子分封的土地，有食邑、国、封国、王国等称号，封地统治者称诸侯、君、王，诸名混用。被封贵胄在食邑有决策权、处置权，并有属于自己的职官与军队。

（3）卿大夫。拥有食邑的诸侯再将土地分封给卿大夫。"卿大夫"即"诸侯之士"，辅佐诸侯理国，其职官设置与前述"卿士"略同②。

西周职官多世袭，称"世官"，至春秋仍部分保留。

（七）封建与古代城邦

通过周代爵制，可见封建实行的情形，透现"國"（国）——古代城市国家的架构③。作为借自古希腊的词语，"城市国家"又译作"城邦"，指以一个独立、自主、单独的城镇为中心的社会实体。中国的两周时期封建诸侯组建了一批城邦，如齐国的临淄、鲁国的曲阜、卫国的朝歌、燕国的蓟城、楚国的郢都、晋国的绛城、越国的会稽、魏国的大梁、赵

---

① 《尚书·蔡仲之命》。
② 王超：《中国历代官制与文化》，上海人民出版社1989年版，第23—35页。
③ 参见侯外庐：《周代社会诸制度考》，《侯外庐史学论文选集》（上），人民出版社1987年版。

国的邯郸等。封建以"国"(城邦)为中心展开。

(1)"受民受疆土"

周制规定,封邦建国是天子特权,"非天子不得专封诸侯,诸侯不得专封诸侯"①。而天子实施封建,"封土"与"授民"并重,西周《大盂鼎》铭文有"受民受疆土","受"即"授",意为天子将人民和土地封授给贵族。类似文字亦出现于大克鼎、令鼎、麦尊、邢侯彝等铭文中。

"受(授)土"是封建的基本内容,《周礼》谓:"封国,则以土地。"②《仪礼》称:"君,谓有地者也。"③郑玄注:"天子诸侯及卿大夫有地者皆曰君。"诸侯之土由天子封赐,诸侯又赐土卿大夫,谓之"采邑",卿大夫赐土给士,谓之"食地"。此即"建邦启土"。

"受(授)民",指天子将民众、战俘或被征服的部族赐予诸侯,诸侯再往下封赐。授予贵族的土地民众,多以"邑"为单位。邑置庄园,开展农业生产,由"田畯"(田官)管理农人。故"建国"须"授民","俾立室家"。古代城邦的基础由此奠定。

(2)"册命"

封建乃周代的国家要务,十分讲究仪式的庄严。史载周公代成王举行"册命"之典,以凸显天子的权威。

"册"是分封仪式上太史手持的竹简,"命"是书写其上的敕令。在祖庙册命,尤显宗法封建的崇高。仪式后,受封诸侯人等及物品,由王室护送到封国,又赐其礼器、车马,以助其行;有时天子还摆酒饯行,甚至协助受封者修筑宫殿。恩威并举,以强化诸侯对天子的归服与忠诚。

(3)"命卿"

周制规定,天子不仅对公侯赐土授民,而且掌控列国官员任免。《礼记》曰:

---

① 《春秋穀梁传·僖公二年》。
② 《周礼·春官·典瑞》。
③ 《仪礼·丧服传》。

大国三卿，皆命于天子。

次国三卿，二卿命于天子，一卿命于其君。[1]

此为天子"命卿"权，又将次国的部分命卿权交给诸侯（君）。

(八)"天子建国""诸侯立家"

西周的国家结构分为"王国""诸侯国"两个层级，以故西周封建有"天子建国"和"诸侯立家"两大环节。"家国天下"之说即源于此。

"天子建国"前已介绍，指周天子封立诸侯之国。

"诸侯立家"指诸侯在封国内向卿大夫封赐采邑（也叫采地、封邑、食邑），使其"立家"。采邑不是一级行政单位，《春秋公羊传》何休注："所谓采者，不得有其土地人民，采取其租税尔。"[2] 居于诸侯国中的卿大夫对采邑没有完全的治理权，只有收税权。何休的解释也不尽然，卿大夫对采邑有一定程度的治理权，并对国君效忠，承担进贡和战时提供兵员的义务，对采邑中的庶众有世袭的管辖权，并课征租税。

对于周王朝而言，封建制有诸多利好，"所以亲亲贤贤，褒表功德，关诸盛衰，深根固本，为不可拔者也"[3]。城市国家建立，"乃召司空"（掌管政务），"乃召司徒"（掌管赋役），于是"君子万年，福禄宜之"[4]。

(九) 兼具"分权"与"集权"的王朝二元结构

自夏商以降，一姓世袭的王朝政制从萌动、初建，到周代趋于成熟，建立周王"天下"与诸侯"国"并存的复合型王权制度，政治内核是服务于"王事"，即国君差遣的公事，如朝聘、会盟、征伐等王朝大事。[5]

---

[1] 《礼记·王制》。
[2] 《春秋公羊传·襄公十四年》。
[3] 班固：《汉书》卷14《诸侯王表》，中华书局1962年版，第391页。
[4] 《诗·小雅·鸳鸯》。
[5] 《礼记·丧大记》："既丧，与人立。君言王事，不言国事。"孙希旦集解："王事，谓朝聘、会盟、征伐之事。"

而王事不仅指周王之事，也指诸侯之事，记述卫国的诗云："王事适我，政事一埤益我。"①讲的便是卫国事，高亨释此《北门》诗："王，诸侯国中人，对诸侯也称为王。"②故周王及某些诸侯凡交于大国，朝聘、会盟、征伐之事，皆谓之"王事"。故周制行政（王事）包括天子之事和诸侯之事两个层次。

人们习惯于将西周封建视作"分权"制，此义前已论述，此不另述。然而不可忽略，封建还包含"集权"内蕴——"封建亲戚，以蕃屏周"③，让同姓诸侯及与周王有姻亲关系的异姓诸侯拱卫周室，控扼四方，"捍御侮者，莫如亲亲"④，如封齐、鲁以防东夷，封晋以"匡有戎狄"⑤，封燕"北迫蛮貊"。血亲分封成为宗周"合天下"的不二法门，由之达成"君子万年，福禄宜之"⑥。

周制的本旨是天子一统，"天无二日，土无二王，家无二主，尊无二上"⑦。为了周室掌控天下，武王、周公、成王、康王在中央和地方经营如下政制：

其一，建中央官制，"设官分职，以为民极"⑧（民极，意谓民众的准绳）。

周初设"八政"，即八种政务官："食"管民食、"货"管财货、"祀"管祭祀、"司空"管工程、"司徒"管教育、"司寇"管盗贼、"宾"管朝觐、"师"管军事。⑨分工把口，堪称严密。中央政权设两大官署——主管"三事四方"的卿事寮，主管册命、制禄、祭祀、图籍的太史寮。二者的主官共为辅佐天子的执政大臣，其职衔为太保、太师、太傅，称

---

① 《诗·邶风·北门》。
② 高亨：《诗经今注》，《高亨著作集林》第 3 卷，清华大学出版社 2004 年版，第 82 页。
③ 王国维：《殷周制度论》，《观堂集林》二，中华书局 1959 年版，第 467 页。
④ 王国维：《殷周制度论》，《观堂集林》二，中华书局 1959 年版，第 451 页。
⑤ 王国维：《殷周制度论》，《观堂集林》二，中华书局 1959 年版，第 453—454 页。
⑥ 《诗·小雅·鸳鸯》。
⑦ 《礼记·丧服四制》。
⑧ 《周礼·天官·序言》。
⑨ 《尚书·洪范》。

"三公"；由四方诸侯入朝廷为卿的称"侯"；由畿内诸侯入朝廷为卿的称"伯"，形成系统的公卿制，行使中央权力。

其二，以宗法之"合"控制封建之"分"。

鉴于殷商王位传续紊乱造成的弊端，西周力行大宗、小宗区隔的宗法制，以嫡长子（大宗）继承稳定君统，以余子（小宗）分封实现对天下的分区掌理。前者保证姬姓大宗无可争议地承袭天子之位，杜绝觊觎、争夺之乱；后者是对殷商外服制的发展，以"亲亲"为基旨，又辅以"贤贤表德"，将同姓诸侯、异姓诸侯广封畿外邦国。天子乃天下之大宗，通过胙土（封赐居地）、赐民（分配隶属臣民）、命氏（赐予居地国号）、颁赐礼器等举措，以宗法之"合"控制封建之"分"，实现宗统与政统的合而为一，所谓"君之宗之"①。天子之于诸侯，诸侯之于大夫，皆大宗统属小宗，形成父家长制系统之下的王权政制，"天子作民父母以为天下王"②。

其三，设置驾驭封国的典制。

为了掌控四方，天子不仅依凭宗法关系，以父兄之尊高踞身为子弟的诸侯之上，而且拥有强大的行政权力以管控四方：

一如天子执掌精兵（宗周六师、成周八师）。

二如天子亲征，最精锐的军队随扈天子出征，所谓"周王于迈，六师及之"③。以上二制体现天子的军事威权。加上前述"命卿"制，军政实权掌握于天子之手。

三如实行监国制，朝廷派遣官员到诸侯国监督军政，"天子使其大夫为三监，监于方伯之国"④。

四如巡狩—朝觐制，天子定期巡视诸侯、诸侯定期朝觐天子。孟子描述巡狩制情形曰：

---

① 《诗·大雅·公刘》。
② 《尚书·洪范》。
③ 《诗·大雅·棫朴》。
④ 《礼记·王制》。

> 天子适诸侯曰巡狩……入其疆，土地辟，田野治，养老尊贤，俊杰在位，则有庆，庆以地。入其疆，土地荒芜，遗老失贤，掊克在位，则有让。一不朝，则贬其爵。再不朝，则削其地。三不朝，则六师移之。①

周天子巡狩天下，其功能是奖惩、督责诸侯，维持王权秩序。

其四，严刑峻法。

为防范臣民挑战王权，周制设置严法，"凡犯天子之禁，陈刑制辟"，"诬文武者，罪及四世"。②

（十）一同天下

以上举措保证了周王室对天下的掌控，天子对诸侯的统领关系定格，王权体制确立。

战国初的墨子揭示周制在"分权"外观下"一同天下"的意图：

> 夫明乎天下之所以乱者，生于无政长，是故选择天下之贤可者，立以为天子。天子立，以其力为未足，又选择天下之贤可者，置立之以为三公。天子三公既已立，以天下为博大，远国异土之民，是非利害之辩，不可一二而明知，故画分万国，立诸侯国君。诸侯国君既已立，以其力为未足，又选择国之贤可者，置立之以为正长。正长既已具，天子发政于天下之百姓……③

墨子称天子是天下人"选择"的"贤可者"，是对王朝时代帝王产生作理想化描述，然而墨子指出天子置三公，立诸侯、正长，目的是统一政令，

---

① 《孟子·告子》。
② 《大戴礼记·千乘》。
③ 《墨子·尚同上》。

"使从事乎一同其国之义"①。此为不刊之论。

五、井田

周制四大关键词——宗法、封建、井田、礼乐,"井田"的含义最难坐实,却又处于关键地位:与宗法、封建、礼乐密切联系,宗法系于井田,井田呈现宗法;井田兴则封建兴,井田衰则封建衰。透过井田制的兴衰,可以得见宗法封建周制的生命历程。

据传井田起于夏初,后世史籍多有井田创造于禹的追述,所谓"周之疆理,犹禹之遗法也"②,但关于"井田"的载记,未见于殷商西周的早期文献,而屡现于此制已经消亡的东周及两汉的典册。笔者以出土文献与传世文献相比照,对井田制试作简要的历史复原。

(一)释"井"

周制系统中,"宗法"是社会制度,"封建"是政治制度,"礼乐"是文化制度,各自的内涵都有界定,而作为土地制度的"井田"含义较为模糊。今日对其进行辨析,须从"井"字入手。

井田制初兴于夏商,成熟于西周,是氏族社会土地公有制的一种变态遗存。殷墟甲骨文的"田"字有田等多种写法,表示土地分成方块状,与《孟子·滕文公上》《周礼·小司徒》追记的井田情状一致。

周金文"井"作丼,外象井口,中间一点表示有水,故本义水井。"田"作田,形象地展现了"宗周"(关中平原)、"成周"(黄河中游平原)一带的农田状貌:利用沟渠和道路纵横交错,把土地划为井字形方块。田边小道称为"阡陌"(东西向为阡,南北向为陌),乃田土拥有者的"封疆""疆界"。东周以降对井田的描述略为:每方圆一里的九百亩土地划

---

① 《墨子·尚同中》。
② 顾炎武:《日知录》卷7,"其实皆什一也"条,《日知录集释》,中华书局2020年版,第385页。

分为"井"字状的九个方块（每块百亩），中间一块为公田，周围八块为私田，阡陌纵横，组成"井"字状田畴。《孟子·滕文公上》说："方里而井，井九百亩，其中为公田。八家皆私百亩，同养公田。"此为井田制之"井"的基本含意。谓之"八家共井，同养公田"。

"井"可能还有一种含义：九块方田居中的公田掘一井，周围八块私田上的人家，以此井灌溉并饮用，《周易》的"井卦"上坎下巽，"坎为水""巽为木"，木上有水，指用木制桔槔汲水，故"井"为汲水之象，透露早期灌溉农业的模样。①

《春秋穀梁传》首出"井田"一名，文曰："古者三百步为里，名曰井田。井田者，九百亩，公田居一。"② 东汉今文经学家何休（129—182）为《春秋公羊传》作注，解释"井田之法"说：

> 是故圣人制井田之法而口分之：一夫一妇，受田百亩。
> 五口为一家，公田十亩……八家……共为一井，故曰井田。
> 三年耕，余一年之畜；九年耕，余三年之积；三十年耕，有十年之储……四海之内，莫不乐其业。③

这种田土整齐划分的制度，不可能在"山林薮泽原陵淳卤之地"普遍实行，而只可能是京畿地带（泾渭平原、河洛平原）的土地制度：周王将平野划分为方块状的王田封赐给贵族，各级贵族又将王田分配给庶众耕作，庶众服劳役于公田，《诗》云："嗟嗟臣工，敬尔在公"④，庶众（"臣工"）无偿地为"公家"（周王与贵族为公家）集体劳作。天子每年"亲藉千亩"，天子"藉田"（孟春正月天子亲自耕田的典礼）成为井田制的一

---

① 井田之"井"指灌溉单位之说，参见钱穆《中国经济史》（北京联合出版公司2014年版）、张岂之主编《中国历史·先秦卷》（高等教育出版社2001年版）。
② 《春秋穀梁传·宣公十五年》。
③ 《春秋公羊传·宣公十五年》。
④ 《诗·周颂·臣工》。

种景观,《诗经》中的《信南山》《臣工》《良耜》《丰年》等多篇农事诗对此有生动描述。

> 倬彼甫田,岁取十千。我取其陈,食我农人,自古有年。今适南田,或耘或耔,黍稷薿薿。攸介攸止,烝我髦士。①
>
> 大田多稼,既种既戒,既备乃事。以我覃耜,俶载南亩。播厥百谷,既庭且硕,曾孙是若。②
>
> 丰年多黍多稌,亦有高廪,万亿及秭。③

描写从划分田界、开垦、播种到五谷丰登,继以祭祀求福的井田农事全过程。

(二)"公田"与"私田"

井田制从氏族公社土地公有制演变而来,相传初兴于夏商,推行于西周,其土地兼行公有、私有,尚处于过渡期的混沌状态。

《孟子·滕文公》篇记载,战国中期,滕文公派大夫毕战询问孟子如何施行"井地"(即井田),可见当年还保留关于井田的记忆,公卿大夫尚有复井地的设想。孟子答曰:君主将行仁政,"必自经界始。经界不正,井地不均,谷禄不平"。"经界"即划定井地界限,这是防止出现暴君污吏的措施。孟子构思划分经界的办法:

> 方里而井,井九百亩,其中为公田,八家皆私百亩,同养公田,公事毕,然后敢治私事,所以别野人也。④

---

① 《诗·小雅·甫田》。
② 《诗·小雅·大田》。
③ 《诗·周颂·丰年》。
④ 《孟子·滕文公上》。

《周礼》称：

> 九夫为井，四井为邑，四邑为丘……以任地事而令贡赋。①

　　《孟子》《周礼》所载井地情状，皆为后人对前制的整齐化追述，古今学者信疑参半，故关于井田制的阐释也就纷然不定。由传世典籍所载，井田制似有两种情形：一为八家私田、中为公田，前引《孟子》有此记述，大约是夏商和西周前期的情形；二为九夫为井而无公田，如《周礼》云："九夫为井，四井为邑，四邑为丘，四丘为甸，四甸为县，四县为都，以任地事而令贡赋，凡税敛之事。"②这可能是指西周末期及东周，公田已淹没于私田之中，二者共同成为承担赋税的土地单位。

　　讨论井田制，须澄清诸古典含糊其辞的"公田""私田"的含义。

　　公田（或谓"大田""甫田"）第一义是天子拥有之田产。天子从先王继承天下田土，先王所拥有土地由上天神授，"皇天既付中国民，越厥疆土，肆于先王"③。占有统领广土众民的周王不可能亲自经营天下田土，遂将名义上属于自己的"王土"封赐给诸侯，诸侯又封赐给卿、大夫、士等各级贵族，故"公田"的第二义，是受封贵族实际领有之田产，这些封建领主须向周王交纳贡赋，又将大部分收入归于贵族私有。这两层含义的叠加，便是《诗经》所云："溥天之下，莫非王土；率土之滨，莫非王臣。"④

　　周代青铜器铭文有王赐臣"一田""十田""卅田""五十田"的记载。而各级受封贵族对土地只有经营管理权，并无法定所有权，唯周天子才可以对封地或予或夺。同时，田土一概是天子赐予的政治特权物，而并非商品，只能按宗法关系继承与使用，不得买卖，所谓"田里不粥

---

① 《周礼·地官·司徒》。
② 《周礼·地官·小司徒》。
③ 《尚书·梓材》。
④ 《诗·小雅·北山》。

(鹭）"①。据《诗经》诸篇所记，公田并非仅占九分之一，而往往是占据水土条件最好的地段，面积颇大，故称"大田"。

综论之，"公田"是周天子名义拥有，由各级贵族实际掌理、经营的田产。这种土地所有制与西周"王与贵胄共天下"的封建制度恰相匹配。

私田。井田制所谓之"私田"，诸古典未言及产权归属，但又指出私田耕作好坏，责守在私人，由官吏监督，"私田稼不善，则非吏；公田稼不善，则非民。"②农夫耕作的"私田"，只有使用权而无所有权意义上田产，农夫首先要到"公田"无偿劳役，自备工具、食物（由妻子送饭），耘完公田方耘私田，所谓"雨我公田，遂及我私"③。

由上述可见，西周的土地所有权名义上属于周王；受周王封赐的贵族是土地耕作、收获、分配的管理者和受益者；庶众没有土地所有权，在无偿耕耘"公田"之后，方在"私田"上劳作、获取收成并缴纳赋税。这种土地所有制已从大同之世的土地公有制脱颖而出，又与东周发端、秦汉后普行的土地私有的地主制相径庭，是二者间的过渡形态。

井田制是原始土地公有制与土地私有制之间的一种过渡形态。战国时的孟子、东汉时的何休等后世人对井田制既有实态追述，又难免理想化描写。

（三）"籍礼"及"作帝籍"

《诗》《书》等古典及出土青铜器铭文都载有井田制的场景：天子带着妻儿，率领卿大夫亲临农地，与庶众集体耕作，这大约是农村公社大家长与社众共同耕作传统的写照。《诗》云：

> 曾孙来止，以其妇子。馌彼南亩，田畯至喜。④（郑玄笺曰：

---

① 《礼记·王制》。
② 《春秋穀梁传·宣公十五年》。
③ 《诗·小雅·大田》。
④ 《诗·小雅·甫田》。

"喜，读为饎，酒食也，成王出观农事，馈食耕者以劝之也。司啬至，则又加之以酒食劳倦之耳。"）

噫嘻成王，既昭假尔。率时农夫，播厥百谷。骏发尔私，终三十里。亦服尔耕，十千维耦。①（"十千"即万，万人耦耕。郑玄笺曰："此万夫之地，……一川之间万夫，故有万耦。"）

后儒一向对天子率卿大夫与庶众同耕的"籍礼"（籍、藉、借三字相通假）十分追怀。甲骨文"藉"（）字作人执耒而松土之状，"力"（）字作单齿木耒之形，"男"（）字作以耒耕田之状，表明殷周之际普遍以木石结合的农具耕作。"藉田"是天子、诸侯藉（借）众人之力耕种的公田。行"藉礼"是天子亲耕藉田的仪式，是农耕之礼，通行于三代，主要在周代，后之帝王也往往象征性地操演之，如北京的"先农坛"便是明清两朝宣示帝王"重农"的建筑（此前列朝也有同类设施）。历代君王每年作"帝亲耕""后亲蚕"的姿态以倡导耕织，日本天皇亦如此。20—21世纪之交笔者在日本任教数年，多次在电视中看到春夏之际平成天皇行籍礼，穿深筒胶鞋下水田插秧。

与民共耕，以示重农、亲民，仅仅是籍田的表面效用，统治者还有更深一层的考虑。

出土简帛显示，周代君王"籍田"主要用意不在宣示与庶众共耕，而是通过天子籍田祭祀天神，以占据统治天下的精神高地。清华简《系年》称：武王见殷纣不恭上帝，"禋祀不寅，乃作帝籍"。清华简提供的出土原始材料，与传世文献《尚书》所载武王讨伐殷纣的檄文完全一致：武王并未声讨殷纣祸害百姓，而只是谴责纣不祀天帝，藐视神权，而武王"吊民伐罪""拨乱反正"的举措，是自己重视祭拜天帝，"以登祀上帝天神，名之曰千亩，以克反商邑，敷政天下"②。故"作帝籍"是武王以神学观念动员诸邦各族起而灭殷的政治号召。

---

① 《诗·周颂·噫嘻》。
② 李学勤主编：《清华大学藏战国竹简（贰）》，中西书局2011年版，第136页。

"作帝籍"是武王与姜太公的一大谋略,击中殷纣"不恭上帝、禋祀不寅"的要害,赢得诸邦国的支持,周从起兵时的350乘战车,迅速扩展到4000乘战车,在朝歌击败泱泱大国殷,终于"敷政天下"。可见"作帝籍"是周人赢得天下共主地位的精神性举措。而到了西周末年,"宣王即位,不籍千亩"①,正昭显周王天下君主的地位趋于丧失。

总之,"籍田"呈现天子率卿大夫与庶众"共耕"的亲民形象,实质是宣示周王对天下田土和人民的统治。故在某种意义上可以说,"籍田"普行,显示着周王朝的兴盛,而"籍田"衰微,预示周王朝的颓势。如宣王"不籍千亩",放弃"作帝籍",周王不再是祭祀天神上帝的总祭司,也就失去统领诸族的天子身份,当要服、荒服诸族起而反叛时,便无人援救,而宣王为转移内部危机,继续穷兵黩武,"三十九年,战于千亩,王师败绩于姜氏之戎"②。

(四)"贡""助""彻"

井田是王田制(公田制),三代时庶众除了必须无偿在公田服其劳,作为王田另一形态的私田还要被征税。夏、商、周三代的税制有别,孟子说:"夏后氏五十而贡,殷人七十而助,周人百亩而彻。其实皆什一也。"③周制的"彻法"以力役地助为主,辅以实物纳贡。又对国人(城中人)、野人(乡野人)的赋役加以区分:

请野九一而助,国中什一使自赋。④(使居于乡野者耕种占井田九分之一的公田,无偿服劳役;使城内国人自行缴纳十分之一的赋税)

夏商周三代的赋役分三种:贡(缴纳实物)、助(服劳役于公田)、

---

① 《国语·周语》。
② 司马迁:《史记》卷4《周本纪》,中华书局2014年版,第183页。
③ 《孟子·滕文公上》。
④ 《孟子·滕文公上》。

彻（兼行贡、助）。从孟子说推测，助法（服劳役）主要施之于野人。后来普遍施于国野庶众，而彻法行什一税，即十分之一税率。此种轻税制为后世历代反对重税的民本论者反复援引、讴歌，称什一税制乃"天下之中正""万古取民之定制"①。

"助"这种劳役方式，也就是"籍田"，《礼记·王制》称："古者籍而不税"，东汉郑玄为《王制》作注曰："籍之言借也，借民力以治公田，谓之籍田。"许慎《说文解字》曰："古者使民如借，故谓之籍。"②"古者"约指夏商以至西周初期，庶众向掌控王田的天子、贵族服劳役，作无偿贡献。西周后期以至东周，废"籍"用"税"。成篇于战国的《禹贡》有"任土作贡"③之载，名义上说夏制，其实是指西周末至东周的贡赋制：依照土地的肥瘠，制定田赋的品种和数量。"贡"是实物地租，"助"是劳役地租，周金文显示，西周前期并行贡、助，周宣王"不籍千亩"，不行籍田礼，意味着废弃"借民田治公田"的助法（劳役地租），向"什一使自赋"的彻法（实物地租）转化，进而出现春秋时鲁国的"税亩"制，不论公田私田，一律按田亩收税，孔子对破坏藉田制十分不满，谴责道："初税亩，非礼也"④，《穀梁传》也有评述：

> 初税亩。初者始也。古者什一，藉而不税。初税亩，非正也。古者三百步为里，名曰井田。井田者，九百亩，公田居一。私田稼不善，则非吏；公田稼不善，则非民。初税亩者，非公之去公田而履亩十取一也，以公之与民为已悉矣。⑤

井田制取"什一法"，而税亩制在公田之外再征收十分之一的税，

---

① 丘濬：《大学衍义补》卷 22《贡赋之常》。
② 许慎：《说文解字》，中华书局 2013 年版，第 88 页。
③ 《尚书·禹贡》。
④ 《左传·宣公十五年》。
⑤ 《春秋穀梁传·宣公十五年》。

变成了"什二法",鲁国公室收入大增,同时,因承认私田由耕作者所有,农人的生产积极性提高,农业产量上升,庶众生活得到保障,而孔子和《穀梁传》《公羊传》作者认为,井田的"什一而藉"乃"天下之中正也"①,违背者非桀纣即蛮夷,从维护周礼出发,纷纷批评税亩制"非礼""不正",但这种批评并不能阻止税制改革适时而进,鲁国进而推出"作丘田""用田赋"等税制变革,国力加强。其他诸侯国竞相仿效,如晋、秦实行"爰田"制②("爰"〈辕〉为变易意,"爰田"谓变更旧田制,以公田赏赐众人,具有军事屯田性质,与军功爵制互为表里),楚国令尹子木"量入修赋"③(根据收入多少征收赋税,承认土地私有),郑国子产整顿旧田制,"田有封洫,庐井有伍"④。井田制的"籍田"法被税亩制所取代,成为春秋中后期的一种趋势。⑤

(五)西周晚期以降井田制衰颓

井田制(王田制),主要行之于天子权势强劲的西周前中期,成王、康王时期兴盛,至穆王、懿王以降,井田制式微,恭王时的《格伯簋》铭文记述,格伯用四匹马换倗生的三十亩田,表明已突破"田里不鬻(鬻)"的规定,领主间开始买卖土地。厉王时的《散氏盘》铭文记述,矢人侵犯散国城邑,被击败,便以两块田地赔偿散国。厉王之子宣王拒绝行天子耕籍田一千亩之"籍礼",虢文公以先王亲耕传统反复劝谏,并详细讲解帝籍田的仪式:择日、斋戒、设坛、奏乐、耕田、飨膳、太牢等,共须十日方告结束,宣王对这一套不感兴趣,概不采纳,这意味着井田制已成颓势,"籍礼"也就弃之如敝履。西周末代君主幽王收回公田,引起贵族不满,《诗》云:"人有土田,女(汝)反有之;人有民

---

① 《春秋公羊传·宣公十五年》。
② 《左传·僖公十五年》:"晋于是乎作爰田。"
③ 《左传·襄公二十六年》。
④ 《左传·襄公三十年》。
⑤ 韩连琪:《先秦两汉史论丛》,齐鲁书社1986年版,第52—80页。

人，女覆夺之。"①西周衰败之势就不可挽回了。

至春秋时，卿族擅权，出现大夫"分公室""夺室""分室"，鲁国的陪臣"夺田""争田"，《左传》记晋国大夫竟与周王室争郇田、争夷阳五田、争鱼矫田、争阎田，井田制的祥和有序被打破。较为基础性的变化是，由于铁器和牛耕的使用，生产力提升，一些"狐狸所居，豺狼所嗥"的荒野被辟为农田，成为垦殖者的私田②，"田里不粥"③（田地不得买卖）的规矩被突破。

战国时私人占田已是普遍现象，捷足先登的有三类人：一为宗室贵胄"夺田"据己；二为因战功而封授官爵者，"军功名田宅"④（名田是依户口名籍占有田宅，军功名田制指按军功获得的爵位授予田宅的制度）；三为有钱的工商业主，以末（工商业）致富，以本（农业）守之，买进田产，成为大地主。庶众则在空隙间垦殖并拥有小块田产。

井田制崩坏的基本推动力来自生产力的发展。至春秋时期，随着牛耕、铁制农具、水利灌溉的普及，个体农业的生产效率高过领主统率的集体耕耘，庶众不再勤力于"公"，不再愿意大规模群耕，"民不肯尽力于公田"⑤，"公田不治"的庶众纷纷从公室逃往私门，出现摆脱"公家"束缚的"族属""隐民""宾萌""私属徒"，以至于王田荒芜，私家田产兴盛。

春秋时列国竞相突破井田框架：

（1）齐国率先改变"同养公田"，革除劳役地租的助法，实行实物地租的彻法。齐桓公时管仲打破村社公私田界线，不再强使农人耕种公田，"履亩而税"，公室"相地而衰征"，按农人耕种田亩数征税。⑥

---

① 《诗·大雅·瞻卬》。
② 《左传·襄公十四年》。
③ 《礼记·王制》。
④ 2001年公布张家山汉简《二年律令》，见王彦辉：《论张家山汉简中的军功名田宅制度》，《东北师范大学学报》2004年第4期。
⑤ 《春秋公羊传·宣公十五年》。
⑥ 《国语·齐语》。

（2）随后，晋国"作爰田""作州兵"①。"爰田"即易田，赏众以田，易田界。这便是打破井田疆界，允许私田拓展。"州兵"指以州为单位征收武器、征发兵员，与爰田相配合。

（3）鲁国废除"什一而籍"，开始不论公田私田，一律按田亩征税，此即"初税亩"②。

（4）楚国"书土田""量入修赋"③，秦简公时"初租禾"④（按田亩征收禾谷），皆是对农地一律征收赋税，意味着承认土地私有制，王田（公田）虚置起来。

战国时秦国商鞅变法，"为田，开阡陌封疆，而赋税平"⑤，汉代称战国时土地"民得卖买"⑥，打破井田疆界，鼓励开辟私田，土地私有化成为大势，井田制便伴随封建制一起趋于消亡。与此同时，列国强化国家对经济的管控，20世纪70年代在湖北睡虎地发现大量秦简，内有秦朝土地管理的文献；后来在四川青川出土秦代的田律木牍，都表明私田化以后，收益的大头被国家占有，庶众所受赋役的榨取深重。

井田制的赋税比较轻，史载夏商周三代"皆什一也"，即税额为收成的十分之一。劳役亦有节制，"用民之力，岁不过三日"⑦。这些虽是美化之语，但三代徭役较轻大体为实，还对丰年、中年、无年的劳役时间区别安排，"凡均力政，以岁上下，丰年则公旬用三日焉，中年则公旬用二日焉，无年则公旬用一日焉"⑧。

井田制被土地私有化所取代，社会生产力长足发展，提供了秦汉帝国建立的物质基础。但随之而来的是秦汉以降庶众被"布缕之征，力役

---

① 《左传·僖公十五年》。
② 《左传·宣公十五年》。
③ 《左传·襄公二十五年》。
④ 司马迁：《史记》卷15《六国年表》，中华书局2014年版，第858页。
⑤ 司马迁：《史记》卷68《商君列传》，中华书局2014年版，第2712页。
⑥ 班固：《汉书》卷24《食货志》，中华书局1962年版，第1137页。
⑦ 《礼记·王制》。
⑧ 《周礼·地官·均人》。

之征"所盘剥,又被豪强兼并而导致庶族地主与自耕农丧失田产,赋役沉重导致民不聊生,故后世每每有人追怀井田制的轻徭薄赋,西汉董仲舒、贡禹都深赞"古者使民不过三日",对周代行什一税和轻缓徭役十分怀念。孟子则追思西周井田制的社会和谐:

> (农人)死徙无出乡,乡田同井,出入相友,守望相助,疾病相扶持,则百姓亲睦。①

《公羊传》何休注,赞赏古之井田制:

> 是故圣人制井田之法而口分之:一夫一妇,受田百亩。
> 五口为一家,公田十亩……八家……共为一井,故曰井田。
> 三年耕,余一年之畜;九年耕,余三年之积;三十年耕,有十年之储。四海之内,莫不乐其业。②

这种祥和景象,可能部分是历史实际,一定程度上也是对现状不满的孟子、董仲舒、何休们的一种托古想象。井田制其实并非那么公道。以"轻徭"而论,周代是大有等差的,《周礼》云:"国中贵者、贤者、服公事者、老者、疾者皆舍。"③贵族等是免除徭役的,徭役承担者是庶众,《诗》多有抒写徭役深重、庶众痛苦的篇什(如《小雅·采薇》《小雅·北山》《小雅·黄鸟》《唐风·鸨羽》《卫风·伯兮》《王风·君子于役》等)。董仲舒议及井田制崩解、赋役制变化后的社会情形:

> 古者税民不过什一,其求易共;使民不过三日,其力易

---

① 《孟子·滕文公》。
② 《春秋公羊传·宣公十五年》。
③ 《周礼·地官·乡大夫》。

足。……故民说（悦）从上。至秦则不然，用商鞅之法，改帝王之制，除井田，民得卖买；富者田连阡陌，贫者亡立锥之地。……或耕豪民之田，见税什伍。①

承袭氏族时代土地公有传统的周制，对庶众的剥削压迫有节制，社会矛盾相对平缓，而废井田以后的秦制则加剧了对庶众的盘剥，税率从什一增至什伍。马端临议三代（主要指周）曰：

故其时天下之田悉属于官。民仰给于官者也，故受田于官，食其力而输其赋，仰事俯育，一视同仁，而无甚贫甚富之民，此三代之制也。②

西周井田制之下的"私田"，农人有耕作权，并无地产权。庶众拥有产权意义上的私田，是东周、秦汉以后的情形。随着铁器和牛耕渐趋普及，个体耕作的优势昭显，能为国家提供更多的赋役，私田制遂为统治阶级所认可，春秋末年鲁国"初税亩"（开始向私田征收田税，意味着承认私田制的合法性）。集体耕作的井田制于春秋间式微，战国以降庶众拓垦私田，朝廷给予认定，出现真实意义上的私田制，井田制成明日黄花。马端临区分政体与田制，对周制与秦制的差别作概括：

三代而上，天下非天子所得私也，秦废封建，而始以天下奉一人矣。三代以上，田产非庶人所得私也，秦废井田，而始捐田产以予百姓矣。③

对井田之废导致由"先公而后私"向"先私而后公"的转化，明清

---

① 班固：《汉书》卷24《食货志》，中华书局1962年版，第1137页。
② 马端临：《文献通考·自序》，中华书局2011年版，第3页。
③ 马端临：《文献通考·自序》，中华书局2011年版，第4页。

之际顾炎武作超越伦理主义的历史评议：

> 自天下为家，各亲其亲，各子其子，而人之有私，固情之所不能免矣，故先王弗为之禁。非惟弗禁，且从而恤之。建国亲侯，胙土命氏，画井分田，合天下之私以成天下之公，此所以为王政也。世之君子必曰"有公而无私"，此后代之美言，非先王之至训矣。①

此卓议也！

　　土地制度的上述改变，有推动生产力发展的功效，同时又导致社会不公的普遍化。秦汉以降，伴随私田制为权势者把控，土地兼并愈趋严重，庶族地主与自耕农纷纷破产，土地被豪族地主掠占，社会矛盾尖锐化，对此愤懑的儒者每每追怀周制，常以"井田封建"并论，井田制成为高悬的乌托邦愿景。宋人陈子常作七绝《井田封建图》云："为成者十复为终，终十还为百里同。只为诸儒泥方法，不知起数总皆纵。"在嘲讽后儒拘泥于井田制具体规制之际，透露出对井田制的留恋。

　　井田制的实态，关乎公田制度在三代的情状，涉及中古、近古以至近代中国土地制度变革追慕的样板之本像问题。直至近代，围绕此题还展开激烈争辩。20世纪20年代初期，曾发生西周有无井田制的辩论。国民党理论家胡汉民说："井田是计口授田、土地公有、古代相沿的一个共产制度。"廖仲恺补充"考究欧洲古代'均田制度'沿革和经济农政学者对于土地公有私有问题互相聚讼的学说"，证明中国古代确实存在井田制。而持疑古观点的胡适等人则认为井田制子虚乌有，乃后世虚拟，"井田的均产制乃是战国时代的乌托邦"。早期共产党人蔡和森试以唯物史观诠释井田制，指出中国历代土地制变革皆有井田制的影子："所谓三代以上的'井田制'及以后模仿或梦想井田制而发生的'授田''均田''班

---

① 顾炎武：《日知录》卷3，"言私其豵"条，《日知录集释》，中华书局2020年版，第140页。

田''限田'等制度与学说莫不为远古集产制度之遗影。"①

先秦史家杨宽对上述讨论评述曰:"这场井田制度有无的辩论,对此后中国古代社会历史的研究有着极其深远的影响,可以说这是中国社会经济史,特别是古代经济制度新探讨的开端。"②笔者认为,整齐规范的井田制,是东周以降加工的产物,不可确信,但孟子以下的记述毕竟透显着三代(尤其是西周)土地制度的史影,不可以子虚乌有一言以蔽之,结合出土实物及文献,对其展开切实、深入的辨析,是古代制度史研究的题中应有之义。

六、礼乐

周制典章总汇于礼乐,礼乐是规范社会及人物的行为准则。如果说"宗法"是周的社会制度,"封建"是周的政治制度,"井田"是周的土地制度,那么,"礼乐"便是周的文化制度。

(一)礼乐概述

"礼"是等级分化的表征,源于父系氏族社会的祭祀与习俗。《通典》说:"自伏羲以来,五礼始彰;尧舜之时,五礼咸备。"③此议乃依据传说作的理想化概括。"五礼"(吉、凶、宾、军、嘉)是文明时代(商周)对礼的分类罗列,来源于酋邦时代的初原礼制,尧舜时渐成规范人们行为的法条。礼在夏代已现端倪(夏礼),殷商得到发展(殷礼),西周承袭殷礼并增删之,"周因于殷礼,所损益可知也"④。从出土周金文看,宗周多用周礼(见《士上盂》铭文),成周多用殷礼(见《作册申卣》铭

---

① 以上诸说参见陈锋:《社会形态理论视阈下的中国社会经济史研究》,《历史研究》2022年第2期。
② 杨宽:《重评1920年关于井田制的辩论》,《江海学刊》1982年第3期。
③ 杜佑:《通典》卷41《礼一·沿革一》,中华书局2016年版,第1109页。
④ 《论语·为政》。

文），与《诗》《书》记载相合，可见周代殷礼、周礼并用[1]。《周礼》最先将五礼系统化，至于按照五礼体系制定朝廷礼制，则始于西晋。

"礼"原是宗教祭典上的节文，殷礼是尊神敬鬼之礼，周人代殷后，除沿用"天命""神道"外，特别强调人事，将礼的作用从祭典仪制引申、扩大为社会等级制度和道德规范，朱熹在为《论语·为政》作注时说："礼，谓制度品节也。"近人章太炎更指明，礼即制度之会："礼者，法度之通名，大别则官制、刑法、仪式是也。……闾置善人，慎固封守，一切会归于礼。"[2]

"周礼"广义指整个周代礼制系统，狭义指战国时儒者托名周公编纂的《周礼》一书。此书虽有将周代礼制理想化的成分，却也在某种程度上记述了由官制反映的周代文明秩序，周秦青铜铭文所载官制与《周礼》基本吻合，可见该书并非后儒向壁虚构，而是在追述周代官制的基础上，为求系统性又辅以后来虚拟的职官，构制条理严整的"周代官制"：设天官主管宫廷，地官主管民政，春官主管宗族，夏官主管军事，秋官主管刑罚，冬官主管营造。"六官"管理内容涉及祭祀、朝觐、封国、巡狩、丧葬等国家大典，规定用鼎、乐悬、车骑、服饰、礼玉等方面的具体典制，通过各种礼器的级秩、组合、形制、度数体现宗法亲疏、等级次序。这一套官制及附丽其上的昭显宗法等级关系的典章制度，是秦汉以降列朝的制度性依凭。

西周的公卿制，直接启导秦的"三公九卿制"，而汉的"内朝尚书制"、隋唐的"三省六部制"也由其引申出来。列朝官制系列皆袭用《周礼》。以隋唐六部为例，即依《周礼》设置：六部（吏户礼兵刑工）仿自《周礼》六官（天地春夏秋冬）：吏部对应天官，户部对应地官，礼部对应春官，兵部对应夏官，刑部对应秋官，工部对应冬官[3]。后世以《周礼》六官作为六部尚书的代称，如吏部尚书称大司徒，户部尚书称大司

---

[1] 王晖：《商周文化比较研究》，人民出版社 2000 年版，第 210—220 页。
[2] 《章太炎全集》第 3 册，上海人民出版社 1984 年版，第 399—401 页。
[3] 见王力《古代汉语·中国古代官职》。

农，礼部尚书称大宗伯，兵部尚书称大司马，刑部尚书称大司寇，工部尚书称大司空。六部职权、归属虽代有变通，但基本框架、精神内核皆由《周礼》六官一以贯之。

周礼分吉礼（祭礼）、凶礼（丧礼）、军礼（行军、出征礼）、宾礼（朝觐、互聘礼）、嘉礼（婚宴、加冠礼），规范贵贱有差、尊卑有别、长幼有序的等级秩序，其功效是"经国家，定社稷，序民人，利后嗣"①。"礼"成为古代国家制度的精神起始：

> 道德仁义，非礼不成；教训正俗，非礼不备；分争辩讼，非礼不决；君臣上下，父子兄弟，非礼不定；宦学师事，非礼不亲；班朝治军，莅官行法，非礼威严不行；祷祠祭祀，供给鬼神，非礼不诚不庄。②

秦汉以下两千年诸朝皆"行周公之礼"，奉周礼为圭臬，不仅限于官制，其城乡建置、礼乐兵刑、天文历法、宫室车服，乃至工艺制作，莫不以周礼作标杆，可谓典制袭之、精神循之。以都城建设为例，皆以《周礼》总纲为基旨：

> 惟王建国，辨方正位，体国经野，设官分职，以为民极。③

王者建立都城，要辨别方向，选择和确立国都与宫室的方位，划定国都与郊野的界限和疆域，设官分职，治理天下人民。这种"辨方正位"的规矩为后世所坚守，列朝都城乃至州郡县治所，其城皆纵贯中轴线，宫室（或官府）置于中轴线上，配以左祖右社、前朝后市。从汉唐的长安城到明清的北京城，乃至今日仍可得见的山西平遥城等老县城，周礼格

---

① 《左传·隐公十一年》。
② 《礼记·曲礼上》。
③ 《周礼·天官·序言》。

局一以贯之。

概言之，周制确立王权政治，规范上下尊卑关系，组建中央政权机构，构筑礼制，从典章制度到思想观念坐实君臣、君民的等级秩序。这一切，在周亡以后没有沦为明日黄花，秦汉以下两千多年各朝代于起伏跌宕间予以承继、发挥。

"礼"与以和谐社会为务的"乐"匹配，共构礼乐制度。尝谓周公"制礼作乐"，辅政期间"兴正礼乐，度制于是改，而民和睦，颂声兴"[①]。周公以降，礼乐制与宗法制、封建制一起组成自洽的周制。

（二）礼、乐分释与合解

（1）释"礼"

周金文"礼"作豊，汉隶作禮，《说文解字》称："禮，履也。所以事神致福也。从示、从豊。"王国维说：

> 盛玉以奉神人之器谓之曲，若豊。推之而奉神人之酒醴亦谓之醴。又推之而奉神人之事，通谓之礼。[②]

豊（甲骨文作"豊"）为礼的本字，上部象许多打绳结的玉串，下部象有脚架的鼓，表示击鼓献玉，敬奉天地、神灵、祖先。

"礼"本指祭祀上帝、祖先的制度与仪式，在庄严隆重的祭典中，通过礼器及行仪的级次，体现严格的尊卑高下秩序，厉禁僭越。而祭祀与军事乃国家头等要务，所谓"国之大事，在祀与戎"[③]，"礼"（禮）因以成为社会秩序要则。

先秦典章制度，汉儒概称之"礼"。礼是人伦精神的外化，是依照

---

① 司马迁：《史记》卷4《周本纪》，中华书局2014年版，第171页。
② 王国维：《观堂集林·释礼》，《王国维全集》第8卷，浙江教育出版社2010年版，第191页。
③ 《左传·成公十三年》。

道德理性制定的典章制度、行为规范的总称,"礼,所以统驭万事"①。《左传》名论:

> 礼,经国家,定社稷,序民人,利后嗣者也。②

礼起源于原始巫术的仪式,相传尧命舜"修五礼",舜命伯夷"典三礼"③,夏商二代礼制萌生,至周代礼制正式成型。据说周公订礼,将饮食起居、祭祀丧葬、政治管理、歌舞娱乐等全部社会生活纳入"礼"的轨范,构成系统化的礼制。实则这一浩大的制礼作乐工程是在西周三百年间陆续完成,并在东周乃至两汉加工整理的,而周公是周代礼制的发轫者。

周代形成完备的礼仪系统,据《周礼》所载,计分"五礼":吉礼(祭礼)、嘉礼(加冠礼、宴饮礼、婚礼)、宾礼(朝见礼、迎宾礼、外交礼)、军礼(举兵征讨礼)、凶礼(丧葬、饥荒、水火灾害之礼),另有籍礼(天子观览、监督庶众在籍田劳作之礼)等,莫不是张扬宗法等级秩序的仪式。④

礼有严格的等级秩序。发掘于河南三门峡上村岭虢国墓地得见,因宗法成员等级不同,墓葬的方位、大小、棺椁层数、随葬品数量皆划然有别:国君随葬九鼎,太子随葬七鼎,大夫随葬五鼎,士随葬一鼎,平民不用鼎。周代还规定祭祀的级差,"天子遍祀群神品物,诸侯祀天地、三辰及其土之山川,卿大夫祀其礼,士、庶人不过其祖"⑤。

《周礼》记述,王都、诸侯国都、大夫采邑皆有规定:天子都城方九里,十二城门,宫城五门;诸侯国都方七里,宫城三门;采邑方五里,

---

① 《周礼·天官·大宰》。
② 《左传·隐公十一年》。
③ 见《史记·五帝本纪》。
④ 参见秦蕙田:《五礼通考》,国家图书馆出版社 2012 年版;杨华:《古礼新研》,商务印书馆 2012 年版。
⑤ 《国语·楚语下》。

内城二门。考古发现周代城址,大体符合以上规定。《礼记》的《檀弓》《曾子问》两篇对丧礼上的礼服、丧具和行殡方式作细致规定,对"天子哭诸侯""公卿哭天子",葬父、葬母、葬男、葬女都有严格区分,不可紊乱。通过这些礼仪,将宗法等级从形而上的观念落实到形而下的器具设施和人们的行为方式。形下礼器、礼仪,又被升华为亲亲、尊尊的礼制精神。

黄侃解析古礼的构成:"礼之意,礼之具及礼之文。"后有学人将"礼"概括为四端:礼之义、礼之节、百官之职、礼之具。黄侃说:"何谓礼具?《周礼》一经,数言辨其名物:凡吉凶、礼乐,非自物曲,固不足以行之。是故祭有祭器,丧有丧器,射有射器,宾有宾器;及其辨等威,成节文,则宫室、车旗、衣服、饮食,皆礼之所寓。"①

礼的具体节文体现了社会等级,同时又包蕴着上下"和谐"之义,所谓"礼之用,和为贵。先王之道斯为美。小大由之,有所不行。知和而和,不以礼节之,亦不可行也"②。这样,"礼"与以下讲述的"乐"在精神上相互吻合。

(2) 释"乐"

"乐"金文作🎵,象形兼会意字,上部左右为丝制弦,中间为鼓,下部为乐器架,本义是乐器,《说文解字》称乐(汉隶)为"五声八音总名。象鼓鞞"。我国现存最早音乐论著《乐记》云:

> 凡音之起,由人心生也。人心之动,物使之然也。感于物而动,故形于声。声相应,故生变。变成方,谓之音。比音而乐之,及干戚羽旄,谓之乐。③

"乐"由本义(弦乐器)扩义为调和人的性情、寓教化于艺术的声

---

① 《礼学略说》,《黄侃论学杂著》,上海古籍出版社1980年版,第465页。
② 《论语·学而》。
③ 《礼记·乐记》。

乐,再泛指与礼配合的等级性艺术要素。《世本·作篇》载,黄帝使伶伦造律吕、夷作鼓、伶伦作磬。在山西陶寺遗址的大型墓中皆发现类似乐器,而陶寺遗址中的大型墓仅占众墓的不足百分之一,可见礼乐器是少数贵族的专用品,庶众排除在外,印证了"礼之专及"的史册记述。

"乐"产生于氏族时代人们的歌唱和器乐,三代时作为祭祀"颂神娱神"的音乐而登上国家舞台,调和人的性情,寓教化于乐声之中。《说文解字》称乐是"五声八音总名","五声"为音阶(宫、商、角、徵、羽),"八音"为器乐分类(埙、笙、鼓、管、弦、磬、钟、柷)。"乐"从本义(弦乐器)引申为"愉悦""使……愉悦",其功能是"兴于诗,立于礼,成于乐"①。

乐兼指乐词、乐曲。史载尧的乐官夔仿效山川溪谷之音,"作《大韶》,天下大和";舜令乐官"修《九招》《六列》《六英》,以明帝德";禹"兴《九招》之乐",音乐极富感召力,达"尽善尽美"境界,以致"凤凰来仪"。这些传说被考古发现部分证实,如出土的八千年前的贾湖骨笛已具备七声音阶②,距今四五千年的尧舜禹时代的美妙音乐,完全可以想象。

上古以至三代的乐曲久已失传,而乐词则部分保存下来,如《诗·周颂》的《大武》便是歌颂武王克殷的歌舞剧的歌词,今存一章七句。

关于诗与乐的关系,多取诗即乐的歌词之说,古人必先有诗,而后以乐和之,《书》云:"诗言志,歌永言,声依永,律和声。"③诗出乎志,乐出乎诗,诗乃其本,乐乃其末。也有人认为:"诗有入乐不入乐之分",《颂》为"《诗》之入乐者也";十二国《风》及《大雅》的某些篇什,"《诗》之不入乐者也"④。此说引朱熹为据。朱熹指出,国风多

---

① 《论语·泰伯》。
② 参见中国国家博物馆编:《文物史前史》,中华书局2009年版。
③ 《尚书·舜典》。
④ 顾炎武:《日知录》卷3,"诗有入乐不入乐之分"条,《日知录集释》,中华书局2020年版,第119页。

为"房中之乐也,乡乐也";《雅》为"朝廷之乐也";商周之《颂》为"宗庙之乐也";《风》"则太师所陈,以观民风者耳,非宗庙燕享之所用也"[1]。《雅》《颂》入庙堂演出,为入乐之诗,《风》仅在内室阅览,为不入乐之诗。清人全祖望不赞成此说,认为"古未有诗而不入乐者",不仅《雅》《颂》为入乐之诗,而且《风》"奏之以观民风,是亦乐也"。列国之《风》与四夷之乐,皆"陈于天子之廷",当然都是入乐之诗[2]。以乐和诗的做法,从先秦延及汉,"(武帝)举司马相如等数十人,造为诗赋,略论律吕,以合八音之调,作《十九章》之歌"[3]。

(3) 释"礼乐"

等级秩序之礼与谐和社会的乐合称"礼乐",二者达成"善美合一",共为治道。《乐记》说:"礼以道其志,乐以和其声,政以一其行,刑以防其奸。礼、乐、刑、政,其极一也,所以同民心而出治道也。"[4]《史记》有精要的概括:

> 乐者为同,礼者为异。同则相亲,异则相敬。乐胜则流,礼胜则离。合情饰貌者,礼乐之事也。[5]

礼以"相敬"达成尊卑有序,乐以"相亲"和合人情。此即所谓"礼以别异,乐以合同",礼乐协调:"用之于国,则君臣有叙而政治成焉;用之于天下,则诸侯顺服而纲纪正焉。"[6]故"礼乐"多并称。司马迁指出诗与歌、礼与乐的相因相成关系:

---

[1] 朱熹:《读吕氏诗记桑中篇》,《朱子全书》第23册,上海古籍出版社2002年版,第3371页。
[2] 见《日知录》卷3,"诗有入乐不入乐之分"条注释,《日知录集释》,中华书局2020年版,第120页。
[3] 班固:《汉书》卷22《礼乐志》,中华书局1962年版,第1045页。
[4] 《礼记·乐记》。
[5] 司马迁:《史记》卷24《乐书》,中华书局2014年版,第1411页。
[6] 司马光等:《资治通鉴》卷11《汉纪三》,中华书局1956年版,第373页。

三百五篇孔子皆弦歌之，以求合韶武雅颂之音。礼乐自此可得而述，以备王道，成六艺。①

这"备王道"之说，揭示了礼乐的目的性。

（三）礼乐制度

从制度层面议之，"礼"初指祭祀礼仪，放大义是宗法社会的典章制度。道德教化、政治、军事、宗教祭祀等方方面面，无不受"礼"的规范。以"哀邦国之忧"的凶礼为例，便对君臣的思想举止有合"礼"的限定，如"年不顺成，天子素服，乘素车，食无乐"②，"（大荒），王麻衣以朝，朝中无采衣"③。

礼的级次往往由行礼的器具表现出来，如《仪礼》载，饮酒器有爵、觚、觯、角、散等"五爵"，五种饮酒器的容量分别是一、二、三、四、五升，共分五等，使用原则是"以小为贵者：宗庙之祭，贵者献以爵，贱者献以散，尊者举觯，卑者举角"④。尊者用小容量酒器（如爵），卑者用大容量酒器（如散），以此显示礼制的尊卑贵贱。⑤

西周乐舞亦可见这种礼制序列。

等级	乐队	乐舞
王	四面	八佾
诸侯	三面（缺北面）	六佾
卿大夫	二面（缺北面、东面）	四佾
士	一面（仅有南面）	二佾

---

① 司马迁：《史记》卷47《孔子世家》，中华书局2014年版，第2345页。
② 《礼记·玉藻》。
③ 《逸周书·大匡解》。
④ 《礼记·礼器》。
⑤ 阎步克：《礼书"五爵"的称谓原理：容量化器名》，《史学月刊》2019年第7期。

不仅衣、食、住、行皆须"执礼",各种身份者"死亡",其称谓也大不相同:

> 天子:"驾崩"
> 诸侯:"薨"
> 卿大夫:"卒"
> 士:"不禄"
> 平民:"死"①

周制的刑法也遵礼而施。古法律有"八议"制,议亲、议故、议贤、议能、议功、议贵、议勤、议宾,亲贵等八种人犯罪,司法部门不得审判,要由朝廷根据其身份及勋绩予以裁决。

荀子对"礼"作形而上层面的概括:

> 礼有三本:天地者,生之本也;先祖者,类之本也;君师者,治之本也。
> 上事天,下事地,尊先祖而隆君师,是礼之三本也。②

沿袭久远的"天地君亲师"崇拜正是由"礼之三本"说衍生而来。

"乐"在制度层面也具有重要地位。浅识者以乐为末艺,仅为瞽师、乐工之事,此大谬也。古贤之学,自六艺始,以游艺为学之成,所谓"志于道,据于德,依于仁,游于艺"③。游于乐艺,是很高的境界。

"礼"的制度功能在于"别",即规范差异,确立人的宗法远近身份和

---

① 《礼记·曲礼》:"天子死曰崩,诸侯曰薨,大夫曰卒,士曰不禄,庶人曰死。"
② 《荀子·礼论》。
③ 《论语·述而》。

社会等级，所谓"贵贱有等，长幼有差，贫富轻重皆有称者也"[①]；"乐"的制度功能是"和"，以艺术手段和同共融人群，缓解社会矛盾，"乐至则无怨，礼至则不争。揖让而治天下者，礼乐之谓也"[②]，二者共构文明秩序：

> 乐者，天地之和也；礼者，天地之序也。和故百物皆化，序故群物皆别。
> 大乐与天地同和，大礼与天地同节。[③]

宗法制定型于周代，与之相关联的礼乐制度也成型于两周。周公以夏商礼乐为基础，创制周之礼乐制度。"乐者为同，礼者为异"[④]，礼乐制度以"礼"区分宗法远近及等级秩序，又以"乐"来和同、融会这种秩序，二者相辅相成，"礼之所及，乐必从之"。马一浮（1883—1967）抗日战争期间为《浙江大学校歌》作词曰：

> 形上谓道兮，形下谓器。
> 礼主别异兮，乐主和同。
> 知其不二兮，尔听斯聪。

这里"礼主别异""乐主和同"，点化出礼与乐各自的精义，两者又相合"不二"。

历朝历代皆用心于国家礼乐的订定，所谓"王者功成制礼，治定作乐"，二十五史中有十七部史专设《礼志》《乐志》或《礼乐志》，未设礼乐专志的史书也有详尽的礼乐篇什。

---

① 《荀子·礼论》。
② 《礼记·乐记》。
③ 《礼记·乐记》。
④ 《礼记·乐记》。

（四）东周"礼崩乐坏"，两汉再兴礼乐

西周前中期礼乐制井然有序，《易传》称："明其政刑，张其纲纪，礼乐征伐自天子出，顺者爵之，逆者诛之，建侯行师，以政天下，则刑罚清而民服，不亦宜乎。"西周晚期礼乐渐衰，至东周，天子权势萎缩以至消亡，礼乐制随之江河日下，"从周"的孔子悲叹曰："天下有道，礼乐征伐自天子出；天下无道，礼乐征伐自诸侯出"，以至于"自大夫出"，甚或"陪臣执国命"[①]。

东周违礼的"僭越"行为层出不穷，如周礼对青铜礼器使用有严格规定，天子、诸侯、大夫、士用鼎数依次为九、七、五、三，庶人不得用鼎，唯天子可用"九鼎八簋"，而东周公卿多用"九鼎八簋"。周礼规定，只有天子可以"旅"（祭祀）泰山，而鲁大夫季孙氏"旅于泰山"。周制规定天子方可行"八佾"之礼（"佾"是"列"意，每列八人），而鲁大夫季孙氏居然"八佾舞于庭"，孔子怒曰："是可忍也，孰不可忍也。"[②] 概言之，东周征伐制破坏，鼎簋制紊乱，山川祭礼崩解，乐舞规矩弃置。种种"礼崩乐坏"，昭示周制的瓦解。

汉代是恢复并弘扬礼乐制度的关键时期。汉初萧何定律法、韩信定军制、叔孙通定朝仪，礼制形成规模、统系。

汉高祖刘邦（前256—前195）出身小吏（亭长），"马上得天下"，少有礼乐知识，称帝之初也不重视礼制，以嘲笑重礼的儒生为乐，甚至向儒士的帽子撒尿。后发现朝廷及社会失礼则乱，遂令原为秦博士的叔孙通（约前245—前190）制订礼仪，受命的叔孙通"颇采古礼与秦仪杂就之"[③]，"古礼"即鲁国儒生承传下的周时礼制，"秦仪"指由周礼修订而成的秦廷的礼仪，这周秦两制混成的礼仪，规范了君臣等级秩序，"叔孙通希世度务制礼，进退与时变化"[④]，深为皇帝刘邦所喜。"汉家礼仪，叔

---

① 《论语·季氏》。
② 《论语·八佾》。
③ 司马迁：《史记》卷99《刘敬叔孙通列传》，中华书局2014年版，第3296页。
④ 司马迁：《史记》卷99《刘敬叔孙通列传》，中华书局2014年版，第3301页。

孙通等所草创。"① 自此，汉朝用力重建以礼仪为起点的礼乐制度。后来，朱熹（1130—1200）倡导将"礼"普及到士庶底层，成为社会区分文野的标志，编制《朱子家礼》，对俗世生活作礼仪规范。明人丘濬（1421—1495）重编《家礼仪节》，作序阐述朱子之意：

> 礼之在天下，不可一日无也。中国所以异于夷狄，人类所以异于禽兽，以其有礼也。礼其可一日无乎？成周以礼持世，上自王朝以至于士庶人之家，莫不有其礼。②

礼乐制作为文明的准则，成为"天地之常，人之仪则"，这是周制通过汉儒以至朱子学留下的箴言。

七、原始民主遗存（甲）：启用出身微贱者

与后起的秦制相较，周制去古未远，保有若干原始民主遗存。所谓原始民主，指"自然形成的共同体"——氏族公社的全体成员共同管理社会生活的政治形态，是氏族成员共享的初原民主制度，不同于国家产生后日益强化的阶级制度。原始社会生产力水平低下，生产资料公有，公共事务由氏族成员商议决定，首领公举，社会秩序遵循全体成员的习惯。这是一种前文明社会迈向文明社会的过渡阶段的制度形态，包蕴着可供后世反刍的精神资源。

三代原始民主制尚未褪尽，表现之一是社会贵贱差序尚不森严，微贱者屡屡得以启用。《孟子》追记先代：

> 舜发于畎亩之中，傅说举于版筑之间，胶鬲举于鱼盐之中，管

---

① 范晔等：《后汉书》卷24《百官志》注引，中华书局1965年版，第3555—3556页。
② 丘濬：《家礼仪节》序，日本内阁文库藏明刊本，第1页。

夷吾举于士,孙叔敖举于海,百里奚举于市。①

其意谓,舜从田野耕作中被起用,筑墙刑徒傅说被商王武丁举为相,殷末海边捕鱼晒盐的胶鬲被周武王启用为重臣,春秋时出身下层士的管仲为齐相,隐居海边的孙叔敖出任楚令尹,百里奚被从奴隶市场赎回担任秦五羖大夫。孟子言此是为了激励人们逆境奋起,但所举舜、傅说、胶鬲、管仲、孙叔敖、百里奚等六例,表明酋邦时期及商周两朝用人制度的宽松,社会层级的上下流动较为畅达。

除孟子所举六例外,氏族民主制遗存还有突出一例,即商初启用陪嫁奴隶出身的伊尹辅弼商汤,昔日为奴的伊尹成为君王的老师,"以尧舜之道要汤"②,商汤说:"人视水见形,视民知治不。"③(人在水中可以照见自己的样子,在民众中可以看出政治治理的状况。)伊尹深以为然,连称"明哉!"。汤死后太甲继位,但太甲不遵汤的大政方针,伊尹便把太甲安置在汤的墓边修习,伊尹与诸臣执政,用"以鼎调羹""调和五味"的方法治理天下,辅政五十年,待太甲反省后才交还王权,伊尹继续辅佐之,朝政清明,"诸侯咸归殷,百姓以宁"④。

周初已有专职化的世官之设,但并未实行严格的世卿制,周公、姜太公在武王三公之列,但成王时的六卿,没有周公、太公的后人。春秋战国的世卿世禄制呈现多种状况,齐国的高、国二氏是周天子封予的世卿世禄,鲁、晋等国及齐国在田氏当政以后,均非由周天子封予世卿世禄,而是由各诸侯国自封的世卿世禄,并且其分封主体已少见国君(诸侯),而往往是卿大夫自为。《左传》《国语》所载世袭贵胄,如鲁国孟孙氏、叔孙氏、季孙氏,晋国韩氏、赵氏、魏氏、范氏,齐国鲍氏、陈氏,多为卿大夫自立并世袭延传。

---

① 《孟子·告子下》。
② 《孟子·万章》。
③ 司马迁:《史记》卷3《殷本纪》,中华书局2014年版,第122页。
④ 司马迁:《史记》卷3《殷本纪》,中华书局2014年版,第129页。

八、原始民主遗存（乙）：师保辅贰制、国人议政

西周已行"礼乐征伐自天子出"的君主制度，还部分存留氏族社会军事民主制痕迹。

（一）师保辅弼

周代实行有限君主制，天子多受制衡。这种制衡首先来自分权的诸侯，"封建"一目已详述此点，本目略论周王室内部的师保辅弼制度。

殷墟甲骨文中有"大乙（即商汤）伊尹并祀"的记载。这种古典的君—相并列制，周代有所保留，周王还存有酋邦制共主的某些属性。共主与独掌国政的君王尚有距离，是带有联邦性质的氏族联盟共同拥戴的领袖，有师保等辅佐、参与王政。

周代辅弼、制衡天子的职官，有师与保，统称"师保"。师保不仅是天子及子弟的教师，而且是国政监护人。周初有三公辅佐天子，"召公为太保，周公为太傅，太公为太师"。三公为最高国策顾问，在特殊时期代天子行政，如武王末年，太公、周公、召公皆执政务，武王死、成王幼，"召公为保，周公为师，相成王为左右"①，摄行政事。师保有限制王权、勿使过度的职责：

> 无有师保，如临父母。②
> 既往背师保之训，弗克于厥初，尚赖匡救之德，图惟厥终。③
> 天生民而立之君……有君而为之贰，使师保之，勿使过度。④

师保有时成为国君的辅贰，即设立第二君主以约束周王行为，这是

---

① 洪迈：《容斋随笔》卷5，上海古籍出版社2015年版，第34页。
② 《易·系辞下》。
③ 《尚书·太甲》。
④ 《左传·襄公十四年》。

酋邦时代军事民主的双头制遗存。周厉王被国人驱逐后，周公、召公共和行政为师保辅贰制的显例。

师保制还演为君王与众卿共同商议大事的朝议制，大政交付朝廷会议讨论决定，这皆是由氏族会议制沿袭而来的。

（二）国人谋政

西周有"国""野"之别。国又称邑，指国都、城邑；野指郊外、远郊之外。国人为国都、城邑内的居民，享有氏族民主制遗存的政治权力，并与贵族保有一定的血缘关系。国人主体是士，也包括邑中农民、工商业者。野人指居于郊野者，多为农人和被征服者。[①]

《尚书·洪范》记周武王与箕子对话：王者遇大事，要"谋及乃心，谋及卿士"，"谋及卜筮"，"谋及庶人"[②]，这里的庶人主要指居于都邑的国人。《洪范》列九畴，其第七畴"稽疑"称，王"有大疑"，除问于卜筮外，还须询及卿、士、庶人的意见。只有"汝则从"（你赞同，指王者自己赞同），"龟从，筮从"（宗教职业者赞同），"卿士从，庶民从"（贵族赞同、庶民赞同），"是之谓大同"[③]。

疑古派认为《尚书》是汉代人的伪作，故对周代众议制存疑，但马王堆帛书等出土文献证明，《尚书·洪范》确乎西周作品[④]，所载表明，周初仍保留民众议政的原始民主痕迹。

直至春秋，君主每遇国事，便在外朝召开国人大会，征求意见以定对策。据《左传》载，春秋时国人参与议论的国事有：（1）出君、杀君，（2）公族内乱，（3）人心向背，（4）国人安定。[⑤]春秋时周王室和列国保

---

① 参见赵世超：《周代国野制度研究》，陕西人民出版社1991年版。
② 《尚书·洪范》。
③ 《尚书·洪范》。
④ 李学勤：《帛书〈五行〉与〈尚书·洪范〉》，《简帛佚籍与学术史》，江西教育出版社2001年版，第278—286页。
⑤ 《侯外庐史学论文选集》上，人民出版社1987年版，第165—167页。

有国人议政传统,所谓"朝国人而问焉"①,"致众而问焉"②,"盟国人"③。

周制设小司寇一职,征询民众意见,所涉皆大政(国危、迁都、立君):

> 小司寇之职,掌外朝之政,以致万民而询焉。一曰询国危,二曰询国迁,三曰询立君。④

清代桐城派刘开(1784—1824)对《周礼》"秋官"语加以申述:

> 外朝以询万民,国之政事尚问及庶人,是故贵可以问贱,贤可以问不肖,而老可以问幼,唯道之所成而已矣。⑤

当时君主与居于都城"国"(城邦)之内的"国人",指贵族及有自由身份的平民,可共议国政根本。《诗经》对国人的定义是"淑人君子,正是国人"⑥,其正论可以阻止权贵的不良行为,"夫也不良,歌以讯止。讯予不顾,颠倒思予"⑦(意谓:这个人是不良之徒,唱支歌把警钟敲响。告诫的话充耳不闻,栽了跟斗才想起我的歌唱)。

与国人议政相配合,周制还倡言君王自我批评。武王伐纣(名"受")的誓词声讨纣自作威福、拒斥众人意见:"独夫受,洪惟作威,乃汝世雠。""肆予小子,诞以尔众士,殄歼乃雠。"⑧而武王面对民众却放软身段,反复检讨自己的过失,将百姓犯错的原因归之于己,"百姓有过,

---

① 《左传·定公八年》:"卫侯欲叛晋,朝国人,使王孙贾问焉",《左传·哀公元年》:"吴召陈怀公,怀公亦朝国人而问",此皆"询国危"。
② 《左传·哀公二十六年》。
③ 《左传·襄公二十五年》。
④ 《周礼·秋官·小司寇》。
⑤ 刘开:《问说》,《桐城派名家文选》,安徽人民出版社2008年版,第163页。
⑥ 《诗·曹风·鸤鸠》。
⑦ 《诗·陈风·墓门》。
⑧ 《尚书·泰誓》。

在予一人"①。

（三）礼贤下士

周制的君臣关系等级尚不森严，君主"礼贤下士"，如周公每逢士人来访，暂停洗发、吃饭，"一沐三捉发，一饭三吐哺"②，唯恐失去天下贤人。

东周学术下移，民间人士纷纷进入政坛，提出公室如何对待游士的问题。战国后期齐宣王见游士颜斶，一开始两人便有"斶前"与"王前"之争（谁先行礼打招呼），颜斶说："斶前为慕势，王前为趋士，与使斶为慕势，不如使王为趋士。"宣王开始很恼火，遂争辩"王者贵还是士贵"，而颜斶的"士贵耳，王者不贵"之说占了上风，齐宣王意识到"君子焉可侮哉"，"愿请受为弟子，且颜先生与寡人游，食必太牢，出必乘车，妻子衣服丽都"。颜斶并未为王者的施惠所动，答曰："斶愿得归，晚食以当肉，安步以当车，无罪以当贵，清净贞正以自虞。"再拜而辞去。③这个故事，一表明王者的尊贵有限，二表明士人自尊以处世。

周代保存初始民主风俗，给华夏族众留下了"至德之世"的宝贵记忆，以及从古代到近代被仁人志士奉为公平、公正的社会风范。汉唐宋明一些狷介之士批评朝政腐败、君主独裁时，常请来周制与之作比照。近代首批开眼看世界的林则徐、魏源、徐继畬、郑观应、王韬等将中国"三代以上之遗意"与华盛顿的民主共和精神相比拟，当属牵强附会，但中外古今之间也有相通义在。近代民主主义者皆视原始民主为自己的思想先驱，孙中山为友朋题写条幅，数量最多的便是《礼记·礼运》中的"天下为公"。本书第九章述此。

---

① 《尚书·泰誓》。
② 司马迁：《史记》卷33《鲁周公世家》，中华书局2014年版，第1836页。
③ 《战国策·齐策四·颜斶说齐王》。

九、原始民主遗存（丙）：乡治、乡校

乡村自治乃氏族民主制的遗迹，与之相关的乡校则是上古传下的民间自治之所。

（一）乡治

与封建制相配合，周代实行"乡遂"制，即"国""野"分治。此制始自周成王。"国"指都城所在的王畿之地，近郭称"乡"。王室、上层贵族及役使的奴隶，居于"国"中，下层贵族（士）居于国郊的"乡"里，国、乡之民合称"国人"，他们是军队的兵源。"野"（野，又称"遂""鄙"），指环绕"国""乡"的广大农村，住着从事农业生产的"庶人"（又称"野人"）及被征服者，他们没有入伍的资格。周天子治下，有六乡六遂；诸侯国纷纷效仿，如《尚书》称"鲁人三郊三遂"。

乡遂制简称乡治，包含乡村自治的内容。"乡"是一种自治团体，由乡民推举的乡大夫、党正、族师、闾胥主事，孟子追述井田制时，言及乡治，有一番理想化描述：

> 死徙无出乡，乡田同井，出入相友，守望相助，疾病相扶持，则百姓亲睦。①

乡遂自治操办之事，有农耕合作、义务教育、社会治安等。《周礼》等书云：

> 五家为比，使之相保；五比为闾，使之相受；四闾为族，使之相葬；五族为党，使之相救；五党为州，使之相赒；五州为乡，使之相宾。②

---

① 《孟子·滕文公上》。
② 《周礼·地官·大司徒》。

> 大率十里一亭，亭有长。十亭一乡，乡有三老、有秩、啬夫、游徼。三老掌教化。啬夫职听讼，收赋税。游徼徼循禁贼盗。①

这些记述都是以战国的州制、秦汉的郡县制比附于周，难免将周制后世化，但毕竟透露了乡治的原始民主精义，以及周代基层社会管理的民间自治遗痕。

民间自治与由原始民主演化而成的宗法传统密切相关，宗法传统承袭不辍，宗法性的民间自治便延绵久远。直至明清，江南和北方还普遍存在形态各异的乡里士绅自治，由代表宗族的"三老五更"管理乡里经济事务、风俗人情乃至基层社会治安，动乱时期往往由士绅依宗法关系，组建自卫性民间武装。清代咸同之际的湘军、淮军便以民间宗族自治武装为基点，在国家资助下，发展成效力朝廷的强劲团练。

（二）乡校

乡校是周代某些发达区域（如鲁、郑）的地方学校，"乡"约指国都之郊，非指边鄙农野。"乡校"是国都附近的民间学习场所，又是休闲地，还是议政之处。

《左传》有关于郑国乡校存毁之争的记载，从中可以得见乡校的状貌及功能：

> 郑人游于乡校，以论执政。然明谓子产曰："毁乡校，何如？"子产曰："何为？夫人朝夕退而游焉，以议执政之善否。其所善者，吾则行之；其所恶者，吾则改之。是吾师也，若之何毁之？我闻忠善以损怨，不闻作威以防怨。岂不遽止？……"然明曰："蔑也今而后知吾子之信可事也。小人实不才。若果行此，其郑国实赖之，岂

---

① 班固：《汉书》卷19《百官公卿表》，中华书局1962年版，第742页。

唯二三臣。"①

《左传》的记述表明,春秋时郑国保有西周以来的乡校,乡校有议政功能。大夫然明讨厌民众议政,主张取缔乡校,而郑国执政卿子产反对毁去乡校。晚于子产的孔子说:"观于乡而知王道之易易也。"②认为推行乡规里约,王道的进步便很容易了。子产保留乡校的意图正是,以庶众议政辅助王道的运行。

乡校在农忙以后运作:"十月事讫,父老教于校室。八岁者学小学,十五岁者学大学。其有秀者移于乡学。"③其掌理者是乡间长者,秦汉时称"三老掌教化"④。这便开启了耕读并举、耕读传家的传统。近代民主派提倡区域自治,常援引周制的乡治、乡校先例。

十、原始民主遗存(丁):采风、诽谤

周代有一美俗,便是上对下采风以晓民意,下对上勇于批评(诽谤),当局者又有听取民间指摘的雅量。这也是原始民主遗风。

(一)"采风":周之国制

周人认为,"祈天永命之实,必在于观民"⑤。由此形成一种使朝野信息畅达的举措,这便是"采风"——朝廷派专人到民间采集反映民情的"风"。风的本义是空气流动,引申为风俗、风教,具体指承载民俗民情的民歌。"采风"便是搜集反映民俗民情的歌谣。这是周代的一种国家制度。

社会的上下层总是存在距离、难免隔阂的。而要缩小距离,化解隔

---

① 《左传·襄公三十一年》。
② 《礼记·乡饮酒礼》。
③ 《春秋公羊传·宣公十五年》。
④ 班固:《汉书》卷19《百官公卿表》,中华书局1962年版,第742页。
⑤ 顾炎武:《日知录》卷3,"民之质矣日用饮食"条,《日知录集释》,中华书局2020年版,第142页。

阂，便需要执政方倾听民意，体察下情，借以纠正国政弊端；而民众则有义务、有权利将意见上达朝廷。周代的"采风"便是沟通上下的良法。

采风的一个直接目的是提供宫廷乐舞演出所需要的歌词和曲调。而上层人士欣赏采风所得民歌，便随之获悉下情，这比倾听一味歌功颂德的谀辞有益得多。终年陶醉于吹捧之中的君王，定然昏聩，如西晋惠帝，当饿殍遍野之际，却问身边侍臣：百姓既无粟米充饥，"何不食肉糜？"①西晋的速亡，与惠帝一类昏君昧于民情大有干系。

周代享国791年，是史上历时最久的朝代。文王、武王、周公、成王、康王、宣王等居安思危，治国有方，表现之一是了解社情民意，这得益于采风制。司马迁对周代采风纳谏有一精要描述：

> 近臣尽规（内臣都向君王规劝），亲戚补察（亲戚补王过失，察明王之是非），瞽（乐太师）史（太史）教诲，耆（师傅）艾（长老）修之（把瞽史教诲修改整理报告给周王），而后王斟酌焉。②

周朝专设采诗采风机构，由职官收集民歌向上呈报。《汉书》云：

> 古有采诗之官，王者所以观风俗，知得失，自考正也。③

采诗之官，分"行人"（采访员）和"太师"（审查、修饰采诗的长官）两级。此制运作过程略为：

> 孟春之月，群居者将散，行人振木铎徇于路以采诗，献之太师，比其音律，以闻于天子。④

---

① 房玄龄等：《晋书》卷4《惠帝纪》，中华书局1974年版，第108页。
② 司马迁：《史记》卷4《周本纪》，中华书局2014年版，第180页。
③ 班固：《汉书》卷30《艺文志》，中华书局1962年版，第1708页。
④ 班固：《汉书》卷24《食货志》，中华书局1962年版，第1123页。

即每年三月,气候温和,朝廷派专门采诗的行官,敲着木梆子,向路边人招呼:我来了,大家有什么好的诗歌,都告诉我。行人返回朝廷,把所采之诗献给高官太师,太师对这些诗进行加工,并令人配上音乐,以在宫廷演唱。天子通过这些来自民间的歌曲,知道老百姓怎么想的,老百姓对时政有什么意见。这便是观风而知政之得失。

周代采风所得甚丰,据说古诗三千,孔子删留三百篇(有学者认为删诗者不是孔子,而是众人汰选的结果)。《论语》多言"诗三百",显示春秋末存诗状况,传今 305 篇。《诗》由《风》《雅》《颂》组成。《风》即国风,为十四个诸侯国加上周天子直接管辖的周地的民歌,共为"十五国风",160 篇,属于"俗诗",占《诗经》篇幅之半;《颂》是庙堂诗乐,歌颂神灵和先王,属于"圣诗";大小《雅》在圣、俗之间,多为卿大夫作品,也有民歌。诗三百篇,尤其是十五国风,涉及西周到春秋末期社会生活的方方面面,反映了民众的喜怒哀乐,不乏对时政的尖锐抨击,以后列朝也没有以"妄议"删除"怨望"篇目。

周代的采风制,秦汉有所承袭。如秦朝设乐府,汉朝武帝以后正式成立乐府,采集民间歌谣及文人诗篇,不乏卓异篇章,如"乐府双璧"《孔雀东南飞》《木兰诗》,反映了民众所关心的社会问题。《汉乐府》与《诗经》《楚辞》在中国文化史上三峰并峙。由采风所得之诗篇,具有很高的文学价值和史料价值。

由采风所得之诗篇,记述了社会实况和民众的心声,足以存史:

> 现存先秦古籍,真赝杂糅,几乎无一书无问题;其精金美玉,字字可信可宝者,《诗经》其首也。①

而《诗经》的良法善政,正得之于民间采风,汲纳民情俗意。

---

① 梁启超:《饮冰室合集·专集》第 15 册,中华书局 1941 年版,第 69 页。

(二)"知政失者在草野"

从社会底层采风,可以获悉亲历疾苦的草野民众对施政弊端的真切感受。东汉思想家王充(27—97)说:

> 知屋漏者在宇下,知政失者在草野,知经误者在诸子。[①]

这正是对周制采风精义的追忆。

从《诗经》到乐府诗,也有歌功颂德篇章,但数量有限,其历史价值和文学价值不高,难获传播,所谓"《雅》《颂》宏奥淳深,庄严典则,施诸明堂清庙,……三代而下,寥寥寡和",而"《风》人所赋,多本室家、行旅、悲欢、聚散、感叹、忆赠之词,故其遗响,后世独传"[②]。《诗经》及乐府诗中放射光芒的,多为反映生民真情实感、洋溢着社会批判精神的人民性篇什:

(1)揭露政治弊端,谴责权贵。如《魏风·硕鼠》,"硕鼠硕鼠,无食我麦",将贪官污吏比喻为粮仓里吃得肥硕的老鼠。

(2)控诉兵役徭役。《王风·君子于役》"不知其期",对苛重的徭役发出怨愤之音。汉乐府的"十五从军征,八十始得归",痛陈兵役给人民造成的深重灾难。唐代诗人杜甫、白居易承其绪,《三吏》《三别》《卖炭翁》尽写民间疾苦。

(3)男女追求恋爱自由。如《国风》中"窈窕淑女,君子好逑""执子之手,与子偕老""所谓伊人,在水一方",皆千古不朽的爱情篇章。《孔雀东南飞》控诉礼教的残忍,赞颂焦仲卿夫妇的坚贞。

(4)农事诗。表现农业生产过程和农人疾苦,"饥者歌其食,劳者歌其事"[③]。研究中国农耕文明,无不依凭《诗经》的11篇农事诗(《七月》《楚茨》《信南山》《甫田》《大田》《思文》《臣工》《噫嘻》《丰年》《载芟》

[①] 《论衡·书解》,黄晖:《论衡校释》,中华书局1990年版,第1160页。
[②] 胡应麟:《诗薮》内篇卷1,上海古籍出版社1979年版,第3页。
[③] 《春秋公羊传·宣公十四年》。

《良耜》)。沿着诗经传统,后世有很多惜农作品,如唐代李绅的《悯农》"锄禾日当午,汗滴禾下土。谁知盘中餐,粒粒皆辛苦",白居易的《观刈麦》"田家输税尽,拾此充饥肠"等皆为佳作。

(5)爱国抗敌等战争诗(《诗经》的《六月》《小戎》《出车》《皇矣》《江汉》《常武》《无衣》《采薇》以及《击鼓》《清人》等),表现人民抵御外敌入侵及南伐北征的悲壮和战争徭役的凄苦。

《诗》的功能是:"可以兴,可以观,可以群,可以怨。"① "兴"指联想、启示;"观"指了解社会民情,观察风俗盛衰;"群"指通过诗歌,使大家交流思想、联络感情;"怨"指讽喻社会不良现象,尤其是讥刺政治弊端。讽刺诗(怨望之诗)在《诗》中占较大比例,洋溢着社会批判精神。而这种诗风的形成,与周代采风制的虚心纳谏有直接关系。

(三)"极谏"与"纳谏"

周制倡导向主上提出批评意见,此谓"极谏"(尽力规劝君主)。春秋时晋国大夫羊舌肸向晋平公进言:

> 大臣重禄而不极谏,近臣畏罚而不敢言,下情不上通,此患之大者也。②

这是从批评的角度强调极谏的重要性。《说文解字》云:"谏,证也。从言柬声。"谏君之过的职官称"谏臣",王夫之《宋论》定义曰:"天子之得失则举而听之谏官。"③周代是正式开始设置谏官,且极谏成风又效果较好的时代。这与周时有"纳谏"(接纳批评)之风直接相关。

《诗·大序》(相传子夏撰)有一段阐发如何对待批评的文字:

---

① 《论语·阳货》。
② 刘向:《新序·杂事》,上海古籍出版社1990年版,第31页。
③ 王夫之:《宋论》,《船山全书》第11册,岳麓书社1996年版,第122页。

> 上以风化下，下以风刺上，主文而谲谏，言之者无罪，闻之者足戒，故曰风。①

"上以风化下"，指统治者以《国风》教化下民；"下以风刺上"（"刺"有指责、揭发讥讽之义），指下民以《国风》讽刺、责难当朝。这就道出"风"沟通上下的双向功能。《诗·大序》又讲，社会批评不宜采取直白的说教，而应该"主文而谲谏"。"主文"就是用文学化的方式规劝；"谲谏"之"谲"可释为狡猾、聪明，"谏"即提意见，"谲谏"是指用委婉而生动的方式提意见。

《诗·大序》进而指出，听意见的人（指统治者）应持的态度是"言之者无罪，闻之者足戒"。提意见是无罪的，意见正确固如是，即使意见欠妥，也是无罪的。无论意见确切程度如何，听意见者都足以引为鉴戒。只有如此，提意见者方无顾虑，知无不言，言无不尽。此一"极谏"加"纳谏"的卓论，烛照千古。

关于纳谏，《战国策·齐策一》有一精彩故事，这就是大家熟知的邹忌劝诫齐王听取批评。《古文观止》收录《战国策》这段文字，命名"邹忌讽齐王纳谏"。文大意曰：齐国重臣邹忌长得漂亮，夫人夸奖他比另外一个美男子徐公还要标致。后来邹忌见到徐公，对着镜子一看，觉得自己大不如人。这使邹忌领悟到，身边人的颂语是靠不住的，不能被其美言蒙蔽。邹忌把这个感悟告诉齐威王，劝谏齐威王切勿被"私王""畏王"者所误。齐威王接受邹忌意见，"乃下令，群臣吏民能面刺寡人之过者，受上赏"，即如果臣民能够当面指出我的过失，给予最高奖赏；如果不当面讲，"上书谏寡人者，受中奖"；如果上书也有顾虑，"能谤议于市朝"，在外面市集批评我的，受下赏。此令一下，群臣进谏，门庭若市，"数月之后，时时而间进"。齐威王参酌这些意见修改政策法令，齐国很快强盛起来，燕、赵、韩、魏得知，都到齐国来朝拜。"此所谓战胜于朝

---

① 胡怀琛：《新诗概说》，商务印书馆 1925 年版，第 41 页。

"廷",即不用派兵出征,在朝廷修政,便赢得胜利。

邹忌劝王纳谏,威王从善如流,一年后齐国大治。《古文观止》编者在这一故事后按语曰:

> 千古臣谄君蔽,兴亡关头,从闺房小语破之,快哉![1]

点破"极谏"与"纳谏"的妙处。

(四)"开诽谤之路,纳忠谠之言"

周制提倡谏议。在上位者纳谏,要义在接纳"诽谤",这是需要雅量的。古时把批评称之"诽谤",今已衍为贬义词,古时是中性词或褒义词。

《史记》详载"诽谤"故实:西周后期,厉王"暴虐侈傲,国人谤王",厉王得卫巫"使监谤者,以告则杀之。其谤鲜矣"。民众不敢讲话,只能"道路以目"(路上友朋见面,不交谈,只能以眼神示意)。召公谏厉王,指出"谤"表达民意,不可壅堵其口:

> 防民之口,甚于防水。……口之宣言也,善败于是乎兴,行善而备败,所以产财用衣食者也。夫民虑之于心,而宣之于口,成而行之。若壅其口,其与能几何?[2]

"诽"是背地议论,"谤"是公开指责,周代的采风制,便是"开诽谤之路,纳忠谠之言"[3]。"谠"意为正直,"纳忠谠之言"即接纳忠实正直的意见。

天安门前优雅而壮观的华表,大家都熟悉,游人常将其作为留影的

---

[1] 张采民:《中国古代文学作品选》第1卷,高等教育出版社2003年版,第127页。
[2] 司马迁:《史记》卷4《周本纪》,中华书局2014年版,第180—181页。
[3] 令狐德棻等:《周书》卷38《柳虬传》,中华书局1971年版,第681页。

背景。若作历史追溯，这汉白玉华表是从谤木演化来的。"谤木"为何物？《吕氏春秋》讲，古圣王尧、舜、禹、汤为了解下情，采取一些方法："尧有欲谏之鼓"，尧帝在宫廷前安设大鼓，供人敲击，尧闻声出来听取意见，"舜有诽谤之木，汤有司过之士，武王有戒慎之鼗。"①

诽谤之木，简称"谤木"，是朝廷门口树立的一根木柱，上面可以挂木牌，臣民对朝政有意见，书写于木牌，挂在谤木上。《战国策·齐策》记载：齐威王在王宫门前树立一根挂意见书的木柱，称"诽谤之木"。谤木与人身体等高，以便人们悬挂书写意见的木牌，官吏定期收集木牌呈给威王看，威王就知道哪些政令需要修正，这样齐国官风国政大为改观。齐威王死后，人亡政息，君王不再倾听批评，谄上之风重起，臣下专说好听的话：王很伟大，我们要好好学习王令，不变样地照办。这样一来，谤木就没有用处了，但朝廷又不好意思撤去谤木，于是将谤木高度提升，书写意见的木牌挂不上去，谤木也就变成装饰物，以后演化为映衬宫廷壮美的华表，收集意见的功能完全丧失。

汉初文学家、洛阳才子贾谊的名篇《治安策》主张学习周朝，让太子闻正言，行正道，左右前后皆正人。太子成人以后，还须保持几样要件："记过之史"（记载政策朝廷过失的史官），"进善之旌"（仿效尧舜，在宫门树立一面旗帜，有意见的人站在旗帜下面发表意见），"诽谤之木"（人们有书面意见可以挂上谤木），"敢谏之鼓"（供人击鼓进谏）。要让"大夫进谋"，"士传民语"。贾谊说，秦朝二世而亡，原因之一是拒绝真话，指鹿为马，而周朝国祚八百年，得益于仿效尧舜，"谏鼓谤木，立之于朝"②。

后世头脑清醒的国君，或能承袭周风，接纳诽谤之言。下举三例。

（1）东汉有个叫任延的官员要出任外官，汉光武帝刘秀告诫临行的任延，好好服事上司（"善事上官"）。而任延颇有风骨，当即反诘皇帝：

---

① 《吕氏春秋·自知》。
② 班固：《汉书》卷 48《贾谊传》，中华书局 1962 年版，第 2249 页。

让我对上司唯命是从，就会造成上下雷同，大家都如一个模板出来，这不是皇上你的福分（"上下雷同，非陛下之福"）。光武帝不以为忤，赞叹道："卿言是也。"①

（2）北周宣帝时，大臣于义上疏指摘朝政，宣帝认为于义是在诽谤朝廷，御史大夫颜之仪批评宣帝道："古先哲王立诽谤之木，置敢谏之鼓，犹惧不闻过。于义之言，不可罪也。"（古圣王生怕听不到对朝廷过失的指责，而现在于义对朝廷提意见，不可以下罪。）宣帝听取颜之仪的劝诫，马上放弃处罚于义的想法，表示要让人讲话，允许批评。②

（3）武周时期（武则天称帝，改唐为周，史称武周），有个张姓官员编歌谣嘲讽官制松弛，沈全交续写歌谣，指责武周职官泛滥，被御史逮捕，准备以诽谤朝政、败坏国风定罪，武则天阅览歌谣后笑道，沈氏是要官府莫乱来，为什么要处罚他呢？并说："何虑天下人语！"武则天确乎有接纳异见的气量，"初唐四杰"之一的骆宾王作《为徐敬业讨武曌檄》，历数武则天篡夺罪恶，称其"人神之所同嫉，天地之所不容"③，武则天读檄文时，或微笑，或不悦，最后大赏其才，说骆宾王这么有才华的人未被庙堂所用，是宰相的过错。

当然，史上多有君上拒绝批评，堵塞言路，导致国家衰亡的例子。《国语·周语》的一段名文收入《古文观止》，拟题《召公谏厉王止谤》。文曰，周厉王残暴虐民（"厉王虐"），老百姓批评国君（"国人谤王"），元老召公告诉厉王：老百姓为什么批评你，因为他们实在受不了你的做法。周厉王听了很恼火（"王怒"），不但没有接受召公的意见，反而启用卫巫，严厉监视、镇压乃至杀害诽谤之人，"（厉王）得卫巫，使监谤者，以告，则杀之"④。老百姓很害怕，不敢说话，在路上只能用眼睛表示意思（"国人莫敢言，道路以目"）。周厉王很得意（"王喜"），告诉召

---

① 范晔：《后汉书》卷76《任延传》，中华书局1965年版，第2642—2643页。
② 魏徵：《隋书》卷39《于义传》，中华书局1973年版，第1145—1146页。
③ 刘昫等：《旧唐书》卷67《李勣传》，中华书局1975年版，第2491—2492页。
④ 《国语·周语上》。

公，我有办法消除诽谤，使老百姓不敢言（"吾能弭谤矣，乃不敢言"）。召公反驳道：老百姓不敢讲话，并不是大家没有意见，而是你障碍了言路。接着说："防民之口，甚于防川"，防止老百姓讲话，堵塞大家的口，好比是江河水涨时，不让流淌下去。川流只能疏导，不能堵塞。应该让老百姓讲话。厉王不听召公劝告，于是老百姓更加不敢说话了。结果朝政愈益败坏，忍无可忍的国人终于把厉王赶走，"三年，乃流王于彘"。厉王逃亡后，便有召公、周公等贵族联合执政，这是中国古史上少见的一次"共和行政"。①

统治者不让人讲话，拒绝批评的史例甚多，这是君主制的普遍现象，即使在比较开明的唐朝和宋朝，也时有发生。前面提到的《悯农》的作者李绅，因诗作陈述农民苦难，被人打小报告，说是诽谤朝廷，李绅几乎入狱。宋朝苏东坡写《山村五绝》，对底层民众疾苦深表同情，也被人安上"包藏祸心，怨望其上，讪渎谩骂，而无复人臣之节者"的罪名，在乌台诗案中受到严厉处罚，甚至有人主张处斩。毕竟宋朝太祖留下遗诏，不杀议政士子，所以苏东坡没有掉脑袋，而是被贬谪黄州。②

因言获罪的现象在君主专制时代相当普遍，也一再导致社会灾祸，故召公的"防民之口，甚于防川"成为垂之千古的警语。

（五）民权至理，非欧美专有

上对下"纳谏"，下对上"极谏"，构成一种纠错机制，有益于社会生态平衡。周厉王不让人讲话，落得身败名裂，与此相反，古代也有开放言路、接受意见的明智之例。这虽然是君主体制内的举措，但包蕴的智慧可供今人玩味。

唐宋很多诗文批评朝政，人称唐诗为"诗谏"，涉及政治、经济、军事、外交、文化各个方面。武汉大学文学院尚永亮教授研究唐宋贬谪士

---

① 见《国语·周语上》。
② 见《苏轼全集校注》，河北人民出版社 2010 年版。

人的诗文,如韩愈、柳宗元、苏东坡等,被贬谪以后,深入下层,对时政的批评入木三分,《捕蛇者说》直指"苛政猛于虎""苛政毒于蛇"[1]。此所谓"千人之诺诺,不如一士之谔谔"[2]。

中古以降的"极谏",涉及朝野关系、官民关系。唐宋八大家之一的柳宗元(773—819),在《送薛存义序》中对官民关系有独到的定位,全然不同于与他齐名的韩愈(768—824)《原道》的尊君抑臣、扬官抑民论。

《送薛存义序》写道,友人薛存义启程赴官任,柳宗元追至江边为之送行,并有一番赠言:

> 凡吏于土者,若知其职乎?盖民之役,非以役民而已也。凡民之食于土者,出其什一佣乎吏,使司平于我也。今我受其直,怠其事者,天下皆然。岂惟怠之,又从而盗之。向使佣一夫于家,受若值,怠若事,又盗若货器,则必甚怒而黜罚之矣。以今天下多类此,而民莫敢其怒与黜罚者,何哉?势不同也。势不同而理同,如吾民何?有达于理者,得不恐而畏乎![3]

柳文指出,地方官是为民服役的("民之役"),绝不可反过来"役民"。民靠田土生活,拿出田亩收入的十分之一,雇佣官吏主持公道。如果官拿了百姓给的俸禄,却怠惰、偷盗,便应受到处罚、罢免,官对民"恐而畏",是"达于理"的,相反则不合理。

柳宗元之论,为日本近代民权主义者中江兆民、幸德秋水、三宅雪岭所重视,中江兆民(1847—1901)在《一年有半、续一年有半》中指出:

> 民权是个至理,自由平等是个大义……中国早已有孟轲和柳宗

---

[1] 见尚永亮:《唐五代逐臣与贬谪文学研究》,武汉大学出版社2007年版。
[2] 司马迁:《史记》卷68《商君列传》,中华书局2014年版,第2714页。
[3] 《柳河东集》,上海古籍出版社2008年版,第391页。

元看穿了这个道理。这并不是欧美专有的。[①]

柳宗元之论虽很少被人提及,其思想却为明清之际启蒙思想家继承与发挥。黄宗羲指出,君民不是主奴关系,而是类似一起扛木头的同事那样的关系[②]。又进而指出,是非标准不能由君(朝廷)独定,而要公诸学校,由有知识、有见解的社会人士商定。

两汉以降,朝廷把监督与上谏的任务交给言官。言官包括两种,一是监察官,二是谏官,他们共同对舆论畅达发挥作用。但言官毕竟是由帝王、朝廷任免,反映的意见有局限性,而《明夷待访录》提出"公其非是于学校"[③],是对周制"众议"的继承与发挥。有人把《明夷待访录》称作中国的《社会契约论》,不无道理。黄宗羲说:"天子之所是未必是,天子之所非未必非。"[④]应当把舆论的发纵权交还给社会公众。黄议光大先秦的"采风"—"诗谏"传统,具有人民性。

中国制度文化蕴藏着初原民主的颗粒,柳宗元、黄宗羲辈披沙拣金,开掘之、阐发之、弘扬之,其劳绩告诉我们:不应把民主诉求完全视作舶来品。

制度史研究又展示,周制虽保留原始民主的遗迹,但尚未产生民治、民权意义上的"民主"制度,甚至没有出现"民治理"的民主概念。在中国古代,"民"指臣民,"主"非动词(作主),而是名词,指主宰者或君主。"民主"的含义不是"民作主",而是"民之主"(民众的主人,即君主)。中华元典《尚书》的《多方》篇记述周成王从奄回到宗周,周公对他讲授商代夏、周代商的历史过程,三次使用"民主"一词,然其含义与今义民主恰相背反:"天惟时求民主,乃大降显休命于成汤"(上天寻求可以做人民君主的人,终于降天命于成汤);"乃惟成汤克以尔多

[①] 中江兆民:《一年有半、续一年有半》,吴藻溪译,商务印书馆1979年版,第32页。
[②] 黄宗羲:《明夷待访录·原臣》,何朝晖点校,凤凰出版社2017年版,第7页。
[③] 黄宗羲:《明夷待访录·学校》,何朝晖点校,凤凰出版社2017年版,第13页。
[④] 黄宗羲:《明夷待访录·学校》,何朝晖点校,凤凰出版社2017年版,第13页。

方简,代夏作民主"(成汤因各国诸侯选择,拥戴他代替夏桀做人民的主子);"天惟五年须暇之子孙,诞作民主"(上天用五年时间等待,宽暇商的子孙悔改,让他继续作万民的君主)。① 成书晚于《周书》的《商书》载伊尹的讲辞,有"民主罔与成厥功"(人君就没有人帮助建立功勋)之句②。《尚书》中多用的"民主"一词,皆与君主同义,而与今人理解的"民主"风马牛不相及。

中华古典屡现的"民主"一词,皆指"为民作主",或"民之主""民之主宰",是君主的另一表述。《左传》有"民主偷必死"③("偷",不严肃。国君说话不严肃认真,必死无疑)之议。班固《典引》说:"肇命民主,五德初始",蔡邕注:"民主,天子也。"④ 古典中的"民主"有时泛指,包括君主和官吏,但皆指治理人民的统治者,而并无"民治"之意。

汉语语义史的实态,透露了"民自治""民作主"意义上的民主,在周制中尚有片断遗存,又在逐渐稀释,至秦制更遭荡涤,君主专权日益强化,"民主"成为"君主"的同义词。但原始民主精义并未灭绝,周秦之际以降,标举"民为邦本""民贵君轻"的民本思潮以变异的形态存续原始民主的余脉,在中古、近古乃至近代发挥启迪作用。

---

① 《尚书·多方》。
② 《尚书·咸有一德》。
③ 《左传·文公十七年》。
④ 萧统:《文选》,中华书局1977年版,第682页。

第三章 儒家周制论

先秦诸子以降,各种学术流派竞相评议周制,褒贬多致,而周制最重要的阐释者是儒家。

儒,甲骨文与需同字(🈳),象人沐浴濡身之形①。周金文作🈳,后加人字旁,成🈳。上古原始宗教祭祀前,司祭者斋戒沐浴,以示诚敬。儒由殷商祭士、巫史演来,春秋末孔子自喻:"吾求亓(其)德而已。吾与史、巫同涂而殊归者也。"②儒既然来源巫史,因此也讲筮占,但追究的是筮占的德意,走向伦常德治。

孔子与门徒子夏对话,告诫子夏要当"君子儒",勿为"小人儒"③,可见"儒"名春秋末已有,但首出"儒者"(或曰"儒家")之称的,并非儒门师徒,而是墨子在批评儒家的《墨子·非儒》一篇中提出的。以后庄子称儒家"性服忠信,身行仁义,饰礼乐,选人伦,上以忠于世主,下以化于齐民,将以利天下"④。《汉书》称:"儒家者流,盖出于司徒之官,助人君顺阴阳、明教化者也。"⑤《说文》云:"儒,柔也,术士之称。"⑥

儒家又称儒者、儒学、儒教,春秋末由孔子创立,渊源于西周礼乐传统,以仁、礼、恕、诚、孝为核心理念,上以协力于君主("助人

---

① 见徐中舒:《甲骨文字典》,四川辞书出版社2006年版,第878页。
② 刘彬:《帛书〈要〉篇校释》,光明日报出版社2009年版,第16页。
③ 《论语·雍也》。
④ 《庄子·渔父》。
⑤ 班固:《汉书》卷30《艺文志》,中华书局1962年版,第1728页。
⑥ 许慎、段玉裁:《说文解字注》,上海古籍出版社1988年版,第366页。

君"），下以教育齐民（"明教化"），坚守五伦为中心的宗法伦理，持效力君国、重民、牧民的入世精神和人文理想。

一、"三代之治"：儒家制度论的文化原型

儒家景仰尧舜，切近的效法对象则是"三代"，合谓"祖述尧舜，宪章文武"①，其制度楷模坐实于"三代"，尤其是周文王、武王。先儒遂在保留遥远的"尧舜"信仰的同时，走向较为切近的"三代"崇拜，尤其效法周公之治。

古典中常见的"三代"一语，有两种含义，一指尧舜禹"三代"，约为氏族制晚期的酋邦时代，保有较多的原始民主遗存；二指夏商周"三代"，乃王朝制初期。古人往往交替使用两种"三代"，今日应当加以辨析，不宜混淆。本书在王朝制初期（夏商周）含义上使用"三代"一语，主要指周代，其制度的代表人物是"文武周公"（周文王、周武王、周公）。

春秋战国以降，儒者乐道的三代之制，萌发于殷商，完备于西周，其为三代之制的成熟形态。《礼记》分述"三代"：

> 夏道尊命，事鬼敬神而远之，近人而忠焉，先禄而后威，先赏而后罚，亲而不尊。其民之敝，蠢而愚，乔而野，朴而不文。
>
> 殷人尊神，率民以事神，先鬼而后礼，先罚而后赏，尊而不亲。其民之敝，荡而不静，胜而无耻。
>
> 周人尊礼尚施，事鬼敬神而远之，近人而忠焉，其赏罚用爵列，亲而不尊。其民之敝，利而巧，文而不惭，贼而蔽。②

表明儒者对尊礼、近人、有爵列等级的周制给予较高评价，也有所批评。

---

① 《礼记·中庸》。
② 《礼记·表记》。

尧舜禹相禅让的酋邦制，终结于禹启世袭，自此进入三代王朝期——夏（400多年）、商（500多年）、周（近800年），历时共约1800年，这是华夏制度肇造并成形的时期。

尧舜禹代表的酋邦之制"天下为公"，后世只能远观仰视，无法企及；而作为文明史开端的夏商周三代之制（集其大成的是周制），则是可望亦可及的国家形态。于是，先民在盛赞尧舜之余，把制度理想寄托于"三代"，将文武周公创建的周制视作善政良治的表率，孔子称颂周先祖古公亶父的长子泰伯推让君位，称"泰伯，其可谓至德也已矣！三以天下让，民无得而称焉"①，"三代之所以直道而行也"②（朱熹注曰："三代，夏商周也。直道，无私曲也"）。"三代"被视为社会秩序的典范，三代之治（要者周制）构成"信而好古"的儒学的文化原型，孔、孟、荀等对此原型，力加阐释、各有发挥。

酋邦制的人格化代表是尧舜禹，先儒还将三代之制人格化，把夏、商、周三代创立者——禹、汤、文、武、成王、周公，称为"六君子"，赞其"未有不谨于礼者也"③。

中外文化史有一现象：评议某种制度并不在此制盛行之际，而往往在此制落寞的晚期。如在罗马共和制风雨飘摇时，西塞罗（前106—前43）起而总结罗马制度，撰《论共和国》（或译《国家篇》），采用对话体，辨析君主制、贵族制、民主制的优劣短长，批评国王的不公、贵族的滥用权力、人民的放纵不羁，认为自由应有节制，权力应受限定。该著影响达于近世。中国评论周制的优劣短长，并未发生在周制大行其道的西周，而是在周制式微、礼崩乐坏的东周。

先儒的制度取向，最古远、最崇高的标杆是尧舜之治，而现实的、可操作的典章范例则是文武周公订定的周制。这在儒家创始人孔子那里已有明晰表现。

---

① 《论语·泰伯》。
② 《论语·卫灵公》。
③ 《礼记·礼运》。

二、孔子的制度保守主义

生于制度转型期春秋末年的孔子（前551—前479），是一位制度保守主义者。其信条是"述而不作，信而好古"，承袭周制，不另行创制；信从古制，即文、武、周公之制。

（一）兼取"帝道"与"王道"

作为周制的继承者和发扬者，孔子兼习帝道与王道。帝道是传说中尧舜时代的"大同"之道，所谓"大道之行，天下为公"；王道是去古未远的"小康"之道，即三王时代（夏禹、商汤、周文武）"天下为家，各亲其亲，各子其子"，君主"天下为家"。孔子代表的先儒崇仰大同，而躬行小康，《礼记》的《礼运》篇有明确记载，而儒学的展开部在小康之道，倡议王者得天下、治万民。其"王道"说有三：君权天授，以德配位，得民归心。孔子是王权至上论者，两汉以降，历朝帝王尊孔如仪，根本原因在此。

（二）"从周"

司马迁指出，身处"周室微，礼乐废"的春秋末的孔子是周制总结者：

> 孔子之时，周室微而礼乐废，诗书缺。追迹三代之礼，序《书传》，上纪唐虞之际，下至秦缪，编次其事。曰："夏礼，吾能言之，杞不足征也；殷礼，吾能言之，宋不足征也；足，则吾能征之矣。"观殷夏所损益，曰："后虽百世可知也，以一文一质。周监二代，郁郁乎文哉。吾从周。"故《书传》、《礼记》自孔氏。[①]

孔子是整理并阐发夏商周"三代之礼"的关键人物，当然，《诗》《书》

[①] 司马迁：《史记》卷47《孔子世家》，中华书局2014年版，第2344页。

《礼》《易》《春秋》等元典并非单由孔子编订。考证表明，五经皆非孔子原创，他只是传习者，曾经参与编辑整理，但对元典的阐发，无出其右者。上引太史公的陈述表明，周礼是东周诸士总结三代之制（尤其是周制）的群体劳绩，而孔氏是关键人物。

（三）"兴灭继绝"

儒家创始人孔子是周制的维护者、阐发者。生当周室衰落之际的孔子以"仁"[①]立学，以"复周"为终生职志，对建立周制的周公无限景仰，衰老时以"不复梦见周公"为最大遗憾[②]。对违背周礼的僭越行为"是可忍也，孰不可忍也"[③]，他明示其保守主义的制度纲领："兴灭国"（复兴已灭及趋于灭亡的封建诸侯国）；"继绝世"（重续正在断绝的宗法关系）；"举逸民"（启用隐居草野的贵胄遗老遗少）。[④]

孔子为再振"先王之政""兴灭继绝"而奔走呼号。此种努力不合时宜（其时列国诸侯们忙于富国强兵，以争霸或自保），夫子游说，四处碰壁，"厄于陈蔡之间"[⑤]，"累累若丧家之狗"[⑥]。孔学未能见用于时，然其整理、阐发三代文化，高扬仁礼之学，却有"守先待后"的久远功能。这种情形与古希腊哲人苏格拉底（前469—前399）相似。孔子学说载于弟子及再传弟子编纂的《论语》；苏格拉底思想存之门徒论著（如色诺芬《苏格拉底回忆录》、柏拉图《对话录》）的转述中。"述而不作"是文化保守主义者的共同特征。可以把孔子称之"东亚的苏格拉底"，把苏格拉底称之"南欧的孔子"。

孔子承袭三代典制，尤其是周制。他说："周监于二代，郁郁乎文

[①] "仁"字古字形（仁）最早见于春秋末的《侯马盟书》，从人、从二，本义是对人友善、相亲。孔子释仁为"爱人"，见《论语·颜渊》。
[②] 《论语·述而》。
[③] 《论语·八佾》。
[④] 《论语·尧曰》。
[⑤] 《孟子·尽心下》。
[⑥] 司马迁：《史记》卷47《孔子世家》，中华书局2014年版，第2328页。

哉，吾从周。"①他的周游地，皆为"宗周懿亲之国"，如鲁、卫、齐、晋、宋、蔡、陈（似也到过楚的叶县，赞扬过令尹子文），不涉足"蛮戎之邦"的秦、吴、越，逗留最久的是执守周礼的鲁、卫二国，不过对齐、晋霸业也不乏赞评，尤其称颂辅佐齐桓公"九合诸侯，一匡天下"的管仲"如其仁"，说："微管仲，吾其被发左衽矣！"②这表现孔子保守中寄寓趋新，对管仲这样的改制者给予肯定。孔子说：

> 殷因于夏礼，所损益可知也；周因于殷礼，所损益可知也。其或继周者，虽百世，可知也。③

后代对前代文化，兼有"损益"（减少与增加），既因袭且发展，这是孔子的制度保守主义的意旨所在。

（四）"天无二日，民无二王"

周制强调"亲亲"与"尊尊"，前者是宗法原则，后者是等级原则。《礼记》称"人道亲亲"④，"亲亲、尊尊、长长、男女之有别，人道之大者也"⑤。孔子以"仁""仁者爱人"概括周制的"人道"精神，兼顾"亲亲"与"尊尊"，主张通过礼乐教化将政治制度纳入人道轨范，反对以法制使人道异化，并保持礼法的神圣性与隐密性，他谴责"铸刑鼎"将法条公示于众，便出于此。

从宗法等级观念出发，孔子提出王制原则。孟子转述其说云："孔子曰：天无二日，民无二王。"⑥《礼记》对孔子这一思想有较详细载述：

---

① 《论语·八佾》。
② 《论语·宪问》。
③ 《论语·为政》。
④ 《礼记·大传》。
⑤ 《礼记·丧服小记》。
⑥ 《孟子·万章上》。

> 曾子问曰:"丧有二孤,庙有二主,礼与?"孔子曰:"天无二日,土无二王,尝禘郊社,尊无二上,未知其为礼也。"①

曾参询问:"丧事有二丧主,庙中同一人有两个神主,符合礼制吗?"孔子说:"天上没有两个太阳,地上没有两个天子,郊社祭祀的鬼神只有一个是最尊贵的。"孔子由此申述王制的唯一性。孔子被历代王朝尊崇,根本原因在于他是王制原则的订定者。

(五)变易与不易

孔子对崩解中的周制满怀眷恋,但也并非食古不化,而是持可变与不可变的双重态度。一方面"兴灭国,继绝世",试图重振西周的宗法封建制;另一方面又主张改变世卿世禄旧制,取用有学问有能力的无身份人士。有人问孔子,你是主张由后进礼乐的"君子"(指贵戚)任官,还是主张由先进礼乐的"野人"(平民)任官?孔子明确答复:"如用之,则吾从先进。"②又主张"学而优则仕",打破贵族世袭政治,倡导学优者录用,从而为平民参政开辟先路。

先儒的制度论兼有变易与不易的双重意蕴,儒者托孔子之名说:

> 圣人南面而治天下,必自人道始矣。立权度量,考文章,改正朔,易服色,殊徽号,异器械,别衣服,此其所得与民变革者也。
> 其不可得变革者则有矣:亲亲也,尊尊也,长长也,男女之有别,此其不可得与民变革者也。③

---

① 《礼记·曾子问》。
② 《论语·先进》:"先进于礼乐,野人也;后进于礼乐,君子也。如用之,则吾从先进。"意谓:先学习了礼乐而后做官的,是原来没有爵禄的平民;先做了官而后学习礼乐的,是卿大夫的子弟。如果让我来选用人才,就会取用先学礼乐的无爵禄者。
③ 《礼记·大传》。

论者认为操作技术、外在形态皆当更革，须因时"改""易""殊""异""别"，孔子遂被孟子誉为"圣之时者"①，鲁迅讽称"摩登圣人"②；孔子又力主"不可得与民变革"的是"亲亲、尊尊、长长"等宗法原则，必须"守死善道"③。这种"更革—恒定"并举论，被学《易》者概括为"易之三义：简易、变易、不易"④。

（六）"德礼"高于"刑政"

《庄子》杂篇《渔父》借孔门弟子子贡语称，孔氏"上以忠于世主，下以化于齐民"，老渔夫批评孔子说："既上无君侯有司之势，而下无大臣职事之官，而擅饰礼乐，选人伦，以化齐民，不泰多事乎！"但孔子不烦"多事"，终生不倦地"兴灭国，继绝世"，为复兴宗法周制不懈努力。这使得孔子虽然在宗法制受到冲击的晚周不得见用，却因"上忠世主，下化齐民"，而在两汉以下两千年宗法君主制时代被统治者尊奉为"圣人"，获名"至圣先师""大成至圣文宣王"。

孔子制度思想的权重之处，在于德、礼高于政、刑。其名论是：

> 道之以政，齐之以刑，民免而无耻；道之以德，齐之以礼，有耻且格。⑤

这是孔子制度观的要义所在，也是其不为急于霸政的东周时主启用的原因，又成为后世帝制不仅"灭山中贼"，还要世人"灭心中贼"的长治之道。

春秋末叶的孔子，身处"礼乐征伐自诸侯出"乃至"陪臣执国命"

---

① 《孟子·万章下》。
② 鲁迅：《在现代中国的孔夫子》，《鲁迅全集》第6卷，人民文学出版社2005年版，第326页。
③ 《论语·泰伯》。
④ 东汉郑玄《易赞》："易一名而函三易，易简一也，变易二也，不易三也。"
⑤ 《论语·为政》。

的"天下无道"之世,追怀"礼乐征伐自天子出"的宗法等级制之下的文明秩序,但又主张现象层面因时而变。这种保守主义制度论的二重性,影响至远至深,近代张之洞辈的"旧学为体,新学为用"(通称"中学为体,西学为用"),"用变、体不变","不易者三纲五常,可变者令甲令乙"①,与孔学一脉相承。

当代学者何晓明指出,文化保守主义主张维系传统,而传统具有二重性,既可能阻滞社会变革,又"富有建设性的认识价值"②。保守主义在"传统的固守与变革的探索"方面提供了错综复杂的可能性。③论者是就近代文化保守主义发表的评议,而古今同理,身处周秦改制之际的先儒保守主义,也有着相似的双重历史功能。

三、孟子的有限君治论

战国是宗法封建的周制衰微、君主集权的秦制萌动的阶段。生当战国中期的孟子(约前372—前289),值此社会转制的风云际会,承袭孔子的制度保守倾向,又赋予某种制度更新诉求。这集中体现在他力倡的有限君治论上。

(一)仁政王道,民事不可缓

不同于老庄那样的无君论、非君论者,孟子毫不含糊地持君治主义。他不辞辛劳,终生奔走于王侯之间,为已经失望于周制、欲另求出路的诸侯们提供建策。其游说之国有梁(魏)、齐、宋、滕、鲁等,据《孟子》所记,孟夫子曾与梁惠王、梁襄王、齐威王、齐宣王、滕文公、邹穆公等诸侯对话。在王公们询问"何以利吾国"(梁惠王语)时,孟子力辟一味逐利,而大加阐发"仁政""王道"。他的制度说具有强烈的论战

---

① 见张之洞《劝学篇·序》等篇。
② 何晓明:《百年忧患——知识分子命运与中国现代化进程》,东方出版社1997年版,第75页。
③ 何晓明:《返本与开新——近代中国文化保守主义新论》,商务印书馆2006年版,第347页。

性,自称是为了辟邪说以捍卫周制,"不得已"而"好辩"。① 虽然孟子语带锋芒,多次嘲讽、批驳诸侯的急功近利、热衷兼并,却因为替君主的长治久安着想,故仍获诸侯或冷或热的礼遇,不过意见很少被采纳,落得"迂阔"的讥评。

孟子本人却信心满满,他盛赞尧舜,又向往"三代",把此二者归结为行"仁政",认为此乃政制根本。他说:

> 尧舜之道,不以仁政,不能平治天下。
> 三代之得天下也以仁,其失天下也以不仁。
> 天子不仁,不保四海;诸侯不仁,不保社稷;卿大夫不仁,不保宗庙;士庶人不仁,不保四体。②

孟子与法家相异。法家力主绝对君制,倡"虐民"以效力君国,而孟子走的是相对君制路线,以"保民"劝导君主。滕文公"问为国"(问如何治理国家),孟子回答简洁明快:"民事不可缓"③,而"民事"即民众的生计,"民之为道也,有恒产者有恒心,无恒产者无恒心"④,国家事务的根本,是要给民众提供恒产(田地、住宅),具体目标是给民众分配五亩宅地和百亩耕地,使"黎民不饥不寒"⑤,如此便可实现王道,而王道方可使国家安全并走向强盛。

这是有限君治论者孟子的政制设计。《孟子》一书反复论述这个主题。

(二)保民而王

孟子关注的焦点是君—民关系,他向列国诸侯推荐的治国谋略是发政

---

① 《孟子·滕文公下》:"予岂好辩哉?予不得已也!"
② 《孟子·离娄上》。
③ 《孟子·滕文公上》。
④ 《孟子·滕文公上》。
⑤ 《孟子·梁惠王上》。

施仁,通过"保民"达成"王道"①,具体展开于养民、教民、保民、富民。

养民,一是保障民众的基本物质生活,"是故明君必制民之产,必使仰足以事父母,俯足以畜妻子,乐岁终身饱,凶年免于死亡"②。二是解决农人的土地问题,按周制安排"井地",以防土地兼并③。三是轻徭薄赋,"不违农时",取民有度,反对滥征。孟子痛骂那些一味为君"辟土地,充府库"的"良臣"是"古之所谓民贼"④。

教民,"设为庠序学校以教之"⑤,"谨庠序之教,申之以孝悌之义"⑥,以实现"人伦明于上,小民亲于下"⑦,通过提升各阶层的道德修养,达成社会和谐。

保民,统治者推行"王道","以德行仁者王"⑧。行王道者不可"独乐",而应当"乐以天下,忧以天下"⑨。行王道方可"近者说,远者来"⑩,"保民而王,莫之能御也"⑪。爱护民众,推行王道,便无人可阻挡,保民成为护卫君权的利器。

富民,一在发展生产,减轻赋税:"易其田畴,薄其税敛,民可使富也。"⑫(芟治谷田、麻田的杂草,减轻农业税收,民众便可富庶起来。)二在按时节食用,依礼的规定使用财富:"食之以时,用之以礼,财不可胜用也。"⑬做到这两点,社会上便没有"不仁"之人:"民焉有不仁者乎!"⑭

---

① 《孟子·梁惠王上》。
② 《孟子·梁惠王上》。
③ 《孟子·滕文公上》。关于复"井地",详见本书第二章第五目。
④ 《孟子·告子下》。
⑤ 《孟子·滕文公上》。
⑥ 《孟子·梁惠王上》。
⑦ 《孟子·滕文公上》。
⑧ 《孟子·公孙丑上》。
⑨ 《孟子·梁惠王下》。
⑩ 《论语·子路》。
⑪ 《孟子·梁惠王上》。
⑫ 《孟子·尽心上》。
⑬ 《孟子·尽心上》。
⑭ 《孟子·尽心上》。

(三)效法先王,诛除独夫民贼

孟子是制度保守主义者,其所倡之制皆渊源于尧舜及文武周公,故行仁政须"法先王",而"不可法于后者",须"率由旧章",行"先王之道"。他曾质问法后者:"为政不因先王之道,可谓智乎?"①

孟子行"先王之道"的要义,在于抵制正在兴起的"后王"实行的绝对君权,维护西周的有限君主制(名之"仁政""王道")。凡违仁政王道的统治者,皆为"罪人",是"独夫民贼",理当弃之,从而赞赏废除暴君独夫的行动,其名论是:

> 贼仁者谓之贼,贼义者谓之残,残贼之人谓之一夫。闻诛一夫纣矣,未闻弑君也。②

这与《易传》"汤武革命,顺乎天而应乎人"同调,却比《易传》用语更尖锐、指向更具体。孟子肯定诛除殷纣一类暴君的合法与合理,从而强调君权的有限性和受制性,这便提出了整个王朝制度最敏感又难以解决的"限君""弑君"问题。孟子身后朝野一再为此辩论,著名的一次发生在西汉初年。

汉景帝(前157—前141在位)时,曾在朝廷展开一场激辩:

黄老学派的博士黄生说,商汤、周武废夏桀、殷纣是违背天命的行为,"汤武非受命,乃弑也",指汤武有"弑君"之罪。

《诗》博士辕固生起而驳斥:"夫桀纣虐乱,天下之心皆归汤武,汤武与天下之心而诛桀纣,桀纣之民不为之使而归汤武,汤武不得已而立,非受命为何?"黄生反诘道:"汤武虽圣,臣下也。夫主有失行,臣下不能正言匡过以尊天子,反因过而诛之,代立践南面,非弑而何也?"辕固生搬出高祖取帝位的故事,追问道:"必若所云,是高帝代秦即天子

---

① 《孟子·离娄上》。
② 《孟子·梁惠王下》。

位，非邪？"景帝见论战涉及高祖帝位合法性（也就涉及整个汉王朝合法性），连忙叫停，景帝曰："食肉不食马肝，不为不知味；言学者无言汤武受命，不为愚。"辩议不了了之。①

辕固生持论源自孟子，认为帝王"不仁"便可更替；遵从黄老道术的黄生则反驳之。此种论题在帝制时代绝不可深议，被皇帝抑压下去。

值得一提的是，日本中世、近世的儒学者大多反对"汤武放伐桀纣"，如江户时期的山崎闇斋明确指出，汤武放伐违反了君臣之道，在"神国"日本绝不可行，日本神皇一体，万世一系，不可易姓革命。

（四）民贵君轻

孟子的有限君治论，体现在君臣、君民关系上，是主张臣民在一定程度上挣脱对君主的人身依附，代之以契约性的双向互动：

> 君之视臣如手足，则臣视君如腹心；君之视臣如犬马，则臣视君如国人；君之视臣如土芥，则臣视君如寇仇。②

孟子的这一思想源自春秋时期萌动的"民本"论。"本"原义为树根，引申为事物空间上的基础或时间上的开端。时人追溯"皇祖"（指大禹）的告诫：

> 皇祖有训，民可近不可下，民惟邦本，本固邦宁。③

此为民本主义的原论。

春秋霸主之一的晋文公君臣已初具"民本"意向。晋侯多次拟用兵，都被卿士子犯劝阻，理由是民众还不信任君主，晋侯听取子犯之议，获

---

① 《史记》卷121《儒林列传》，中华书局2014年版，第3793页。
② 《孟子·离娄下》。
③ 《尚书·五子之歌》。

得民众拥戴,"民听不惑,而后用之",晋侯再用兵,"一战而霸"[1]。以后齐君滥用民力,民怨沸腾,而田桓子亲民、利民,庶众"爱之如父母,而归之如流水",齐国发生"田氏代姜"的变更。这都是"民为邦本"的生动例证。战国思想家据此发挥民本论,老子谴责统治"以百姓为刍狗"是"不仁",故"圣人无常心,以百姓心为心"[2]。墨子更为民之"三患"发出疾呼:"饥者不得食,寒者不得衣,劳者不得息。"[3] 孟子不赞成墨子的"兼爱",而信从孔子的"爱有差等",但在重民、惜民上却与墨子并无二致。孟子进而提出辉煌的"民贵君轻"命题:

> 民为贵,社稷次之,君为轻。[4]

接着论证道:

> 得乎丘民而为天子,得乎天子为诸侯,得乎诸侯为大夫。[5]

可见孟子的"民贵"之倡,是在为天子、诸侯、大夫等统治者的得位、延位作长远设计。

孟子讲"民贵君轻""闻诛一夫纣矣,未闻弑君",毕竟是对君主的严厉警告,当然不为王朝制度所容。千余年后,明太祖对孟子起了杀戮之心,因已隔百代,刀斧无法下手,便删节《孟子》书三分之一(85条,上引孟子诸文均在其中),并把孟子牌位撤出孔庙。而专制皇帝的盛怒与仇恨,正昭显了孟子立足"民本"的有限君治论的卓异光辉。

---

[1] 《左传·僖公二十七年》。
[2] 《老子·四十五章》。
[3] 《墨子·尚贤下》。
[4] 《孟子·尽心下》。
[5] 《孟子·尽心下》。

（五）天下"定于一"

孟子虽声言"法先王"，但并不完全认同封建分权，他宣称，"天时不如地利，地利不如人和"①，重视民众实现天下统一的诉求，不赞成割据纷争。这一点孟子与老子同调，《老子》云：

> 天得一以清，地得一以宁，神得一以灵，谷得一以盈，万物得一以生，侯王得一以为天下正。②

孟子深悟"一天下"的道理，在与诸侯讨论安天下之法时有如下对话：

> 梁襄王问："天下恶乎定？"（天下怎样方能安定？）
> 孟子答曰："定于一。"（天下定于统一。）
> 襄王追问："孰能一之？"（谁能一统天下？）
> 孟子再答："不嗜杀人者能一之。"（不喜欢杀人的国君能统一天下。）③

可见孟子反对通过"杀人盈城""杀人盈野"的兼并战争达成统一，而主张实行仁政、王道，使万民归心，达到"定于一"。这在大国图霸天下、小国拥兵自保的诸侯们看来，当然是不可行的迂腐之见。孟子被诸侯们指为"所如者不合"④，始终不得见用，原因正在于此。

（六）"格君心之非"作"王者师"

孟子虽有"保民"之想，却视"民"为毫无历史主动性的一个群体，其政治理想的实现并未寄望于"民"，而全然托付于执掌公权力的

---

① 《孟子·公孙丑下》。
② 《老子·三十九章》。
③ 《孟子·梁惠王上》。
④ 司马迁：《史记》卷74《孟子荀卿列传》，中华书局2014年版，第2847页。

"君"。孟子的企望是作帝王师,教导君主克服"非"念,成为"明君",通过明君治国平天下。孟子终其一生,没有达成这一构想,因为战国的历史条件,只容许功利主义的法家做成功的帝王师,推行仁政、王道的儒者往往是失败者。

在大争之世的战国,邹衍、苏秦、张仪等权斗谋略家深受君王欢迎,列国纷纷拜相,而孟子却未得诸侯见用,齐宣王也不予理睬。孟子不迎合卫灵公、梁惠王的不义之战,批评梁国(魏国立都大梁,又称梁国)失信攻赵,恼怒的梁惠王指其"迂远而阔于事情"[1],正显示了孟子坚执仁义,与背信弃义的暴力行为保持距离。

有"迂阔"之名的孟夫子,并非空谈家,他主张将"唐、虞、三代之德"坐实到制度建设,"离娄之明、公输之巧,不以规矩,不能成方员;师旷之聪,不以六律,不能正五音;尧舜之道,不以仁政,不能平治天下"[2]。

孟子也不纯然是道德说教者,既强调伦常教化,同时也承认人的天然本能,"食色,性也"[3],"好色,人之所欲","富,人之所欲","贵,人之所欲",但又指出,色、富、贵"无足以解忧者,惟顺于父母可以解忧"[4]。

他重视土地制度这类实际问题,认为仁政的要领是将田土划界分配,以限制权势者侵吞,"夫仁政,必自经界始。经界不正,井地不钧,谷禄不平,是故暴君污吏必慢其经界"[5]。故孟子不受待见,原因不在建策空疏,而在所议有悖于当世君主扩权的需求。但他乐此不疲,终生向君主献策不已。

孟子一再碰壁却孜孜不倦于此,因为他把施政救世的希望寄托在君主身上,认为只有通过接受儒教的君主方可安国牧民,平治天下,此

---

[1] 司马迁:《史记》卷74《孟子荀卿列传》,中华书局2014年版,第2847页。
[2] 《孟子·离娄上》。
[3] 《孟子·告子上》。
[4] 《孟子·万章上》。
[5] 《孟子·滕文公上》。

外别无途径。这是君主制特性在士人身上的必然反映,他们只能不倦地教化王者,再经由执掌政柄的王者实行王道。孟轲将自己一类儒者许为"大人",有教导君主以安定国家的职责:

> 惟大人为能格君心之非。君仁,莫不仁;君义,莫不义;君正,莫不正。一正君而国定矣。①

孟子的"一正君而国定"说,为后儒所发挥。西汉董仲舒希望通过垂训天意,使帝王"畏天""法天"以行"德政",他在与汉武帝的对策中说:

> 故为人君者,正心以正朝廷,正朝廷以正百官,正百官以正万民,正万民以正四方。②

宋代理学家以永恒存在的精神本体——"天理"教化君主,施行天道限君的儒者,每以"帝王师"自命,认为"正君心是大本"③。程颐(1033—1107)把以天理救正君心视作治国、治官的根本,其说再论孟子、董仲舒之议:

> 惟从格君心之非,正心以正朝廷,正朝廷以正百官。④

明人罗钦顺(1465—1547)认为,"论治道当以格君心为本",而所谓"格君心",就是要求帝王"修德""勤政"。这种思维套路来源于孟子,继承于西汉董仲舒和两宋理学家,故可称孟子为"王者师"之祖。

---

① 《孟子·离娄上》。
② 班固:《汉书》卷56《董仲舒传》,中华书局1962年版,第2502—2503页。
③ 朱熹:《朱子语类》卷108,中华书局1986年版,第2678页。
④ 程颢、程颐:《二程遗书》卷15,上海古籍出版社2000年版,第211—212页。

（七）适度维护贵族政治

孟子开启的"仁政""王道",有限制君权、以道德制约王者的意图,而在缺乏政治分权制的古代,孟子们并不是依靠自由民争取政治权力,虽有"民贵君轻"的激昂呼吁,但在现实生活中却把制衡王权的希望寄托在权贵身上。

孟子对贵族政治持妥协乃至拥护态度,他向君主献策:

> 为政不难,不得罪于巨室。巨室之所慕,一国慕之;一国之所慕,天下慕之。故沛然德教溢乎四海。①

认为卿大夫之家(贵族巨室)上则近君,道则近民,故君不得罪贵胄,为政方可行于天下。由此孟子主张保留"仕者世禄"②,维持"世臣""世卿"的地位,使"贵戚之卿"左右朝政,包括拥有废立君主的权力。这显然承袭着周制贵族政治的传统。

孔孟的制度论,未能见用于当时,然其兼顾君臣、君民的制度设计,兼蕴合理性与空想成分,成为后世改制者的思想起点。然而,当后世有人决意践行(如王莽、王安石、康有为、熊十力等),将孔孟制度论作为实施指南时,又一再因其空想性而陷入困境、终归幻灭。近人康有为(1858—1927)撰《孔子改制考》,尊孔子为"改制教主","俾国人知教主,共尊信之"。由于王莽、康有为们依凭孔孟制度论作出的改制"顶层设计",皆不合社会实际,无一获得成功。本章第五目(王莽篇)和第九章第十目(熊十力篇)将陈述这一值得深长思之的现象。

四、实施度最高的荀子尊周崇秦论

战国晚期进入周秦转制关键期,生逢其时的荀子(约前313—前

---

① 《孟子·离娄上》。
② 《孟子·梁惠王下》。

238），是一位富于历史眼光和现实观照力的思想家，尤其倾心于制度建设与改造。

荀子的制度思想渊源先儒，崇仰尧舜，服膺周孔治国之道，同时又眼光向前，肯定战国时期的变法之制，挟先王以引领当世，尚后王以激励前行，在高扬尧舜周公之政的同时，赞赏初兴的秦制实绩，迎受时代风雨洗礼，综汇儒法道，自创体系。

（一）兼采先王、后王，以求"一天下"

荀子立基于周代礼制，又试图将其法典化，对周制作大幅度修正，将分权的贵族政制转变为诸侯臣服君主的统一政制：

> 天下为一，诸侯为臣，通达之属，莫不从服。①

他逐一批评墨翟、宋钘、慎到、田骈、惠施、邓析、子思、孟轲等先秦诸子，责其失之于"蔽"，唯孔子"仁知且不蔽……故德与周公齐，名与三王并"②。在《非十二子》篇中，他对十二子独推"群天下之英杰而告之以大古"的仲尼、仲弓，给予最高评价的古圣则是"一天下，财万物，长养人民，兼利天下"的舜、禹③。同时，他又寄望于后起的"则一天下"者（后王），认为他们可以"名配尧禹"④。

在盼望天下"定于一"上，荀子与孟子心同此理，但孟子设想的"一天下"方略并非当时正在展开的兼并战争，而是通过实行仁政、王道，以先王之法使天下"归心"。荀子"一天下"另设路径，他尖锐批评子思、孟子"略法先王而不知其统，犹然而材剧志大，闻见杂博"⑤，不符

---

① 《荀子·王霸》。
② 《荀子·解蔽》。
③ 《荀子·非十二子》。
④ 《荀子·王霸》。
⑤ 《荀子·非十二子》。

社会实际,认为这种高蹈仁义,正是思孟学派的罪过。

荀子的施政方略,改变子思、孟子一味效法"先君子"(即"先王")的线路,而是兼采先王、后王,以达成"统合天下"。他说:

> 王者之制,道不过三代,法不贰后王。道过三代谓之荡,法贰后王谓之不雅。①

认为王天下者,其治国原则(道)不超过三代,所推行法令(法)又不与后世君王相违背。这种兼取先王后王的论说,呈现一种矛盾的外观,而荀子自诩为"复古"与"法今"统一论者,认为先王、后王同理,"类不悖,虽久同理"②。政治、军事、祭祀等方面的道理,都"古今一也"③,"是百王之所同,古今之所一"④,先王、后王之道,本质无二,"百王之无变,足以为道贯"⑤,这与孟子"先圣后圣,其揆一也"⑥的看法相通。但是,不同于文化保守主义者孟子的"法先王",荀子是一个文化进步主义者,认为先王久远,后王切近,"久则略""近则详",故法先王难,法后王易,欲学禹汤,须习切近的周制,"禹汤有传政而不若周之察也,非无善政也,久故也"⑦。

简言之,荀子是复古其表,求新其里,虚先王而实后王。所撰《成相》篇道出其思路本真:

> 凡成相,辨法方,至治之极复后王。⑧

---

① 《荀子·王制》。
② 《荀子·非相》。
③ 《荀子·议兵》。
④ 《荀子·礼论》。
⑤ 《荀子·天论》。
⑥ 《孟子·离娄下》。
⑦ 《荀子·非相》。
⑧ 《荀子·成相》。

以综合见长的荀子，倡导义利并重、王霸兼施、礼法同尊，《成相》篇用说唱艺术（"相"是击节乐器，"成相"是先秦民间曲艺）讲论治国方略，主张法后王；同篇又劝人效法先圣：

> 请成相，道圣王，尧舜尚贤身辞让。①

大量列举尧舜禹汤等先王的贤德，"以治天下，后世法之成律贯"②。饱含"法先启后"意蕴。荀子是一个不忘先王教导的"复后王"论者。

通观荀子制度思想，他虚"先"而实"后"，在兼取周秦二制的前提下，实倡"法后王"。

汉代文献学家刘向评荀子曰："荀卿之书，其陈王道甚易行……其书可比于传记，可以为法。"③将《荀子》排除在经书之外，而列入"可以为法"的传与记，这是经学传统之内对荀子的界定。

（二）"隆礼重法""尊周崇秦"

先秦时将先王治道称之"礼"，后王治道称之"法"。荀子主张礼法并重、王霸兼取。他说：

> 隆礼至法则国有常。④
> 隆礼尊贤而王，重法爱民而霸。⑤

荀子规划的实现"一天下"的路径是"隆礼重法"，经由"王霸并举"，实现"一制度""国有常"。

---

① 《荀子·成相》。
② 《荀子·成相》。
③ 王先谦：《荀子集解·考证下》，中华书局1988年版，第39页。
④ 《荀子·君道》。
⑤ 《荀子·强国》。

作为性恶论者的荀子，主张以后天的礼与法"化性起伪"，达到"合于善"的结果：

> 明礼义以化之，起法正以治之，重刑罚以禁之，使天下皆出于治，合于善也。①

荀子认为，人的自然性是追求利欲，"礼"的作用是对人的欲求加以限制，礼的必要性、合理性在于此：

> 礼起于何也？曰：人生而有欲，欲而不得，则不能无求。求而无度量分界，则不能不争；争则乱，乱则穷。先王恶其乱也，故制礼义以分之，以养人之欲，给人之求，使欲必不穷乎物，物必不屈于欲，两者相持而长，是礼之起也。②

这是荀子礼论的精要之处。他由此申发国家治理观：

> 隆礼贵义者其国治，简礼贱义者其国乱。③

荀子洞悉礼—欲之间难免冲突，为了维系社会公共秩序，必须采取强制性的规范，这便是"法"。"法者，治之端也；君子者，法之原也。"④认为礼转为法是必须的，而君主是法的本原。

荀子把"礼"视作"义"与"法"的中间物，礼—义并举，礼—法并用，屡议"礼法之枢要""礼法之大分"。这里的"礼"指制度，"法"指维持制度的律令。他试图在追求利欲与保持道德理想之间找到平衡点，

---

① 《荀子·性恶》。
② 《荀子·礼论》。
③ 《荀子·议兵》。
④ 《荀子·君道》。

这便是"礼法共济"、兼取先王后王,而学习先王也得求诸后王,"善言古者必有节于今"①。在认识论上,"以今知古","以近知远","欲观千岁,则数今日;欲知亿万,则审一二;欲知周道,则审其人所贵君子。故曰:以近知远,以一知万,以微知明"②。

荀子倡导义利并重、王霸兼施、礼法同尊,值得注意的是,他既尊周,又崇秦。尊周前已论及,崇秦也溢于言表。荀子于秦昭王时曾入秦游,对秦制多有赞誉,仅以吏治而言便称赏不已:

> 及都邑官府,其百吏肃然,莫不恭俭、敦敬、忠信而不楛,古之吏也;入其国,观其士大夫,出于其门,入于公门,出于公门,归于其家,无有私事也,不比周,不朋党,偶然莫不明通而公也,古之士大夫也;观其朝廷,其闲听决百事不留,恬然如无治者,古之朝也。③

荀子不赞成墨子要求统治者"与百姓均事业,齐功劳",认为"为人主上者,不美不饰之不足以一民也,不富不厚之不足以管天下也,不威不强不足以禁暴胜悍也"④,他是推崇君权、君威的。

为君制服务,又重视民力的荀子学说成为两汉以降的制度思想主潮,是秦制施行的指针,近人谭嗣同(1865—1898)严词批评荀子为"乡愿"(乡中貌似谨厚,实与流俗合污的伪善者),这或许苛责过甚,但称"两千年之学,荀学也"⑤,诚哉斯言!

---

① 《荀子·性恶》。
② 《荀子·非相》。
③ 《荀子·强国》。
④ 《荀子·富国》。
⑤ 谭嗣同:《仁学》之二十九,辽宁人民出版社1994年版,第70页。

(三)内圣外王

"内圣外王"出自《庄子·天下》,"内圣"为其人格理想,是"以仁为恩,以义为理,以礼为行,以乐为和"的君子之道;"外王"为其政治理想,"以法为分,以名为表,以参为验,……以事为常,以衣食为主"的"民之理"。"内圣外王"是包容儒、道、法的产物。后为荀子等人发挥,指内以资人格修养,外以经邦济世,这是中国文化的基本内涵,梁启超在《庄子天下篇释义》中谓:"内圣外王之道一语,包举中国学术全体。其旨归在于内足以资修养而外足以经世。"[1] 就儒家而言,有人说孟子重内圣,荀子重外王。其实孟荀皆兼及内外,尤其是荀子,既主内外分工,又要达到兼及圣与王、内与外,他指出:

> 圣也者,尽伦者也;王也者,尽制者也。两尽者,足为天下极矣,故学者以圣王为师。[2]

"内圣外王"是荀子制度观的基旨,被历代理国者、平治天下者视作圭臬。

(四)"生产"为本、"裕民"为用的"富国"观

儒家以德为本,以财为末;法家以农为本,以商为末,皆在政治—经济关系及职业分工上陷入偏执,而荀子超越儒法两家的本末观,在《富国》等篇提出以"强本"(重农)为基础的和谐生产观、"明分使群"的和谐分配观、"裕民富国"的强国观。

荀子认为各种职业都有存在价值,都在社会生产的系统中发挥作用,故主张,同"君君,臣臣,父父,子子,兄兄,弟弟"一样,应该"农农,士士,工工,商商一也"[3],农士工商各守其分,各司其职,配合成

---

[1] 梁启超著,汤志钧、汤仁泽编:《梁启超全集》第14集,中国人民大学出版社2008年版,第252页。
[2] 《荀子·解蔽》。
[3] 《荀子·王制》。

"与万世同久"的"大本"①。

（五）从"民为邦本"到"君舟民水"

历代评论，多言孟荀之别，如孟子持性善论、荀子持性恶论，孟子主"法先"、荀子兼尚"法后"等，但不可忽略，孟荀也有相通之处。除前文提及的他们都顺应时代的"一天下"要求之外，孟荀还是并辉千秋的民本论双子星座。

民本思想发端于商周之际。"民"（𓁹）字初文始见于殷墟甲骨文，形象为一只被刺伤的眼睛，表示由刺瞎一目的战俘充当奴隶。周金文之"民"指黎民、平民，与"君""官"对应，居社会底层，是物质财富和国家赋役的提供者，因而是邦国的真实基础。在先秦有多种诠释，但大体共识是，"民"指以农业劳动者为主的被统治的劳苦大众，供应社会财富和国家赋役，因而是邦国的真实基础。传世两千多年的民谣《五子之歌》云：

> 皇祖有训，民可近，不可下。
> 民惟邦本，本固邦宁。

此谣究竟成于何时，历来有争议，但其中"民为邦本，本固邦宁"②一语，是先秦以降享有盛誉的社会思想则是无疑的。

周人将农业和农业劳动者视作国家根本，周天子所行吉礼的一种是"籍田"——天子率贵族亲耕田亩，以示对农业和农人的重视。《国语》载，西周末年的宣王"不籍千亩"，要废止籍田，虢国诸侯虢文公严厉指斥宣王："不可"，进而申述重农、重民乃周制根本："夫民之大事在农，上帝之粢盛于是乎出，民之蕃庶于是乎生，事之供给于是乎在，和协辑

---
① 《荀子·王制》。
② 《尚书·五子之歌》。

睦于是乎兴，财用蕃殖于是乎始。"主张在"媚于神"的同时，还须"和于民"①。《左传》更有重民名言。随国国君认为自己以丰盛的祭品敬奉鬼神便可保佑随国安平，大夫季梁指出，祭祀鬼神无益，尊重民众才能保证国家安定祥和，因为：

> 夫民，神之主也，是以圣王先成民而后致力于神。②

有学者将先秦以来民本思想概括为"立君为民""民为国本""政在养民"③，这大约皆在《荀子》所议之内。

如果说，春秋时的民本论多在"民—天"之辩上强调重民；战国时更在"民—君"之辩中突出重民，如前引孟子的"民贵君轻"论，再如荀子的安民、恤民、富民、利民、养民观。

荀子的民本说，卓异处有二：第一在强调"道高于君"，认为"道义重则轻王公"④，超越对君王个人的忠诚，将代表整个社会秩序的君道奉为终极权威。《荀子》书中两处引用传文"从道不从君"，一处在《臣道》中讲平原君辅赵、信陵君辅魏，二君与国王发生矛盾，坚持道义，违拗王者，荀子赞扬其"从道不从君"⑤；另一处在《子道》中说，当君、父与道义发生矛盾时，"从道不从君，从义不从父，人之大行也"⑥。

第二在阐扬"君舟民水"，其逻辑起点是，君主权力植根于民众，民众的拥戴或反对，决定君国的兴废、存亡。"天下归之之谓王，去之之谓亡。汤武者，循其道，行其义，兴天下同利，除天下同害，天下归之。"⑦进而指出：

---

① 《国语·周语》。
② 《左传·桓公六年》。
③ 张分田、张鸿：《中国古代"民本思想"的内涵与外延刍议》，《西北大学学报》2005年第1期。
④ 《荀子·修身》。
⑤ 《荀子·臣道》。
⑥ 《荀子·子道》。
⑦ 《荀子·王霸》。

庶人安政，然后君子安位。传曰："君者，舟也；庶人者，水也。水则载舟，水则覆舟。"此之谓也。①

行文可见，"君舟民水"论乃承袭并延展周制旧说（故称"传曰"）。

《汉书·艺文志》最早著录《孔子家语》凡二十七卷，称其为孔子门人所撰。唐人颜师古注《汉书》，指出《孔子家语》二十七卷本"非今所有家语"，称"今本"乃三国魏王肃收集整理的十卷本，其中载有如下文句：

夫君者舟也，庶人者水也。水所以载舟，亦所以覆舟。②

《孔子家语》曾疑伪书，被认为是三国（魏）王肃杂取秦汉诸书所编，《四库全书总目》称："其流传已久，且遗文轶事，往往多见于其中。故自唐以来，知其伪而不能废也。"③而 1973 年河北定县八角廊西汉墓出土竹简《儒家者言》，内容与传世王肃本《孔子家语》相近；1977 年安徽阜阳双古堆西汉墓出土木牍章题，内容也与王本《孔子家语》相关，可见王肃所编《孔子家语》必有先秦古本为依，而这些古本正是《荀子·王制》"君舟民水"论的渊源，足证此说在战国中期甚至更早已经流传。《荀子·王制》称该文句为"传曰"，也表明"君舟民水"说是战国早期或中期的论说。战国晚期的荀子发挥这一古说，使之播扬后世，成为中国思想史上的一支民本论劲旅。

两汉以降的民本思想家，如陆贾、晁错、贾谊、王符、王充、张载、李觏、二程、朱熹、陈亮、叶适等都承袭孟、荀，广泛引用"君舟民水"论。如李觏的"安民""足食"论，张载的"仁道及人"论，朱熹的"生民之本，足食为先"论，陈亮的"天下之事，孰有大于人心与民命者"论，皆可见其渊源于孟、荀，尤其是荀子的"君舟民水"论。至于明清

---

① 《荀子·王制》。
② 《孔子家语·五仪》，中华书局 2011 年版，第 58 页。
③ 《四库全书总目提要》，第 18 册，商务印书馆 1931 年版，第 3 页。

之际的黄宗羲、顾炎武、唐甄等,更将先秦民本论提升到"新民本",逼近民主主义边缘,本书第九章具论。

统治阶级中的英明者为其"久治"着想,也服膺"君舟民水"论,以此作为治国本旨。唐太宗与重臣魏徵等于此有深入讨论,唐人吴兢所撰《贞观政要》详载。其书"君道"记太宗贞观初谓侍臣曰:

> 为君之道,必须先存百姓,若损百姓以奉其身,犹割股以啖腹,腹饱而身毙。[1]

贞观二年(628),太宗问黄门侍郎王珪,何以近代国君劣于前古,王珪对曰:古之帝王为政"以百姓之心为心,近代则唯损百姓以适其欲"[2]。

贞观六年(632),太宗曰:

> 天子者,有道则人推而为主,无道则人弃而不用,诚可畏也。[3]

贞观十一年(637),位居正二品"特进"的魏徵上疏,在列举史事后,论说"元首"(君王)最应用心处是人民的向背:

> 怨不在大,可畏惟人,载舟覆舟,所宜深慎……[4]

直接引述《荀子·王制》的"君舟民水"说。

此外,唐太宗君臣重视人才学识,"为政之要,惟在得人","人臣若无学业,不能识前言往行,岂堪大任"[5]。这种执政者必须有学养的观点,

---

[1] 《贞观政要·君道》,上海古籍出版社 1978 年版,第 1 页。
[2] 《贞观政要·政体》,上海古籍出版社 1978 年版,第 14 页。
[3] 《贞观政要·政体》,上海古籍出版社 1978 年版,第 16 页。
[4] 《贞观政要·君道》,上海古籍出版社 1978 年版,第 8 页。
[5] 《贞观政要·学术》,上海古籍出版社 1978 年版,第 219 页。

也是受到荀子的启迪。荀子修正孔子"学而优则仕"名论,辨析道:

> 学者非必为仕,而仕者必如学。①

认为有学问的人有许多事要做,不一定都去当官,但为官者必须好好学习、求学不辍。此议在理。

(六)荀子制度论在秦汉以下实施度最高

孔孟制度论为战国以下诸统治者视作迂腐、不切实用,而荀子的制度论却为诸王朝奉为可操作的典制,其实施度最高。荀子从制度上提出一套办法,让当政者戒骄戒贪:

> 兼服天下之心:高上尊贵不以骄人,聪明圣知不以穷人,齐给速通不以先人,刚毅勇敢不以伤人。②
> 好恶以节,喜怒以当,以为下则顺,以为上则明。③

这是对《左传》"骄、奢、淫、佚,所自邪也"之说、《国语》"目不淫于色,身不怀于安,朝夕勤志,恤民之羸"之说的继承与发挥。

后此的汉代韩婴发挥荀意而论之:

> 德行宽裕者,守之以恭;土地广大者,守之以俭;禄位尊盛者,守之以卑;人众兵强者,守之以畏;聪明睿智者,守之以愚;博闻强记者,守之以浅。夫是之谓抑而损之。④

---

① 《荀子·大略》。
② 《荀子·非十二子》。
③ 《荀子·礼论》。
④ 韩婴:《韩诗外传》卷3,许维遹校释,中华书局1980年版,第114—115页。

司马光进而向治理者上言:

> 国君而骄人则失其国,大夫而骄人则失其家。①

荀子的这一套兼及内外的方略,顺应王朝制度刚柔两方面的需求,荀学因以垂之百代而不辍,清末谭嗣同《仁学》云:"二千年来之学,荀学也",此为愤激之辞,却庶几接近于实也。

五、古制供参酌而不可重复(甲): 王莽改制——"复周"挽歌

周秦之际,周制已然衰微,秦制勃兴,但周制的影响力并未消失,它作为秦制的比较物,每每成为两汉以降儒者修正现实制度弊端的参照系。更有甚者,还试图依古样复原周制,西汉末年的王莽便是典型。

(一)西汉末叶社会危机引导汉儒对周制的追念

尝言"汉承秦制",而秦制的一项——"使黔民自实田"②(确认土地私有权和土地自由买卖),尤为西汉所承袭,这推动了农业经济发展,却又引发兼并,拥有权力优势的贵胄、官僚、富商大肆收购土地,如成帝时丞相张禹"内殖货财,家以田为业。及富贵,多买田至四百顷,皆泾渭溉灌,极膏腴上贾"③。至西汉中后期,经"昭宣中兴",社会矛盾缓和,但元帝、成帝政治腐败,哀帝时民众水深火热,豪族富民兼并日剧,庶族地主、自耕农纷纷失地破产,"豪强之暴,酷于亡秦……今豪民占田,或至数百千顷,富过王侯"④。贫富不均导致社会危机加深,"富者愈贪利

---

① 《资治通鉴·周纪一》,中华书局1956年版,第19页。
② 司马迁:《史记》卷6《秦始皇本纪》,中华书局2014年版,第321页。
③ 班固:《汉书》卷81《张禹列传》,中华书局1962年版,第3349页。
④ 荀悦:《汉纪》,中华书局2002年版,第114页。

而不肯为义,贫者日犯禁而不可得而止"①,民变频起,危及朝廷根本。

汉代中后期,儒生普遍追怀周制,倡议古礼复兴,而封建分权、以井田(公田)限名田(私田),是其复古更化的两大主张。如董仲舒力主"官制象天",以五行说建司农、司马、司营、司徒、司寇五种官职,与木、火、土、金、水五行相配,造就高度程式化的周式典制。董氏还向武帝建策:"限民名田,以澹不足,塞并兼之路。盐铁皆归于民。"②试图重返周制以克服秦制带来的社会问题。至西汉末,随着土地兼并、贫富悬殊加剧,儒生更主张全面复兴周制,以治恶政。正是在这种文化氛围中,隐忍已久、深怀篡汉雄心的王莽,以周公自命,高张"古礼"旗帜,召唤周制以挽救统治危机。

(二)王莽改制内容

王莽(公元前45—公元23年),出身魏郡王氏,乃权倾朝野的外戚世家。莽少清净简朴、谦恭好学,师从陈参学习《仪礼》,痴迷《周礼》,服膺周制。成帝时入朝廷中枢,累迁大司马,渐揽大权,对诸侯王和功臣后裔大加封赏,恢复五等爵,增加宗庙礼乐,对平民士人推行恩惠,自己带头过俭朴生活、捐献土地财物,网罗儒生数千至长安,宣扬礼乐教化,派"风俗使者"八人各地考察,赞颂天下太平,彰显王莽崇礼之功,又以重金引诱匈奴等外族遣使朝贺,以光耀"盛世"。王莽被抬举为治国平天下的圣人。其时朝野论灾异、禅让之风盛炽,王莽借此风,于初始元年(公元8年)逼孺子婴禅让,即天子位,以自己封新都侯之故,改国号为"新"(公元8—23年),年号"始建国",自称"新始祖"。王莽打着"复周"旗帜,从安汉公—宰衡—假皇帝—皇帝一路走来,开通过符命禅让做皇帝的先河。

王莽改朝称帝前后,厉行改制,以谴责秦制、复兴周制井田号召天

---

① 苏舆:《春秋繁露义证》,中华书局1992年版,第229页。
② 班固:《汉书》卷24《食货志》,中华书局1962年版,第1137页。

下。王莽盛赞古时的井田制"国给民富,而颂声作。此唐虞之道,三代所遵行也"。他转而厉责秦制:

> 秦为无道,厚赋税以自供奉,罢民力以极欲,坏圣制,废井田,是以兼并起,贪鄙生,强者规田以千数,弱者曾无立锥之居。①

"更名天下田曰王田"便成"改制"的基点。王莽"好空言,慕古法",当政后采取以下国策:

(1)"复井田",没收商人地主土地,将民间土地改称"王田",平均分配庶众;奴婢改称"私属",与王田一样不得买卖。王莽令曰:

> 古者设庐井八家,一夫一妇田百亩,什一而税,则国给民富而颂声作。……
> 予前在大麓始令天下公田口井,……今更名天下田曰"王田",奴婢曰"私属",皆不得买卖。②

在复井田的旗号下,君国全面掌控土地—人口。

(2)两次裂地分封,将全国分成两千多个封邑,又不实际授予获封者,形成封建、郡县两制虚悬的混乱局面,而州、郡、县划分频繁更改,造成行政系统紊乱。

(3)推行城市工商管理的"五均"政策和"六筦"("六管")之令,制盐、冶铁、酿酒、铸钱由官府垄断经营,山林川泽收归国有,认为"此六者,非编户齐民所能家作"③。运用国家权力操控经济,将民众日用品从社会流通过程中转移为国家掌控,生产与流动实行经营统制和财富聚敛,导致"富者不得自保,贫者无以自存,起为盗贼,依阻山泽,吏

---

① 班固:《汉书》卷99《王莽传》,中华书局1962年版,第4110页。
② 班固:《汉书》卷99《王莽传》,中华书局1962年版,第4110—4111页。
③ 班固:《汉书》卷24《食货志》,中华书局1962年版,第1183页。

不能禽（擒）而覆蔽之，浸淫日广"①。

（4）罔顾市场运行规律和货币法则，在六年间四次改变币制，将黄金、白银一律收归国有，不予兑换，取缔汉代的五铢钱制和金钱并行二元币种体系，仿铸先秦货币（错刀、契刀等），王朝大量聚敛货财。民众不敢使用新币，而代以实物交换，导致"农商失业，食货俱废"②。百姓只得私下依旧使用汉五铢进行交易。

（5）恢复"五等爵"，官名、地名按《周礼》重定，官制、宗庙、社稷、封国、车服、刑罚全盘仿效周制。新莽成为中国历史上按周制名称重新命名最多的朝代，如全国一百多个郡名几乎全部更改，一千五百个县改称大半，地名凡有"汉"字一概取缔，又将都城长安改为常安。官民记不住新名，颁发诏书、公文皆须在新名后备注旧名。大规模更名，令官民反感，引发心理抗拒。东汉建立之后，光武帝刘秀顺应民意，将新莽更改的地名、官职名通通颁正复原。

王莽从周制中采用许多漂亮动人的名目，却食古不化，脱离社会实际，所有新举措反而加剧了西汉末年日益严重的土地兼并和流民问题。改制又动了既得利益集团的奶酪，遭到豪族及地主商人抵制，社会经济运作混乱，庶众陷入更深重的困境；加之政策朝令夕改，官民皆不知所从，怨声载道。为转移人们对内政的愤懑，王莽打起"平四海"旗号，对外穷兵黩武，东征西讨，大兴徭役，造成军事败绩和财政危机。

（三）新莽败亡

王莽新朝由社会改良失败走向凶悍暴政，引发天下大乱，绿林、赤眉、铜马、新市、平林竞起，"反莽兴汉"的刘氏贵胄也割据州县，试图夺回皇权。王莽本人则在绿林军攻入长安时死于乱军之中。

王莽改制是秦制主导天下后的一次大规模"复周"践行，其结局是

---

① 班固：《汉书》卷24《食货志》，中华书局1962年版，第1179、1185页。
② 班固：《汉书》卷24《食货志》，中华书局1962年版，第4112页。

碰得头破血流，这除了导因于王莽施政败笔、个人权欲膨胀之外，也表明：周制固然有可供后世参酌之处，但生搬硬套，在新的时代条件下重演历史旧剧，大不合宜。如此粉墨登场者，必为天下笑。此教训意蕴深广，吕思勉说："新莽之败，非新莽一人之败，乃先秦以来言社会改革者之公败。何也？莽所行，非莽之私见，乃先秦以来言社会改革者之成说，特假手于莽耳。"①

这里的"先秦以来言社会改革者"，指春秋战国以降，也即周制式微以后的一切意欲复周的制度保守主义者。王莽改制是"复兴周制"的一曲挽歌，它的运作及其惨败，给社会带来的破坏巨大。

黑格尔曾言："凡是合乎理性的东西，都是现实的；凡是现实的东西，都是合乎理性的。"②三千年前周制的产生是现实的，是三代历史演绎的产物，具有合理性，创制周制的文武周公们演出历史悲壮剧，所行之制留下珍贵的文化遗产，至今不乏参考价值。但是，王莽罔顾社会现实，东施效颦，硬套周制，难免沦为闹剧角色。马克思对比评析拿破仑和拿破仑三世（路易·波拿巴）时讲道：

> 黑格尔在某个地方说过，一切伟大的世界历史事变和人物，可以说都出现过两次。他忘记补充一点：第一次是作为悲剧出现，第二次是作为笑剧出现。③

王莽改制便是借"复周"之名，在西汉末年演出的一场导致社会灾难的历史笑剧。这说明了周制虽有可资借鉴及更革时弊的历史模样，但绝不可依样画葫芦照搬于现实。

---

① 吕思勉：《中国文化思想史九种》，上海古籍出版社2009年版，第727页。
② 黑格尔：《法哲学原理·导言》，商务印书馆1961年版，第10页。又见黑格尔《小逻辑·导言》。
③ 马克思：《路易·波拿巴的雾月十八日》，《马克思恩格斯选集》第1卷，人民出版社2012年版，第668页。

六、古制供参酌而不可重复（乙）：
王安石变法——托周改制，以秦制新法富国强兵

秦汉以降列朝皆出现过统治危机，不断有儒者呼求复兴周制。继王莽改制以后，又陆续有多起制度更革，其中著名者是"王安石变法"，因发生在宋神宗熙宁二年至元丰八年，故又称"熙宁变法""熙丰变法"。

王安石（1021—1086）是一位品行高洁的政治家、才华盖世的文学家，集名儒与重臣于一身。其主持的变法是一次兼采周秦二制、另造新局的中古改革，以振兴疲弊的宋代经济、富国强兵为目的，以"理财""整军"为中心内容，是继先秦"管仲变法""商鞅变法"，西汉"桑弘羊均输变法"之后，又一次规模宏大的社会变革。其试图克服宋朝统治危机、以应对内忧外患而未获成功，又与"王莽改制"相似。"两王"变制的共通之处在于：变革者皆托周制之古，作"仿周"设计，试图克服现实的社会危机，结果却适得其反，社会危机反而被激化。个中因由值得反思。

王莽改制已如前述。王安石执政时面对北宋自仁宗以来的"三冗"困局："冗员"（官僚机构臃肿）、"冗兵"（兵多而无战斗力）、"冗费"（财政开支巨大，"百年之积，惟存空簿"）。

王安石的前辈范仲淹（989—1052）曾上《十事疏》，发起"庆历新政"，限制冗官以澄清吏治，均公田、修武备以富国强兵，企图扭转困局，因受贵族官僚强劲阻挠，无功而返。

继短暂的庆历新政之后，王安石得"奋然更制"的神宗支持，变法在更大规模上展开。为占据改制的精神制高点，王氏编纂以"复周"为旗帜的《周官新义》，"附会经义以钳儒者之口"，同时又采取种种秦法以富国强兵。结果却并不成功。

（一）托名《周礼》的《周官新义》

如前所述，周秦之际制度主体发生了由周制向秦制转化的变革，但

由于宗法社会并未解体，宗法观念仍在秦汉以降的帝制时代占据优势，意识形态领域"从周"仍旧是一面感召力强劲的旗帜。因此，一切维护旧制或变革旧制的力量，都自觉或不自觉地声言"复周"。具有改制雄心的王安石面对守旧派的重重阻力，吸取范仲淹等人庆历新政被摧压落败的教训，十分注重在观念领域先声夺人，占领尊"先王"高地。在讨论变法时，神宗问："唐太宗何如？"（唐太宗如何举措？）王安石答："陛下当法尧舜，何以太宗为哉？尧舜之道，至简而不烦，至要而不迂，至易而不难。"神宗欣然领受[①]。可见王安石高扬的是尧舜先圣王旗帜。

王安石痛心于宋的积贫积弱，力求富强，又担心求富强近于霸道，必为儒者以"仁政""王道"排击之，于是举起"复周"旗帜，以宰辅之尊，倡言经学，重新阐释《周礼》，为变法提供元典依据，以占据思想文化的制高点。

熙宁五年（1072）朝廷设经义局，王安石之子王元泽（王雱，1044—1076）奉诏编辑《三经新义》，其中《毛诗义》20卷、《尚书义》13卷，出自王雱、吕惠卿之手，今佚[②]；《周礼新义》（或称《周官新义》）22卷，王安石亲书。王安石在《周官新义序》中声明：自己训释《周礼》，意在"立政造事"，神宗称之"义理归一"。熙宁八年（1075），即变法高潮之际，该书颁于学校，统一经义，以"一道德""同风俗"，并作为科举取士的新标准。王安石欲以汉代故事行之于宋——汉武帝独尊儒术，王安石试图以《周官新义》定于一尊，神宗时出《钦定周官新义》，以王学为国学（后来称之"荆公新学"），成为托古改制的熙宁变法的理论根据。

编纂《周官新义》，以尧舜禹汤文武"三帝二王"的先王观念勉励宋神宗，并号召天下，宣示以《周礼》治天下。这是王安石变法的"从周"表象。这种路数在王安石早年《上仁宗皇帝言事书》便有表露。该上书八千字，四十余处言"先王"："先王之政""先王之道""先王之意""先

[①] 脱脱等：《宋史》卷 327《王安石列传》，中华书局 1977 年版，第 10543 页。
[②] 《三经新义》有辑佚本，参见程元敏：《三经新义辑考汇评》，华东师范大学出版社 2011 年版。

王之时""先王之法""先王之天下"等。指出仁宗朝"内则不能无以社稷为忧,外则不能无惧于夷狄,天下之财力日以困穷,而风俗日以衰坏……此其故何也?患在不知法度故也"。王安石将问题归结为:

> 方今之法度,多不合乎先王之政故也。孟子曰:"有仁心,仁闻,而泽不加于百姓者,为政不法于先王之道故也。"以孟子之说,观方今之失,正在于此而已。①

清人全祖望(1705—1755)称《周官新义》为"熙丰新法之渊源"②,是恰如其分的。而《周官新义》的一套说辞,并无解决社会病灶的实际作用,这是王安石变法的一大败笔。

(二)行秦法以富国强兵

在神宗朝推行变法时,王安石继续申述法先王之道,但这一套并不为许多儒者信服,稍长于王安石的欧阳修(1007—1072)在《问进士策三首》中说:"六经者先王之治具,而后世之取法也","自秦之焚书,六经尽矣。至汉而出者,皆其残脱颠倒,或传之老师昏耄之说,或取之冢墓屋壁之间,是以学者不明,异说纷起。况乎《周礼》,其出最后,然其为书备矣"③。故《周礼》"实有可疑"。而王安石恰恰拿"可疑"的《周礼》做文章,实际上是在"奉经典""法先王"的名义下阐发己意,已然引发社会精英阶层的疑虑。

王安石借"复周"之名,行秦法之实。他勉励年轻且喜好商韩之术的神宗在效法尧舜的旗号下,简明法制,理财富国,选将强兵。其"富国之法"有排挤豪族大地主高利贷的"青苗法",对中小地主自耕农出助役钱的"募役法",打击大地主伪冒和免税特权的"方田均税法","农田

---

① 《王安石全集》,吉林人民出版社1996年版,第399页。
② 黄宗羲等:《宋元学案》卷98,第24册,商务印书馆1929年版,第49页。
③ 《欧阳永叔集》第6册,商务印书馆1930年版,第12页。

水利法",控制豪商富室对物资、物价垄断的"均输法""市易法";其"强兵之法",有"保甲法""将兵法""保马法";其"取士之法"有"三舍法",整顿太学,改革科举制度。这一系列变法之举,实际上都是沿袭并新用之秦法,但王安石皆以《周礼》附会之,如说"保甲之法,起于三代丘甲"[1];"免役之法,出于《周官》"[2];方田均税法依据《周礼》"大司徒之职"条;均输法以《周礼》"以土均之法"条释之。

由于时过境迁,秦汉之际的秦法在宋代并不完全奏效,初期虽收富国强兵之果,但很快便破绽百出,其"市易法"试图以政府主持金融,克服财政困难,却因对商民有强大的改革负激励而无改革正激励,终于一败涂地;"青苗法"(抵押贷款),用意是援救遭灾农人,而富户利用此法骗贷低息官款(二成),转以高息(八成)借贷给贫户,导致富者暴富,贫者愈贫,此法尤为朝野诟病。

王安石推行统购统销的均输法也以失败告终。他试图"发富民之藏"以救助贫民,均衡贫富,"摧抑兼并",缓和社会矛盾,此法在西汉桑弘羊时期曾起积极作用,但在商品经济较为发达的宋代却适得其反:均输法直接侵犯了既得利益的士大夫阶层,又无助于平民。参知政事文彦博认为变法"损国体,惹民怨",在御前会议上直指支持王安石的宋神宗:"陛下为与士大夫治天下,非与百姓治天下也"[3],这里的"士大夫",指"内外在官之人",也即整个官僚系统。得罪士大夫又无益庶众的变法,非败不可。文彦博之论击中了神宗的痛处。为了维护皇权基础——士大夫阶层的利益,神宗末期及后继哲宗(在宣仁太后支持下)放弃变法,走向"元祐更化"。

"元祐"是神宗子哲宗第一个年号,其间以司马光、文彦博为首的反变法派入朝当政,颁行《请更张新法》札子,把新法比喻为毒药,"舍是

---

[1] 《王安石全集》,吉林人民出版社1996年版,第429页。
[2] 《王安石全集》,吉林人民出版社1996年版,第428页。
[3] 《续资治通鉴长编》卷221,中华书局1986年版,第5370页。

取非，兴害除利"①，"名为爱民，其实病民；名为益国，其实伤国"②，遂全面废止王安石变法诸项举措。此为"元祐更化"。

王安石变法以富国强兵为目的，以理财、整军为中心，针对社会积弊施以均输、青苗、市易、免役、方田均税等法，一度颇见成效，充实国库、强化军力。而变法以复周为名义，又照搬秦汉时的经济、社会制度举措，此与宋代的实际状况错位，故言周而实秦的变法虽不乏卓见，却终成败局。崔鹏称王安石"除异己之人，著三经之说以取士，天下靡然雷同，陵夷至于大乱，此无异论之效也"③。

在神宗之前，宋仁宗欲用安石，御史唐介言安石难大任，评说道："安石好学而泥古，故论议迂阔，若使为政，必多所变更。"并对人说："安石果用，天下必困扰。"④预见王安石变法的败因在于泥古迂阔。

南宋陆九渊（1139—1193）钦佩王安石"英特迈往"，不合流俗，肯定其改革"祖宗之法"的勇气和"制国用"的举措，又指出变法失败根源于"其学不造本原，而悉精毕力于其末，故致于败"⑤。笔者大体赞同陆九渊评说，又略补曰：王安石未能充分掌握制度文化因革之理，只仿效周制、秦制之"末"（外在形态），套用于宋代社会现实，难免失败。加之北方游牧人的进逼，宋朝由此步入下坡路，距"靖康之变"不远矣。

王安石声言"法先""复周"，既是其钳保守派之口的策略，也深蕴着由儒经养育出来的王安石的真实动机。这正是王安石变法的矛盾性、悲剧性之所在。

宋元之际马端临的《文献通考》认为，井田、封建等古制不可重复，"返古"已无可能，后世照搬古之"良法"以济世，完全是幻想，因此他对王莽的复古改制予以否定，而赞赏因时变革，称唐代杨炎在安史之乱

---

① 《司马温公文集》第3册，商务印书馆1936年版，第186页。
② 《司马温公文集》第3册，商务印书馆1936年版，第181页。
③ 脱脱等：《宋史》卷356《崔鹏传》，中华书局1977年版，第11216页。
④ 脱脱等：《宋史》卷316《唐介传》，中华书局1977年版，第10329页。
⑤ 《象山先生文集》第2册，商务印书馆1935年版，第118页。

后颁行"两税法",是"乱离之后,版籍既已隳废,故不容不为权时施宜之举"①,破除那种理财之臣皆为聚敛的一概之论。马氏肯定汉文帝、隋文帝躬履俭约,轻徭薄赋,赞扬汉文帝的黄老无为之治与隋文帝重视法律,赏信罚必。马端临区分违背时势的复古改制和因势利导的有效改革,以马氏之说观照王安石变法的成败得失,庶几可获真解。

不过,阐扬秦制的法家之说长期传承,又有其历史必然性。明清之际王夫之以诸葛亮、王安石这两位杰士为例加以论析:

> 申商之言,何为至今而不绝邪?志正义明如诸葛孔明而效其法,学博志广如王介甫而师其意,无他,申商者,乍劳长逸之术也。无其心而用其术者,孔明也;用其实而讳其名者,介甫也。②

指出申商法家之术"乍劳长逸"(短期操劳而长久安逸),见效迅速,故诸葛亮无其心而用其术,王安石用其实而隐讳其名(王安石名义上崇儒复周,实际上尊法效秦)。

清人严有禧对汉以后扬周抑秦的改制,有一总评,他在追述三代限田制之后说:

> 至秦而经界废矣,董仲舒始议限田,李翱、元稹、林勋皆祖其说,非不雅志三代,为抑富扶弱之图,然皆不见用。惟王莽、王安石、贾似道三人力任为必可行,而皆以扰民致乱。由此思之,法非不善,而井田既湮,势固不能行也。③

继王莽的复周改制之后,王安石变法的败局再次表明,无视社会发展之"势",试图复归周制或照搬秦制,即使如王安石这样卓越的改革家,都

---

① 马端临:《文献通考》卷3《田赋考》,中华书局2011年版,第59页。
② 王夫之:《读通鉴论》卷1,中华书局2013年版,第5页。
③ 严有禧:《漱华随笔》卷1,商务印书馆1936年版,第6页。

是行不通的。

　　王安石父子的《三经新义》与司马光的《资治通鉴》并行当世，而前者走的是变法路径，后者走的是资治路径。在中古历史条件下，总是维系固有王朝体制的资治路径行得通，变法路径往往撞得头破血流（即使变法者如王安石那样英锐、清廉也难免败局）。这便是周秦之变以后两千年历史迂缓、迟滞的一种表现。

　　王安石变法的失败，再次说明周代之制、秦代之制虽提供可资借鉴以更革时弊的某些模型，但绝不可依样画葫芦照搬于现实。任何全然重塑古制的做法都心劳日拙，只能是水中捞月一场空。

[附] 墨、道、法诸家品评周制

儒家是周制的信崇者、维护者、弘扬者，而其他诸子则各从自身学术立场出发，评议周制的长短得失，褒贬互见。

（一）墨家

墨子承袭夏文化，其"尚贤"主张不同于周制的凭等级、血亲任官，而"贵俭""节葬""兼爱""非乐"及敬畏鬼神，更与周制有异。

墨家以崇夏为职志，认为社会混乱导因于人的自私，因自私而有争权夺利以至于战乱频仍，故力主"兼爱""非攻""尚贤"，尤其反对孔子的"爱有差等"说。

孟子反功利，而墨子以为，追求功利是人的自然本性所致。《史记》载太史公言：

> 余读《孟子》书，至梁惠王问"何以利吾国？"未尝不废书而叹也。曰：嗟乎！利诚乱之始也。夫子罕言利者，常防其原也。故曰："放于利而行，多怨。"自天子至于庶人，好利之弊何以异哉！[①]

司马迁对孟子反功利说持肯定态度，认定"利诚乱之始"，又与墨子相通，以为"自天子至于庶人"，皆有"好利之弊"。此为大开大合之卓议也。

墨子撇开宗法伦理说教，揭示周制宗法封建的肇造原因：

> 天子三公既已立矣，以为天下博大，山林远土之民，不可得而一也，是故靡分天下，设以为万诸侯国君，使从事乎一同其国之义。[②]

---

① 司马迁：《史记》卷74《孟子荀卿列传》，中华书局2014年版，第2847页。
② 《墨子·尚同中》。

周制既然是"设为万诸侯国君"的产物,代表"农与工肆之人"的墨子必谴责之。他针对富豪的奢靡,提出"节用";针对权贵的厚葬,提出"节葬";针对王室公侯滥用乐队,提出"非乐"。这些主张,矛头直指宗法等级制,伸张庶众的期望——"官无常贵,而民无终贱,有能则举之,无能则下之"①,"强不执弱,众不劫寡,富不侮贫,贵不傲贱"②,达成"必兴天下之利,除去天下之害"③。这种"尚贤"主张打破宗法血缘关系界限,可以看作战国"宰相制"选贤不依门第做法的思想源头之一。

墨子学说在战国"言盈天下"④,与儒家并为一代显学⑤。秦汉以后,随着专制帝制的确立,法、儒、道家的兴盛,作为庶民之学的墨家亡绝,但其思想影响遍及儒、法、道诸家,有不可取代的贡献。清人孙诒让"覃思十年",撰《墨子间诂》十五卷,使"现代墨学复活"⑥,仅从制度史方面言之,便颇有价值。

(二)道家

道家留恋"小国寡民"的氏族社会,不赞成周制过多干预民众生活,主张"我无为而民自化"⑦。道家创始人老子曾任周朝守藏室之史(相当于国家图书馆馆长),以博学闻名,相传孔子到东都洛邑,"适周问礼",求教于老子。⑧ 春秋末叶天下大乱,老子弃官归隐,走出体制,宣称"礼者,忠信之薄,而乱之首"⑨,认为周制之"礼"隐含社会动乱的根源,带来虚伪、狡诈、贪欲,故须复归自然,"使民无知、无欲",天下实现"无为而治""不言之教"。在权术上,讲究物极必反之理;在修养上,讲究虚

---

① 《墨子·尚贤上》。
② 《墨子·兼爱中》。
③ 《墨子·兼爱中》。
④ 《孟子·滕文公下》。
⑤ 《韩非子·显学》:"世之显学,儒、墨也。儒之所至,孔丘也。墨之所至,墨翟也。"
⑥ 梁启超:《中国近三百年学术史》,中华书局1936年版,第230页。
⑦ 《老子·五十七章》。
⑧ 见《史记》卷47《孔子世家》。《庄子》《礼记》等古典亦载老孔此一会见。
⑨ 《老子·三十八章》。

心实腹、不与人争，反对礼义秩序。老子从周室衰微之际，发现下位之民是君国的根基，"贵以贱为本，高以下为基"①。

秦汉以降的道家，大体继承了老子谴责周制宗法礼学的传统，当然也是继起的君主专权秦制的批判者。西汉《淮南子》记述一个传说故事：

> 昔太公望、周公旦者，受封相见。太公问曰："何以治鲁？"周公答曰："尊尊亲亲。"太公乃曰："鲁从此弱矣！"
>
> 周公问太公曰："何以治齐？"太公答曰："举贤而上功。"周公乃曰："后世必有劫杀之君！"
>
> 其后齐日大，以至于霸，二十四世而田氏代之。鲁日以削，至三十二世而亡。②

这当然是杜撰的故事，却反映了西汉道家对"尊尊亲亲"的周制和"举贤而上功"的秦制的双重批评，透露出黄老"无为而治"的制度取向。

与道家批评周制相类似的是农家谴责周制。农家创始者许行约与孟子同时，可能是楚人，其学托古神农，劝耕桑以足衣食。其一派关涉政治，主张从周制复返原始的无君制度，崇尚"贤者与民并耕而食，饔飧而治"③。"重农""重民"为农家两大主张，《管子》转述其旨："政之所兴，在顺民心；政之所废，在逆民心。"④"取于民有度，用之有止"⑤，重视"修饥馑，救灾荒"，高倡"农本商末"。

（三）法家

法家全面突破周制，反对儒家的"礼"（贵胄等级秩序），实行君主

---

① 《老子·三十九章》。
② 《淮南子·齐俗训》，上海古籍出版社 2016 年版，第 256 页。
③ 《孟子·滕文公上》。
④ 《管子·牧民》。
⑤ 《管子·权修》。

集权。早期法家（见于《管子》）礼刑并重，以刑辅礼，对周制于承袭间有所改造。后期法家（见于《商君书》《韩非子》）鼓励耕战，强本逐末，什伍编户，强行刑法，虐民、穷民，富国强兵，全面否定周代礼制。商鞅重法（君国法制），慎到重势（王者权势），申不害重术（君主驾驭臣民的谋略）。"隆礼重法"的荀子门徒韩非综合法—术—势：法著于竹帛，公之于世，晓喻臣民，运用阴谋诈术，强化君主权势，集法家大成，成为秦皇兼并天下的宗师。法家霸灭周制，废封建、立郡县，废井田、兴私田，废世卿世禄、倡军功授官，建立中央集权的君主制度。如此种种，即为后面章次将要讨论的秦制。

至于儒家，区别于墨、道、法，尊古崇周，第三章已有评议。两汉以降，形成一种看似矛盾的格局：制度以秦制为基干，参以周制；观念上则高张周制旗帜，秦制形隐而神存。

这是因为，汉代以后儒家被推尊为庙堂文化，以平治天下人心秩序；而专权帝王又必须坚执法家利剑，威慑朝廷民间，故而形成观念世界"阳儒阴法"，制度世界"秦主周辅"。这是汉代以下两千年间制度和观念的要领所在。第七章将详加讨论。

第四章　周秦之际制度因革

跨入文明门槛、建立国家的近四千年间，中国制度经历了三次大更革，一为殷周之变（第一章已议），二为周秦之变，三为清民之变（第九章将议）。本章讨论衔接一、三两变的第二更革——"周秦之变"。此一意义重大的制度转捩，发生在东周后期（春秋末、战国）至秦汉帝国建立的四百年间左右，关键段落在战国二百年间，明末清初王夫之（1619—1692）称：

> 战国者，古今一大变革之会也。①

清中叶赵翼（1727—1814）更具论云：

> 秦汉间为天地一大变局。……三代世侯、世卿之遗法始荡然净尽，而成后世征辟、选举、科目、杂流之天下矣，岂非天哉！②

赵翼还指出，自周初封建至秦汉一统，八百年间，由治而乱，由分权而集权。其间制度成规，或废或兴，难以缕述，但郡县之替代封建、个人之脱出宗法，在大变局中却最为要紧。

周秦两制同属世袭王朝，是前后递嬗、相互博弈又彼此交融的两种制

---

① 王夫之：《读通鉴论·叙论四》，中华书局 2013 年版，第 926 页。
② 赵翼：《廿二史劄记》卷 2，上海古籍出版社 2011 年版，第 32 页。

度形态。在这一历史转折关头,周制不仅是更革的起点,亦是更革的对象。

一、周制奠定君治基石

研讨中国君主制度,须从周制议起。

宋人范祖禹(1041—1098)概述古今制度的演绎大势:

> 三代封国,后世郡县,时也……因时制宜,以便其民,顺也。古之法不可用于今,犹今之法不可用于古也。①

宋元之际马端临进而指出,今制与古制存在深刻的内在联系,两汉以下制度,不仅近袭秦制,而且远采周制:

> 爰自秦汉以至唐宋,礼乐兵刑之制,赋敛选举之规,以至官名之更张,地理之沿革,虽其终不能以尽同,而其初亦不能以遽异。如汉之朝仪、官制,本秦规也;唐之府卫、租庸,本周制也。其变通张弛之故,非融会错综,原始要终而推寻之,固未易言也。②

马端临昭示:周秦之际制度变更与周秦二制皆有深度联系,汉代的朝仪、官制源自秦制("本秦规也"),唐代寓兵于农的府卫制、租庸调制源自周制("本周制也")。此为制度史之深见。

人们将西周封建视作"分权"制,然而不可忽略,周的"分权"其意图在"合天下",一是让同姓诸侯拱卫周室,所谓"封建亲戚,以蕃屏周"③;二是控扼四夷,所谓"捍御侮者,莫如亲亲"④,如封齐、鲁以防东

---

① 范祖禹:《唐鉴》卷2,上海古籍出版社1981年版,第42页。
② 马端临:《文献通考·自序》,中华书局2011年版,第1页。
③ 《左传·僖公二十四年》。
④ 《左传·僖公二十四年》。

夷，封晋以"匡有戎狄"①，封燕"北迫蛮貉"②。血亲分封成为宗周统率天下（或曰"合天下"）的不二法门。在这一意义上，周制奠定君治基石，开启一统王朝制度先河。

为达成周室实际掌控天下的目标，武王、周公、成王、康王在中央和地方经营如下政制。

（一）建立中央官制，"设官分职，以为民极"③

相传周初设"八政"，即八种政务官："食"管民食、"货"管财货、"祀"管祭祀、"司空"管工程、"司徒"管教育、"司寇"管盗贼、"宾"管朝觐、"师"管军事④。朝政分工把口，立公、伯两等爵位，相对应于公、卿二级大臣。中央政权设两大官署——主管"三事四方"的卿事寮，主管册命、制禄、祭祀、图籍的太史寮。二者的主官共为辅佐天子的执政大臣，其职衔为太保、太师、太史（西周中期以后仅设太师、太史，主要执政者是掌管军事和行政的太师）。太保、太师、太史封公爵，称"三公"；由四方诸侯入朝廷为卿的称"侯"；由畿内诸侯入朝廷为卿的称"伯"。形成系统的公卿制度，行使中央权力。

太师、太保、太史是爵称，并非实际官称。西周执政大臣的专称为"卿士"（卿事）。《矢令方彝铭》曰："王令周公子明保尹三事四方，受卿事（卿士）寮。"《诗·小雅·十月》称"皇父卿士"，《尚书·洪范》称"卿士维月"，这些"卿士"皆指周王的辅政大臣。直至春秋前期，周执政大臣仍称"卿士"，如《左传·隐公三年》载："郑武公、庄公为平王卿士。"杜注："卿士，王卿之执政者。"

---

① 《左传·昭公十五年》。
② 司马迁：《史记》卷34《燕召公世家》，中华书局2014年版，第1889页。
③ 《周礼·天官·序官》。
④ 《尚书·洪范》。这八种职官是战国时人整理古制的说法，西周并未作如此系统的设置，但大略近此。

（二）宗法制主旨在"合"

鉴于殷商王位传续紊乱造成的弊端（周武王讨伐殷纣，申述的理由多属此类），西周力行大宗、小宗区隔的宗法制，以嫡长子（大宗）继承稳定君统，以余子（小宗）分封实现对天下的分区掌理。前者保证姬姓大宗无可争议地承袭天子之位，杜绝觊觎、争夺之乱；后者是对殷商外服制的发展，以"亲亲"为基旨，又辅以"贤贤表德"，将同姓诸侯、异姓诸侯广封畿外邦国。天子乃天下之大宗，通过封土（封赐居地）、赐民（分配隶属臣民）、命氏（赐予居地国号）、颁赐礼器等举措，以宗法之"合"控制封建之"分"，实现宗统与政统的合而为一，所谓"君之宗之"[1]。天子之于诸侯，诸侯之于大夫，皆大宗统属小宗，形成父权家长制系统之下的王权政制，"天子作民父母，以为天下王"[2]。

（三）设置驾驭封国的具体制度

为了掌控四方，天子不仅依凭宗法关系，以父兄之尊高踞身为子弟的诸侯之上，而且配合有力的行政措施：

一如天子执掌精兵（宗周六师、成周八师）。

二如天子亲征，最精锐的军队随扈天子出征，所谓"周王于迈，六师及之"[3]。以上二者体现天子的军事威权。

三如天子决定各诸侯国卿大夫的任命，所谓"大国三卿，皆命于天子……次国三卿，二卿命于天子，一卿命于其君"[4]。

四如实行监国制，朝廷派遣官员监督殷后人立国之军政，"天子使其大夫为三监，监于方伯之国"[5]。

五如巡狩—朝觐制，天子定期巡视诸侯、诸侯定期朝觐天子。孟子

---

[1] 《诗·大雅·公刘》。
[2] 《尚书·洪范》。
[3] 《诗·大雅·棫朴》。
[4] 《礼记·王制》。
[5] 《礼记·王制》。

描述巡狩制情形曰：

> 天子适诸侯曰巡狩……入其疆，土地辟，田野治，养老尊贤，俊杰在位，则有庆，庆以地。入其疆，土地荒芜，遗老失贤，掊克在位，则有让。一不朝，则贬其爵。再不朝，则削其地。三不朝，则六师移之。①

周天子巡狩天下，其功能是奖惩、督责诸侯，维持王权秩序。

（四）以严刑峻法防范臣民挑战王权

周制规定"凡犯天子之禁，陈刑制辟"②，"诬文武者，罪及四世"③。

以上举措，保证了周王室对天下的有限掌控，天子对诸侯的统领关系定格，王权体制确立。春秋末叶的孔子身处"礼乐征伐自诸侯出"乃至"陪臣执国命"的"天下无道"之世，盛赞"礼乐征伐自天子出"的文武周公时代为"天下有道"之世④，即是追怀西周宗法等级制之下的文明秩序。

春秋战国之交的墨子较早揭示周制在"分权"外观下"一同天下"的意图：

> 夫明乎天下之所以乱者，生于无政长，是故选择天下之贤可者，立以为天子。天子立，以其力为未足，又选择天下之贤可者，置立之以为三公。天子三公既已立，以天下为博大，远国异土之民，是非利害之辩，不可一二而明知，故划分万国，立诸侯国君。诸侯国君既已立，以其力为未足，又选择国之贤可者，置立之以为正长。

---

① 《孟子·告子》。
② 《大戴礼记·千乘》。
③ 《大戴礼记·千乘》。
④ 《论语·季氏》。

正长既已具，天子发政于天下之百姓……①

墨子称天子是天下人"选择"的"贤可者"，这是对帝王的产生作理想化描述，然墨子指出天子立三公，立诸侯、正长，目的是统一政令却是不刊之论：

使从事乎一同其国之义。②

周天子并无"一同其国"的实际威权，但确有此种意愿。实现这一目标的是继周制而起的秦制。

（五）定格王朝政制

周制集三代之治大成，是后世心仪的王政楷范，实行秦制的汉以下列朝竞相宣示"尊周"，并非虚套，而是有实迹可循的。皇帝制度固然是嬴政—李斯君臣们的创制，然其先导实乃周代确立"天子之尊"的王朝政制。《周礼》未直接论及"王"的权力，但概述执行王命的太宰的职权曰：

掌建邦之六典，以佐王治邦国……以八法治官府……以八则治都鄙……以八柄诏王驭群臣……以八统诏王驭万民……以九职任万民……以九赋敛财贿……③

这里所讲的"太宰之职"，都是佐理王权、昭示王权。仅以"八柄诏王驭群臣"一条，便可见王权之梗概。"八柄"即爵、禄、予、置、生、夺、废、诛，包括赏赐臣下和惩罚臣下的各种权力。操八柄以治群臣、用八统以治万民的王，可以分疆授土、封建诸侯、授官任职、设立制度，拥

---

① 《墨子·尚同上》。
② 《墨子·尚同中》。
③ 《周礼·天官·太宰》。

有立法权、治朝权、终裁权、主祭权、统军权等。被晚周儒者理想化的西周王政，正是秦汉以降两千年皇权政治的先驱和榜样。

（六）初立"华夏同源共祖""赤县神州一体"两大理念

限于篇幅，周制的此一贡献不作详议，然周秦以下两千多年间，一直承袭这一传统，通过制度层面和观念层面的协力，构筑民族认同、国家认同，虽难免分裂之时，但统一是人心所向、大势所趋，"华夏同源共祖"（同尊炎黄先祖）、"赤县神州一体"（以天下一统为正道）是周制流传下来的民族共识。

二、周制式微

周制虽有"合天下"的理想，但实行的是周王与诸侯"分天下"的贵族政治，天子封赐诸侯，诸侯建国，有向天子朝贡、提供赋税力役、应征出兵等义务，但诸侯独立性甚强——有世袭领地，统治领地上的民众，管理领地的军、政、财、文事务。如孟子所言："诸侯之宝三：土地、人民、政事。"① 西周实行的这一套制度，至中期以降渐趋式微。

（一）政权逐次下移

周初因王权强势，统治邦国的诸侯在周王掌理天下的总格局之内，分权尚在可控范围，而一旦周室趋衰，诸侯必然坐大，与中央王权分庭抗礼，加之西周中期以降，四夷交侵，周天子威权失坠，史称懿王时"王室遂衰"②，夷王时"荒服不朝"③，西周末年王的权势更江河日下，国人逐厉王即为显例④。

---

① 《孟子·尽心下》。
② 司马迁：《史记》卷4《周本纪》，中华书局2014年版，第178页。
③ 《竹书纪年·周纪》："夷王衰弱，荒服不朝。"荒服指边远地区。
④ 见《国语·周语》。

时至东周，天子尸位素餐，掌控天下的权力散分于诸侯之手：

> 平王之时，周室衰微，诸侯强并弱，齐、楚、秦、晋始大，政由方伯。①

唐人柳宗元称，春秋初天下"判为十二"②，即周室权力被鲁、齐、晋、秦、楚、宋、卫、陈、蔡、曹、郑、燕等十二个诸侯瓜分，进入"王纲解纽时代"。封建权由周天子下移诸侯，进而"公室衰微，大夫专政"，宗法封建的性状变态，周王"天下共主"地位丧失，"天子建国"全然落空，诸侯各自在国内分封卿大夫，可称之"诸侯建国"，如鲁国分封世族，本为陪臣（大夫）的孟孙氏、叔孙氏、季孙氏合称"三桓"。鲁国公元前562年"三分公室"，公元前537年"四分公室"，皆在春秋中晚期。而鲁君完全依附三桓，则在战国时期的鲁悼公时期（前467—前437）。各诸侯国内的执政卿把持权柄，"既有利权，又执民柄"③，如"三桓"长期把持鲁国政务，郑国则"七穆执政"，宋国"三族共政"。春秋后期和战国，列国还屡屡发生大夫"出君""弑君"（此"君"指诸侯），自行更迭国君，"政由方伯"进为"陪臣执国命"。而"田氏代姜"（完成于前476—前392年间）改变了齐国主君的姓氏，"三家分晋"更取消晋的国号，演出卿大夫灭国自立的活剧：晋国正卿魏、赵、韩剖分晋室，于前438年自立为诸侯，而周天子慑于其实力，不得不于前403年给予承认。此开"战国七雄并立"端绪。

宋人司马光主撰《资治通鉴》，开篇即述周威烈王二十三年（前403）"初命晋大夫魏斯、赵籍、韩虔为诸侯"，按语谓："故三晋之列于诸侯，非三晋之坏礼，乃天子自坏之也。"④司马光意识到"三家分晋"昭显"礼

---

① 司马迁：《史记》卷4《周本纪》，中华书局2014年版，第189页。
② 柳宗元：《封建论》，《柳河东集》，上海古籍出版社2008年版，第45页。
③ 《左传·襄公二十三年》。
④ 司马光等：《资治通鉴》卷1《周纪一》，中华书局1956年版，第2页。

坏,则天下以智力相雄长,遂使圣贤之后为诸侯者,社稷无不泯绝",意味着"宗法封建"解体,此乃历史的一大节点,故以其作为编年史《资治通鉴》的起始①。王夫之也有类似观点,他把"侯王分土,各自为政"的战国时期称之"古今一大变革之会也"。这都是颇具历史演运眼光的判断。

(二)军功行赏,世禄制淡出

殷周之际以下数百年间,实行以"世卿世禄"为特征的贵族政治,《尚书·商书》说"图任旧人""世选尔劳"②,《诗·大雅》说"凡周之士,不(丕)显亦世"③,讲的都是商周贵族世袭官位、世受官禄的情形。

与中原各诸侯国承袭殷旧制不同,秦国没有实行过世卿世禄制,楚国在春秋前期已突破世卿世禄制,实行王族血统内"择贤汰劣"的任免制,中原诸侯自战国以降一方面继续世卿制,同时又厉行军功行赏,淡化世禄。

秦国是军功授爵制推行最力者,商鞅变法规定:

> 有军功者,各以率受上爵……宗室非有军功论,不得为属籍。明尊卑爵秩等级,各以差次名田宅,臣妾衣服以家次。有功者显荣,无功者虽富无所芬华。④

略言之,春秋战国间的赐爵食邑制已不同于西周宗法封建。其一,封君在封地仅有"食邑权"而无"治民权";其二,封地内的民户是诸侯的"编户齐民",并非食邑主的臣属;其三,食邑主的世袭性下降,如楚国有收功臣封地爵禄的习惯,所谓"楚邦之法,禄臣再世而收地"⑤,"楚国之俗,功臣二世而绝禄"⑥,这与西周"诸侯始受封,则有采地……其

---

① 见《资治通鉴》卷1《周纪一》。
② 《尚书·盘庚》。
③ 《诗·大雅·文王》。
④ 司马迁:《史记》卷68《商君列传》,中华书局2014年版,第2710页。
⑤ 《韩非子·喻老》。
⑥ 《淮南子·人间训》,上海古籍出版社2016年版,第449页。

后子孙虽有罪黜，而采地不黜"①的情形大相差别。

战国赐爵食邑制的非封建性特点，为秦汉以下历朝在郡县制格局下保持的封爵建藩制所承袭。

（三）世卿制衍为"布衣将相之局"

战国间公卿世袭制衰微，非封建的用人激励机制为列国采用，对士人（包括客卿）论功行赏，燕昭王封乐毅为昌国君、秦孝公封卫鞅为商君，即为名例。杨宽《战国史》附录载，战国间各国封君百余个，其中魏17个、赵33个、韩7个、齐6个、楚53个、燕5个、秦22个②。据考古发现，战国时各国封侯数量实不止此，如在原有记载基础上，考古材料新发现楚封君数十个。③新封君，不少是无贵族身份而有功勋者。

战国前期，列国宰辅皆军政兼职；战国中后期，除楚令尹兼辖军政外，各国先后出现将相分职的宰辅制，将、相各有专守。

周秦之际，平民登上政治舞台成为一种趋势。清人赵翼说：

> 自古皆封建诸侯，各君其国，卿大夫亦世其官，成例相沿，视为固然。④

而晚周以降则别开生面：

> 范雎、蔡泽、苏秦、张仪等，徒步而为相……孙膑、白起、乐毅、廉颇、王翦等，白身而为将。此已开后世布衣将相之例。⑤

---

① 《尚书大传》，上海书店出版社2016年版，第22页。
② 杨宽：《战国史》，上海人民出版社2016年版，第738—748页。
③ 参见郑威：《楚封君研究》，湖北教育出版社2012年版。
④ 赵翼：《廿二史劄记》卷2，上海古籍出版社2011年版，第31页。
⑤ 赵翼：《廿二史劄记》卷2，上海古籍出版社2011年版，第31页。

时至汉初,诸臣除张良出身旧贵族外,萧何、曹参等原为小吏,"其余陈平、王陵、陆贾、郦商、郦食其、夏侯婴等,皆白徒。樊哙则屠狗者,周勃则织薄曲吹箫给丧事者……一时人才皆出其中,致身将相,前此所未有也"①。刘邦统治集团已然由平民出身者组成。赵翼据此指出:"盖秦汉间为天地一大变局。"②

"前世封建"具有传统惯性,难以遽改,遂有楚汉战争及汉初广封异姓王、同姓王,不过众王(除长沙王外)相继败灭,此乃"人情犹狃于故见,而天意已另换新局,故除之易易耳"③。赵翼提出一个颇有深意的命题:汉初对世侯、世卿贵族政治的回归,是主观性的"人情习见"所致,而"布衣将相之局",以及"后世征辟、选举、科目、杂流之天下",皆出于"天意",即客观规律造成,也就是唐人柳宗元所反复强调的:封建制的更革、郡县制的勃兴,"非圣人之意也,势也"④。

(四)士人依附对象从贵胄变为君国

"王权在混乱中代表着秩序。"⑤ 征战不休的周秦之际形成的一统王权,便代表着正在形成的社会秩序。

宗法封建的周代,维系着天子—公卿大夫—士—庶民这样一种多层级的社会秩序,而天子与贵族结成的利益集团形成多元统治体系,其中士与庶民的直接主子是贵族,天子遥不可及,对庶民而言,周天子往往只是一个抽象概念。在这样的等级制社会中,人身依附关系实际存在于民与贵族之间,先秦两汉史书记述不少士人,其效忠对象是宗族领主,如春秋战国以忠节敢死著称的曹沫、专诸、豫让、聂政、荆轲等侠士,义无反顾地献身有恩于己的封建权贵(事见《战国策》《史记》《汉书》),

---

① 赵翼:《廿二史劄记》,上海古籍出版社 2011 年版,第 31 页。
② 赵翼:《廿二史劄记》,上海古籍出版社 2011 年版,第 31 页。
③ 赵翼:《廿二史劄记》,上海古籍出版社 2011 年版,第 32 页。
④ 柳宗元:《封建论》,《柳河东集》,上海古籍出版社 2008 年版,第 48 页。
⑤ 恩格斯:《论封建制度的瓦解和民族国家的产生》,《马克思恩格斯全集》第 21 卷,人民出版社 1965 年版,第 453 页。

所谓"士为知己者死"①。楚人伍子胥（前559—前484）为复父兄仇，借助吴国之力攻陷楚都、鞭尸楚平王，不仅未被时人指为"卖国""叛君"，反而赞之为"烈丈夫"②，屈原作辞追念曰："浮江淮而入海兮，从子胥而自适"③，显示晚周"家重于国"是普遍的社会信念。而至秦汉，前述秩序被突破，宗族长老、封建贵族分掌的经济—政治权力大都被君主国家收夺，王权强化，成为秩序的强势代表，天下人众悉数纳入君国直接统治之下，人们的效忠对象转为皇权国家和皇帝本人。拙著《"封建"考论》有专篇议此④，此不赘述。

周秦之际的重大改制是，君主国家削减封建贵族实权，朝廷成为掌控社会的决定性力量。君国既延续作为自然秩序的宗法之"礼"，更强化朝廷建立的、作为人为秩序的国"法"，而且礼逐渐归附于法，政制"渐有合一之势"，君主国家左右社会的模式得以确立。下以秦代统一文字、货币的示意图，略见"从多到一"的社会整合过程。

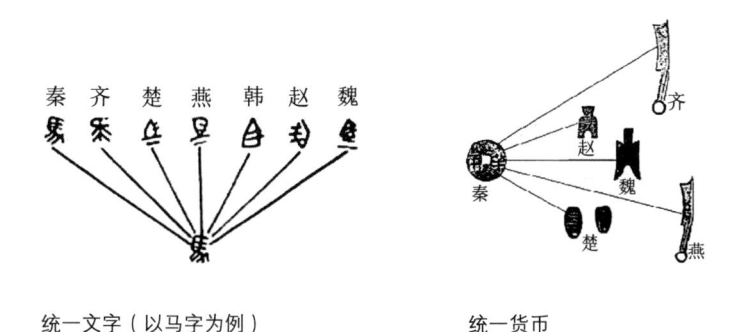

统一文字（以马字为例）　　统一货币

这个统合过程发生在春秋战国，完成于秦帝国建立，此四百余年间

---

① 《战国策·赵策一》。
② 司马迁：《史记》卷66《伍子胥列传》，中华书局2014年版，第2654页。
③ 《楚辞·九章·悲回风》。
④ 见拙著《"封建"考论》第五章第四节"六、从士人效忠对象的变化看封建时代与皇权时代的差异"，中国社会科学出版社2010年版。

实乃"古今一大变革之会"。

三、后世承袭周制,"周"名被多朝沿用

东周以降,周制渐成明日黄花,但周制的某些旨趣却传之久远,如敬鬼神而远之、尊天命、重人伦、重礼教、传宗法,尊君爱民。汉初伏生(伏胜,字子贱)弟子编撰的《尚书大传》记载:

> 纣死,武王皇皇若天下之未定。召太公而问曰:"入殷奈何?"太公曰:"臣闻之也,爱人者,兼其屋上之乌;不爱人者,及其胥余。"[①]

武王在姜太公和周公的推动下,在保存殷朝旧人的同时,"爱人及乌",部分承继前朝的法律和国家架构,实现了王朝间的平稳过渡。这种周制的中和精神,成为一种传统,影响后世。

秦汉以后诸朝皆行秦制的改良版——综合周秦二制的汉制,说明周制虽退出制度主位,其影响续存。

中古以降,多有朝代仿前朝(如汉、唐等)之名,而仿周者尤多,计有四个政权借西周、东周之名,以"周"名国:一如南北朝时期的宇文氏建周朝(史称北周,557—581),二如武则天改唐为周(史称武周,690—705),三如五代时期郭威建周朝(史称后周,951—960),四如清初吴三桂建周朝(史称吴周,1673—1681)。这一现象表明"周"对国人颇具感召力。

源自匈奴的汉化鲜卑族宇文氏在西魏基础上建立周朝(以宇文觉的爵号命名),史称北周、宇文周,历五帝二十四年。宇文周实行开府领兵的府兵制、均田制、户籍制、计帐制,虚怀纳谏、推崇德治、唯贤是

[①] 《尚书大传·大战》,上海书店出版社 2012 年版,第 25—26 页。刘向编《说苑·贵法》有类似记述。

举，颇有周制之风。建都长安，灭齐、统一北方，为隋文帝统一天下奠定基础。

武则天（624—705）"革唐命"，定国号为周，意喻效法周代。在唐人看来，太平盛世唯周、汉两代，唐太宗崇尚汉法，武则天为了与之区别，宣称承周，要以周礼治盛业，实现孔夫子"吾从周"之志，于是重建周朝。

后周第二代帝王周世宗柴荣（921—959）已具兼并天下的实力，有"以十年开拓天下，十年养百姓，十年致太平"[①]的雄心，若不是柴荣中年辞世，在位仅六年，幼子继位，殿前都点检赵匡胤夺取政权建立宋朝，中古时代很可能出现一个国号为"周"的统一王朝。

叛明降清的吴三桂（1612—1678）反清时立国号大周，吴姓出自姬姓，吴三桂以姬周传人自命，意在表明是华夏子孙，企图以立"周"获得汉人的支持。

综论之，周制作为华夏文明的首个成熟形态，在中国文化史上的影响力巨大且长久。

四、春秋更制：以郑执政卿子产为例

（一）封建解纽

周制初创于文武周公之际，成王康王时兴盛，"天下安宁，刑错四十余年不用"[②]。此说未免夸张，但周初尤其是成康之际，社会矛盾平缓，少用刑罚则是事实。其后，随着王室与诸侯国力量对比的变化，周王掌控天下的能力逐渐减退，史载，昭王时"王道微缺"[③]；懿王时"王室遂衰，诗人作刺"[④]夷王时"王室微，诸侯或不朝，相伐"[⑤]；厉王"行暴虐侈傲，

---

① 薛居正等：《旧五代史》卷119《世宗本纪》引《五代史补》，中华书局2015年版，第1841页。
② 司马迁：《史记》卷4《周本纪》，中华书局2014年版，第171页。
③ 司马迁：《史记》卷4《周本纪》，中华书局2014年版，第172页。
④ 司马迁：《史记》卷4《周本纪》，中华书局2014年版，第178页。
⑤ 司马迁：《史记》卷40《楚世家》，中华书局2014年版，第2043页。

国人谤王"①,厉王禁谤,被国人逐出镐京;幽王时更深陷危局,西戎来犯,列侯竟不驰援,以至于宗周陷落,平王东迁,以奉周祀。是为东周。

周制衰落的基础性原因是,西周后期社会矛盾激化,庶众难以忍受统治者的剥削压迫。《诗·国风》中的《伐檀》《硕鼠》诸篇展示了民众的愤怒和另求出路的强烈意愿("适彼乐土")。东周列国统治更趋紊乱,《左传》多载执政卿上报诸侯国面临的危局:晋平公时师旷告"宫室崇侈,民力雕尽"②;齐景公时晏婴告"征敛无度,宫室日更,淫乐不违……民人苦病,夫妇皆诅"③;楚平王时沈尹戌告"今宫室无量,民人日骇,劳罢死转,忘寝与食"④;楚子西称吴王夫差"珍弄是聚,观乐是务,视民如仇"⑤。忍无可忍的国人(国都之士)、野人(乡野庶众)普遍对统治者产生抗拒。公卿贵胄对周王室离心离德,"诸侯朝而归者,皆有贰心"⑥。

西周晚期周制衰颓,平王东迁后,东周列国社会危机继起,竞相涌现改革浪潮,其先锋人物是一些诸侯国的执政卿。

周代设卿大夫,乃天子及诸侯的臣属,其执政者谓"卿士",是周王朝或诸侯国的执政官。春秋时列国皆有执政卿,直接面对并处理"三事四方",了解社会问题之所在,往往顺应国人变制要求,不乏除弊的设想与践行,成为变制前驱,如鲁国的三桓(孟孙氏、叔孙氏、季孙氏),晋国赵文子、韩宣子、叔向,齐国管仲、晏婴,郑国子产,鲁国叔孙豹,楚国孙叔敖,他们多出身宗室,却意识到诸侯厚敛奢侈,"世从其失""公弃其民",这些执政卿对周制作体制内改革,"有施于民","世修其勤",救时之弊。

---

① 司马迁:《史记》卷4《周本纪》,中华书局2014年版,第180页。
② 《左传·昭公八年》。
③ 《左传·昭公二十年》。
④ 《左传·昭公二十年》。
⑤ 《左传·哀公元年》。
⑥ 《左传·昭公十三年》。

（二）春秋兼并

承袭夏商二代的周朝经历了从封建分权到王制一统的过程。清初历史地理学家顾祖禹（1631—1692）统计，夏代有国万余，殷商存者三千余国，周初一千八百国，东周初存一千二百国，经春秋列国兼并，至春秋末存百余国，大国十四。[1]

春秋（前770—前476）是列国兼并的关键阶段，春秋初，见于《左传》的诸侯国一百四十多个，两百多年间，楚兼并五十八国，晋兼并二十四国，齐兼并十三国，秦兼并十四国，鲁兼并十二国，宋兼并十国，郑兼并六国，后来晋被三家分割，鲁、宋、郑被兼并。这是"极混乱紧张的时期"，也是"中国古代贵族文化已发展到一种极优美、极高尚、极细腻雅致的时代"[2]。值此风云际会，一些学养深厚又历世丰富的执政卿目睹"社稷无常奉，君臣无常位"[3]的变局，立意更法，在中国制度变革史中发挥了承先启后的作用。下以郑子产为例略述之。

（三）子产改革：铸刑书、学而后入政

子产（？—前522），姬姓，公孙氏，名侨，字子产，亦称公孙侨，郑穆公之孙，前554年任为卿，前543年（郑简公二十三年）执政，先后辅佐郑简公、郑定公。子产博学、尚辞、通礼，且有强大的执行力，二十余年间推行自上而下的改革，限制贵族特权。

郑简公三十年（前536），子产将郑国刑法铸在鼎上，公之于众，此为"铸刑书"，乃中国史上第一部公示的成文法，破除了贵族阶层对法的垄断，防止司法的随意性。随后晋国"铸刑鼎"，邓析著"竹刑"，公布成文法。据《清华简》的《子产》篇载，子产刑书似已包括"令"与"刑"，且有"郑"（国都）与"野"的区分。[4]

---

[1] 顾祖禹：《读史方舆纪要》卷1，贺次君、施和金点校，中华书局2005年版，第9页。
[2] 钱穆：《国史大纲》，商务印书馆1991年版，第71页。
[3] 《左传·昭公三十二年》。
[4] 李学勤主编：《清华大学藏战国竹简（陆）》，中西书局2016年版，第18—24、136—146页。

子产有道义担当精神,其格言"苟利社稷,死生以之,且吾闻为善者不改其度,故能有济也"[①]。两千多年后林则徐名论"苟利国家生死以,岂因祸福避趋之"即从子产语化出。

子产破除迷信,星占家裨灶预言郑国将大火,子产辟之曰:"天道远,人道迩,非所及也,何以知之?"[②] 裨灶要求用玉器祭神,子产不给,结果"亦不复火"(没有再发生火灾)。子产认为,与其求神消灾不如修行德政。他为政宽猛相济,其政治遗言是:"有德者才能以宽服民,其次莫如猛。"

子产保留民间教育,鼓励言论自由。大夫然明主张毁掉乡人聚会议政的乡校,子产坚持"不毁乡校",开放言禁,他说:庶众的议论,"其所善者,吾则行之;其所恶者,吾则改之。是吾师也"[③]。实为民本思想的先驱。

他打破世卿世禄制,主张学后为政,不赞成无学问者凭贵族身份做官,其言曰:

侨闻学而后入政,未闻以政学者也。[④]

孔子"从先进"之说,与子产此论相似。

子产又是改革井田制的力行者,《左传》载:

子产使都鄙有章,上下相服,田有封洫,庐井有伍。[⑤]

"田有封洫",是整理井田的沟洫经界;"庐井有伍",是把井田的土

---

① 《左传·昭公四年》。
② 《左传·昭公十八年》。
③ 《左传·襄公三十一年》。
④ 《左传·襄公三十一年》。
⑤ 《左传·襄公三十年》。

地庐舍加以调整。此法开始受到抵制，后因提高了庶众生产积极性，农产丰裕，贵族税收增加，人们便转而颂扬子产，并对子产辞世万分惋惜：

> 及三年，又诵之曰："我有子弟，子产诲之；我有田畴，子产殖之。子产而死，谁其嗣之！"[①]

子产改革得罪过一些人，尝遭非议，甚至有人咬牙切齿地咒他死。后来感受到改革的益处，人们又广为颂扬。闻子产去世，孔子叹曰，子产乃"古之遗爱"[②]。明人唐锡周评子产："后半《左传》，全赖此人生色。"[③] 清代有"汲古之彦"称号的姜炳璋（1707—1787）在《读左补义》中说：

> 《春秋》上半部得一管仲，《春秋》下半部得一子产。都是救时之相。[④]

子产诚为春秋后期革新制度以救时的先驱。

五、战国：士的崛起·客卿当政

春秋周纲解纽，礼乐征伐自诸侯出；春秋中期，政权又一次下移，礼乐征伐自大夫出；春秋后期周制大坏，世卿世禄制解体，县制普及，战国时在多国成型。

如果说春秋改革周制的主持人是列国宗室中的明智者（韩宣子、郑子产、齐晏婴等），那么在大争之世的战国，删削周制、设计秦制的，则

[①] 《左传·襄公三十年》。
[②] 《左传·昭公二十年》。
[③] 转引自郑克堂：《子产评传》，商务印书馆 1947 年版，第 165 页。
[④] 转引自郑克堂：《子产评传》，商务印书馆 1947 年版，第 168 页。

是谋求富国强兵的诸侯起用的新兴士人。

（一）公室私门"养士"

在周制的等级系列中，"士"居贵族末端（天子—公—卿—大夫—士），是周文化的承袭者，周王室及公室"立四教，顺先王，诗书礼乐以造士"[1]，又因其居于贵族与庶人交界的边际，兼识上下情状，对社会危机和发展机遇有切近体认。东周礼崩乐坏，学术下移，士摆脱官学桎梏，突破世卿世禄瓶颈，走向广阔的社会空间，思想及政治能量得以释放。游士脱离故国，也不再效忠于原属宗族，对接纳士人的某一诸侯不构成威胁，故游士往往被列国君主起用乃至特别器重，士便成为春秋末以至战国时期富于生机的政治、文化力量。他们不一定拥有财富，却有明确的社会诉求，诚如孟子所谓：

无恒产而有恒心者，惟士为能。[2]

恰在此时，公室（诸侯）与私门（卿大夫）为了扩张势力，竞相"养士"。新的历史条件为士人一展身手提供了壮阔的舞台。

（1）诸侯公室养士

战国初魏文侯"师子夏，友田子方，敬段干木"[3]，对士人"致禄百万，而时往馆之"[4]，"贤人是礼，国人称仁"[5]。

齐国春秋时的桓公，战国时的威王、宣王以好士著称，设立"稷下学宫"，广纳学者，"宣王喜文学游说之士，自如驺衍、淳于髡、田骈、接予、慎到、环渊之徒七十六人，皆赐列第，为上大夫，不治而议论。

---

[1] 《礼记·王制》。
[2] 《孟子·梁惠王上》。
[3] 《吕氏春秋·离俗览·举难》。
[4] 《吕氏春秋·离俗览·期贤》。
[5] 司马迁：《史记》卷44《魏世家》，中华书局2014年版，第2223—2224页。

是以齐稷下学士复盛，且数百千人"①。

楚王任吴起为令尹；燕王招纳乐毅、邹衍（驺衍）；秦招纳商鞅、张仪；六国授苏秦相印；……此皆公室用士名例。

(2) 私门养士

战国时各诸侯国皆有势大财雄的宗室贵族，他们为了扩充实力，不惜重金养士。著称于史的有战国四公子（孟尝君、平原君、信陵君、春申君）的养士。

(齐) 孟尝君田文 (? —前279)，"招致诸侯宾客，及亡人有罪者，皆归孟尝君。孟尝君舍业厚遇之，以故倾天下之士，食客数千人，无贵贱一与文等"②。

(赵) 平原君赵胜 (? —前251)"喜宾客"③，养士数千，有"毛遂自荐""邯郸解围""从谏如流"等用士故事传世。

(魏) 信陵君无忌 (? —前243) 广招门客，"谦而礼交之"④，其礼贤下士、窃符救赵的故事传诵千古。

(楚) 春申君黄歇 (前314—前238) 招门客三千多人，"其上客皆蹑珠履"⑤，厚待门客超过平原君。

此外，秦国相邦吕不韦"亦招致士，厚遇之"⑥，宦官嫪毐"舍人千余人"⑦。贵族高官广为纳士，是战国的普遍现象。

(二) 士的入仕

春秋末，士为公卿任用，战国时军政要职多由士担任，列国变法改制的倡导者多为法术之士。在西周，"士"为下级贵族，"大夫"为担任

---

① 司马迁：《史记》卷40《田敬仲完世家》，中华书局2014年版，第2296页。
② 司马迁：《史记》卷75《孟尝君列传》，中华书局2014年版，第2862页。
③ 司马迁：《史记》卷76《平原君虞卿列传》，中华书局2014年版，第2875页。
④ 司马迁：《史记》卷77《魏公子列传》，中华书局2014年版，第2889页。
⑤ 司马迁：《史记》卷78《春申君列传》，中华书局2014年版，第2907页。
⑥ 司马迁：《史记》卷85《吕不韦列传》，中华书局2014年版，第3046页。
⑦ 司马迁：《史记》卷85《吕不韦列传》，中华书局2014年版，第3048页。

官职的贵族,春秋战国,士纷纷入仕,后来被联称"士大夫",成为举足轻重的政治力量,秦国因广纳来自东方六国士人(客卿)而强盛,魏国因失去吴起、商鞅等士子而势颓。得到或失去士人,直接关系到诸侯国的盛衰,如东汉王充所言:

(战国时的士)入楚楚重,出齐齐轻,为赵赵完,畔魏魏伤。[1]

士本为宗法贵族的下层,承袭着三代文化遗产,战国前后脱离原有宗法系统,成为宦游之士,被列国王者及公室吸纳任用,纷纷从政为官,成为战国改制的要角,两百多年间由求强君王与求变之士联手发起魏国李悝变法、楚国吴起变法、韩国申不害变法、齐国邹忌改革、燕国乐毅改革,成效最著的是秦国商鞅变法。

(三)客卿制度

春秋战国时列国纷纷争取别国人才,谓之"客",授予官爵者称"客卿"。"客卿"之名初出于秦,寒泉子答秦惠王"善我国家,使诸侯,请使客卿张仪"[2],为"客卿"一语首见。

齐、燕、赵、韩、秦皆有客卿制,如"乐毅往来复通燕,燕赵以为客卿"[3],"苏秦详为得罪于燕,而亡走齐,齐宣王以为客卿"[4]。宗法传统较深重的齐、晋、楚等国虽取客卿,但仍以任用旧族、亲戚为主,所谓"其君之举也,内姓选于亲,外姓选于旧""贵有常尊,贱有等威,礼不逆矣"[5],而宗法关系较为淡薄的秦,广用客卿,最富成效。宋元之际胡三省(1230—1302)注《资治通鉴》云:"秦有客卿之官,以待自诸侯来

---

[1] 《论衡·效力》,黄晖:《论衡校释》,中华书局 1990 年版,第 586 页。
[2] 《战国策·秦策一》。
[3] 司马迁:《史记》卷 80《乐毅列传》,中华书局 2014 年版,第 2953 页。
[4] 司马迁:《史记》卷 69《苏秦列传》,中华书局 2014 年版,第 2750 页。
[5] 《左传·宣公十二年》。

者，其位为卿，而以客礼待之也。"[1] 秦之客卿闻名并任重臣者有：

惠王时的魏人张仪，"张仪遂得以见秦惠王，惠王以为客卿，与谋伐诸侯"[2]，（惠文君十年）"张仪相秦"[3]，（惠文王后三年）"张仪相魏"[4]，（惠文王后八年）"张仪复相秦"，（惠文王后十二年）"张仪相楚"[5]；（武王）二年，樗里疾、甘茂为左右丞相；昭王时的魏人司马错任国尉[6]；昭王时的卫人胡伤任将军[7]；昭王时的魏人范雎主持外交[8]；昭王时的燕人蔡泽，"昭王召见，与语，大说之，拜为客卿"[9]。

秦王嬴政时的楚人李斯，"秦王乃拜斯为长史，听其计……拜斯为客卿"。秦国因旧贵族排挤，一度驱逐客卿，李斯撰《谏逐客书》，畅论客卿对秦国富强的贡献，秦王收回成命，再度启用客卿，为扫六合、一天下奠定基础。刘勰赞该文"顺情入机，动言中务，虽批逆鳞，而功成计合，此上书之善说也"[10]。

客卿制具有开放性特征，客士"君有势我则从君，君无势则去"[11]，或此国用则留，彼国用则去，人才处于流动状态。如苏秦兼领六国相印；张仪三拜秦相，一拜秦将，又先后聘为魏相、楚相。动态的客卿制打破了宗法制的封闭，促成了人才更替，如秦国自惠王十年至始皇定鼎天下，任秦相者22人，客卿占18人。

人才的更替，客卿的引入，导致政法的新陈代谢，诚如宋人洪迈所言，"（秦）卒之所以兼天下者，诸人之力也"[12]。此"诸人"即指客卿。

---

[1] 司马光等：《资治通鉴》卷2《周纪二》，中华书局1956年版，第68页。
[2] 司马迁：《史记》卷70《张仪列传》，中华书局2014年版，第2773页。
[3] 司马迁：《史记》卷5《秦本纪》，中华书局2014年版，第260页。
[4] 司马迁：《史记》卷5《秦本纪》，中华书局2014年版，第261页。
[5] 司马迁：《史记》卷5《秦本纪》，中华书局2014年版，第262页。
[6] 见《史记·白起列传》。
[7] 见《史记·穰侯列传》。
[8] 见《史记·范雎列传》。
[9] 《战国策·秦策三》。
[10] 《文心雕龙·论说》，中华书局2012年版，第222页。
[11] 司马迁：《史记》卷81《廉颇蔺相如列传》，中华书局2014年版，第2967页。
[12] 洪迈：《容斋随笔》，上海古籍出版社2015年版，第12页。

清人洪亮吉说:"春秋时列国皆用同姓,唯秦不然。"[1] 战国时秦的封君,大多为外来有功客卿。[2]

六、列国变法

战国是制度更革的时代,为求富强,各诸侯国竞相变法。

(一)魏文侯—李悝变法

战国变法由"三晋"之一、地处中原的魏国开启端绪。

魏文侯(前472—前396),姬姓,魏氏,前403年立为诸侯,师事子夏、田子方、段干木,形成西河学派,为战国初年学术中心,又任卫国平民李悝(前455—前395)为相,卫国平民吴起为将,以"李悝变法"揭开战国改制序幕。

李悝变法,要在提振经济和严明法制两方面。

第一,鉴于西周末叶以降井田制不可挽回地被破坏,李悝变法转而重视私田经营,以"尽地力之教"[3],由此魏国涌现自耕农,"一夫挟五口,治田百亩,岁收亩一石半,为粟百五十石"[4],成为国家的人力财力基础。李悝认为"农伤则国贫"[5],要求拥有私田的农民"因任地力""治田勤谨",发展生产,增加国家收入;行"平籴法"[6],政府在丰年以平价收购农家余粮,防止商人压价伤农,灾年则平价出售,防止商人抬价伤民。政治上削弱世卿世禄制,"夺淫民之禄,以来四方之士","食有劳而禄有功,使有能而赏必行,罚必当"[7]。这些办法"行之魏国,国以富强"[8]。

---

[1] 洪亮吉:《更生斋文甲二》,《洪北江诗文集》,商务印书馆1935年版,第993页。
[2] 杨宽:《论秦汉的分封制》,《中华文史论丛》第一辑,上海古籍出版社1980年版,第25页。
[3] 班固:《汉书》卷24《食货志》,中华书局1962年版,第1124页。
[4] 班固:《汉书》卷24《食货志》,中华书局1962年版,第1125页。
[5] 班固:《汉书》卷24《食货志》,中华书局1962年版,第1124页。
[6] 班固:《汉书》卷24《食货志》,中华书局1962年版,第1125页。
[7] 《说苑·政理》,上海古籍出版社1990年版,第58页。
[8] 班固:《汉书》卷24《食货志》,中华书局1962年版,第1125页。

第二，司法上，建章立制，针对"周衰刑重"，"集诸国刑典，造《法经》六篇"[1]，为中国系统法典之源头，变习惯法、秘密法为成文法、公布法，突出法律的公开性和统一适用性。《法经》已佚，从保存的篇目可略见其法要在"刑"，在司法过程中依刑律法条处置：（1）盗法，关于治财产犯罪的法条；（2）贼法，关于人身犯罪的法条；（3）囚法，关于审判的法条；（4）捕法，关于追捕的法条；（5）杂法，关于禁令（淫禁、狡禁、城禁、嬉禁、徒禁）的法条；（6）具法，关于量刑的规定。《法经》首篇盗法，是处置对他人财产侵犯的法条，说明对财产关系的重视。商鞅在秦国变法，基本采用李悝六法，只是改"法"为"律"；汉初萧何定律，也沿用李悝六法（律），又增三篇，共为九律。

军事方面，李悝注意优化兵源，严格挑选、训练、考核武卒。作为重装步兵的魏武卒，在对阵秦、齐等强国时，一再以少胜多，"大战七十六，全胜六十四，其余均解（不分胜负）"[2]。

李悝变法使魏的国势强盛，先后以乐羊为将，败中山国，以吴起为将，攻取秦国西河（今黄河、洛水之间）五城。以西门豹为邺令、北门可为酸枣令、翟璜为上卿，改革吏制，兴修水利，魏成为战国初期一等强国，"秦兵不敢东乡（向），韩赵宾从"[3]。

魏国变法引起旧世族反弹，他们联袂排挤吴起等布衣改革派，吴起离魏赴楚，公孙鞅、范雎等杰士纷纷出走，魏国变法功败垂成。志大才疏、举措失当的魏惠王以后，魏国由盛转衰。

（二）楚悼王—吴起变法

卫人吴起（前440—前381）早年学儒术，又弃儒学兵，曾任鲁将，败齐兵；往魏国，得魏文侯重用，指挥魏军败秦，占领河西之地，改革兵制，创建魏武卒。因魏武侯猜忌，在魏受排挤，南下赴楚，楚悼王于

---

[1] 刘俊文：《唐律疏议笺解》，中华书局1996年版，第2页。
[2] 《吴子·图国》。
[3] 司马迁：《史记》卷65《孙子吴起列传》，中华书局2014年版，第2638页。

前387—前381年任其为令尹，仿效李悝变制，对楚国政治、经济、军事、法律实行改革，史称"吴起变法"。

吴起对楚悼王讲楚国政治弊端："大臣太重，封君太众，若此，则上逼主而下虐民，此贫国弱兵之道也。不如使封君之子孙三世而收爵禄，绝减百吏之禄秩，损不急之枝官，以奉选练之士。"① 其变法主要内容是抑制封建贵戚特权，传三代即取消爵禄，停止对疏远贵族的按例供给，将内地贵族充实到地广人稀的边远之处。淘汰无能员吏，平治禄秩，拔擢有为之士：

明法审令，捐不急之官，废公族疏远者，以抚养战斗之士。②
罢无能，废无用，损不急之官，塞私门之请，一楚国之俗。③

又健全法制，整军经武。吴起当政期间军功显赫，"南平百越，北并陈蔡，却三晋，西伐秦"④，大败魏国，"马饮于大河"。所著《吴子》为古代军事典籍名篇。吴起与孙武并称"孙吴"。悼王死，贵戚攻杀吴起。继位的楚肃王继续吴起的变法诸策。唐肃宗时，吴起位列武成王庙内，为武庙十哲之一。

（三）秦孝公—商鞅两次变法

战国时期最重要的改制是秦国的商鞅变法。

商鞅（约前395—前338），姬姓，公孙氏，名鞅，卫国国君远支后代。青年时喜刑名法术之学，受李悝、吴起影响。任魏相公叔痤的中庶子，公叔痤向魏惠王推荐鞅，未采纳，鞅携李悝《法经》投奔秦国，改"法"为"律"。

---

① 《韩非子·和氏》。
② 司马迁：《史记》卷65《孙子吴起列传》，中华书局2014年版，第2638页。
③ 司马迁：《史记》卷79《范雎蔡泽列传》，中华书局2014年版，第2938页。
④ 司马迁：《史记》卷65《孙子吴起列传》，中华书局2014年版，第2638页。

刚即位的秦孝公求才革新,发招贤告示:

> 宾客群臣有能出奇计强秦者,吾且尊官,与之分土。①

卫鞅应声入秦。其时秦廷展开应否改革的辩论,客卿卫鞅力陈改革的必要:

> 治世不一道,便国不法古。故汤武不循古而王,夏殷不易礼而亡。②
> 当时而立法,因事而制礼。③

秦孝公(前381—前338)决心图强,经廷辩,"卒用鞅法"。

孝公六年(前356)任卫鞅为左庶长,"卒定变法之令"④,史称"变法初令",为第一次变法,内容有五:

(1)颁布魏国李悝的《法经》,以相互"告奸"的方式严控臣民,"不告奸者腰斩,告奸者与斩敌首同赏,匿奸者与降敌同罚"⑤。

(2)废除世卿世禄制,奖励军功,禁止"私斗",提倡"公斗"(对外争战),颁布二十等军功爵制。

(3)重农桑、抑工商。

(4)焚儒书,禁宦游。

(5)编定户口,"令民为什伍,而相牧司连坐"⑥,民众五户编为一伍,十户编为一什,互相监督检举,有罪用刑,牵连有关系者(连坐),故"什伍"不是社会生活组织,而是施刑用法的基层政权组织。又规定"民有二男以上不分异者倍其赋"⑦。促成贵胄大家族瓦解和农户小家庭化,以

---

① 《资治通鉴》卷2《周纪二》,中华书局1956年版,第44页。
② 司马迁:《史记》卷68《商君列传》,中华书局2014年版,第2710页。
③ 《商君书·更法》。
④ 司马迁:《史记》卷68《商君列传》,中华书局2014年版,第2710页。
⑤ 司马迁:《史记》卷68《商君列传》,中华书局2014年版,第2710页。
⑥ 司马迁:《史记》卷68《商君列传》,中华书局2014年版,第2710页。
⑦ 司马迁:《史记》卷68《商君列传》,中华书局2014年版,第2710页。

消解对王权的威胁并增加国家赋税力役。

孝公十二年（前350）第二次变法，主要内容有：

(1)"坏井田，开阡陌"，通过废除田埂、重整土地，扩大耕地，提升农业产量，承认土地私有，允许土地买卖。

(2) 普设县制，"集小乡邑聚为县，置令、丞，凡三十一县"①。县下辖都、乡、邑、聚，将封建贵族在领邑的权力收归朝廷。

(3) 统一度量衡，控制工商业者逃税，使农业与人口成为政府两大税源。

(4) 从栎阳迁都咸阳。

(5) 厉刑罚，"王子犯法，与庶民同罪"，废除刑不上大夫的周制，是李悝变法、吴起变法的扩大版。

综观商鞅变法，其要义有二：一是改封建为郡县，变庄园为佃耕，变力役地租为实物地租。孝公十二年扩张县制，"并诸小乡聚，集为大县，县一令，四十一县。为田开阡陌"，"十四年，初为赋"②。二是通过"爵秩制"以军功官僚取代宗法贵族，以严刑峻法整治世族，"日绳秦之贵公子"③，以消弭旧的血缘贵族势力。史载：

> 鞅之初为秦施法，法不行，太子犯禁。鞅曰："法之不行，自于贵戚。君必欲行法，先于太子。太子不可黥，黥其师、傅。"于是法大用，秦人治。④

其法条矛头直指封建贵胄，所谓"法不阿贵"，抑制世家，强化君主集权。

经"革法明教"，孝公时"民以殷盛，国以富强，百姓乐用，诸侯亲服，获楚魏之师，举地千里，至今治强"⑤。秦昭襄王时的相国蔡泽说商君

---

① 司马迁：《史记》卷68《商君列传》，中华书局2014年版，第2712页。
② 司马迁：《史记》卷5《秦本纪》，中华书局2014年版，第257页。
③ 司马迁：《史记》卷68《商君列传》，中华书局2014年版，第2715页。
④ 司马迁：《史记》卷5《秦本纪》，中华书局2014年版，第259页。
⑤ 司马迁：《史记》卷87《李斯列传》，中华书局2014年版，第3086页。

变法,"以兵动而地广,兵休而国富,故秦无敌于天下,立威诸侯"①,东汉王充称:

  商鞅相孝公,为秦开帝业。②

  商鞅苛政的另一矛头指向庶众,改变周制(帝王之制)、废除井田,厉行虐民、穷民、愚民(第六章详述),故不仅导致贵胄愤恨,秦因"用商鞅之法,改帝王之制,除井田,民得卖买,富者田连阡陌,贫者亡立锥之地"③,以富强炫世的变法虽得孝公赞许,却在秦国积怨甚深。孝公死,失去依靠的商鞅立即遭到继位的惠王(当年的太子)与众贵族清算,鞅全家诛灭示众,"商君归还,惠王车裂之,而秦人不怜"④。这是厉行虐民政策的商鞅的悲剧下场。
  就商鞅个人遭际言之,没有落得好下场,但商鞅虽败亡如斯,但其变法在秦国推行近二十年,鞅亡后秦国的变法诸策也并未稍减,惠王以降诸秦王无不沿用之、张大之,秦由此富国强兵,奠定一扫六合的基础。此间秦法得以系统成型。云梦睡虎地出土的《秦律十八种》《秦律杂抄》以及《岳麓秦简》和《里耶秦简》《岳麓书院藏秦简》的秦律令⑤,是在商鞅变法基础上修订而成,对官吏、民众管辖森严,设死刑、肉刑、徒刑、迁刑、赀罚⑥,一整套君主集权的法制从此沿用两千多年。
  商鞅在位时仍是军政兼职的宰辅,直到范雎为相、白起为将,才完成将相分置,标志着秦制官僚系统的正式确立。

---

① 《战国策·秦策三》。
② 《论衡·书解》,黄晖:《论衡校释》,中华书局1990年版,第1153页。
③ 班固:《汉书》卷24《食货志》,中华书局1962年版,第1137页。
④ 《战国策·秦策三》。
⑤ 以上出土简牍均有多卷本考古报告和文字整理报告,另见武汉大学简帛中心主办:《简帛》第一辑、第二辑,上海古籍出版社2006年版、2007年版。
⑥ 刘海年:《秦律刑罚考析》,《云梦秦简研究》,中华书局1981年版,第171—206页。

（四）韩昭釐侯—申不害变法

与秦的商鞅变法大体同期，韩昭釐侯（？—前333）起用申不害发起变法。

郑人申不害（前385—前337）比商鞅晚死一年，由"郑之贱臣"被昭釐侯破格拜韩相十五年（前351—前337）。申不害汲取道家"君人南面之术"加以改造，"内修政教，外应诸侯"，内事改革，外谋和平，韩国一跃成为强国。韩的改革以"术治权谋"为尚，所谓"术"，指君主委任、监督、考察臣下的方法，并无明示的法令，由君主暗箱操作，不让臣子知道；臣子当然便以权术应付君主，统治阶层盛行权谋术数，其运行逻辑是：国家安危系于政权稳定—政权稳定系于察奸除害—察奸除害系于知下之明—知下之明系于赏善察奸，由此形成君主独断的恐怖性，以及严密监察的治臣术、治民术。

申不害为富国强兵，尤重土地制度变革，他说："四海之内，六合之间，曰：奚贵？曰：贵土，食之本也。"①力主百姓垦荒种粮，又鼓励手工业，尤其是兵器冶铸业，韩国因以成为利器生产国，时有"天下之宝剑韩为众""天下强弓劲弩，皆自韩出"之说②。韩虽小国，"终申子之身，国治兵强，无侵韩者"③。

申不害变法用"术"有余，定"法"不足，"不擅其法，不一其宪令"④，仅行"术变"、未行"制变"，难以解决社会根本问题，昭釐侯一死，人去政息，顿然转衰。韩国申不害变法不算成功。

战国时列国改制还有：齐威王时的邹忌（前385—前319）改革，燕昭王时的乐毅、邹衍（前324—前250）变法，赵武灵王（前340—前295）倡胡服骑射，等等。这些改革都在一定程度上更革周制，为君主集权的秦制预作前驱。

---

① 李昉等：《太平御览》卷37，中华书局1960年版，第177页。
② 《战国策·韩策一》。
③ 司马迁：《史记》卷63《老子韩非列传》，中华书局2014年版，第2611页。
④ 《韩非子·定法》。

战国列邦变法有两点值得注意：

一者，变法由具有改革雄心的君主与胸怀变制谋略和执行力的士人协同主持，士人不以出生母国为限，随机效力于异邦他国。

二者，列国变法自上而下，突破周制旧规。君主嫡长子继承普行，系统法典纷纷公布，郡县制取代分封采邑制，乡里设什伍，编户渐成。松散的周制联邦向紧密的秦制中央集权过渡：第一，列国以郡县制取代封建制，以君主集权代替宗法分封；第二，由军政兼任的宰辅制变为军政分治的"相制"，促成君主经由直接掌握的官僚系统向独治过渡；第三，官僚薪俸制取代封邑制，政绩考核的上计制（地方政府对中央承担赋役义务的制度，由郡县守、相向朝廷申报一岁治状），都促成君主专制下的官僚政治的完备化。

清人赵翼称，秦汉间"天地一大变局"，恰中周制向秦制转变的底里。

七、君主掌控社会：从周制柔性间接式到秦制刚性直接式

夏商周三代初立一姓世袭的王朝政制，一千七百余年间（夏约四百年，商约五百年，周约八百年），王朝政制呈整合趋向，最终达成皇权一统的秦制的确立。这不是一朝一代实现的，更非一帝一臣所独自成就，而是经过漫长过程完成的共业，其正负两方面的价值也由历史消受。

史载，禹之时，涂山之会，执玉帛而朝者"万国"；商汤之时"三千国"；周武王之时犹有"一千八百国"；至春秋时仅"五十余国"，且相兼并；至战国存十余国，要者"七雄"。

周制盛行于西周，西周晚期周室式微，至东周天子尸位素餐，诸侯力政，列国对外兼并，对内用力于变法改制，宗法封建形同虚设，通过暴力争夺获得执政地位的君主政制驾临天下。这种借助文明力量推行丛林法则的政制，并非在周王室诞育，而是在一些诸侯国纷然兴起。在你死我活的争霸、兼并战争驱使下，列国竞相"变法"，谋求富国强兵，走出贵胄封建的故辙。变法较彻底的秦国赢得兼并战争的胜利，分权的封

建性周制正式让主位于君主集权的秦制。

秦将各个诸侯国集结为一统帝国,在全华夏范围以郡县制取代封建制,又统一六国文字,统一法律、度量衡、货币,修驰道、筑御胡长城,确立中央集权的专制帝国规模。秦制沿用两千余年,承传之长久,置之世界古代中世纪制度史,亦罕见相匹者。

秦汉以后,因"郡县"与"封建"的更替与互渗,直接决定着列朝的制度格局,周制与秦制的优劣短长成为朝野研讨的一大题目。中国历史上具有决定性意义的一次制度论战,发生在秦朝宫廷、皇帝面前,重臣王绾、李斯各执一词,展开激烈的"封建—郡县"之辩。拙著《"封建"考论》有详细陈述,本目仅作简要介绍。

在秦始皇主持的廷议上,丞相王绾建议皇帝分封诸子、宗室和功臣,置王于远地,以屏卫皇室,其言曰:"诸侯初破,燕、齐、荆地远,不为置王,毋以填之。请立诸子,唯上幸许。""群臣皆以为便"[1],唯独廷尉李斯(前284—前208)力辟之,起而申述"置诸侯不便",设郡县则有利于帝国一统:

> 周文武所封子弟同姓甚众,然后属疏远,相攻击如仇雠,诸侯更相诛伐,周天子弗能禁止。今海内赖陛下神灵一统,皆为郡县,诸子功臣以公赋税重赏赐之,甚足易制。天下无异意,则安宁之术也。置诸侯不便。[2]

秦始皇立判"廷尉议是",采纳李斯建策,设三十六郡,郡置朝廷任命的军政官员,废除商周以来的封建制,此为中国历史的一大制度转折。

由秦廷之辩为端绪,自两汉、魏晋、唐宋,直至明清,"封建—郡县"优劣比较论此伏彼起,赞扬或贬斥"封建"的评议,不绝于史[3]。其

---

[1] 司马迁:《史记》卷6《秦始皇本纪》,中华书局2014年版,第307页。
[2] 司马迁:《史记》卷6《秦始皇本纪》,中华书局2014年版,第307页。
[3] 章士钊:《柳文指要》卷3,文汇出版社2000年版,第61—93页。

中最著声名的言论,是唐人柳宗元(773—819)的《封建论》,其文曰:

> 周有天下,裂土田而瓜分之,设五等,邦群后,布覆星罗,四周于天下,轮运而辐集;合为朝觐会同,离为守臣捍城。[1]

柳氏对周初"封建"有精要概括——周革商命,由偏处西边的小邦领有天下,无力直辖广土众民,便将土地及附着于农田的民众封赐同姓及异姓贵族(设五等),由其建邦治理,定期朝觐会同,屏卫京城天子。

近人把这种制度称之"中国周代国体"[2],可简称"周政"或"周制"。其要领有二,一为世袭的贵族政治,二为土地不能买卖的领主经济。周制与欧洲中世纪及日本中世、近世的制度相似,"即封建时代与贵族政治是也。彼此皆列国并立"[3]。

秦朝"二世而亡"(语出贾谊《治安策》:"周为天子,三十余世,而秦受之。秦为天子,二世而亡"),仅历时十五年,是最短命的统一王朝,此当归因秦政暴虐,而秦制却延传百代,其原因须作历史考析。

周秦二制的社会管控方式大相径庭:周制运用自治性的宗法封建组织达成社会动员,就君王而言,这是一种间接的统治方式;就社会中下层而言,从贵族到庶众未必接受天子及朝廷的调配,而只受命于自己的宗族领主,"帝力于我何有哉"。秦制则依凭朝廷官僚系统面对全体社会成员,强征赋役,就君王而言,这是一种直接的统治方式(君王"临民");就庶众而言,须永无休止地应对朝命君旨,劳碌困苦,即使"天高",皇帝也并不遥远。当然,这种直接动员庶众的秦制,确乎可以集中力量办大事,筑长城万里、掘南北运河、修《永乐大典》《四库全书》等

---

[1]《柳河东集》,上海古籍出版社2008年版,第44页。
[2] 梁启超:《论中国与欧洲国体异同》,《清议报》1899年第17册(6月8日)、第26册(9月5日)连载,后又于9月在日本刊物《太阳》第5卷第20号发表。
[3] 梁启超:《论中国与欧洲国体异同》,《清议报》1899年第17册(6月8日)、第26册(9月5日)连载,后又于9月在日本刊物《太阳》第5卷第20号发表。

伟绩，只有直接动员庶众的秦制方可以实现。

间接控辖庶众的周制与直接控辖庶众的秦制，是周秦之变呈现出来的两种君治制度，对于二者的长短优劣，历来争辩不休，难有确论。唐人柳宗元作了较为通达的评议，他依据历史经验指出，汉代兼行郡县（秦制）、封国（周制），"郡邑居半"，而发生动乱时，"有叛国而无叛郡"；唐代并行州郡制和拥兵自重的节度使制，"桀猾时起"（指安史之乱等），"虐害方域者，失不在于州而在于兵，时则有叛将而无叛州。州县之设，固不可革也"①。汉唐历史经验表明，"秦制之得，亦以明矣。继汉而帝者，虽百代可知也"②。柳氏比较周、秦二制得失，作出评判：周代"失在于制，不在于政"；秦代"失在于政，不在于制"。③

明清之际顾炎武认为周秦二制各有利弊，当相互取长补短，他的期待是："有圣人起，寓封建之意于郡县之中，而天下治矣。"④顾氏反对秦因未封建子弟而亡之说，指出："秦之亡，不封建亡，封建亦亡。……中国之所以日弱而益趋于乱也。何则？"他的解析是，如果政治专制，封建、郡县皆有弊害："封建之失，其专在下；郡县之失，其专在上。"⑤而"今之君人者，尽四海之内为我郡县犹不足也，人人而疑之，事事而制之"⑥，故社会的根本出路在克服君主专权。

综观周秦之变，集权的秦制较之分权的周制拥有更强劲的社会动员力、组织力和实行力，因此"秦兴周亡"势在必然，而初兴之秦对社会作超负荷榨取，二世即亡，但具备强劲的社会动员力、组织力、实行力的秦制并未随秦亡而消弭，经过调整后，便为汉朝及以后诸王朝承袭与发展，正所谓"秦亡而秦制不亡"。这里的基础原因是，秦制通过郡县制、编户齐民制直接统辖遍布国中的小农家庭，而高度原子化的分散小

---

① 柳宗元：《封建论》，《柳河东集》，上海古籍出版社2008年版，第46页。
② 柳宗元：《封建论》，《柳河东集》，上海古籍出版社2008年版，第46页。
③ 柳宗元：《封建论》，《柳河东集》，上海古籍出版社2008年版，第46页。
④ 顾炎武：《郡县论一》，《亭林诗文集》，商务印书馆1937年版，第179页。
⑤ 顾炎武：《郡县论一》，《亭林诗文集》，商务印书馆1937年版，第179页。
⑥ 顾炎武：《郡县论一》，《亭林诗文集》，商务印书馆1937年版，第179页。

农家庭没有自组织能力,也没有新的制度构想,只有依附君主国家或贵族的庇佑,方能维持简单再生产和扩大再生产。君主国家可以改朝换代,贵族徽号可以更替,但秦制及其改良版的汉制万变不离其宗,沿用不辍,于是便有"百代皆行秦政法"的漫长历史篇章。

八、封建贵族政治转向君主直辖的平民—官僚政治

周秦之际发生制度更化,清代史学家赵翼说:"盖秦汉间为天地一大变局"①,这是从当政者的成分发生大改变立论的,实现周秦之变的一个关键——从封建贵族政治转向君主直辖的平民政治,进而定位为以考选方式拔擢人才的官僚政治。赵翼追溯周制:

> 自古皆封建诸侯,各君其国,卿大夫亦世其官,成例相沿,视为固然。②

这种情形沿袭经年,至战国先从"在下者起"发生变化,"游说则范雎、蔡泽、苏秦、张仪等,徒步而为相。征战则孙膑、白起、乐毅、廉颇、王翦等,白身而为将"③。这已然开布衣将相之例,但当时执掌权柄的仍是列国世袭贵胄。秦汉交替之际则发生上下沟通的剧变:

> 汉祖以匹夫起事,角群雄而定一尊。其君既起自布衣,其臣亦自多亡命无赖之徒,立功以取将相,此气运为之也。天之变局,至是始定。④

---

① 赵翼著,王树民校证:《廿二史劄记校证》,中华书局1982年版,第36页。
② 赵翼著,王树民校证:《廿二史劄记校证》,中华书局1982年版,第36页。
③ 赵翼著,王树民校证:《廿二史劄记校证》,中华书局1982年版,第36页。
④ 赵翼著,王树民校证:《廿二史劄记校证》,中华书局1982年版,第36页。

刘邦完成的制度性变更，其实是从陈涉起义开端的，陈涉发难大泽乡时高唤"王侯将相宁有种乎"[1]，此为底层庶众首次对传袭久远的贵族政治发出的狮子吼。陈涉军很快在秦末战争中败亡，继起的项羽是楚国旧族，对贵族政治有一种天生的迷恋，得势时便大行封建，完全破坏了秦的流官制、郡县制[2]。这应当说是开历史倒车。而起自民间里巷的刘邦却顺势实行平民政治，王侯将相不再是贵胄良种。试看刘邦政权要角：

> 汉初诸臣，惟张良出身最贵，韩相之子也。其次则张苍，秦御史；叔孙通，秦待诏博士。次则萧何，沛主吏掾；曹参，狱掾；任敖，狱史；周苛，泗水卒史；傅宽，魏骑将；申屠嘉，材官。其余陈平、王陵、陆贾、郦商、郦食其、夏侯婴等，皆白徒。樊哙则屠狗者，周勃则织薄曲吹箫给丧事者，灌婴则贩缯者，娄敬则挽车者，一时人才皆出其中，致身将相，前此所未有也。[3]

赵翼正是从汉初将相大多出自布衣白丁而感叹秦汉之际"为天地一大变局"。不过，刘邦"习见前世封建故事"，称帝前后又大封异姓王及同姓王侯，但从维护皇权一统出发，随后逐次取缔异姓王、削权同姓王，这是制度演进之大势决定的，"人情犹狃于故见，而天意已另换新局……而是时尚有分封子弟诸国，迨至七国反后，又严诸侯王禁制，除吏皆自天朝，诸侯王惟得食租衣税，又多以事失侯，于是三代世侯、世卿之遗法始荡然净尽，而成后世征辟、选举、科目、杂流之天下矣"[4]。清人赵翼透过活生生的历史变故，揭示了中国制度史的一大更革——从封建贵族制转向平民政制和皇权官僚政制。在新朝建立之初，官僚从夺权平民中涌现，所谓"布衣将相"，而布衣卿相并非代表布衣，却是服务皇权的新

---

[1] 司马迁：《史记》卷48《陈涉世家》，中华书局2014年版，第2368页。
[2] 见《史记·项羽本纪》。
[3] 赵翼著，王树民校证：《廿二史劄记校证》，中华书局1982年版，第36页。
[4] 赵翼著，王树民校证：《廿二史劄记校证》，中华书局1982年版，第37页。

官僚。王朝建制后，在帝王主持下，官僚从各阶层中经由考选拔擢，贵族政治退居次席，君主直辖的官僚政治成为主导性制度。

九、中国制度停滞性及其反证：殷周之变—周秦之变—清民之变

由于地理环境、经济基础、社会结构、政治体系的综合作用，中国制度"可久可大"①，保有悠久的恒常性。时至近古和近代，中国制度的近代转型滞后于西欧，便与这种制度恒常性相关。

中世纪晚期和近代早期的西欧人（如元初入华的马可·波罗、明末入华的利玛窦等）较早发现中国制度的稳定性，而率先开始社会近代转型的启蒙时代的西欧人更提出中国制度停滞论。法国思想家伏尔泰（1694—1778）等人依据17世纪来华耶稣会士介绍的中国社会及其人文制度，既仰慕中国文明繁盛及其人文传统，又发现中国制度延绵不变，伏尔泰在《风俗论》中说：

> 这个国家已有4000多年光辉灿烂的历史，其法律、风尚、语言乃至服饰都一直没有明显的变化。②

另一法国启蒙思想家孟德斯鸠（1689—1755）的名著《论法的精神》中多个章节评论中国历史及制度，认定"中国是一个以畏惧为原则的专制国家"，"在亚洲必须永远行使专制权力"，"倘若不实行严酷的奴役制，就会形成自然条件难以承受的割据局面"。指出地理环境的封闭性和强大的君主专制，阻碍社会进步，导致中国制度停滞不前。随着关于东亚社会、制度的信息进一步传入欧洲，力求证明欧洲近代文明先进性

---

① 《周易·系辞上》："有亲则可久，有功则可大；可久则贤人之德，可大则贤人之业。"
② 伏尔泰：《风俗论》上册，梁守锵译，商务印书馆1995年版，第207页。

的欧洲思想界增强了中国停滞论观念。英国休谟（1711—1776）、法国狄德罗（1713—1784）认为中国制度停滞的主因并非地理环境，而是君主专制政治的桎梏。英国经济学家亚当·斯密（1723—1790）从经济制度观察出发，指出："中国长期处在静止状态，其财富在多年前就已达到该国法律制度允许的最高限度。如果改变和提高他们的法治水平，那么该国的土壤、气候和位置所允许的限度，可能比上述限度大出很多。"① 德国黑格尔（1770—1831）在《历史哲学》中，从远离其他文明中心的地理环境、农耕经济、专制政治、宗法社会等方面论述中国制度的经久不移，他说："我们面前最古老的国度没有过去……这个国家过去如此，现在依然如此。因为中国没有历史。"只能等候外因刺激，方可望进步。明治维新以后，日本福泽谕吉（1835—1901）、秋泽修二（1851—1917）、白鸟库吉（1865—1942）根据地理封闭性、集约性小农业的保守性和一元化的专制帝制，阐发中国社会停滞论。20世纪初，德国社会学家马克斯·韦伯（1864—1920）在比较中西经济、文化后，认为唯有新教伦理指引下的西欧才能自生资本主义，对中国制度停滞论作比较文化学解释。以后魏特夫（1896—1988）、费正清（1907—1991）、伊懋可（1938— ）伸发其说，以"高水平均衡论"诠解中国制度停滞。美国华裔学者黄宗智（1940— ）则以"过密型商品化"诠释明清社会顿滞难进。中国学者金观涛（1947— ）20世纪80年代提出"中国社会超稳定系统"假说，认为停滞性与朝代周期性重复更替，导致中国两千多年制度稳定无变。②

上述学人的中国制度停滞论揭示了中国历史的某些真相，其对原因的追探也不乏真知灼见，但中国历史及其制度又绝非止水，而是以其特有形态因时变更，"生生之谓易"③，"二气交感，化生万物，万物生生

---

① 亚当·斯密：《国富论》，郭大力、王亚南译，商务印书馆1974年版，第87—88页。
② 见金观涛、刘青峰：《兴盛与危机——论中国封建社会的超稳定结构》，湖南人民出版社1984年版。以后金氏有多种论著阐发中国"超稳定"说。
③ 《周易·系辞上》。

而变化无穷焉"①。这种变制有别于西方模式,而是由内因引发(当然也有外因强度不一的影响)。德里兹伯格认为"欧洲的昨天将是亚洲的明天",亨廷顿(1927—2008)反驳其说,认为"或许亚洲的昨天将是亚洲的明天"。美国汉学家柯文(1934—)突破欧洲中心观的"冲击—反应"论、"传统—现代"论和"帝国主义"论,转向中国历史内部,从中国自己的角度看待中国制度变迁,这便是"在中国发现历史"。②

以中国制度史而论,在漫长而迂缓的进程中,也发生过三次震古烁今的更革(涉及经济、社会、政治和观念文化)——殷周之变、周秦之变、清民之变,包括制度史在内的中国历史绝不能以"停滞"一言以蔽之。本书在分述周制与秦制的基础上,于探讨中国制度一以贯之的恒久性的同时,着重考析由"三变"所体现的变异性。

---

① 见周敦颐《太极图说》,载黄宗羲:《宋元学案》第 1 册,陈金生、梁运华点校,中华书局 1986 年版,第 497—498 页。
② 见柯文:《在中国发现历史——中国中心观在美国的兴起》,林同奇译,中华书局 2002 年版。

第五章　君主专权的大一统秦制

与"周制"对应的"秦制"一词，未见于晚周时的秦国及各诸侯国，也未见于统一六国后的秦代，却屡见于汉代典册，如《汉书》罗列文武职官，称"皆秦制"；罗列武功爵分二十等，称"皆秦制，以赏功劳"[①]。此系汉代人把秦式制度追称"秦制"之例。

秦制的基本属性是政治大一统，而政治大一统的集中体现便是帝王专权。"大一统"首出《公羊传》[②]，唐人颜师古曰："一统者，万物之统皆归于一也……此言诸侯皆系统天子，不得自专也。"徐彦疏："王者受命，制正月以统天下，今万物无不一一奉以为始，故言大一统也。"《汉书·王吉传》曰："《春秋》所以大一统者，六合同风，九州共贯也。"[③]大，重视、尊重；一统，指天下诸侯皆统系于天子。"大一统"讲的是国家政统、法统的根本在受命于天的天子。秦制承袭周制"天子受命于天"之说，又将其强化为"六合同风，九州共贯"，皇权的形上之道立基于此。

一、王权绝对化

周制是贵族分权制，其物质基础是西周实行的彼此独立、各自经营的封建领主经济，而东周列国开始勃兴的集权于王者的制度（后来称秦制），则依凭新的物质基础——排除分权贵胄的非世袭地主经济。如果

---

① 班固：《汉书》卷19《百官公卿表》，中华书局1962年版，第740页。
② 《公羊传·隐公元年》："何言乎王正月？大一统也。"
③ 班固：《汉书》卷72《王吉传》，中华书局1962年版，第3063页。

说周制是"相对王权",秦制则是"绝对王权",通过绝对王权实现政治大一统。

春秋以降,尤其在战国,周天子尸位素餐,周制解体,列邦制度呈多元状态,东汉文字学家许慎说:"七国田畴异亩,车涂异轨,律令异法,衣冠异制,言语异声,文字异形。"[①] 这与初兴的地主经济的统一诉求不相适应,故孟子、荀子、韩非子等晚周诸子无不呼吁创建"一天下"的新制度。继起的秦制,顺应地主经济培育的统一诉求,以暴力手段集权于君主,实现制度一体化。许慎论述从晚周"诸侯力政,不统于王"的多国异制,变为秦代"初兼天下"成"一统之制"的过程。[②] 作为"天下定于一"这一历史要求的人格化代表秦始皇本人极重视统一建制的功业,曾勒石四方以纪之,如琅琊石刻曰"器械一量,同书文字";之罘石刻曰"普施明法,远迩同度";会稽石刻曰"皆遵度轨"[③]。这"一量""同书""普施""皆遵",在在昭显了秦制的强势君主集权。而秦制的形成,渊源于秦国的历史。

(一)秦人双源与后发优势

秦人先世是居住西戎之间的嬴姓部落,春秋初年,"周室微,诸侯力政,争相并",秦"不与中国诸侯之会盟,夷狄遇之"[④]。

被中原诸侯以不开化的夷狄相待的秦人,起源有东来、西来二说,史载东来说较多,如《史记》称:"秦之先,帝颛顼之苗裔。"[⑤] 传说中的颛顼,活动于今河南濮阳东南,此为秦"东来说",而颛顼是夏族先祖,故秦人是夏族一支。王国维则持"西来说",认为"秦之祖先,起于戎

---

① 见许慎《说文解字·序》。
② 见许慎《说文解字·序》。
③ 司马迁:《史记》卷6《秦始皇本纪》,中华书局2014年版,第333页。
④ 司马迁:《史记》卷5《秦本纪》,中华书局2014年版,第255页。
⑤ 司马迁:《史记》卷5《秦本纪》,中华书局2014年版,第223页。

狄"①,《管子》对秦人有"秦戎"之称②。

考古材料表明秦人有东来、西来两种族源。古人筑墓,墓主头指向祖宗。近几十年的考古发掘显示,秦墓的葬式有墓主头朝西、朝东两类,前者约为西戎裔,后者约为东夷裔,而嬴姓公族墓葬头向从东居多,似乎表明秦人起源于东。又有反证:秦公、秦王陵墓以西向居多。综考之,葬式表明秦人是双源的,张正明(1928—2006)判断:秦人的"公族源于东夷,庶姓源于西戎,前者流行东首葬,后者流行西首葬"③。

双源的秦人受东方的中原文化和西方的戎狄文化二重影响,农耕与游牧相交织,这是秦制生成的初基。

秦兴起于华夏西部边陲,曾被中原人视同夷狄。世界史的通例是:外缘接纳中心区的文明成就,少有历史包袱,锐意拓进,往往后发制人,崛起为新的统领者。西欧的罗马如此,东亚的秦亦如此。战国七强争胜之际,正是文明后发的秦,经孝公、惠王以至秦王嬴政,"吞二周而亡诸侯,履至尊而制六合"④,建立一统天下的森严秦制,运行于中华达两千余年。

(二)广义秦制:帝王专权之制

"秦制"本指秦国—秦朝建立的一国一朝制度,此为狭义秦制。

突破宗法封建制的新制(皇帝制、郡县制、军功授职制、私田制、户籍制等),并非春秋战国时的秦国和秦王朝的独创,实酝酿于东周列国,张大于"一天下"的秦朝,汉代因革之,以后普行又变异于诸朝,故宋人欧阳修说:

秦既诽古,尽去古制。自汉以后,帝王称号,官府制度,皆袭

---

① 王国维:《秦都邑考》,《观堂集林》,浙江教育出版社2014年版,第287页。
② 《管子·小匡》。
③ 张正明:《秦与楚》,华中师范大学出版社2007年版,第15页。
④ 司马迁:《史记》卷6《秦始皇本纪》,中华书局2014年版,第353页。

秦故，以至于今虽有因有革，然大抵皆秦制也。①

近人梁启超归结："中国两千多年的制度，犹秦制也。"②

这些议论皆指广义秦制，是继周制之后中国又一传承久远的君治系统。今议秦制，多指广义秦制。

（三）王权绝对主义

秦制的基本属性是君主专权、王权至上的具体化、系统化，从而也就绝对化，此为秦制第一义。

周制下的各类人群（庶民、士人各级次）名义上从属天子，实际上依附于天子与庶众之间的各级贵族乃至陪臣，而秦制下的人众，已在相当程度上脱离了各种中间环节（如贵族、民间宗社等）的控制，趋于原子化，这些"原子"环绕君王这一"核子"旋转，听命、服务于这个至高无上的核心，这样，公权力高度集中于朝廷及其巅峰——君王个人，实现农耕文明条件下最大限度的君主国家统治。

刘泽华（1935—2018）说："中国传统社会的最大特点是'王权支配社会'。"③笔者基本赞同这一判断，又有补充——"中国传统社会"须作分段解析，传统社会前段所行周制与后段所行秦制，在"王权支配社会"的程度上是大有差异的。

刘氏进而阐发以王权为中心的权力系统特点：

> 其一、一切权力机构都是王的办事机构或派出机构。其二、王的权力是至上的，没有任何有效的、有程序的制衡力量，王的权位是终生的和世袭的。其三、王的权力是无限的，在时间上是永久的，在空间上是无边的，六合之内，万事万物，都属于王权的支配对象……

---

① 《欧阳永叔集》，第6册，商务印书馆1930年版，第12—13页。
② 梁启超：《中国积弱溯源论》，《饮冰室合集·文集》第2册，中华书局1936年版。
③ 刘泽华：《中国的王权主义》，上海人民出版社2000年版，第1页。

其四、王是万能的，统天、地、人为一体，所谓的大一统是也。[1]

应当指出，周制的王权尚未充分实现以上四点，西周天子与贵族分治天下，王权受到诸侯、卿大夫乃至国人的制衡；东周天子则成为尸位素餐的虚君，新的王者（春秋时的诸侯）权力往往被陪臣分割，又在列国争斗中受到牵制，本书二、三章讨论周制，已展示彼时王权的相对性、有限性。而本书四、五、六章指出：战国以降，尤其是秦朝建立后，秦制才全方位实现以上四点，近乎"朕即国家"[2]。故中国制度史似可作这样的纵向分类：

"中国传统社会"前期行周制，天子与贵族分权，又在一定程度上受国人制衡，是一种间接的、相对柔性的君治制度。

"中国传统社会"后期行秦制（汉以降兼采周制），天理、贵戚、官僚、乡治虽约束王权，但臣民终究归附于皇帝威权之下。秦汉及以后列朝实现"王权支配社会"（中有跌宕起伏），至明清方全方位达到直接的、刚性的皇权专制。

（四）国家——帝王的私家产业

周制乃"相对君治"（君主与贵族、国人分权），秦制则可称之"绝对君治"（君主通过直辖官僚系统独掌天下），帝王将国家收作皇族私产。

《史记》载有一个典型故事：刘邦少时"不事家人生产作业""好酒及色"，常去店中赊酒，遭人厌弃，其父责其"无赖"，比不上老二刘仲善于殖产兴业。刘邦中原逐鹿，夺取天下后，未央宫落成，大宴群臣及亲戚。刘邦首先起身为太上皇祝寿，笑谓老父："始大人常以臣无赖，不能治产业，不如仲力。"（当年父亲大人说我"无赖"，不能治家产，不如

---

[1] 刘泽华：《中国的王权主义》，上海人民出版社 2000 年版，第 2—3 页。
[2] 此语出自西欧中世纪末期的法国"太阳王"路易十四（1638—1715）。此君确乎实现了绝对君主制的"朕即国家"。但此制在西欧只维持了短时期（约在 16—18 世纪左右），而中国却延绵两千载。

二哥刘仲得力。）又俏皮地问道:"今某之业所就孰与仲多?"（现在我与刘仲的财富谁更多呢?）言下之意,二哥置了几亩田产,我却得了天下这个最大的产业。这番话引得"殿上群臣皆呼万岁,大笑为乐"①,向皇帝这个巨型产业的拥有者欢呼致贺。

王朝时代的君臣一致认定,天下是皇上产业,正如明清之际黄宗羲揭露"今之君"——"以天下之利尽归于己,以天下之害尽归于人","视天下为莫大之产业,传之子孙,受享无穷"②,朝廷一切事务皆属皇上一己之私,臣民少有参与国务的可能。

梁启超 1901 年指出,中国衰弱之根源,在于"不知国家与国民之关系",本来,国民是国家的"原主人",而帝制却"以国家为彼一姓之私产,于是凡百经营,凡百措置,皆为保护己之私产而设",把民众视为压榨、防范对象,"但使能挫其气,窒其智,消其力,散其群,制其动,则原主人永远不能复起"③。梁氏将帝王奴役民众的法术归纳为四:"驯之之术,餂（诱取）之之术,役之之术,监之之术",诚为对帝制役民治国的如实概括。

二、车同轨—书同文—行同伦:统一民族国家形成

秦制的一大历史贡献是建立统一民族国家。

周代已初成王者名义掌控的"天下",所谓"礼乐征伐自天子出",但周制贵族分权,是"王与贵胄共天下",而秦制"由封建式的统一,转变而成郡县式的统一,……内部的政治形态改变了"④。秦扫平"六合"（东西南北上下谓"六合"）,"建立起统一的中央集权的以汉族为基干的民族

---

① 司马迁:《史记》卷 8《高祖本纪》,中华书局 2014 年版,第 486 页。
② 黄宗羲:《明夷待访录·方镇》,何朝晖点校,凤凰出版社 2017 年版,第 25 页。
③ 梁启超:《中国积弱溯源论》,《饮冰室合集·文集》第 2 册,中华书局 1936 年版,第 28 页。
④ 钱穆:《中国文化史导论》,九州出版社 2011 年版,第 9 页。

国家"①，范文澜（1893—1969）在20世纪50年代初提出此说，意在纠正斯大林把民族限定为近代概念的武断之论，这在斯大林气势如虹的当时，是需要颇大学术勇气的。范老之说符合中国历史的实际：有同一文字、同一经济生活、同一政权控制的统一国家，并非始于近代，而是酝酿于战国，成型于秦朝。统一民族国家形成，中国早于欧洲两千多年。范老说也有需要修正处——应当把"以汉族为基干"改为"以华夏为基干"，因为"汉族"因汉朝得名，汉以前称"华夏"或"诸夏"（春秋开始通用），"汉人"初用于汉代，正式定名于五胡十六国时期。"民族"一词近代方用，"汉族"之名因以生成。

经济、政治、文化、伦理上的联合乃至同一，在秦代初步完成。《礼记·中庸》对其时的文化一统有精要概述：

今天下，车同轨，书同文，行同伦。②

朱熹确认《中庸》为孔子孙子思（前483—前402）撰，并注曰："今，子思自谓当时也。轨，辙迹之度。伦，次序之体。三者皆同，言天下统一也。"③而清人崔述则断言："《中庸》必非子思所作。"④实考之，作为西汉礼家戴圣编纂的49篇本《小戴礼记》中的第31篇，《中庸》成于秦汉之际，定本于汉宣帝时，文中的"今"，约指秦统一天下之时。只有这一期间，方有可能车同轨、书同文、行同伦。《史记》称，秦始皇二十六年（前221），"收天下兵，聚之咸阳，销以为钟鐻，金人十二，重各千石，置廷宫中。一法度、衡石、丈尺。车同轨，书同文字"⑤。

"车同轨"，指全国车辙阔狭相同，规定车辆上两个轮子的距离一

---

① 见范文澜1942年出版的《中国通史简编》，1950年发表的《试论中国自秦汉时成为统一国家的原因》。
② 《礼记·中庸》。
③ 朱熹：《四书章句集注》，中华书局1983年版，第36页。
④ 崔述：《洙泗考信录》卷3，丛书集成初编本，中华书局1985年版，第56—57页。
⑤ 司马迁：《史记》卷6《秦始皇本纪》，中华书局2014年版，第307—308页。

致，车行方便。此举与修驰道相关，秦代拆除列国为自守而设置的关塞、堡垒，消除流通障碍。自秦始皇二十七年（前220）起，陆续修建以咸阳为中心的三条驰道，全长1800里，道宽50步，车轨宽6尺，便于物资、人员交流和军队调动。《汉书》说：秦"为驰道于天下，东穷燕齐，南极吴楚，江湖之上，濒海之观毕至。道广五十步，三丈而树"①。修驰道，"车同轨"，促成政令畅达、经济融通。与秦帝国修驰道大体同期，波斯帝国也修王道。

"书同文"，指统一战国时列国异形文字，合用"小篆"（又称秦篆，李斯在西周大篆基础上省改而成）。许慎《说文解字叙》称：秦时"罢其不与秦文合者"②，由丞相李斯作《仓颉篇》、中车府令赵高作《爱历篇》、太史令胡母敬作《博学篇》共3300字为范本，公行天下。此外，狱吏程邈将小篆圆转笔画改为方折，字形扁平，受到传抄公文的徒隶的欢迎与使用，故称"隶书"。秦代官方文件用小篆书写，非官方文件用隶书抄录。小篆、隶书成为通用文字，打破了差异极大的方言及列国异文造成的语文隔阂，有利于政令颁行、文化传播。书同文使得"知天下之至啧而不可乱也。今叙篆文，合以古籀，博采通人，至于小大，信而有证"③。与秦帝国"书同文"相类似，波斯帝国也统一文字。东西两个古代帝国不约而同地从事文化一体化。

统一货币及度量衡。战国时各国货币及度量衡不一致，制约经济发展。秦把货币确定为上币（黄金币）和下币（圆形方孔铜钱，半两为单位，谓"秦半两"，重约8克），规范全国货币④。又制定度量衡标准，颁布四十字诏书，"法度量则不一，歉疑者，皆明壹之"⑤。刻有诏书的标准器具发往各地，强行使用。此类器具近数十年在各省多有出土，表明秦时统一度量衡普及全国。统一货币与度量衡，便利商品交换、经济交流，

---

① 班固：《汉书》卷51《贾山列传》，中华书局1962年版，第2328页。
② 许慎：《说文解字·序》。
③ 许慎：《说文解字·序》。
④ 见《汉书·食货志下》。
⑤ 吴大澂：《愙斋集古录》，第24册，秦始皇廿六年权文。

促进共同市场建立,使国家政令意旨广布天下。所谓"器械一量,同书文字。日月所照,舟舆所载。皆终其命,莫不得意"①。

"行同伦",指日常行为要遵从统一的道德与规范,强化君国意识形态的同一性,如秦始皇巡游梁父山时,勒石记功所语:"治道运行,诸产得宜,皆有法式。大义休明,垂于后世,顺承勿革。"②

秦在"六王毕,四海一"的过程中,先后实现"车同轨,书同文,行同伦",大体终结"田畴异亩,车涂异轨,律令异法,衣冠异制,言语异声,文字异形"的割裂格局③,从国家制度层面奠定了统一民族国家的物质—精神基础。汉代又沿秦迹强化之。如汉代沿用秦法,朝廷垄断货币铸造,西汉后期一百年铸造 280 亿枚铜币,全国统用五铢钱(重约 3 克),此钱一直流通到唐代。秦汉帝国政治、经济、文化统一的实在性及其力度,较之大约同期的欧洲罗马帝国、南亚孔雀王朝,皆有过之而无不及。

三、皇帝制度:"独制于天下而无所制"

秦制强势支配全社会,首先依凭君主专权的皇帝制度——"法出于一""天下之事无大小皆决于上"④的皇帝制度。整个王朝以皇帝为主宰,全体臣民都是皇帝的仆从,皇帝与王朝二而一,朕即国家。

在"大同"传贤之世,天下可以无君,故尧崩三年,无意于帝位的舜避于南河之南,世间运转无碍;而"小康"传子之世,"天下不可一日无君",因为君主已成社会的真实把持者,不过有一个从相对把持到绝对把持的演变过程。

传子之世的早期——夏商周是松散的君主制,其成熟形态的周制,

---

① 司马迁:《史记》卷 6《秦始皇本纪》,中华书局 2014 年版,第 314 页。
② 司马迁:《史记》卷 6《秦始皇本纪》,中华书局 2014 年版,第 312 页。
③ 范文澜:《中国通史简编(修订本)》第二编,人民出版社 1964 年版,第 11 页。
④ 顾炎武:《日知录》卷 8,"法制"条,《日知录集释》,中华书局 2020 年版,第 441 页。

王与多级贵族分权，呈柔性君治。西周晚期，周室式微；至东周，天子更成虚君，王权转移到诸侯之手。因列国相互制衡，战国时的列国王制，其权力场尚保有相当的自由空间，孔孟可以游说列国之间，各类士人可以选择诸侯，诸侯则须放软身段争取士子，王权尚未确立独断地位。《孟子》《庄子》《荀子》《吕氏春秋》等诸子书对君—士交游、论辩的描述，证实了这一状况。而周秦之际建立的秦制则将君主集权推向绝对主义的新高度。

（一）秦国及秦朝帝王：勇猛、专权

战国两百余年，列国变法的基本内容是削弱分权贵族，达成君主集权，一统天下的秦王朝正式确立至高无上的皇帝制度。

秦帝王是凶猛嗜血的，这与秦国的立王传统相关。受西戎影响的秦国不同于行周制的东方诸国，没有形成完备的宗法制度，君主及贵胄并未实行嫡长子继承制，而是"择勇猛者立之"①，这是战争环境的产物："勇猛者"方可率众杀敌取胜。韩非说："夫王者能攻人者也"②，《战国策》谓："制杀生之威之谓王"③，都是强调王者拥有进攻性和超级暴力。秦国君王每有"虎狼"之称，正与此有关，而这种虎狼式的勇猛残暴精神直接传递到秦始皇身上。《史记》载曾任秦国尉的魏国人尉缭对秦王嬴政的描述，昭显了帝王的此一特征：

> 秦王为人，蜂准，长目，挚鸟膺，豺声，少恩而虎狼心，居约易出人下，得志亦轻食人。……诚使秦王得志于天下，天下皆为虏矣。不可与久游。④

---

① 《春秋公羊传·昭公五年》。
② 《韩非子·五蠹》。
③ 《战国策·秦策三》。
④ 司马迁：《史记》卷6《秦始皇本纪》，中华书局2014年版，第297—298页。

典型的秦制帝王不仅是凶悍嗜血的,更拥有无限的权欲,掌控天下权势是帝王的渴求。秦朝丞相李斯深知此中奥义,奏陈皇帝应当"身尊而势重","明君独断,故权不在臣也","明主圣王之所以能久处尊位,长执重势,而独擅天下之利者,非有异道也,能独断而审督责,必深罚,故天下不敢犯也"①。秦始皇死后,李斯为保住自己的爵禄,上书阿谀秦二世,给强势君制下的君臣上下关系作如下规定:

> 夫贤主者,必且能全道而行督责之术者也。督责之,则臣不敢不竭能以徇其主矣。此臣主之分定,上下之义明,则天下贤不肖莫敢不尽力竭任以徇其君矣。②

又进而为君主专权制度的人格代表——皇帝提供涯无边际的权力空间:

> 是故主独制于天下而无所制也,能穷乐之极矣。③

表述了专制帝王的无界权力——独自管辖天下一切要务,却不受任何机构、任何力量制衡。这样的帝王方"穷乐之极"。

秦始皇登极前后,其君其臣大力推动独制天下而不受任何制约的皇帝制度,使之耸立于万民之上、社会之巅。

(二)宗法世袭,皇帝神化、圣化

秦制更变了周制封建,却大体保存了周制宗法,其皇帝制度谨守宗法世袭,抛弃了推举贤者作君主的原始民主遗风。秦汉以降诸王朝的皇位继承基本沿袭嫡长子继承制,此制要义在维系王权递嬗的秩序,有助

---

① 司马迁:《史记》卷87《李斯列传》,中华书局2014年版,第2098页。
② 司马迁:《史记》卷87《李斯列传》,中华书局2014年版,第2099页。
③ 司马迁:《史记》卷87《李斯列传》,中华书局2014年版,第2099页。

于社会稳定，却也导致昏暴君主的频出。清初唐甄指出："治天下者惟君，乱天下者惟君。治乱非他人所能为也，君也。"①而秦制帝王全凭皇室血脉相承，"帝室富贵，生习骄恣，岂能成贤？是故一代之中，十数世有二三贤君"，"其余非暴即暗，非暗即辟，非辟即懦。此亦生人之常，不足为异。惟是懦君蓄乱，辟君生乱，暗君召乱，暴君激乱"②，"一代之中，治世十一二，乱世十九八，……君之无道也多矣，民之不乐其生也久矣"③。这便是皇帝制度造成的历史悲剧。

试图通过宗法世袭传之万代的皇帝制，要获得永久的无上权威，便需要将皇帝神化、圣化，使天下臣民迷信、崇拜。其一是承袭周制，尊皇帝为天子，宣称接受天命，又把皇帝喻为神物龙，如秦始皇称"祖龙"，自诩"祖龙，人之先也"④，以烘托神性。其二是帝王宣称"体道"，所谓"明一者皇，察道者帝"⑤，皇帝"圣德广密，六合之中，被泽无疆"⑥，故称"圣上"。

神化、圣化皇帝，为其掌握政权、军权、财权、思想文化权造势，此乃皇帝制度的题中之义。

（三）立至高无上的"皇帝"尊号

君主要天下臣服，必先正名，拥有无限尊贵的称号，这便是"皇帝"。

(1) "皇帝"号渊源

秦始皇专"皇帝"之号以前，皇帝一名已然出现，《尚书》载，周穆王说："皇帝哀矜庶戮之不辜"，"皇帝请问下民鳏寡有辞于苗"⑦之语，这里的"皇帝"是对古帝王（如尧）的尊称，《庄子》谓："是皇帝之所听

---

① 黄敦兵：《潜书校释》，岳麓书社2011年版，第91页。
② 黄敦兵：《潜书校释》，岳麓书社2011年版，第92页。
③ 黄敦兵：《潜书校释》，岳麓书社2011年版，第92页。
④ 司马迁：《史记》卷6《秦始皇本纪》，中华书局2014年版，第330页。
⑤ 《管子·兵法》。
⑥ 司马迁：《史记》卷6《秦始皇本纪》，中华书局2014年版，第333页。
⑦ 《尚书·吕刑》。

荧也"①，此处"皇帝"是指三皇五帝，尤其指黄帝。《管子》对皇与帝有分说："明一者皇，察道者帝。"②以上皆先秦之语。秦以后典籍有追述古义论皇帝者，如《毛诗正义》《诗谱序》云："德合北辰者皆称皇，感五帝座星者皆称帝"③，东汉蔡邕《独断》云："皇帝至尊之称。皇者，煌也。盛德煌煌，无所不照。帝者，谛也。能行天道，事天审谛。故称皇帝。"④

(2) "皇帝"的前驱——夏商周君主称号

夏代君主多称"后"，商代称"王"，商汤灭夏，以武功著称，号"武王"。从武丁以后，殷人称先王为"帝"（《甲骨文合集》多有此类载述），殷王自称"帝子"，殷末二王加帝号，称帝乙、帝辛（即殷纣王）。为显示至高无上、独一无二，商王自称"一人"或"予一人""余一人"⑤。

周代君主称"王"，至春秋时期，诸侯争霸，还以"尊王"号召天下（如五霸之首齐桓公高张"尊王攘夷"旗帜）。

周王又称"天子""天王"。此二称号多见于《诗》《书》《礼》和周金文。《周易》已有"天子"说，"公用亨于天子，小人弗克"⑥，意谓公共资源全由天子掌理，民众不可染指。《礼记》曰：

> 君天下曰天子……临诸侯，畛鬼神，曰有天王某甫。崩，曰天王崩。复，曰天子复矣。告丧，曰天王登遐。⑦

夏商周兼行天神—山岳崇拜，周人尊祀岐山、嵩山、泰山，视大岳为祖先会聚的"天室"而顶礼之，周武王便称自己是泰山的"曾孙"⑧。

---

① 《庄子·齐物论》，一作"黄帝"。
② 《管子·兵法》。
③ 《诗谱序》孔颖达疏。
④ 蔡邕：《独断》，上海古籍出版社1990年版，第2页。
⑤ 《尚书·汤誓》。
⑥ 《易·大有·九三》爻辞。
⑦ 《礼记·曲礼下》。
⑧ 《墨子·兼爱中》。

东周诸侯每每称某大岳的后代,如姜姓的齐、许等国称"大岳之后""四岳之后"。周人形成以中岳嵩山为中心的"五岳崇拜",以后又推泰山为"五岳之首""天下第一山"。历代帝王的登泰山"封禅",正式举行封禅大典的有西汉武帝、东汉光武帝、唐高宗、唐玄宗、宋真宗等。打算封禅而未成行者有魏明帝、宋文帝、梁武帝、隋文帝、唐太宗、宋太宗等。南宋以降,将封禅与郊祀合一,未登泰山。

天子还称"君",君原指长民,即万民之主,君、君王、君主成为历代帝王的通称。

周代分封贵胄称"公"或"侯""伯",春秋末至战国,诸侯渐次称王,先后次序为:楚—齐、魏(二国同时称王)—秦—燕、韩(二国同时称王)—赵。

(3) 一统天下的秦始皇正式以"皇帝"作君王正号

公元前247年,12岁的嬴政即秦王位。经过一段时间养精蓄锐,秦人大举东出,自公元前230年(嬴政29岁)至公元前221年(嬴政38岁),先后灭亡韩、赵、魏、楚、燕、齐六国,建立一统天下的秦王朝。嬴政登上权力极峰,立即为自己制定新名号:集古帝王、夏商周三代王者尊号之大成,创制空前宏伟的帝称。

嬴政从先辈那里继承的称谓是秦王(秦国君主初称公,自秦惠文王起称王)。"王"字(殷墟甲骨文作𤣩,周金文作王)三横一竖,三横代表天、地、人,一竖代表贯通,"王"指贯通天地人的最高统治者;"王"又是斧的象征,表示暴力统辖万方。

君主皆称王,《尚书》所载商周国君曰"王",《春秋》则曰"天王",因春秋时楚、吴、越皆僭称王,故周天子加"天"以区别之,"称天王,以表无二尊"[①]。

扫平六国、一统天下的嬴政对"秦王""天王"之称已不满足,遂召集朝会,令丞相、御史、廷尉议"上尊号"。嬴政说:"寡人以眇眇之身,

---

① 顾炎武:《日知录》卷4,"天王"条,《日知录集释》,中华书局2020年版,第184页。

兴兵诛暴乱，赖宗庙之灵，六王咸服其辜，天下大定，今名号不更，无以称成功，传后世。其议帝号。"①群臣纷纷追随，称颂其"五帝不能及"，当"上尊号"，丞相王绾、廷尉李斯等奏称，上古有天皇、地皇、泰皇，泰皇最贵，可改王为"泰皇"。嬴政认为自己"德兼三皇，功盖五帝"②，遂决断：

> 去"泰"著"皇"，采上古帝位号，号曰"皇帝"。……朕为始皇帝，后世以计数，二世三世至于万世，传之无穷。③

朝会最终决定，汇集三皇五帝之名而成崇高至极的"皇帝"号。

"皇"意辉煌、大、美好，指上天；"帝"为"蒂"的初文，意花蒂、根蒂，乃生命发祥之处，因其有生育之功谓之帝。"皇帝"兼取上天和生命之源的双重意蕴。

皇帝的命令称"制"或"诏"，印称"玺"，皇帝自称"朕"。皇帝的自称有"予一人"④"寡人""孤"，皆凸显唯一性。"朕"是秦始皇规定的正式自称，字义"我"或"我的"，本乃泛用的第一人称，如屈原《离骚》有"朕皇考曰伯庸"，此"朕"是普通人自称，被秦始皇专用后，取"天下皆朕，皇权独尊"之义，常人不再称朕。

（4）两汉以降皇帝称号的沿袭及演绎：陛下、万岁、尊号、谥号

汉代继承秦的皇帝制全套称号，并使之完备，东汉末蔡邕（蔡文姬之父）概述帝王称谓说：

---

① 司马迁：《史记》卷6《秦始皇本纪》，中华书局2014年版，第303—304页。
② 据《尚书》《史记》，"三皇"指伏羲（羲皇）、燧人（燧皇）、神农（农皇）；"五帝"指黄帝、颛顼、帝喾、尧、舜。
③ 司马迁：《史记》卷6《秦始皇本纪》，中华书局2014年版，第304页。
④ "予一人"较早见于盘庚迁殷的训词"惟予一人有佚罚"（《尚书·盘庚篇》）；又见商汤伐夏桀的誓词："夏德若兹，今朕必往。尔尚辅予一人，致天之罚。"此出自伪古文尚书之《尚书·汤誓》。

汉天子正号曰"皇帝",自称曰"朕",臣民称之曰"陛下",其言曰"制诏",史官记事曰"上"。车马衣服器械百物曰"乘舆",其所在曰"行在所",所居曰"禁中",后曰"省中"。印曰"玺"。所至曰"幸",所进曰"御"。其命令,一曰"策书",二曰"制书",三曰"诏书",四曰"戒书"。①

皇帝通称"陛下",有一个曲折的转义过程。"陛",指皇殿里的台阶,汉人应劭曰:"陛者,升堂之阶。"《说文解字》云:陛,"升高阶也。从阜,坒声"。本义台阶。帝王在皇殿高坐,侍者(宦官或护卫之兵)立于阶陛之侧。朝见皇帝的群臣在宫殿进言,不敢直接对皇帝说话,而只能通过立于阶陛的侍者转述,于是"陛下"便从站立阶陛的宦官、卫兵转义为皇帝本人,成为臣子对帝王的尊称。蔡邕《独断》说:"谓之陛下者,群臣与天子言,不敢指斥天子,故呼在陛下者而告之,因卑达尊之意。"与此相类,对皇后、皇子、诸王称"殿下"(因皇后、皇子住某某宫殿),对显宦达官称"阁下"(因高官的官署称某某阁),都是如此演化而来。

汉代称皇帝"万岁",此源于西周的一个祝词"万年无疆"(多见于周金文),是将其简化,本意是永远存在,历万年、万代。作为祝福人长寿的颂词,汉代演为臣民对帝王的尊称,或作君王死亡的讳称。一说始于沛公(刘邦)语:"游子悲故乡,吾虽都关中,万岁后,吾魂魄犹乐思沛。"② 一说始于武帝,《汉书·武帝纪》载:"在庙旁吏卒或闻呼'万岁'者三,登礼罔不答。"③ 汉以降列朝皆对皇帝山呼"万岁"。

因秦政暴虐,激化社会矛盾,以致"二世而亡",但秦朝开端的皇帝制却长期延续,自公元前221年嬴政称皇帝,至1912年清宣统溥仪退位,

---

① 蔡邕:《独断》卷上,上海古籍出版社1990年版,第2页。
② 司马迁:《史记》卷8《高祖本纪》,中华书局2014年版,第489页。
③ 班固:《汉书》卷6《武帝纪》,中华书局1962年版,第190页。

中国皇帝制历 2132 年，上位皇帝 422 人。

为了显示至高无上的尊贵，历代帝王死后设奉祀用的庙号，如清康熙帝玄烨庙号"圣祖"，乾隆帝庙号"高宗"，死后由礼官拟谥号（康熙帝谥号"合天弘运文武睿哲恭俭宽裕孝敬诚信功德大成仁皇帝"，乾隆帝谥号"法天隆运至诚先觉体元立极敷文奋武钦明孝慈神圣纯皇帝"），定尊号（大臣给康熙帝拟 12 个尊号，他未接受；乾隆尊号同谥号）。世上最尊贵、神圣的辞藻一概用上。

（四）九五之尊

皇帝制的基旨是"天无二日，土无二王，国无二君，家无二尊"[①]。天下定于一尊，此"尊"便是皇帝。皇帝的诸自称（朕、孤、寡人等）皆强调"独一无二"：尊位唯一、权势独操、天下独据。所谓"今皇帝并有天下，别黑白而定一尊"[②]，享"九五之尊"。依《易》理，数字分为阳数（奇数）与阴数（偶数），阳数中九为最高，五居正中。《易·乾卦》云："九五，飞龙在天，利见大人。"唐人孔颖达疏："言九五阳气盛至于天，故飞龙在天……犹若圣人有龙德，飞腾而居天位。"因以"九五"指帝位。所谓"数有九，五居正中，若峰，在其之巅。具鼎盛之势，不偏不倚"。

九五之尊的要义是国家公权力集中于君主，以君主规定的"王法"治天下：

> 尽天下一切之权而收之在上。而万机之广，固非一人之所能操也，而权力乃移于法，于是多为之法以禁防之……[③]

法既为"王法"，须随帝王意志而定，决策权由帝王执掌，故朱熹称皇帝

[①] 《礼记·丧服四制》。
[②] 司马迁：《史记》卷 6《秦始皇本纪》，中华书局 2014 年版，第 325 页。
[③] 顾炎武：《日知录》卷 9，"守令"条，《日知录集释》，中华书局 2020 年版，第 486 页。

"以制命为职"①，以丞相为首的大臣乃皇帝旨意的执行官，御史等组成的监察机构是皇帝的"耳目之官"。明代罕见的"权相"张居正亦说："君者，主令者也；臣者，行君之令而致之民者也。君不主令，则无威；臣不行君之令而致之民，则无法。斯大乱之道也。"②此语从唐人韩愈《原道》中导出，也是权臣张居正认知的写照。权臣尚且如此匍匐于君主，何论天下臣民。

（五）避讳

为树立帝王无上崇高、森严的地位，皇帝的服饰、车驾、行走的御道、居住的宫殿，都独特无二、尊贵无比。为了突显皇帝的绝对尊严，王朝时代有一种特别作法——"避讳"③。任何人对皇帝名字都必须回避，这是敬畏帝号的一项重要规定。

"讳"是禁忌之意，《说文》称："讳，忌也。"段玉裁注："忌，憎恶也。"讳是因为对死者鬼魂的憎恶、恐惧而不说出他的名字的行为。避讳本是原始初民对行为的一种约束，进入阶级社会以后，避讳衍为对尊者姓名的回避，古代西方亦有此种做法，《圣经·出埃及记》载《摩西十诫》第三条规定："不可妄称耶和华你神的名，因为妄称耶和华名的，耶和华必不以他为无罪。"即直呼上帝名讳（耶和华）者有罪，可见东西方的避讳制颇有相通之处。

中国自周秦以降，避讳对象包括祖宗和亲长者，而主要是昭示对君主的无上崇敬，所谓"史以传信，讳以尊君"，避称君主的名讳，是对君主表示敬畏。周朝设立掌管避讳的职官，有大史、小史、宰夫，"大史典礼，执简记，奉讳恶"④。小史"诏王之忌讳"⑤。秦汉以降，避讳主要指

---

① 《晦庵先生朱文公文集》卷14，"经筵留身面呈四事札子"条，上海涵芬楼藏明刊本，第22页。
② 《张文忠公全集》，商务印书馆1935年版，第3页。
③ 参见王建：《中国古代避讳史》，贵州人民出版社2002年版；王建：《史讳辞典》，上海古籍出版社2011年版。
④ 《礼记·王制》。
⑤ 《周礼·春官·小史》。

避君王之讳，此乃维护皇帝至高无上尊严的重要手段，所谓"尊卑有序，以讳为首"①。

秦始皇是"忌讳"大家，这源于秦俗，西汉贾谊说："秦俗多忌讳之禁也，忠言未卒于口而身为戮没矣。"②嬴政的父亲秦庄襄王名子楚，故秦代讳"楚"，地名楚字一概以"荆"代。《吕氏春秋》："周昭王亲将征荆。"高诱注："荆，楚也，秦庄王讳楚，避之曰荆。"③《史记》中多有避楚用荆的例子。嬴政出生在正月，"正"在避讳之列，《史记·秦楚之际月表》的"正月"改"端月"，"端正"改"端平"。

据吾友王建（1953—2005）考证，在《史记》之后，秦始皇的姓名一直记为：姓嬴名政，但实际上其本名为"正"，"政"为避讳字。再如《诗经》里"国风"的"国"字，原为"邦"字，本乃"邦风"，为避汉高祖刘邦讳，改成"国风"，自汉沿用至今。近年先秦简帛出土④，证明王建的判断。

汉初建礼仪制度，包括继承秦仪的避讳制。汉代对历任帝王名一概实行"讳训"，即"凡避讳者，皆须得其同训以代换之"⑤。高祖刘邦之"邦"代之以"国"，文帝刘恒之"恒"代之以"常"，景帝刘启之"启"代之以"开"，武帝刘彻之"彻"代之以"通"，成帝刘骜之"骜"代之以"骏"，东汉光武帝刘秀之"秀"代之以"茂"，为避光武帝之讳，"秀才"改称"茂才"，等等。

两汉文士如司马迁、班固、许慎、王充等，引述《诗》《书》等古典皆更改原文以避讳。长沙马王堆出土帛书《老子》，甲本《德经》云："修之邦，其德乃丰。"乙本则为"修之国，其德乃丰"。后者显然在避刘邦之讳。东汉明帝刘庄，为避讳，东汉文不称庄周、庄子，而改称"严

---

① 《孔融集》，《北堂书钞》卷94引。
② 贾谊：《过秦论》，《贾谊集》，上海人民出版社1976年版，第10页。
③ 《吕氏春秋·音初》。
④ 见中岛敏夫：《王建〈史讳辞典〉后记》，王建：《史讳辞典》，上海古籍出版社2011年版，第538页。
⑤ 《颜氏家训·风操》。

周""严子";老庄称"老严"。先哲姓名竟因避当世帝王之讳而被改篡。隋唐六部原为吏、民、礼、兵、刑、工,唐代为避太宗李世民之讳,民部改称"户部",此避讳之名沿用至明清。李世民曾有放宽避讳的指示,他根据"二名不偏讳"的礼数,宣称在公私文籍中"有'世民'二字不连续者,并不须讳",这种"政尚简肃,天下大悦"①。此例反衬出,苛严的避讳制怎样被天下人视为愁苦难为之事。

避讳制不限于为君王避名,还引申为隐讳君王过失。"臣子为君父讳"成为君主制时代的一条规则,进而扩及"为尊者讳,为贤者讳,为亲者讳"②,据传这是孔子删定《春秋》的原则。为尊者(如周王)讳,以示"尊尊";为贤者讳,以示"贤贤";为亲者讳,以示"亲亲"。对尊亲"讳莫如深,深则隐。苟有所见,莫如深也"③。此法导致史载失真,制度禁锢,思想闭塞。

(六)集权于皇帝个人

秦代开始的皇帝制度,包括君主独裁、君主终身、君主世袭、嫡长子继承诸义。一姓帝王掌握王朝的立法、司法、行政、军事、文教等全部大权。皇帝"独制于天下而无所制"④,如刘泽华概括的,皇帝"五独":天下独占、地位独尊、势位独一、权力独操、决事独断。

故实操"五独"的"有为"皇帝都忙碌万分。如秦始皇每天看的竹简木札,用石秤来计算重量(一石一百二十斤),"天下之事,无大小皆决于上,上至以衡石量书,日夜有呈,不中呈不得休息"⑤。明洪武皇帝称,自己"每旦星存而出,日入而休,虑患防危,如履渊冰。苟非有疾,不敢怠惰,以此自持,犹恐不及"⑥。史载,洪武十八年九月的八天之内,

---

① 刘昫等:《旧唐书》卷2《太宗本纪》,中华书局1975年版,第29页。
② 《春秋公羊传·闵公元年》。
③ 《春秋穀梁传·庄公三十二年》。
④ 司马迁:《史记》卷87《李斯列传》,中华书局2014年版,第3099页。
⑤ 司马迁:《史记》卷6《秦始皇本纪》,中华书局2014年版,第329页。
⑥ 事见《明太祖实录》卷130,洪武十三年二月辛未。

朱元璋读奏折1660件，处理国事3391件。清雍正帝自诩"以勤先天下"，在位13年间，每天只睡四小时，朱批奏章一千多万字，自诩"日批万字"，现存汉文奏折35000件，满文奏折6600件，共计四万余件；另批题本十九万余件。雍正无节假日，称帝之后没有离开过京城，穷年累月处理政务。那些荒嬉无度的皇帝，虽本人不操政务，但国权由代表皇帝的某些人（权臣、外戚、母后、太监之类）掌理，仍旧是君主独裁，本质无二。若实权为重臣管辖，则被视为君权旁落，朝野皆以为不正常。

皇帝集权的法律形式是言出法行，臣子只有听命执行，如明洪武帝"每断大事、决大疑，臣下惟面奏取旨"[①]。臣下被剥夺议政权，只能听命皇旨。

清代更厉行君主独断。清康熙帝称：

> 今大小事务，皆朕一人亲理，无可旁贷。若将要务分任于人，则断不可行。所以无论巨细，朕必躬自断制。[②]

清嘉庆帝总结君主政治的要领是"乾纲独揽"，他说：

> 我朝列圣相承，乾纲独揽，皇考高宗纯皇帝临御六十年，于一切纶音宣布，无非断自宸衷，从不令臣下阻扰国是。即朕亲政以来……令出惟行，大权从无旁落。[③]

君主专制下的国家权力，其制定、行使、改订，皆在帝王意志的须臾闪念之中：

---

① 廖道南：《殿阁词林记》，余来明、潘金英点校：《翰林掌故五种》，武汉大学出版社2015年版，第200页。
② 蒋良骐：《东华录》第2册，上海古籍出版社2008年版，第550页。
③ 梁章钜：《枢垣纪略》卷1，光绪元年刊本，第10—11页。

> 君主是国家中个人意志的、没有根据的自我规定的环节,是任性的环节。①

这种"没有根据"的"任性"的"个人意志",以法律的严整形式表达出来,使得法律失去原来的意义,成为帝王手中随意捏搓的面团。汉代人指责廷尉杜周"不循三尺法,专以人主意指为狱",杜周辩解说:"三尺安出哉!前主所是著为律,后主所是疏为令;当时为是,何古之法乎!"②不承认有稳定的法律存在,后代君主法令往往与前代君主法令相冲突,只有以当朝皇帝意旨为准。同一君主也朝令夕改,如明洪武帝主持制定《大明律》,但他自己并不依此行事,明初学士解缙说:"国初至今,将二十载,无几时不变之法,无一日无过之人。"③这种凭君主一时好恶处置人事,"或朝赏而暮戮,或忽罪而忽赦",必然导致制度紊乱,臣民无所措手足。

"人治"取代"法治",使集权君主成为真正的"孤家""寡人",所谓"高处不胜寒",如黑格尔所说:

> 中国所有的百姓都是没有自由的,因此政府形式是专制主义。④

古往今来的独裁帝王都"只是一个专制君主,不是一个自由人"⑤,他们操纵绝对权力,剥夺臣民自由,自己又成为绝对权力的奴隶,只能是孤独不幸的一群。

(七)皇权的派生势力

皇帝独掌国家权力,往往将官僚系统视作异己,遂着意培植、任用

---

① 《马克思恩格斯全集》第1卷,人民出版社1956年版,第275—276页。
② 班固:《汉书》卷60《杜周传》,中华书局1962年版,第2659页。
③ 张廷玉等:《明史》卷147《解缙传》,中华书局1974年版,第4115页。
④ 黑格尔:《历史哲学》,北京出版社2008年版,第51页。
⑤ 黑格尔:《历史哲学》,北京出版社2008年版,第51页。

身边人——宗室、后妃（其亲属为外戚）、宦官。

（1）封赐宗室以屏卫皇室，是历代王朝的惯例。而宗室往往坐大，甚至觊觎皇位，又为帝王疑忌，自西汉吴楚七国之乱以后，皇帝多不再信任宗室，赐爵而限制授权，但作为皇室的支脉，凭借宗法传统构筑盘根错节的权力关系，宗室始终是王朝政治中一支不容忽略的力量，往往在各朝权斗中演出悲喜剧甚至闹剧。汉、唐多演此类故事，连皇权达于极致的明朝亦有燕王朱棣发动争夺皇位的"靖难之役"，战事延绵三年，造成重大军民伤亡。

（2）重用外戚（又称外家、戚畹）。汉初有吕氏外戚擅政（继有文帝时皇后窦氏集团干政），军功集团周勃、陈平等"除吕安刘"，拥立代王刘恒为帝（汉文帝），周勃、周亚夫父子以绛侯于文景间执军政，权势过大的周亚夫又被去世前夕的景帝处死；自武帝以后皆以外戚辅政，昭帝—宣帝时骠骑将军霍去病异母弟、外戚霍光（？—前68）专政，拥立宣帝，长期执政。班固对其褒贬兼备：

> （霍光）受襁褓之托，任汉室之寄……匡国家，安社稷，拥昭立宣……虽周公、阿衡何以加此！然光不学亡术，闇于大理，阴妻邪谋，立女为后，湛溺盈溢之欲，以增颠覆之祸，死财三年，宗族诛夷，哀哉！①

霍光在王朝政治中发挥"安邦""乱政"二重作用，算得上专权外戚的典型。

外戚专政的戏剧在继续演出，著名者有两汉之际外戚王莽篡汉；东汉和帝时窦氏权震朝廷，安帝时"邓氏干政""阎氏干政"，桓帝时"梁氏干政"；唐玄宗时杨贵妃兄杨国忠擅权；南宋理宗时外戚贾似道专权。历朝有因帝幼而外戚擅权事例，但皇帝成年后多警惕外戚，限制外戚权势。

---

① 班固：《汉书》卷68《霍光列传》，中华书局1962年版，第2967页。

（3）宦官是皇帝家奴，历来为皇帝信任和使用，往往授予监视臣僚的特权，进而掌理军政财务。秦代赵高（？—前207）是首出大名的擅权宦官，而东汉、唐、明三朝宦官干政尤为严重，导致东汉桓帝、灵帝时的"党锢之祸"（宦官以"党人"罪名禁锢清正士子）；唐中后叶宦官掌握神策军，废帝、立帝于股掌之上；明代太监掌控特务机关东西厂、锦衣卫，又在内阁"票拟"（对臣下奏章作批语，进呈皇帝）之上，把持"批红"权（代表皇帝以朱笔批示奏章，即为上谕），成为权倾天下的"立皇帝"（站立着的皇帝）。

皇帝的身边人——宗室、后妃及外戚、宦官掌握国家权力，祸国殃民不胜枚举，这正是"独制天下而无所制"的皇帝制度的必然产物。

（八）纵横比较

作历史的纵向比较，秦汉君主集权的皇帝制有别于周朝天子与诸侯分权的封建制。周代各诸侯有相当程度的独立行政权，而秦代改诸侯国为朝廷直辖的郡县；汉初行郡国并列制，文、景、武又不断削除诸侯国自主权，复归于秦的郡县制。唐人杜佑说：

> 汉初，王侯国百官皆如汉朝，惟丞相命于天子，其御史大夫以下皆自置。及景帝惩吴楚之乱，杀其制度，罢御史大夫以下官。至武帝，又诏凡王侯吏职秩二千石者，不得擅补，其州郡佐吏自别驾、长史以下，皆刺史、太守自辟。……自是之后，州郡辟士之权浸移于朝廷，以故外吏不得精核，由此起也。①

皇帝（通过官僚系统）掌控军政财文大权，并将最高封赐权、百官任命权、财政权、军事权、法律制定与实施权、监察权、文教权、地方治理权悉数收归朝廷，这是秦制异于周制的所在。一切权力集中于帝王

---

① 杜佑：《通典》卷14，中华书局2016年版，第344页。

直控的朝廷,是秦制的基本属性。

作空间的横向比较,在大约同一时期,亚欧大陆东西两端的秦汉帝国与共和—帝制罗马,二者制度差异明显。秦汉(公元前 3 世纪—公元 3 世纪)皇帝独尊、皇权至上、皇位世袭,皇权直接"临民","人迹所至,无不臣者"[①]。罗马始行王政(公元前 8—前 6 世纪),继行共和制(公元前 6—前 1 世纪),再行帝制(公元前 1 世纪—公元 4 世纪)。五百年共和罗马的权力由公民大会推选的执政官掌握;五百年帝制罗马的实权归属元老院,君王由元老院选出,帝位由养子继承,养子由元老院决定,贵族群体"造王";而秦汉由一姓皇室执掌国家权力,由皇室私家"造王"。秦汉与罗马的制度差异,是此后两千年中西政治制度及文化分途发展的基点。

继古代之后,西欧中世纪是分权的封建社会(日本中世、近世与其类似),与中国中古、近古的君主集权社会大相歧异。西欧各国中央集权的君主专制出现于封建社会晚期(16 世纪前后),比公元前 3 世纪正式形成的秦汉君主集权制晚了一千余年;君主专权运行的时间长度,中国两千多年,西欧三四百年,二者相差明显。

(九)帝制时代

从秦王嬴政公元前 221 年称帝,是为秦始皇,直至末代皇帝清宣统 1912 年退位,帝制时代共计 2132 年,历时之长久,世界上罕见其匹。中国帝制约分四阶段:秦汉第一帝国,秦废封建,立郡县;汉在一定程度上复封建,行郡国制,然君主集权的郡县制居主导。隋唐第二帝国,通过科举取士,建立完备的非封建文官政制。宋元第三帝国,削夺各种分权势力,实现中央集权。明清第四帝国,强化皇权,甚至取消相位,达成完备的君主专制。

略谓首尾:第一帝国(秦汉)发生于周制到秦制的转型,"走进帝

---

① 司马迁:《史记》卷 6《秦始皇本纪》,中华书局 2014 年版,第 315 页。

制",确立皇帝制度框架、厘定其核心精神和实行方略。第四帝国(明清)将帝制推上极峰,全面实行君主集权制度,其末期(清末民初)在新的国内国际环境下,逐步"走出帝制",中国社会制度进入崎岖坎坷的近代转型。

四、中央集权:三公九卿、中朝外朝

皇帝独治天下,却不可能亲为天下政务,皇权必须通过御用机构(百官之职)行使政令,《汉书》称:"秦兼天下,建皇帝之号,立百官之职。汉因循而不革,明简易,随时宜也"[①],诸职官"皆秦制也"[②]。

秦制设置了皇帝掌控的官僚系统,包括中央官制和地方官制,而三公九卿是中央官僚系统的核心。

(一)三公九卿

相传夏代已设"三公九卿",常谓"夏后氏官百,天子有三公、九卿、二十七大夫、八十一元士",这可能是秦汉之际人士用后世职官描摹夏制。《通典》记夏末商初伊尹言:"三公调阴阳,九卿通寒暑,大夫知人事,列士去其私。"[③] 商代有三公九卿之说并未被甲骨文证实。周代设三公九卿较近历史实态。

(1)释"公"

"公"字初见于甲骨文ᐸ,本义是对祖先的尊称,西周金文中是王朝重臣称号,《尚书大传》《礼记》所谓之"三公",指司马、司徒、司空;《周礼》之"三公"指太傅、太师、太保;春秋时鲁国执政官为司徒、司马、司空,称之"三官",执政通称司徒、相;郑国执政官也为司徒、司马、司空,上有当国,执政通称听政、少正;楚国执政称令尹,下有司

[①] 班固:《汉书》卷19《百官公卿表》,中华书局1962年版,第722页。
[②] 班固:《汉书》卷19《百官公卿表》,中华书局1962年版,第742页。
[③] 杜佑:《通典》卷20,中华书局2016年版,第505页。

马，另设上柱国、柱国。

秦变周制，置丞相理政，未设三公，东汉荀悦说："秦本次国，命卿二人，是以置左右丞相，无三公官。"①"相""相国"并非始于秦，春秋晚期齐的执政官便称"相"；战国前期，赵、韩等国设相。"相""相国"乃战国后期列国宰辅的通称，分两阶段：前段"相"军政兼职，后段军政分职。

秦朝大一统后，设"掌军事""主五兵"的太尉、管监察"掌副丞相"的御史大夫（由战国时掌文书的御史发展而来），与"掌丞天子助理万机"的丞相合为"三公"；汉武帝时丞相、太尉、御史大夫称"三公"。

(2) 释卿

"卿"又称卿士，是与"史"并列的一类官员。《说文解字》以章释卿，章从音从十，意谓祭祀中丰富的乐舞，卿士指熟知礼乐、通晓典章制度的职官。

春秋时宋国有司徒、司马、司城（即司空），上有右师、左师，下有司寇，合称"六卿"；晋国以司徒、司马、司空、太师、太傅当政，亦称上卿，执政通称司徒、中大夫、中军、元帅。

"九卿"在战国已是实用官称，不一定指九种职官，"九"为多数，"九卿"指三公之下的列卿、众卿，分掌国事。秦汉九卿演为实官名称。

秦代九卿为：奉常（管宗庙礼仪等文化事务）、郎中令（管宫殿警卫）、卫尉（管宫门保卫）、太仆（管宫廷装备和国家马政）、廷尉（管司法审判）、典客（管外交和民族事务）、宗正（管皇族、宗室事务）、治粟内史（管租税钱谷和财政支出）、少府（管皇室用度及制作）。

汉代九卿名称有调整：太常（掌宗庙礼仪）、光禄勋（掌宫廷门户及顾问参议）、卫尉（掌皇宫警卫）、廷尉（掌刑辟、司法）、太仆（掌皇帝车马仪仗及全国马政）、大鸿胪（掌外交及民族事务）、宗正（掌皇族事务及宗室考核）、大司农（掌钱谷财政）、少府（掌皇室财务以"养天

---

① 马端临：《文献通考》卷49《职官考》，中华书局2011年版，第1403页。

子")。九卿负责行政、军事、司法、财政、礼仪、文化事务。此外有与九卿同级的执金吾,负责京师治安,相当于今之首都卫戍司令。

《史记》载贾谊之言:"今吾已见三公九卿朝士大夫"[1],可见汉初已实行三公九卿之制。秦汉的"三公九卿"袭名于周制,但内涵演化,定格于三:第一,由皇帝任命,不得世袭。第二,分工明确,兼及大一统帝国政务的方方面面。第三,丞相位高权重,是帝王之下的最高行政长官。三公九卿代表皇帝掌管大政,实行"顶层皇帝—次层三公—再次层九卿—基层郡县"的金字塔式的科层政治体制,达成帝王统帅全国的中央集权。

三公九卿制自秦汉到两晋,沿用八百年;隋代取缔三公,设三省六部,直至宋元,沿用七百年。明代废三省(中书省、尚书省、门下省),取缔丞相,六部(吏、户、礼、兵、刑、工)由皇帝直接管辖,皇帝专权达到登峰造极程度。但"三公九卿"的名称继续沿用,明清时各类高级朝官往往与秦汉时的三公九卿相比附,"三公论道"更成为士大夫的风雅自况。

汉武帝以降,削减相权,三公被架空,仅能参议,不掌实权。政权渐渐收控于内朝(中朝)。

(二)中朝—外朝

秦汉以下君主集权的突出表现,是皇帝直辖的中朝(内朝)实握军政决策权,与丞相掌理的官府(外朝)相区隔,往往是中朝势压外朝,国家实权相当一部分由外廷移入内朝。

先秦已分设中朝(内朝)与外朝(外廷)。《国语》谓:"自卿以下,合官职于外朝,合家事于内朝"[2],中朝本指天子、诸侯处理政事及休息的场所,又分处理政事的"治朝"和休息之所的"燕朝";外朝指国相系统

---

[1] 司马迁:《史记》卷127《日者列传》,中华书局2014年版,第3908页。
[2] 《国语·鲁语》。

的职官办理政务的处所。

秦代建立中朝官制度：设尚书于宫禁之内，置尚书令、尚书仆射、尚书丞，除管理皇室生活事务外，还担任皇帝与丞相间的文书传递。秦汉时中朝智囊、秘书等不是朝廷正式官员，多无固定官职，时称"加官"，有侍中、常侍、散骑、诸吏等没有明确品级的称号。

秦代宫中内朝的为首者是郎中令赵高，朝廷外朝的为首者是丞相李斯。秦始皇时期，内朝、外朝分权平衡，至秦二世时期实权由内朝掌管，赵高在秦二世支持下，以李斯与其子李由预谋反叛的罪名，逮捕李斯，严刑逼供之下，李斯"不胜痛，自诬服"[1]，被迫自认谋反，被处以极刑。右丞相冯去疾、将军冯劫也被判死罪，二冯自杀。秦代开更靠近帝王的内朝势压外朝之先例。

汉承秦制，更明确地划分中朝、外朝。中朝（内朝）乃是私臣，由宗室、外戚及宦官组成，设尚冠、尚衣、尚食、尚沐、尚席、尚书等"六尚"，前五尚管帝室饮食起居，唯尚书管章奏。"尚"乃做主之意，"尚书"主文书起草、奏章批复，接近皇权中心。汉武帝以降，加强中朝，原属少府部门的尚书，成为皇帝秘书，参与章奏草拟修订，部分取代丞相、御史职权。皇帝为直接控制军队，把本属外臣的大司马（或称大将军）纳入内朝，与尚书及宦官组成皇帝近臣系统，助天子总理国家军政要务，与丞相为首的外朝官并行，内朝决策，外朝执行，内朝代表皇权，外朝代表相权，二者渐成分庭抗礼之势。三国魏人孟康为《汉书》作注，对中朝（内朝）有明晰概述：

> 中朝，内朝也。大司马、前后左右将军、侍中、常侍、散骑、诸吏为中朝；丞相以下至六百石为外朝也。[2]

中朝（内朝）在汉以后继续发展，如唐代三省制中的长官（尚书令、

---

[1] 司马迁：《史记》卷87《李斯列传》，中华书局2014年版，第3106页。
[2] 班固：《汉书》卷77《刘辅传》孟康注，中华书局1962年版，第3253页。

中书令、侍中)都是曾经随侍皇帝的内廷职官。从晚唐至宋代,主管军事的枢密使也是内廷职官,由太监充任(如北宋徽宗时掌握兵权二十年的童贯便是太监,当然是内朝官。时称外朝的蔡京为"公相",内朝的童贯为"媪相")。明代无内朝、外朝的说法,但内阁、都察院、宗人府、锦衣卫、东厂、西厂实为内朝;六部及六科五寺,地方的三司(布政使司、按察使司、都指挥使司)、巡抚、都督府皆为外朝。由司礼监太监、内阁首辅领衔的内朝掌握实际朝政。军队出征则派太监作监军,统军将领受其制约。如明末宣大总督卢象升率部迎战清军,事事受充任"监视"的宦官高起潜掣肘,终至兵败战死。

与内朝对应的外朝,指丞相府、太尉府、御史府,分理行政、军事、监察(后太尉转入内朝),共为宰辅之职。

丞相是外朝官之首,史载"相国、丞相,皆秦官,金印紫绶,掌丞天子,助理万机"①。其职权有四:统领百官,主持政府工作;总理郡县地方,考核百官;荐举、任免官吏;率百官奏事,协助皇帝处理军国要务。外朝官为丞相及其所属职官,有百官朝会殿,丞相率百官在此处理日常政务,皇帝有时亲临朝会。

地方上的外朝官初分为三:郡置郡守、军尉、都监,三职平级,由中央官直接任免。朝廷的外朝官有奉常(掌邦礼)、郎中令(管宫殿警卫)、卫尉(管宫门保卫)、太仆(管宫廷装备和国家马政)、廷尉(管司法审判)、典客(管外交和民族事务)、宗正(管皇族、宗室事务)、治粟内史(管租税钱谷和财政支出)、少府(管皇室用度及制作)等,共为"九卿",统属丞相。明朝取缔丞相制,六部直辖于皇帝,外朝已无首脑。清承明制,内阁为中朝官,雍正后设军机处,作为中朝官的内阁大学士、军机大臣实为政府首脑代表皇帝直辖国政(如张之洞晚年升任体仁阁大学士、入参军机,被群僚贺称"入阁拜相")。

秦汉以降至明清,内外朝日益对峙,大趋势是外朝逐渐事务化,实

---

① 班固:《汉书》卷19《百官公卿表》,中华书局1962年版,第724页。

权转移至内朝（中朝）。同时，内朝隐然（后来是公然）成为代表皇帝制衡外朝的机构，明代内朝的厂卫更正式领有侦讯外朝官的权力。

五、变"世卿世禄制"为"军功爵制""流官委任制"

周秦之际发生的一项重大制度变革，是世袭的贵族政治被朝廷任命的官僚政治所取代。世袭卿位制和禄田制（合称世卿世禄制）演变为朝廷命官制。

殷周行贵族政治，官职依宗法世袭，贵胄拥有采邑，世代享受禄田收入。殷商职官三分：一为主管中央政务的"内服"官（王廷设置的中央百官，由尹、保、冢宰、卿士组成），主要由贵胄世袭，也有选自底层能人之特例（如出身奴隶的伊尹、傅说"任以国政"）。二为神职事务官，由巫、史、祝、卜等神官世袭。三为王畿以外的"外服"官，由商王将诸妻、子孙、功臣、臣服王室的各部落首领分封侯、甸、男、卫、邦、伯执掌地方，全为贵族世袭。

西周建立完备的宗法制，形成"王臣公—公臣大夫—大夫臣士"的身份等级序列，财富与权力按宗法原则世袭，"天子有田以处其子孙，诸侯有国以处其子孙，大夫有采以处其子孙，是谓制度"①。

周武王弟周公摄政，其长子封鲁，"次子留相王室，代为周公"②；另一弟召公长子封燕，"次子留周室，代为召公"③，这便是贵戚世袭制。④西周青铜器铭文载，许多官职世袭，陕西扶风出土的《师鼎铭》载，其主人四代世袭"师"官职。扶风出土的另一铜器铭文载，"微史"家族六代世袭"作册"（史官）之职。不过，西周还并行"俊（进）有德"，择

---

① 《礼记·礼运》。
② 司马迁：《史记》卷33《鲁国公世家》引《史记索隐》，中华书局2014年版，第1843页。
③ 司马迁：《史记》卷34《燕召公世家》引《史记索隐》，中华书局2014年版，第1875页。
④ 见赵光贤：《周代社会辨析》，人民出版社1980年版。

"吉士""常人"的取贤制①。其时有"世卿,非礼也"②之论,可见西周职官制并行贵胄世袭和民间选贤。

世卿世禄制的普遍实行,始于春秋中后期,是列国卿大夫专权的产物,如晋国赵氏六代父子世袭,齐国田氏世代执掌政柄。

至战国初期以降,列国为扩张或自保计,竞相以富国强兵为务,纷纷消弭世卿世禄制,代之以军功授爵制、流官委任制,如魏文侯时李悝提出"食有劳而禄有功"③,不再重"亲""故",而以政绩、战功为赏赐、授官标准。楚国吴起变法,"使封君之子孙三世而收爵,绝减百吏之禄秩",用收减的爵禄"以奉选练之士"④。秦国以耕战优秀者晋升,"仕进之途,唯辟田与胜敌而已"⑤,"辟田"即扩大农耕,"胜敌"即征伐有功,这农战二者是升官的路径。商鞅变法的一项重要内容,便是废止官职由贵胄世袭,规定以军功大小定身份高低,"宗室非有军功论,不得为属籍。明尊卑爵秩等级,各以差次名田宅,臣妾衣服以家次。有功者显荣,无功者虽富无所芬华"⑥。

因功授爵制—职官委任制—爵秩等级制—官吏俸禄制,成一系列,官员仰食于君,君臣间形成直接的利益依附关系,众官"食君之禄,忠君之事,担君之忧"⑦。君国体制由此确立。

汉代《盐铁论》载儒生文学说:"庶人之有爵禄,非升平之兴,盖自战国始也。"⑧此为批评语,却也反映了秦制选官的实态。魏国"设坐庙廷,……上功坐前行……次功坐中行……无功坐后行";赵国制订"功大者自尊"法规;燕国实行"公子无功不当封";韩国用"循功劳,视

---

① 见《尚书·立政》载周公语。
② 《春秋公羊传·隐公三年》。
③ 《说苑·政理》,上海古籍出版社1990年版,第58页。
④ 《韩非子·和氏》。
⑤ 杜佑:《通典》卷13,中华书局2016年版,第313页。
⑥ 司马迁:《史记》卷68《商君列传》,中华书局2014年版,第2710页。
⑦ 由柳宗元《吊屈原文》衍出,见《柳河东集》,上海古籍出版社2008年版,第335页。
⑧ 桓宽:《盐铁论·险固》,上海古籍出版社1974年版,第105页。

次第"的任官制；齐国选贤任能，因功授官；秦国更强力推行军功爵制，"有军功者，各以率受上爵"，行二十级军功爵位制，由一级公士，二级上造……直至十九级关内侯，二十级彻侯，此制提高了秦军战力。

韩非将这种根据政绩、军功从基层选官的制度概括为：

> 宰相必起于州部，猛将必发于卒伍。①

秦制之下，"尊尊亲亲"的血缘宗亲关系淡化，选官法被"不别亲疏，不殊贵贱"的激励原则所替代，贵胄"犹不能恃无功之尊，无劳之奉，以守金玉之重也"②。

中国是一个宗法传统深厚的国度，秦汉以降难免权贵重起、恩荫再复，如宋代便有"恩荫之滥"③。但秦制规范的任官制大体得到沿用。汉武帝时"量材而授官，录德而定位"④，是秦汉以下历朝官制的典范表述。

六、御史制：监察臣民

秦制的官制一大特点是，设置独立于行政系统之外、直接对皇帝负责的监察机构。

（一）御史：从家臣到国家监察官

帝王以百官治理天下，同时又忌惮百官尾大不掉、另立中心，遂着力监控官僚，严防其贪贿、忤逆，要点在预防臣下谋反。因此帝王直接支配的监察系统应运而生。此系统包括监察百官的御史和弹劾众臣的谏

---

① 《韩非子·显学》。
② 《战国策·触詟说赵太后》。
③ 赵翼《廿二史劄记》卷25：（宋）"文臣自太师及开府仪同三司，可荫子若孙，……一人入仕，则子孙亲族，俱可得官。"
④ 杜佑：《通典》卷14，中华书局2016年版，第314页。

官两支,行使监察权的主要是御史。

周代天子、诸侯、大夫、邑宰皆置"史",是负责文书、记录的秘书官,周天子的"史"称"御史",属史官一类。"御"字本义为驾驭车马,引申为驾驭车马之人。"御史"本是王者的家臣,初指为王者驾御车辆的侍御,后演变为王者身边的文秘。作为掌理文案的秘书,御史因收发、记录乃至起草章奏而常伴国君左右,国君宴会众臣,常有"执法在傍,御史在后"[1]。御史与国君接触频繁,渐成其耳目,承担刺探朝官言行、上报国君的秘密任务。东周列国所设郎中、谒者组成的郎署一类机构,也有类似使命。

战国时列国初行监察制度,诸侯设御史以预刺官员阴情[2]。御史后来成为监察官的通称。

秦朝正式设立御史大夫,总领朝廷和郡县监察,"御史大夫,秦官,位上卿,银印青绶,掌副丞相"[3],与丞相、太尉并称三公:总理政务的丞相,掌管军事的太尉,督察百官的监察御史(御史大夫,简称御史)。贵为三公之列的御史大夫,监察百官,"察举非法",地位仅次于丞相而高于众卿。汉朝承袭此制,后又设刺史,负责监察郡国地方,御史专任监察朝廷百官。史载"监御史,秦官,掌监郡,汉省"[4]。汉代御史归属御史台,分为专事监视百官的侍御史和起草文书并查疑狱的治书侍御史。侍御史将百官犯法事报告御史中丞,然后上报皇帝。秦至汉初,朝廷监察职能由御史大夫率领的御史府行使,西汉后期由御史中丞掌管。

汉代监察制的一个重要安排是,直接对皇帝负责的御史大夫正式成为全国最高监察官。御史大夫从一品,为副丞相,负责监察朝廷和地方,御史中丞从二品,协助御史大夫。诸御史为宫官,其官署"御史大夫寺"置于皇宫内,当然是内朝(中朝)要员。御史中丞可以按章纠弹百官,后

---

[1] 司马迁:《史记》卷126《滑稽列传》,中华书局2014年版,第3887页。
[2] 见《韩非子·内储说上》。
[3] 班固:《汉书》卷19《百官公卿表》,中华书局1962年版,第725页。
[4] 班固:《汉书》卷19《百官公卿表》,中华书局1962年版,第741页。

来改称"御史中执法",专门监察中央官员;"监察御史"侦讯地方官员。

汉初监察制的事权不专,皇帝直辖的御史与宰相属下的宰相史并存,二者政令杂出,督察无定域。汉代中期遂将中央监察、地方监察分治,"武帝元封五年,初置部刺史,掌奉诏条察州"[①]。自此,刺史制取代郡御史制,"掌奉诏条察州"。刺史本为监察官,因代表朝廷督察州郡,为地方畏忌,逐渐掌握郡县的实权,刺史从"治无定所"演变为"有常治所"[②]。刺史由监察官成了执掌军、政、民、刑的地方行政大吏。东汉以后更罢州牧,立刺史制,而刺史在行使地方长官职责时,继续督察官民,监视郡县长吏。

唐代的监察权从相权中独立出来,监察范围仅限地方。唐太宗命房玄龄裁并冗员,派李靖等13名黜陟大使考察地方吏治;还亲选都督、刺史等地方要员,将其功过书写于宫内屏风上,作为升降奖惩依据;又规定五品以上京官轮流值宿中书省,皇帝随时延见,垂询施政得失。唐玄宗时御史台发展出殿院、台院、察院。御史台长官御史台大夫"掌以刑法典章纠正百官之罪恶"。台院设侍御史六人,纠举百僚,推鞫狱讼、入阁承诏、推荐、弹劾,监察对象是殿廷内百官的活动,并巡按州县。《唐六典》规定御史台的员额、权限、与其他官府的关系,可谓监察制度全书。

两宋以降,御史制保留,明清专设监察御史,隶都察院,另派遣监察御史巡察地方,明称巡按,清称巡按御史。而皇权并不满足于这套文官系统内的监察机构,还要在体制外设立皇帝直控的侦讯监察组织,最突出者为明代的锦衣卫、东西厂。

(二) 厂卫制

明洪武初年间设立拱卫司,后改称亲军都卫府,受仪鸾司辖制,担任皇帝仪仗和侍卫。洪武十五年改置锦衣卫,由皇帝亲信武官任锦衣卫

---

① 班固:《汉书》卷19《百官公卿表》,中华书局1962年版,第741页。
② 班固:《汉书》卷6《武帝纪》颜师古注引《汉旧仪》,中华书局1962年版,第197页。

指挥使,"掌直驾侍卫,巡查缉捕",侦讯臣民隐微、收集军情、策反敌将工作,参与侦讯胡惟庸案、蓝玉案,威势大振,成为超越御史大夫的又一监控系统。至永乐年间,又设东厂侦事,由亲信太监主持,"缉访谋逆、妖言、大奸恶",侦察范围包括皇帝以外的一切人,连锦衣卫也在其内。监视者被监视,皇帝在东厂后再设西厂,以监视东厂;又设内行厂,以监视东西厂。明中叶以后,厂、卫全归阉宦掌管,成为皇帝监控臣民(重点是官员)的有力武器[1]。明代笔记小说载此类故事:皇帝召对大臣,突然发问,你昨晚与张某、李某聚饮,交谈可欢?大臣吓得面如死灰,知道卧底府中的厂卫人员把该官自己的言行细节汇报给了圣上。

(三)什伍连坐

与朝廷设监察御史监控各级臣工相匹配,在社会底层则布置"五人为伍""保甲连环"一类的民间互相监视、告密的组织,"令民为什伍,而相牧司连坐"[2],以十家为什,五家为伍,什伍之间相互告奸、举盗,使老百姓彼此监督,任何人稍有"越轨"言行,即行告发,白发黄童,俱以告讦为生[3]。群居之地,告密成风,且一人有"罪",邻里相互负连带责任,一人犯法,亲属乃至邻里也要服刑,谓之"连坐",以致全社会沦为"自攻之国",陷入互监互陷的恐怖泥淖。

七、郡县制:君主实辖地方

秦制的地方行政,要在实行朝廷垂直管辖地方的郡县制,所谓"分国而为郡县",变"世及之理"为"择人以尹之"[4],以达成"天下统于一

---

[1] 丁易:《明代特务政治》,群众出版社1949年版。又见拙著《明清文化史札记》,上海人民出版社2006年版,第196—219页。
[2] 司马迁:《史记》卷68《商君列传》,中华书局2014年版,第2710页。
[3] 李延昰:《南吴旧话录》卷10,记上海米察卿致潘御史书,上海古籍出版社1985年版。
[4] 王夫之:《读通鉴论》卷1,中华书局1975年版,第1页。

王"①,"风教日趋于画一"②。然在分权—集权的程度上,秦汉以降诸朝两千年间多有调整,基本趋势是通过郡县制强化中央集权,或曰君主集权。

西周行宗法封建,社会系统成王室—诸侯两级,封建诸侯又将属地以封邑赐予大夫。东周王室衰微,周天子丧失对地方的掌控权,独立自主的各诸侯国自组行政级次,诸侯下为大夫封邑,又建直辖的郡与县,王者越过贵胄直接管辖地方的郡县制应运而兴,但战国时列国仍部分保留封建,实行"郡县—封建双轨制";秦代废除封建,实行"郡县单轨制";汉代分封王侯,重行"郡县—封建双轨制",后又几经更革,向"郡县单轨制"靠拢。自唐宋以至明清,虽继续分封王侯,但地方行政的郡县制格局大定,沿袭不改。

(一)郡县制发端于春秋时的楚、晋、秦,战国时普行列国

周秦之变,从行政制度论之,要者为废封建、立郡县。昔人往往将这一更革归之秦始皇,其实此一变制始于秦先,发端于春秋。

东汉经学家刘熙的《释名》分释"郡""县":"郡,群也,人所群聚也。"③"县,悬也,悬系于郡也。"④县的本义是悬挂,县系于郡,是就两汉建制而言的。从发生史而言,县实先于郡,指远离国都,悬于公室采邑之外的边鄙之地。

春秋时各大诸侯国(楚、晋、秦、齐、吴)在兼并战争中占领的土地,不再分封,对于悬于都城之外的土地与人民,派遣随时调动的职官管理,称县(悬),由县尹(或称县令、县君、县大夫)等非世袭吏员治理;有些诸侯国还设郡,亦由王者直辖。

战国时郡县渐成定制,与分封采邑制并存,并逐步取而代之,成为王者越过贵胄直接统辖土地人民的一级行政设置。

---

① 王夫之:《宋论》卷2,中华书局1964年版,第52页。
② 王夫之:《读通鉴论》卷20,中华书局1975年版,第590页。
③ 王先谦:《释名疏证补》,湖南大学出版社2019年版,第79页。
④ 王先谦:《释名疏证补》,湖南大学出版社2019年版,第79页。

王夫之指出，自秦始皇确立郡县之制以后，"垂二千年而弗能改矣"，然推原竟委，"郡县之法，已在秦先"①。顾炎武更详论于此，他列举《左传》《晏子春秋》《史记》《战国策》《说苑》所载，证明春秋战国时列国纷纷设郡置县，故"谓罢侯置守之始于秦，则儒生不通古今之见也"②。

　　综考先秦史，县制初兴于春秋前期的楚国，楚武王熊通（？—前690）灭权国，在权国故地（今湖北荆门市附近）设置权县，任命权王斗缗为权尹（权县长官），后斗缗叛楚，武王改派阎敖治权。楚武王子楚文王（？—前675）在边地申、息设县。《左传》载："彭仲爽，申俘也，文王以为令尹，实县申、息。"③（申国人彭仲爽被楚军俘获，后楚文王任命他为楚国最高行政长官令尹，由其主持在申、息二地设县。）此为较早的县制记载，申、息乃春秋楚国最先设县之地。之后，楚每灭一国，将该国贵族迁楚内地，而在该地建县。④晋国设县略晚于楚。晋是在领土兼并中设县。

　　郡制原起春秋时的秦穆公，穆公九年（前651），晋公子夷吾（后为晋惠公）对秦国使者议及"君实有郡县"⑤，此为秦设郡的最早记载，也即中国史最早郡制记载。

　　春秋时县比郡离都城近，比郡富庶，故晋国正卿赵简子（？—前476）激励将士曰："克敌者，上大夫受县，下大夫受郡。"⑥将县置于郡之上，却都是统帅赐予有军功者的奖品，已非按宗法关系分封的领地。魏、赵、韩三家分晋，承晋制，三家皆置郡县，一些重要政治人物曾任郡县官吏（称"守"或"令"），如魏文侯时的西河守吴起、邺令西门豹。

　　楚县是扩张灭国的产物，县的军、政、财权由楚王统辖，县尹由楚

---

① 王夫之：《读通鉴论》卷1，中华书局1975年版，第1页。
② 顾炎武：《日知录》卷2，"郡县"条，《日知录集释》，中华书局2020年版，第1113页。
③ 《左传·哀公十七年》。
④ 童书业：《春秋时代的县》，《禹贡半月刊》。又见宋公文：《楚史新探》，河南大学出版社1988年版。
⑤ 《国语·晋语二》。
⑥ 《左传·哀公二年》。

王任命；晋县是贵胄兼并的产物，兼并过程中县大夫不断变更，世袭性削减。故春秋之县不同于西周的封建采邑，当然也未达到秦汉郡县的中央集权程度。

至战国，七雄皆在春秋县邑制基础上实行郡县制，如齐国设县，"魏有河西、上郡"，赵"置云中、雁门、代郡"，燕"置上谷、渔阳、右北平、辽西、辽东郡"①。

县上设郡（或保留邑的旧称）始于秦国。商鞅变法广设县制，秦孝公十二年"集小乡邑聚为县，置令丞，凡三十一县"②，（惠文君十年）"魏纳上郡十五县"③。县上设郡，县下设乡、里，形成中央—郡—县—乡—里的垂直行政系统。

战国七雄的郡、县行政长官，皆由王廷任命，与宗法封建的诸侯大不一样，故王夫之说："郡县之与封建殊，犹裘与葛之不相沿矣。"④

综上可知，与封建制判然有别的郡县制发端于春秋，展开于战国，完成于秦朝。

（二）列国县制

较早设县的楚、晋、秦、齐、吴等春秋大国，所设县制有几种情形：一是吞并小国以设县，二是析封地为县，三是合乡并邑为县。但大都是王廷派员管理，不再由贵族世袭。

（1）楚县：春秋时楚武王熊通灭权国，建权县；楚文王以彭仲爽为令尹，"实县申、息"⑤。此为县制之始⑥。楚庄王、灵王、平王三度灭陈设县⑦。又灭郧置县⑧。楚还改边邑"都"为县，《史记·楚世家》有载。楚的

---

① 司马迁：《史记》卷110《匈奴列传》，中华书局2014年版，第3490页。
② 司马迁：《史记》卷68《商君列传》，中华书局2014年版，第2712页。
③ 司马迁：《史记》卷5《秦本纪》，中华书局2014年版，第260页。
④ 王夫之：《读通鉴论》卷3，中华书局2013年版，第47页。
⑤ 《左传·哀公十七年》。
⑥ 见《左传·庄公十八年》。
⑦ 见《左传》宣公十一年、昭公八年、昭公十一年。
⑧ 见《左传·成公七年》。

县长官称县尹或县公。杨宽称春秋时楚县有 17 个[1]。

(2) 秦县：秦在春秋初已设县，厉共公"二十一年，初县频阳"[2]，秦武公十年（前 688）灭渭水上游的邽戎和冀戎，史载"十年伐邽、冀戎，初县之"。又在渭水下游设杜县、郑县，"十一年，初县杜、郑"[3]。秦献公在国都栎阳设县。商鞅变法更广推县制，新置县数，有 31 县说[4]、41 县说[5]，县遍及秦国全境，是列国较早普行县制的。

(3) 晋县：春秋时期，"（晋襄公）先茅之县赏胥臣"[6]，又"分祁氏之田以为七县，分羊舌氏之田以为三县"[7]。在边境（如原、温、瓜衍诸县在北边和南边）设县，县长官称大夫，下设县师（掌行政）、舆卫（掌兵役、劳役）[8]。县成为提供军赋、征发徭役的单位，如晋国"韩赋七邑，皆成县也"[9]。不同于楚、秦的县隶属国君，晋县有的脱离公室，成为贵戚的采邑，这为后来三家分晋奠定了基础。

(4) 齐县：始于春秋。齐在管仲当国时已经设县，《国语》载桓公询问安民之法，管仲答："三乡为县，县有县帅。"[10] 又有桓公予管仲等十七县，景公予晏婴一县的记载[11]。

(5) 吴县：春秋中期吴君将朱方县赐予逃亡来的齐相庆封。[12]

(6) 赵县："赵攻燕，得上谷三十六县，与秦什一。"[13]

---

[1] 杨宽：《春秋时代楚国县制的性质》，《中国史研究》1981 年第 4 期。
[2] 司马迁：《史记》卷 5《秦本纪》，中华书局 2014 年版，第 252 页。
[3] 司马迁：《史记》卷 5《秦本纪》，中华书局 2014 年版，第 233 页。
[4] 见《史记》卷 15《六国年表》。《史记·商君列传》载："集小乡邑为县，置令、丞，凡三十一县。"
[5] 见《史记》卷 5《秦本纪》。
[6] 《左传·僖公三十三年》。
[7] 《左传·昭公二十八年》。
[8] 见《左传》僖公三十三年、宣公十五年、昭公五年。
[9] 《左传·昭公五年》。
[10] 《国语·齐语》。
[11] 见《晏子春秋》卷七《外篇·景公称桓公之封管仲益晏子邑辞不受》。
[12] 见《史记》卷 11《吴太伯世家》。
[13] 《战国策·秦策六》。

凡此种种，表明春秋中后期至战国，县制逐渐普及，但具体形态各国有差异。

战国时各诸侯国进一步推行郡县制，这不仅是政治制度的更革，也伴随着观念的变迁。魏文侯时期，邺令西门豹用真实而生动的事例戳穿了乡绅巫婆献民女给河伯的闹剧[①]。今人多把这个故事作为破除迷信的范例广为传诵。其实，西门豹治邺的故事还另有昭示：地方三老、巫觋控制民众的河伯崇拜，是一种欺诈性淫祀，魏国政府官员机智地加以化解，是郡县制话语对地方宗族话语的取而代之。

（三）秦廷议决：废封建，立郡县

郡县制自春秋战国已经兴起，但"废封建，立郡县"作为普行天下的建制，是扫平六国后的秦朝，在两次朝议上正式确定的。

第一次，在统一天下之初，秦朝面临一个战略决策：何以处置传袭久远的封建制？秦始皇二十六年（前221）举行廷议，丞相王绾等力主封建诸王子，以屏卫帝室，始皇帝下其议于群臣，"群臣皆以为然"，唯廷尉李斯起而抗辩："周文、武所封子弟同姓甚众，然后属疏远，相攻击如仇雠，诸侯更相诛伐，周天子弗能禁止。……置诸侯不便。"秦始皇决断："天下共苦战斗不休，以有侯王。赖宗庙，天下初定，又复立国，是树兵也，而求其宁息，岂不难哉！廷尉议是。"[②] 采纳李斯建策，分天下为三十六郡，每郡下属若干县，全境共设县一千左右。郡县由朝廷任命的非世袭的官员管理。

第二次，在秦始皇三十四年（前213），秦始皇咸阳宫大宴群臣，为自己贺寿。仆射周青臣在寿宴上祝辞称颂"日月所照，莫不宾服。以诸侯为郡县，人人自安乐……自上古不及陛下威德"。博士淳于越指斥周青臣"以诸侯为郡县"之说，援引殷周"封子弟功臣"故例，重提恢复

[①] 司马迁：《史记》卷126《滑稽列传》，中华书局2014年版，第3211—3213页。
[②] 司马迁：《史记》卷6《秦始皇本纪》，中华书局2014年版，第307页。

封建制。秦始皇令群臣再议。丞相李斯重申废封建、立郡县,并说:"五帝不相复,三代不相袭",不可再置封建,造成天下离乱。秦始皇肯定李斯之议,确定废封建、立郡县。把郡数从三十六增至四十八,并吸收列国官制之长,建立起从中央到地方完备的官僚系统。自此"秦无尺土之封,不立子弟为王、功臣为诸侯者,使后无攻战之患"①。

(四)郡县二级制—道州府县四级制—省府县三级制

郡县制逐步形成从中央到地方的层级管理制度。

春秋时的秦国,县管辖郡,《逸周书》载:"分以百县,县有四郡。"②晋于春秋晚期设郡,当时县大于郡,由晋君任命非世袭的县大夫和郡长。

至战国,郡大于县,如赵国"以三万户之都封太守,千户封县令"③。战国时秦、楚、赵、魏在边区设郡,以卫国防,公元前278年秦攻楚,楚都东迁,秦又占领楚的"江旁十五邑",前276年,楚集结东部士卒十余万,收复秦占江旁十五邑(今鄂东、赣北一带),"以为郡,拒秦"④。

北方诸国在边境设郡御胡戎,《史记》载:秦有陇西、北地、<u>上郡</u>,筑长城以拒胡;赵置云中、雁门、<u>代郡</u>;燕置上谷、渔阳、右北平、辽西、<u>辽东郡</u>;魏有河西、<u>上郡</u>以与戎界边。⑤因开始设郡出于战守,主官称"守"或"太守"。郡设郡守,军民兼治,渐成一级行政单位。

春秋末期以后,县制推行内地,秦孝公时,"并诸小乡聚,集为大县,县一令,四十一县,为田开阡陌"⑥。自此,秦征服之地皆不分封贵族,而置郡县,由秦室派官吏统治,如张仪相秦,得魏上郡十五县,惠文王并不封赐张仪,而设郡县治理;司马错灭蜀,亦不封赐给司马错,

---

① 司马迁:《史记》卷87《李斯列传》,中华书局2014年版,第3090页。
② 《逸周书·作雒》,齐鲁书社2010年版,第49页。
③ 《战国策·赵策一》。
④ 司马迁:《史记》卷40《楚世家》,中华书局2014年版,第2090页。
⑤ 司马迁:《史记》卷110《匈奴列传》,中华书局2014年版,第3490页。
⑥ 司马迁:《史记》卷5《秦本纪》,中华书局2014年版,第257页。

而设蜀郡。惠文王时虽有"公子通封于蜀"之记载[1]，但只是虚封，蜀郡实由王室派遣的郡守治理，如主持修筑都江堰的李冰便是秦昭王任命的蜀郡太守。

战国时郡县初无统领关系，一般而言，县距都城近而繁庶，郡距都城远而荒凉，故赵简子有"上大夫受县，下大夫受郡"之语。后因郡的军事功能扩大，又面积辽阔，列国逐渐以郡统县，《史记》载，"魏纳上郡十五县"于秦[2]，《战国策》载"代三十六县，上党十七县"[3]，"赵攻燕，得上谷三十六县"[4]，皆指上郡、代郡、上党郡、上谷郡下辖多个县。

汉唐地方行政以郡为重心，时称郡太守乃"吏民之本"，郡守综理地方民政、刑律、财政、军事，全面执行一地之皇权。汉宣帝说："与我共此者，其唯良二千石乎！"[5]（二千石为郡太守的俸禄，"良二千石"指称职的郡太守。）唐太宗说过类似的话："为朕养民者，唯在都督、刺史。"[6]皆谓皇帝统治天下，依靠的是各地郡守。

《史记》载，秦统一天下前设二十七郡，统一后设三十六郡，七郡名或沿用过去的国名、族名，如齐、陈、薛、代、巴、蜀；或以方位得名，如南阳、渔阳、辽东、辽西、汉中、东郡；或以山川得名，如三川、九江、泗水、河东、会稽、陇西、雁门；或以海得名，如东海、南海等。

自秦代以郡统辖县，正式建立郡县制。列朝各成系列：

秦代"郡—县"二级制；

汉代增州一级，初为监察区，后演为统管郡县的行政区，成"州—郡—县"三级制；

魏晋南北朝"府—州"二级制；

---

[1] 司马迁：《史记》卷5《秦本纪》，中华书局2014年版，第262页。
[2] 司马迁：《史记》卷5《秦本纪》，中华书局2014年版，第260页。
[3] 《战国策·秦策一》。
[4] 《战国策·秦策五》。
[5] 班固：《汉书》卷89《循吏传》，中华书局1962年版，第3624页。
[6] 司马光等：《资治通鉴》卷193《唐纪九》，中华书局1956年版，第6061页。

隋废郡，以州统县，行"州—县"二级制；

唐增道一级，为"道—州—府—县"四级制，唐后期以节度方镇为地方行政重心；

宋改道为路，成"路—州—府—县"四级制，路分漕、宪、仓、帅四司；

元设行中书省（简称行省），成"省—路—州—县"四级制；

明设布政使，成"承宣布政使司—府—县"三级制，省分管行政的布政使、管军事的都指挥使、管监察的按察使三司；

清复建行省，成"省—府—县"三级制。近现代大体循此。

郡县制历朝各有调整，但朝廷直接统辖地方的基本要义一以贯之，通行于秦汉到明清，以至近现代。自周秦之际以降，县成为基本的地方政区，后加郡为二级，加州为三级，或有更变，但一千多个县从未取消，至今县制仍沿用不改。①

（五）行省制

秦制的地方行政，自元代以降的行省制延至现代，须专门一述。

元代的中央机构有三：掌政治的中书省、掌军事的枢密院、掌监察的御史台。"省"本为宫禁之称，后乃官署之名，元代地方设路、府、州、县几级，上由大区管辖，大区作为中书省的执行单位，称"行中书省"（执行中书省的政令），简称"行省"或"省"。元代划分11行省：岭北，辽阳，河南江北，陕西，四川，甘肃，云南，江浙，江西，湖广（元代湖广包括两湖、两广），征东。今河北、山东、内蒙古称为腹里，直辖于朝廷及中书省。行省下辖路、府、州、县。

明代承袭元代行省制，略有调整，京师（河北、热河、察哈尔）与南京（江苏、安徽）直辖于朝廷，称北直隶、南直隶，其他地区分为13

---

① 参见严耕望：《秦汉地方行政制度》，北京联合出版公司2020年版，"序"，第13—15页。

布政使司，通称省：山东，山西，河南，陕西（兼甘肃），四川，江西，湖广（明代湖广仅指两湖，不包括两广），浙江，福建，广东，广西，云南，贵州。以省辖府及直隶州，府辖县。省未如元代一样设元首性长官，而分设管民政、财政的布政司，掌军事的都指挥司，管监察的按察司。

清代大体沿用明代行省制，改直隶为省，南直隶为江南省，康熙初分江南为江苏、安徽，分湖广为湖北、湖南，此为本部 18 行省。光绪置新疆行省，东北三省改制如本部，共 22 行省。省设官巡抚，又置提督学政，直属朝廷。设总督，辖两省（如闽浙、湖广、两广、云贵、陕甘），或一省（如直隶、四川），或三省（如两江、东北）。若督抚同城，由总督掌理该省军政。

（六）"海内为郡县，法令由一统"

封建制组建贵族自治，而郡县制则消弭这种区域自治性，将地方管控权收归朝廷，即所谓"海内为郡县，法令由一统"[①]。

郡县制取代封建采邑制，经历了从春秋到战国数百年的过渡，至秦统一天下方全面实现。《汉书》把历时长久的立郡县之绩归于秦代一朝废周制之功：

> 秦遂并兼四海，以为周制微弱，终为诸侯所丧，故不立尺土之封，分天下为郡县。荡灭前圣之苗裔，靡有孑遗者矣。[②]

秦始皇把废封建、立郡县，"壹家天下"，视作自己超越五帝的莫大历史功绩。他在荡平六国后东巡，于峄山（今山东省济宁市）石刻上行文曰：

> 登于峄山，群臣从者，咸思攸长。

[①] 司马迁：《史记》卷 6《秦始皇本纪》，中华书局 2014 年版，第 304 页。
[②] 班固：《汉书》卷 28《地理志》，中华书局 1962 年版，第 1542 页。

追念乱世，分土建邦，以开争理。
攻战日作，流血于野，自泰古始。
世无万敌，陀及五帝，莫能禁止。
乃今皇帝，壹家天下，兵不复起。[①]

为了秦制一统，裁除贵族封国这一独立性颇强的中间层次，"分天下为郡县"。秦划分三十六郡，后增至四十八郡、五十四郡，郡下辖1182县，可考县数756个[②]。朝廷任命非世袭的郡县官员，且例避本籍，防止地方豪族把持郡县大权。

郡—县初无隶属关系，秦汉以降郡大县小，以郡辖县，皆由流动的文官管理，民政、税收、司法、文化教育直辖于朝廷。郡设郡守、郡尉、监御史。郡守管理下属各县。县设县令、县尉。县令管理下属各乡。乡设啬夫，管理下属各里。形成由朝廷直达民户的"郡—县—乡—里—什—伍"的垂直管治系统，出土秦简有详细记述[③]。《汉书》说，上述办法"皆秦制也"[④]。

郡县制设置之早、管理之严密有效，在世界制度史上罕见其匹。

汉承秦制，广设郡县，又建立封国，合为郡国并行制。汉高祖初封异姓王，翦除异姓王后又封子弟为同姓王，在封国内为国君，除太傅、丞相由朝廷任命外，自御史大夫以下官吏由诸侯王指任，诸侯王拥有行政权、军权、财权，地位在郡之上。景帝时平定吴楚七国之乱，削夺王国特权，国成为与郡同级行政单位，景帝时有王国二十五，汉郡四十三。此种郡国并行制沿用于两汉四百年间（公元前202—公元220），东汉顺帝时全国共有105郡国，郡县是主体，由朝廷直接管辖，职官由皇帝直接任免，郡国

[①] 《峄山碑文》，秦李斯撰，原碑亡佚，南唐徐铉有临写本，北宋淳化四年（993）郑文宝据徐氏摹本重刻于长安，今存西安碑林。
[②] 后晓荣：《秦代政区地理》，社会科学文献出版社2009年版。
[③] 张金光：《秦制研究》，上海古籍出版社2004年版，第568—614页。里耶秦简16-5，洞庭守礼颁布的兴徭令经迁陵县吏传达到三乡，是其一例。
[④] 班固：《汉书》卷19《百官公卿表》，中华书局1962年版，第742页。

一体，由朝廷监控管理。

作为秦制的重要组成部分，郡县制消解贵族政治这一中间环节，朝廷直辖地方和万千庶众，达成实控地方的中央集权：

> 海内为郡县，法令由一统。①

王夫之赞赏郡县制"州郡不得擅兴军""长吏之不敢专杀"两项举措，肯定此制的历史作用：

> 郡县之制，垂二千年而弗能改矣。合古今上下皆安之，势之所趋，岂非理而能然哉。②

严耕望列举郡县制"一贯性"者有三：

> 一曰长官元首制。……一政区惟置一元首性之长官，综理全区之民刑财军诸政，有完整之行政权。
> 二曰俸禄供给制……建官制禄，此所以异于封建采地也。
> 三曰县制稳定性……此实为中国地方行政制度史上之一大奇迹也。③

严氏总括郡县制：

> 而谛思其故，盖在折衷霸王，以法治之体制，寓儒家之精神，精思密划，不失厥中。④

---

① 司马迁：《史记》卷6《秦始皇本纪》，中华书局2014年版，第304页。
② 王夫之：《读通鉴论》，中华书局1975年版，第1页。
③ 严耕望：《秦汉地方行政制度》，北京联合出版公司2020年版，"序"，第13—14页。
④ 严耕望：《秦汉地方行政制度》，北京联合出版公司2020年版，"序"，第5页。

然而，郡县制并非疗治国家变乱的十全大补丸，明初方孝孺（1357—1402）追述历朝，指出郡县、封建各有利弊：

> 当秦之世，而灭诸侯，一天下。而其心以为周之亡乎诸侯之强耳，变封建而为郡县。方以为兵革可不复用，天子之位可以世守，而不知汉帝起陇亩之匹夫，而卒亡秦之社稷。汉惩秦之孤立，于是大建庶孽而为诸侯，以为同姓之亲，可以相继而无变，而七国萌篡弑之谋。武、宣以后，稍削析之而分其势，以为无事矣，而王莽卒移汉祚。光武之惩哀、平，魏之惩汉，晋之惩魏，各惩其所由亡而为之备。而其亡也，盖出于所备之外。……虑切于此而祸兴于彼，终至乱亡者，何哉？盖智可以谋人，而不可以谋天。①

随后如黄宗羲、顾炎武、魏源等，皆未对郡县制作普遍性称赞，而是对其功过得失作具体分析。黄宗羲说："封建之弊，强弱并吞，天子之政教有所不加；郡县之弊，疆场之害苦无已时。"而协调之方是："欲去两者之弊，使其并行不悖，则沿边之方镇乎！"② 黄氏从兵制角度论史，认为废封建是大错，"自三代以后，乱天下者无如夷狄矣……然以余观之，则是废封建之罪也"③。宗法封建的周制时代，"兵民不分，君之视民犹子弟，民之视君犹父母，无事则耕，有事则战"④。兵民两分，不得不以民养兵，以民养兵则天下不得不困。

顾炎武认为封建、郡县各有利弊，在秦制时代尤其要防止郡县制导致的过度君主集权：

> 封建之失，其专在下；郡县之失，其专在上。……今之君人

---

① 方孝孺：《深虑论》，《逊志斋集》，宁波出版社1996年版，第61—62页。
② 黄宗羲：《明夷待访录·方镇》，何朝晖点校，凤凰出版社2017年版，第25页。
③ 黄宗羲：《留书·封建》，《黄宗羲全集》第1册，浙江古籍出版社1985年版，第418页。
④ 黄宗羲：《留书·封建》，《黄宗羲全集》第1册，浙江古籍出版社1985年版，第419页。

者，尽四海之内为我郡县犹不足也，人人而疑之，事事而制之。[1]

故应当"寓封建之意于郡县之中"[2]，以"封建"辅"郡县"之缺陷，周秦互补，在地方分权与中央集权间寻求综合之道。顾氏说自有见地。

八、编户齐民制：朝廷直掌平民

中国的王权制度及其高级形态——皇权制度（秦制），建立在农耕文明的地基之上，经营土地的地主（及依附者佃农）、广大自耕农，是秦汉以降诸王朝赋役的主要提供者和政权立足根据，因而秦制的基础性民政举措，便是管理从事农业生产和家庭手工业的庶众。

农耕文明时代的王朝必须掌控的战略资源有二，一是土地，二是在土地上耕作的农民。秦制对以农民为主体的庶众的周密管控，集中体现于编户齐民制。

"齐民"是"齐等之民"的简称，《史记·平准书》之《集解》曰："齐等无有贵贱，故谓之齐民。"齐民由编制起来的人户组成，《汉书·高祖纪》颜师古注曰："编户者，言列次名籍也。"故"编户齐民"略指"列入国家户籍而身份平等的人民"[3]。这个简要的定义需要补充解释：身份平等的编户齐民因经济地位的差异，又是分级次的，如北朝、隋唐以降，将编户按家产多寡分列级别，以作征收赋役依据，北齐有"九等户"之分，隋唐之际有"三等户"之分，唐代有"九等户"之分，宋代有"五等户""十等户"之分，元代有"九等户"之分。这样的内部有级差的小共同体普遍存在，构成国家人口主体，是周秦以下土地制度和政治制度拟定的基础，如唐的"两税法"，"户无主客，以见居为簿；人无丁

---

[1] 《亭林诗文集》下，商务印书馆1937年版，第179页。
[2] 《亭林诗文集》下，商务印书馆1937年版，第179页。
[3] 杜正胜：《"编户齐民论"的剖析》，《台湾学者中国史研究论丛：政治与权力》，中国大百科全书出版社2005年版，第16页。

中，以贫富为差"①；明的"一条鞭法"，赋役按诸户贫富以银折纳；清的"摊丁入亩"，以诸户田亩计算人口税。

秦制之下，在编户齐民之外，有许多"无籍之徒"，即"流民""逃户"。在王朝不稳定时期，"无籍之徒"占比增长，是社会不稳定因素。编户齐民作为君主国家将农户编组成传统小共同体，不同于近代自由社团，正如传统大共同体（王朝国家）有别于近代公民国家。"编户齐民"作为君主国家这一大共同体的科层末梢而存在，君主国家通过户籍掌控和赋役强征，收控编户齐民的基本权益，这是秦制掌握国家和庶众命脉的一大法门。

（一）户籍与"料民""算民"

周制在王朝与庶众之间封授各级贵族，而秦制对周制的更革，便是削弱贵族政治，由皇帝（通过非世袭的官吏）直接管辖庶众，把庶众从贵族的附庸变成直接为朝廷纳税服役的齐民。

掌控依附于土地的农民，是农耕文明时代国家制度的基本点。诸王朝自古即重视户籍管理，殷商行"登人"（登记人口）；周代户口登记与赋役摊户、摊丁的制度应运而生；春秋战国设"书社"，25家为社，"以社之户口书于图版"②，即把村社的户口、土地写画在版上。"版"即户籍③。户籍制始于战国，沿用两千多年，是与地主—自耕农制相为表里的，以家庭、家族为本位的君国控制的人口管理制度。而"料民"是其基础。

成书战国的《国语》载西周晚期宣王南征失败后实行"料民"，是关于户籍制较早的具体记述：

---

① 刘昫等：《旧唐书》卷118《杨炎传》，中华书局1975年版，第3421页。
② 《荀子·仲尼》载，齐桓公"见管仲……与之书社三百，而富人莫之敢距"。唐人杨倞注《荀子》称"书社，谓以社之户口，书于版图"。
③ 《周礼·宗伯·大胥》："大胥掌学士之版。"郑司农注："版，籍也，今时乡籍，世谓之户版。"《周礼·司寇·司民》："司民掌登万民之数，自生齿以上皆书于版。"郑玄注："版，今户籍也。"

> 宣王既丧南国之师,乃料民于太原。①

"料"为数意,"料民"便是计数民户,即户口统计。宣王料民之举引起占有民众的贵族不满,卿士仲山父说:"民不可料也,夫古者不料民而知其少多。"②

料民虽为旧贵族抵制,但此法有利于君王直接统辖庶众,故春秋时料民趋于普及,如齐国便在"相地而衰征"(按土地不同情况分等征收农业税)的同时,实行"正户籍"③,房屋、六畜、田亩、人口、户数皆列入户籍。晋国也将土地人民"社之户口,书于版图"④。秦国自献公十年便"为户籍,相伍"。孝公时商鞅变法,对人民作什伍编制,民"毋得擅迁"⑤,建立严厉的户籍管控:"四境之内,丈夫女子,皆有名于上,生者著,死者削。"⑥"举民众口数,……民不逃粟,野无荒草,则国富,国富者强。"⑦立户籍的目的是确保民不逃税。嬴政为秦王,命民众登记服役年龄和期限,"初令男子书年",始皇三十一年"使黔首自实田",农人上报田亩数量,以作征税及徭役的依据,以保证国富兵强。战国以至秦汉普行户口统计,并设立专门机构和官吏管理此事。

与"料民"相联系的是"口钱"(或称"口赋")与"算民"(或称"算赋"),口钱是对儿童所课的人头税,算民即西汉开始实行的成丁税(成年男子的赋税),户口之赋始于此。

成书后代的《周礼》载,朝廷有"小司寇"一官,职责为"登民数,自生齿以上,登于天府"⑧。《周礼》所记户籍登记官员"司民"对此解释

---

① 《国语·周语》。
② 《国语·周语》。
③ 《管子·国蓄》。
④ 《荀子·仲尼》杨倞注。
⑤ 《商君书·垦令》。
⑥ 《商君书·境内》。
⑦ 《商君书·去强》。
⑧ 《周礼·小司寇》。

曰："司民掌登万民之数"，"辨其国中与其都鄙及其郊野，异其男女，岁登下其死生。及三年大比，以万民之数诏司寇，司寇及孟冬祀司民之日，献其数于王。王拜受之，登于天府"[1]。

（二）周秦二制掌控庶众的不同方式

中国古代诸王朝掌控天下是一以贯之的，但具体措施又有变化，周制、秦制在掌控土地、臣民的方式上便有明显差异。

西周行"王土—王臣制"，周天子是全部土地和臣民名义上的所有者，"普天之下，莫非王土，率土之滨，莫非王臣"，实际上土地与庶众由天子及其分封的诸侯、卿大夫诸等次贵族多级占有，以农民为主体的庶众依附某级贵族、在王畿公田（王田）劳作，谓之"公民"[2]；春秋战国私田出现，一些农民耕种地主土地，或自拥土地（自耕农），在私田劳作，称之"私人"[3]。总之，两周时期庶众的从属关系复杂，周王并未实现普遍的直接管辖。秦汉以降则改变为官府直辖民众，原子化的民众摆脱对贵族的人身依附，从贵胄的附庸变为帝王的臣民，直接承担朝廷赋役。

综览《史记》诸相关本纪、列传及《汉书·百官公卿表》等传世文献，参之以近年出土的睡虎地秦简、里耶秦简、岳麓书院藏秦简、张家山汉简，可见秦制的一大特色是，废除周代贵族分级管辖民众的封建制，皇帝统领非世袭的朝廷百官，垂直治理天下百姓。

秦代将民众划分为吏卒、黔首、徒隶三类。"吏卒"是管理庶众的下层行政人员和士卒，任职期间由朝廷发给禀食、秩禄；"黔首"即平民，直辖于朝廷，为朝廷提供赋役；"徒隶"即刑徒和隶臣妾，官府强制其服劳役。这三种人无须世袭贵族的中间掌控，而通过官吏系统直辖于朝廷。综合传世文献与出土简牍文书提供的材料，秦朝十余年间，上述三类人

---

[1] 《周礼·秋官》。
[2] 《韩非子·五蠹》。
[3] 《韩非子·五蠹》。

分别占总人数的比例为：吏卒三成多、黔首五成多、徒隶一成[1]，而吏卒在不任职役时也是黔首，故黔首（即平民）为民众的主体，是秦朝赋役的主要供应者，也即秦朝统治赖以维系的基础。

先秦称庶众为"民"或"黎民"，秦统一天下后，将全体民众称之为"黔首"（头黑色者或头戴黑巾之人），史载，秦帝国"更名民曰'黔首'"[2]，新征服地的民称"新黔首"[3]。《说文解字》云："黔，黎也。从黑，今声。秦谓民为黔首，谓黑色也。周谓之黎民。"[4]《尚书·皋陶谟》借夏禹之名说："安民则惠，黎民怀之。"这大约讲的是周制安民、惠民，民众感怀之。而秦制少言安民、惠民，一味榨取黔首劳役，并使其应征从军，且以连坐法加以控制。

（三）庶民姓氏化

吾国使用姓氏约五千年。"姓"为世袭，父系传递，代表氏族血统。"氏"原为贵族标志及宗族系统称号。夏以后氏成姓的支系。先秦女子称姓，男子称氏，秦统一后姓氏合用。

先秦"姓氏"专属贵胄，"上古八大姓"（姬、姞、姜、嬴、妘、姚、姒、妊）皆源自古帝王：姬姓、姞姓出自黄帝，姜姓出自炎帝，嬴姓出自少皞，妘姓出自尧，姚姓出自舜，姒姓出自禹，实乃各大部落名称。章太炎等近代学者从《说文解字》《山海经》、甲骨文、金文中整理出几十个古姓，如周族姓姒、子、姬，秦姓凤、嬴，楚姓曼、芈，诸国姓己、任、吉、芊、曹、祁、妘、姜、董、偃、归等。北方少数族姓隗、漆等。

先秦庶民排除在"氏族"之外，只在族群内标以某种符号，而自战国后期开始，庶民纳入户籍，与此同时还保有"贱人制"（奴婢），平民有名无姓。

---

[1] 鲁西奇：《秦统治下人民的身份与社会结构》，《中华文史论丛》2021年第1期。
[2] 司马迁：《史记》卷6《秦始皇本纪》，中华书局2014年版，第307页。
[3] 陈松长主编：《岳麓书院藏秦简〔伍〕》，上海辞书出版社2017年版，第51—53页。
[4] 许慎：《说文解字》，中华书局1963年版，第211页。

西汉宣帝、元帝时平民始有姓氏。这显示"家"摆脱周代的血亲制关系，编户齐民成为国家的"公"民，以姓氏进入社会生活系统，朝廷据此收税征兵。西汉中后期居延汉简所载戍卒已有姓名，如丁延年、李寿、周千秋、王安世、陈定国之类。平民拥有姓氏，在世界史上先行一步。

日本古代、中世、近世，唯贵胄有姓氏（藤原氏、橘氏、平氏、苏我、近卫、九条等），农民、町人只有简单编号，明治八年（1875）天皇颁"平民姓名必称令"，庶众方有姓氏权，多取义于出生地（如山下、川上、川中、川下、田中、松下等姓）。朝鲜至19世纪平民才普遍用姓氏。德国的平民长期有名无姓，19世纪平民才普遍获得姓氏（达30万之多）。英国古代平民无姓氏，11世纪平民方以职业为自己定姓氏。

（四）编户齐民

秦制的一大发明是，朝廷直接控制户口，将庶众的姓名、年龄、籍贯、身份、形貌、财产情况一一载入户籍，编入户籍的普通平民（包括地主、自耕农、雇农、工商业主、佣工）承担朝廷的赋税劳役。

官府以户为单位管理人民，男女老少登记在册，是谓"编户"；削弱贵族、社会长老、宗族三老五更等地方领袖的统辖权，普通平民皆由朝廷直辖，称之"齐民"，齐民者，在统一法律管制下的所有民众之谓也。废除分封采邑制下民众对领主的人身依附，取消"国人"与"野人"的区隔，统谓"编户齐民"。

编户齐民制既是行政管理制度，又是赋税制度。庶众按编户向朝廷缴纳田租、人头税，服徭役、兵役。《居延汉简》24.1B 载，户主"徐宗年五十，妻，子男一人，男同产二人，女同产二人。宅一区值三千，田五十亩值五千，用牛二值五千"。对编户的人丁、财产详细记述，提供征税服役的资料依据。

秦制的策略是，析分小共同体（家庭、家族），强化大共同体（君主国家）。商鞅变法的一项内容是解散大家庭，"民有二男以上不分异者，倍其赋","令民父子兄弟同室内息者为禁"①。另外设法消弭与君国有抗衡力的巨族,如汉高祖徙齐、楚大族田氏、怀氏、昭氏、屈氏、景氏于关中;汉武帝时"徙强宗大姓,不得族居"②,文帝、景帝以至昭帝、宣帝时期,直属君主的酷吏以打击强宗大族为能事。解散大家族,贵族"采邑归公",切断宗系纽带。

鼓励"告亲"(鼓励告发亲人),禁止"容隐"(禁止隐瞒亲属事端),是强化专制集权的套路。《秦律》规定,"夫有罪,妻先告,其(妻)财不收",使家庭等小共同体朝不保夕,社会掌控于君国这一大共体之下。秦汉唐以下,包括告亲在内的"告密"成为国家制度,"伏见诸方告密,囚累百千辈"③,"〔武后〕欲制以威,乃修后周告密之法,诏官司受讯"④,这是一种黑暗、无耻的专制文化。

春秋战国各诸侯国已开始实行户籍制,秦献公实行"为户籍相伍"⑤,分化大家族,小农五户一伍,将个体小农编入国家户籍,成为朝廷直辖的"民"。商鞅变法"集小乡邑聚为县","令民为什伍,而相牧司连坐"⑥,实行连环监管,提倡"告亲",所有人众受朝廷监控。

编户齐民制起源甚早,战国时常见"齐民"说,《管子》曰:"齐民食于力,作本。作本者众,农以听命。"⑦("本"指农业生产。)如此,"诸众齐民,不待知而使,不待礼而令"⑧。

"编户"一词未见于先秦,直至汉代方正式把编入户籍的居民称之"编户",《淮南子》等汉代典籍多有"编户齐民"一名。汉武帝颁行"推恩令"以消弭贵胄巨室势力,进一步规范编户,完成从"封建贵族制"

---

① 司马迁:《史记》卷 68《商君列传》,中华书局 2014 年版,第 2712—2713 页。
② 范晔:《后汉书》卷 33《郑弘传》注引谢承书,中华书局 1965 年版,第 1155 页。
③ 陈子昂:《谏用刑书》,《陈拾遗集》,上海古籍出版社 1992 年版,第 113 页。
④ 欧阳修等:《新唐书》卷 56《刑法志》,中华书局 1975 年版,第 1414 页。
⑤ 司马迁:《史记》卷 6《秦始皇本纪》,中华书局 2014 年版,第 363 页。
⑥ 司马迁:《史记》卷 68《商君列传》,中华书局 2014 年版,第 2710 页。
⑦ 《管子·君臣下》。
⑧ 《吕氏春秋》。

到朝廷直辖平民的"编户齐民制"的转变。此制又是赋役制的孪生兄弟，二者联手从政治、经济、社会各方面对万民实现管理控制。

编户齐民制并非平顺发展，秦、西汉此制风行，但东汉、魏晋南北朝君国掌控的"齐民"又向豪门大族的依附民转化，如清人赵翼《廿二史劄记》所称："高门华阀，有世及之荣，庶姓寒人，无寸进之路"，"魏晋及南北朝三四百年，莫有能改之者，盖当时执政者即中正高品之人，各自顾其门户"[①]，半数百姓沦为依附民，或为依附国家的屯田客、兵户、世兵、部曲等，或为依附贵胄私人的奴婢、贱人，或为依附寺院的僧祇户、佛图户。其时有"耕当问奴，织当访婢"之说，可见依附民之普遍，此可称"亚封建"时代。唐宋方突破"亚封建"，重回以编户齐民为主的土地、人民管理制度，使秦制的非封建性得以恢复与发展。这便是"唐宋变革"的内容之一：庶众重返朝廷齐民地位，君国不再被权贵集团操纵，朝廷直接面对臣民，成为凌驾全社会的公有物。

唐代实行租庸调制，齐民向朝廷纳租服役；唐中叶的两税制，齐民摆脱土地束缚，赢得择业自由。唐宋之际实物地租式微，货币经济发端。学者概括："秦前，乃封建贵族社会。东汉以下，士族门第兴起。魏晋南北朝迄于隋唐，皆属门第社会，可称为是古代变相的贵族社会。宋以下，始是纯粹的平民社会。"[②] 编户齐民制的升降沉浮在相当程度上决定着这种社会制度的变化。

九、地主经济取代领主经济

第二章已述，周制的土地制度通称"井田制"，是以公田（王田）为基础的、土地不可买卖的世袭领主经济。东周以降，列国逐渐容许乃至提倡庶众垦殖私田，由地主、自耕农拥有私人田产、承担朝廷赋役，这

---

① 赵翼：《九品中正》，《廿二史劄记校证》，中华书局1982年版，第167页。
② 钱穆：《理学与艺术》，《宋史研究集》第七辑，台湾"中华丛书编审委员会"1974年版，第2页。

便是区别于周制领主经济的、土地可以买卖的秦制地主经济,其基础是私田的出现。

私田的缘起,一曰"先占",率先垦殖者占田为私有;二曰"劫夺",政治斗争中胜者掠占败者田土;三曰"兼并",强势者凭借财力获取田土;四曰权势者将公产变私产[1]。随着铁器和牛耕的使用,社会生产力发展,西周的公田制至东周以降渐被私田制所取代,地主、自耕农和民间工商业者登上经济舞台。

周秦之际的土地制度之变,要点在"废井田,开阡陌",列国鼓励开发私田,田土可以买卖。战国时秦人蔡泽说:商君"决裂阡陌,以静生民之业而一其俗,劝民耕农利土,一室无二事,力田畜积,习战陈之事"[2]。宋元之际马端临说:"至秦人开阡陌废井田,任民所耕,不计多少,而沟洫之制大坏。"[3] 此举倡耕战,强君国,《汉书》云:"秦孝公用商君,坏井田,开阡陌,急耕战之赏,虽非古道,犹以务本之故,倾邻国而雄诸侯。"[4] 唐人杜佑说:"秦孝公任商鞅……废井田,制阡陌,任其所耕,不限多少。数年之间,富国强兵,天下无敌。"[5]

秦制的这一变革,顺应了铁制农具和牛耕出现后的个体小农业发展的要求,在世界上较早实现领主制经济向地主制经济演化(欧洲直至中世纪晚期才发生此种转变),中国能创造较高水平的中古文化,与此颇有干系。

土地进入流通领域的私田制是一柄双刃剑,既解放了地主——自耕农的生产力,又助长了拥有政治特权的豪族的土地兼并,导致庶族地主、自耕农经济萎缩乃至破产,形成严重的贫富悬殊。史册对此记述汗牛充栋:

---

[1] 参见吕思勉《中国制度史》"财产""赋税"部分相关论述,上海三联书店2009年版。
[2] 司马迁:《史记》卷79《范雎蔡泽列传》,中华书局2014年版,第2938页。
[3] 马端临:《文献通考》卷6《田赋考六》,中华书局2011年版,第141页。
[4] 班固:《汉书》卷24《食货志》,中华书局1962年版,第1126页。
[5] 杜佑:《通典》卷一《食货一》,中华书局2016年版,第6—7页。

> 自秦孝公用商鞅计，乃臻经界，立阡陌，虽获一时之利，而兼并逾僭兴矣。①
>
> 秦为无道……兼并起，贪鄙生，强者规田以千数，弱者曾无立锥之居。②
>
> 井田之变，豪人货殖，馆舍布于州郡，田亩连于方国。③

历朝采取"均田""赋税平"之类措施化解兼并之弊，某些儒者倡言"复井田"，都是试图解决秦制引发兼并导致的社会危机，但并未取得良效。

与周制的领主经济相较，秦制的地主经济有如下特点：

（1）土地私有化程度趋高（仍有权贵世袭土地），土地可以买卖，田主频繁改变。农人在经济运行中上升（成为地主）或下沉（成为无地佃农）。西欧领主经济，土地不可买卖一直延续到14—15世纪，而中国早在公元前5—前4世纪的战国时代，私田即进入流通领域。土地是稳定的不动产，地租收入又高，对稍有资产者极具吸引力，人们乐意购置土地而不愿投资风险较大的工商业。因而实现土地私有化，"土可贾焉"，既在一定时段促成农业经济繁荣，却又阻碍工商业经济发展。中国两千年前已开始发生的现象，在西欧中世纪也普遍出现，"在法国，下层阶级的所有积蓄，不论是放给个人或投入公积金，都是为了购置土地"④。土地制度确乎是破解中外中古社会的一个要处。

（2）变西周的助法制为东周的税亩制，东周列国的"初税亩""作爰田""出土田"，即此之谓。管仲有较细致的做法："相地而衰征"，把土地分给农人耕种，按土地肥瘠和产量征收田税。新制改变农民在公田上劳作的消极怠工状态，提高了劳动生产率。

---

① 杜佑：《通典》卷一《食货一》，中华书局2016年版，第3页。
② 班固：《汉书》卷99《王莽传》，中华书局1962年版，第4110页。
③ 范晔：《后汉书》卷49《仲长统传》，中华书局1965年版，第1651页。
④ 托克维尔：《旧制度与大革命》，商务印书馆2013年版，第67—68页。

(3) 普行租佃制，田主使用可以自由来去的"庸客""庸夫"[1]，庸客缴纳实物地租，对田主的人身依附消减，生产积极性提高。秦制地主经济下的农业领先于农奴制的欧洲中世纪农业，原因之一正在于此。

(4) 在秦汉以降的多数时段，人身自由的自耕农是农业生产力主体，他们向国家缴纳"什一税"（交产量十分之一的田税），并在经济运行中或上升（成为地主）或下沉（成为无地佃农）。地主、自耕农承担国家赋役的大头，是朝廷这艘巨舰安稳运行的压舱石。故朝廷对地主、自耕农往往取扶持态度。但庶族地主及自耕农历受权贵豪强的压制与超经济掠夺，君主国家有时也参与并助长压制与掠夺，庶族地主陷入困境，农人成为流民，历朝农民起义的主力多为破产地主和失地农民。地主、自耕农失去生计，就意味着社会动荡来临。

在农耕经济主导的前近代社会，土地制度是决定王朝兴衰的基础性制度。秦制两千年间，地权分散的地主经济与地权向权贵集中的领主经济并存，二者相互博弈、彼此消长。大体言之，各朝代前期地权分散，庶族地主—自耕农经济发展，君国的赋役充裕，史称"盛世"，如西汉文景，唐代贞观、开元，北宋仁宗前后，明代永乐、宣德间，清代康熙、雍正间略如是。各朝中后期，豪右凭借特权和强大财力，兼并土地，欺行霸市，累世为官的权贵集中地权，庶族地主难以为继，自耕农成为佃户，或沦为人身依附于贵胄的田客、奴客、徒附、部曲，或丧失行动自由，成为官家屯田的田客、奴客，帝制的基石动摇，王朝崩解随之来临。经数十年征伐角逐，新王朝建立，重新恢复地权分散的地主经济，然承平日久，又复归权贵或君主国家广占土地，无权势庇护的地主—自耕农经济式微，社会再度陷于动乱。土地均平、分散与土地畸形集中的两种土地制轮替，庶众在"暂时做稳了奴隶"与"想做奴隶而不得"[2]两端折腾。在新的生产力和新的生产关系确立以前，秦制二千年便如此循环往

---

[1] 见《战国策·齐策六》。
[2] 鲁迅：《坟·灯下漫笔》，《鲁迅全集》第1卷，人民文学出版社2005年版，第225页。

复,在局部调节、小幅度进展中长期延续。秦制的长期延续,也即是地主经济体制的长期延续。[1]

十、"利出一孔":君国独控全部利益通道

专制君主掌控公权力,依凭直接暴力和间接暴力。"直接暴力"包括物理暴力(军队、牢狱等政权暴力)和语言暴力(观念控制);"间接暴力"即通过对人的物质生存条件的掌握,达成对人群的控制,如哈耶克(1899—1992)1944年所言,经济控制导致专制主义[2]。贝洛克阐发此论,指出,控制了财富的生产,就控制了人的生活本身。而秦制的"利出一孔"便是君国通过掌握财富的生产与分配,实现无所不在的间接暴力,达成对社会大众的全面控制。

(一)"管仲陷阱"

秦制厉行君主集权,不仅表现在行政领域,还深入到经济生活,将物质生产、消费、分配全部纳入君国掌握,利禄赏赐的唯一孔道由君国把控,这便是从管仲学派到商鞅门徒共倡的"利出一孔"。

"利出一孔"之说首出《管子·国蓄》:

> 利出于一孔者,其国无敌。出二孔者,其兵不诎。出三孔者,不可以举兵。出四孔者,其国必亡。[3]

管子学派没有明指此"一孔"何谓,约可解为把全部资源集中于最重要的一个事项上,这便是务农。此为"重本抑末"论的一种表述。唐人阐述此说:

---

[1] 李文治、江太新:《中国地主制经济论》,中国社会科学出版社2005年版,第27—29页。
[2] 哈耶克:《通往奴役之路》,中国社会科学出版社1997年版。
[3] 《管子·国蓄》。

> 为国之道，利出于一孔者王，二孔者强，三孔者弱，四孔者亡。①

"利出一孔"的又一要义是"国利归于君"②。利益"予之在君，夺之在君，贫之在君，富之在君"。国君掌控资源所有权、利益分配权，君主垄断社会财富分配，"夫富能夺，贫能予，乃可以为天下"③。连嫖客嫖娼都由国家控制，妓女定价权由国家把持。今人称"利出一孔"为"管仲陷阱"。

商鞅学派从"好利乃人之本性"观念出发，继承管子学派之说，对"利出一孔"有所发挥："善为国者，其教民也，皆作一而得官爵。是故不作一，不官无爵。"④ 这里的"作一"即"一孔"，让全国民众按君主规定的"农战"一个孔道去谋利，"塞私道，以穷其志；启一门，以致其欲"⑤。将君国规定的一孔之外的全部谋生之路堵死，让不事耕战者"无所于食"，从精神到肉体加以消灭。如此操作，君国有大利：

> 利出一孔，则国多物。出十孔，则国少物。守一者治，守十者乱。⑥

商君学派的"利出一孔"，将君国利益推至唯一，规定给予利禄赏赐的唯一孔道便是"农战"（耕战），衡量国力的标准是农业和军事战力，国家禁限商业、娱乐等项事业，只对农战给予利禄赏赐。全体民众都须为君国效命，"为上忘生而战"⑦，"乐战"，"民之见战也，如饿狼之见肉"⑧。以"利出一孔"驱使庶众通过农战这唯一途径，分得一杯羹，乃至获取官爵富贵。

---

① 欧阳修等：《新唐书》卷199《儒学传·柳冲》，中华书局1975年版，第5679页。
② 《管子·国蓄》。
③ 《管子·揆度》。
④ 《商君书·农战》。
⑤ 《商君书·说民》。
⑥ 《商君书·弱民》。
⑦ 《商君书·农战》。
⑧ 《商君书·画策》。

商鞅学派高度强调利益统一、权力统一，一再申述"壹"道：

> 是以圣人作壹，抟之也。国作壹一岁者，十岁强；作壹十岁者，百岁强；作壹百岁者，千岁强；千岁强者王。①

"利出一孔"便是这种经济、政治、社会总控制的阀门。

（二）超经济掠夺，赋役苛重

"驱农归战"，"催征严酷"，秦国建立繁密的"农战"体制，成为一部君王控制、全民效力的农耕工具和战争机器，其驱使民力的强度，世罕其匹。

一统天下的秦朝人口二千万左右，而征调劳役经常达三百万之巨。《史记》载，秦时修长城者四十万，戍五岭者五十万，造阿房宫者七十万，修骊山墓者七十万，御匈奴及其他边地者数十万。② 各种杂役及郡县徭役数十万，《睡虎地秦墓竹简》载，某县修"县葆禁苑、公牛马苑"及"公舍官府"，即"兴徒以为"，若稍有损坏，"令其徒复垣之，勿计为徭"（修复工程不计算在徭役之内）③。徭役几乎占用青壮劳力的全部。《汉书》称，秦制下的徭役"三十倍于古"④。

公元前225年，秦国开始灭楚战争，秦楚在淮阳（今河南周口淮阳区）苦战，秦军中两兄弟先后给居家的大哥写信，木牍家书送抵八百里外故乡——秦国南郡安陆（今湖北孝感云梦县），收信人大哥后来将木牍带入自己墓中，今人得以复见。⑤

---

① 《商君书·农战》，中华书局2011年版，第33页。
② 见《史记·秦本纪》《史记·秦始皇本纪》。
③ 《秦律十八种·徭律》，陈伟主编：《秦简牍合集》（壹），武汉大学出版社2014年版，第113页。
④ 班固：《汉书》卷24上《食货志上》，中华书局1962年版，第1137页。
⑤ 陈伟主编：《秦简牍合集》（贰），《睡虎地4号秦墓木牍》，武汉大学出版社2014年版，第629、637页。11号牍约写于秦始皇二十四年（前223）二月，6号牍约写于秦始皇二十四年（前223）三月以后。

大哥名"衷",在家赡母,二弟"黑夫"、小弟"惊"应征在前线。"惊"新婚,新妇在家。秦律规定,男丁15岁始交人头税,17岁服兵役。第一封信是"黑夫"和"惊"写给大哥"衷"的,因缺夏衣,求母寄衣,或寄钱购衣。并关心搏命换来的军功是否换来相应的"爵位",官府是否落实,请一定告知。可见兵役之沉重:三子二人从军,服兵役者的衣物还须自备。第二封信是"惊"写给大哥"衷"的,口气急促,称未收到家里寄的钱物,需钱五六百、布二丈五尺。如果再收不到钱物就要死,信中连用三个"急"字。又安慰家人,也很担心新媳妇的安全。信称"新地城多空不实者,且令故民有为不如令者实",可见楚地民众跑光。此信证明"天下苦秦久矣",楚人"不乐为秦民"。"黑夫""惊"可能皆战死,若干年后大哥"衷"去世时将两个弟弟的军中寄来木牍作为纪念品陪葬,留下今存最早的秦时书信实物——云梦睡虎地木牍①,生动具体地记述了秦制"利出一孔"的苛酷以及给庶众带来的深重灾难。

唐人杜甫《兵车行》诗述唐代征吐蕃时的兵役之苦:

况复秦兵耐苦战,被驱不异犬与鸡。②

此与千载前秦楚战争中秦兵苦难古近相映!

十一、工商官控与民营之辩:《盐铁论》管窥

讨论秦制,不可绕过其经济制度的一个关键议题——与君主集权制直接相关的工商业掌控权问题,即工商业官营—民营之辩。围绕此一切关宏旨的论题,自秦汉以至明清朝野举措起伏,争议不绝,而尤其集中的一次激辩发生在西汉昭帝时的"盐铁议"。至汉宣帝末、汉元帝初,郎官、散文家桓宽将三十年前举行的会议记录加以整理,断以己意,撰成

---

① 见《秦简牍合集》(贰),《睡虎地4号秦墓木牍》。
② 萧涤非主编:《杜甫全集校注》,人民大学出版社2014年版,第230页。

十卷六十篇的对话体著作,这便是《盐铁论》[1]。

煮盐、冶铁、铸钱,是汉代及以后诸王朝的"三大利",直接关系国计民生,也是朝廷财赋的重要来源。汉高祖及文帝、景帝时,此三利由朝廷和地方诸侯及民间分享,如吴王刘濞"招致天下亡命者盗铸钱,煮海水为盐"[2],获得暴利。汉初"封君皆低首仰给,冶铸煮盐,财或累万金,而不佐国家之急"[3]。一些民间商贾也"用铁冶富","以铁冶起,富至巨万","以末(工商业)致财"[4]。地方豪强及民营工商业者的获利颇丰。到"多欲天子"汉武帝(前156—前87)时期,为了满足皇室奢侈的需求和提供对匈奴用兵、征伐四方的巨额军费,朝廷力推"三利"独享政策并实行酒榷(酒类专卖)。在大农丞、盐铁丞孔仅,治粟都尉、后领大司农的桑弘羊等朝官主持下,铸币权归于中央,豪强不得私铸;设均输官、平准官,掌管物价及物资交易;从地方豪强手中收回煮盐业,设盐官;收回冶铁业,设铁官;禁民酿酒,酒由官府专卖。《汉书·地理志》载,武帝时各郡县设工官、铁官、盐官。以盐业为例,盐官雇贫民,发煮盐盆,按盆数给工价,煮盐贫民从地方豪强的附庸变为盐官的雇工,盐、铁、铸钱、酿酒售酒之厚益就从豪右和民间工商业者手中转移到朝廷手中,中央与地方、皇帝与诸侯贵胄及民营者的争利矛盾激化。

武帝死,皇位传年幼皇子刘弗陵(即汉昭帝,前94—前74),大将军霍光、御史大夫桑弘羊及金日磾、上官桀等四人为辅政大臣,霍光—桑弘羊争权日炽,霍光为削弱桑弘羊权势(尤其是财经大权),于昭帝始元六年(前81)令丞相田千秋召集郡国贤良文学六十人,举行盐铁会议,与实行盐铁官营、酒类专卖的朝臣桑弘羊等展开激辩。"贤良"是已取功名的儒士,"文学"是儒学名士,他们以"醇儒"自命,讲仁义,反言利,认为盐铁官营违背古圣贤"贵德而贱利,重义而轻财"信条,诱

---

[1] 见《盐铁论校注》,中华书局1992年版。
[2] 司马迁:《史记》卷106《吴王濞传》,中华书局2014年版,第3416—3417页。
[3] 司马迁:《史记》卷30《平准书》,中华书局2014年版,第1720页。
[4] 司马迁:《史记》卷129《货殖列传》,中华书局2014年版,第3976、3978、3987页。

民"背义而趋利",主张"罢盐铁、酒榷、均输"。而兼奉儒道法的"杂儒"桑弘羊一派官员,则肯定盐铁官营可强化中央集权、抑摧豪强,此策不得罢除。《盐铁论》首篇即陈列贤良文学和桑弘羊等朝臣尖锐对立的观点:

贤良文学曰:盐铁酒官营是"与民争利,散敦厚之朴,成贪鄙之化",力主"罢盐、铁、酒榷、均输,所以进本退末,广利农业,便也"。①

大夫(指御史大夫桑弘羊等)曰:匈奴之患严重,"边用度不足,故兴盐、铁,设酒榷,置均输,蓄货长财,以佐助边费","罢之,不便也"。②

曾有论者把贤良文学与主政官员(代表汉武帝)的分歧称之"儒法斗争"(贤良文学为儒家,桑弘羊为法家),并不确切,因汉武帝推行"独尊儒术",桑弘羊也尝引《诗》《书》《春秋》"经术",不宜归之法家,他们的经济思想兼取儒、法、道、阴阳,既非法家,也非纯儒,而属于"杂儒"。故贤良文学与主政大夫(代表汉武帝)的分歧,是接近先秦原始儒学的"纯儒"与汉代综合儒、道、法、阴阳的"杂儒"之间的论战。③

武帝—宣帝之际盐铁官营私营之辩,是汉代经济制度起伏变化的集中体现。从《盐铁论》记述可见,因有权臣霍光的支持,又有"独尊儒术"的阳面大旗,高倡崇义贬利、进本(农)退末(工商)的贤良文学在辩论中占据上风,"罢盐铁、酒榷、均输"呼声甚高,而桑弘羊等"大夫"只能被动辩解,但政府干预社会经济又深得朝廷支持。故"盐铁议"之后的朝政实际,除修改酒类专卖(酒榷)之外,盐、铁、铸币官营一仍其旧。这是皇权利益所使然。汉代以降两千年经济制度、财政伦理起伏变化,大体徘徊在《盐铁论》辩议之间:在重本抑末的前提下有限发展工商业;在确保官工官商的前提下,不同程度地保留手工业和商业民营的有限空间。

---

① 《盐铁论·本义》。
② 《盐铁论·本义》。
③ 参见王利器:《前言》,《盐铁论校注》,中华书局1992年版,第2页。

十二、皇权"临民"·农民战争频仍，造反而不变制

（一）秦制取消贵族中间屏障，皇权直辖民众

如前所述，周制与秦制在王权统治民众的方式上有差异，周制是"间接统治"，秦制是"直接统治"。秦制的特色是皇权直辖庶人，社会形成"朝廷（官府）—民众"二元结构，与周制的"天子—贵族—庶民"多级结构大相径庭。

《左传·昭公七年》呈现周制分列贵族、庶众多个级次，"天有十日，人有十等。下所以事上，上所以共神也。故王臣公，公臣大夫，大夫臣士，士臣皂，皂臣舆，舆臣隶，隶臣僚，僚臣仆，仆臣台"。一般而言，前四种是统治者等级，后六种是被奴役者等级。

周朝传君32代37王，享国790年（见"夏商周三代工程"统计），没有发生大规模庶众起事，重要原因是彼时在周天子与庶众之间，有一个世袭的、多级次的贵族阶层，以宗法关系管理庶众，庶众很少与上层贵族交接，更与周天子几无关联，君与民也就较少冲突。周代偶尔发生国人驱逐暴戾的厉王事件，又不乏小规模的庶众逃亡（《诗经》云"适我乐土"），但周代近八百年间并无"庶民起事"记录。东周战争频仍，基本都是诸侯间的兼并战争，尚未见君、民战争。

周制下的封建贵族，是宗法社会的中间环节，是横亘在君主与庶众之间的一道屏障。与西欧中世纪封建关系"我的领主的领主不是我的领主，我的附庸的附庸不是我的附庸"相类似，周制下的庶众只知具体的宗族长老管理自己，不知其上的贵族领主，与周天子更不相干，"帝力于我何有哉"，庶众便不大可能与周王室发生冲突。而秦制消弭了贵族这道屏障，君（朝廷）与民众直接对接，君王成了每个臣民的"领主"，最底层的民众实为君王的"附庸"，从而加剧君—民之间的矛盾冲突。

秦汉以降，基本上取缔贵族在社会中层的政治、经济管辖功能，帝王通过郡县制、编户齐民制，经由朝廷命官直接"临民"，皇朝赋役直达庶众，庶众通过官府感受到的皇上的"恩泽"或"猛如虎"的"苛政"。

庶众拜服官府也就是顶礼皇帝,仇恨官府也就是怨尤皇帝,当遭遇剥削压迫,庶众积累的愤懑达到临界点,便会把反抗的矛头直指官府、朝廷乃至皇帝本人。

(二) 农民战争频发

秦汉以降诸朝,抽去贵族这个中间环节,削减了温情脉脉的宗法纽带,社会矛盾简化为"君—民"(或曰"官—民")的二元对峙。以农民为主体的庶众对王朝的态度是,"抚我则后,虐我则仇"①,安抚我则尊你为君王(后),虐待我便成为仇敌。直面君国的暴政,到了忍无可忍时,庶众就起而抗争,激烈形态即是农民战争。淡化了封建宗法关系的中国中古、近古社会,农民战争的次数之多、规模之大、对社会震撼之剧,都居世界之首。嬴秦以降两千余年间,农民战争频仍(以经济、文化繁荣著称的宋朝300余年间便发生民变433次,平均一年1.4次),著名者十二:

> 秦末陈胜、吴广起义
> 新朝绿林、赤眉起义
> 东汉末黄巾起义
> 东晋孙恩、卢循起义
> 隋末瓦岗寨起义
> 唐末王仙芝、黄巢起义
> 北宋王小波、李顺起义,宋江起义,方腊起义
> 南宋钟相、杨幺起义
> 元末红巾军起义
> 明末高迎祥、李自成起义
> 清中叶川楚白莲教起义

---

① 《尚书·泰誓下》。

清末太平天国起义，捻军起义

民变分为多种类型。秦末陈胜、吴广起义本为朝廷虐政激发的小规模庶众暴动，因恰逢六国旧贵族反秦起事，迅速形成宏大阵势，演为推翻秦朝的一支生力军。新朝的绿林、赤眉，乃王莽乱政造成巨量流民（多为饥民）起事，是社会脱序者对王朝的挑战。以后的唐代黄巢起事，明末的高迎祥、李自成起事都属此种脱序者暴动，流寇式行动为其共同特征。东汉末的黄巾军与清代的白莲教、太平天国则带有宗教色彩，民间教会是起事组织者。农民战争形形色色，却有共同斗争指向——某官、某府的贪赃与虐民，进而直指朝廷乃至皇帝，对王朝具有颠覆性。中国第一次大规模农民战争——陈胜、吴广起义，是由于秦廷征发闾左贫民戍边，在蕲县大泽乡为淫雨所阻，不能如期抵达目的地，按秦律当处死，面临灭顶之灾的戍卒拼死一搏，杀掉押解军士，举行反秦起义，各地纷纷响应。元末民谣曰："天高皇帝远，民少相公多，一日三遍打，不反待如何！"[1] 这都是典型的由朝廷暴政激发的民变，正所谓"官逼民反，乱自上作"[2]。

欧洲中世纪的社会形态与中国秦制相异，而与周制相近，阶层矛盾相对缓和，固然爆发农民战争也远不及中国频繁，直到公元8世纪才有农民起义记载，西欧从8世纪到16世纪的800年间有记载的农民起义仅8次，且多与宗教因素及反贵族相关，如1303—1307年意大利使徒派信徒多尔钦诺领导的反封建主及天主教压迫的农民起义，1358年法国吉尤姆领导的"消灭贵族"的农民起义，1381年英国泰勒以原始基督教的平等思想发动的农民起义，1524—1525年德国闵采尔以"上帝永约会"组织的农民起义。欧洲中世纪农民是皇权主义者，1668—1671年俄国斯切潘·拉辛领导的农奴起义，相信"仁慈的沙皇"；1773—1775年俄国普

---

[1] 见无名氏《台温处树旗谣》。黄溥《闲中今古录》引用此谣。
[2] 见金圣叹《水浒传》贯华堂本第一回回评。

加乔夫领导的农奴起义,号称普加乔夫是彼得大帝的后裔。东西欧农民战争没有以推翻王朝为目标的。

中国农民同样是皇权主义者,平日期盼在"好皇帝"和"清官"之下"暂时做稳了奴隶";但当官府对民众的压迫、榨取超越负荷极限,民众"想做奴隶而不得"①,便民变蜂起,矛头直指朝廷暴政,高唤"伐无道,诛暴秦"②,"等贵贱,均贫富"③,"均田免粮""平买平卖""割富济贫"④。民变首领多为具有冒险精神的边兵、驿卒、盐丁及落第秀才,往往无师自通地习得丛林法则,早年见帝王仪仗威风,便发出"彼可取而代之"(项羽语,见《史记·项羽本纪》)、"大丈夫当如是"(刘邦语,见《史记·高祖本纪》)的喟叹,乱局起,使卷入争夺天下,所谓"秦失其鹿,天下共逐之,于是高材捷足者先得焉"⑤。秦末大泽乡起义有"王侯将相宁有种乎"的壮语,有"大楚兴,陈胜王"的诉求;东汉末黄巾起义,倡"苍天已死,黄天当立,岁在甲子,天下大吉"⑥,拟对前朝取而代之。《水浒传》中黑旋风李逵便有杀进东京去,"晁盖哥哥做大宋皇帝,宋江哥哥做小宋皇帝"⑦的叫唤,投奔梁山的好汉们劫取的生辰纲是朝廷大官的"不义之财",其打家劫舍的斗争目标是反朝廷贪官。

秦汉以降频繁发生农民起义,原因可归纳为六个方面:(1)朝廷滥用民力,横征暴敛。(2)土地兼并,失地农民反抗。比较而言,中国农民战争多因朝廷赋役苛重引起,反朝廷远多于反地主。(3)朝廷将"利出一孔"推向极致,生活资料、生产资料盐、铁、茶专卖,厉行海禁,扼杀百姓生计。(4)严厉的户籍控制,禁绝百姓迁徙,或强迫迁徙垦荒。(5)官吏法外敲诈,官府及豪强掠占民间资源。(6)天灾与外患。

---

① 见鲁迅:《坟·灯下漫笔》,《鲁迅全集》第 1 册,人民文学出版社 2005 年版,第 225 页。
② 司马迁:《史记》卷 48《陈涉世家》,中华书局 2014 年版,第 2368 页。
③ 徐梦莘:《三朝北盟会编》卷 137,上海古籍出版社 1987 年版,第 996 页。
④ 查继佐:《罪惟录》卷 31,浙江古籍出版社 1986 年版,第 2708 页。
⑤ 司马迁:《史记》卷 92《淮阴侯列传》,中华书局 2014 年版,第 3186 页。
⑥ 范晔:《后汉书》卷 71《皇甫嵩朱儁列传》,中华书局 1965 年版,第 2299 页。
⑦ 施耐庵:《水浒传》第 41 回,人民文学出版社 2005 年版,第 552 页。

"民变"是对帝王"临民"的抗拒性反应。在这一意义上,皇权制度是农民战争的孵化器,"民变"则为高悬在皇权头顶上的达摩克利斯剑,使唐太宗这样的"明君"感到"怨不在大,可畏惟人,载舟覆舟,所宜深慎"[①],迫使其采取两种对策:一为采取严控、厉惩民众的举措,扩充军队、刑狱,强化监控、告讦,对民变残酷镇压;二为实行对民众让渡部分权益的让步政策,如轻徭薄赋、休养生息、均平田土等。两汉以下各个王朝面对农民起义,无不交替采用上述两法。一部秦制历史,可以说始终与民变兴灭、弹压或招安民变相生相伴。这是王权政治的属性所决定的。马克思指出:

> 在政治权力对社会独立起来并且从公仆变为主人以后,它可以朝两个方向起作用。或者按照合乎规律的经济发展的精神和方向去起作用,在这种情况下,它和经济发展之间就没有任何冲突,经济发展就加速了。或者违反经济发展而起作用。[②]

农民战争在历史上发挥如上所言的双重作用,不宜单独强调加速或违反社会发展的一个方面的作用。

(三)农民造反而不变制,成为改朝换代的工具

在各种特定条件下,农民战争迫使皇权推行上述两种策略(镇压或让步)的某一种。从这一意义言之,民变是制约皇权的重要因素,始终为各朝帝王所忌惮,如唐太宗所言——"天子者,有道则人推而为之主,无道则人弃而不用",强大的隋朝被民变推翻在前,所谓"殷鉴不远",这样的教训"诚可畏也"[③]。不过,限定于小农业自然经济的农民没有新

---

① 吴兢:《贞观政要》,上海古籍出版社1978年版,第8页。
② 《马克思恩格斯全集》第3卷,人民出版社1960年版,第222页。
③ 见《魏郑公谏录》卷4。

的制度构想,两千多年来数百次民变从未对皇权作制度性改变,造反者最狂放的念想不过是"彼可取而代之",或者如阿Q那样企图到赵太爷、秀才的牙床上抱着姨太太滚一滚。

农民战争往往成为新的军政强人(如刘秀、曹氏父子、李世民)改朝换代的工具(如刘秀用绿林、赤眉,曹操广纳黄巾军),也有个别农民领袖(如刘邦、朱元璋)成为新朝的开国君主。但王朝制度没有改变。农民军开始可以通过吃大户、分官仓,短暂实行均平制,"闯王来了不纳粮",但农民政权要维持下去,很快便仿效帝制王朝的政治、经济制度,首先便是皇帝制度、三公九卿制乃至赋役制,而且统治集团压榨、抢掠农民,其腐化的速度令人瞠目结舌。1864年,曾国荃率湘军攻入太平天国首都天京(即南京),发现洪秀全的天王府乃至李秀成的忠王府,其奢华程度超过清朝王府,洪秀全嫔妃数量之多、珍宝之富,李秀成生活之奢华,令曾氏及洋人震惊。[①] 19世纪中叶,英国驻华领事梅多斯说:"在所有文明发展到一定程度的国家里,中国人是革命最少而造反最多的。"这里的"革命"指变革旧制度,"造反"指推翻旧王朝而不变旧制。数千年来朝代的兴衰并没有引起革命(指社会制度变革),而仅仅是导致统治家族的更替。[②] 这是研究两千多年秦制及其改良版汉制下频繁发生的农民战争的一个十分值得注意的关键问题。

[①] 见李伯元《南亭笔记》、陈乃乾《阳湖赵惠普年谱》、何绍基《金陵杂述四十绝句》,又见英国外交官富礼赐《天京游记》。
[②] 转引自斯塔夫里亚诺斯:《全球分裂:第三世界的历史进程》,商务印书馆1995年版,第318页。

第六章 法家秦制论

一、法家：秦制构思者、力行者

（一）法家渊源

"秦制"又称"秦法"，指战国至秦代以降确立的大一统君主集权制度。秦制的兴起，是经济、政治、社会发展和制度演进的自然产物，而作为思想者和组织者的法家，在其间起着催化剂作用，与欲求富国强兵的君主联手塑造秦制，构成周秦之际以降两千余年的制度主体。

先秦诸子多参与周秦之变，而去周取秦的主要构思者、践行者是法家。法家的核心概念是"法"，古字作"灋"，初见于周金文䇓，"水"旁代表公平如水，"廌"为古传说中的能明辨善恶是非的神兽，"去"是去除坏人的意思，合为"灋"字，本意法律、法令。

作为诸子之一的法家，有一个漫长的形成过程，最早可追溯到夏商西周时的理官，《汉书》称："法家者流，盖出自理官。"[1]"理官"多见于东周文献，《左传》称"叔鱼摄理"[2]，《吕氏春秋》称"命理瞻伤察创，视折审断"[3]。"理"即理官，乃司法官，其奉行之学，春秋时称"刑名"，本指刑（形，事实）与名（名称），引申为法令和名分，理官们"审合刑名"，"循名责实"。经过管仲、士匄、子产等春秋列国执政卿的发展，刑名学衍出一套行政、司法、执法理路；经过李悝、吴起、商鞅、慎到、

---

[1] 班固：《汉书》卷30《艺文志》，中华书局1962年版，第1736页。
[2] 《左传·昭公十四年》。
[3] 《吕氏春秋·孟秋》。

申不害、乐毅、韩非等人在战国七强时期的学术探讨、政治践行，此学构筑为效力君国的"法—术—势"系统。

法家成分复杂，从时间线可分为早期的管仲学派、中期的商鞅学派、晚期的申韩学派；从空间板块可分为齐法家、三晋法家、秦法家。

（1）齐法家。齐国是"功冠群公"的姜尚的封地，有简礼从俗、法立令行、礼法并用的传统，春秋时管仲佐桓公治齐，首创以法治国、法教兼施。齐国成春秋五霸之首。

（2）三晋法家。三晋（魏赵韩）是法家云集地，从首布成文法的李悝，经吴起、商鞅、慎到，以至集法家思想大成的韩非，皆三晋人物。法家理论主要创自三晋。

（3）秦法家。秦是列国法家聚集地，商鞅、李斯、韩非等皆以"客卿"身份宦游于此，讲学并施政于此。秦法家奉法、术、势为圭臬，最具实行力。秦国厉行法家学说，终于"扫六合""一天下"。

梁启超在论先秦学派孔老墨三分之后，列北方三家（阴阳家、法家、名家），又借用宗法统系之说，概括法家的发展脉络：

> 法家言，远祖《周礼》，而以《管子》为继别之大宗；申韩为继祢之小宗，及其末流，面目大殊焉。①

此说简明扼要。

（二）"魔鬼教科书"先驱

法家虽各有流别，其基本的制度观却大体近似：（1）强化君主集权，王法至上，定纷止争。（2）不法古而循今，锐意改革，认为时代发展而治法不变，社会必危，所谓"时移而治，不易者乱"②。（3）强君国，虐庶

---

① 梁启超：《论中国学术思想变迁之大势》，《饮冰室合集·文集》第3册，中华书局1936年版，第21页。
② 《韩非子·心度》。

民。(4) 贬低"礼"制,突出"法"与"刑"。

如果说依托周制的儒家重"礼",那么依托秦制的法家则重"法"。"礼者禁于将然之前,而法者禁于已然之后"①,"礼"强调道德教化功能,"法"及相随的"刑",依凭的是国家暴力威慑。

法家由"法术之士"组成,为列国君主设计掌控国家及臣民的法条。司马迁引其父司马谈语,概述法家:

> 法家不别亲疏,不殊贵贱,一断于法,则亲亲尊尊之恩绝矣。可以行一时之计,而不可长用也,故曰"严而少恩"。若尊主卑臣,明分职不得相逾越,虽百家弗能改也。②

太史公父子偏好道家,对法家的评断大体公允到位。

法家吸纳儒、道、墨、名诸家学说,在刑名学基础上,为君主集权制订完整方案。集成"法—术—势"的韩非以及秦制重要实行者李斯,皆是儒家一派巨子荀子的学生。"荀学"通览内圣与外王,集合为"帝王术",韩非运用《老子》的辩证思维,广采法家诸说,将其师学锻造成坚利酷烈的皇权统治术,《韩非子》是自秦始皇开端的专制帝王的私密读本、思想指导与行动守则,可与意大利的《君主论》东西、古近呼应。

意大利人尼可罗·马基雅维里(1469—1527)在中世纪晚期撰《君主论》(1531年首次出版)③,以"人性本恶"论为出发点,认定君主应靠残暴和机诈取胜,军队是国家统治基础,试图建立作为"恶人"的君主的"成功学"。马基雅维里的观点遭到教会和民众谴责,而"马基雅维里主义"却被专制统治者视作治国宝典,英国的克伦威尔,法国的亨利三世、亨利四世,普鲁士的弗雷德里克等皆研读《君主论》,将其作决策依据,克伦威尔(1599—1658)一直珍藏《君主论》手稿复印件;法国"太阳

---

① 班固:《汉书》卷48《贾谊列传》,中华书局1962年版,第2252页。
② 司马迁:《史记》卷130《太史公自序》,中华书局2014年版,第3996页。
③ 见《君主论》中文版(潘汉典译),商务印书馆1985年版。

王"路易十四（1638—1715）把《君主论》作为每天睡前必读书；人们清扫滑铁卢战场时，在拿破仑（1769—1821）用车里发现一本写满批注的法文《君主论》。近人称《君主论》为"魔鬼教科书"，此"魔鬼"指专制君主。而早于此书千余年的中国法家典籍，尤其是《商君书》《韩非子》，便是"魔鬼教科书"的先驱。《君主论》所议专制王权的种种谋略，《商君书》《韩非子》等法家著作皆着先鞭，早有透辟的东方式论述。

二、《管子》："富国强兵""尊王攘夷"

法家政制论，初成于《管子》。这是一部以法为基，综汇黄老、儒、名的杂家论著，可视作"道法并举"的法家初始篇什。

《管子》乃战国中期作品，并非出自春秋初管仲手笔，然其思想资料源自管仲学派，与春秋齐国名相管仲的思想行迹有着内在渊源。

管仲（前719—前645），姬姓，管氏，名夷吾，周穆王后代，颍上（今安徽阜阳市颍上县）人，春秋时政治家、理财家，齐桓公时任齐相，改革内政，"叁其国而伍其鄙"（把国划分成21乡，工商乡6个，士〔农〕乡15个，谓"叁其国"；全国乡村分为五种，由五个大夫管理，谓"伍其鄙"，鄙即乡村），达到"定民之居"目的，使士、农、工、商各就其业，用取信于民者做官，发展农业和工商业，"轻重鱼盐之利，以赡贫穷"[1]，"通货积财，富国强兵"[2]，尊王攘夷，辅弼桓公"霸诸侯，一匡天下"[3]，成为春秋五霸之首。司马迁称管仲为政"善因祸而为福，转败而为功。贵轻重，慎权衡"[4]，乃东周改革派先驱。

春秋时齐桓公在国都临淄的稷门外设讲学之舍，是一官府兴办、私家主持的学府，后称"稷下学宫"。战国初，学宫的一批学人（称"稷下

---

[1] 司马迁：《史记》卷32《齐太公世家》，中华书局2014年版，第1800页。
[2] 司马迁：《史记》卷62《管晏列传》，中华书局2014年版，第2595页。
[3] 《论语·宪问》。
[4] 司马迁：《史记》卷62《管晏列传》，中华书局2014年版，第2595页。

学派")托管子之名，记述管仲治齐方略及管仲学派——齐法家的言论。此一汇编工作主要在齐宣王、闵王时期，其间齐国强盛，有一统天下的雄心，遂发扬管仲鸿业，探讨王霸之道。《管子》大约成书此际，之后商鞅、韩非皆阅读、承袭该书，汉代续有增删，西汉末目录学家刘向编辑《管子》86篇，约分八类：《经言》9篇，《外言》8篇，《内言》7篇，《短语》17篇，《区言》5篇，《杂篇》10篇，《管子解》4篇，《管子轻重》16篇，包含道、儒、名、法诸家之说，兼及天文、舆地、经济、农业知识。《汉书·艺文志》将其列入道家类，《隋书·经籍志》改列法家类，《四库全书》将其列入子部法家类，章学诚认定其为"道家之言"。

综览全篇，《管子》立本于黄老道术，广纳儒、法、名诸说，而以法家为用，故可视为由黄老道术推衍而成的法家论集。这与战国时的法家名著《韩非子》类同，《韩非子》有《解老》《喻老》两篇，其法术势思想由老学推演而来。

今本《管子》76篇，论黄老道术的65篇，"道"字出现486次，讲虚无为本之道："虚无无形谓之道"（《心术上》），"万物以生，万物以成，命之曰道"（《内业》）；讲存亡之道："人道不顺，则有祸乱"（《五辅》）；讲君王南面之道："不自以为所贵，则君道也"（《乘马》）。

《管子》论"法"的数量仅次于"道"，而且论道亦引申到法术之学，《心术》《白心》《水地》《九守》诸篇以黄老道术诠释法家政治，所谓"依道以正名备法"，事物之道与政刑之法相通："简物小未一道，杀僇禁诛，谓之法。"[①] 法—权—道相通："故事督乎法，法出乎权，权出乎道。"[②] 建立以君主至上的政治体制和重本抑末的经济规则。

《管子》认定，"法"由君主制定，"有生法，有守法，有法于法。夫生者，君也；守法者，臣也；法于法者，民也。"[③] 君"生法"即君立法，臣"守法"即臣执法，而民众只能"法于法"（服从法）。又把君王所立

---

① 《管子·心术》。
② 《管子·心术》。
③ 《管子·任法》。

之法提升到神圣地位:"法者,天下之至道也。"①"法者,天下之程式也,万事之仪表也。"②"法律政令者,吏民规矩绳墨也。"③这就开辟了法家君法至上观的先河。

其书论"七主""七臣",辨析七种君主(申主、惠主、侵主、芒主、劳主、振主、亡主)和七种臣下(法臣、饰臣、侵臣、乱臣、愚臣、奸臣、乱臣)的优劣成败,强调君主的决定作用:"一人之治乱在其心,一国之存亡在其主。天下得失,道一人出。"④肯认君主的权威:

> 权势者,人主之所独守也。故人主失守则危,臣吏失守则乱。⑤

为君主专权张目,故其书当归属法家。

《管子》对君主提出告诫,指出"明主有六务四禁"。"六务"为:节用、贤佐、法度、必诛、天时、地宜;"四禁"为:春无杀伐,夏无遏水达名川,秋毋赦过、释罪、缓刑,冬无赋爵赏禄、伤伐五谷。其名论为:

> 君有三欲于民,三欲不节,则上位危。三欲者何也?一曰求,二曰禁,三曰令。⑥

认为对庶众的索取、禁阻、命令不可过分,而要有节制,这样方能"天下治而主安矣"。还一再警示统治者,贪欲误政害国:

> 沉于乐者洽于忧,厚于味者薄于行,慢于朝者缓于政,害于国家

---

① 《管子·任法》。
② 《管子·明法解》。
③ 《管子·七臣七主》。
④ 《管子·七臣七主》。
⑤ 《管子·七臣七主》。
⑥ 《管子·法法》。

者危于社稷。①

可见，《管子》持礼法兼收、王霸并容的有限君制论，与《商君书》《韩非子》的极端君主论有所区别，也与后期法家无限扩张君权、放纵君欲的主张相径庭。

在经济政策上，管仲提出"官山海""盐铁专卖""（税）取之于无形，使之不怒"，主张政府或隐或显地掌控市场，以权力与民争利，又有节制，不激起民众愤怒。

《管子》原86篇（《汉书·艺文志》载其名目），至唐亡佚10篇，今本76篇。依其内容，略分五类：

（1）霸政。《霸言》《牧民》《形势》《法法》讲霸政法术，"霸王之所始也，以人为本"②，"圣人能生法，不能废法而治国"③，"法者天下之仪也，所以决疑而明是非也，百姓所县命也"④。

（2）重本抑末。强调法治统一，而法治统一的基础是重本禁末：

> 昔者七十九代之君，法制不一，号令不同，然俱王天下者何也？必国富而粟多也……凡为国之急者，必先禁末作文巧。末作文巧禁，则民无所游食。民无所游食，则必农。民事农，则田垦。田垦，则粟多。粟多，则国富。国富者兵强，兵强者战胜，战胜者地广。是以先王知众民、强兵、广地、富国之必生于粟也，故禁末作，止奇巧，而利农事。⑤

又说：

---

① 《管子·中匡》。
② 《管子·霸言》。
③ 《管子·法法》。
④ 《管子·禁藏》。
⑤ 《管子·治国》。

> 农事胜则入粟多，入粟多则国富，国富则安乡重家，安乡重家则虽变俗易习、驱众移民，至于杀之，而民不恶也。此务粟之功也。①

把是否重农作为区分"明君"与"寄生之君"的标准：

> 上不利农则粟少，粟少则人贫，人贫则轻家，轻家则易去，易去则上令不能必行，上令不能必行则禁不能必止，禁不能必止则战不必胜、守不必固矣。夫令不必行，禁不必止，战不必胜，守不必固，命之曰寄生之君。②

（3）富民。《侈靡》《治国》论齐国称霸的经济政策，"凡治国之道，必先富民"③，国家要藏富于民，其著名论断是：

> 凡有地牧民者，务在四时，守在仓廪。……仓廪实则知礼节，衣食足则知荣辱，上服度则六亲固，四维张则君令行。④

将"藏富于民"视作牧民（治理民众）、推行君令的要着。因为"政之所兴，在顺民心；政之所废，在逆民心"⑤。此与《商君书》的"穷民—虐民"观恰相对照。

（4）以法治兵。《七法》《兵法》言军事战略战术，有以法治兵的主张，"罚避亲贵，不可使主兵"⑥。

（5）此外，《宙合》《枢言》等讲天道及阴阳五行。《大匡》《小匡》《戒》《弟子职》《封禅》等为杂说。

---

① 《管子·治国》。
② 《管子·治国》。
③ 《管子·治国》。
④ 《管子·牧民》。
⑤ 《管子·牧民》。
⑥ 《管子·立政》。

《管子》引述黄老道家，伸张"君子南面之术"，援道入法，用道家哲学阐释法家政治，又兼重道德教育，倡言：

> 礼义廉耻，是谓四维；四维不张，国乃灭亡。①

此为后世引用最多的管子名论。

《管子》所立制度的基本目标是富国强兵，"国富者兵强，兵强者战胜，战胜者地广"②。西汉末刘向在《管子书录》中称，《管子》书，"务富国安民，道约言要，可以晓合经义"。汉以下帝王多取《管子》之义，尤其遵循重本抑末之说，汉元帝宣称：

> 安土重迁，黎民之性；骨肉相附，人情所愿也。③

《管子》实为兼具杂家属性的法家书；或可倒言之，是有法家属性的杂家书。战国末年的杂家名著《吕氏春秋》等书，深悟《管子》旨趣，其若干篇什（《大乐》《尽数》等），多援引《管子》的《幼官》《四时》《五行》《明法》诸目。

三、《商君书》：倡耕战和强君国·驭民五术

法家最重要的两种论著之一，是由26篇独立文章组成的《商君书》（另一为《韩非子》，下目议）。此为商鞅后学托其名编纂的一本约四万字的书，反映了商鞅的权谋思想和变法要义。

商鞅高扬"法后王"旗帜，抨击文武周公的先王之制，力推非封建性改制，勾勒了秦制蓝图，是秦制重要的设计者与践行者之一，其主持

---

① 对《管子·牧民》论说的概括，见《管子校注》，中华书局2004年版，第3—11页。
② 《管子·治国》。
③ 班固：《汉书》卷9《元帝纪》，中华书局1962年版，第292页。

的变法使秦国从一个落后的西陲之邦上升为强劲的霸主，奠定了东出六国、统一天下的基础。而这种君国"功业"是通过"恶"的杠杆撬动的。"恶是历史发展的动力的表现形式"，表现为对某些神圣事物的亵渎，以及对旧有秩序的叛逆[1]。《商君书》极言壹民、愚民、辱民、弱民的君主专制法术，成为两千多年帝制的统治秘籍。

（一）与孝公共选霸道，规定"权由君独制"

商鞅（约前395—前338），卫国人，姬姓，公孙氏，名鞅（后被秦孝公赐予商邑，号"商君"，史称商鞅），作为秦国客卿，三见秦孝公，分别谈帝道（道家）、王道（儒家）、霸道（法家）。孝公选择霸道。相传商鞅对会见孝公的过程有一段追述：

> 吾说君以帝王之道比三代，而君曰："久远，吾不能待。且贤君者，各及其身显名天下，安能邑邑（'悒悒'，不舒畅）待数十百年以成帝王乎？"故吾以强国之术说君，君大悦之耳。然亦难以比德于殷周矣。[2]

"帝王之道""强国之术"是秦汉儒者乐道的话题，出土文献《云梦秦简·为吏之道》呈现的儒、道思想可以印证，其儒家思想有"为人君则鬼，为人臣则忠；为人父则兹（慈），为人子则孝"；其道家思想有"怒能喜，乐则哀，智能愚，壮能衰，恿（勇）能屈，刚能柔，仁能忍，强良不得"[3]。前述商鞅"自述"很可能是汉儒根据当时流行说法杜撰的，却相当传神地揭示了商鞅的本相：他是一个无所皈依的杂学者，君主喜好什么他就提供什么。首次会谈追求自然的古圣之道，"孝公时时睡，弗听"；第二次会见推介仁政、王道，"孝公善之而未用也"；第三次谈霸

---

[1] 《马克思恩格斯选集》第4卷，人民出版社1995年版，第237页。
[2] 司马迁：《史记》卷68《商君列传》，中华书局2014年版，第2709页。
[3] 陈伟主编：《秦简牍合集》（壹），武汉大学出版社2014年版，第322、329页。

道,发挥"强国之术",孝公"大悦","其意欲用之矣",商鞅便弃尧舜帝道、文武周公王道而专讲春秋霸主的霸道,君臣一拍即合。商鞅以法家之说启动的变法由此展开。

商鞅与秦孝公合谋的要义是君权绝对论,君主是唯一的立法者和权力操纵者,所谓"权者,君之所独制也"[①],这是商鞅变法的出发点。

(二)重法、求变

在法家"法—术—势"三派中,商鞅重"法",申不害重"术",慎到重"势"。

商鞅主张"缘法而治"[②](又称"垂法而治"),"不别亲疏,不殊贵贱,一断于法"[③],信从《管子》"君臣上下贵贱皆从法"之说,与韩非力倡"法不阿贵,绳不挠曲"[④]、"刑过不避大臣,赏善不遗匹夫"[⑤]意向一致。因法及太子,商鞅劓刑太子师公子虔,将太子师公孙贾流放陇西大山。[⑥]大大开罪于秦国贵胄,"商君相秦十年,宗室贵戚多怨望"[⑦]。而行商君之法的秦国抛弃旧贵族之"礼",成为君国掌控王"法"的国家。

《商君书》所强调的"不可以须臾忘于法",是用来操纵臣民的,"民众而奸邪生,故立法制、为度量以禁之。是故有君臣之义、五官之分、法制之禁"[⑧]。

商鞅力倡变故求新,"圣人苟可以强国,不法其故;苟可以利民,不循其礼"[⑨]。得到孝公高度认同,"秦孝公用商鞅,坏井田,开阡陌,急耕战之赏,虽非古道,犹以务本之故,倾邻国而雄诸侯,然王制遂灭,僭

---

① 《商君书·修权》。
② 司马迁:《史记》卷68《商君列传》,中华书局2014年版,第2709页。
③ 司马迁:《史记》卷130《太史公自序》,中华书局2014年版,第3996页。
④ 《韩非子·有度》。
⑤ 《韩非子·有度》。
⑥ 见《战国策·秦策》。
⑦ 司马迁:《史记》卷68《商君列传》,中华书局2014年版,第2714页。
⑧ 《商君书·君臣》。
⑨ 《商君书·更法》。

差亡度"①。在孝公、商鞅君臣推动下,秦国变封建为郡县,变庄园为佃耕,变力役地租为现物地租,耕战之士踊跃,国力剧增。

(三)驭民五术

商鞅的秦制论,又一要义是驱民众以赴君国,以"农战"为国家的唯一利益孔道。此说袭自《管子》:"利出于一孔者,其国无敌;出二孔者,其兵不诎;出三孔者,不可以举兵;出四孔者,其国必亡。"②但管仲学派还顾及"顺民"、勿逆民心,齐国实行重商的惠民政策,而秦孝公、商鞅则全然背弃民心、压抑民利,唯求君国富强,"利出一孔,则国多物"③。此"一孔"指农战,使庶众"喜农而乐战";此外如私人行商等诸务因不利君国,严禁民众从事。"令民归心于农,归心于农,则民朴而可正也,纯纯则易使也","壹之农,然后国家可富,而民力可抟也"④,这便是农本主义的"一经济"政策,通过倡农战,把庶众驯化为"轻死而乐用"的工具。商鞅可谓"管制经济"的鼻祖。

商鞅的秦制论,最黑暗、最险恶之处在于,为强化君主专制,将国家彻底地与民众对立起来,严酷盘剥、无限压榨庶众,行"驭民五术":

(1)壹民、愚民:不仅要严控民众的物质生活资源,还须垄断精神资源,统一思想,谓之"壹民";不让民众思考,谓之"愚民"⑤。农民愚昧,不习学问,才会努力务农("愚农不知,不好学问,则务疾农")。推行愚民政策,民众便容易治理("民愚则易治也"⑥),民众愚昧,便力气有余而智慧不足。反之,世人智慧则劳力不足用("民愚,则力有余而知不足;世知,则巧有余而力不足"⑦),统治者希望"民愚"而不愿意"世

---

① 班固:《汉书》卷24《食货志》,中华书局1962年版,第1126页。
② 《管子·国蓄》。
③ 《商君书·弱民》。
④ 《商君书·农战》。
⑤ 见《商君书·议兵》《商君书·臣道》。
⑥ 《商君书·定分》。
⑦ 《商君书·开塞》。

知",推行愚民政策,民众便容易治理。

(2) 弱民:君国要与民心反向施政,一切国务都要"逆民心"而行,以达到"弱民"目的,因为"民弱国强,民强国弱。故有道之国,务在弱民"①。弱民成为强国的第一要务。这就是秦制下号称"有道之国"的反人民性质。

(3) 疲民:不能让民众闲暇,因闲暇便会异想天开,抗拒君治,故须给兵民无穷无尽地增加事务,让人们一年到头忙于耕战,服劳役、兵役,疲于奔命,无喘息之机。如此民就全无自主性,只有臣服于君一途。

(4) 辱民:人民地位卑微就崇尚爵位,怯弱就尊敬官吏,贫穷就重视赏赐("民,辱则贵爵,弱则尊官,贫则重赏"②),人民若有自身荣誉感,便不会自贱于官府("民有私荣,则贱列卑官"),故须摧折民众自尊,使之丧失人格,一味崇拜权贵。③

(5) 贫民:商鞅有通过农战而"富民"之说,却更多地强调"穷民",将生产及生活资源从民间转移到国家,令庶民匍匐生计,夺其粮财,使之深陷极端穷困,只得乞讨于君国。所谓"富则轻赏","辱则贵爵,弱则尊官"④,民众贫弱方易管辖,因而要防止民众由贫转富,"民贫则力富,力富则淫,淫则有虱。故民富而不用"⑤,认为人民贫穷就会努力致富,致富就放纵,放纵就产生虱虮似的弊端,故主张把富民整穷,穷者致富则再将之整穷,反复折腾,让人民无恒产也就无恒心,只得归顺君国。

为达成"驭民五术",《商君书》倡言"以奸驭良":"国以善民治奸民者,必乱,至削","国以奸民治善民者,必治,至强"⑥。用奸臣刁吏治民的建议,被专制君主采纳。循商鞅之法,历朝为了王权稳固,盛行

---

① 《商君书·弱民》。
② 《商君书·弱民》。
③ 《商君书·弱民》等。
④ 《商君书·弱民》。
⑤ 《商君书·弱民》。
⑥ 《商君书·去强》。

"以奸驭良",又唆使臣民相互检举揭发,终日处于恐惧中。①

《商君书》背弃前之《孟子》"养民""教民""保民"之义,也悖逆后之《荀子》"安民""恤民""富民""利民""养民"之倡,全然为君国利益而"壹民""愚民""弱民""疲民""辱民""贫民",实行彻底的、赤裸裸的反文明政策,将礼乐、诗书、修善孝悌、诚信贞廉、仁义、非兵羞战称之"六虱",认定其有碍君国富强:

> 国贫而务战,毒生于敌,无六虱,必强。国富而不战,偷生于内,有六虱,必弱。②

(四)鼓励告讦,实行特务政治

为防"六虱",将"告密"(包括亲人间的"告亲")纳入国家制度,设计"什伍连坐法",形成体制化的告密虐政:

> 令民为什伍,而相牧司连坐,不告奸者腰斩,告奸者与斩敌首同赏,匿奸者与降敌同罚。③

《索隐》称:"谓告奸一人则得爵一级,故云'与斩敌首同赏'也。"告奸成为入仕途径之一,如贾谊所云,秦"所上者告讦也"④。社会自此"告讦"(告发别人隐私谓之"讦")成风,人人自危。与此同时,士庶不能自由迁徙,旅店不得留宿无官府凭证的旅客,违者店主连坐。禁止私门请托和私通列国。此制到汉文帝时有所遏止,"惩恶亡秦之政,论议务在宽厚,耻言人之过失"⑤。但《商君书》倡导的告讦制乃至特务政治延续久

---

① 《商君书·弱民》等。
② 《商君书·靳令》。
③ 司马迁:《史记》卷68《商君列传》,中华书局2014年版,第2710页。
④ 贾谊:《贾太傅新书》,岳麓书社2010年版,第59页。
⑤ 班固:《汉书》卷23《刑法志》,中华书局1962年版,第1097页。

远，汉武帝时的"巫蛊之祸"；唐代太宗、武周时的告讦案，朝野受害甚广；明清时告讦制更达于高峰，明代的锦衣卫、东西厂专事此职。这皆为《商君书》的谬种流传。汉初贾谊在《新书·时变篇》揭示《商君书》反伦理的弊害："商君违礼义，弃伦理，并心于进取，行之二岁，秦俗日败。"

近几十年秦简大批出土，这些原始文献证实《商君书》一类传世法家典册虐民论的确凿实存。如湖北云梦睡虎地出土简牍千余枚，有《秦律十八种》《秦律杂抄》《法律答问》《封诊式》等秦王嬴政时期的律法文书；大约也是在湖北出土的岳麓书院藏秦简（壹—柒），有《奏谳书》《秦律杂抄》《秦令杂抄》等主要属于秦统一之后的律令抄本；湖南龙山出土的《里耶秦简》二十余万言，是秦代洞庭郡迁陵县廷的文书簿记，乃百科全书般的日志式实录，记述秦王朝地方政权的施政情形。其中律令的严苛纤密，略与《商君书》内容相应。

《商君书》发出改制强音，秦国走向国富兵强。《商君书》又力主辱民、残民，弱庶众以强君国，通过"制民"以"制天下"：

> 昔之能制天下者，必先制其民者也；能胜强敌者，必先胜其民者也。①

这种制民以制天下的谋略，深获专制帝王欣赏与采纳。

（五）统治者阳禁阴用

因《商君书》虐民暴政思想直白露骨，诸朝统治者不愿《商君书》流传民间，让老百姓看到君主的残民真相。但在战国末期，此书在秦国等地并未遭禁，不乏家藏，韩非访秦，根据自己的实际考查指出："今境

---

① 《商君书·画策》。

内之民皆言治,藏商管之法者家有之。"①此外,该书在列朝皆有传本,明清以来学者归有光、孙星衍、俞樾、孙诒让等对该书做过校订。

时下有《商君书》在古代是"天下第一禁书"之说,此乃夸张之辞,《商君书》并未在列朝遭到普遍禁止。但《商君书》明目张胆地扬恶惩善,抛弃礼义廉耻的遮羞布,赤裸裸地宣示极端君主专权,帝王们对此书阴用而不愿声张,则是历史实情。

四、《韩非子》:君主独裁的法·术·势

阐发秦制较为系统、具有理论色彩的是《韩非子》(今存二十卷五十五篇,逾十万言)。此书主体皆出自韩非手笔,是先秦古典中继《荀子》后又一长篇私家专著。(《管子》《商君书》《论语》《孟子》《庄子》等书皆是后学整理、编纂的篇什,并非管仲、商鞅、孔丘、孟轲、庄周等个人手撰之作。)

韩非(约前280—前233),韩国公室出身,少时读商管之书和孙吴兵法,并阅《老子》及各类杂书。青年时师从荀子,"学帝王之术",与李斯是师兄弟。

荀子曾亲访秦国,赞赏秦国变法,称为"治之至也"。秦相应侯范雎与荀子有一番问答,《荀子》载曰:

> 应侯问孙卿子曰:入秦何见?孙卿子曰:其固塞险,形势便,山林川谷美,天材之利多,是形胜也。入境,观其风俗,……佚而治,约而详,不烦而功,治之至也。秦类之矣!②

《荀子》三篇议秦专论(《王霸》《议兵》《强国》)皆肯定秦的富国强兵、社会有序。荀子称赞秦的求变求治,对弟子李斯、韩非有影响,但其民

---

① 《韩非子·五蠹》。
② 《荀子·强国》。

本论却被李、韩辈所抛弃。

愤懑于韩王不思改革,韩非埋头著书,《孤愤》《五蠹》《外储说》《说林》《说难》等扬秦篇什成于此际。其书传至秦国,秦王嬴政读后叹曰:"嗟乎,寡人得见此人与之游,死不恨矣!"[1] 秦韩交战期间,韩王派韩非出使秦国,秦王"悦之,未信用"。韩非上书秦王"存韩"(保存韩国)[2],李斯、姚贾在秦王前毁之曰,韩非是韩国公子,秦韩交战,必为韩效力,秦王以为然,李斯使人递毒药,韩非自杀于狱中。[3]

《韩非子》对儒墨两大显学持批评态度,借鉴荀子之学和老子道术,吸取李悝"变革"思想,综会慎到之"势"、申不害之"术"、商鞅之"法",集法家大成,是秦制较富理论色彩的学术概括。

(一)君主与天道合德

《韩非子》为秦制构思了一套以天道类比君王的理论,成为秦制帝王论范本。

"天"是中国古代思想的顶级范畴,是大众的最高崇拜对象,"天无私覆,地无私载,日月无私照"[4],无远弗届,大公无私。而韩非把"君"抬到与"天"同等的位置,提出君—天合德论,君的无上崇高性由此论推衍而来。韩非这一思想的渊源有二,一是他少时攻读的《老子》,二是他直接师从的荀况所著《荀子》。

(1)《老子》称:"道大,天大,地大,王亦大。"[5] 将王与道、天、地并列,共为"四大"。这就把君主抬升到最高势位。

(2)《荀子》称:"天地者,生之始也",君臣"与天地同理,与万世同久"[6]。将君臣关系与天地关系相比拟,视君若天。

---

[1] 司马迁:《史记》卷63《老子韩非列传》,中华书局2014年版,第2621页。
[2] 《韩非子·存韩》。
[3] 见《史记》卷63《老子韩非列传》。
[4] 《礼记·孔子闲居》。
[5] 《老子·二十五章》,相关字词异说见陈鼓应:《老子今注今译》,商务印书馆2003年版,第169页。
[6] 《荀子·王制》。

与《荀子》成书同期,也为韩非青年时攻读的《管子》,有类似论述:"天道"与"治理"同一,君王"牧万民,治天下,莅百官,主之常也"①。又说:"明主法象天道。"②另一法家书《经法》也提出圣人(指君王)"与天同道"③。

《韩非子》承袭上说,尤其发挥《老子》道德论,指认"道"的终极性,而君王出自这个终极真理的"道":

> 道不同于万物,德不同于阴阳,衡不同于轻重,绳不同于出入,和不同于燥湿,君不同于群臣。凡此六者,道之出也。④

韩非以为"道者,万物之始,是非之纪也。是以明君守始以知万物之源,治纪以知善败之端"⑤。将君治提升到"遵道""守始"的高度。又认定道是君主的专利和护符,体道者唯独君主,从而找到君主专权的形上根据。

《管子》《商君书》《慎子》等法家论著都极言君治,而《韩非子》的君治说更具理论性,从形而上层面阐发君主的神圣性与终极性。

(二)君王独断,驾驭百官万民

先秦诸子多认定君主的唯一性,孟子转陈孔子言:"天无二日,民无二主。"⑥法家尤其强调君主独治。慎到说,"两"与"杂"是国乱之源,"两则争,杂则相伤害"⑦。"两贵不相事,两贱不相使。"⑧韩非发展先辈之

---

① 《管子·形势解》。
② 《管子·形势解》。
③ 《经法·四度》,《马王堆汉墓帛书》,文物出版社1980年版,第63页。
④ 《韩非子·扬权》。
⑤ 《韩非子·主道》。
⑥ 《孟子·万章上》:"孔子曰:天无二日,民无二主。"《礼记·曾子问》:"孔子曰:天无二日,土无二王,尝禘郊社,尊无二上,未知其为礼也。"
⑦ 《慎子·德立》。
⑧ 《慎子·佚文》。

论，力排政出二元、多元，指出"一栖两雄""一家二贵""夫妻持政"[①]必起祸乱，君主必须唯一，必须独治，"能独断者故可以为天下王"[②]。君主唯一、严防政出多门，成为秦汉以降的制度常规，如唐人刘知幾说："十羊九牧，其令难行；一国三公，适从何在。"[③]

韩非认为君与臣是既统一又对立的矛盾体，二者统一的枢纽在"利"，君臣全然由"利"相与结合，而君权为天下大利，臣下便有觊觎之念，所以君不可爱臣、贵臣，他告诫君王："爱臣太亲，必危其身；人臣太贵，必易主位。"[④]君对臣唯有利用与防范，不可亲爱、尊重臣下。由此出发，必须实行"君主独治"，由唯一的君主驾驭臣民与国家。韩非说："国者，君之车也"[⑤]，国家就是君王驱赶的一辆马车，其驾车的驭手只能是君主一人。

《韩非子》的先驱《管子》称："权势者，人主之所独守也。"[⑥]由此派生出君主绝对控制臣下说，认为君主对权势不可稍有收手，若松动便会君臣颠倒。慎到说："君臣之间，犹权衡也。权左轻则右重，右重则左轻。轻重迭相橛，天地之理也。"[⑦]韩非承袭前辈法家君主独守说，又加以申发。

韩非举出大量史例，为君主贡献掌控臣子的"七术"和明察隐秘的"六微"，包括"疑诏诡使"（传出可疑诏令，诡诈地驱使臣子），"倒言反事"（故意说反话、做逆理之事以刺探臣子）[⑧]。又提出一套发现"奸臣"、防止臣控君的办法[⑨]。主张政不厌诈。

为了确保君主的权势"暗箱操作"，韩非认为王者要牢牢把持"二柄""三守""三劫""三治道"。"二柄"，即"杀戮之谓刑"和"庆赏之

---

① 《韩非子·扬权》。
② 《韩非子·外储说右上》。
③ 刘知幾：《史通·忤时》，上海古籍出版社2008年版，第438页。
④ 《韩非子·爱臣》。
⑤ 《韩非子·外储说右上》。
⑥ 《管子·七臣七主》。
⑦ 《慎子·佚文》。
⑧ 见《韩非子·外储说右上》。
⑨ 见《韩非子·奸劫弑臣》。

谓德"这两种权柄必须由君主掌握①；"三守"，即君主不透露所闻所听，使臣下不知底细②；"三劫"，即防止臣下对君主明劫（权臣公然结党）、事劫（权臣掌握决策权）、刑劫（权臣掌握刑罚权）③；"三治道"，即以"利"（利益）、"威"（威势）、"名"（名分）辖制臣下④。此三者与法治原则相悖，但仍要使用，这便是"诡使"，即悖反之举。韩非明知君主专制与法治的矛盾性，但因君治的需要，又必须作此悖反之举。这一切都是为了确保"君主独断"，此乃秦制的铁律。

韩非称帝王为"圣人""新圣""严天子"，理当"兼天下"，集权中央，独断专行。其名论是：

> 事在四方，要在中央；圣人执要，四方来效。⑤
> 民主之道，在申子之劝独断也。……独视者谓明，独听者谓聪。能独断者，故可以为天下主。⑥
> 王者独行谓之王。⑦

为君主专制的中央集权作论证并设计具体实施办法，以确保君主独治。

（三）反智以治民

《韩非子》承袭《商君书》的"驭民五术"，又将其提升为反智论的"治民"法术。秦汉以下两千年帝制的反智、愚民倾向，相当程度上是《韩非子》的孑遗。

---

① 见《韩非子·二柄》。
② 见《韩非子·三守》。
③ 见《韩非子·三守》。
④ 见《韩非子·诡使》。
⑤ 《韩非子·扬权》。
⑥ 《韩非子·外储说右上》。
⑦ 《韩非子·忠孝》。

韩非说："民智之不可用也，犹婴儿之心也。"①认为民智与婴儿的心一样靠不住，有智的民众对君国的举措皆不领情，还要加以诽谤，故"民智之不足用亦明矣"②。古之黔首愚钝，好使唤，今之有智民众不肯听从官府指令。改变这种状态，须软硬兼施，"劝之以赏"，以赏赐利诱民众；"畏之以罚"，用刑罚恐吓民众。还要对民众加以整顿、改造：

（1）去"五蠹"，即驱除五种人：学者（儒生）、言古者（纵横家）、带剑者（游侠）、商工之民（商人和手工业者）、患御者（食客）。

（2）教育六种人：畏死远难之人、学道立方之人、游居厚养之人、语曲牟知之人、行剑攻杀之人、活贼匿奸之人。民众把这六种人依次归类为：贵生之士（珍惜性命的人）、文学之士（追求学问的人）、有能之士（出门远游者）、辩智之士（用智力口才谋生者）、磏勇之士（提剑武士）、任誉之士（违逆朝廷禁令收容犯人者）。排除"五蠹"和"六种人"，剩下的便是好统治的顺民。

（3）奖励六种人：赴险殉诚之人、寡闻从令之人、力作而食之人、嘉厚纯粹之人、重命畏事之人、挫贼遏奸之人。这一贬一褒，便造就了失计之民（自己无看法，只知为官府效命的蠢人）、朴陋之民（见识短浅服从权力的愚民）、寡能之民（除种地外没有其他本领的人）、愚戆之民（无智只能逆来顺受的人）、怯慑之民（不敢反上只会尊上的人）、谄谗之民（谄媚上方给官家充当耳目的人）。总之，合格的"秦民"是任君国驱使的驯服工具。

韩非概括其治民的办法是，"太上禁其心，其次禁其言，其次禁其事"③。所谓"禁其心"，便是禁锢人们的思想，使其盲目服从王者指令。随之便可以"禁其言""禁其事"。他认定仁义智能是"卑主危国"的危险品，"故有道之主，远仁义，去智能，服之以法"④，统治者的"有道"，

---

① 《韩非子·显学》。
② 《韩非子·显学》。
③ 《韩非子·说疑》。
④ 《韩非子·说疑》。

便是废弃仁义道德和才智聪慧，通过愚民之法治民、牧民。

（四）综合法—术—势

法家之学，可概括为法、术、势三大要则。商鞅重"法"，执行君国公布的统一法条，用严刑厚赏推行政令；申不害重"术"，熟用神出鬼没的机巧，人主以之操纵臣下；慎到重"势"（权势），认为"贤不足以服不肖，而势位足以屈贤"，将管仲顺势之说发挥为君王势位绝对论。法家以上三类，分称"法治派""术治派""势治派"，韩非为法—术—势"综合派"。

韩非则综会老子、荀子，倾慕尉缭（兵家）"并兼广大、以一制度"的气象，兼采商鞅、慎到之学，认为"君无术则弊于上，臣无法则乱于下，此不可一无，皆帝王之具也"①，他对法—术有系统概括：

> 术者，因任而授官，循名而责实，操生杀之柄，课群臣之能者也，此人主之所执也。法者，宪令著于官府，刑罚必于民心，赏存乎慎法，而罚加乎奸令者也，此臣之师也。②

他主张公开律令之"法"、君主私控臣民之"术"、君国权威之"势"，三者兼而采之，达成"抱法—运术—处势"的统合。

（1）赞同并引用慎到的"知势位之足恃，而贤智之不足慕也"说③，认同"抱法处势则治""背法去势则乱"说④，力主张大君国威势。韩非将势分为"自然之势"与"所得而设之势"，前者指在客观的既成条件下对权力的运用，后者指在可能条件下能动地运用权力，君主应掌握这两种

---

① 《韩非子·定法》。
② 《韩非子·定法》。
③ 《韩非子·难势》。
④ 《韩非子·难势》。

势，而"凡奸臣皆欲顺人主之心以取信幸之势者也"①，君主要防范臣子窥探权势。

（2）吸取申不害的机诈阴术，君主独视、独断，"独视者谓明，独听者谓聪。能独断者，故可以为天下主"②之说，又认为不可限于君主一人术略，而应当借一国之耳目为自己的耳目；与"法"须公开（"法莫如显"③）不同，"术"是隐蔽的，由国君暗箱操作、不得宣之于外。韩非诠释君主的"御臣之术"："术者，藏之于胸中，以偶众端而潜御群臣者也"④，强调君对臣当"潜御"。"上明见，人备之；其不明见，人惑之。知其见，人饰之；不知见，人匿之。其无欲见，人司之；其有欲见，人饵之。故曰：吾无从知之，惟无为可以规之。"⑤

（3）肯认商鞅的重"法"，但认为商君依靠大臣行法而无控制之术，必为权臣所左右。韩非所谓之法，指君主公布于全国、臣民共遵的严刑峻法，包括赏、罚两面，二者皆是君主驾驭群臣的权柄，不可假手于人。

韩非把"法"从"礼"中离析出来，以法的客观性、公开性取代礼的等级性、私情性，将法置于情、理之上。又致力于"法术势合"，三者兼而采之，不可偏失：

> 势者，君之马也，无术以御之，身虽劳犹不免乱，有术以御之，身处逸乐之地，又致帝王之功也。⑥
> 君无术则弊于上，臣无法则乱于下，此不可一无，皆帝王之具也。⑦

---

① 《韩非子·奸劫弑臣》。
② 《韩非子·外储说右上》。
③ 《韩非子·难三》。
④ 《韩非子·定法》。
⑤ 《韩非子·外储说右上》。
⑥ 《韩非子·外储说右下》。
⑦ 《韩非子·定法》。

韩非确认"商管之法"皆是"致帝王之功"的"帝王之具","凡术也者，主之所以执也；法也者，官之所以师也"①，法术全然由专制帝王所控、所用。

（五）以"性恶论"为起点，"法后王"为进路

韩非"法术势合"的秦制论，立基于从荀子那里承袭来的"性恶论"。失望于人性善的荀子，认为人趋利避害，其"恶"的自然天性须"以法制之""矫饰人之情性而正之"，寄望于人为的教育，使人趋善，"人之性恶，其善者伪也"②（"伪"指后天的人为教化）。韩非继承"人之性恶"说，而放弃荀子教化起善的努力，指社会无温情、无道义，唯有"计数"（算计、争竞），"民之政计，皆就安利而辟危穷"③。"君臣之际，非父子之亲也，计数之所出也"④。将人性定义为"利"与"恶"。

韩非不相信古圣如尧舜是从忠孝出发禅让，而是为了权与利，尧"弑君"，舜"曲父""杀弟"⑤。他认为善恶无标准，有功即善，违法即恶，主张严明赏罚，"人情者有好恶，故赏罚可用。赏罚可用则禁令可立，而治道具矣"⑥。其"以法为本"⑦，"以法为教"⑧，所据之"法"，其伦理意识都出自性恶论。

韩非认为法术势与道德无关，与出现明君尧舜还是出现暴君桀纣无关："抱法处势则治，背法去势则乱。今废势背法而待尧舜，尧舜至乃治，是千世乱而一治也；抱法处势而待桀纣，桀纣至乃乱，是千世治而一乱也。"⑨法家从"人性恶"出发，提倡一种抛弃道德外衣、赤裸裸的专

---

① 《韩非子·说疑》。
② 《荀子·性恶》。
③ 《韩非子·五蠹》。
④ 《韩非子·难一》。
⑤ 《韩非子·忠孝》。
⑥ 《韩非子·八经》。
⑦ 《韩非子·饰邪》。
⑧ 《韩非子·五蠹》。
⑨ 《韩非子·难势》。

制主义君治论。

韩非的历史观是，反"法古"、主"法今"，这也学取于荀子的"法后王"。荀子反对一味"法先"，他说："不知法后王而一制度，不知隆礼义而杀诗书……是俗儒者也。"① 司马迁对"法后王"有一解说：

> 传曰"法后王"，何也？以其近己而俗变相类，议卑而易行也。②

荀子兼取"法先王"与"法后王"，而其实是主观法古、客观重今，或曰在道统上复先王，在制度上追随今王。韩非单取老师的"法后王"，此"后王"指近代之王、当世之王。他从历史线性前行论出发，提出"圣人不期修古，不法常可"③。

韩非喜作寓言，在讲了"守株待兔"的故事后说："欲以先王之政，治当世之民，皆守株之类也。"④ 其同门李斯也师法后王，任秦相后，建议秦始皇禁止一切"以古非今"之论，禁绝私学，以法为教。⑤

周秦之际发生中国制度史上的大转折——国家制度主体从周制演为秦制，从贵胄世官的宗法封建制向君治官僚组成的中央集权制过渡，新进的士大夫集团既是王权的犬马，又自有利益诉求，时与王权发生矛盾，因而君主不断通过监察制、户籍制强化对臣民的控制；王权消解贵族等中间层次，通过郡县制、编户齐民制使民众散沙化、原子化，朝廷直接提取社会的人力与物力。对于三代之制而言，这都是千古巨变，晚周诸子皆投入对这种转制的考析，各呈异说，其要者一是儒家追怀并阐发周制（第三章已述），二是法家（《韩非子》为其思想巅峰）扬弃周制而致力于秦制的理论建构。

---

① 《荀子·儒效》。
② 司马迁：《史记》卷15《六国年表》，中华书局2014年版，第836页。
③ 《韩非子·五蠹》。
④ 《韩非子·五蠹》。
⑤ 见《史记》卷6《秦始皇本纪》。

法家抑周扬秦，倡导改制，顺应并推动当时社会发展的趋势，有助于大一统国家的建立和农耕经济的推进；强调法的严明性、权威性，有利于社会及政权的稳固，为历代王朝所采用。但法家将君治绝对化，法自君出，强国弱民，无限扩张国权而泯灭民权，从长远观之，桎梏社会的健全发展，尤其在文明近代转型之际，君主集权的法家之制成为巨大阻力。

（六）"世异则事异"的历史进化论

韩非力辟孔孟的复古非今观，承袭荀子的历史更化思想和前期法家的变古观（如《商君书·更法》的"治世不一道，便国不法古"），提出较为完备的历史进化论，作为推动"变法"的理论基础，这是一个不容抹杀的学术贡献。

与先儒及墨家向往"古圣"、视"先世"为黄金时代的退化观相背反，韩非把历史分为"上古之世""中古之世""近古之世""当今之世"四阶段，依生产力水平、社会组织的高下程度，推断社会由蒙昧、野蛮到文明的发展过程，提出"古今异俗，新故异备"的历史进化论，力主将社会向前推演，"圣人不期修古，不法常可，论事之事，因为之备"[①]。他的两个历史设想都是有据可证的：一为历史由低级到高级进步；二为上古领袖是推举或争夺而得，并非上天赐予，而且强力争夺比和平推举更接近历史真实。当然，作为法家集大成者，韩非站在极端君本位立场，其历史设计走向为专制统治者效力的绝对主义王权论，完全背弃了民为邦本的大义，在一定程度上对两千年的君主专权负有责任。

（七）评韩的两种取向

韩非"喜刑名法术之学"，其形上资源"归本于黄老"之"道"[②]，"道者，万物之始，是非之纪也"[③]，认为"万物各异理，而道尽，稽万物

---

① 上说均见《韩非子·五蠹》。
② 司马迁：《史记》卷63《老子韩非列传》，中华书局2014年版，第2612页。
③ 《韩非子·主道》。

之理"①。"道"主"异动",由此产生"世异则事异"的变法观。② 其形下资源则是法家各派思想,综会商鞅之"法"、申不害之"术"、慎到之"势","法"(背后是"道")为其最高范畴,"故治民无常,唯治为法"③。《韩非子》是晚周以来列国变法的理论总结,外道内法,归结于君主专权的帝王术。韩非思想的复杂性导致后世对其评价的二重性。

专制帝王无论明面上怎样宣称,实际上是极信服商韩之术的。《史记》载,秦王嬴政读韩非书《孤愤》《五蠹》诸篇,浩叹曰:"寡人得见此人与之游,死不恨矣!"《三国志》载,蜀汉皇帝刘备遗诏嘱咐后主刘禅,多读《商君书》,多向丞相诸葛亮请教《申子》《韩非子》《管子》。北魏时博士公孙表,向魏道武帝进呈《韩非子》而获赏。历代帝王多阳儒阴法,明面上宣示儒学仁政王道,讳言自己是商韩信徒,却背地里研读申、商、韩非,明人赵用贤(1535—1596)道出个中真相:

> 三代而后,申韩之说常胜。世之言治者,操其术而恒讳其迹。④

汉代司马谈、司马迁父子立基于黄老道术,肯定法家时移世易的历史进步观,又谴责其严刑峻法,称"网密"而"奸伪萌起","吏治若救火扬沸"⑤,秦法愈严酷,社会犯罪愈烈。又逐一批评法家人物,称商鞅是"天资刻薄人""卒受恶名于秦"⑥,"商君还归,惠王车裂之,而秦人不怜"⑦。吴起"以刻暴少恩亡其躯"⑧。韩非"极惨礉少恩"⑨。李斯"不务明

---

① 《韩非子·解老》。
② 《韩非子·五蠹》。
③ 《韩非子·心度》。
④ 赵用贤:《松石斋集》卷8,明万历刻本,第7页。
⑤ 司马迁:《史记》卷122《酷吏列传》,中华书局2014年版,第3803页。
⑥ 司马迁:《史记》卷68《商君列传》,中华书局2014年版,第2718页。
⑦ 《战国策·秦策一》。
⑧ 司马迁:《史记》卷65《孙子吴起列传》,中华书局2014年版,第2639页。
⑨ 司马迁:《史记》卷63《老子韩非列传》,中华书局2014年版,第2622页。

政以补主上之缺,持爵禄之重,阿顺苟合,严威酷刑"[1]。

《史记》对秦制持双重评价,指"秦取天下多暴,然世异变,成功大"[2],给予法家的总评是:"可以行一时之计,而不可长用也,故曰'严而少恩'。"[3]

史书多谴责韩非之议遗害久远。《旧唐书》说:"威刑既衰,而酷吏为用,于是商鞅、李斯谲诈设矣。"[4]宋人欧阳修对商韩深责之:"惑国者商鞅,愚民者韩非。"苏轼将老庄与商韩皆称为"乱天下"的"异端",商韩求老庄学说"而不得","得其所以轻天下而齐万物之术,是以敢为残忍而无疑"[5]。苏轼肯定荀子"隆礼尊贤而王"的帝王术,而认为荀子门徒韩非、李斯及秦始皇的君主专制与其相去甚远,"荀卿明王道,述礼乐,而李斯以其学乱天下"[6]。近人谭嗣同《仁学》赞周制仁学,谴责秦制暴政,称:"两千年之政,秦政也,皆大盗也。"[7]极言秦制之害。这都显示了中古以至近代一些士人扬周抑秦的倾向。

时至近代,变法维新派亟求变制,而"药方只贩古时丹"[8]为其变制的一大路向,《韩非子》等法家论著成为"托古"范本之一,韩非的"世异则事异,事异则备变"[9]的改制观,"法与时转则治,治与世宜则有功"[10]的变法功成观,多为近代改革派引述,龚自珍"一祖之法无不敝"的"自改革"主张,魏源"变古愈尽,便民愈甚"的论说,皆取义于《韩非子》。魏源认为,治国当"兼黄老、申、韩之所长而去其所短,斯治国之庖丁乎!"[11]这些皆为韩非变制思想在近代的回响。近代国学家、革命

---

[1] 司马迁:《史记》卷87《李斯列传》,中华书局2014年版,第3108页。
[2] 司马迁:《史记》卷15《六国年表》,中华书局2014年版,第836页。
[3] 司马迁:《史记》卷130《太史公自序》,中华书局2014年版,第3996页。
[4] 刘昫等:《旧唐书》卷186《酷吏传上》,中华书局1975年版,第4835页。
[5] 苏轼:《韩非论》,《苏轼文集》,中华书局1986年版,第102页。
[6] 苏轼:《荀卿论》,《苏轼文集》,中华书局1986年版,第101页。
[7] 谭嗣同:《仁学》,辽宁人民出版社1994年版,第70页。
[8] 龚自珍:《己亥杂诗·霜毫掷罢倚天寒》,《龚自珍己亥杂诗注》,中华书局1980年版,第58页。
[9] 《韩非子·五蠹》。
[10] 《韩非子·心度》。
[11] 魏源:《默觚·治篇三》,辽宁人民出版社1994年版,第52页。

家章太炎肯定商韩主严刑,是适应社会变革之需,其《訄书·商鞅》说:"以刑维其法,而非以刑为法之本",同时又指出,西汉公孙弘、张汤行法是"以媚人主,以震百辟,以束下民"[1],对法家之"法"作双重评断。

以介绍西学著称的启蒙思想家严复,在《法意》按语中称"秦固有法,而自今观之,若专制之尤者",秦法"直刑而已矣。所以驱迫束缚其臣民,而国君超乎法之上,可以意用法、易法,而不为法所拘"[2]。直指秦法的专制性。辛亥革命后,严复观点变化,以秦韩之法比拟近代西法,认为:"齐之强以管仲,秦之起以商公,其他若申不害、赵奢、李悝、吴起,降而诸葛武侯、王景略,唐之姚崇,明之张太岳,凡为强效,大抵皆任法者也。……是故居今而言救亡,学惟申韩庶几可用。"[3]严复晚岁归于肯定申韩,又把救亡的希望寄托于专制强权。

五、强化"治民",禁绝"民治"

法家的秦制论,核心内容是"天下归属于君",强化君主国家控制民众(治民),禁绝民众自主管理(民治)。

(一)"公法本位""君与天齐"

秦制以"公法本位"(或曰"王法本位")的面貌现世。所谓"公法本位",表现为君主及其臣民都归服于"公法"(或曰"王法"),不容营"私"违法,"法者天子所与天下公共也"[4]。前述《商君书》《韩非子》一再申明此意。

"天"是中华信仰的最高范畴,被赋予无可置疑的"公"性,而随着

---

[1] 章太炎:《商鞅》,《章太炎全集》,第3册,上海人民出版社1982年版,第605页。
[2] 严复:《法意》按语,《严复集》,第4册,中华书局1986年版,第938—939页。
[3] 严复:《与熊纯如书》,《严复集》,第3册,中华书局1986年版,第619—620页。
[4] 司马迁:《史记》卷102《张释之传》,中华书局2014年版,第3333页。

君治的扩张,"君与天齐",战国成书的《左传》已有"君,天也"之论①,君随着天便获得了"公"性,法家充分发挥"君"代表"公"的意旨,如韩非称君是立法者,而"立法令者,以废私也。法令行而私道废矣"②。

秦汉以下的皇权政治与周代宗法封建政治的一大差别是,封建时代讲究的是宗法之"礼",刑在宗法之下,所谓"宗法立而刑清"③,在天子与庶民之间存在宗法配置的领主贵族阶层,由这些领主贵族世袭,依礼管理庶民;而皇权时代朝廷直接面对百姓,以王法"治民"。

皇权治理天下即是治理百姓,商鞅学派讲得直白:

> 能制天下者,必先制其民者也。能胜强敌者,必先胜其民者也。故胜民之本在制民,若冶于金、陶于土也。④

君主压制人民,方能统领天下、战胜敌人。

皇权治理民众,犹如放牧家禽牲畜一般,"夫牧民者,犹畜禽兽也"。"牧"的本义,是"养牛人也",而汉、魏、六朝所设的州郡行政长官,皆称"牧"。

在皇权政治的大系统中,人民没有自治权,被排斥在政治生活之外,选举权、被选举权从来与民众无关,皇权政治不知"民治"为何物,一个语义学实证是:传统中国并无人民自主意义上的"民主"一词,古汉语中的"民主",意为"民之主",即人民的主人,与"君主"同义。⑤

与"民治"阙如直接相连接的是,皇权政治充分发挥的是"治民

---

① 《左传·宣公四年》。
② 《韩非子·诡使》。
③ 顾炎武:《日知录》卷6,"爱百姓故刑法中"条,《日知录集释》,中华书局2020年版,第334—335页。
④ 《商君书·画策》。
⑤ 《尚书·多方》"天惟时求民主"、《左传·文公十七年》"民主偷必死"诸例之"民主",皆指民之主宰。详见拙著《三十个关键词的文化史》(中国社会科学出版社2021年版)中的"民主"条的辨析。

术",它不仅体现于汗牛充栋的学理言说中,更表现在各种朝政的实施上。这些举措的目标,都是消弭社会中间环节(如贵族控制领地庶众、民间宗社组织人民),使社会原子化、民众散沙化,臣民无所逃于天地,任凭笼罩其上的君国管控。《汉书》记载:

> 陵夷至于战国,韩用申子,秦用商鞅,连相坐之法,造参夷之诛,增加肉刑、大辟,有凿颠、抽胁、镬亨之刑。至于秦始皇,兼吞战国,遂毁先王之法,灭礼谊之官,专任刑罚,躬操文墨,昼断狱,夜理书,自程决事,日县石之一。而奸邪并生,赭衣塞路,囹圄成市,天下愁怨,溃而叛之。①

庶众被盘剥达于极致,秦代"大率百人则五十人为农、五十人习战。凡民年二十三,付之畴官,给郡县。一月,而谓更卒。复给中都一岁,谓正卒。复屯边一岁,谓戍卒"②。徭役之深重,无以复加。

(二)户籍制

一切君主的权力,都是"由他的臣民的人数决定的"③,最大限度地控制子民户籍,是皇权政治的要点之一。中国是世界上较早实行人口统计和户籍管理的国家。周代专设大司徒一职,"掌建邦之土地之图,与其人民之数"④,并载明性别、出生时间、住址。人死还要申报注销户口。据汉初《傅律》逆推战国时秦国的户籍管理规定,每个人都必须著籍官府,否则为"脱籍",要受罚治罪。秦末,刘邦率军攻入咸阳,萧何"独先入收秦丞相御史律令图书藏之。……汉王所以具知天下厄塞,户口多少,

---

① 班固:《汉书》卷23《刑法志》,中华书局1962年版,第1096页。
② 马端临:《文献通考》,中华书局2011年版,第4482页。
③ 《马克思恩格斯全集》第23卷,人民出版社1972年版,第785页。
④ 《周礼·地官·大司徒》。

强弱之处，民所疾苦者，以何具得秦图书也"①。可见在汉代之前，朝廷已经管理全国户籍，而掌控户籍即在相当程度上掌控天下。

中国地域宽广，又加之水旱兵燹，灾祸连绵，人口变迁剧烈，因此历朝都重视对人口数量的稽查核实。这方面的记载，史不绝书。周代的"料民"②（清查民户），春秋时楚国的"大户"（普遍清查户口），汉代的"八月算民"（每年八月统计人丁，以确认赋税，又称"算赋"），唐代人口普查的"团貌"③，是这种举措的又一名称。

稽查核实人口，要求十分严格。如汉代"算民"，由主管官吏亲自当面核对姓名、性别、年龄、籍贯、长相、高矮、胖瘦乃至特殊生理状貌，检查是否谎报。如有作弊，给予严厉惩罚。通过检查，大量隐漏户口被查出，增加了政府控制的人口数和赋税收入。明初洪武年间的"户帖"，详录齐民的各种信息，是现存最早的户口簿。明朝为征调赋役而编制的户籍册，因封面黄色，称"黄册"，此册刘宋时即有，而明代"大造黄册，户分上中下三等，差役照册金定"④。

（三）里甲制

在精细户籍管理的基础上，严密的基层行政系统——里甲制度建立起来。而里甲又往往与前述宗法制相结合，因而获得社会基础，"令五家为比，使之相保；五比为闾，使之相受；五闾为族，使之相葬；五族为党，使之相救；五党为州，使之相赒；五州为乡，使之相宾"⑤。如果说这一记载弥漫着宗法人情味，那么下面的文字则反映出里甲制度苛酷的一面：

十家为什，五家为伍，什伍皆有长焉。筑障塞匿，一道路，博

---

① 司马迁：《史记》卷53《萧相国世家》，中华书局2014年版，第2446页。
② 见《史记·周本纪》。
③ 《唐会要·团貌》记载，唐代地方每年将人口实况编造成册，注明人丁形貌，每三年编造一次户籍，一式三份：一份报尚书省户部，两份存州、县，作为掌握劳动力和赋税的根据。
④ 申时行等：《明会典》，第5册，《户口二·赋役》，商务印书馆1936年版，第531页。
⑤ 《周礼·地官·大司徒》。

出入，审间闬，慎筦键。筦藏于里尉。置间有司，以时开闭。闬有司观出入者，以复于里尉，凡出入不时，衣服不中，圈属群徒，不顺于常者，闬有司见之，复无时。①

严密的户籍、里甲制度，牢牢地控制一切社会成员于皇权统治网络之中，"奔亡者无所匿，迁徙者无所容"②。居民的自由流动，几无可能，而国家赋税、徭役得以顺利征收、摊派，军队的兵源也有了可靠的保证。清末曾国藩与太平军作战时实行"保甲连环"，民国推行保甲制，皆深得此一控摄社会网络传统之旨。

（四）连坐告讦制，"告亲"与"相隐"在矛盾中并存

秦制管控天下臣民的一法是，鼓励"告亲"（告发亲人），禁止"容隐"（禁止隐瞒亲属事端），以强化君国统治。商鞅变法"集小乡邑聚为县"，"令民为什伍，而相牧司连坐"③，禁止父子兄弟同室而居，凡民有二男劳力都须分居，独立编户，实行连环监管，相互检举。严控人众游离于什伍组织之外，凡"脱籍"者，本人治罪，亲戚邻里乃至乡间管理户籍的吏员都要追责问罪，设置与户籍制相配套的连坐制，《管子·立政》作具体规定：五家编为一伍，设伍长；五伍为里，设里长。每里有人犯法，里长同罪。

《秦律》提倡家族内部"告亲"，使所有人众受朝廷监控，父子相告、兄弟相害屡见不鲜，"夫有罪，妻先告，（其妻财）不收"。汉唐以下，确立儒学主流地位，根据孔子"父为子隐，子为父隐，直在其中矣"④的教言，作出"亲亲得相首匿"的规定，于是有了与"告亲"反对的"相隐"制度的颁行，借以维护宗法关系、持守孝亲原则，这显示了

---

① 《管子·立政》。
② 《管子·禁藏》。
③ 司马迁：《史记》卷66《商君列传》，中华书局2014年版，第2712、2710页。
④ 《论语·子路》。

汉代以降秦制与周制的兼容。但汉唐仍然有条件地保留告亲在内的"告密"制度。《唐律》规定,"谋反、谋大逆、谋叛,此等三事,并不得相隐","若犯谋反、逆、叛,即是不臣之人,故许论告"。可见在君国利益与家庭伦理发生矛盾时,《唐律》毫不含糊地向君国利益倾斜,以致"伏见诸方告密,因累百千辈"①,"〔武后〕欲制以威,乃修后周告密之法,诏官司受讯,有言密事者,驰驿奏之"②。汉唐以降诸朝一再发生在君权淫威下亲人互相告讦、陷害的惨剧。在"忠孝不可两全"之际,忠君压倒孝亲,这表明君主专权在秦制律令中占据优势地位。

(五)人身、土地、生计三者一并管控

君本位制有效管控人身,关键的一条,在于从控制人的生计下手,"画地为牢",将人身固着于土地之上。"理民之道,地著为本。故必建步立亩,正其经界"③,国家建立严格的土地管理制度,并将人民束缚于田畴之中,"殴民而归之农,皆著于本",同时"禁民二业"④,"山泽江海皆有禁,盐铁酒茗皆有禁,布绵丝帛皆有禁,关市河梁皆有禁"⑤。这不仅仅是一个产业政策问题,更是控制人身自由的最好法宝。个中奥秘,不难洞见:

> 不农则不地著,不地著则离乡轻家,民如鸟兽,虽有高城深池,严法重刑,犹不能禁也。⑥

正因为如此,历代王朝都将人身、土地、生计的控制紧密地结合在一起。《诗·小雅·北山》称"溥天之下,莫非王土,率土之滨,莫非王

---

① 陈子昂:《谏用刑书》,见刘昫等:《旧唐书·刑法志》,中华书局1975年版,第2145—2146页。
② 欧阳修等:《新唐书》卷56《刑法志》,中华书局1975年版,第1414页。
③ 班固:《汉书》卷24《食货志》,中华书局1962年版,第1119页。
④ 《后汉书》卷39《刘般传》,李贤注:"谓农者不得商贾也。"
⑤ 石介:《徂徕集·明禁》,《徂徕石先生文集》,中华书局2009年版,第66页。
⑥ 班固:《汉书》卷24《食货志》,中华书局1962年版,第1131页。

臣"，很早就将"王土""王臣"并列为君主囊中的两大财富。周天子分封诸侯，也是"授民授疆土"一并进行。所以孟子总结道："诸侯之宝三：土地，人民，政事。"①

使人身、土地、生计的管制合而为一，具有重大意义。对于君主来说，"有德此有人，有人此有土，有土此有财，有财此有用"②，只有将劳动者（农民）与劳动对象（土地）紧紧连在一起加以控制，才能有效地掌握财富和权力。而对于民众来说，离开土地则无以为生。故君主一旦控制了土地，也就控制了农民（民众的主体）。所以《周礼》称："以天下土地之图，周知九州之地域广轮之数，辨其山林、川泽、丘陵、坟衍、原隰之名物"，"以土均之法，辨五物九等，制天下之地征，以作民职，以令地贡，以敛财赋，以均齐天下之政"③。

周秦以来，历朝政府都规定对土地详行登记造册，以作征田赋依据。宋元之际的《文献通考》载，秦始皇三十一年（前216）"令黔首自实田"，即让"黔首"（面黑之人，指劳动者）向官府自报所占田亩，以便官府据以征收赋税。如此，政府一并掌握人口、土地的准确数量，以确定赋役额度。东汉章帝时，山阳太守秦彭将其治下田亩的多少、肥瘠情况详加记载，编簿归档，以加强对土地的管理。朝廷首肯此举，通令各州郡仿行④。这是与"户籍"制并重的"地籍"制的开端。

周秦到唐中叶，历朝制度多有损益，但基本原则是计口授田，土不离人，人不离土。唐人陆贽（754—805）说："国朝著令赋役之法有三：一曰租，二曰调，三曰庸……有田则有租，有家则有调，有身则有庸。"⑤ 人口、田亩同为政府财源。

唐中叶以后，推行两税法，规定"户无主客，以居者为簿；人无丁

---

① 《孟子·尽心下》。
② 《礼记·大学》。
③ 《周礼·地官·大司徒》。
④ 见《后汉书》卷76《循吏列传·秦彭》。
⑤ 陆贽：《中书奏议》，《陆宣公文集》，上海古籍出版社1994年版，第317—318页。

中，以贫富为差"①，限令人口按居住地立簿，人丁、土地共为征赋依准。

宋代以降开始实行的鱼鳞图册制度，是更严密的土地赋税管理办法，清册详细登记每块土地的编号、主人姓名、亩数、四至及土质肥瘠。将每块土地形状绘制成图，每册前面又有土地综图，如鱼鳞状，故称"鱼鳞图册"。此制最早出现在宋代农业经济发达的浙、闽等地。明洪武十四年（1381），朱元璋发现因土地隐匿给国家税收造成损失，遂令编造完整的鱼鳞图册，查明地权、清理隐匿。明洪武二十年，令各地编制"鱼鳞图册"。明清两代沿用此制。

明万历以后，推行"一条鞭法"；清康熙年间，又行"摊丁入亩"，两法的共通之处是地丁合一，政府赋税管理效率更高，而对人口、土地的控制也更便捷易行。

秦汉以降诸王朝，"治民"无所不用其极，"民治"则严厉禁止。梁启超于清末沉痛地说："我国万事不进步，而独防民之术乃突过于先进国，此真可谓痛哭也。"② 诚哉斯言。

六、君本位—官本位

秦制的结构核心是"君本位"及其派生的"官本位"。

"君"（𠱩），会意词，从尹、从口，"尹"表治事，"口"表指令，合意：发号施令、治理一方。"君"曾为统治者通称，如《诗》云"克长克君"③，《荀子》谓"君者，治辨之主也"④。《春秋繁露》谓"君也者，掌令者也"。《说文》释曰："君，尊也。"皆为泛义敬称。"君"又衍为最高统治者的专称，如"君主""国君""君上"等，在秦制系统，与皇帝同义。

"官"（𠕢），《说文解字》："官，吏事君也，从宀，从𠂤。会意。"指

---

① 欧阳修等：《新唐书》卷 52《食货志》，中华书局 1975 年版，第 1351 页。
② 梁启超：《致佛苏吾兄书》（宣统元年八月十一日）。
③ 《诗·大雅·黄矣》。
④ 《荀子·礼论》。

服务于君主的衙门内的人众。本义为临时驻扎的兵营,后引申为官府,进而引申为官府任职者,他们与世袭贵族不同,是君国随时任命、调动的执政者,故有"命官""流官"之称。官是受君命管理民众的职业政员。杨树达释意近确:"官,吏事君也,从宀,从𠂤。𠂤犹众也。此与师同意。"①

(一)"君—官—民"结构中的"君本位"

周朝是一个繁复的、多层次的等级社会,《左传》曰:

> 天有十日,人有十等。下所以事上,上所以共神也。故王臣公,公臣大夫,大夫臣士,士臣皂,皂臣舆,舆臣隶,隶臣僚,僚臣仆,仆臣台。②

天子之下有公、卿、大夫、士等贵族阶层,底层为庞大的庶众和没有人身自由的皂、隶、僚、仆、台等。

秦汉以降,继宗法封建社会而起的皇权社会,简约了等级层次,其时虽保留分封贵族,但世袭的贵族阶层大体被排除在朝政之外。概言之,皇权社会阶层关系的主线为"君—官(臣)—民"结构。唐人韩愈(768—824)的名篇《原道》在批判佛家的"无君无父"时,这样规范君、臣、民三者的关系:

> 君者,出令者也;臣者,行君之令,而致其民者也;民者,出粟米麻丝、作器皿、通货财以事其上者也。君不出令则失其所以为君。臣不行君之令而致之民,则失其所以为臣。民不出粟米麻丝、作器皿、通货财以事其上,则诛。③

---

① 杨树达:《积微居小学金石论丛》,商务印书馆 2011 年版,第 45 页。
② 《左传·昭公七年》。
③ 韩愈:《原道》,《韩愈全集》,上海古籍出版社 1997 年版,第 121—122 页。

韩愈此一名论，直白地把"君—官—民"结构中三个级次的社会地位及其功能作了明确的概括："君"高高在上，掌握军政财文大权，号令天下；"臣"（官）代行君令，临民行权；"民"是劳作者、赋役贡献者，有供奉物质财富的义务，却无权利可言，违君旨官令即被诛除。三者的上述关系决定了，秦至清是一个以君主为国家权力根本的社会，可称之"君本位"社会。

先秦以来的"民本"思想（"民为邦本""民贵君轻"为著名表述），强调民众乃立国根本，是国君实行统治的基础，而并无关乎民权、民治的论述。"民本"说试图维护的，是较为清明有序的"君本位"社会，却与"民本位"社会相去甚远。

（二）君尊臣卑

在"君—官（臣）—民"三级结构中，君对民、君对臣拥有绝对权力。韩非的论说将此种关系规定得明白：

> 君上之于民也，有难则用其死，安平则尽其力。[①]
> 夫所谓明君者，能畜其臣者也；所谓贤臣者，能明法辟、治官职，以戴其君者也。[②]

国君拥有无上威权，对臣民畜养以供驱使；而臣民对君则必须唯命是从。臣民不具备独立人格，视、听、言、动皆以君主旨意转移。前引之韩愈《原道》的"君—臣—民"关系说，与韩非千年前的"君—民""君—臣"之议别无二致。可见汉唐以降的儒家（韩愈被称之"法儒"，即法家化的儒者）的君治论与法家的并无差异，同样充当秦制的辩护士。

宋代理学家有诱导君主实行周制的诉求，然其落脚处仍在尊君。承

---

① 《韩非子·六反》。
② 《韩非子·忠孝》。

袭二程思路，朱熹申言：

> 宇宙之间一理而已……其张之为三纲，其纪之为五常，盖皆此理之流行，无所适而不在。①
> 父子君臣，天下之定理。②

宋明以下，君主专制愈趋严密，与理学化的"君尊臣卑"论互为表里。

两千年的皇权政治及其文化专制，在社会心态层面造成深厚积淀。"君尊臣卑"，不仅是精致的学说，而且浸润民间，成为普遍流行的社会心理。"官无私论，士无私议，民无私说，皆虚其胸以听其上"③，举国上下，皆以君主之是非为是非，正如明清之际黄宗羲揭示的：

> 三代以下，天下之是非一出于朝廷。天子荣之，则群趋以为是；天子辱之，则群擿以为非。④

皇权政治规定，君主横竖皆在理，"有功则君有其贤，有过则臣任其罪"⑤，"善皆归于君，恶皆归于臣"⑥。先秦法家与汉儒多有歧见，但在尊君说上却基本一致，皆把帝王的旨意看作必须无条件服从的"绝对理念"。

由于长期皇权政治的压抑和专制文化的熏陶，社会对于凌驾于自身之上的君权，形成了一种莫名的敬畏心理。一般百姓当然无缘觐仰"龙颜"，而即便是帝王的"肱股之臣"，面对"真命天子"，又何尝不是战战兢兢，以致语无伦次。素以"开明之君"著称于史的唐太宗李世民，曾询问魏徵："群臣上书可采，及召对，多失次，何也？"对曰："臣观百

---

① 《晦庵先生文集》卷70，宋庆元嘉定间浙江刻本，第7页。
② 《二程语录》卷6，清正谊堂全书本，第1页。
③ 《管子·任法》。
④ 黄宗羲：《明夷待访录·学校》，何朝晖点校，凤凰出版社2017年版，第13页。
⑤ 《韩非子·主道》。
⑥ 苏舆：《春秋繁露义证》，中华书局1992年版，第325页。

司奏事，常数日思之，及至上前，三分不能道一，况谏者拂意触忌，非陛下借之辞色，岂敢尽其情哉！"①

自秦汉以至明清，君尊臣卑愈演愈烈，以朝廷的君臣礼仪为例即可见一斑。两汉时期，皇帝对丞相待之以礼。丞相觐见时，皇帝依礼赐丞相座。丞相生病，皇帝还要亲自前去探视。隋唐时期的官员上朝奏事也均有座。至宋代，官员上朝站立奏事。明清大臣必须跪奏。明代自洪武间，就明文规定，"大朝仪""众官皆跪"。清朝的官僚上朝时跪地时间长，大臣们都特别备有护膝。从朝仪规制大臣"坐—立—跪"的变化得见，两汉以降，皇帝的权威越来越高，而大臣的地位却不断下降。

清人唐甄痛恶绝对皇权，他说：

> 圣人定尊卑之分，将使顺而率之，非使亢而远之。为上易骄，为下易谀；君日益尊，臣日益卑。是以人君之贱视其臣民，如犬马虫蚁之不类于我；贤人退，治道远矣……于斯之时，虽有善鸣者，不得闻于九天；虽有善烛者，不得照于九渊。臣日益疏，智日益蔽……而国亡矣。②

对君主的恐惧和服从，是皇权政治得以长期延续的重要社会心理。谢天佑（1932—1988）系统清理君主专制之下的臣民心理，其遗著指出："小心谨慎、明争暗算、攀龙附凤、明哲保身、避嫌勇退、假话连篇成为臣民求生的必然之术和心理常态。"这种臣民心理是君主专制下政治文化的组成部分。国家利益、王朝大局、个人尊严、人性底线，都是可以用来交换君心的筹码。这也是滋生贪污腐败的土壤。③

君权的漫无限制，言路的严重堵塞，民族智慧的重重困厄，决定了强势的皇权专制主义必致衰败。

---

① 司马光等：《资治通鉴》卷194《唐纪十》，中华书局1956年版，第6105页。
② 唐甄：《潜书·抑尊》，岳麓书社2011年版，第94—95页。
③ 谢天佑：《专制主义统治下的臣民心理》，广西师范大学出版社2021年版。

(三)"君本位"派生"官本位"

帝王"乾纲独断",君临天下,然"天下不能一人而治",必须"设官以治之"①。

"官"的本义为军营、馆舍,引申为掌握权力的处所,即官署、任所;又引申为掌握权力的人,即官吏。《礼记·王制》孔颖达疏:"官者,管也。"郭沫若《管子集校》对《管子》书论"官"的文字作按曰:"官,犹管也。"综论之,"官"为"管"字的假借,含管理、掌管之义,其掌管对象是民。君管制官,官管制民,君——官——民组成秦制下的三级管制结构。

在汉语系统中,官兼指文武官员,但主要指文官。"文官"一语出自《后汉书》:"立春,遣使者赍束帛以赐文官。"②

官是君的臣仆,其官职、禄位皆君权所赐(或论功行赏,或因才授职)。官又受君之命,役使民众,是实施君治的具体环节。在临民施治的过程中,官僚获得许多法内乃至法外特权,拥有名位、财富,成为社会食利者和权力主导者。如果说,殷周时代特权阶层的主体是世袭贵族,那么,秦汉以下两千多年间,尤其是唐宋以降,特权阶层的主体是经由考选入仕的士人精英——官僚集团,于是,由"君本位"派生出"官本位",共同与"民本位"相对立。

"本"指事物的根源与根基,"本位"略指事物的发端处和基本点。"官本位"并非古已有之的提法,作为一个流行语,大约出现于20世纪80年代,是仿照近世经济学术语"金本位"(以黄金为本位货币去衡量各种商品价值的货币制度)拟定的新名词,意谓以做官与否、官阶高下衡量人的社会地位和人生价值。人们以官为贵,尊官畏官,视做官为无上尊荣,官员享有的特权遂成为艳羡和嫉妒的对象,官员的权力更成为人们热衷攀附和崇拜的目标,官员的行政级别及其官僚做派亦成为人们竞

---

① 黄宗羲:《明夷待访录·置相》,何朝晖点校,凤凰出版社2017年版,第10页。
② 范晔:《后汉书》卷95《礼仪志》,中华书局1965年版,第3123页。

相效仿的标准。由此，社会上也就产生种种怪现状，如官称的流行，官德的败坏，官威的生猛，官权的放肆，行政级别的广为套用，官场礼仪的尊卑等级有序，官员身价在婚丧嫁娶、人情世故和权力寻租活动中或明或暗的礼俗化，由此又衍生出罔顾民生的政绩工程，滋生腐败的灰色收入，权钱、权色交易的权力滥用，以及裙带庇护等众多现象。[①]"官本位"虽是晚近提法，然此种现象却有着久远深厚的历史渊源。

官僚政治是专制王权的派生物和基础所在，官僚是君主统治庶众的有效工具。宋人文彦博（1006—1097）一针见血地指出，帝王与官僚共治天下，而非与民众共治天下：

> （帝王）为与士大夫治天下，非与百姓治天下也。[②]

这就决定了官僚只为君主效力，"役民"为其职责。宋元之际马端临（约1254—1323）说：

> 役民者，官也；役于官者，民也。郡有守，县有令，乡有长，里有正，其位不同而皆役民者也。[③]

此皆在君—官—民三者关系中，为官定位——为帝王"役民"，此乃"官本位"的点睛之笔。

从士人一侧言之，在君权至上时代，报效君王而出仕是"正途"，是最重要的出路。孟子在回答时人"古之君子仕乎"的问题时，毫不犹豫地答曰："仕"（做官），并引述"孔子三月无君，则皇皇如也"作证。[④] 诸

[①] 林存光：《观念与体制背反的历史生存悖论——"官本位"的政治文化解读》，《学术前沿》2012年第13期。
[②] 马端临：《文献通考》，中华书局2011年版，第347页。
[③] 马端临：《文献通考》，中华书局2011年版，第5页。
[④] 《孟子·滕文公下》。

般说辞充分表明，依附君权而出仕，是儒者的本分。孟子进而打比方说：

> 士之失位也，犹诸侯之失国家也。
> 士之仕也，犹农夫之耕也。①

当然，孟子的出仕是有原则的："古之人未尝不欲仕也，又恶不由其道。不由其道而往者，与钻穴隙之类也。"② 守道出仕（"道"指天道、仁道），是儒者的理想。而现实中出仕违道者，又所见多多。

（四）科举取士

在君治时代，士人出仕，既有买方市场（朝廷招官），又有卖方市场（士人竞官），构建一个有序的官僚生成机制，其完备形态是隋唐以降的科举制度。

秦汉以后，中央集权的君主政治的总趋势是愈益强化，官与民的区隔也愈益明显。清人牛应之作历史评说：

> 同治末，朱克敬寓长沙，致书某方伯论其误，略曰：三代以前，官去民近，汉唐以后，官犹去民近，元明以来，官民之分愈严，上下之情愈隔，故治愈弗良。③

官员高高在上，收益丰厚且稳定，所谓"一任清知府，十万白花银"，此语或曰"三年清知府，十万雪花银"，首出宋朝，在明朝的话本中更多有呈现。又所谓"一人为官，鸡犬升天"，为官可以一呼百应，有着愉悦无比的权力快感，故官位的吸引力经久不衰，以至于今为烈。王国维说：

---

① 《孟子·滕文公下》。
② 《孟子·滕文公下》。
③ 牛应之：《雨窗消意录》卷2，岳麓书社1983年版，第117页。

> 吾中国下等社会之嗜好，集中于一利字，上中社会之嗜好，亦集中于此，而以官为利之表，故又集中于官之一字。①

由于官僚政治的土壤尚存，当下仍随处可见"官本位"的身影，在某些层面甚至愈益盛炽，不仅官场一切以官阶排序，"官大一级压死人"，而且多个领域的待遇皆向官阶比靠，素称清净、清高的宗教界、教育界，竟有"科级道士""处级和尚""厅级校长""副部级校长"之类令人哑然失笑的设置。官本位广受诟病，然而羡慕做官又是普遍的社会心理，多种传媒的民调显示，时下大学毕业生多以公务员为首选，试看今日公务员考试的热烈程度便表明官本位的现实魅力。

王亚南（1901—1969）概括官本位传统的三大来源：

> 由于儒家的伦理政治学说教了我们一套修齐治平的大道理；我们还有理由说是由于实行科举制而鼓励我们"以学干禄"热衷于仕途；但更基本的理由，却是长期的官僚政治，给予了做官的人、准备做官的人，乃至从官场退出的人，以种种社会经济的实利，或种种虽无明文确定，但却十分实在的特权。②

此乃贯穿古今的通识。

官僚制是文明社会的必然产物，如马克斯·韦伯所称，科层化官僚制（bureaucratization）具有理性化、照章办事、稳定性、层级性、专业化、职业化诸特征，是现代社会为维持生存不可或缺的组织手段，其精确、稳定而严格的对事不对人的法律与规章制度，能有效处置文明社会复杂的行政管理事务，迄今还找不到替代文官制的治国方法。然而，官僚政治从诞生之日起，又"表现出笨拙的无效率和咄咄逼人的权力"，"一方面是无能、官僚主义，另一方面是操纵、拖延和拜占庭式的阴谋

---

① 王国维：《静庵文集》，辽宁教育出版社1997年版，第187页。
② 王亚南：《中国官僚政治研究》，商务印书馆2010年版，第111页。

诡计",故"官僚制不可或缺,然而又问题百出,这就是它使我们面临的悖论"。①

对于文明社会而言,官僚制利弊并存,正可谓"成也萧何,败也萧何"。官僚系统具有重要的、不可替代的社会功能,取缔官僚制的无政府主义绝非出路;同时,官僚系统又导致以权谋私、慵懒低效等诸多弊端,遭到万众诟病。这两个侧面形成的悖论,演绎于古今中外,当下中国也受其困扰。有识之士力陈化解官民对立、实现官民共治的方策②。笔者以为,必须分阶段进行切实的政治体制改革,将权力关进法治笼子,防止权力滥用,近期目标当是:将直选范围从村级扩大到高层政府官员,提升差额选举比例,增加高层选举竞争度,在政治生活中引入真实的民意成分,振拔舆论监督力度,提高预算及其他决策的透明度,治庸反腐,建设廉洁高效的服务型政府。

七、四民社会·重本抑末·官商旋转门

(一)"士农工商"四民社会

法家的制度主张是构建"士农工商"四民社会。《管子》说:"士农工商,四民者,国之石民也。"③这里的"士"指军士,视军士、农人、手工业者、商人为国家的基石。以军士和农人为国之要者,正是管仲学派农战思想的反映。《春秋穀梁传》有类似阐述:"古者有四民:有士民,有商民,有农民,有工民。"④《荀子·王制》的分职分工思想包括"农农、士士、工工、商商"⑤的四民排序,认为农人要像农人,读书人要像读书人,工人要像工人,商人要像商人。这里的"士"是指读书人组成的

---

① 戴维·毕瑟姆:《官僚制》(第二版),韩志明、张毅译,吉林人民出版社2005年版,第1页。
② 俞可平:《走向官民共治的社会治理》,《东方早报》2011年5月9日。
③ 《管子·小匡》。
④ 《春秋穀梁传·成公元年》。
⑤ 《荀子·王制》。

"士大夫"(即有学识的社会管理者),据"劳心者治人"说,士当列四民之首。而在农本经济时代,农业、农人是国家财赋的主要来源,故农与士并居四民前列,这成为周秦之际以降儒法两家共同的认知,也是秦汉以下诸朝的基本制度安排。

古来首重士、农,也不忽略商人,《易经·系辞下》曰:"庖牺氏殁,神农氏作……日中为市,致天下之民,聚天下之货,交易而退,各得其所。"出土实物和殷墟甲骨文证明"殷人重商",从事商业的人称之"商人",有学者认为,可能就是从殷商重商引申出来的。

(二)"重本抑末"

宗法封建的西周土地王有,不得买卖,为限制劳动力弃农经商,实行抑商政策,尤其是紧缩民营工商业,"工商食官"①成为周制的一个方面。至东周,情况有所变化,一方面,统治阶层重本(农)抑末(商),指工商技巧为"无用"。《管子》称:"明王之务,在于强本事,去无用"②,《荀子》直指"工商众则国贫"③,《韩非子》发挥其说:"夫明王治国之政,使其商工游食之民少而名卑,以寡趣本务而趋末作。"④《礼记》更视工商业为"奇技淫巧",有害君国,须加镇压,"作淫声、异服、奇技、奇器以疑众,杀"⑤。另一方面,社会经济内在的发展,推动着商品交换的进行,遂有"圣人刳木为舟,剡木为楫,以通四方之物,使泽人足乎木,山人足乎鱼,余衍之财有所流"⑥,商业振兴。春秋时,列国"待农而食之","工而成之,商而通之",认为"商不出则三宝绝"⑦。以富强为务的各诸侯国纷纷招揽商人,经商致富,乃至弃官从商者层出不穷。春秋末

---

① 《国语·晋语四》下韦昭注曰:"工,百工;商,官贾也。……食官,官廪之。"
② 《管子·五辅》。
③ 《荀子·富国》。
④ 《韩非子·五蠹》。
⑤ 《礼记·王制》。
⑥ 《韩诗外传》卷3。
⑦ 司马迁:《史记》卷129《货殖列传》,中华书局2014年版,第3951页。

的范蠡、子贡，战国初的郭纵、白圭等皆为一时之健者；战国末更有富商预政，赵国巨贾吕不韦成为秦国相邦乃一名例。也正是随着商业扩张，商人与王权之间的矛盾渐趋尖锐化，而为王权效命的法家于战国时期较早提出"抑商"主张。战国初魏国的李悝变法有"平籴"一则，意在抑制私商。秦国的商鞅变法，高倡重本（农）抑末（商）。《吕氏春秋·上农》篇大举谴责商业和商人，认为"民舍本而事末则好智，好智则多诈，多诈则巧法令，以是为非，以非为是"。《商君书·农战》说："言谈游士事君之可以尊身也，商贾之可以富家也，技艺之足以糊口也，民见此三者便且利也，则必避农，避农则民轻其居，轻其居则必不为上守战也。"《管子·轻重篇》认为，经商者"财成累万金，而不佐国家之急"。两汉以下，重农抑商成为制度主流，商人乃四民之末，归于"贱籍"。

　　法家认为人有"好利恶害""就利避害"的本性，故先秦法家虽提倡"农战"，主张"重本（农）抑末（商）"，但对商业牟取的厚利也决不放过，力图将商业掌控于朝廷。秦汉以降的强势君权，推衍出官本位论，进而又由官本位演绎出贵—富转化，造就愈益敞开的官商旋转门。

　　信奉法家学说的宋神宗、王安石，在陕西钞盐法中大行官商互动。其时宋与西夏间战争频仍，军费浩大，宋廷发行盐钞，用盐钞代替解盐作为获利物品，官商联手，就地解决陕西军费问题。钞盐法使商人取得盐钞后，通过卖盐或出售盐钞与官方分获利益。商人分化为盐商、与官府勾结的盐钞投机商两类，后者实现了官商互动，瓜分社会财富。

（三）"士"衍为"官"，官享富贵

　　皇权时代秉承朝廷政令治理广大庶民的官僚，是由士晋身而来，所谓"学而优则仕"，"仕"即官也。官握有朝廷赋予的权力，其"贵"自不待言，一些官还借助法内特权和法外权势，对庶民实行超经济掠夺，占有巨额社会财富，贵而且"富"，这是皇权制大纛之下官僚政治的一大后果。官僚成为皇权时代既贵且富的特权阶层。以下专论其富。

　　2001年《华尔街日报》（亚洲版）刊登《纵横一千年》专辑，评选

千年来世界最富有的50人,入选中国人6位:成吉思汗、忽必烈、和珅、刘瑾、伍秉鉴、宋子文。其他国家入选者除个别帝王、高官,大多是银行家、商人(洛克菲勒、比尔·盖茨等)。而中国的6位,除伍秉鉴是巨商(广州十三行之一怡和行的行主)外,其他5位非帝王即高官。

明正德间司礼太监刘瑾(1451—1510)勒索百官,聚33万公斤黄金、805万公斤白银,私财为国库数倍。

清乾隆间领班军机大臣和珅(1750—1799)之富可敌国,名声最著。嘉庆帝抄其家产,总额惊人。晚清外交官薛福成《查抄和珅住宅花园清单》一文,载和珅被抄家产。另有记载,查抄时把和珅的家产编为109号,前26号估价两亿六千四百万两白银。当代学者作严谨统计,和珅家产多于清廷一年总岁入。[①]

(四)官商旋转门

如果说乾隆间的和珅是"依贵得富"的典型,道光间的伍秉鉴(1769—1843)则是"由富而贵"的显例。

由商入官的伍秉鉴从其父伍国莹手中继承的怡和行,是官府招募的对外贸易商行,伍秉鉴的商名"浩官"便带官字。这位粤商向清廷捐巨款,换得三品顶戴,入高官行列。怡和行主营茶叶出口,获得巨利,道光十四年(1834)伍家累财2600万银圆,相当清廷半年财政收入。《南京条约》规定向英国赔款2100万银圆,怡和行摊派110万银圆,后传说,伍秉鉴支付全部赔款,被洋人称为"世界首富"。[②]

与伍氏相类,徽商胡雪岩(1823—1885)、滇商王炽(1836—1903)等亦与官府结合,成就大产业,之后又以巨款捐得官位,是附官而富,又以富买得高位显爵的"红顶商人"。盛宣怀(1844—1916)则以封疆大吏李鸿章的幕僚身份,经办洋务实业,而致高官,并成为清民之际超级财阀。民国间的孔祥熙(1880—1967)、宋子文(1897—1971)皆为

---

① 商全:《清代大贪官和珅家产考实》,《北京大学学报(哲学社会科学版)》1989年第1期。
② 马士:《中华帝国对外关系史》,张汇文译,上海书店出版社2006年版。

大官僚（孔、宋皆做过财政部长、行政院长），弄权而成富可敌国的大财阀。上述诸人皆走着权钱互动，由富而贵、由贵而富的路径，是宗法专制社会中特权拥有者操弄财政、入己私囊的显例。

权力宰制财富、掌权者与富有者互为表里，因贵而富、富可买贵，这是官本位社会的通例。"升官发财"一词朗朗上口，角逐者以为当然。

当今世界，由官而商、因贵而富的现象列国皆有，西方将官商身份互换称为"官商旋转门"。如前所述，这种"旋转门"在中国古已有之，成为权力—财富交换的通道。"官商旋转门"的弊害深重，它既是政治腐败之源，又是经济失调的导因，各国皆在摸索监管良策（包括从行政监管到立法禁止）。处在现代化关键期的中国尤须用力于此。出仕为官，不能以获利致富为目的，换言之，当官不是为了发财，而是替国家、人民效力，社会给予政绩显著的良评，便是最高奖励。

要让商品经济健全发展，建设清明均富的现代社会，非打破"富贵转化、富贵合体"的怪圈不可！"官商旋转门"务须终止。

八、制度成本趋高

"制度成本"指国家行政运行的开支在社会财富中所占比重。周秦两制的制度成本颇相差异，其演变方向是制度成本趋向增高。

有些西方汉学家称古代中国王朝是"小政府，大社会"（或称"弱政府，强社会"），此说失之笼统。从制度过程论之，周制可以说是"小政府，大社会"的治理系统，天子直辖的朝廷规模小，社会的实际运转主要由各级贵族掌理，而贵族又多半依凭宗族关系控制庶众，公卿大夫的行政机构及其吏员规模不大，权力有限。这是一种低成本的统治方式，因而向民众征收赋役较轻，周代社会矛盾相对平和。孟子谓："夏后氏五十而贡，殷人七十而助，周人百亩而彻，其实皆什一也。"[1] 此虽为对三

---

[1] 《孟子·滕文公上》。

代贡赋制的理想化描述,但以春秋鲁国"初税亩"测算,其时税率什一(收成的十分之一缴税),大约属实。实行低税制,与"小政府"、制度成本较低相关。

为周制作论证的先秦儒家有建立"廉价政府"的设想,其社会控制较多地依靠道德教化来实现,而不主张扩张行政的力量,所谓"道之以政,齐之以刑,民免而无耻。道之以德,齐之以礼,有耻且格"①。"从周"的孔子主张统治者"无为",即少作为、不作为,让社会按规矩自行运作,"为政以德,譬如北辰,居其所而众星共(拱)之"②,正是对其心仪的周制"小政府"状态的描述。道家有更明确的无为诉求,主张法令和道德教化都尽量收敛,老子说:"上德不德,是以有德;下德不失德,是以无德""法令滋章,盗贼多有",司马迁赞曰:"信哉是言也!法令者治之具,而非制治清浊之源也。昔天下之网尝密矣,然奸伪萌起,其极也,……言道德者,溺其职矣。……汉兴,破觚而为圜,斫雕而为朴,网漏于吞舟之鱼,而吏治烝烝,不至于奸,黎民艾安。"③谴责秦制大政府的繁密严酷,赞赏汉初小政府的黄老无为而治。

(一)王朝工程浩大

秦制与"小政府,大社会"的周制异趣,建立"大政府,小社会",或曰"强政府,弱社会"的制度系统,朝廷直辖地方、君临庶众,频繁兴办浩大工程、开展大规模军政活动,征调巨额民力,三十万人北逐匈奴,五十万人南征五岭,七十万人修建宫殿,这对于一个两千万人口的国家而言,确为不堪承受的负担。随着行政事务剧增,需要建立完备的官僚系统和庞大的军队,导致官民比趋高、军民比上升,制度成本趋高不下,"生之者寡,食之者众",日益扩张的政府及脱产行政人员成为社会的沉重负担。仅以修建宫殿为例,便可见其耗费社会财富之巨大。秦

---

① 《论语·为政》。
② 《论语·为政》。
③ 司马迁:《史记》卷122《酷吏列传》,中华书局2014年版,第3803页。

朝初年，秦始皇发徒刑者七十万修建规模空前的阿房宫。《史记》载，渭水以南的阿房宫，殿堂东西宽五百步，南北深五十丈，殿内可容万人。周围的阁道直通终南山，山顶建壮丽的高阙，为阿房宫的大门。[①] 阿房宫是正殿，周边直至京都雍城有离宫无数，"起咸阳而西至雍，离宫三百，钟鼓帷帐，不移而具"[②]。《史记》载，宫殿所用建材为北山的石椁，荆楚、巴蜀的材料，唐代诗人杜牧有"蜀山兀，阿房出"的名句记此。需要指出的是，秦的阿房并非特例，汉长安的未央宫，唐长安的太极宫、大明宫、兴庆宫皆规模宏大，极尽奢华，如未央宫占地相当于北京明清紫禁城的六倍。仅此可见帝制王朝耗费国财、民力之巨大。

（二）军费畸重

军队是国家实行统治的主要力量。秦汉以降，列朝军费在国家财政收入中所占比例巨大。如唐代取消"府兵制"后，军费占财政份额六成左右。宋代更实行叠床架屋的军制，以中央的禁军控制地方武装厢军与乡军，又以地方武装制衡中央军，所谓"事为之防，曲为之制"，"使京师之兵足以制诸道，则无外乱；合诸道之兵足以当京师，则无内变"。又换防频繁，枢密院主管军政却无统兵权，统军三衙又无发兵权，导致"将不知兵，兵不知将"，防止兵变做到了，军队却战斗力低迷，同时使军费高企，宋代军费达财政收入九成之巨。明清两代情形与宋代相近，军费占财政收入六成左右，战事发生，即增至九成。军费成为秦制—汉制时代制度成本高昂的一大原因。

（三）官民比高企

秦汉以下，以"役民"为务的官吏队伍规模渐长。据《通典》《续通典》《文献通考》及几种《续通考》提供的材料统计，汉唐职官及属吏，数量约为：

---

① 见《史记》卷6《秦始皇本纪》。
② 班固：《汉书》卷51《贾山传》，中华书局1962年版，第2328页。

西汉 132805 人

东汉 152986 人

晋 118672 人

隋 195937 人

唐 368668 人

除去胥吏的职官数，中古以后亦在增长：

宋 24000 人

元 16425 人

明 24683 人

清 10000 余人

（宋以后仅指有品级的官员，若加上属吏，数量当翻数倍乃至十倍）

以经济繁荣、政治较为宽松的宋代为例，实行"守内虚外""强干弱枝"国策，削弱地方势力，集权中央，重点防范内部分裂，又要对游牧民族作耗费巨大的消极防御，"国依兵而立"，官员、军兵庞大，制度成本居高不下，成为国家难以承受之重荷。宋真宗时在册官员9785名，经仁宗至英宗，官员增为24000名，五十年间净增14215人，翻了一倍多；宋太祖时20万兵，英宗时增至116万兵，八十年净增近96万人[1]。"国用空乏，近者赏军，已见横敛，富室嗟怨，流闻京师。"[2] 司马光上疏仁宗，力陈财力屈竭的困局。[3] 地方钱财被朝廷收取，朝廷用于养兵、养官、赏赐。宋朝实行职业兵制，禁军、厢军脸上刺字，完全脱离农业生产，终身服役，由国家财政养活。[4]

---

[1] 王曾瑜：《宋朝军制初探（增订本）》，中华书局2011年版。
[2] 脱脱等：《宋史》卷321《郑獬传》，中华书局1977年版，第10417页。
[3] 见《续资治通鉴长编》卷195，嘉祐七年司马光上疏论财利。
[4] 赵冬梅：《大宋之变（1063—1086）》，广西师范大学出版社2020年版。

历代文献关于古代官、吏的统计口径并不一致,但都十分惊人。据明代史书统计,周代设立职官 2000 人,汉代设官 7500 人,唐代设官 18000 人,宋代设官 34000 人,明成化五年武官 80000 人,另有译字生、通事、乐舞生、勇士、写字人等多种吏员。终身为吏胥者,比科考为官的数量更大。

清初学者刘献廷(1648—1695)参加《明史》及《一统志》修纂工作,博览古近文献,他概述历朝官员数:汉光武帝时,省官止七千五百余员。唐时文武官员一万八千八百余员。明洪武初,武职三万八千余员,锦衣卫三百一十员。至成化间,武职增至八万一千余员,锦衣卫一千七百余员。清康熙间,文武一万五千六百员,文职在京正杂大小两千五百四十六员,而八旗武职不在此数。[1] 地方各省文武职官员甚多,如直隶正杂五百四十六员,武职官员三百六十六员……累计地方文职官员一万一千九百五十一员。合计地方武职共计两千六百五十三员。[2]

历代裁减官员的努力均告失败,"精兵简政"的结果都是官职增加,官员数量愈益膨胀,导致"民少官多,十羊九牧"[3],财政压力日益增长。官民比例畸高、行政开支巨大,蕴藏着社会危机。

大体言之,秦制诸朝的官吏阵容,都经历了一个从王朝初期相对简约,到王朝末期庞大臃肿的演变,与之伴随的是从吏治较清明到吏治腐败的转化,成为王朝由盛而衰的表征。

(四)俸禄虚实与官员贪赃

作为国家财政支出大项的官员俸禄,直接影响着制度成本。古代官吏的俸禄有土地、实物、钱币等形式。

在宗法封建的周制时代,职官由世袭贵族担任,贵胄因世袭爵位获

---

[1] 刘献廷:《广阳杂记》卷 1,清同治四年周星诒家抄本,第 17 页。
[2] 刘献廷:《广阳杂记》卷 1,清同治四年周星诒家抄本,第 17—18 页。
[3] 司马光等:《资治通鉴》卷 175《陈纪九》,中华书局 1956 年版,第 5468 页。

得的封赐即为职官秩禄，所谓"任事，然后爵之；定位，然后禄之"[①]。封地大小、肥瘠是秩禄高低的主要显示形态，即以封田为禄。

春秋末叶以降，封建解体，职官不再由贵胄世袭，由诸侯在民间雇佣，以实物为俸禄，"以劳殿赏""量功而分禄"[②]，凭本事求得俸禄的"仰禄之士"为人钦慕，世袭身份的"正身之士"被人瞧不起[③]。

战国时列国职官俸禄额度可观。如"魏成子以食禄千钟"[④]，"（陈）仲子，齐之世家也，兄戴，盖禄万钟"[⑤]，"（商君之法曰）斩一首者爵一级，欲为官者为五十石之官；斩二首者爵二级，欲为官者为百石之官"[⑥]，"荆国之法，得五员者爵执圭，禄万檐（担），金千镒"[⑦]。这种俸禄制延至秦汉唐初，粟米的担数成为俸禄的计量单位。汉代俸禄制规范化，各级官员的俸额以石（担）计数，如郡太守称之两千石。东汉官吏俸禄一半给钱，一半给实物。南北朝时行九品制，俸禄的钱及实物数量由官品决定。隋代至唐初，恢复以粟为禄，用俸钱（称俸料钱）计量。唐中叶至清末，发放货币（钱）成为官员俸禄的主要形态，唐玄宗开元年间"敕百官料钱宜令为一色，都以月俸为名，各据本官，随月给付"[⑧]。

概言之，自春秋末、战国，世官世禄制向俸给制转化，秦国率先实行军功爵制及俸禄制[⑨]，秦汉建立科层制，各级官员及其属吏有正式俸禄，形成秩石等级。向官吏按时发放俸禄钱，成为国家的一大财经开支。

在考查官员俸禄造成的国家财经负担时，必须注意，在明文规定的俸禄之外，官员实际获得大量显性或隐性的额外收入。

唐代官员俸禄由禄米、人力、职田、月杂给、常规实物待遇和特殊

[①] 《礼记·王制》。
[②] 《墨子·尚贤上》。
[③] 《荀子·尧问》："仰禄之士犹可骄也，正身之士不可骄也。"
[④] 司马迁：《史记》卷44《魏世家》，中华书局2014年版，第2225页。
[⑤] 《孟子·滕文公下》。
[⑥] 《韩非子·定法》。
[⑦] 《吕氏春秋·异宝》。
[⑧] 王钦若等：《册府元龟》，凤凰出版社2006年版，第5753页。
[⑨] 黄惠贤、陈锋主编：《中国俸禄制度史》，武汉大学出版社1996年版，第1—27页。

实物待遇组成，如正三品京官每年禄米 400 石，职田 9 顷（900 亩），杂役 38 人，每日享受免费午餐，每年元正冬至各赐绢五匹、金银器、杂彩，配发五种服装，本人或祖父母、父母亡故，给营墓夫 60 人役使 10天。另有亲属免役、住房、受田、子孙优先入学做官等优惠和特权。

宋代官员既有正俸，还有服装、禄粟、茶酒厨料、薪炭、随从衣粮、马匹刍粟、添支（增给）、公使钱、恩赏等。以富庶著称的宋朝，每以冗官开支沉重而陷入财政困境。

清代官员的年俸有限，如一品总督年俸 180 两白银，禄米 180 斗，但另有"养廉银"16000 两，为年俸的 90 倍；二品巡抚年俸 155 两，"养廉银"13000 两；四品道员年俸 105 两，"养廉银"3700 两；七品知县年俸 45 两，"养廉银"1200 两。据邱捷著《晚清官场镜像——杜凤治日记研究》引述①，广东清末州县官的法定宦囊由俸禄和养廉两部分组成，而后者十余倍至三十倍于前者：广东广宁知县年俸 45 两，养廉 600 两。南海知县岁支俸银 45 两，养廉银 1500 两。至于法定收入外，官员还利用"米羡""缉捕之费"等陋规，获取大量财物。

上述皆法内待遇，至于官员利用掌握的权力谋取灰色收入更是渠道多多，地方官直接盘剥底层，故流行"三年清知府，十万雪花银"之说。京官难以直接盘剥基层，其获资渠道是地方官的赠奉，较普遍通行的有冰敬与炭敬，即由地方官向京官、上官按季节作贡献。"冰敬"是夏天供京官、上官买冰消暑费用；"炭敬"是冬天供京官、上官买炭取暖费用。冰敬与炭敬当然并非仅仅用于消暑、御寒，而是贡奉上官的名目，其金额不菲。如清代官场，炭敬八两至三百两白银。过年过节还有"节敬"，往往超过冰敬、炭敬。总之，官僚法外获利惊人，远逾俸禄银。

京官大都讲求宫室、姬妾、舆马、仆役、歌郎、戏曲、冶游、饮宴，开销巨大，而官俸有限，仰赖地方官供奉，"非借外官馈赠，不足以自存"，而外官通过馈赠，广结京官声援，作自保及升迁计。这种京官一

---

① 邱捷：《晚清官场镜像——杜凤治日记》，社会科学文献出版社 2021 年版。

外官勾结形成的庞大钱财支出,全都来自外官对百姓的加征勒取,以满足外官及其幕僚、书吏、胥役的大额支用,并向京官敬奉资财。代表着朝廷的京官踞于这个腐败、寄生的官制系统的上端。任职户部郎中等京官多年的李慈铭(1830—1894)在日记中对此尚有反省:

> 我生平无一长,亦无一事有益于人。①
> 我辈无事坐食,实国家之一蠹!②

(五)吏胥膨胀

单以诸朝的正式职官计,秦制中国的制度成本似乎并不太高。如晚清人口四亿,全国在编文官两万、武官七千。如果仅仅以此计算,"官民比"确乎较低,但这里忽略了一类政府管理人员的大项——吏胥。"吏"为文案,"胥"为捕快,他们为官衙催征赋税,代理文案,追捕人犯,是各级政府的非正规而又不可或缺的人员,数量巨大。《皇朝经世文编续集》记此甚详,如清末翰林游百川说:"州县为亲民之官,所用吏胥本有定额,乃或贴写,或挂名,大邑每至二三千人,次者六七百人,至少亦不下三四百人。"其数在正式官员的数十倍以致百倍之多③。故晚清二万文官,吏胥数在百万之众。士子经科考为官,是不世袭的流官,随时调动、任免;吏乃"庶人之在官者",在一地世袭传承。顾炎武《郡县论》有谓:"善乎叶正则之言:今天下官无封建而吏有封建。州县之弊,吏胥窟穴其中,父以是传之子,兄以是传之弟。"④吏胥并无朝廷分发的俸禄,由官衙额外补偿,更多的是"以唆民为生",即法外盘剥百姓。如果说官员耗用是制度成本冰山露出水面的一角,吏胥则是制度沉潜于水下的冰山

---

① 李慈铭:《越缦堂日记》,光绪十三年六月六日。
② 李慈铭:《越缦堂日记》,光绪五年十一月二十三日。
③ 王学泰:《吏胥之害》,《写在历史的边上》,东方出版社 2017 年版。
④ 顾炎武:《郡县论八》,《顾炎武全集》第 21 册《亭林诗文集》,上海古籍出版社 2011 年版,第 62 页。

本体的组成部分。官员加上十倍于斯的吏胥，才能大略反映秦制时代的官民比及其制度成本的真实状况。

（六）"廉价政府"的构想

针对制度成本居高不下，中外哲人提出"廉价政府"构想。中国古代即有此类哲思。

《老子》曰：

> 我有三宝，持而保之，一曰慈，二曰俭，三曰不敢为天下先。[1]

西汉道家严君平（公元前 87—公元 7）《老子指归》曰：

> 治国之道，生民之本，啬为祖宗。是故明王圣主，损形容，卑宫室，绝五味……[2]

孔子曰：

> 奢则不逊，俭则固。与其不逊，宁固。[3]

墨子主张"国家节约"：

> 古者明王圣人所以王天下，正诸侯者，彼其爱民谨忠，利民谨厚，忠信相连。[4]

---

[1] 《老子·六十七章》。
[2] 严遵：《老子指归》，上海古籍出版社 2013 年版，第 152 页。
[3] 《论语·述而》。
[4] 《墨子·节用中》。

荀子有"强本而节用"①名论。

这"啬为祖宗"("啬"即节约)与"俭则固""国家节约""强本节用"的论说,已近于"廉价政府"理念,与秦制恰成反照,在古代中国只是一种美妙的设想。

英国经济学家亚当·斯密(1723—1790)针对政府机构庞大臃肿、蹒跚低效、巨耗社会财富的现状,在《国民财富的性质与原因的研究》(严复译名《原富》,后译者拟名《国富论》)中提出"小政府、大市场"论,主张建立低消耗、高效率的行政系统。空想社会主义者圣西门(1760—1825)力主社会自治,精简行政机构。马克思、恩格斯赞赏此说。马克思在《法兰西内战》中正式提出"廉价政府"(节约型政府)构想,他指出,巴黎公社"实现了所有资产阶级革命都提出的廉价政府这一口号"②,包括"节官"(精官),使政府机构及人数少到职能所需最低限度;"节支",行政开支降到最低限度;"节事",将政府部分权力交给社会,实行地方自治,减少政府事务;"节制",即权力约束,制止贪腐。而"节官""节支""节事""节制"便可取消公职人员的特权,政府少耗社会财富,实现官员是公仆、人民是主人③。这种善治的要领是政府与公民共同对公共生活实施管理,民有、民治、民享。

与秦制反向而行的廉价政府是:小政府、大社会,政府、社会、市场三者互动、互补,政府主管大政方针、提供社会服务,不包揽其他社会职能,最大限度降低制度成本。

九、天朝上国:对外交际"厚往薄来"

秦制下的诸王朝制度成本居高不下,还有一个不容忽略的原因:帝王侈心所至,热衷于渲染本朝的盛大繁荣,不惜巨耗国库,向异域外邦

---

① 《荀子·天论》。
② 《马克思恩格斯选集》第3卷,人民出版社1995年版,第58页。
③ 《马克思恩格斯选集》第3卷,人民出版社1995年版,第97页。

大手笔赏赐，以招"万国来朝"，此即西汉主爵都尉汲黯批评汉武帝的：
"陛下内多欲而外施仁义。"① 这是王朝外交制度的一种浮华传统。

"厚往薄来"一语出自战国古典，《礼记》云："厚往而薄来，所以怀诸侯也。"② 讲的是王者厚赐珍贵物品给前来朝觐的诸侯，而诸侯给王者的贡献则十分轻薄。王者做这种赔本买卖，为的是赢得诸侯归服。唐人孔颖达疏《礼记·中庸》曰："厚往，谓诸侯还国，王者以其财贿厚重往报之。薄来，谓诸侯贡献使轻薄而来。如此，则诸侯归服。"这本来是封建时代国君笼络诸侯的一种办法，后来诸王朝在处理与外国往来关系时，多沿袭此法，"厚往薄来"，以夸耀天朝上国的富庶和慷慨，制造"万国来朝"的盛大气象，如唐代王维诗云："九天阊阖开宫殿，万国衣冠拜冕旒。"③ 隋炀帝时有典型表现：为炫耀国力，在张掖开设万国贸易会，以厚赏引诱胡商来天朝做买卖，还下诏郡县，西域人经过时皆不惜耗费巨额财物，殷勤接待。宋人司马光《资治通鉴》追记其事曰：

> （隋大业六年，炀帝）以诸蕃酋长毕集洛阳，丁丑，于端门街盛陈百戏，戏场周围五千步，执丝竹者万八千人，声闻数十里，自昏至旦，灯火光烛天地，终月而罢，所费巨万。自是岁以为常。
>
> 诸蕃请入丰都市交易，帝许之。先命整饰店肆，檐宇如一，盛设帷帐，珍货充积，人物华盛，卖菜者亦藉以龙须席。胡客或过酒食店，悉令邀延就坐，醉饱而散，不取其直，绐之曰："中国丰饶，酒食例不取直。"胡客皆惊叹。其黠者颇觉之，见以缯帛缠树，曰："中国亦有贫者，衣不盖形，何如以此物与之，缠树何为？"市人惭不能答。④

---

① 司马迁：《史记》卷120《汲郑列传》，中华书局2014年版，第3774页。
② 《礼记·中庸》。
③ 王维：《和贾舍人早朝大明宫之作》，见萧涤非：《唐诗鉴赏辞典》，上海辞书出版社1983年版，第167—168页。
④ 司马光等：《资治通鉴》卷181《隋纪五》，中华书局1956年版，第5649页。

这种厚往薄来、以利益羁縻异邦的对外交际办法，几成诸王朝惯例。隋唐以降，周边诸国都竞相来华"朝贡"，以致演出"争贡"故事，即列国之间以及各国内部诸势力之间争相朝贡天朝，目的是竞获巨额赏赐以归。明代正值日本足利幕府时期，幕府诸藩与明朝交易须获明廷颁发的"勘合"，足利氏与大内氏等强藩激烈竞争，为得到勘合证书，不惜以重金贿赂明朝的市舶司太监，诸藩甚至为获勘合而彼此拼杀。这当然是明朝厚往薄来的巨大吸引力所致。明初朱元璋下诏，称"来朝使臣亦惟三五人而止，贡奉之物不必过厚，存其诚敬可也"[1]。至于赏赐外邦的礼物则尽量丰盛，价值往往数倍甚至数十倍于对方的贡品。明永乐时，朝鲜国王李芳远贡品微薄，但态度谦恭，明永乐帝大悦，以"白金二千两、文绮表里二百匹、纱罗绒锦五十匹、马二十匹赐芳远"，赏赐王妃"文绮表里八十匹"[2]。当时安南、占城、暹罗、爪哇、琉球诸邦对明朝"三年一贡"，诸外邦嫌历时太久，争取改为一年一次。明朝唯一承认的对外贸易是朝贡贸易，而"厚往薄来"以"怀柔远人"是王朝经营朝贡贸易的主要目的，这里主要算"政治账"，"经济账"则往往并不顾及。而那个"政治账"计较的是君国权力的膨胀及帝王虚张声势的颜面，为此不惜耗资巨万，这是两千余年秦制帝国成本高企不下的因由之一。

---

[1]《明太祖实录》卷106，洪武九年五月。
[2]《明太宗实录》卷194，永乐十五年十一月。

[附]"过秦""颂秦"文献

秦制的皇权拥有高烈度的威势和执行力，可以赢得统一战争，实现筑万里长城、修驰道、统一文字与度量衡等令古今人叹为观止的大制作，同时，又运用其强势权力驱使、敲剥臣民，推行酷烈的"暴政"。秦苦天下久矣，忍无可忍的庶众揭竿而起，六国旧贵族也乘势兴兵，自拟万世的秦朝，仅仅行年十五，二世而亡，是中国历时最短的统一王朝。

秦何以骤起暴亡，这是汉代及后世探讨的一个经久不息议题。编定于西汉末年的《战国策》说："秦与戎翟同俗，有虎狼之心，贪戾好利而无信，不识礼义德行。"西汉《史记》承其说，称秦"杂戎翟之俗，先暴戾，后仁义"，将秦置于华夏文明之外而归于戎狄，为"虎狼之国"。汉初"洛阳少年"贾谊（前200—前168）作《过秦论》，对秦作文化地理分析："秦地被山带河以为固，四塞之国也。"这提供了优越的攻守条件，又导致封闭自固。前者提供秦夺取天下的战略地位，后者致使秦的孤立、速亡。贾谊指斥始皇、二世所行秦政的暴戾、祸民，此乃评秦的开篇。司马迁欣赏贾氏犀利的政论，载于《史记》的《秦始皇本纪》（《陈涉世家》也引用第一段），并赞曰："善哉乎贾生推言之也！"此后，"过秦"（追究秦的过失）成为长时期史评主题。也有学者在谴责秦政残暴的同时，肯定秦制的历史贡献，如唐人柳宗元、明清之际王夫之认为秦制顺"势"，历史假秦皇之私欲行其大公；近人章太炎称秦制在统一国家、整合文化方面功不可没，而"戊戌六君子"之一的谭嗣同则申斥沿袭两千年的秦政为"大盗"。可见视角不同，评价殊异，然皆不乏可采之处。

下录华中师范大学张三夕教授选编历代评秦文献，以供参阅。笔者作修订，除删节重复篇什外，补入李世民、苏轼、方孝孺、李贽、黄宗羲、顾炎武、王夫之、唐甄、吕留良、赵翼、曾国藩、汪士铎、谭嗣同、章太炎、严复的评秦论述，以趋近完整。

（西汉）贾谊《过秦论》："（上篇）及至始皇，奋六世之余烈，振长策而御宇内，吞二周而亡诸侯，履至尊而制六合，执敲扑以鞭笞天下，威振四海。南取百粤之地，以为桂林、象郡；百粤之君，俯首系颈，委命下吏。乃使蒙恬北筑长城而守藩篱，却匈奴七百余里。胡人不敢南下而牧马，士不敢弯弓而报怨。于是废先王之道，燔百家之言，以愚黔首。堕名城，杀豪俊，收天下之兵，聚之咸阳，销锋镝，铸以为金人十二，以弱天下之民。然后践华为城，因河为池，据亿丈之高，临不测之渊，以为固。良将劲弩守要害之处，信臣精卒陈利兵而谁何！……（中篇）秦王怀贪鄙之心，行自奋之智，不信功臣，不亲士民，废王道而立私爱，焚文书而酷刑法，先诈力而后仁义，以暴虐为天下始。……故其亡可立而待也。……（下篇）二世不行此术，而重以无道：坏宗庙与民，更始作阿房之宫；繁刑严诛，吏治刻深；赏罚不当，赋敛无度。天下多事，吏不能纪；百姓困穷，而主不收恤。然后，奸伪并起，而上下相遁；蒙罪者众，刑戮相望于道，而天下苦之。"[1]

（西汉）晁错《贤良文学对策》："及其末涂之衰也，任不肖而信谗贼。宫室过度，奢欲亡极，民力罢尽，赋敛不节。矜奋自贤，群臣恐谀，骄溢纵恣，不顾患祸。妄赏以随喜意，妄诛以快怒心，法令烦憯，刑罚暴酷，轻绝人命，身自射杀。天下寒心，莫安其处。奸邪之吏，乘其乱法，以成其威，狱官主断，生杀自恣。上下瓦解，各自为制。秦始乱之时，吏之所先侵者，贫人贱民也。至其中节，所侵者富人吏家也。及其末涂，所侵者宗室大臣也。是故亲疏皆危，外内咸怨，离散逋逃，人有走心。陈胜先倡，天下大溃，绝祀亡世，为异姓福。此吏不平，政不宣，民不宁之祸也。"[2]

（西汉）贾山《至言》："昔者，秦政力并万国，富有天下，破六国以为郡县，筑长城以为关塞。秦地之固，大小之势，轻重之权，其与一

---

[1] 《贾谊集》，上海人民出版社1976年版，第2、5—6页。
[2] 班固：《汉书》卷49《晁错列传》，中华书局1962年版，第2296页。

家之富,一夫之强,胡可胜计也!然而兵破于陈涉,地夺于刘氏者,何也?秦王贪狼暴虐,残贼天下,穷困万民,以适其欲也。昔者,周盖千八百国,以九州之民养千八百国之君,用民之力不过岁三日,什一而籍,君有余财,民有余力,而颂声作。秦皇帝以千八百国之民自养,力罢不能胜其役,财尽不能胜其求。一君之身耳,所以自养者驰骋弋猎之娱,天下弗能供也。劳罢者不得休息,饥寒者不得衣食,亡罪而死刑者无所告诉,人与之为怨,家与之为仇,故天下坏也。秦皇帝身在之时,天下已坏矣,而弗自知也。"[1]

(西汉)徐乐《上书言世务》:"何谓土崩?秦之末世是也。陈涉无千乘之尊、疆土之地,身非王公大人名族之后,无乡曲之誉,非有孔、曾、墨子之贤,陶朱、猗顿之富也。然起穷巷,奋棘矜,偏袒大呼,而天下从风,此其故何也?由民困而主不恤,下怨而上不知,俗已乱而政不修,此三者,陈涉之所以为资也。此之谓土崩。故曰天下之患,在于土崩。"[2]

(西汉)司马迁《史记》:"秦王从其计,见尉缭亢礼,衣服食饮与缭同。缭曰:'秦王为人,蜂准,长目,挚鸟膺,豺声,少恩而虎狼心,居约易出人下,得志亦轻食人。我布衣,然见我常身自下我。诚使秦王得志于天下,天下皆为虏矣。不可与久游。'乃亡去。"[3]

(西汉)陆贾《新语》:"秦始皇帝设刑罚,为车裂之诛,以敛奸邪,筑长城于戎境,以备胡、越,征大吞小,威震天下,将帅横行,以服外国,蒙恬讨乱于外,李斯治法于内,事逾烦天下逾乱,法逾滋而奸逾炽,兵马益设而敌人逾多。秦非不欲治,然失之者,乃举措太众、刑罚太极故也。……秦始皇骄奢靡丽,好作高台榭,广宫室,则天下豪富制屋宅者,莫不仿之,设房闼,备厩库,缮雕琢刻画之好,博玄黄琦玮之色,以乱制度。"[4]

---

[1] 班固:《汉书》卷51《贾山列传》,中华书局1962年版,第2331—2332页。
[2] 班固:《汉书》卷64《徐乐列传》,中华书局1962年版,第2804—2805页。
[3] 司马迁:《史记》卷6《秦始皇本纪》,中华书局2014年版,第297—298页。
[4] 陆贾:《新语·无为》,王利器:《新语校注》,中华书局1986年版,第62—67页。

（西汉）刘安《淮南子》:"二世皇帝，势为天子，富有天下，人迹所至，舟楫所通，莫不为郡县。然纵耳目之欲，穷侈靡之变，不顾百姓之饥寒穷匮也，兴万乘之驾而作阿房之宫，发闾左之戍，收太半之赋，百姓之随逮肆刑，挽辂首路死者，一旦不知千万之数，天下敖然若焦热，倾然若苦烈，上下不相宁，吏民不相慭。戍卒陈胜兴于大泽，攘臂袒右，称为大楚，而天下响应，当此之时，非有牢甲利兵劲弩强冲也，伐棘枣而为矜，周锥凿而为刃，剡撕筡，奋儋钁，以当修戟强弩，攻城略地，莫不降下。天下为之縻沸蚁动，云彻席卷，方数千里。势位至贱，而器械甚不利，然一人唱而天下应之者，积怨在于民也。"[1]

（西汉）桓宽《盐铁论》:"商鞅以重刑峭法为秦国基，故二世而夺。刑既严峻矣，又作为相坐之法，造诽谤，增肉刑，百姓斋栗，不知所措手足也。赋敛既烦数矣，又外禁山泽之原，内设百倍之利，民无所开说容言。崇利而简义，高力而尚功，非不广壤进地也，然犹人之病水，益水而疾深，知其为秦开帝业，不知其为秦致亡道也。"[2]

（西汉）刘向《谏营昌陵疏》:"秦始皇帝葬于骊山之阿，下锢三泉，上崇山坟，其高五十余丈，周回五里有余；石椁为游棺，人膏为灯烛，水银为江海，黄金为凫雁。珍宝之臧，机械之变，棺椁之丽，宫馆之盛，不可胜原。又多杀宫人，生埋工匠，计以万数。天下苦其役而反之，骊山之作未成，而周章百万之师至其下矣。项籍燔其宫室营宇，往者咸见发掘。其后牧儿亡羊，羊入其凿，牧者持火照求羊，失火烧其臧椁。自古至今，葬未有盛如始皇者也，数年之间，外被项籍之灾，内离牧竖之祸，岂不哀哉！"[3]

（唐）李世民:"近代平一天下，拓定边方者，惟秦皇、汉武。秦皇暴虐，至子而亡。汉武骄奢，国祚几绝。"[4]

---

[1]《淮南子·兵略训》，上海古籍出版社2016年版，第366—367页。
[2]《盐铁论·非鞅》，中华书局2015年版，第74页。
[3] 班固:《汉书》卷36《刘向列传》，中华书局1962年版，第1954—1955页。
[4]《贞观政要》，上海古籍出版社1978年版，第253页。

(唐)李白《古风》(其三):"秦王扫六合,虎视何雄哉。挥剑决浮云,诸侯尽西来。明断自天启,大略驾群才。收兵铸金人,函谷正东开。铭功会稽岭,骋望琅邪台。刑徒七十万,起土骊山隈。尚采不死药,茫然使心哀。连弩射海鱼,长鲸正崔嵬。额鼻象五岳,扬波喷云雷。髻鬣蔽青天,何由睹蓬莱。徐市载秦女,楼船几时回。但见三泉下,金棺葬寒灰。"[1]

(唐)罗邺《长城》:"当时无德御乾坤,广筑徒劳万古存。谩役生民防极塞,不知血刃起中原。珠玑旋见陪陵寝,社稷何曾保子孙。降虏至今犹自说,冤声夜夜傍城根。"[2]

(唐)苏拯《长城》:"嬴氏设防胡,烝沙筑冤垒。蒙公取勋名,岂算生民死。运畚力不禁,碎身砂碛里。黔黎欲半空,长城春未已。皇天潜鼓怒,力化一女子。遂使万雉崩,不尽数行泪。自古进身者,本非陷物致。当时文德修,不到三世地。"[3]

(唐)张九龄《和黄门卢监望秦始皇陵》:"秦帝始求仙,骊山何遽卜。中年既无效,兹地所宜复。徒役如雷奔,珍怪亦云蓄。黔首无寄命,赭衣相驰逐。人怨神亦怒,身死宗遂覆。土崩失天下,龙斗入函谷。国为项籍屠,君同华元戮。始掘既由楚,终焚乃因牧。上宰议杨贤,中阿感桓速。一闻过秦论,载怀空杼轴。"[4]

(唐)柳宗元《封建论》:"秦有天下,裂都会而为之郡邑,废侯卫而为之守宰,据天下之雄图,都六合之上游,摄制四海,运于掌握之内,此其所以为得也。不数载而天下大坏,其有由矣。亟役万人,暴其威刑,竭其货贿。负锄梃谪戍之徒,圜视而合从,大呼而成群。时则有叛人而无叛吏,人怨于下而吏畏于上,天下相合,杀守劫令而并起。咎在人怨,

---

[1] 瞿蜕园、朱金城校注:《李白集校注》,上海古籍出版社1980年版,第97页。
[2] 《中国历代长城诗录》,河北美术出版社1991年版,第246页。
[3] 《中国历代长城诗录》,河北美术出版社1991年版,第247页。
[4] 《曲江集》,广东人民出版社1986年版,第73页。

非郡邑之制失也。"①

（宋）苏轼：（商、韩求老庄学说）"而不得"，"得其所以轻天下而齐万物，是以敢为残忍而无疑"（《韩非论》）。（肯定荀子"隆礼尊贤而王"的帝王术，而认为荀子门徒韩非、李斯及秦始皇的君主专制与其相去甚远）"荀卿明王道，述礼乐，而李斯以其学乱天下"（《荀卿论》）。"秦韩之治行于一时，而其害见于久远，使韩非不幸获用于世，其害将有不可胜言者矣。"（《韩非论》）②

（宋）刘克庄《读秦纪七绝》："黔首死于城者众，杞梁身直一微尘。不知当日征人妇，亲送寒衣有几人。"③

（宋）张孝祥《秦城》："堑山堙谷北防胡，南筑坚城更远图。桂海冰天尘不动，那知垄上两耕夫。"④

（元）吾衍《咏史·其一》："崤函恃险竟何如，虎视乾坤归六虚。空向人间焚典籍，宫中尚有不韦书。"⑤

（明）方孝孺《深虑论》："当秦之世，而灭诸侯，一天下。而其心以为周之亡，在乎诸侯之强耳，变封建而为郡县。方以为兵革可不复用，天子之位可以世守，而不知汉帝起陇亩之中，而卒亡秦之社稷。"⑥

（明）谢肇淛《焚书坑》："骊山渭水起秋波，山下坑灰白骨多。诸子百家都禁却，却留图籍与萧何。"⑦

（明）李东阳《筑城怨》："筑城苦，筑城苦，城上丁夫城下死。长号一声天为怒，长城忽崩复为土。长城崩，妇休哭，丁夫往日劳寸筑。"⑧

（明）李贽《藏书》："始皇帝，自是千古一帝也，胡亥书名附者何？

---

① 《柳河东集》，上海古籍出版社 2008 年版，第 45—46 页。
② 《东坡全集》卷 9。
③ 《全宋诗》卷 3071，北京大学出版社 1998 年版，第 36648 页。
④ 《张孝祥诗词选》，黄山书社 1986 年版，第 94 页。
⑤ 《竹素山房诗集》，上海古籍出版社 1987 年版，第 751 页。
⑥ 《古文观止译注》，巴蜀书社 1997 年版，第 773 页。
⑦ 谢肇淛：《小草斋集》卷 28，明万历刻本，第 9—10 页。
⑧ 《李东阳集》，岳麓书社 2008 年版，第 14—15 页。

若胡亥不附，始皇安可见耶？"（文称秦始皇乃吕不韦的私生子，故篇名"吕秦始皇帝"；又对秦始皇"朕为始皇帝，后世以计数，二世三世至于万世，传之无穷"之说作批注："算得到了！"意谓亏他想得出来！）[1]"始皇出世，李斯相之。天崩地坼，掀翻一个世界。是圣是魔，未可轻议。"[2]

（明清之际）黄宗羲："秦变封建而为郡县，以郡县得私于我也；汉建庶孽（指诸侯王国），以其可以藩屏于我也；宋解方镇之兵，以方镇之不利于我也。此其法法何曾有一毫为天下之心哉！而亦可谓之法乎？"[3]

（明清之际）顾炎武《郡县论一》："盖自汉以下之人，莫不谓秦以孤立而亡。不知秦之亡，不封建亡，封建亦亡。而封建之废，固自周衰之日，而不自于秦也。""封建之失，其专在下；郡县之失，其专在上。"[4]

（明清之际）王夫之："郡县之制，垂二千年而弗能改矣，合古今上下皆安之，势之所趋，岂非理而能然哉？……秦之所灭者六国耳，非尽灭三代之所封也。……郡县者，非天子之利也，国祚所以不长也；而为天下计则害不如封建之滋多矣。呜呼！秦以私天下之心而罢侯置守，而天假其私以行其大公，存乎神者之不测，有如是乎！……若夫国祚之不长，为一姓言也，非公义也。秦之所以获罪于万世者，私己而已矣。斥秦之私，而欲私其子孙以长存，又岂天下之大公哉！"[5]"盖秦有天下，尊君已侈，禁天下以严，制天下之饮食，绝其祭祀，失先王之精义，而溢分以为物情之难堪，非三代之旧也。"[6]"土崩瓦解，其亡也均，而势以异。……秦非土崩也，一夫呼而天下蜂起，不数年而社稷夷、宗枝斩。亡不以渐，盖瓦解也。栋本不固，榱本不安，东西南北分裂以坠，俄顷分溃而更无余瓦，天下视其亡而无有为之救者。"[7]

---

[1] 《李贽全集注》，第4册，社会科学文献出版社2010年版，第45页。
[2] 《李贽全集注》，第22册，社会科学文献出版社2010年版，第165页。
[3] 《明夷待访录》未刊篇《封建》，《黄宗羲全集》第1册，浙江古籍出版社1985年版，第418页。
[4] 《顾亭林诗文集》，中华书局1959年版，第12页。
[5] 《读通鉴论》卷1，中华书局1975年版，第1—4页。
[6] 《读通鉴论》卷2，中华书局1975年版，第106页。
[7] 《读通鉴论》卷3，中华书局1975年版，第145页。

（清）唐甄："自秦以来，凡为帝王者皆贼也。"①"治启于黄帝，二千余岁至于秦而大乱；乱启于秦，至于今亦几去黄帝之年矣，或将复乎！"②

（清）吕留良："秦人无道，上下猜忌，为尊臣卑臣之礼，而君臣师友之谊，不可复见，渐且出宦官宫妾之下矣。宋时君臣，尚存古意，自兹以后，复蹈秦辙，礼数悬绝，情意隔疏，此一伦不正，上体骄而下志污，欲求三代之治，未易得也。"③

（清）赵翼《杂题·其三》："秦皇筑长城，万里恢边墙。西起临洮郡，东至辽海旁。隋帝发兵夫，开渠自汴梁。抵淮达扬子，由江达余杭。当其兴大役，天下皆痍疮。以之召祸乱，不旋踵灭亡。岂知易代后，功及万世长。周防巩区夏，利涉通舟航。作者虽大愚，贻休实无疆。如何千载下，徒知詈骄荒。"④

（清）曾国藩《心经·治心篇》："若游心能如老庄之虚静，治身能如墨翟之勤俭，齐民能如管商之严整，而又持以不自是之心，偏者裁之，缺者补之，则诸子皆可师也，不可弃也。"⑤

（清）汪士铎："周孔贤于尧舜一倍，申（不害）韩（非）贤于十倍，韩（信）白（起）贤于百倍。""立太公、周公、孔子于上，而辅之以韩、申、商，又辅以白起、王翦、韩信，顾以管仲、诸葛，则庶乎长治久安之道矣。"⑥

（清）谭嗣同《仁学》："今日君臣一伦，实黑暗否塞，无复人理。要皆秦始皇尊君卑臣、愚黔首之故智，后世帝王喜其利己，遂因循而加厉，行千余年。""常以为二千年来之政，秦政也，皆大盗也。"⑦

（清民之际）章太炎《秦政记》："古先民平其政者，莫遂于秦。秦

---

① 《潜书》，岳麓书社 2010 年版，第 252 页。
② 《潜书》，岳麓书社 2010 年版，第 143 页。
③ 《四书讲义》，中华书局 2017 年版，第 142—143 页。
④ 《瓯北集》卷 23，上海古籍出版社 1997 年版，第 486 页。
⑤ 《求阙斋日记类钞》卷上，清光绪二年传忠书局刻本，第 20 页。
⑥ 《汪悔翁乙丙日记》，文海出版社 1966 年版，第 94—95 页。
⑦ 《仁学》，辽宁人民出版社 1994 年版，第 128、70 页。

皇负扆以断天下，而子弟为庶人；所任将相，李斯、蒙恬皆功臣良吏也。……秦皇为有守，非独刑罚依科也，用人亦然，……有功者必赏，……其视孝文，秦皇犹贤也。……秦政如是，然而卒亡其国者，非法之罪也。……秦皇微点，独在起阿旁，及以童男女三千人资徐福，诸巫食言，……乃坑术士，其他无过。"

（清民之际）章太炎《秦献记》，赞扬秦始皇"焚书"，认为："不燔六艺，不足以尊新王。""秦虽钳语烧《诗》《书》，然自内外荐绅之士与褐衣游公卿者，皆抵禁无所惧，是岂无说哉？"[①]

（清民之际）严复《与熊纯如书》："秦固有法，而自今观之，若专制之尤者"，秦法"直刑而已。所以驱迫束缚其臣民，而国君则超乎法之上，可以意用法、易法，而不为法所拘"。[②] "齐之强以管仲，秦之起以商公，其他若申不害、赵奢、李悝、吴起，降而诸葛武侯、王景略，唐之姚崇，明之张太岳，凡为强效，大抵皆任法者也。……是故居今而言救亡，学惟申韩庶几可用。"[③]

---

① 《秦献记》初稿于1901年，成稿1910年；《秦政记》成文大约同期，二文1910年在日本东京刊发于《学林》（第二册）。《秦政记、秦献记译注》，广东人民出版社1974年版，第12—20、81、28—29页。
② 《严复集》第4册，中华书局1986年版，第938—939页。
③ 《严复集》第3册，中华书局1986年版，第619页。

第七章　百代皆行汉政法

自汉代迄于今，流行一种判断：两千年来中国制度一直传袭秦制，所谓"百代皆行秦政法"。此说自有道理，也大体符合历史实际，但详考之下，此说又并不尽然，颇有值得修订、完善的空间。而这种修订与完善，有益于准确把握中国制度史的沿革。

反秦战争及随后的楚汉之争，胜利者刘邦在武人集团拥戴下建立汉朝，大体沿袭秦制，又借助周制的封建要素对秦的郡县制加以调整，形成郡国并行制。"接秦之弊"的汉初，采纳黄老无为学说，"伐乱禁暴"的黄老之书风行朝野，朝廷用此，意在"（省）苛事，节赋敛，毋夺民时"①，让社会休养生息，达成"治之安"。汉中叶又"复古更化"，形成"霸王道杂之"的"汉家规矩"。故汉制并非秦制原版翻造，而是以秦制为基干，由周秦二制综会而成的改良版，如此汉制，成为此后两千年王朝制度的主流。

一、"汉承秦制""复古更化"

楚汉战争对垒双方，一方项羽（前232—前202），尽破秦制，重新大封诸侯，又坑秦降卒二十万，杀秦降王子婴（？—前207），烧秦宫，收其货宝妇女东归，令"秦人大失望"②；另一方刘邦（前256—前

---

① 《经法·君正》，《马王堆汉墓帛书》，文物出版社1980年版，第47页。
② 司马迁：《史记》卷8《高祖本纪》，中华书局2014年版，第463页。

195），先行入关，从张良（？—前186）谏，封秦重宝财物于府库，不取分文，当众宣布废除秦苛政，与秦父老约法三章，"杀人者死，伤人及盗抵罪"①。不侵暴民众，又由萧何（？—前193）接收秦廷文献，承接前朝制度遗产。刘汉初立，即以《秦律》为范本，"约法省禁"，订定《汉律》九章，实行三公九卿制，健全军制，集中财权，此皆效法秦制，所谓"秦兼天下，建皇帝之号，立百官之职。汉因循而不革，明简易，随时宜也"②。如明清之际顾炎武所言：

> 汉兴以来，承用秦法以至今日者多矣。③

此即所谓"汉承秦制"，诚哉斯言！然如前述，汉代对秦制并没有全单照收，而是有所选择并加修正，去秦政之暴，又对秦的郡县制与周的封建制试作综会。故单以秦制框定汉制，失之偏颇。

何晓明引述《剑桥中国秦汉史》，指出汉代政体"一直保持到了19世纪之末"④。汉以下清朝多从汉制，《晋书》称："孙吴、刘蜀，多依汉制，虽复临时命氏，而无忝旧章。"⑤ 美籍日裔政治学者弗朗西斯·福山赞赏"伟大的汉朝制度"：

> 汉朝时期涌现出的中央政府，在秦朝的独裁集权与周朝的亲戚制度之间，取得了更好的平衡。它日愈合理化和建制化，一步步解决家族统治的地方势力。……根据马克斯·韦伯的经典定义，现代官僚机构的特征包括：因功能而分的官职需要有明确的专长、在界定清晰的等级制度中设立各种官职、官员不得有独立的政治基础、

---

① 司马迁：《史记》卷8《高祖本纪》，中华书局2014年版，第455页。
② 班固：《汉书》卷19《百官公卿表》，中华书局1962年版，第722页。
③ 顾炎武：《日知录》卷13，"秦纪会稽山刻石"条，《日知录集释》，中华书局2020年版，第678页。
④ 何晓明：《中国皇权史》，武汉大学出版社2015年版，第136页。
⑤ 房玄龄等：《晋书》卷24《职官志》，中华书局1974年版，第724页。

官员必须遵守等级制度中的严格纪律、薪俸官职只是谋生的职业。[1]

而对照上述要求,"西汉的中国政府几乎符合现代官僚机构的全部特征"[2]。但需要指出的是,现代官僚机构在宪政系统中方能发挥现代性功能,而秦制改良版汉制的官僚机构是君主专制的派生物,不可能发挥现代性功能。

如果说福山将汉制作现代化诠释,是一种非历史主义的解说,并不可取,但称汉朝的中央政府"在秦朝的独裁集权与周朝的亲戚制度之间,取得了更好的平衡",则是恰当的评说。这种平衡周秦的汉制对以后诸朝有深广影响。在政治管理方面,汉代的郡国并行制、刺史制、察举制、编户齐民制皆传世久远;经济方面,汉代的平粜法、盐铁专营、货币制长期为列朝采用;文化方面的独尊儒术又兼采诸学,更为两千年所实行。汉代的"霸王道杂之""重本抑末"成为以"大一统"为目标的列朝通行之法。

以下着重讨论汉代的郡国制、复古更化,以及少数民族统治者所建制度,说明"汉承秦制"的实存,同时汉制又并未限抑于秦制,而是既因且革。两汉以下制度,正是这种改良版的秦制——汉制的演绎舞台,而并非秦制的原版照搬。

(一)汉初郡县—封国并行制

汉初总结秦代速亡教训,一是指斥秦朝"举措太众""刑罚太极"[3],"横征暴敛",导致民怨沸腾,汉初便"轻徭薄赋""与民休息",以周代"宽政"救之;二是"惩戒亡秦孤立之败,于是剖裂疆土,立二等之爵。

---

[1] 弗朗西斯·福山:《政治秩序的起源——从前人类时代到法国大革命》,广西师范大学出版社 2012 年版,第 130—131 页。
[2] 弗朗西斯·福山:《政治秩序的起源——从前人类时代到法国大革命》,广西师范大学出版社 2012 年版,第 131 页。
[3] 陆贾:《新语·无为》,王利器:《新语校注》,中华书局 1986 年版,第 62 页。

功臣侯者百有余邑，尊王子弟，大启九国"①。兼采郡县、封国，而并未全取秦的不封王侯、普行郡县制。汉初分封异姓王侯的因由是：

> 天下初定，骨肉同姓少，故广强庶孽，以镇抚四海，用承卫天子也。②

这与周初封建诸侯"以藩屏周"的意图别无二致。

出身下层的刘邦登帝位，有被诸王众将推举的过程。史载，时为汉王的刘邦曾推辞登极，称"吾不敢当帝位"，群臣劝进："大王起微细，诛暴逆，平定四海，有功者辄裂地而封为王侯。大王不尊号，皆疑不信。臣等以死守之。"汉王三让，不得已，曰："诸君必以为便，便国家。"遂"即皇帝位氾水之阳"③。这个故事不能单以刘邦假意推辞作解，实际上楚汉之际的天下确乎不是刘邦一人之天下，而是与众功臣贵族共有之天下，刘邦推辞与诸将力举，都有真实含意。成书秦始皇统一中国前夕（约前239年）的《吕氏春秋》有言：

> 天下，非一人之天下也，天下之天下也。④

思想史界以往多从民本论解释此语，其实这里强调的是君主与重臣贵戚共有天下，这正是周秦之际流行的天下观。《吕氏春秋》成书三十年后（刘邦前202年称帝）的刘邦君臣信奉这种天下观。

在上述天下观笼罩下，汉初建立的是一个帝王统辖、流官执政的官僚制国家，同时又是一个高祖自称的与"天下豪士贤大夫共定天下，同

---

① 班固：《汉书》卷14《诸侯王表》，中华书局1962年版，第393页。
② 司马迁：《史记》卷17《汉兴以来诸侯年表》，中华书局2014年版，第968页。
③ 司马迁：《史记》卷8《高祖本纪》，中华书局2014年版，第478页。
④ 《吕氏春秋·贵公》，中华书局2011年版，第22页。

安辑之"①的联合掌控的国家。高祖的一道诏书称:"盖闻王者莫高于周文,伯者莫高于齐桓,皆待贤人而成名。……今吾以天之灵,贤士大夫定有天下,以为一家,欲其长久,世世奉宗庙亡绝也,贤人已与我共平之矣,而不与吾共安利之,可乎?"②刘邦宣示效法周文王封建、齐桓公用贤,正是汉制兼领周秦二制的一种昭告。

在楚汉争战的四年间,刘邦为了拉拢领军大将,实封韩王信(前231—前196)、张耳(?—前202)、韩信(?—前196)、彭越(?—前196)、英布(?—前195)等八王,另封功臣为列侯百余,以周制封建笼络实力人物,此乃权宜之计。汉朝建立后,刘邦更多地重启秦制,一面建立朝廷直辖的郡县,一面翦除韩信、英布、彭越、臧荼、卢绾等掌握重兵的异姓王侯,又与群臣杀白马立盟约,誓言"非刘氏而王,天下共击之"③,这在很大程度上是为了防范自己身后吕氏擅权。刘邦还宣布,诸王侯"其有不义背天子,擅起兵者,与天下共伐诛之"④。可见汉制一面复用封建性的周制,一面又对封建王侯保持警惕,向中央集权的秦制靠拢。

鉴于异姓王心存异志,高祖晚年分封一批刘氏子侄为诸侯王,"尊王子弟,大启九国",以"惩戒亡秦孤立之败"⑤。受封者有齐王刘肥(前221—前189)、楚王刘交(?—前179)、吴王刘濞(前215—前154)、代王刘恒(前203—前157,后为汉文帝)、梁王刘恢(?—前181)、燕王刘建、淮南王刘长等,这些同姓王被授予"掌治其国"的权力。于是,汉代前中期实行的是郡国双轨制——兼取周的封国制和秦的郡县制。然而,同姓王侯羽翼丰满,亦成为与朝廷相抗衡的割据势力,文帝采纳贾谊《治安策》,"众建诸侯而少其力……诸侯之君不敢有异心,辐辏并进

---

① 班固:《汉书》卷1下《高帝纪》,中华书局1962年版,第78页。
② 班固:《汉书》卷1下《高帝纪》,中华书局1962年版,第71页。
③ 司马迁:《史记》卷9《吕太后本纪》,中华书局2014年版,第508页。
④ 班固:《汉书》卷1下《高帝纪》,中华书局1962年版,第78页。
⑤ 班固:《汉书》卷14《诸侯王表》,中华书局1962年版,第393页。

而归命天子"①；景帝取用晁错建议，颁行"削藩"令，削其封疆，制其形势，夺其政权，限其财政。令诸侯王不得复治国，天子为置吏②。早已野心膨胀的刘濞等藩王以"清君侧"之名，发动叛乱，景帝调动天下之兵方平定"吴楚七国之乱"。

景帝、武帝备尝封藩苦果，削减同姓王治国之权，逐步使"藩国自析"，武帝采纳主父偃提出的"推恩令"③，各诸侯国除长子继承王位外，其余子弟析分土地成为列侯，由郡守统辖，地位与县相当，"诸侯惟得衣食税租，不与政事"④，这便是受赐皇恩、只能效忠帝王的"食封贵族"。

汉初半个世纪，皇帝直接管控的仅限关中之地，关东多为诸侯国所有，享独立治理权的异姓王、同姓王领有半数以上的帝国领土。自文、景、武三朝的削藩，至武帝中期以降，全面恢复秦的郡县制，又保存名义上的封国，"国"—"邑"—"道"与县并列，"列侯所食县曰国，皇太后、皇后、公主所食曰邑，有蛮夷曰道"⑤。

秦汉以下，列朝力行郡县制，但帝王仍对皇亲国戚和功臣宿将封爵，以期拱卫皇室，但王侯"分封而不锡土，列爵而不临民，食禄而不治事"⑥，只对封地拥有赋税权，而没有政治管理权。但列朝仍不乏王侯执掌军政实权，西汉、西晋、明代、清代皆有显例，并一再发生尾大不掉的藩王作乱，如汉初的"吴楚七国之乱"、西晋的"八王之乱"、清初的"三藩之乱"等。唐代后期授军政大权于节度使，酿成藩镇割据，实近于藩王之乱。连君主集权达于极端的明朝，也在建文年间发生燕王朱棣策动的"靖难之役"，帝位更迭；后又有宣宗时的汉王朱高煦叛乱，武宗时的宁王朱宸濠叛乱。因而列朝在"封藩"之后，每有"反封建"的"削藩"之举，以藩王身份夺得皇位的朱棣，登极后也立即"削藩"，视郡县

---

① 班固：《汉书》卷48《贾谊传》，中华书局1962年版，第2237页。
② 严耕望：《秦汉地方行政制度》，北京联合出版公司2020年版，第20—27页。
③ 见班固：《汉书》卷14《诸侯王表》，中华书局1962年版，第395页。
④ 班固：《汉书》卷14《诸侯王表》，中华书局1962年版，第395页。
⑤ 班固：《汉书》卷19《百官公卿表》，中华书局1962年版，第742页。
⑥ 赵尔巽等：《清史稿》卷215《景祖诸子列传》，中华书局1977年版，第8936页。

制、流官制为强化中央集权的命脉所在。

两汉以降诸朝在实行秦的郡县制的同时，都没有完全放弃周的封国制，不同程度地实行郡国并行，这有两方面原因：其一，皇帝必须在某种程度上满足"家天下"的宗室亲贵的权益要求，这是周制延传下来，自汉唐至明清始终存在的宗法制所决定的；其二，皇帝从来对外臣信任度有限，希望同姓及姻亲拱卫皇室，抑制官僚，故历朝封国不止，虚封、实封兼而有之。据《汉书》之《王子侯表》《功臣表》《外戚恩泽侯表》载，汉代共封王子侯408人，列侯283人，恩泽侯112人。君主集权达到高峰的明代，也保持封藩制，明初为御北元，所封"塞王"（沿长城一线的辽王、燕王、晋王、秦王等）都手握重兵，以"诸王戍边"。靖难之役以后，以塞王身份夺取帝位的朱棣立即将诸王兵权收归朝廷。

明代一直对王侯们广赐田土，如万历时建藩洛阳的福王便拥田产数百万亩，横跨河南及山东、湖广，至四万顷（一顷百亩）。① 藩王们的"宗禄"成为明代沉重的财政负担。万历间大学士徐光启曾作统计："洪武中亲郡王以下男女五十八位耳，至永乐而为位者百二十七，是三十年余一倍矣。隆庆初丽属籍者四万五千，而见存者二万八千；万历甲午丽属籍者十万三千，而见存者六万二千，即又三十年余一倍也。"可见封国规模之大。徐光启计算，此后百余年而食禄者百万人，"为禄当万万石"，"竭天下之力，不足以赡"②。从明代这一"极弊而大可虑"③的财政困境，可见封国制的规模与危害之巨。

仅以政治制度而论，汉以下诸朝便不能以"皆行秦政法"一言以蔽之，实际运行的是周秦两制相混合的、郡国并行的汉制，不过列朝郡一国所占比重不同。汉代政法传袭久远：

> 中国历史上讲到地方行政，一向推崇汉朝。所谓两汉吏治，永

---

① 见《明史》卷77《食货志一》。
② 《徐光启集》，上海古籍出版社1984年版，第14页。
③ 张廷玉等：《明史》卷82《食货志六》，中华书局1974年版，第2001页。

为后世称美。①

从"封土建国"一意论之,"封建制度"在秦汉以降即退居次要,郡县制则成为君主集权政治的基本构成部分,帝王借此"令海内之势,如身之使臂,臂之使指,莫不制从,诸侯之君,不敢有异心,辐辏并进,而归命天子"②。郡县制同选举—科举制度一起,削弱世袭性、割据性的贵族政治,维护帝国的一统性,使两千年间发育出具有真实意义的、世所罕见的统一文化(书同文、行同伦等),大体建立政权集中的国家。这是诸侯割据、封臣林立的中世纪欧洲、日本,土王如云的印度所难以比拟的。然而封建制在两汉以下二千年间又未曾完全止歇,在有些朝代(如魏晋南北朝、唐末、五代、明初)还有重振之势,不过皆未成主制。

(二)以周抑秦,"复古更化"

探讨改良型秦制——汉制的一个枢纽之处,是汉武帝—董仲舒合谋的"复古更化",即国政在某种程度上复周制之古,以缓解秦制的苛严、秦政的酷烈。

刘汉取代嬴秦,立国之初在承袭秦制的同时,又采纳黄老之术,无为而治,轻徭薄赋,使社会休养生息。运行数十年,经高祖、惠帝(吕后掌权)、文帝、景帝至武帝,积累的社会问题愈益繁复,部分更革秦制的任务提上日程。汉初陆贾、贾谊从反思秦政入手,开"复古更化"之先河。刘邦要陆贾总结秦亡教训,陆贾依据黄老思想,结合汉初经济凋敝、社会残破的情势,指出"事愈烦,天下愈乱;法愈滋,而奸愈炽",故"道莫大于无为,行莫大于谨敬"③,将道家无为视作极致。文帝、窦太后"好黄帝、老子言,景帝及诸窦皆读《老子》,尊其术"④,而天下所复

---

① 钱穆:《中国历代政治得失》,生活·读书·新知三联书店 2012 年版,第 10 页。
② 班固:《汉书》卷48《贾谊传》,中华书局 1962 年版,第 2237 页。
③ 《新语·无为》,王利器:《新语校注》,中华书局 1986 年版,第 59 页。
④ 班固:《汉书》卷67《外戚传上》,中华书局 1962 年版,第 3945 页。

之古即在周制，所更化之弊即在秦制。如陆贾在《新语》中提出"行仁义、法先圣，礼法结合、无为而治"；贾谊则系统"过秦"（批评秦政之酷）。西汉中叶的董仲舒继承陆贾、贾谊而发挥之，提出系统的"以周抑秦"的改制思路。

董仲舒（前179—前104）反思周秦，批评黄老政治和"汉承秦制"的双重积弊，以"复古更化"克服汉朝前期的治理危机。他在给武帝的条陈中力辟秦制之弊："至秦则不然，用商鞅之法，改帝王之制，除井田，民得买卖。富者田连阡陌，贫者亡立锥之地。"[1] 董氏建策：

> 汉得天下以来常欲善治，而至今不能胜残去杀者，失之当更化而不能更化也。
>
> 不如退而更化，更化则可善治，而灾害日去，福禄日来矣。[2]

董仲舒倡言的更革包括复古与更化两方面。

"复古"，乃复周道之古，重兴周的礼乐之制，认为周的灭亡正在于"道"的衰颓。他说："至周之末世，大为亡道，以失天下。"秦代继周以后，非但没有"复道"，反而"欲尽灭先王之道"，终至二世而亡，"立为天子十四岁而国破亡矣"[3]。吸取秦亡教训，复周道之古是最紧要之处。

"更化"，指变更旧制，所谓"为政而不行，甚者必变而更化之"[4]。董氏的更化包括两方面内容：一指革除亡秦的严刑峻法、横征暴敛之类恶政，以仁德代严刑；二指改变汉初因循无为的黄老道术，提出王霸结合，王道为主、辅以霸道的治国模式。具体策略是，引礼入法、礼法并用、礼主法辅，"改制作科"。

董氏颂扬周的礼乐之制，以为这是治世之道。汉初对秦的急政有所

---

[1] 班固：《汉书》卷24《食货志》，中华书局1962年版，第1137页。
[2] 班固：《汉书》卷22《礼乐志》，中华书局1962年版，第1032页。
[3] 班固：《汉书》卷56《董仲舒传》，中华书局1962年版，第2504页。
[4] 班固：《汉书》卷22《礼乐志》，中华书局1962年版，第1032页。

驳正，采用黄老之术，消极无为，轻徭薄赋，以使社会休养生息，但与此同行，汉初法律制度又全面承袭秦制，以至于"法出而奸生，令下而诈起，如以汤止沸，抱薪救火，愈甚亡益也"①。董氏总结这两方面问题，提出"复古更化"，以《公羊春秋》"为汉制法"，所谓"引礼入律"，"引经决狱"，"论心定罪，志善而违于法者免，志恶而违于法者诛"，强调以儒学式的主观动机为判罪标准，《春秋》等儒经成为律令准绳。否定韩非、李斯"以吏为师""以法为教"，改为"以儒为师""以礼为教"，既以《春秋》的"微言大义"为律法，又以《春秋》为学术标准，政统与学统趋一。

由此出发，董氏于元光元年（前134）提出"推明孔氏，抑黜百家"②建策，武帝纳之，"罢黜百家，表章六经"③，撤销儒家以外的各类博士，立太学和五经博士官，儒学从先秦的一家之说，正式成为唯一官学，也即帝王之学。董仲舒将孔孟先儒的"君君臣臣，父父子子"的宗法观提炼为"三纲""五常"法条，用"天道"加以论证，所谓"道之大原出于天，天不变，道亦不变"④。纲常成为人们生活与思维的准绳、社会的制度标杆与律法。由此可见，武帝以下的汉制，已然是综会儒法道、混合周秦的政制，并非秦制一者所可涵概。

（三）少数民族入主中原所立制度

秦汉以降的制度演变还有一种不可忽略的因素——北方少数民族入主中原建立的王朝，如鲜卑建立的北魏、东魏、西魏，突厥建立的后唐，契丹建立的辽，女真建立的金，蒙古建立的元，满洲建立的清等，诸朝制度，留有少数民族进入中原之前的氏族制、奴隶制的遗存，又采纳适应中原社会的秦制及改良版汉制。如北方游牧民族入主中原的王朝，多

---

① 班固：《汉书》卷56《董仲舒传》，中华书局1962年版，第2504页。
② 班固：《汉书》卷56《董仲舒传》，中华书局1962年版，第2525页。
③ 班固：《汉书》卷6《武帝纪》，中华书局1962年版，第212页。
④ 班固：《汉书》卷56《董仲舒传》，中华书局1962年版，第2518—2519页。

未沿用周制的嫡长子继承制,而行兄终弟及制,或行幼子守灶制、先帝遗嘱制。元朝初期沿袭蒙古部落的忽里勒台(诸王大会),即部落首领协商会议决定首领推举、征战大略,保有氏族社会军事民主制传统。元代又普遍实行军政合一的千户制,贵族分封世袭接近于周制。元世祖忽必烈强化中央集权,立中书省(下设吏、户、礼、工、刑、兵六部)总领百官,统管全国政务,设行中书省(简称行省)为中书省派出机构,直辖地方,颇近秦制的朝廷集权制、郡县制。元制对明代影响甚巨,如"诸色户计"制延及明代,居民按职业划为各户种(民户、军户、站户、匠户、盐户、儒户、医户、乐户),户种划定后不得随意改变,加强了人身依附,不利于人口流动和阶层升降。又如明朝的虐政"廷杖"制,即袭自元制,改变"刑不上大夫"的传统,使君主专权更趋恐怖。

二、皇权—相权博弈

汉制的一个突出现象是皇权与相权博弈,于起伏间走向复杂化、尖锐化。这是秦制内部矛盾性的必然产物。

秦制的基本属性是皇帝专权,而皇帝掌控天下需要依凭官僚系统,其主脑是宰相。皇帝与宰相的关系,便成为秦汉以降两千年重要的政治关系。秦代仅历时15年,君相矛盾尚隐而未彰,其充分展开是在汉代,汉制演出了皇权与相权博弈的复杂实态。

"相",始见于殷商甲骨文㭬及金文㭬,字形为用目看树。《说文解字》释为"省视也。从目从木",指观察以作判断,引申为起辅助作用的人。"相"在春秋时指君主或贵族行礼时的赞礼者,主持饮酒礼、射礼、丧礼的有关礼仪,并操持贵胄家事,称家宰或家相。战国初,一些诸侯国的卿大夫执掌国政,其家宰(家相)成为邦国之相。作为列国行政首脑的相位之设,始于春秋末的齐国,战国三晋(魏赵韩)普及,又延及秦、燕等国,称相、相邦,秦国东陵器物刻铭有:"八年相邦薛君""八年丞相殳",秦地出土铜戈有铭文"相邦吕不韦"。《吕氏春秋》释曰:"相者,百官之长也。"丞相是相邦的副手,秦武王增设左右丞相协助相邦。秦二世增设中丞相,遂有左、中、右丞相。汉制丞相仍为相国副手。主持行政的官员又称宰相。"宰"与"相"本是周王家奴的统称,任务是处理君主家事,是天子"私臣"。后来由私臣转为外臣,权力由天子授予。战国时列国相邦事权甚大,统辖兵权、财权、司法权,乃行政主官。秦代设相邦,为群臣之首。汉代为避高祖刘邦讳,相邦改称相国。后此沿用。

秦制确立以后,诸王朝面临的一个长期存在的政制问题,是君权与相权的矛盾关系。继秦而起的汉制便是在这一对矛盾中得以生长的。

(一)相位是君位的辅佐,"置相"庶几接近"传贤"

相为百官之长,春秋时齐国始设,战国时列国设相,唯楚国设令尹,其职能近相。秦制的相及众卿由君主任免,为君主效命,"丞相诸大臣皆受成事,倚办于上"[1]。

君主专权面临的一个困局是,以王者一人之精力,不论其智商高下、能力大小,要治理地广数十万以至数百万平方公里、人口几百万以至几千万的国度的庞杂政务,力不能企。因此,"自古帝王之兴,曷尝不建辅弼之臣所与共成天功者乎!"[2]历代君主大都注意选拔贤能,"掌丞天子助理万机"[3],统理中央行政,调度各方机构协调运转。这种"提纲而众目张,振领而群毛理"的"建辅弼之臣",首推相位。

"相"上承君主诏命,下统百官,总揽政务,所谓"一人之下,万人之上"。《汉书·百官公卿表》称:"相国、丞相皆秦官,金印紫绶,掌丞天子助理万机。"秦国丞相始设于秦武王二年,秦昭王三十二年改称相邦,汉代讳"邦"(高祖名邦),改称相国、相室。秦制,出任丞相者皆受封侯爵。秦设纠察百官的御史大夫,为左丞相。此为监察官之始。

丞相一职,历朝名称不尽相同。秦汉已如上述,隋、唐、宋称宰相,

---

[1] 司马迁:《史记》卷6《秦始皇本纪》,中华书局2014年版,第329页。
[2] 班固:《汉书》卷16《高惠高后文功臣表》,中华书局1962年版,第527页。
[3] 班固:《汉书》卷19《百官公卿表》,中华书局1962年版,第724页。

元、明初又称丞相。丞相总理中央行政，在君主政治体系中，处于关键地位。

君主世袭的王朝政治中，相权有着不可替代的关键性作用。因为，"天子传子，宰相不传子。天子之子不皆贤，尚赖宰相传贤，足相补救，则天子亦不失传贤之意"①。为确保"传贤"这一古典善政，丞相制便至关重要。

相权作为君权的工具而设立，君相协力的主辅关系为理想状态。君主要物色能臣协理天下，达成"王天下"的目标；臣下追求"得君行道"，"有道则见，无道则隐"。以宋代为例，帝一相合治被视作当然，文彦博说，帝王"为与士大夫治天下，非与百姓治天下"②。而相乃士大夫之首，自视"明君"的皇帝都竭力善处君相关系。宋太宗对宰相说："前代帝王多以尊极自居，凛然颜色，左右无敢辄进一言。朕每与卿等款曲，商榷时事，盖欲通上下之情，无有所隐。"③宋真宗也告诉宰辅："军国之事，无巨细必与卿等议之，朕未尝专断。卿等各宜无隐，以副朕意也。"④这是协调君相、和衷共济的主张。

（二）相被君视作天敌——萧何为什么自毁形象

在王朝时代，君—相关系实际运行往往并不顺畅，发生扞格、抵牾为其常态。其根本原因在于君权的自私性和排他性。君权既要任用丞相贯彻旨意，又时刻提防相权分割、架空君位。君权与相权始终处在这种微妙的合作又竞争的关系之中。

西汉初，丞相职权范围宽广，"上佐天子理阴阳，顺四时，下育万物之宜，外镇抚四夷诸侯，内亲附百姓，使卿大夫各得任其职焉"⑤，内

---

① 黄宗羲：《明夷待访录·置相》，何朝晖点校，凤凰出版社 2017 年版，第 11 页。
② 李焘：《续资治通鉴长编》，中华书局 1995 年版，第 5370 页。
③ 李焘：《续资治通鉴长编》，中华书局 1995 年版，第 581 页。
④ 李焘：《续资治通鉴长编》，中华书局 1995 年版，第 1065 页。
⑤ 司马迁：《史记》卷 56《陈丞相世家》，中华书局 2014 年版，第 2504 页。

政、外交、民政、立法、司法、用人、赏罚,均在其管辖之内,有职有权,"汉典旧事,丞相所请,靡有不听"[1]。正因为如此,王权对相权多有防范。汉王刘邦率兵在外,屡屡遣使慰问留守后方的丞相萧何(?—前193)。萧何询问高人,汉王其意安在,"鲍生谓丞相曰:王暴衣露盖,数使使劳苦君者,有疑君心也。为君计,莫若遣君子孙昆弟能胜兵者悉诣军所,上必益信君"[2]。萧何便以子孙昆弟为人质,以换取刘邦的信任。除鲍生外,召平等人也先后给萧何敲响警钟。

刘汉建国,以萧何功劳第一,封侯拜相。萧何计诛韩信,更得皇帝恩宠,除加封外,还派一名都尉率五百名士兵作相国护卫。诸人前来为萧何致贺,唯有召平告诉萧相:祸患从此开始了。你留守朝中,未遭战争之险,反而增加封邑并设卫队,这是因为淮阴侯刚在京城谋反,对你也心存怀疑。萧何听从召平之议,辞谢皇帝封赏,刘邦果然高兴。英布谋反,皇帝亲征,萧何每次派人运送军粮,身在前线的刘邦都要询问来人:萧相国在长安做甚?使者答曰:萧相国清廉爱民,深受百姓拥戴。刘邦听毕,沉吟良久。使者回长安向萧何报告,萧何明白:皇帝起疑心了。于是大肆挥霍,又强占民田民宅,低价购置、赊借良田,引起民愤。刘邦获悉消息,大觉欣慰,对萧何放下心来。萧何不惜自毁形象,以去帝王疑心,求得自保。[3]

萧何素以谨慎著称,尚且难容于君主,唐人卢照邻诗云:"专权判不容萧相"[4],由此可见君权与相权的微妙关系。《史记》不惜笔墨作这些载述,表现君权对相权的猜忌、相权对君权的防范,颇具典型意义。也有帝王注意发挥相权的作用,如唐太宗批评"励精之主"隋文帝"至察则多疑于物","每事旨自决断,虽则劳神苦形,未能尽合于理,朝臣既知其意,亦不敢直言。宰相以下,惟即承顺而已"。太宗自称:"朕意则不

---

[1] 范晔:《后汉书》卷46《陈宠传》,中华书局1965年版,第1565页。
[2] 司马迁:《史记》卷53《萧相国世家》,中华书局2014年版,第2447页。
[3] 事见《史记·萧相国世家》。
[4] 《卢照邻集笺注》,上海古籍出版社2011年版,第86页。

然，四海之众，千端万绪，须合变通，皆委百司商量，宰相筹画，于事稳便，方可奏行。岂得以一日万机，独断一人之虑也。"①但汉唐以降，君相协合者少，君权排斥相权者居多，这是君主集权政治的基本属性所决定的。

（三）相权走弱

秦制确立以后，诸朝政制的大趋势，是君权增强，相权日益走低。

以西汉而论，帝—相矛盾层出不穷，除前述高祖对萧何用而疑忌之外，名例还有文帝与周勃（？—前169）角力，景帝与周亚夫（？—前143）争斗。略述后者：景帝欲废太子刘荣，周亚夫反对。景帝应母亲窦太后之意，要封舅舅王信为侯，周亚夫以汉朝祖制（非刘氏不得王，非有功不得侯）为由，称"今信虽皇后兄，无功，侯之，非约也"。周亚夫否决景帝旨意，帝、相矛盾加深，景帝终以"谋反"惩处周亚夫，周在狱中绝食而亡。②这说明皇权—相权斗争的残酷性，且多以君胜相败终局。也有相权得势的例子，如武帝亡，内朝尚书霍光专权，废一帝（昌邑王刘贺从帝位贬为海昏侯），立一帝（宣帝刘询）。

西汉中期以降，丞相权势明显削弱：其一，丞相的单独行政权被一分为三，原来地位在丞相之下的太尉、御史大夫地位提高，与丞相平起平坐，三者改称大司徒、大司马、大司空，分掌民政、军事、土木营造，互不统属，均对皇帝负责。其二，设立专门的监察机构御史台，代表君权对相权实行监督、制约。其三，强化"内朝"以与"外朝"对峙。武帝时，选拔职位远低于丞相的内廷办事人员参与朝政，甚至包括部分宦官，形成宫内决策机构，牵制以丞相为首的行政系统。

东汉仍以三公（大司徒、大司马、大司空）为丞相，但权力锐减，"今之三公虽当其名，而无其实"③，而"内朝"地位进一步上升，掌管内廷文书的尚书机构扩大，正式称尚书台，"出纳王命，赋政四海，权尊势

---

① 吴兢：《贞观政要》，上海古籍出版社1978年版，第15页。
② 见《汉书》卷40《周亚夫传》。
③ 范晔：《后汉书》卷46《陈宠传》，中华书局1965年版，第1565页。

重,责之所归"①。仲长统(180—220)说,丞相职权"曩者任之重而责之轻,今者任之轻而责之重"②,其变化原因,正在于君权对相权的猜忌。

隋朝中央政权确立三省六部制。尚书、门下、内史三省长官并为宰相,共掌国政;尚书省下分设吏、民、礼、兵、刑、工六部,每部又辖四司,进一步分割相权。六部事务在秦汉时由九卿分掌,魏晋后分曹治事,曹变为部,隋以后称六部,比附《周礼》六官。

唐承隋制,但改内史省为中书省。因三省长官名位太高,皇帝往往故意将其空置,而以副职或其他官员代行三省长官的宰相职务,其人数有时多达十余人,其目显然在削弱相权而强化君权。六部中的"民部"为避太宗李世民讳,改称"户部",以后六部通称吏、户、礼、兵、刑、工。

宋朝用"分化事权""官与职殊"的手段来抑制相权。从宋太祖始,变"独相"为"群相",以分散相权。枢密院掌军事,中书门下省掌行政,三司使掌财政。中书门下省长官称"中书门下平章事",行宰相权,无权过问军事、财政,且事事须请示皇帝,不仅大政方针,而且具体措施,也要由皇帝裁决,宰相权力越来越小。

由唐至宋,相权走向低落,仅从君相礼仪便可见一斑。唐代"宰相上殿,命坐。有军国大事,则议之,常从容赐茶而罢"。奏稿拟定、进入,皆由宰相办理,皇帝于宫中亲览,用御宝,允许其奏。"由唐室历五代,不改其制。"③至宋代中期以降,元朝废尚书、门下省,以中书省为最高行政机关,其长官中书令,由皇太子亲任。"惟皇太子立,必兼中书令"④,中书令之下,才设丞相,体现君权对相权的直接控辖。

(四)明清取缔丞相制

明代君主专制走向极端,朱元璋登极之初便刻意限制相权,于洪武

---

① 范晔:《后汉书》卷63《李固传》,中华书局1965年版,第2076页。
② 范晔:《后汉书》卷49《仲长统传》,中华书局1965年版,第1658页。
③ 见宋仁宗时为相的王曾《笔录》。
④ 陶宗仪:《南村辍耕录》,上海古籍出版社2012年版,第243页。

四年免去李善长相职，代之以汪广洋，又切断中书省与各行省的关联，架空丞相主持的中书省。洪武十三年，以谋反罪名处死丞相胡惟庸，取消中书省，废除丞相职位，提升六部官秩，规定六部长官直接对皇帝负责，君权囊括相权。他还颁布诏令："以后嗣君，其毋得议置丞相，臣下有奏请设立者，论以极刑。"① 明代及后继之清代再也没有设置丞相，这是明代开端的一大恶政，"宰相既罢，天子之子一不贤，更无与为贤者矣"②。

明清两代设立辅政的内阁首辅（内阁学士中为首者），此即号称"无宰相之名而有宰相之实"的内阁大学士，但实际上，内阁大学士除个别情况（如明代嘉靖间大学士严嵩、万历间大学士张居正）外，大都无宰相实权，不过是皇帝的秘书而已。《明史》说：

> 自洪武十三年罢丞相不设，析中书省之政归六部，以尚书任天下事，侍郎贰之，而殿阁大学士只备顾问。帝方自操威柄，学士鲜所参决。其纠劾则责之都察院，章奏则达之通政司，平反则参之大理寺……分大都督府为五，而征调隶于兵部。③

这"罢丞相不设""帝方自操威柄"，点化出皇权专制的特色：皇帝集君权、相权于一身，亲自统领各事权机构（六部、都察院、大理寺、通政司、五军都督府等）。黄宗羲指出：

> 有明之无善治，自高皇帝罢丞相始也。④

诚哉斯言！

朱元璋曾留下两条断然不移的遗命，一是不设丞相；二是不许宦官

---

① 张廷玉等：《明史》卷72《职官志一》，中华书局1974年版，第1733页。
② 黄宗羲：《明夷待访录·置相》，何朝晖点校，凤凰出版社2017年版，第11页。
③ 张廷玉等：《明史》卷72《职官志一》，中华书局1974年版，第1729页。
④ 黄宗羲：《明夷待访录·置相》，何朝晖点校，凤凰出版社2017年版，第10页。

读书，以免干政。而明代后世谨遵废相之旨，却大开宦官干政之门，可谓弃其善治、行其乱政，"是注定要演为一大悲剧，造成中国史上最可怖之黑暗时代"①。

专制皇权排斥相权，并非个案，清代乾隆皇帝对宰相握有实权也十分疑忌，他曾专门撰文非议相权，表述了帝王绝对集权的病态心理：

> 夫用宰相者，非人君其谁乎？使为人君者，但深居高处自修其德，惟以天下之治乱付之宰相，己不过问，幸而所用若韩、范，犹不免有上殿之相争；若不幸而所用王、吕，天下岂有不乱者，此不可也。且使为宰相者，居然以天下之治乱为己任，而目无其君，此尤大不可也。②

乾隆在这里流露出对王安石一类权相的忌恨，并谴责宋儒的以天下国家为己任、不为国相即为国师的精神。乾隆所希望的是，士子们成为君王的文学侍从或不问政治的书蠹。乾隆是容不得臣下以"名臣"自居的。有一文臣尹嘉铨因编《小学大全》上呈皇帝，得乾隆嘉许。尹嘉铨以为自己深得皇上青睐，致仕（退休）后上奏，为父亲请谥，乾隆颇不高兴，朱批"与谥乃国家定典，岂可妄求"，但尹氏不知趣，再上一本，请许"我朝"名臣汤斌、范文程、李光地、顾八代、张伯行等"从祀孔庙"，"至于臣父尹会一，既蒙御制诗褒嘉称孝，已在德行之科，自可从祀，非臣所敢请也"。这下触怒乾隆，朱批："竟大肆狂吠，不可恕矣！钦此。"将尹嘉铨着加恩免其凌迟之罪，改为处绞立决。乾隆严惩尹氏，意在厉禁臣下以"名臣"自居，只能做平庸安分的臣仆。乾隆得意地说：

---

① 严耕望：《中国政治制度史纲》，上海古籍出版社2013年版，第237页。
② 转引自钱穆：《中国近三百年学术史》，商务印书馆1997年版，第2页。

> 朕以为本朝纪纲整肃，无名臣亦无奸臣，何则？乾纲在上，不致朝廷有名臣、奸臣，亦社稷之福耳。①

乾嘉学派之所以趋于训诂考订一途，秦汉以来沿袭千余年的丞相制度消亡于明清，均与君主集权政治发展到登峰造极地步大有干系。

相权由盛而衰最终取消的过程，恰是君权不断强化以至于走向极端的最直观的对应物、参照系。

三、"马上""马下"之辩：文治政府确立

汉代在中国制度史上影响深巨，肇因于建立了帝王统辖、兼采儒法的文士操持的文治政府。

承袭氏族制余脉，借鉴夏商两代，周代建构贵族政治、领主经济的宗法封建制度，此即"周监于二代，郁郁乎文哉"的周制。历经春秋战国的社会更革，秦扫平六国，统一天下，建立君主集权的秦制。秦政暴虐，二世而亡，但秦制的皇帝制度、官僚政治、地主经济延传下来，所谓"汉承秦制"。然而，汉代在"袭秦"的同时，也作"变秦"，秦汉之际的制度颇有调整。如果说，秦代成就了第一个郡县制的统一政制，汉初则混合郡县与封建，成郡国制；秦的统治阶层由旧贵族与新的军功贵族及游士联合组成，汉的立国则得力于平民出身的武人集团和下层吏员，刘邦在中国历史上建立了"第一个平民为天子的统一政府"②。

刘邦临终前拒绝吕后请来的良医，自谓："吾以布衣提三尺剑取天下，此非天命乎？命乃在天，虽扁鹊何益！"③认为自己靠天命，以武力夺得天下，不信医者可以救自己的命。诚然，刘邦是"以布衣提三尺剑

---

① 乾隆《明辟尹嘉铨标榜之罪谕》。事详见鲁迅：《且介亭杂文·买〈小学大全〉记》，《鲁迅全集》第6卷，人民文学出版社2005年版，第55—63页。
② 钱穆：《中国文化史导论》，九州出版社2011年版，第88页。
③ 司马迁：《史记》卷8《高祖本纪》，中华书局2014年版，第491页。

取天下",他的权力基础是平民出身的武人集团(周勃、樊哙、郦商、奚涓、夏侯婴、灌婴等)。刘邦即位之初,骄矜自持,重武力,轻慢文士,责骂喜称《诗》《书》的陆贾,说自己"居马上而得之,安事《诗》《书》!"陆贾反问刘邦道:"居马上得之,宁可以马上治之乎?且汤武逆取而以顺守之,文武并用,长久之术也。"[①]刘邦纳其言,并要陆贾总结秦亡教训,提出治汉方略,陆贾著书十二篇,每上奏一篇,刘邦皆称赞不已,名其书《新语》。汉初逐渐转为"马下治天下",以文士治国。经文景之治,至汉武帝,正式确立"中国史上第一个'文治的统一政府',即'士治'或'贤治'的统一政治"[②]。

汉制是皇帝掌控下的士人操持的文治政制,官员既非由世袭贵胄担任,也非由武人擅权,治国之务交给社会荐举、依公开标准(如孝廉、如文史知识)选拔的文士担任。军队也非武人私控,而由文治政府管辖。文治政府乃皇权培育而成,超越并取代贵族政治、武人政治。钱穆认为,汉初宰相必用封侯,后又用军人。公孙弘起,以布衣儒术进,为汉制一大转向,其先惟军人、商人为政治两大势力,至是乃易以士人。可见文治政府转向。[③]汉制确立的文治政府,为以后诸朝沿袭。

汉代由"马上"武人得天下,演变为"马下"文士治天下,与秦武力灭六国后,国内治理非军事化趋势有承袭关系。秦朝实开国内文治的端绪,汉承秦制,正式废除全民兵役制,由朝廷掌握的职业军人担负"御胡"功能,帝国内部则去军事化,防止地方势力形成武装割据,以文官治天下,稳固皇权。

秦制的改良版汉制,进一步实行皇帝掌控下的士人操持的文治政制,它由三个环节组成:一是汉初组建平民政府,与先秦王室与列国公室的贵族政府大相径庭;二是社会管理以文治思想为主导,从申韩严刑峻法

[①] 司马迁:《史记》卷97《陆贾列传》,中华书局2014年版,第3270页。
[②] 钱穆:《中国文化史导论》,九州出版社2011年版,第88页。
[③] 钱穆:《国史大纲》,九州出版社2011年版,第157页。

转为礼乐教化，贾谊《陈政事疏》、董仲舒《天人三策》奠定汉代文治政治的理论基石；三是朝政操持者由宗室、武人转变为文官。

汉以后，经魏晋南北朝、隋唐的制度起伏，文治政府至宋代已然完备。宋代一改昔时"出将入相"、武人为重臣、文臣为大将的文武交替传统（如汉代大将周勃改任丞相，唐代宰相徐世勣数次任总兵大将），而"文不换武"成为常态，即文臣不再改任武职，文人极少"投笔从戎"，武将则难入文臣门槛。这种局面的形成是因为，宋初以降，朝廷一再贬抑武人，尊儒崇文，抬高文臣，尤其是提升科举制度地位，招致士人为官，"重文轻武""崇文抑武"蔚然成风。这当然是帝王预防武人叛乱、强化君主集权的国策所致。如王夫之所言："宋所忌者，宣力之武臣耳，非偷生邀宠之文士也。"① 至明代，更厉行文治政治，武人进一步边缘化，以致"将不专军""兵不习将"，武人叛乱是防止住了，而军队战力衰减也就随之而至。宋明两代武功自废，除了明成祖"五征漠北"，军功显赫，外战屡败也就顺理成章了。②

四、从察举到科举：官僚考选与"英雄入彀"

中国王朝社会自汉代建立渐趋完备的文官制度，为社会维持稳定、实现政治统一奠定基础。

（一）科层制设计

周秦之变的重要内容，是摆脱封建性的"世卿世禄制"（又称"世官制"），从周代"图任旧人共政"，"大夫以上皆世族，不在选举"③，转为从民间选士，如汉代的察举制和征辟制、隋唐以降的科举制。

---

① 王夫之：《宋论》卷2《太宗》，中华书局1964年版，第37页。
② 宁可：《宋代重文轻武风气的形成》，《学林漫录》第3集，中华书局1981年版。陈峰：《宋史论稿》，陕西人民出版社2004年版，第112—129页。
③ 俞正燮：《癸巳存稿》卷3《乡兴贤能论》，辽宁教育出版社2001年版，第70页。

汉代建立选官制度，要者为察举与征辟。"察举"即荐举，是由下而上推选人才为官的制度，初以周代的"乡举里选"为据，以乡里舆论对士人德才评判为推举依凭，倡导"内举不避亲，外举不避仇"。"征辟"是自上而下选拔官吏，有皇帝征聘与公府州郡辟举两种方式。如高祖下"求贤诏"；文帝两次下诏，命各级举荐"贤良方正能言极谏者"；武帝采纳董仲舒议，诏令各郡国举孝子、廉吏各一，后两科合一，称孝廉，至东汉沿用此法。又由三公九卿、郡守、列侯从平民及低级官吏中选拔德行优等者入朝为官。

上述举荐之法难免随意性和夹带权贵私意，隋唐开始的科举制则是通过严格、法定的分科考试，从民间选拔人才。这是周制的"选贤与能"与秦制"宰相必起于州部，猛将必发于卒伍"的因功取仕制的交融与发展，由此擢拔出学有专长的人才，组建分层的官僚体系（如隋唐的六部官员，即由科举考试选取的专门化人士组成）。宋人苏轼对历代选士路径作概括：

> 三代以上出于学，战国至秦出于客，汉以后出于郡县吏，魏晋以来出于九品中正，隋唐至今出于科举。[1]

科举实现了官吏的儒化，同时也实现了儒的官吏化，科举从而成为近代"科层制"[2]的先驱。

（二）科举制——"第五大发明"

中国千余年前兴起的科举制，是世界上率先建立科层级结构和法理权威的选拔官吏制度，被中外人士盛称为与指南针、火药、造纸术、印刷术等"四大发明"相并列的中国"第五大发明"。孙中山指出，西方近

---

[1] 苏轼：《苏文忠公全集》卷5《论养士》，邓立勋编校：《苏东坡全集》下，黄山书社1997年版，第43页。
[2] 科层制，指国家及社会录用受过训练的专业人员组成层级管理系统的制度。德国社会学家马克斯·韦伯归纳此一国家管理方式：社会组织内部职位分层、权力分等、分科设层，各司其职的组织结构。此制有提高组织效率的功能，却又滋长官僚主义、增进专制。

代的文官考试制度即学自中国的科举制度,西方人称其为"中国赠予西方最珍贵的知识礼物"[1]。

中国的选官制大约经历如下阶段:

  商周的世卿世禄制
  春秋的游仕制
  战国的军功爵制
  汉代的察举制
  魏晋南北朝的九品中正制
  隋唐以降的科举制

商代仕进制无直接材料详考,西周实行世官制则载籍甚多,周室臣僚多为世袭贵族,《诗》云:"文王孙子,本支百世,凡周之士,丕显亦世。"[2] 以后选官制多有起伏跌宕,大趋势是从贵胄"世及"走向民间"选贤",隋唐以后,从公举里选进而定格于封闭式的科考取士,"一切以程文为去留"[3],达成人才选拔的相对公开、公正、公平,使选官制度走出贵族世袭故辙,有利于社会阶层的上下流动,通过多层考试选拔秀士:不是凭血统、财富和社会关系,而是以文史才能赢得官职,获得经典教育机遇的平民得有改变底层身份的可能。

汉制以儒学为指导思想,而"儒家根本否认社会是整齐平一的。认为人有智愚贤不肖之分,社会应该有分工,应该有贵贱上下的分野"[4],孟子"劳心者治人,劳力者治于人"说,由汉制规范为纲常名教序列的秩序,而汉制又为这种等级秩序留下调整空间——两汉的察举、隋唐以降的科举,提供社会阶层纵向流动的途径,通过农耕文明延承不辍的"耕

---

[1] Derk Bodde, *Chinese Ideas in the West*, Washington D. C., 1972, p.31.
[2] 《诗·大雅·文王》。
[3] 陆游:《老学庵笔记》卷5,三秦出版社2003年版,第198页。
[4] 瞿同祖:《中国法律与中国社会》,中华书局2003年版,第292页。

读传家"，既维护等级社会的秩序，又通过形式公正的考试为底层精英上行提供可能，实现等级秩序的适度调整甚至有限突破。

科举制以相对公平、公正、公开的考选方式录取官员，较之封建贵族式的世官制是一大进步，促成中古—近古文化的繁荣，也给外域提供了仿效的典范。黑格尔说：

> 只有才能胜任的人得做行政官吏，因此，国家公职都由最有才智和学问的人充当。所以他国每每把中国当作一种理想的标准，就是我们也可以拿它来做模范的。①

科举制由官员考试延展到整个教育制度，通过科举的考试题目（如元明清诸朝以《四书》为唯一题库，朱熹的《四书集注》为官定标准答案），规范了官私学校的教育内容，而教育内容及考试标准便成为士子思想及行为的指挥棒，进而影响社会各阶层的精神世界。《儒林外史》描写中举登科痴迷入狂的士人范进和岳丈胡屠夫，便是典型。

中国的知识阶层，在殷商西周称之巫、史、祝、卜，大体包括宗教职业者（巫）和文史工作者（史），至晚周统称"士"。由巫史和下级贵族组成的士，以知识、智力承载者的身份，自春秋战国开始登上社会舞台，发挥着不可小视的政治及文化作用，成为诸侯力政的争取对象，"故君人者，爱民而安，好士而荣，两者无一焉而亡"②，富于才识的士子，对政权兴衰有直接干系。因此，控制士人这一社会的"思想库""人才库"，使之效力朝廷，乃皇权政治的要务。

（三）士子入君王彀中

朝廷接纳士子，要法为"学优登仕"的实施。

---

① 黑格尔：《历史哲学》，王造时译，上海书店出版社1999年版，第130页。
② 《荀子·君道》。

"学而优则仕"[①]是王权社会为士子设定的"正途"。为此，士人"两耳不闻窗外事，一心只读圣贤书"。"不闻窗外事"，自然就不会危及王权统治，"只读圣贤书"，书中又多是纲常名教"大义"，耳濡目染，士人便成为恭顺君子，不会构成对于王朝的威胁。士子将自己的富贵名声，乃至身家性命都与王权政治挂起钩来，自觉自愿地为之效命。

君主通过考选取士，控制士子于股掌之中，故而唐太宗登端门，站立宫墙上看着新进士鱼贯而出殿试试场，喜曰：

天下英雄入吾彀中矣。[②]

后来晚唐诗人赵嘏作《残句·韵府》云：

太宗皇帝真长策，赚得英雄尽白头。[③]

以考选令士子"尽入彀中"，熬白了头，岂止是唐太宗一人的"长策"，历代王朝多熟用之。

明清时，科举趋于刻板，其时考试专用一种文体，称八股文，又称制义、时文，"专取四子书及《易》《书》《诗》《春秋》《礼记》五经命题"[④]，宗旨是"代圣贤立言"，在形式上愈益程式化。八股文必须由破题、承题、起讲、入手、起股、中股、后股、束股八部分组成，各部分的写法，乃至用字，都有严格规定。在其束缚下，考生的新鲜活泼思想无由生发表达；加之试题本身往往是"牵上连下，毫无义理"，这样的考试，已失去考核水平、选拔人才的意义。因此，考生写出"天地乃宇宙之乾坤，吾心实中怀之在抱。久矣乎，千百年来已非一日矣"之类的废话，

[①] 《论语·子张》："子夏曰：仕而优则学，学而优则仕。"
[②] 王定保：《唐摭言》卷1，上海古籍出版社1978年版，第3页。
[③] 王定保：《唐摭言》卷1，上海古籍出版社1978年版，第5页。
[④] 张廷玉等：《明史》卷70《选举志二》，中华书局1974年版，第1693页。

就不足怪了。《红楼梦》里贾宝玉批评这种文字游戏,"原非圣贤之制撰,焉能阐发圣贤之微奥,不过作后人饵名钓禄之阶"①,并痛斥迷恋功名者为"禄蠹"②、为"国贼禄鬼"③。持这种批评意见的士子往往遭到重责,贾宝玉便被其父贾政痛斥为"逆子""孽障"。

(四)驭士策:诱以官禄,恫以文字狱

选举—科考制以相对公开、公平、公正的方式从各阶层拔擢人才,组建科层制官僚系统,较之贵胄世袭官制是一划时代进步,这是汉制对中国乃至世界文明史的一大创造性贡献。

隋唐定制的科举取士的一种社会效应是,读书人因官禄引诱而归服统治集团,所谓"朝为田舍郎,暮登天子堂。将相本无种,男儿当自强"④。相传宋真宗赵恒(968—1022)作诗曰:

富家不用买良田,书中自有千钟粟。
安居不用架高营,书中自有黄金屋。
出门莫恨无人随,书中有马多如簇。
娶妻莫恨无良媒,书中自有颜如玉。
男儿欲遂平生志,六经勤向窗前读。⑤

在这一意义上,考选制是社会控制系统的柔性组成部分,通过利禄招揽士人入朝廷之彀,并对社会各阶层影响深巨,连最贫寒的底层民众往往也督促子弟苦读入仕。

与网罗士人的怀柔政策相匹配,皇权的社会控制系统还对知识阶层

---

① 《红楼梦》,人民文学出版社1996年版,第1007页。
② 《红楼梦》,人民文学出版社1996年版,第243页。
③ 《红楼梦》,人民文学出版社1996年版,第474页。
④ 汪洙:《神童诗》,吉林文史出版社1994年版,第5页。
⑤ 见赵恒《劝学诗》(又名《励学篇》),《全宋诗》有录。

实施酷烈的恫吓政策,如秦始皇以"诽谤""妖言以乱黔首"等罪名,坑术士儒生460余人于咸阳,这还只是弹压文化异见者的小试牛刀,以下两千年间更有"文字狱"屡见不鲜,明清演至极端。

明太祖朱元璋出身微贱,曾削发为僧,又是在农民战争中以"草寇"登上帝位的,因此他对于文章、奏议、贺表中出现与"僧""贼"等音近文字,近乎病态地敏感,总疑心作者是在隐喻、挖苦、攻击自己,必斩之而后快,由此酿成无数冤案。据《闲中古今录》载:杭州教授徐一夔作贺表,恭维朱元璋"光天之下,天生圣人,为世作则",岂料朱览之大怒,曰:"生者,僧也,以我尝为僧也。光则薙发也。则字音近贼也。"①

正因为朱元璋"恩威不测,每因文字少不当意,辄罪其臣"②,臣辅动辄得咎,上奏行文更是战战兢兢,不知某字某句拂逆龙鳞,招致杀身之祸,只得请求皇上亲降格式,以便遵守。官员上朝忐忑不安,"时京官每旦入朝,必与妻子诀。及暮无事则相庆,以为又活一日"③。

清代文字狱之森严可怖,更在明代之上,大案迭兴,仅康熙、雍正、乾隆三朝,见诸史籍的就达108起之多。康熙初年,兴"庄廷鑨明史稿案",因庄撰《明书辑略》,以南明作正统,被视为大逆不道,庄廷鑨被掘坟戮尸,其父死狱中,其弟及子孙,年十五以上均处斩,妻女发配为奴。据载,"庄氏私撰明史一案,名士伏法者二百二十二人。庄故富人,卷端多列诸名士,本欲借以自重。故老相传,此二百余人中,多半未与编纂之役"④。

雍正年间的"查嗣庭试题案"震慑朝野。雍正四年(1726),查嗣庭任江西正考官,出试题"维民所止",其语出自《诗·商颂·玄鸟》:"邦畿千里,维民所止",意为王者之都,舆地宽广,皆是臣民所居之地。

---

① 野史载,徐一夔洪武年间被处死,然陈学霖《徐一夔刑死辩诬兼论明初文字狱史料》一文,用徐氏自己的文字证实,徐氏在建文年间尚存。赵翼:《廿二史劄记》,上海古籍出版社2011年版,第664页。
② 朱彝尊等:《静志居诗话》卷2,清嘉庆二十四年钱塘姚祖恩扶荔山房刻本,第14页。
③ 赵翼:《廿二史劄记》,上海古籍出版社2011年版,第668页。
④ 陈康祺:《郎潜纪闻》,中华书局1984年版,第236—237页。

有人参奏称"维""止"是去"雍正"之首,大逆不道。雍正帝大怒,指查嗣庭"显露心怀怨望",下令抄其寓所,又得其日记中有"悖乱荒唐""大肆讪谤"语。查嗣庭因此冤死狱中,被枭首示众,且株连子孙。又因查原籍浙江,雍正帝下令停该省乡会试六年,以示惩戒。曾静—吕留良案更旷日持久,株连极广。雍正帝亲自编《大义觉迷录》,汇集审讯问答、口供等,成一文字狱案例的详细记录,因披露宫闱黑幕,乾隆时列为禁书,表明专制帝王在实施文字狱时的进退失据。

乾隆年间,工部主事陆生柟作《人生论》,称"人愈尊,权愈重,则身愈危,祸愈烈。盖可以生人、杀人、赏人、罚人,则我志必疏而人之畏之必愈甚"。乾隆帝认为是"借古非今,肆无忌惮","心怀怨望,讽刺时事",将陆斩首。礼部尚书沈德潜作诗《咏黑牡丹》:"夺朱非正色,异种也称王",被认定是影射清朝以异族夺朱明皇位,剖棺戮尸。

文字狱迭兴,令知识阶层惊恐莫名,无所措手足。清代曾任大学士的梁诗正总结出如此经验:"不以字迹与人交往,即偶有无用稿纸,亦必焚毁。"在这样一种朝不保夕、人人自危的氛围之中,"学者渐惴惴不自保,凡学术之触时讳者,不敢相讲习"[①],只得走上史籍考订、音韵训诂的脱离现实生活的学术之途。"避席畏闻文字狱,著书都为稻粱谋"[②],知识阶层的思想活力被窒息,言路被堵塞,君主集权制得以在"万马齐喑"之中延续。

(五)士人在朝美政、在野美俗

朝廷软硬兼施的驭士策,使得多数士人成为王朝体制的驯服工具,是社会稳定因素。

自汉代始,儒学取得独尊地位,心怀忧患意识的儒者成为知识阶层的泛称,儒学的"入世—经世"传统,是知识阶层较普遍的人生方向。

---

① 梁启超:《清代学术概论》,上海古籍出版社 2019 年版,第 46 页。
② 龚自珍:《咏史》,《龚自珍全集》,上海古籍出版社 1999 年版,第 471 页。

宋人范仲淹《岳阳楼记》抒发了士子的忧患意识：

> 居庙堂之高，则忧其民；处江湖之远，则忧其君。是进亦忧，退亦忧。然则何时而乐耶？其必曰："先天下之忧而忧，后天下之乐而乐乎！"[1]

这是孟子"乐以天下，忧以天下"[2]思想的发挥。

士人们的志愿是，"在本朝则美政，在下位则美俗"[3]，以治国平天下为自己学术成就与人生价值的最高实现，文化学术本身的价值反而淡化、隐没。"学者自身不知学术独立之神圣。譬如文学自有其独立价值也，而文学家自身不承认之，必欲攀附六经，妄称'文以载道'、'代圣贤立言'以自贬抑。"[4] 文化学术功能被政治功能所掩盖。士人拥有的学问、知识，必须附丽于朝政，通过"经世"的政治实践来验证其价值。因此，由士而仕，投身宦海，成为士人的角色认同。一旦在官场上丧失一席之地，沉重的失落感便压迫得他们惶惶不可终日。

当然，"入仕"虽是士人追求的主要目标，但又并非独一无二的志趣。在"求仕"而不得时，则有"归隐"一途留作后路。从老、庄到陶渊明、李太白都曾将"归隐"的妙趣表述得淋漓尽致，所谓"采菊东篱下，悠然见南山"[5]，所谓"人生在世不称意，明朝散发弄扁舟"[6]。

如果说，以经世为矢的的儒家精神是"提得起"，那么，以遁世为去路的道家精神则是"放得下"。在人生哲学方面，儒与道互补，仕与隐相随，兼济与独善交替，共同维持着士人的精神平衡。不过，"提得起"的

---

[1] 范仲淹：《岳阳楼记》，《范文正集》，吉林出版集团有限责任公司2005年版，第80页。
[2] 《孟子·梁惠王下》。
[3] 《荀子·儒效》。
[4] 陈独秀：《随感录·学术独立》，《陈独秀著作选》第1卷，上海人民出版社1984年版，第389页。
[5] 陶渊明：《饮酒》二十首之五，《陶渊明全集》，上海古籍出版社2015年版，第74页。
[6] 李白：《宣州谢朓楼饯别校书叔云》，《李白集校注》，上海古籍出版社1980年版，第1077页。

经世意识、求仕渴望，是传统士大夫的思想主潮。

五、秦制改良版——汉制的"专制性"程度估量

汉以下的王朝政治，君主握有行政、立法、司法、考选、监察大权。但在汉制两千年间，皇权受到形而上与形而下双重力量的制衡，在多数情况下没有演为绝对专制。这是秦制改良版汉制具有再生能力、得以长期延续的原因所在。

(一)"专制"词义辨

秦制既与尧舜时代的酋邦"众治"揖别，也同周代"王与贵族共天下"的宗法封建制渐行渐远，帝王日益集权，不仅未曾出现希腊城邦民主制、罗马共和制，亦罕见中世纪西欧、日本贵族分权政制。汉制统驭万民的是操持生杀予夺之权的朝廷，而朝廷又横向与九卿（隋唐以后称六部）、纵向与郡县授权分治。

如前所述，三代以降的王朝政治有先后两种类型，前段为柔性君治的周制，后段为刚势君治的秦制，两汉以降形成"周表秦里""儒皮法骨"的汉制是秦制改良版。这一延传两千余年的刚柔相济的政治文化，刘汉完备，唐宋明清演化，以至登峰造极，近代余韵犹存。

近代新史学兴起，论者参酌西史，多认为秦汉以下的皇权政治属于专制制度。但也有不同看法，如钱穆说：

> 中国自秦以来，立国规模，广土众民，乃非一姓一家之力所能专制。[1]

认为秦汉以降"'王室'与'政府'逐步分离，'民众'与'政府'则逐

---

[1] 钱穆：《国史大纲》修订本，商务印书馆 1994 年版，第 14 页。

步接近",故不宜将中国传统政治以"专制黑暗"一语抹杀。[1]

法国汉学家谢和耐（Jacques Gernet，1921—2018）与钱穆看法相近，他在《中国国家权力的基础和局限》中说，中国帝王受到礼制和官僚体制的限约，其专制程度不及西欧中世纪晚期某些君主，如宣称"朕即国家"的法王路易十四（1638—1715），其专制性便在同期的清朝康熙皇帝（1654—1722）之上。

讨论周秦之际以下的皇权政治，需要界定"专制"一语，进而考察中国皇权专制的受限程度。作为汉字古典词，"专制"有独享、独占、独断专行之意。古典所言专制多指大臣专权：

> 婴儿为君，大臣专制。[2]
> 范睢言宣太后专制，穰侯擅权于诸侯……于是秦昭王悟，乃免相国。[3]
> 周公事文王也，行无专制，事无由己。[4]（高诱注："专，独；制，断。"）
> 权臣专制，擅作威福，是诛之而已也。[5]

上述诸文献所用"专制"一语，多指在国君幼小、孱弱的情形下，贵戚、大臣独断专行，所谓"专固君宠"而擅权，"一臣专君，群臣皆蔽"[6]。

战国时的商鞅一派则直接论及君主专权：

> 权者，君之所独制也……权制独断于君则威。[7]

---

[1] 钱穆：《国史大纲》修订本，商务印书馆1994年版，第14—15页。
[2] 《韩非子·亡征》。
[3] 司马迁：《史记》卷72《穰侯列传》，中华书局2014年版，第2828页。
[4] 《淮南子·氾论训》，上海古籍出版社1989年版，第137页。
[5] 苏轼：《策略第一》，《苏轼诗词文选评》，上海古籍出版社2011年版，第10页。
[6] 《申子·大体》。
[7] 《商君书·修权》。

"权制独断于君"已接近于"君主专制"意趣。

周秦之际以下虽普行君主专权,却并无"君主专制"一名出现。这大约因为那时认定帝王本应专权,所谓"天下之事无小大,皆决于上"①,故无须议论帝王("上")专制。在汉字文化系统,"君主专制"在近代方正式结构成词。

清末民初,受西欧及日本概念的影响,"专制"的含义扩大为一种政体的名称,作为政治制度的"专制"定义为:

> 专制者,一国中有制者,有被制者,制者全立于被制者之外,而专断以规定国家机关之行动者也。②

近代日本人用汉语旧名"专制"对译英语 absolutism,井上哲次郎(1855—1944)等编译的《哲学字汇》,在 absolutism 条目下,对应的汉语词为"专制主义"③。

在西方,absolutism("专制主义"或"专制制度")是法国 18 世纪启蒙思想家孟德斯鸠(1689—1755)在《论法的精神》中提出的一种政制形式。孟德斯鸠依据古希腊亚里士多德(前 384—前 322)的三政体说(君主政体、贵族政体、民主政体),提出"共和政体、君主政体、专制政体"三分法。君主政体若遵循成文法治国,不属专制,专制政体的特定含义为:

> 专制政体是既无法律又无规章,由单独一个人按照一己的意志与反复无常的性情领导一切。④

---

① 司马迁:《史记》卷 6《秦始皇本纪》,中华书局 2014 年版,第 329 页。
② 梁启超:《开明专制论》第二章"释专制",《梁启超全集》第 3 册,北京出版社 1999 年版,第 1454 页。
③ 井上哲次郎等编:《改正增补哲学字汇》,东洋馆 1883 年版。
④ 孟德斯鸠:《论法的精神》上,张雁深译,商务印书馆 1978 年版,第 8 页。

孟德斯鸠又将"主权者以胁吓为主义"的政体称"专制制度",以与"主权者以温和为主义"的政制相区别。

严复(1854—1921)于清末翻译孟德斯鸠《论法的精神》,书名译作《法意》,其三种政体的国家分别译名为:公治国、君主国、专主国。严复在所撰《孟德斯鸠列传》中还陈列《法意》的三政制:

> 曰民主,曰君主,曰专制。其说盖原于雅理斯多德。①

关于政治体制,近代日本学者福泽谕吉分类为:君主专制、君主立宪、贵族专制、民主制。②

专制制度多与君主政体相共生,也可以依存于贵族政体、共和政体,其特点是最高统治者独揽国家大权,实行专断统治。另外还有"暴民专制"。

(二)两汉以降皇权所受制约

古希腊将波斯等亚细亚国家归为"东方专制",后衍为欧洲人对亚洲政制的总体看法。至18世纪启蒙运动时代,依据16、17世纪入华耶稣会士带回的材料,欧洲人对中国政制有了较积极的评价,法国启蒙思想家伏尔泰(1694—1778)在《风俗论》中称中国政制为"开明君主制"或"仁慈的专制主义"。法国重农学派魁奈(1694—1774)有类似提法。这一概念清末译介到中国,为近代启蒙家采用,如梁启超(1873—1929)1906年在《开明专制论》中对近代政治作三段划分:"开明专制、君主立宪、民主立宪",认为"开明专制"是一必经阶段。而汉制多有君权制衡因素,大体属于古典的开明专制范围。

独擅国政的帝王其实也忐忑不安,清代享"十全武功"盛名的乾

---

① 孟德斯鸠:《论法的精神》,严复译,上海三联书店2009年版,第3页。
② 福泽谕吉:《文明论概略》,北京编译社译,商务印书馆1959年版,第34页。

隆，也深知皇权受到多种威胁，他晚年手撰之《御制古稀说》称：

> 所以亡国者，曰强藩，曰外患，曰权臣，曰外戚，曰女谒，曰宦寺，曰奸臣，曰佞幸。①

略言之，两汉以来制约君权的力量来自天理、祖训、官僚制度、社会人心等方面。明人杨东明（1548—1624）的奏疏对此有一简要概括：

> 臣以为臣子之所敬而畏者，皇上也。至于皇上之所敬而畏者，亦有上天之明命，祖宗之典章，与夫大小臣工、四海九州向背之人情。凡此三畏，皆明主之所凛凛不敢忽者。②

此君主"三畏"之谓，正是汉制下君权受到一定程度制衡的表现。杨东明警告君主："不得曰：吾为天下君，欲勤则勤，欲怠则怠，可以任情自用也。"③

参酌"三畏"说，可将汉制时代约束皇权的要素归纳为三：形上之道（天理、民心），政治实体（贵族、官僚），民间力量。

六、形上之道（天理、民心）约束皇权

中国自古有敬天观念。"天"化生万物和人类，是宇宙的主宰，国家及帝王的权力是天所赋予，帝王承天意行政，便得上天肯定和保护，反之便受天的谴责乃至抛弃，所谓人顺天，则吉祥；人逆天，则祸殃。以出土器物的周金文与传世古典相参照，可见周人崇拜对象有天、天命、

---

① 《清高宗实录》卷1112，乾隆四十五年八月。
② 杨东明：《请慎终保治疏》，《钦定四库全书·御选明臣奏议》卷33。
③ 杨东明：《请慎终保治疏》，《钦定四库全书·御选明臣奏议》卷33。

天帝、鬼神、祖先，其中天及天命、天帝是第一位的崇拜对象。《大盂鼎》："文王受天有大命""故天翼临子"；《毛公鼎》："膺受大命"；《𪭵钟》："我唯司配皇天王，对作宗周宝钟。"天、天命、天帝既是王权的精神支柱，又对王权形成制约，所谓"用天降丧于下国"（《禹鼎》）。

王权"受命于天"，王权乃"天意赐予"，《老子》将四大并列："道大，天大，地大，王亦大"①；《荀子》称"天地者，生之始也"，君臣"与天地同理，与万世同久"②，因而"天"以及由之引申的"天理"，成为王权的终极根据。每一王朝兴起，无不称帝位"天与神授"（著名者如汉高祖刘邦编造其母蛟龙附身受孕故事），无不论证帝王得位符合"天理"，被推翻的前朝则违背天理，被天所废黜。因此天及天理也就成为制约君权的最高精神力量。

"天理"观念先秦诸子共认。《庄子》曰"顺之以天理"③，《韩非子》曰"寄治乱于法术"方可"不逆天理，不伤情性"④。《礼记·乐记》讲"天理"，孔颖达疏曰："理，性也"，天理是天之所生本性。宋代理学家将天分释为三个层面：宇宙之天、主宰之天、天理之天。天理之天具有道德神学意蕴，也具有客观性，是君权合法性、权威性的依据。

天不讲话（"天何言哉"），通过灾异表达天谴，更经常由民心反映天意，于是"民心"与"天理"一起，既是君权的论证又成为制约君权的形上因素。《尚书》载周武王伐殷纣前的动员令：

> 天视自我民视，天听自我民听。百姓有过，在予一人，今朕必往。⑤

---

① 《老子·二十五章》。
② 《荀子·王制》。
③ 《庄子·天运》。
④ 《韩非子·大体》。
⑤ 《尚书·泰誓中》。

(上天所见来自庶民所见的,上天所听来自庶民所听到的。庶民责怪抱怨,我必定前往讨伐殷纣。)

《尚书》又说:

> 皇天无亲,惟德是辅。民心无常,惟惠之怀。①
> (上天无亲疏,只辅佐有德之君。老百姓心中没有固定的君王,他们总是归顺仁者。)

天驱使王者实行德政。这是以"天理"(通过"民心")限定君权的名论。

汉制的重要构思者董仲舒阐发道:

> 君者,民之心也;民者,君之体也。心之所好,体必安之;君之所好,民必从之。②

君要对天、对民保持敬畏,在强调"君权神授"的同时,力劝君王勿忘上天、民众的监督,注意上天以灾异"谴告"人君。董仲舒把暴虐无度的秦政导致亡国的教训,变成帝王的囚笼,限制皇权膨胀、私欲肆虐。

董仲舒发挥天人感应说,用"百神之大君"的"天"③来制衡、训导君主,他论述"民—君—天"的关系:

> 《春秋》之法,以人随君,以君随天……故屈民而伸君,屈君而伸天,《春秋》之大义也。④

---

① 《尚书·蔡仲之命》。
② 苏舆:《春秋繁露义证》,中华书局1992年版,第320页。
③ 苏舆:《春秋繁露义证》,中华书局1992年版,第398页。
④ 苏舆:《春秋繁露义证》,中华书局1992年版,第31—32页。

在形而上层面，君主制由天命—君权—民心三要素组成。天命（天理）是原动力，民心是基础，君权是中介。以天理制君，失之抽象，听取"民心"较为坐实。战国成书的《管子》为限制君权，希望君主"令顺民心"，否则"刑罚不足以畏其意，杀戮不足以服其心"①。要"与民分货"，君民利益均沾；要顾及民性的好恶，"人主之所以令则行、禁则止者，必令于民之所好，而禁于民之所恶也"②。君要量民力而动，"令于人之所能为则令行，使于人之所能为则事成"。

董仲舒深知天理民心限约君权之道，提出"屈民伸君""屈君伸天"，臣民服从于君王，君王服从于上天。以至高无上、大公无私的"天道"制衡君权，警戒帝王，使之自敛，若犯过失，便下诏罪己，以重获上天和民心的谅解和眷顾。这便是董氏弘扬的"春秋大义"，是汉制谋求长治久安的要诀。

唐太宗时的"特进"（其位仅在三公之下）魏徵上疏，论"殷鉴不远"，指出朝廷的最大威胁在"人怨"（即人民大众的怨愤），而人怨正与"神怒"相通：

> 夫事无可观则人怨，人怨则神怒，神怒则灾害必生，灾害既生，则祸乱必作，祸乱既作，而能以身名全者鲜矣。③

历代帝王因忌讳人怨—神怒—灾害的贯通性，而祭拜天地，以浩大庄严的礼仪宣示敬天法祖，平息民怨，这并非一般意义上的作秀，而是自命"奉天承运"的王朝立政的基本行径。

以"形上之道"（天理与民心）制衡君权，以道德约束帝王言行，在缺乏政治分权制的时代，是试图"限君"的一大法门，构成汉制谋求长治久安的要诀。但由于君主掌控了对天理的解释权，进而扭曲民心，故

---

① 《管子·牧民》。
② 《管子·形势解》。
③ 吴兢：《贞观政要》，上海古籍出版社1978年版，第6页。

以"形上之道"(天理与民心)制衡君权,往往落空,或走形、异化。

七、政治实体(贵族、官僚)制衡皇权

汉制约束君权,不仅借助天理、民心等形上之道,而且接受政治实体的制衡。

汉代以降,有两种由皇权派生又相对独立的政治力量起着"限君"作用,这便是贵族与官僚,其中官僚系统对皇权的制约较为持久且实在。

(一)贵族限君

贵族限制王权,是宗法封建社会的常例。如周制公卿大夫各级贵族与天子分权,对王权有所制约,西周后期的周召二公共和行政是制约王权的突出表现。西欧中世纪贵族限制王权更是普遍现象,英国13世纪的《大宪章》便是受困的国王与贵族达成的城下之盟,贵族通过契约限制国王的为所欲为。而周秦之际形成的秦制,基旨是摆脱分权的贵族政治,通过皇帝掌控的官僚系统,实现帝王独治。但两汉以降,贵族政治虽非主流,却并没有被扫地出堂,尤其在西汉初、东汉、魏晋南北朝、隋唐,贵胄是一支政治经济劲旅,是皇权的有力竞争对手,帝王往往对其忌惮三分。

如晋朝门阀士族"今立中正,定九品,高下任意,荣辱在手。操人主之威福,夺天朝之权势"[①]。东晋时琅琊王氏家族与司马皇家势均力敌,北方大族王导、王敦联合南北贵胄,掌控江左二十多年,朝中官员七成以上是王家或王家相关者,晋元帝司马睿称王导"仲父","主弱臣强",时有民谚曰"王与马,共天下"[②]("王"指王氏,"马"指皇族司马氏),以致"晋自社庙南迁,禄去王室,朝权国命,递归台辅。君道虽存,主

---

① 房玄龄等:《晋书》卷45《刘毅传》,中华书局1974年版,第1273页。
② 房玄龄等:《晋书》卷98《王敦传》,中华书局1974年版,第2554页。

威久谢"①。东晋回复到贵族分权的"亚封建"时代,其余韵延及此后南北朝数百年。

关陇军事贵族集团是西魏、北周、隋、唐四朝的统治柱石,其发端是西魏八大柱国:宇文泰(李世民外曾祖父),元欣(西魏皇室诸王之首),李虎(李渊祖父),李弼(李密曾祖父),赵贵(以德智而成其功名),于谨(北周三老之一),独孤信(杨坚岳父,李渊外祖父),侯莫陈崇(三子皆为北周猛将,而其兄侯莫陈顺更是十二大将军之一)。唐初帝王仰赖关陇贵族,即使豪强如唐太宗,有时也不得不让贵胄三分。中唐以后,随着官僚政治完备化,贵族制衡帝王的力量渐趋缩小,而作为贵族变态的藩镇又继起为胁迫皇权的势力。

唐宋以降君主集权强化,但贵族分权直至明清并未中止。明代初期藩王势力强大,建文帝深受掣肘,试图削藩,遂有燕王兴兵"清君侧",燕王朱棣夺得皇位(是为永乐帝),又进而削藩。这是皇权与贵族博弈的显例。清代因保有八旗制度,满蒙王公贵族任事军政,尤其在清初,颇能牵制皇权。清末恭亲王奕䜣主持洋务新政,既延伸了慈禧太后势力,又令慈禧感到威胁,慈禧颇用心力方夺去恭亲王权势,光绪帝亲政则试图借助恭亲王抑制慈禧而未果。

总之,皇帝与贵族间相互利用又彼此角力,贵族有限地制约皇权,起伏跌宕地贯穿于君治社会始终。

(二)官僚体系及礼法、谏议、封驳限制君权

尝谓西欧中世纪有"王在法下"传统,中国秦汉以降则"王在法上",因为法由帝王废立、诠释。但礼教中国,又有"王在天下""王在礼下"教言,君王不免受到法律及执法官僚一定程度的制约。

"礼"与"法"是中国制度的两大基旨,秦汉以后礼被法律化,礼法合体,而官僚体系代君王执行礼法,又在相当程度上拥有行礼执法的权

---

① 沈约:《宋书》卷3《武帝本纪》,中华书局1974年版,第60页。

力,从而构成对皇权的制衡。官僚脱衍于具备文化优势的士阶层,拥有广大的社会基础,下与庶民联系、上依托权贵。士—官僚系统是朝廷取代封建性的贵族势力、厉行中央集权的工具,其权势由帝王授予,是皇权的执行者,却又具有相对独立性和权力诉求,两汉以降,形成"天子与士大夫共天下"格局,士大夫依凭朝廷法典,对皇权不乏限制力。君臣关系处在两可之间,一者因"法自君出",官僚须从君行法;二者因"法与天下共",官僚又可在某种程度上依法限君。

(1) 汉代文景之例

西汉"文景之治"与民休息、经济繁荣常为后世称道,而尤其值得记取的是政治相对宽平,帝王接受大臣的依法之议,皇帝的诏旨要经过宰相的附署才能生效,故皇帝的言行往往受到官署的限定。下举《史记》《汉书》所载事例。

汉文帝(前203—前157)视察周亚夫细柳营,被守营士兵阻拦,士兵说:没有将军军令,谁都不能进去!随行官喝道:天子即将驾到,士兵答:将军有令,军营中只听将军号令,不闻天子诏命。文帝派人拿着天子符节去见周亚夫,周亚夫这才传命打开营门。守营门士兵又对皇帝随从说:周将军有规定,军营中车马不得奔驰,违命者斩。文帝只得让人牵马缓慢步行。入营,周亚夫见文帝,并不跪拜,说:臣甲胄在身,不能下拜,只能军礼参拜。文帝心大不悦,转念一想,又为周亚夫精神感动,说"这才是真正的将军啊!"文帝临终时对太子刘启说:"即有缓急,周亚夫真可任将兵。"[1]

又一故事:文帝一次出行,路经中渭桥,突然有人从桥下走出,乘舆马惊,扈从抓住该人交廷尉张释之惩办,廷尉处以罚金释放,文帝恼怒,要从严办理,廷尉说皇帝将此人交办,就必须依法办理,而依法条规定,此人并无重罪,只能罚款释放,文帝也莫可奈何。[2]

---

[1] 司马迁:《史记》卷57《绛侯周勃列传》,中华书局2014年版,第2519—2521页。
[2] 见《汉书》卷50《张释之冯唐列传》。

还是那位廷尉（九卿之一，掌刑狱）张释之，多次驳回文帝重判的旨意。皇帝直接介入的案件，一旦进入司法程序，张释之便坚持依法规适度定罪，屡逆"龙鳞"，文帝始而"大怒"，回头一想，又采纳张释之的意见。前举释放惊马的行人之后，张释之讲的一番话颇有深意：

> 法者，天子所与天下公共也。今法如是，更重之，是法不信于民也。①

指出法是帝王与天下人共有的，帝王若要随意加重用法程度，律法便不能取信于民。文帝思前想后，称"廷尉当是也"②，不再执意重判。记述此事的史官司马迁称赞张释之（字季）和另一直谏之臣冯唐：

> 张季之言长者，守法不阿意；冯公之论将率，有味哉！有味哉！语曰"不知其人，视其友"。二君之所称诵，可著廊庙。书曰："不偏不党，王道荡荡；不党不偏，王道便便。"③

西汉十五帝，获庙号者四：刘邦追谥太祖，文帝刘恒追谥太宗，武帝追谥世宗，宣帝追谥中宗。武帝身后进圣庙，遭到关内侯夏侯胜反对，称武帝穷兵黩武，"亡德泽于民，不宜为立庙乐"。宣帝怒，以"非议诏书，毁先帝，不道"之罪将夏侯胜下狱，丞相长史黄霸也以不举劾罪，同时下狱。在狱中黄霸以"朝闻道，夕死可矣"的精神向夏侯胜请教经学，夏侯胜"讲论不怠"。后二人获赦，夏侯胜为谏大夫给事中。④ 这是大臣限君并得到肯定的名例。

---

① 班固：《汉书》卷 50《张释之冯唐列传》，中华书局 1962 年版，第 2310 页。
② 班固：《汉书》卷 50《张释之冯唐列传》，中华书局 1962 年版，第 2310 页。
③ 司马迁：《史记》卷 102《张释之冯唐列传》，中华书局 2014 年版，第 3340 页。
④ 班固：《汉书》卷 75《夏侯胜列传》，中华书局 1962 年版，第 3156 页。

（2）唐代贞观之例

唐代职官也保持一定权威，对皇帝有所制衡。唐太宗李世民（599—649）是经玄武门之变上位的，在争权过程中曾诛杀太子李建成、齐王李元吉，这成为称帝的李世民的一大心病，他担心弑兄诛弟的行为记入起居注，留下千古骂名，于是想阅览史官记述，谏议大夫褚遂良（596—659）阻止道："史官书人君言动，备记善恶，底几人君不敢为非，未闻自取而观之也！"李世民还是要看，黄门侍郎刘洎曰："借使遂良不记，天下亦皆记之。"上曰："诚然。"[①]但李世民还不甘心，再次要求观书，又被监修国史的房玄龄阻止，后房玄龄、谏议大夫朱子奢委曲答应删改《高祖实录》《今上实录》，按李世民意，遵照周公诛管、蔡以安周的故例改写玄武门之变。此一故事说明两点：一则官守制度对皇帝有制约，即使唐太宗这样威权崇高的皇帝欲图逾越，也十分困难；二则皇帝毕竟手握最高权力，终可突破官僚系统的法制限定。

唐代官员任命皆须盖吏部专用印鉴，无印即非合法官员。武则天执政时大封职官，吏部拒绝盖印，一些武则天任命的官员因未获吏部印信，称之"斜封官"，被朝野视作不正规，武则天也莫可奈何。

官僚体系限君还表现在财政上。君王的财政开支并非任意，皇帝对群臣的正常赏赐（"常赐"）和特殊恩赐（"好赐"），君王的正常用度和君王私人爱好所需的开支，都要受到相关财务制度的约束。

（3）明代嘉万之例

明代是君主专制达于高峰的时代，然而即使在明代，官僚系统仍对皇权有所制衡。正德年间，以荒诞著称的明武宗紊乱朝政，社会危机深重，武宗亡故后，阁臣杨廷和等厘革弊端，以嘉靖帝《登极诏》形式公布"革故鼎新"方略，且在嘉靖年间至万历初年，杨廷和、张居正等阁臣屡屡评骘皇帝，修订朝政。明清史学家周积明（1949— ）将之概括

[①] 司马光等：《资治通鉴》卷196《唐纪十二》，中华书局1956年版，第6175页。

为王朝统治系统的"自体调节"①。这种自体调节的要着,便是朝臣对帝王的批评性疏议,有的达到相当激烈的程度。

嘉靖四十五年,户部主事海瑞(1514—1587)上《治安疏》,痛斥皇帝迷信巫术、生活奢华、不理朝政,指嘉靖帝"一意修真,竭民脂膏,滥兴土木,二十余年不视朝,法纪弛矣。数年推广事例,名器滥矣。……吏贪官横,民不聊生"。海瑞说:"古者人君有过,赖臣工匡弼",他依据古例,对朝政腐败之抨击可谓尖锐:"今大臣持禄而好谀,小臣畏罪而结舌,臣不胜愤恨,是以冒死,愿尽区区,惟陛下垂听焉。"②海瑞此疏,并非"求名",而是为了"以正君道、明臣职,求万世治安事"。

与海瑞相类,明万历时谏官杨东明(1548—1624)屡次上疏,批评朝政,人称其"凛凛风骨如日月行天,有折槛碎阶之风"。万历二十九年(1601),疏指万历皇帝"临御既久,渐致因循,朝堂不御,讲筵不亲,谏疏徒勤,不蒙俞允"。因"人君不勤政,则百司庶府必将各怠其职,而国事日非矣"。朝政"忠奸莫辨",贤士"相继摧残",皆"皇上深居不悉下情之过也"。万历以"身体违和"为不能勤政的托词,杨东明毫不客气地指出:此为假话,"臣闻辅臣蒙召之日,亲见龙颜开霁,天语春温……久有勿药之喜"③,身体好得很。杨的奏疏令万历惊恐惶惧。此种直批帝王的言论,屡见于明臣奏疏,成为制衡皇权的一种力量。

(4)"封驳"制平议

为调解君旨与法规、协和帝王与官僚体制之间的意见,专设"谏议"制和"封驳"制,前者在第二章议周制部分已论,现略述后者。

"封驳"制在秦汉谏议制基础上设立,具体职官是给事中。《文献通考》曰:"给事中,加官也,秦置,汉因之……以有事殿中,故曰'给事

---

① 周积明:《嘉靖—万历初统治系统的自体调节》,《江汉论坛》1986年第4期。
② 海瑞:《谏修斋建醮疏》,《钦定四库全书·御选明臣奏议》卷27。
③ 杨东明:《请慎终保治疏》,《钦定四库全书·御选明臣奏议》卷33。

中'。"① 东晋设中书省、门下省、尚书省，至隋唐，"中书主出令，门下主封驳，尚书主奉行"②。封驳之"封"，指门下省接中书省下达的皇帝诏令，有权审议，认为可行的送达尚书省执行，如果不可行便封还中书省再拟；"驳"，指驳回尚书省送递的臣下奏章的违误。

封还皇帝失宜的诏命、驳正臣下违误奏章的制度，汉时已有，由给事中处理，但无正式机构专职主理，至唐始由门下省掌管，对失宜诏敕可以封还，有错误者则由给事中驳正。封驳制使官员有可能限定帝王权力。如西汉哀帝授权董贤、丞相王嘉"封还诏书，因奏封事"③。东汉明帝时，钟离意（10—74）为尚书仆射，亦"独敢谏争，数封还诏书"④。唐初魏徵往往对贞观皇帝严厉批评，抑制皇帝的某些欲求。李世民屡次怒不可遏，回内宫对长孙皇后说，要杀掉这个乡巴佬，经皇后劝解方缓和下去。这种直谏无惧、限制君权的谏议，对朝政清明有所裨益，魏徵辞世，李世民感叹道："夫以铜为镜，可以正衣冠；以史为镜，可以知兴替；以人为镜，可以明得失。""魏徵殂逝，遂亡一镜矣！"⑤唐睿宗时太后武则天掌权，不经中书门下直接下诏，受到宰相刘祎之的诘问和制止，"唐制惟给事得封还诏书"⑥。

五代废封驳制，宋太宗时复制。宋代刘敱疏论中书、门下、尚书三省的功能，可见包括门下封驳在内的官僚体系对君权的制衡：

> 帝王之枢机，必经中书参试，门下封驳，然后乃付尚书施行。凡不由三省施行，谓之斜封墨敕，不足效也。政由中书则治，不由中书则乱。天下事当与天下人共之，非人主所可得而私也。⑦

---

① 马端临：《文献通考》，中华书局2011年版，第1431页。
② 王应麟：《困学纪闻》，商务印书馆1935年版，第1043页。
③ 班固：《汉书》卷86《王嘉传》，中华书局1962年版，第3498页。
④ 范晔：《后汉书》卷41《钟离意列传》，中华书局1965年版，第1409页。
⑤ 刘昫等：《旧唐书》卷71《魏徵列传》，中华书局1975年版，第2561页。
⑥ 周煇：《清波杂志》卷9，上海古籍出版社1986年版。
⑦ 脱脱等：《宋史》卷405《刘敱传》，中华书局1977年版，第12247页。

明朝罢门下省长官，诏敕有不便者，由六科（吏、户、礼、兵、刑、工六部的简称）给事中驳正。清代给事中与御史职掌合并。

因有"封驳"制度，历朝可于皇帝诏敕下行和百官章奏上行以前进行驳正和封还，是一种对立法和决策的预防性监督。即使在皇权达于极致的明代，帝王意志也难免遭遇朝臣的封还、清议的批评。明嘉靖帝要将原为兴献王的本生父朱祐杬尊为皇考，以确立新帝系，宰辅杨廷和、毛澄等大臣以为不合礼法，一再抵制，演为长达三年的"大礼议"，此为朝官制衡皇权的名例。当然最终是皇帝战胜谏臣，表明清议制约皇权的有限性。

八、民间自治对皇权的稀释，"民变"对皇权的威胁

对皇权的又一形下层面的制约，来自民间社会的自治传统。

（一）氏族制民主遗存，转化为后世"限君"举措

第二章七、八、九、十目已论及，周制保有氏族民主遗存，至汉制，这些遗存演为某些"限君"举措。

（1）《尚书》曰："皇天无亲，惟德是辅。民心无常，惟惠之怀。"[1] 告诫君主，上天并无亲疏，只辅佐有德之君；民众心中没有固定的君王，他们总是归顺仁惠者。言下之意很明确：失德、少惠的君王将遭上天及万民的抛弃。后世治国者不忘周制训导，《贞观政要》载唐太宗总结隋亡教训时说："天子者，有道则人推而为人主，无道则人弃而不用，诚可畏也！"[2] 即此之谓。

（2）君王不能百事独断，大政须征询"万民"的意见，在国家遭兵寇之难、迁都改邑、无嫡子而选立庶子时，君王要"致万民而询焉"[3]，此即所谓"三询"之制，系战国儒生对周制的理想化描述，宣示重视下情

---

[1]《尚书·蔡仲之命》。
[2] 吴兢：《贞观政要》，上海古籍出版社1978年版，第16页。
[3]《周礼·秋官·小司寇》。

的施政取向，为后世明主效法。两汉以下，此种遗风还略有遗存，汉代的乐府制即是。

（3）王须接受美善之道的教化，犯错要接受臣下的匡谏，去恶迁善。师氏和保氏具体负责这方面的工作："师氏，掌以媺（意为美）诏王"①，即负责用善道诱导王；"保氏，掌谏王恶，而养国子以道，乃教六艺：一曰五礼，二曰六乐，三曰五射，四曰五驭，五曰六书，六曰九数"②。周制设师、保劝谏并教化王者。唐宋以降儒者的做"帝王师"理想正是其遗迹。

（4）周制在实行世卿世禄制的同时，也继承发扬唐虞时代"选贤与能"传统，从庶众中选拔人才出仕，如周公阐述选官方针："自今后王立政"，要"俊（进）有德"，选拔"成德之彦"，择用"吉士""常人"③。这正是秦汉"将出卒伍、相出州部"做法的先驱，后世选举制、科举制之精义也远藏于此。

在民力的威慑下，诸王朝每每对官府令长有所制约，不许过分虐民。五代后蜀主孟昶（919—965）曾撰《令箴》，声称："朕念赤子，旰食宵衣。言之令长，抚养惠绥。""下民易虐，上天难欺。"孟昶将《令箴》颁发下属，要求刊刻为座右铭。后蜀灭亡后，宋太宗赵光义（939—997）对24句96字的《令箴》删繁就简，截取4句16字：

尔俸尔禄，民膏民脂。
下民易虐，上天难欺。

宋太宗命各州县衙门将此十六字立石为戒，这便是著名的《御制戒石铭》。南宋高宗时又将《戒石铭》再颁天下，令州县官吏"刻之庭石，置之座右，以为晨夕之戒"。这当然是皇帝作秀，贪官污吏贪赃枉法、欺压

---

① 《周礼·地官·师氏》。
② 《周礼·地官·保氏》。
③ 《尚书·立政》。

百姓并未因此而收敛,但此铭的颁布与流传,却也是王朝在民力反抗的威压下所采取的对民众怀柔、对官府限约的策略。①

(二)皇权在乡里基层被民间自治稀释

秦汉以降的编户齐民制具有二重性。一方面是皇权直达庶民,天下人众向朝廷上缴赋税、承担劳役,使皇权得以坐实;另一方面,基层社会由相对独立的农民小家庭组成,国家支配只是潜在的,"耕读传家"的小农户组成基层社会,由"三老五更"等乡绅管理,这种以"家"为基本单位的乡绅社会既接受皇权统治,又保有某种独立性、自主性。

秦汉以下的皇权政治大约只将权力伸及郡、县,乡里基层的社会生活,则由宗族长老掌控,按乡规民约运行。宗族权有相对独立性,在宗族范围里,往往有部分"立法"及"司法"权力,并有一定的执行力,这便是所谓"皇权不下县"。有学者将这种状况概括为:"国权不下县,县下惟宗族,宗族皆自治,自治靠伦理,伦理出乡绅。"②此说反映了历史真实,却需要补充——赋税、兵役等大政又是下县的(通过乡社协助)③。笔者认为,除了大政直达乡社外,乡绅的理念及行为也是与朝廷基本一致的,因而乡村自治颇有限度,"皇权不下县"是一个相对性论断,不宜过度强调。

社会学家费孝通(1910—2005)基本肯定前近代中国实行的是"专制政治",又认为不宜作简单化解释。他说:"中央集权的行政制度在中国已有极长的历史。自从秦始皇废封建、置郡县以后,地方官吏在原则上都是由中央遣放的。"④费氏进而指出:

> 中国以往的专制政治中有着两道防线,使可能成为暴君的皇帝

---

① 虞云国:《水浒寻宋·戒石》,上海人民出版社 2020 年版,第 431—437 页。
② 秦晖:《传统十论:本土社会的制度文化与其变革》,复旦大学出版社 2003 年版,第 3 页。
③ 参见秦晖:《传统中华帝国的乡村基础控制:汉唐间的乡村组织》,黄宗智主编:《中国乡村研究》第一辑,商务印书馆 2009 年版。
④ 费孝通:《乡土中国》,上海人民出版社 2006 年版,第 146 页。

不致成为暴君。第一道防线是政治哲学里的无为主义。

第二道防线……那是把集权的中央悬空起来,不使它进入人民日常有关的地方公益范围之中。中央所派遣的官员到知县为止,不再下去了。自上向下的单轨只筑到县衙门就停了,并不到每家人家大门前或大门之内的。①

把中国传统政治概括为"中央集权和地方自治两层","中央所做的事是极有限的,地方上的公益不受中央的干涉,由自治团体管理"②。而地方自治团体大体是由"宗法"组织承担,乡绅(或称"绅士")在其间起主导作用。这正是秦汉以下皇权政治限定性的又一表现。时至近古(明、清)以至近代的保甲制度,则将"第二道防线"即"在专制和集权名义所容忍着的高度地方自治"予以"冲溃":

保甲制度是把自上而下的政治轨道筑到每家的门前,最近要实行的警管制更把这轨道延长到了门内。③

故在近古以至近代,中国的集权政治有增无减,以致将基层社会纳入集权政治的掌握之中,使皇权达于登峰造极的程度。

(三)"民变"对王朝的严重威胁

皇权政治下,经由郡县制、编户齐民制,庶众受到朝廷直接管控,君—民、官—民矛盾易于白热化。如果说,周制时代王权的竞争方是割据诸侯,那么秦汉以降对皇权最严重的威胁,则来自各类"民变"。

明人郭正域(1554—1612)说:"自古乱亡之祸,不起于四夷,而起于小民。秦之强盛,兼并六国,卒之扰乱天下者,非六国也,乃陈胜、吴

---

① 费孝通:《乡土中国》,上海人民出版社2006年版,第146页。
② 费孝通:《乡土中国》,上海人民出版社2006年版,第149—150页。
③ 费孝通:《乡土中国》,上海人民出版社2006年版,第150页。

广一二小民也。"① 大规模农民起义是历代君主最为担忧的事变,唐太宗、魏徵辈君臣反复回味隋末农民战争导致强大的隋朝覆亡的教训,谨记"载舟之水可以覆舟",唐太宗告诫太子诸王:"舟所以比人君,水所以比黎庶。水能载舟,亦能覆舟。尔方为人主,可不畏惧!"②

太宗时的魏徵上疏,警告皇帝,最须畏惧的是民众的怨愤,他直谏太宗:

> 怨不在大,可畏惟人,载舟覆舟,所宜深慎,奔车朽索,其可忽乎!③

历代民变多是朝廷腐败、对民众超负荷剥削压榨造成。这便是《水浒传》所揭示的"官逼民反,乱自上作"。明末李贽(1527—1602)为《水浒传》作序,称当时社会颠倒,"小贤役大贤,小德役大德",小人、坏人占据高位,为非作歹,激起民变。明清之际金圣叹(1608—1661)批《水浒传》贯华堂本第一回说:

> 乃开书未写一百八人,而先写高俅者,盖不写高俅,便写一百八人,便是乱自下生也;不写一百八人,先写高俅,则是乱自上作也。④

金圣叹认为,"乱自下生"责在百姓;"乱自上作"责在朝廷。而文学杰作《水浒传》的真实性便在于,展开了王朝时代社会问题的底里——乱自上作,是高俅、蔡京、童贯、徽宗等佞臣昏君在上面为非作歹,方有晁盖、李逵、鲁智深、武松、林冲的闹腾江湖、冲击庙堂,一百单八个

---

① 郭正域:《合并黄离草》卷 2,明万历四十年史记事刻本,第 22—23 页。
② 吴兢:《贞观政要》,上海古籍出版社 1978 年版,第 125 页。
③ 吴兢:《贞观政要》,上海古籍出版社 1978 年版,第 8 页。
④ 《第五才子书水浒传》,上海古籍出版社 1994 年版,第 55—56 页。

"魔君"是上天"罚他下来杀戮"。下边杀伐是果,上头无道是因。

为了防范民变,除强化监察、严厉镇压反叛之外,诸王朝多调整赋役、惩处贪官、放宽统治尺度,向庶众让渡部分权益,以收笼民心,平息社会矛盾。"明君""清官"们言行中的"恤民""裕民""利民",皆是畏惧"民变"而采取的因应举措。另外还有"招安"一法,以"官禄德"诱造反者归附朝廷。《水浒传》的两大议题,一是"乱自上作",二是"招安归附",皆反映了王朝时代的君民关系及错综的社会情状。日本汉学家宫崎市定说:"要想了解中国,读《水浒传》要比读四书五经更有用。"① 此言不无道理。

汉制时代,民众本无议政权,更无参政权,是政治生活中"无声"的一群,但当社会危机来临,这无声的一群在"做奴隶而不得"之际会发出"大音声","天地为之钟鼓,神人为之波涛"②。

秦汉以降的民众没有新的社会诉求,民变只能充当改朝换代的工具,但其对皇权的冲击力巨大,促使王朝实行"让步政策",在这一意义上,广大庶众乃制衡皇权的一支生力,促成君主制度作收敛式改良。诸王朝初中期的种种"宽政",如汉初的"文景之治",唐初的"贞观之治",宋仁宗的"嘉祐之治",明代的"仁宣之治",清代的"康雍乾之治",某种程度皆是"民变"造就,汉文、汉景、唐宗、宋仁、明仁明宣、清康熙雍正乾隆诸帝不过是顺从大势的操权者。当然,旧式农民战争不能解决社会制度问题,秦汉至明清两千年间只能在宗法专制社会的轨道内盘旋,"治世"与"乱世"反复更迭。

九、制衡皇权诸因素的有限性

综论之,中国的皇权政治受到天道—祖训—礼制—贵族—官僚制

---

① 《宫崎市定说水浒:虚构的好汉与掩藏的历史》,陕西人民出版社2008年版。转引自虞云国:《两宋历史文化丛稿》,上海人民出版社2011年版,第576页。
② 龚自珍:《己亥杂诗(其三)》,《龚自珍全集》,上海人民出版社1975年版,第88页。

度—宗法绅权及民变等多重因素的制约,故不宜笼统称两汉以降全是皇权专制(明清方形成完备的皇权专制),然而,这些制约因素缺乏法制规范和前瞻性的社会构想,对皇权的制衡力大打折扣。

(1) 秦汉以后,尤其是中唐以下,贵族权力被限制(如明代藩王不得相互联络,未应诏不得离封地入京,不得过问地方军政财事务),难以构成对皇权的常规性制约。

(2) 礼制虽自具格局,然总体上又臣服于帝王,"命为制,令为诏",帝王时时变制,罢官换将更是家常便饭,因而掌控"六柄"(生、杀、富、贫、贵、贱)的皇权,少受礼制牵制。以"君主与士大夫共天下"闻名的宋代,英宗一朝发生的"濮议"(英宗要把生父濮王追封帝位,遭满朝文武和太后反议),最后也是英宗皇帝的"中书派"取胜,批评英宗的文官集团"台谏派"退让。明代"大礼议",是朝臣据礼制与皇帝的恣意妄行相抗衡的又一名例,然群臣哭阙力争,嘉靖帝竟下狱134人,廷杖致死十余人,谪戍、致仕多人,双方抗衡相持三年,最后嘉靖帝仍把原为藩王的父亲追尊为皇考恭穆献皇帝,并在钟祥修建帝陵(明显陵),完成了新帝系的确认,并重用附和帝旨的佞臣,明朝政治走向腐败。可见礼制无法形成对皇权有效、持久的制衡。

(3) 两汉以至宋明儒者,每有充任"格君心之非"的"帝师"的愿望,试图以此制衡君权,但帝王大多并不乐意"帝师"的教导,儒者以"天理"及祖训加以劝诫,帝王深感掣肘,或敷衍搪塞,甚至欲除之而后快。明朝万历皇帝幼时,"帝师"张居正执政十年,年轻的万历帝暂时隐忍,亲政后终于对张居正刨坟扬尸,一吐当年受制的恶气。清末慈禧太后的宠信太监安德海在京外胡作非为,被山东巡抚丁宝桢(1820—1886)就地正法,慈禧碍于"祖制"(太监不得出宫专事)和滔滔民怨,对丁宝桢无可奈何,丁宝桢还赢得朝野一片喝彩,曾国藩称丁为"豪杰士"。然而此后慈禧并未收敛,反而更加专横,挪用海军衙门巨款修颐和园,无任何官员敢于阻止,致使北洋水师无钱添购装备,这是甲午海战中方惨败的原因之一。可见,在皇权淫威之下,官僚对皇权的制约力软弱,不能撄君王锋锐,最终多屈服于皇威之下。前引明代大臣批评皇帝的奏疏,大多数遭到拒绝,对其奏折的批阅往往是"疏入,帝不纳"①;海瑞抨击嘉靖迷恋斋醮的奏疏,得到的回应更是"疏入,逮下诏狱"②。总体言之,朝臣对君权的批评不能挽救大局的败坏,不过是"委曲其间,小有剂救",正如张居正所指出的:"(若君主)以天下之大,奉一人之身,而常苦其不足,……其弊至于离志解体而不可收拾,则汉、唐、宋之季世是已。"③

(4)至于乡里长老,在基层社会虽有长期影响,但或受朝廷旌表,或遭朝廷打压,一旦直面软硬兼施的皇权,即显得卑微顺从。家族组织并非全然民间自治,而是半官方半自治,其使命是遵从皇权旨意以组合小农社会,培训人们"忠君报国",故"修身—齐家"与"治国—平天下"是一以贯通的。常见现象是:家族权力政权化,政治权力家族化。④ 基层社会自治与皇权的精神一致,践行相近,故对皇权的制衡力亦有限度。

(5)皇权与宗法制相为表里,而皇权下的政治等级关系往往比宗法关系更加强势。《红楼梦》第十八回描写贵妃贾元春省亲荣国府,"贾赦领合族子弟在西街门外,贾母领合族女眷在大门外迎接",祖母(贾母)、伯父(贾赦)、父亲(贾政)、母亲(王夫人)见了贵为帝妃的元春,或"路旁跪下",或"帘外问安",所谓"未叙家人之情,先行君臣之礼",这正是皇权至尊至上的表现。行过君臣大礼之后,接下来才是孙女(女儿)元春"一手搀贾母,一手搀王夫人",以行孝敬,祖孙三代洒泪话别。文学杰作的这一描写,典型地反映了宗法社会内部皇权压过宗法关系的社会实态。

---

① 见《钦定四库全书·御选明臣奏议》卷33。仅据乾隆武英殿聚珍版丛书本《明臣奏议》统计,"疏入,帝不纳"至少出现八十次以上。
② 见《文渊阁四库全书·明臣奏议》卷27。
③ 《张太岳文集》卷15《人主保身以保民辛未程论》。
④ 陈宣良:《中国文明的本质》卷3,上海人民出版社2015年版,第390—391页。

(6) 农民起义等民变，足以惩罚当世皇权，但皇权可以用武力镇压、权益收买这硬、软二法化解之，或弹压下去，或使其接受招安。民变充其量导致改朝换代，对皇权本身不能提供制度性修正，新朝皇帝专权依旧，甚或更加强势。

总之，秦汉以下两千年，秦制与周制交融而成汉制，皇权受到多重因素的有限制衡，故汉、唐、宋的皇权制度尚未达到专制全覆盖程度，而元明清方堪称充分的君主专制。元朝的制度承袭金制，又加入游牧民族氏族制—奴隶制的内容，形成一种野蛮的混合帝制，消弭了唐宋时期制约皇权的若干举措。而明代号称继承宋制，实际多续元制，明制是宋制与元制的集合，皇权大为膨胀。蒙元的最高统治者视部下为"四骏""四狗"，部属皆为"投下"，明朝袭此，帝王可任意取缔、凌辱臣子，"廷杖"等恶政皆学自元制，更取消丞相制以张大皇权。清承明制，又加入满族氏族制—奴隶制的内容，形成更完备的混合帝制。承袭元制的明清达到君主专制的极峰，制衡皇权的各种势力萎缩、变态，帝王可以更彻底地"独制于天下而无所制"。

十、"霸王道杂之""儒皮法骨"的汉制沿袭百代：对一个名言的修订

以强化皇权为基本旨趣的秦制，顺应农本经济及大一统王朝政治的需要，成为秦汉以降两千余年的制度主流，虽然列朝各有损益，但基本沿袭秦制，诸如定于一尊的皇帝制、中朝控制外朝的中央集权制、御史监察制、郡县制、编户齐民制、利出一孔的财政策略等，因此人们传诵"百代皆行秦政法"[①]一说。但当我们对历史作深入一层考察，便会发现，此一名论尚须修订——秦汉以后列朝实际承袭的并非仅仅是秦制，而是

[①] 语出毛泽东 1973 年 8 月 5 日所作咏史诗《七律·读〈封建论〉呈郭老》："劝君少骂秦始皇，焚坑事业要商量。祖龙魂死秦犹在，孔学名高实秕糠。百代都行秦政法，十批不是好文章。熟读唐人封建论，莫从子厚返文王。"

周秦两制融合、重组、改良的汉制。

（一）以秦制为基本，汲纳周制、楚制的汉制

"汉承秦制"是流传久远的说法，它大体反映了秦汉制度相因袭的历史实际，但两汉以降，秦制并非一成不变，而是有因有革，于继承中不乏变更。

"汉承秦制"不是西汉的官方论定，而出自《汉书》作者班固之父班彪（3—54）之议。西汉末年天下大乱，班彪投奔拥兵天水的隗嚣，欲劝隗嚣归依汉室，并作《王命篇》感化之。在与隗嚣议论时局时，班彪指出，汉朝接续大一统的秦朝，没有效法诸侯分据的周制，而是继承了秦制：

> 汉家承秦之制，并立郡县，主有专己之威，臣无百年之柄。①

这"汉家承秦之制"一语，已接近"汉承秦制"，班彪还揭示其要义——帝王有"专己之威"，臣子没有长期掌握的权柄（随时可被帝王褫夺）。班彪之说颇具概括力，但若探本溯源，又可发现汉制的渊源并非只有秦制一脉。

其一，汉制的源头是与秦制有别的楚制。秦末反秦诸派，无论是率先发难的陈胜，还是军力盛大的项羽，皆属广义的楚人，都以"张楚"（张大楚国）号召天下，所行政策及官制与楚制接轨。少有依凭的小吏刘邦起事后也追随楚风，做汉王期间的职官、爵制、分封制仿效陈胜、项羽运行的楚制。②

其二，秦汉之际去周未远，周制的影响力随处可见，周的宗法封建并未因秦制的"废封建，立郡县"而荡涤以尽，不仅西楚霸王项羽大封众王，而且汉高祖刘邦也迷恋封建，曾广封异姓王、同姓王，汉初实行

---

① 班固：《汉书》卷100《叙传》，中华书局1962年版，第4207页。
② 卜宪群：《秦制、楚制与汉制》，《中国史研究》1995年第1期。

"郡国制",便是兼采周秦二制的产物。至武帝时,为克服朝政积弊,又"复古更化",借周制抑秦制。本章前已议论,不再赘述。

其三,刘邦称帝后,有一个由承袭楚制向承袭秦制的转化过程,如职官制和地方行政、户籍制和赋役制、法律制,基本仿效秦制,但以周制修正秦制之处也不在少数。

鉴于秦政暴虐,大失天下人心,汉初曾以黄老之术治国,轻徭薄赋,与民休息。但此种"无为而治"不能满足帝王的勃勃雄心,他们更钟爱一统天下的秦制,但秦暴的教训深刻,于是又复周制之古,以更化秦制。故汉制在承秦的同时,也部分采纳周制。正是这样一种周秦混成交融的汉制,两千年诸王朝于变异间沿用不辍。

(二)专制帝王普遍的人格特性是"内多欲而外施仁义",其施政要领是"霸王道杂之"

汉武帝接纳董仲舒建策,"罢黜百家,独尊儒术",而儒术的要领是"复周",武帝重竖周制旗帜,借以调整秦制的某些偏失。武帝前期,法家仍是朝廷举选贤良的学说之一,建元元年(前140)丞相卫绾尖锐谴责法家酷烈,奏称:"所举贤良或治申、商、韩非、苏秦、张仪之言,乱国政,请皆罢。"[1]武帝批"奏可",自此切断法家的官学之路。后世诸王朝大都认同汉武这一"以周抑秦"的更化举措。故汉代以降并非一味仿效"秦政法",不仅行政举措兼采周秦,观念形态上的说辞,更多地张扬儒学。这与专制帝王普遍的人格特征有关。

汉武帝称自己招贤纳士、广行仁义,汲黯认为很难做到,他对武帝说:"陛下内多欲而外施仁义,奈何欲效唐虞之治乎!"[2]揭示"独尊儒术"仅仅是帝王举起一幅阳面大旗,他本人及其以后诸朝帝王大多并非单崇儒学,中古以至近古的王朝制度也不是专以仁政、王道为基准,实

---

[1] 班固:《汉书》卷6《武帝纪》,中华书局1962年版,第156页。
[2] 司马迁:《史记》卷120《汲郑列传》,中华书局2014年版,第3748页。

际情形是，汉以下的帝王往往视周制王道为虚应故事，实际操作的多是秦制霸术。西汉最后一位"有为天子"汉宣帝（前91—前49）透露个中奥秘。宣帝朝的太子（后为元帝）"柔仁好儒"，曾建言父皇："陛下持刑太深，宜用儒生"，宣帝闻言恼怒，疾言厉色地告诫太子：

> 汉家自有制度，本以霸王道杂之，奈何纯任德教，用周政乎！且俗儒不达时宜，好是古非今，使人眩于名实，不知所守，何足委任！①

对比帝王们阳面上的尊孔崇儒、仁政王道之类的昭告，宣帝对太子讲的"汉家自有制度""霸王道杂之"，是一番私房体己话，道出帝王术的真谛——既以儒家颂扬的"周制"（仁政、王道、井田、封建、礼乐和合之类）宣示天下、收揽人心，又毫不含糊地坚执霸道钢鞭，以"秦制"杀伐敌手、威镇臣民。宣帝对儒生"好是古非今"的厌恶，也与当年秦始皇并无二致。

值得注意的是，历代帝王既袭用秦制，往往又不愿宣扬，在意识形态领域视儒学正典以外的书籍为异端，防范其传播。有一故事能够表明帝王对秦制的保留态度。

宣帝孙、元帝子汉成帝（前51—前7）时，叔父、东平思王刘宇申请阅读诸子书和《史记》，成帝询问舅父、大将军王凤（？—前22）可否赐书刘宇，王凤答："诸子书非谬圣人，不合儒家经义"，汉时《史记》与诸子书同列，不受待见，其版本被朝廷垄断，秘不示人，连上层贵胄也难得一见。《汉书》记载：

> （东平王）后年来朝，上疏求诸子及《太史公书》，上以问大将军王凤。对曰："臣闻诸侯朝聘，考文章，正法度，非礼不言。今东平王幸得来朝，不思制节谨度，以防危失，而求诸书，非朝聘之义

---

① 班固：《汉书》卷9《元帝纪》，中华书局1962年版，第277页。

也。诸子书或反经术，非圣人，或明鬼神，信物怪；《太史公书》有战国纵横权谲之谋，汉兴之初谋臣奇策、天官灾异、地形厄塞，皆不宜在诸侯王。不可予。不许之辞宜曰：'五经圣人所制，万事靡不毕载。王审乐道，傅相皆儒者，旦夕讲诵，足以正身虞意。夫小辩破义，致远恐泥，皆不足以留意。诸益于经术者，不爱于王。'"对奏，天子如凤言，遂不与。①

这一公案表明，西汉后期的君臣对诸子书和《史记》（时称《太史公书》）是颇为忌惮的，以为内含纵横权谋，与儒经多有违拗，不宜任其流传，尤其不能在诸侯王中传播，因有可能煽起不轨之念。

成帝拒赐诸子书、《太史公书》给诸侯王，与宣帝私语太子"霸王道杂之"，前者是维护儒经的正统地位，后者是不主张一味信从儒生、儒术。宣帝、成帝汉代两位帝王的做法似乎相反，目标其实是一致的——通过适度掌控儒法两家、周秦二制，而不是偏颇于一方，以确保皇权的平衡、稳固。"霸王道杂之"诚为汉制帝王术之真谛。

（三）紫禁城遍悬儒经匾额透露汉制以周制为表消息

汉制是周制为表、秦制为里的制度。

两汉以来各王朝，秦制真意多隐于幕后，宣之于外的多是周制说辞。

明清帝宫——北京紫禁城（今故宫博物院）诸殿阁，其匾额与对联，全都选自《尚书》《周易》《诗经》等周制典籍（中华元典）。

乾清宫正殿御座两侧柱石上的楹联：

表正万邦，慎厥身修思永；弘敷五典，无轻民事惟难。

（意谓：为君之道，要具备威仪正气，才能做万国表率；君主要谨言慎行，勤勉政事，才能长治久安；治理天下要仿效先代圣贤的

---

① 班固：《汉书》卷 80《东平思王刘宇传》，中华书局 1962 年版，第 3324—3325 页。

做法，不要忽视国计民生，要体会其中的艰难。)

出典《尚书·仲虺之诰》《尚书·皋陶谟》《尚书·君牙》《尚书·太甲下》，宣讲周制极则。

从紫禁城的楹联匾额的内容及出处，可以清楚看出汉代以下列朝明面上的价值取向。①

前朝三大殿"太和殿""中和殿""保和殿"的殿额，分别为：

建极绥猷

（语出《尚书·洪范》"皇建其有极"，《尚书·汤诰》"克绥厥猷惟后"，《诗·民劳》"惠此中国，以绥四方"。)

允执厥中

（语出《尚书·大禹谟》）

皇建有极

（语出《尚书·洪范》）

三大殿的楹联皆从阐发周制的儒经脱出，由乾隆书写。

同例，内廷的皇帝寝宫乾清宫匾额"正大光明"（语出《易经·大壮》"大者，正也。正大而天地之情可见矣"，《易经·履》"刚中正，履帝位而不疚，光明也"），四字由顺治帝撰写。

乾清宫后为交泰殿，悬康熙帝御笔"无为"（语出《论语》"无为而治者，其舜也与"）。

皇后寝宫门额"坤宁宫"匾额"日升月恒"（语出《诗·天保》"如月之恒，如日之升"）。

雍正、乾隆等八位皇帝起居理政的养心殿悬挂雍正御笔的"中正仁和"（语出《易经·履》)。

---

① 参见李文君编著：《紫禁城八百楹联匾额通解》，故宫出版社 2011 年版。

紫禁城诸殿、阁、轩、亭之楹联也都语出阐发周制的儒经，如乾清宫崇祯帝手撰楹联"人心惟危，道心惟微；惟精惟一，允执厥中"（语出《尚书·大禹谟》）。

太和殿乾隆帝手撰北柱楹联：

> 帝命式于九围，兹惟艰哉，奈何弗敬。
> 天心佑夫一德，永言保之，遹求厥宁。

"帝命式于九围"，语出《诗·长发》。"兹惟艰哉"语出《尚书·伊训》。"弗敬"语出《礼记·哀公问》。"天心佑夫一德"语出《尚书·咸有一德》。"永言保之"语出《诗·载见》。

中和殿宝座两侧乾隆手撰楹联：

> 时乘六龙以御天，所其无逸。
> 用敷五福而锡极，彰厥有常。

语句全由《诗》《书》《易》中脱出。

历朝帝王皆自幼时熟读经书，并有深通经学的师傅，著名者如宋代真宗经筵讲官邢昺、仁宗侍讲曾公亮、神宗侍读学士刘敞，明代万历帝师张居正，清代康熙帝师熊赐履、乾隆帝师张廷玉、光绪帝师翁同龢，皆一代大儒。故帝王通晓儒经，熟用周制语文是不待言的。

（四）帝王、权臣实信申韩"操秦术以治"

穿透表象以见内里，又可发现帝王及权臣未必真心崇仰周制儒经，往往实信申韩。不少帝王、权臣阳儒阴法，往往私下攻读"法—术—势"之学，或视《老子》谋略为"人君南面术"，暗作深研。王夫之著《老庄申韩论》，指出统治者以曹操之雄、诸葛亮之贞，皆行申韩之术，宋代包拯、明代海瑞也崇信严刑峻法。"操秦术以治"是帝制王朝的普遍现象，君臣们竞相"导天下以趋于残忍"①。秦汉以下诸王朝指导行政的经典，实为王霸并举的《荀子》。

《荀子》兼容周秦二制，并非儒学正典，而唐太宗喜读"隆礼重法"的《荀子》，深悉荀学"君道"，载太宗君臣言行的《贞观政要》，可以说是太宗"活学活用"《荀子》的范本。

更有甚者，宋神宗为颍王时喜读《韩非子》，其阅后感是"天下弊事多，不能不改革"，南宋李焘撰北宋编年史《续资治通鉴长编》，记神宗继位前曾亲自手抄《韩非子》，又让属下校对该书，属下说，此非好书，他托词只是收藏一下，实则是认真研读，以为这才是帝王有用之书。神宗启用王安石变法，与他研读并信从《韩非子》颇有关系。

元顺帝时，何犿校《韩子》，并在序中进谏曰：《韩非子》"言法术之事，贱虚名，贵实用，破浮淫，督耕战，明赏罚。……伏惟万几之暇，取其书少留意焉，则聪明益而治功起，天下幸甚"②。顺帝纳其谏。

明太祖朱元璋倡导"以重典驭臣下"，走的是申韩一路。明代有人亟称《韩非子》对君国的价值，万历时应天巡抚周孔教（1548—1613）说：

> 韩非子之书，世多以惨刻摈之。然三代以降，操其术而治者十九。如汉文所以臻刑厝，宣武所以致兴隆，有一出于黄老申韩之外者乎？③

这"操其术而治者十九"（操韩非之法术的治国者占十分之九），可在万历帝师张居正那里得到证实。执权柄多年的张居正崇仰申韩，同时代的王世贞（1526—1590）在《嘉靖以来首辅传》中说："居正天资刻薄，好申韩法，以智术驭下"；明末清初张岱（1597—1689）在《石匮书》中称张居正"生平学申韩，而内多欲"；万斯同（1638—1702）在《明史》

---

① 王夫之：《宋论》卷14，《船山全书》第11册，岳麓书院1996年版，第324页。
② 陈奇猷：《韩非子新校注》，上海古籍出版社2000年版，第1221页。
③ 《无求备斋韩非子集成》第2册，成文出版社1980年版，第3—4页。

中说张"天性峭刻，好言申商韩非之学，多杀而寡恩，专以苛察综核为能，而其精强敏悍之才足以济之"。万历中期严惩亡故了的张居正，以至于鞭尸，而天启间即给张居正平反昭雪，崇祯更"抚髀思江陵"（张居正江陵人），称张居正为"救时相"，说明专制帝王阳面上谴责法家苛酷，内里却对申韩之术追怀、赞许。

以上实例证明，不少帝王及其谋臣的韬略是"阳儒阴法"，或曰"儒皮法骨"。此谋略汉代文帝、景帝初用，武帝正式展开，他公开宣称"独尊儒术"，取消其他诸博士，唯存儒学博士，但实际施政多采法家"法术势"，周秦二制兼而用之，既避免"从周"导致柔弱，又防止"扬秦"引出政法的苛酷。宣帝更明指"霸王道杂之"为"汉家规矩"，此乃帝王术的画龙点睛之笔。

历代帝王的"标准像"是：一手高扬儒学经典，以"仁政""王道"宣示天下；一手紧握法家利剑，威吓、惩治臣民。

（五）小结

汉朝确乎效法前朝，所谓"汉承秦制"，但汉朝并未抛弃周制，而是以秦制为基干，汲纳周制，兼取儒法两家。汉初"天下既定，命萧何次律令，韩信申军法，张苍定章程，叔孙通制礼仪，陆贾造《新语》，又与功臣剖符作誓，丹书铁契，金匮石室，藏之宗庙。虽日不暇给，规摹弘远矣"[①]，博取以秦为主的先代诸制；至武帝时，董仲舒倡"复古改制"，取周制以补秦制之弊，成就了兼采周秦的汉制。这种"儒皮法骨""霸王道杂之"的汉制，后世传承不辍，两汉以下的唐宋元明清诸朝，沿袭的是综会周秦二制的秦制修正版——汉制。

综上所述，似可将"百代皆行秦政法"这一流播甚广的名句，修订为**"百代皆行汉政法"**。这或许较为切合中古—近古制度史的实际。

[①] 班固：《汉书》卷1《高帝纪》，中华书局1962年版，第81页。

第八章　周制文化与秦制文化

周制与秦制是特定历史文化的产物，同时，周制与秦制又衍生出特定的文化。

殷商西周文化掌握在王室，所谓"学在王官"；至东周（春秋、战国），王室式微，诸侯力政，转向"学在私门"，进入文化下移而多元发展阶段。此为"由一而多"的周制文化。

秦并山东六国，建立一统帝国，以后的两千余年间，除分裂时期相对松动外，文化受中央集权政治的控摄、支配，学趋一统。此为"由多而一"的秦制文化。

一、周制文化（甲）："轴心时代"元典创制

周制文化的卓异贡献，是编创《诗》《书》《礼》《易》《春秋》及诸子书等元典，锻造了中华文化的枢轴。

"过程哲学"创始人、英国的阿尔弗雷德·怀特海（1861—1947）有一颇传神的说法：若要对欧洲哲学传统作最保守的一般性描述，它是由对柏拉图的一系列注脚组成。[1]（尼采、波普尔、雅斯贝尔斯有类似评估。）套用此语，我们也可以讲，一部中国思想史，是周文化（诗书礼易、孔墨老庄孟荀）的注脚，两三千年的中国学术文化一直绕着先秦元典这个枢轴旋转、生发（先秦以后还有佛学、西学的重大影响）。这便是

---

[1] 怀特海：《过程与实在——宇宙论研究》，杨富斌译，中国人民大学出版社2013年版。

周制文化在中国学术史上的关键地位。

周代七百多年间（约公元前十一世纪至前三世纪间）实现哲学突破、人文觉醒，东亚的黄河长江流域与南欧、南亚次大陆相并列，不约而同地进入人类文明的"轴心时代"。此一大议题，中外有专论[①]，本目简述，不加展开。

对于公元前六世纪前后几百年间的文化形态，中外哲人先后作出概括：

孔子（前551—前479）有"周监于二代，郁郁乎文哉，吾从周"[②]之说，称借鉴夏商的周代文明昌盛，为后世所遵从。

近人闻一多（1899—1946）撰于1943年的《文学的历史动向》有全球视野的论说："人类在进化的途程中蹒跚了多少万年，忽然这对近世文明影响最大最深的四个古老民族——中国、印度、以色列、希腊都在差不多同时猛抬头，迈开了大步。"这四个古老民族"猛抬头"的时段，正是公元前6世纪前后的"轴心时代"[③]。

德国哲人黑格尔（1770—1831）则指基督诞生为文明轴心形成期[④]；德国存在主义哲学家雅斯贝尔斯（1883—1969）1949年出版的《历史的起源与目标》指出，公元前800年至公元前200年间，中国、印度和东地中海地区不约而同发生文化突破：终极关怀觉醒，影响深远的文化经典创制，以后之文明即围绕此一"轴心"旋转。

两周恰处"轴心时代"，乃中华文明的当轴处中之际，《诗》《书》《礼》《易》《春秋》等元典酝酿、汇编于斯，老子、孔子、墨子、孟子、荀子等原创性哲人运思于斯，共建中华文化运转不辍的轴心。[⑤]

---

① "轴心时代"，详见雅斯贝尔斯：《历史的起源与目标》，华夏出版社1989年版，第9—14页。另见拙著《中华元典精神》第三章第一节"轴心时代"，上海人民出版社1994年版，第94—106页。
② 《论语·八佾》。
③ 闻一多：《文学的历史动向》，《闻一多全集》第10卷，湖北人民出版社1994年版，第16页。
④ 黑格尔：《历史哲学》，生活·读书·新知三联书店1956年版。
⑤ 详见拙著《中华元典精神》第一章"轴心时代"，上海人民出版社2014年版，第21—34页。本目不赘述。

周代具备培植文明思维的空前历史条件：

（1）定居农耕生活已逾千年，得青铜器铁器等硬度大、延展性强的工具之助，进入高级农业文明阶段，政治经济文化中心——城邦兴起，仅韩国便"有城市之邑七十"①。

（2）国家制度趋于完备，又保有若干原始民主遗风，国人参政，君主"朝国人而问焉"②，"致众而问焉"③，"盟国人"④，社会容许思想自由，汲纳士人参政。

（3）历殷商甲骨文、周金文，文字成熟，从神坛步入文化载籍，先代学术"恐后世子孙不能知也，故书之竹帛"⑤，文化积累、学术生发具有渐趋普及的物质工具。学术遗产丰厚，可谓"郁郁乎文哉"。

（4）专职文化人（劳心者）从芸芸众生走出，智者哲人承袭先代文明，或作综合式文史集结，或作极端式哲思创发。

此间社会从英雄崇拜转为智者崇拜，智者擅长文明思维，理性上升为主位，继承前辈思想资料，自觉进行知识重组。他们拥有强健的原创能力和宏大述事能力，对宇宙、自然、社会、人生作全方位观照，《诗》《书》《礼》《易》《春秋》等文化元典得以在西周王官之学中酝酿，在学术下移之际成型并传播，继之诸子学"各引一端，崇其所善，以此驰说，取合诸侯。其言虽殊，譬犹水火。相灭亦相生也"⑥。

轴心时代（两周七百余年）创制的文化元典奠定了中国文化的基础，大体规范了发展方向。胡适把先秦称之"经典时代"，他认为"中国文化传统的基本特色，多少都是这个经典时代的几大哲学塑造磨琢出来的"⑦。

---

① 《战国策·赵策一》。
② 《左传·定公八年》。
③ 《左传·哀公二十六年》。
④ 《左传·襄公二十五年》。
⑤ 《墨子·尚贤下》。
⑥ 班固：《汉书》卷30《艺文志》，中华书局1962年版，第1746页。
⑦ 胡适：《中国的传统与将来》，《胡适讲演集》上册，台湾大学胡适纪念馆1978年版，第224页。

二、周制文化（乙）："道术为天下裂"与诸子争鸣

西周末叶以降，王室衰微，东周诸侯力政，至春秋末，"公室卑微，大夫兼并"，学术下移，散布列国民间的晚周诸子，整理、阐释元典之学，进入文化发展的繁荣昌盛时期。

（一）封建分权与学术多元创发

古今品评周制的长短得失，多从政治架构着眼，尤其从"分治"—"统合"这两种政制形态给国家治理带来的利弊加以判断，然而，周的"封建"意义不限于政治分权，它也导致思想文化领域从一到多的多元化走势。

战国晚期的庄子追述周代元典创制的繁复状况：

> 其明而在数度者，旧法、世传之史，尚多有之；其在于《诗》《书》《礼》《乐》者，邹鲁之士，搢绅先生多能明之。《诗》以道志，《书》以道事，《礼》以道行，《乐》以道和，《易》以道阴阳，《春秋》以道名分。[1]

至晚周，随着政权分裂，文化一元的状态不再，涌现"百家之学"，"其数散于天下而设于中国者，百家之学时或称而道之"[2]。

庄子所处的战国时期，反映大道全貌的"道术"似乎消亡了，治一方之术的学人却纷然而起：

> 天下大乱，贤圣不明，道德不一，天下多得一察焉以自好。譬如耳目鼻口，皆有所明，不能相通。[3]

---

[1] 《庄子·天下》。
[2] 《庄子·天下》。
[3] 《庄子·天下》。

《庄子》杂篇《天下》（可能出自庄子后学手笔）发出"悲夫"的叹息，进而指出"一而转多"的学术文化多元扩散状态：

> 百家往而不反，必不合矣！后世之学者，不幸不见天地之纯，古人之大体，道术将为天下裂。

思想文化多元发展的繁荣情形，并未出现在宗法封建鼎盛期的西周，因为那时虽然向同姓及异姓诸侯分权，但周王室掌控大政，并拥有精神生产优势，所谓"天下有道，则礼乐征伐自天子出"[1]。时至东周（春秋、战国），周天子撒手军政，随之丧失学术文化威权，出现"天子失官，学在四夷"[2]局面。这一转折点约在老、孔行世的春秋末年，至战国便大规模展开。章太炎揭示此一关节：

> 老聃仲尼而上，学皆在官；老聃仲尼而下，学皆在家人。[3]

春秋战国之际，私学规模渐大，各执主见的学派竞相生发。西汉史官司马谈（约前169—前110）将先秦至汉初诸子归纳为阴阳、儒、墨、名、法、道德六家，各有"所从言之异路"。[4]其后，西汉末刘歆（？—23）又将诸子归纳为儒、墨、道、名、法、阴阳、农、纵横、杂、小说十家。[5]哲理、政见各别的诸子，呈现"和而不同"[6]的彼此辩难而又相互包容的博大气象。

关于分权的封建制与先秦诸子勃兴的关系，清人袁枚（1716—1798）

---

[1] 《论语·季氏》。
[2] 《左传·昭公十七年》。
[3] 章太炎：《国故论衡》，上海第一书局1933年版，第59—60页。
[4] 司马迁：《史记》卷130《太史公自序》，中华书局2014年版，第3493页。
[5] 见班固：《汉书》卷30《艺文志》，中华书局1962年版，第1727—1745页。
[6] 《论语·子路》。

有精彩点评。袁枚指出,周时的封建政治是多元的,各类人才获得生存空间,诸种学术自有拓展天地。他例举孔子,认为圣人不可能在思想一统的郡县制、科举制条件下抒展,其学说的光大弘扬,得益于晚周列国并立的多元格局,孔子的状况是:

> 赖有封建,然后栖栖皇皇,之卫、之齐、之陈蔡、之梁、之宋、之滕,几几乎有可行之势,而诸侯敬,弟子从,则声名愈大,千万年后,犹知遵奉为师。使圣人生于郡县之世,三试明经不第,则局促于一邦,姓氏湮沉,亦遁世无闷已耳,安见其有以自立于天下耶?[1]

章学诚(1738—1801)有更简明的概括:晚周"六经"衍为"诸子":

> 盖自官师治教分,而文字始有私门之著述。[2]

这"私门著述"便是"道术为天下裂"的诸子之学。章氏持"六经皆史""六经皆先王之政典"之说,认为《易》《书》《诗》《礼》《乐》《春秋》等经典乃夏商周典章政教的历史记录,并非圣人垂教立言之作,反对"离器言道""离事言理"[3]。

近人戴季陶(1891—1949)肯定周制提供的学术自由:

> 周之制度,封建制度也……中国文明之发达,至于周已阅千有余年矣。然发达之最盛者,则为周。周以后则浸微矣。汉之学术,多为穿凿。唐之学术,多为铺张。宋之学术,多为空迂……而周代文明所以发达如彼之甚者,则以中央无专横之政,地方之

---

[1] 袁枚:《再书封建论后》,《小仓山房文集》,上海古籍出版社1988年版,第1637页。
[2] 《文史通义·史释》,辽宁教育出版社1997年版,第135页。
[3] 《文史通义·易教上》,辽宁教育出版社1997年版,第37、1页。

[有]自由之权。竞争盛而进步亦速……故孔孟与乎诸子百家,所以先后皆产生于是时者,非孔孟与诸子百家有天生之聪明……时代之产物也。①

戴季陶并非周制的推崇者,他认为"封建"不利于国家统一,但又指出"封建"为思想学术的自由发展提供了较为宽松的环境。戴氏说:"封建非良制度也",然因其分权,"实有足助社会文化个人身心之发达者"。反之,中央集权制度"于社会文化个人身心之发达实多阻碍"②。戴氏的结论是:

> 是故中国文化之发达,由于地方分权;而文化之退步,由于中央集权。③

哲学史家冯友兰(1895—1990)持见与袁枚、戴季陶略同。对于先秦封建时代学术繁荣的原因,冯友兰引述古典:"时君世主,好恶殊方"④,"天下之人各为其所欲焉以自为方"⑤。进而概括道:

> 上古时代哲学之发达,因于当时思想言论之自由,而其思想言论之所以能自由,则因为当时为一大解放时代,一大过渡时代也。⑥

冯友兰指出,秦汉以下专制一统,"言论思想极端自由之空气于是亡矣"⑦。揭示了周制分权有利于思想文化多元发展的奥秘。

---

① 唐文权、桑兵编:《戴季陶集》,华中师范大学出版社1990年版,第765—766页。
② 唐文权、桑兵编:《戴季陶集》,华中师范大学出版社1990年版,第766页。
③ 唐文权、桑兵编:《戴季陶集》,华中师范大学出版社1990年版,第766页。
④ 班固:《汉书》卷30《艺文志》,中华书局1962年版,第1746页。
⑤ 《庄子·天下》。
⑥ 冯友兰:《中国哲学史》,中华书局1961年版,第37页。
⑦ 《冯友兰选集》,天津人民出版社1994年版,第42页。

（二）能动时代提供诸子竞鸣的条件

晚周出现诸子竞存、文化多元发展的盛况，与如下历史条件相关：

第一，其时去古未远，保有较多原始民主遗存，"处士横议"[①]被视为当然，对于激昂的抨击君主的议论，王侯们洗耳恭听，虽未必赞同，却不曾弹压，未如后来的专制皇权那样对思想异端以"大逆"严惩。

第二，其时文武士人大多怀着"干求利禄"的热望，待价而沽，如苏秦所谓："安有说人主，不能出其金玉锦绣，取卿相之尊者乎！"[②]与此同时，周天子尸位素餐，列国各行其是，"诸侯力政，时君世主，好恶殊方"[③]，于是百家诸说可在列国诸侯中找到热心的拥护者和实践者，且此国不容，彼国迎纳，正如荀子所说："诸侯异政，百家异说，则必或是或非，或治或乱。"[④]政治多元为文化多元提供了条件。

王国维 1905 年在《论近年之学术界》中，对战国诸子竞起的因由有一精要说明：

> 周之衰，文王、周公势力之瓦解也，国民之智力成熟于内，政治之纷乱乘之于外，上无统一之制度，下迫于社会之要求，于是诸子九流各创其学说，于道德政治文学上，灿然放万丈之光焰，此为中国思想之能动时代。[⑤]

诚哉斯言！

（三）先秦诸子得以成学

在政治多元、相对宽松的社会条件下，各持一家之说的诸子可以自

---

① 《孟子·滕文公下》。
② 《战国策·秦策一》。
③ 班固：《汉书》卷 30《艺文志》，中华书局 1962 年版，第 1746 页。
④ 《荀子·解蔽》。
⑤ 《王国维文选》，上海远东出版社 2011 年版，第 77 页。

由地往返列国之间，弘道讲学。墨子（约前476—前390）"平生足迹所及，则尝北之齐，西使卫，又屡游楚"①。孟子（约前372—前289）游说二十余年，"后车数十乘，从者数百人，以传食于诸侯"②，行迹至宋、齐、鲁、滕、梁（魏）等国。张仪（？—前309）、苏秦（？—前284）更游说列国，相事诸侯。同类的纵横家有周最、苏厉、苏代、蔡泽、鲁仲连、齐明、虞卿、冯谖、唐雎等，皆游宦于天下。诸子活跃于波澜壮阔的政治舞台，并积淀思想精粹于著述之中。

近人刘师培（1884—1919）言：春秋战国间，"舍道家而外，莫不伺贵显之门，居奔竞之途，以自售其说"③，这正是诸子迭兴的社会环境和学术条件。

战国涌现"九流"（儒、墨、道、名、法、阴阳、农、纵横、杂家）、"十家"（"九流"加小说家），而且各家内部又有分野，韩非子称"孔墨之后，儒分为八，墨离为三"④，诸派别各从不同的学术立场出发，提出异彩纷呈的治国平天下方略，竞呈各种宇宙观、政治观、人生观和知识论。

宗法封建时代为思想学术提供了较为宽松的运行空间，当年士子普遍富于批判精神，战国儒士借孔子之名批评当道"苛政猛于虎"⑤；墨子怒斥"今王公大人""至其国家之乱，社稷之危"⑥，孟子有"不仁哉梁惠王"⑦之批评，有"民之憔悴于虐政"⑧的抗议，更谓："贼仁者谓之贼，贼义者谓之残，残贼之人谓之一夫。闻诛一夫纣矣，未闻弑君也"⑨，认定推

---

① 孙诒让：《墨子后语上·墨子传略》，《墨子间诂》，上海书店1986年版，第40页。
② 《孟子·滕文公下》。
③ 《论古今学风变迁与政俗之关系》，《刘师培辛亥前文选》，生活·读书·新知三联书店1998年版，第450页。
④ 《韩非子·显学》。
⑤ 《礼记·檀弓下》。
⑥ 《墨子·尚贤中》。
⑦ 《孟子·尽心下》。
⑧ 《孟子·公孙丑》。
⑨ 《孟子·梁惠王下》。

翻暴君是正义行动，而并非"弑君"。老子揭示："民之饥，以其上食税之多，是以饥"[1]，警告统治者："民不畏死，奈何以死惧之。"[2]这种率直的社会批判增强了诸子学说的锐利性，并超越时空，流传久远。

三、秦制及其改良版汉制的"文化一统"路径：以法为教—黄老无为—独尊儒术

秦汉以降，君国为建立一统专制的文化形态，作了多种尝试，简言之有三。

（1）秦代取缔百家之学，"以法为教"。秦以儒学为"私学"，李斯称儒为"人善其所私学，以非上之所建立"[3]，而申韩等法家学说则为"上（帝王）所建立"的"官学"，秦廷颁布的禁书令明文规定："若欲有学法令，以吏为师。"韩非以十分锋利的语言排斥儒、侠，提倡法术："儒者用文乱法，而侠者以武犯禁。……今者所养非所用，所用非所养。……故作《孤愤》《五蠹》《内外储》《说林》《说难》十余万言"[4]，秦王嬴政读之喜不自胜，《韩非子》一类法家著作成为秦时教科书。秦二世而亡，这一"以法为教""以吏为师"统合学术文化的努力中途夭折。不过"法教""吏师"的影响仍延及后世。

（2）汉初以黄老治天下，有益于社会的休养生息，"文景之治"得助于此。黄老是黄帝之学与老子之学的合称，形成发展于战国中期到秦汉之际，此学尊崇黄帝和老子，以道家思想为基干，吸纳阴阳家、儒家、法家、墨家观点，以形而上的道术为根据，结合形而下的养生、方伎、数术、兵法、谋略，被称之"目的性道家""工具性道家"。汉初统治家信奉黄老，主张"无为而治""恭俭朴素""贵柔守雌"，实行"与民休

---

[1]《老子·七十五章》。
[2]《老子·七十四章》。
[3] 司马迁：《史记》卷6《秦始皇本纪》，中华书局2014年版，第325页。
[4] 司马迁：《史记》卷63《老子韩非列传》，中华书局2014年版，第2613页。

息",在汉初蔚为文化主流。然黄老的消极无为不能满足帝王专制侈念,汉武帝以下即被取代。而黄老道术长期流播朝野,儒道互补是诸王朝观念世界的常态。

(3)汉中叶"罢黜百家,独尊儒术",立《诗》《书》《礼》《易》《春秋》为"五经",采公孙弘之议在官学设"五经博士",其他诸子均在"经"之外。汉初黄老当道,武帝取董仲舒建策"罢黜百家,独尊儒术"排击黄老之学。武帝削夺淮南王刘安(前179—前122)、衡山王刘赐(前177—前122),除防范藩王叛乱外,很大程度上是清算黄老道术。为此逮捕二王的宾客党羽,牵连致死数万人,自此黄老之学一蹶不振。与此同时,朝廷兴太学、举孝廉,"征天下举方正贤良文学材力之士,待以不次之位"①,儒士歌功颂德,"润色鸿业"②,战国时代那种"诸侯异政,百家异说"③的格局不复存在。两汉以下,学术文化以汲纳道法阴阳的新儒学为正宗,诸王朝以此学治国平天下。

概言之,秦汉之际开端的帝制时代的"文化一统",历经"以法为教"—"黄老无为"最终归结于"独尊儒术",以外儒内法的汉制治天下。

四、汉制文化:周秦互渗,外儒内法,济之以道

汉代的文化制度,在中国制度系统中占据重要的、关键性的地位,它是对先秦成型的儒、道、法、墨、阴阳之术的一次大综合、再创造(当然是未完成的再创造)。如此汉制文化对以后两千年社会影响深远。这是制度史研究尤须重视的要领。

(一)汉初借重黄老之道,以修改苛酷的秦法

汉初面对破败的战乱残局,刘邦集团针对一味"任法"的秦政,采

---

① 班固:《汉书》卷65《东方朔传》,中华书局1962年版,第2841页。
② 班固:《两都赋序》,《先秦两汉文论全编》,上海远东出版社2012年版,第757页。
③ 《荀子·解蔽》。

用黄老道术，清静无为，与民休息。至武帝时，黄老道被淮南王收入门下，淮南王被灭，道家丧失官方地位，转移民间，文化制度以儒为主，以道为辅，阳儒阴道。(1) 信奉天上有神，有意志的神监视人间世（包括朝廷与帝王）。(2) 天、神惩恶扬善，信奉善恶报应。(3) 信奉天人感应。武帝时王绾提出定儒家为一尊，被信仰黄老道的窦太后厉斥。窦太后死后，武帝设五经博士，采纳董仲舒"罢黜百家，独尊儒术"建策。

（二）汉初以儒术建礼仪

汉初，叔孙通按先秦儒制仪式，建汉代儒礼。但整个文化，如南怀瑾《老子他说》所言，仍然是"内用黄老，外示儒术"。

（三）儒法合流

外儒内法，伦理劝导与政治事功并举，儒法杂糅，互补互动，董仲舒言"以教化为大务"，又主张"正法度为宜"，汉宣帝教训太子之语"汉家自有制度，本以霸王道杂之，奈何纯任德教，用周政乎"，道出了汉制的基本属性。

（四）综合儒道法的汉制文化唐宋造极

秦汉以下，几次政权分裂期间，也有皇权对文化掌控力消减的情形，学术文化获得相对自由的伸展空间，如魏晋南北朝、唐宋之际、明清之际、清民之际，都出现思想文化异彩绽放的局面。昔人云，"国家不幸诗家幸"[①]，套用此语，也可以说：政乱、权分之时，国家因离析混战而不幸，却为思想文化多元发展提供可能。此为思想界之幸。以明清鼎革为例，"天崩地裂"的情势，孕育了黄宗羲、顾炎武、王夫之、傅山的新民本思想，学术文化发一异彩。又如辛亥后军阀混战，北洋政府无暇且乏力控制文化，为近代新文化的勃兴留下空间。

---

① 见赵翼《题遗山诗》，全句为"国家不幸诗家幸，赋到沧桑句便工"。

当然，较佳状态是，统一、繁荣的盛世又有较自由的氛围，任学术文化发展。中古史上的唐宋，庶几出现过此种局面。以宋代而言，工商业发达、城市经济极一时之盛，政治上进入一个士大夫时代，遵循太祖赵匡胤"誓碑"遗训，终朝"不得杀士大夫及上书言事人"，"子孙有渝此誓者，天必殛之"①。宋代士大夫敢于直谏，崇尚气节，君臣议政于庙堂，庶士点评于江湖。"唐宋八大家"中有六位宋人（曾巩、王安石、欧阳修、苏洵、苏轼、苏辙）。苏轼（1037—1101）屡遭贬谪又屡被起用，终生落拓不羁，豪迈奔放。宋代雅文化精妙至极，市井俗文化也昌茂可观。两宋的科学技术有长足进步，"四大发明"开端或在宋前，而改进并得以应用，都在宋代，如"司南"（指南针）源于战国，东汉王充《论衡》确切记述，而北宋沈括《梦溪笔谈》方载造磁方法及司南运用于航海。再如造纸术、火药、印刷术的广为使用皆在两宋。

唐宋在世界中古时代创造了文化的高峰。英国学者威尔斯说："当西方人的心灵为神学所缠迷而处于蒙昧黑暗之中，中国人的思想却是开放的、兼收并蓄而好探求的。"②唐文化的博大、兼收并蓄、自信奔放，宋文化的精致内敛、简约幽隽、清逸素雅，都达到极致。唐宋也是中国文化输出、输入的盛期，显示了文化的自信和包容。

唐宋文化盛况空前，原因是多方面的，包括前代奠定的文化基础、经济繁荣、对佛学等外来文明的吸收借鉴等，而比较宽松的文化政策（当然只是皇权控制下的相对宽松），是李唐、赵宋学术文化繁荣的缘由。陈寅恪称：

---

① 叶梦得《避暑漫抄》载："艺祖受命之三年，密镌一碑，立于太庙寝殿之夹室，谓之誓碑，用销金黄幔蔽之，门钥封闭甚严。因敕有司，自后时享（四时八节的祭祀）及新太子即位，谒庙礼毕，奏请恭读誓词。独一小黄门不识字者从，余皆远立。上至碑前，再拜，跪瞻默诵讫，复再拜出。群臣近侍，皆不知所誓何事。自后列圣相承，皆踵故事。靖康之变，门皆洞开，人得纵观。碑高七八尺，阔四尺余，誓词三行，一云：'柴氏子孙，有罪不得加刑，纵犯谋逆，止于狱内赐尽，不得市曹刑戮，亦不得连坐支属。'一云：'不得杀士大夫及上书言事人。'一云：'子孙有渝此誓者，天必殛之。'后建炎间，曹勋自金回，太上寄语，祖上誓碑在太庙，恐今天子不及知云云。"

② 赫伯特·乔治·威尔斯：《世界简史》，余贝译，新世界出版社2012年版，第189页。

> 华夏民族之文化,历数千载之演进,而造极于赵宋之世。后渐衰微,终必复振。①

唐宋文化的繁华与从容,是其时制度相对理性、畅达结出的善果。

五、帝王"称制临决","治统"囊括"道统":
"石渠阁议""白虎观议"及"明祖排孟"

本书第一章第八目简述两汉以降诸王朝直接干预社会意识形态的情形。本章目从治统、道统合一角度,讨论王朝政治文化的特点。

明清之际的王夫之概括王朝统治的两个要领:"天下所极重而不可窃者二:天子之位也,是谓治统;圣人之教也,是谓道统。"② 身历明亡之痛的王夫之反对"舍君天下之道而论一姓之兴亡"③,认为自秦汉以降,效命于"一姓之私"的治统背离"循天下之公"的道统,指出治统与道统截然二分的危害性。而两汉试图在维护"一姓之私"的治统的前提下,弥合与道统的隔离,于是帝王试图集政统之主宰与道统之主宰于一身,这是秦制改良版——汉制的一大特色。其实,这种做法强化了皇帝专权,又导致社会精神世界的单一元、凝固化。

与西欧政权、神权分离(所谓"恺撒管恺撒的,上帝管上帝的"④)相区别,秦汉以下皇帝兼领政权与神权,直接管控观念世界,有些帝王更采取实际行动,以治统掌控道统,图谋合"治统"与"道统"于一体,由朝廷甚至皇帝个人制定并推行意识形态。观念世界丧失了自由发展的空间,中国文化史在"大一统"的面貌下,其发展从此戴上了沉重的枷

---

① 陈寅恪:《邓广铭〈宋史职官志考正〉序》,《金明馆丛稿二编》,生活·读书·新知三联书店2001年版,第277页。
② 王夫之:《读通鉴论》卷13《成帝七》,中华书局1975年版,第352页。
③ 王夫之:《读通鉴论》卷16《武帝七》,中华书局1975年版,第466页。
④ 语出《圣经·新约》:"Give back to Ceasar what is Ceasar's and to God what is God's"。参见《圣经·马太福音》22章15—22节。

锁。当然各种"异端"仍在潜滋暗长,文化多元性并未泯灭。

(一)"上亲称制临决"(甲):"石渠阁议"

皇权推行思想大一统,一种突出表现是帝王直接出面,干预并规范学术论争。

汉武帝以后,"罢黜百家,独尊儒术",但儒学内部尚有派别之争,"虽曰师承,亦别名家"[①],异说纷纭。武帝举行廷辩,让韩婴与董仲舒"论于上前",由皇上裁决正误。又因封禅事群臣争论不休,兒宽进言:"唯圣主所由,制定其当,非群臣之所能列。"[②]把争议的决断权交给皇帝。这种做法的正式范例,首推汉武帝之曾孙汉宣帝主持的石渠阁会议。清代经学史家皮锡瑞评介此次会议:

> 非天子不议礼,不制度,不考文。议礼、制度、考文,皆以经义为本。后世右文之主,不过与其臣宴饮赋诗,追《卷阿》矢音之盛事,未有能讲经议礼者。惟汉宣帝博征群儒,论定五经于石渠阁。[③]

西汉甘露三年(前51),汉宣帝在长安未央宫的藏书阁——石渠阁"诏诸儒讲五经同异,太子太傅萧望之等平奏其议,上亲称制临决焉。乃立梁丘《易》、大小夏侯《尚书》、穀梁《春秋》博士"[④],诏萧望之、施雠、刘向、戴圣等儒生"平定五经同异",由宣帝亲自裁定评制,史称"石渠阁议"。

在汉代,五经之一的《春秋》是最高的政治经典,甚至"以《春秋》决狱"(以《春秋》作断案标准)。而对《春秋》历来有各种解释,主要有《春秋公羊传》和《春秋穀梁传》两种诠释系统,石渠阁会议上

---

① 范晔:《后汉书》卷3《章帝纪》,中华书局1965年版,第137页。
② 班固:《汉书》卷58《兒宽传》,中华书局1962年版,第2631页。
③ 皮锡瑞:《经学历史》四"经学极盛时代",中华书局1959年版,第117页。
④ 班固:《汉书》卷8《宣帝纪》,中华书局1962年版,第272页。

公羊学与穀梁学展开激烈交锋,讲论奏疏汇集成《石渠议奏》(又名《石渠论》),辑奏议155篇,据《汉书·艺文志》载,有《书》议奏42篇,《礼》议奏38篇,《春秋》议奏39篇,《论语》议奏18篇,今俱佚,仅有十余条存于杜佑《通典》,称之"石渠论""石渠议""石渠礼"。

此次会议的最大特色是"上亲称制临决",即皇帝亲自莅临会场,直接对论战双方作是非评断。宣帝喜好"穀梁学",为了消除"公羊学"三统论对皇权的威胁,以君主的威势,判断"穀梁学"正确,通过裁定学术是非,达成思想一统、政治一统。皇帝不仅是政治权威,还是思想权威、学术权威,儒经的解释权收到皇帝之手,皇帝的经义诠释定为"国宪",上升为国家意志,具备法律效力。此例一开,后世仿行不辍,皇权引领学术、裁断思想是非曲直,成为王朝时代的惯例。

(二)"上亲称制临决"(乙):"白虎观议"

继西汉的"石渠阁议"之后,又有东汉皇帝亲临学术讨论以作裁定的"白虎观议"。

东汉光武帝刘秀之孙章帝刘炟(56—88)"降意儒术,特好《古文尚书》《左氏传》"[①],建初四年(79)冬,依兰台校书郎杨终奏议,仿效西汉宣帝时石渠议的先例,在洛阳未央宫中的白虎观举行会议,论定五经异同。史载,章帝"下太常、将、大夫、博士、议郎、郎官及诸生诸儒会白虎观,讲议五经同异。……帝亲称制临决,如孝宣甘露石渠故事。作《白虎议奏》"[②]。白虎观议由章帝亲自主持,诸儒臣反复论议,"连月乃罢",又"顾命史臣,著为《通议》"[③],以"永为后世则"。如果说西汉石渠阁议没有留下系统的理论性文本,因而影响有限,那么东汉白虎观议则著有阐发纲常名教的《白虎通义》,将皇权意志垂之后世,成为国家制度的"世范"。

---

① 范晔:《后汉书》卷3《章帝纪》,中华书局1965年版,第138页。
② 范晔:《后汉书》卷3《章帝纪》,中华书局1965年版,第138页。
③ 范晔:《后汉书》卷79《儒林传》,中华书局1965年版,第2546页。

会议程序是：由五官中郎将魏应承制发问（秉承皇帝旨意提出问题），各家儒生讨论，侍中淳于恭奏（代表诸儒奏呈应答），章帝亲临会场，决议取舍。这便是规模盛大、影响深巨的"白虎观会议"。会议间贾逵、班固、杨终等著名儒士"讲议五经同异"，"使诸儒共正经义"，皇帝裁定正误，赋予"天"以镇服、治理人的威权，天"主兵"，翦灭"寇贼猛兽"，保卫统治者的安全与享受，强调朝廷的刑罚符合天规和天地人情，从而论证纲常名教的神圣性、永恒性，规定"三纲六纪"。《白虎通义》称：

> 三纲者何谓也？谓君臣、父子、夫妇也。六纪者谓诸父、兄弟、族人、诸舅、师长、朋友也。故《含文嘉》曰，君为臣纲，父为子纲，夫为妻纲。又曰，敬诸父兄，六纪道行，诸舅有义，族人有序，昆弟有亲，师长有尊，朋友有旧。[①]

白虎观议是一次以秦制的强势君治论为主导的周秦二制的大融会，儒学精义与谶纬迷信相结合，使儒术神学化、国教化。

白虎观议由"帝亲称制临决，如孝宣甘露、石渠故事"[②]，此次"孝章永言前王，明发兴作。专命礼臣，撰定'国宪'，洋洋乎盛德之事焉"[③]。会议记录编成《白虎议奏》四卷，会后，史学家班固奉旨总汇其成，吸收阴阳五行之学，撰《白虎通》，论述爵、号、谥、社稷、礼乐、京师等43个专题，除征引六经传记外，杂以谶纬，将今古文经学与谶纬神学糅合起来，命名《白虎通德论》，又称《白虎通义》，作为钦定经典刊布于世，成为正式的"朝章国宪"。皮锡瑞称此议：

> 章帝大会诸儒于白虎观，考详同异，连月乃罢；亲临称制，如

---

① 陈立：《白虎通疏证》，中华书局1994年版，第373—374页。
② 陈立：《白虎通疏证》，中华书局1994年版，第138页。
③ 陈立：《白虎通疏证》，中华书局1994年版，第1205页。

《石渠》故事；顾命史臣，著为《通议》，为旷世一见之典。[1]

西汉《石渠议奏》今亡佚，片断仅略见于杜佑《通典》，东汉《白虎通义》犹存四卷，集今文经学之成。

《白虎通义》针对两汉之际刘向、刘歆父子摆脱官方学术的倾向，其政治论、文化论完全以帝王意志为出发点和归结点。例如，论爵："天子者，爵称也。爵所以称天子者何？王者父天母地，为天之子也。"论号："帝王者何？号也。号者，功之表也，所以表功名德，号令臣下者也。"论社稷："王者所以有社稷何？为天子求福报功。"论谏诤："臣所以有谏君之义何？尽忠纳诚也。"论灾变："天所以有灾变何？所以谴告人君，觉悟其行。"通篇贯穿"君本位"，荡除"民本论"。

中古、近古社会奉为圭臬的纲常名教，往往被归之于先秦儒学，这是一种误解，其实纲常名教拟定于汉，秉承帝王旨意的《白虎通义》为其关键。是书曲解儒学元典，抛弃"民本"精义，无限放大"君本"，将帝制要旨明确规定为"三纲六纪"。近人何启、胡礼垣在批驳张之洞《劝学篇》内篇的"明纲""宗经"诸目时指出："三纲之说非孔孟之言也。"[2] "夫中国六籍明文，初何尝有三纲二字？"[3] "三纲之说，出于《礼纬》，而《白虎通》引之，董子释之，马融集之，朱子述之，皆非也。"[4]

西汉"石渠阁议"、东汉"白虎观议"，帝王亲自主持学术论争、订定纲纪，控摄文化，兼为国家元首和精神领袖，自此政权干预学术成为常例。帝王订定的经解成为"国宪"，如皮锡瑞《经学历史》所言："以《禹贡》治河，以《洪范》察变，以《春秋》决狱，以三百五篇当谏书。"东汉章帝的玄孙灵帝刘宏（156—189）于熹平四年（175）"乃诏诸儒正定五经，刊于石碑，为古文、篆、隶三体书法以相参检"（后谓"熹平石

---

[1] 皮锡瑞：《经学历史》四"经学极盛时代"，中华书局1959年版，第117页。
[2] 《新政真诠·何启、胡礼垣集》，辽宁人民出版社1994年版，第348页。
[3] 《新政真诠·何启、胡礼垣集》，辽宁人民出版社1994年版，第355页。
[4] 《新政真诠·何启、胡礼垣集》，辽宁人民出版社1994年版，第349页。

经"，又称"三体石经"），"树之学门，使天下咸取则焉"[1]。这是帝王称制订定学术的又一名例。

（三）明祖排孟

周制时代，文化空间较为开阔、舒展。战国诸侯梁惠王、滕文公、齐宣王等当权者虽然不一定喜欢高调民本论，却尚能洗耳恭听孟夫子"民贵君轻"的教诲。与此形成鲜明对照的是，秦制时代，文化空间则为独掌军政财文大权的帝王及其朝廷严密管控，以至于何种儒书为"经"，"经"之注疏何者为准，皆由皇帝判定。除前述西汉宣帝、东汉章帝外，明太祖朱元璋更加独断专行，他容不得千余年前哲人孟子对君王的告诫，《明实录》《明史》载，洪武五年"罢免孟子配享孔庙"，将孟子牌位撤出孔庙，次年又反悔说："孟子辨异端，辟邪说，发明孔子之道，配享如故。"但朱元璋对孟子的"民贵君轻"诸语实在痛恨，称其"非臣子所宜言"，多次对近臣流露，若此老（指孟子）生在当下，必死于刀锯。洪武二十七年（1394），朱元璋命翰林学士刘三吾等重新修订《孟子》，删削书中"辞气抑扬过甚""非臣子所宜言"者八十余条，只保留百余条，这便是所谓的《孟子节文》，洪武间至永乐初通行17年，直至永乐九年（1411）才恢复《孟子》全本。

《明史》载朱元璋撤孟子配享事，刑部尚书钱唐（1314—1394）抗疏入谏，朱元璋居然免钱唐之罚，却决计删砍《孟子》的不臣之议：

> 帝尝览《孟子》，至"草芥""寇仇"语，谓非臣子所宜言，议罢其配享，诏有谏者以大不敬论。唐抗疏入谏曰："臣为孟轲死，死有余荣。"时廷臣无不为唐危。帝鉴其诚恳，不之罪。孟子配享亦旋复，然卒命儒臣修《孟子节文》云。[2]

---

[1] 范晔：《后汉书》卷79《儒林传》，中华书局1965年版，第2547页。
[2] 张廷玉等：《明史》卷139《钱唐传》，中华书局1974年版，第3982页。

朱元璋考虑到孟子乃"亚圣",声名显赫,孟子撤配享不得士心,故免于问罪钱唐。但朱元璋实在痛恨《孟子》谴责暴君的言论,遂令儒臣删除《孟子》中大量言论。清人谈迁、朱彝尊等名士怀疑此事真伪。但明初翰林学士刘三吾(1313—1400)洪武二十七年撰《孟子节文题辞》云:"《孟子》一书,中间词气之间,抑扬太过者八十五条,其余一百七十余条,悉颁之中外校官,俾读是书者,知所本旨。自今八十五条以内,课试不以命题,科举不以取士,壹以圣贤中正之学为本,则高不至于抗,卑不至于谄矣。"关于《孟子节文》删《孟子》85条言之凿凿。[①] 清人全祖望的《鲒埼亭集》载朱元璋撤孟子配享事及节文事,亦言之有据。现代哲学史家容肇祖(1897—1994)1947年撰《明太祖的〈孟子节文〉》,详述"今北平图书馆藏"洪武二十七年刊《孟子节文》所删85条,要者有"民为贵,社稷次之,君为轻"(《孟子·尽心》),"天视自我民视,天听自我民听"(《孟子·万章》),"君之视臣如手足,则臣视君如腹心;君之视臣如犬马,则臣视君如国人;君之视臣如土芥,则臣视君如寇仇"[②],"君有大过则谏,反复之而不听,则易位"[③],等等。容肇祖将朱元璋删《孟子》文归纳为:

尊民抑君之禁止也;

人民批评统治阶级之禁止也;

人民批评政治之禁止也;

人民反对苛敛之禁止也;

反对内战之论禁止也;

谴责官僚政治之禁止也;

败坏善良风俗,当由君主负责之说之禁止也;

[①] 刘三吾辑:《孟子节文》,《北京图书馆古籍珍本丛刊》第1辑,书目文献出版社1988年版,第955—956页。

[②] 《孟子·离娄》。

[③] 《孟子·万章》。

抨击虚伪，亦在不能许可之列矣。①

朱元璋诏令："凡不以尊君为主，如'谏不听则易位'、'君为轻'之类，皆删去"②。昭显了君主集权时代文化专制主义的强横霸道。

诸如上述表明，百家争鸣只能发生在政治多元的封建时代，而在皇权一统时代，"上亲称制临决"，皇权判定文化是非曲直，文化发展所必需的自由空间被挤压，仅在山林僻野略存些许。

六、学术集成与精神统制：以《永乐大典》《四库全书》为例

与分权的"封建制"相对应，集权的"皇权制"对文化则产生别样的影响，这影响当然是双刃剑，利弊并存。

较之西欧列国中世纪长期处于贵族割据状态，中国较早确立中央集权政体，有助于社会安定、经济繁庶，促成统一文字、统一度量衡，实现文化大一统，并兴办宏大的文化事业，仅以典籍编纂而言，皇权制度下的中国创造了中古世界罕见其匹的业绩。亦不可忽略：皇权一统又导致文化禁锢，在集成文籍的同时，历朝发动过严酷的焚书、禁书：战国商鞅"燔《诗》《书》"，秦代"焚书"，汉初"挟书律"，北魏毁佛经，北周并禁佛道，唐禁阴阳术数书，北宋禁天文与兵书、两毁苏东坡黄庭坚文集，南宋屡禁野史，明代禁小说、整肃时文，清代大兴文字狱并广为禁书。③

（一）《永乐大典》等巨型类书的编纂

巨型类书的编纂，是"大一统"王朝的文化综汇工程，昭显了中国古代文献的宏富、图书事业的兴旺发达。

---

① 容肇祖：《明太祖的〈孟子节文〉》，《读书与出版》二卷四期，上海生活书店1947年4月刊。
② 夏燮：《明通鉴》，中华书局1959年版，第299页。
③ 安平秋、章培恒主编：《中国禁书大观》，上海文化出版社1990年版。

类书是一种分类汇编各种材料以供检查的工具书，通过广为采择经、史、子、集中的语词、诗文、典故以及其他各种资料，分门别类，编次排比，汇辑成书，类似现代的百科全书。如唐欧阳询（557—641）主编《艺文类聚》第五十八卷"杂文部"内"纸"的条目下，列举蔡伦造纸的传说，韦诞、陈寿、葛洪等人有关纸的故事，以及晋傅咸的《纸赋》，梁刘孝威的《谢赍宫纸启》。把有关纸的多种材料辑录在一起，以供选择，正表明了类书的作用。

有人统计，截至清末，类书有三百多种。中国最早的类书起源于三国时代，魏文帝曹丕令儒臣编纂的《皇览》被认为是中国类书之祖。以后历朝都重视类书编纂，要者如：唐代《北堂书钞》《艺文类聚》《初学记》《白氏六帖》四大类书；宋代《太平广记》《太平御览》《册府元龟》《文苑英华》四大书，被列为类书的《太平御览》《册府元龟》规模均超过唐代类书。明清时期所编纂的大型类书，其规模又超迈前代。

明代永乐年间，明成祖朱棣命解缙（1369—1415）、姚广孝（1335—1418）主持编辑一部空前庞大的类书——《永乐大典》。根据明成祖"毋厌浩繁"指示，调动全国力量，编纂者"旁搜博采"，极图书汇集之盛。一方面，以皇家图书馆文渊阁中五代十国、宋、辽、金、元至明初500年来累积的"中秘藏书"为基本；另一方面，派遣官员如苏叔敬等分赴各地，"购募天下书籍"。在短时间内，汇集上自先秦、下迄明初的各类著作七八千种，经、史、子、集、释藏、道经、北剧、南戏、平话以及医学、工技、农艺等，"无不类而列之"①。

《永乐大典》内容宏富而成系统：按韵目分列单字，按单字依次辑入与此字相关的文字记载。如"六模"韵的"湖"字内"西湖"一项，采摘了十几部书关于西湖的叙述，用了两卷半的篇幅作解释，其中引用县志、录和文人词、赋对西湖的记录有36处，其详细周全可见一斑；再如，"七皆"韵的"台"字内，收集了有关元代御史台的几种记载，可供

---

① 全祖望：《钞〈永乐大典〉记》，《鲒埼亭集·外编》卷17，清姚江借树山房本，第11页。

研究官制之参考;"二十九尤"韵的"油"字内,罗列中国古代各种油质及其制法、用途的说明,可供经济技术研究之参考;"九真"韵的"尊"字内,汇集各种字形及许多图式,对古代钟鼎彝器之研究颇有参考价值。

《永乐大典》还保存了大量珍贵的文化典籍。如"水"韵下的《水经注》,是目前流传最古的本子。又如南戏除"荆""刘""拜""杀"和《琵琶记》外,较古戏文都失传了,但在《永乐大典》"戏"字韵里,可找到《小孙屠》《张协状元》《宦门子弟错立身》三种不同时代的南戏。中国最早的平话《薛仁贵征东》,久已失传的宋金词人张子野、贺方回、吴彦高、范成大的长短句,都可以在《永乐大典》中找到。宋时《双渐赶苏卿》的故事,在古代文学作品唱本和戏剧中流传很广,但元以后逐渐失传。而《永乐大典》"苏"字韵,引宋人小说《醉翁谈录》详载其事,并收有双渐和小卿赠答的两首情诗。

《永乐大典》还收有许多向为人们轻视而失传的工技、农艺一类书,如元人薛景石的《梓人遗制》载有各种车子和机子(小有卧机子、罗机子、立机子)制造法,并附有详细的图和说明书。元以后逐渐失传,但《永乐大典》"匠"字韵下,可以找到半部《梓人遗制》。宋人吴怿的《种艺必用》、张福的《种艺必用补遗》是两部相当重要的农业和园艺专著,《永乐大典》均将它们收入"种"字韵下。

尤其可贵的是,《永乐大典》在辑录各类材料时,据原书整部、整篇、整段地收入,一字不改,即所谓"直取原文,未尝擅减片语"[1]。许多古籍,特别是宋元以前的佚书、珍本因此得以完整保存。正如《四库全书总目提要》称《永乐大典》:"元以前佚文秘典,世所不传者,转赖其全部全篇收入,得以排纂校订复见于世。"[2]

明成祖称《永乐大典》:

> 包括宇宙之广大,统会古今之异同,巨细粲然明备,其余杂家

---

[1] 全祖望:《钞〈永乐大典〉记》,《鲒埼亭集·外编》卷17,清姚江借树山房本,第11页。
[2] 永瑢等:《四库全书总目》卷137,中华书局1965年版,第1165页。

之言，亦皆得以附见，盖网罗无遗，以存考索。①

姚广孝等在进《永乐大典表》时，也称"博采四方之籍""广纳中秘之储"的《永乐大典》：

> 上自古初，暨于昭代，考索累朝之逸典，搜罗百世之遗言。名山所藏，金匮所记，人间之所未睹，海外之所罕闻，莫不具其实而陈其辞，参于万而会于一。②

《永乐大典》是一部卷帙宏伟的百科全书，共 22877 卷，外加凡例、目录 60 卷，装成 11095 册，总计 3.7 亿字，作为世界最大规模百科全书的记录，保持了整整六个世纪，直至 2007 年才被维基百科所超越。③

《永乐大典》因篇幅巨大，编成后未能付印，原本 11095 册存文渊阁。明嘉靖年间照原本抄写一部，称副本，藏皇史宬（皇家档案馆）。明亡时文渊阁被焚，《永乐大典》正本随之遭毁。清雍正年间《永乐大典》副本从皇史宬移翰林院。1900 年八国联军入侵北京，作为孤本的《永乐大典》副本，或被毁烧，或被掠走，残存本散藏海外，现日本 55 册，美国 45 册，英国 38 册。我国经多年搜求，得 226 册，不足原本的 3%。

与《永乐大典》并辉千秋的大型类书，是清康熙、雍正年间"陈梦雷原编，蒋廷锡奉敕校补"的《古今图书集成》，一万卷，目录四十卷，分六编三十二典六千一百零九部，约一亿字。雍正称其：

> 贯穿今古，汇合经史，天文地理，皆有图记，下至山川草木，百工制造，海西秘法，靡不具备，洵为典籍之大观。④

---

① 《明成祖实录》卷 73，台湾"中研院"史语所 1962 年校印本，第 1018 页。
② 《进永乐大典表》，灵石杨氏《连筠簃丛书》本。
③ 尼尔·弗格森：《文明》，曾贤明、唐颖华译，中信出版社 2011 年版，第 6 页。
④ 《世宗宪皇帝实录》卷 2，中华书局 1985 年版，第 55 页。

乾隆称之"书城巨观，人间罕觏"。

由于《永乐大典》后遭列强破坏、掠走，现存类书中，《古今图书集成》是搜罗最博、规模最大的一部。

（二）《四库全书》等巨型丛书编辑

中国古代除编纂百科全书性质的类书外，还将多种著作整部编印在一起，谓之"丛刻"，亦即"丛书"。丛书的功能在于广泛网罗散佚书籍，"荟萃古人之书，并为一部"，对于保存文化遗产具有重要意义。

在历代汇编丛书中，以清中叶乾隆时的《四库全书》规模最为浩大。这部巨型丛书，"穷搜博采"，在312000册的规模中，收集著录之书3457种，79070卷；总目中仅存书名，而未收其书者6766种，93556卷，集中国古代典籍之大成。

这套浩大丛书的编订，将自晋代开始的四部分类（晋初荀勖始分甲、乙、丙、丁四部）精确化，经部下分10类（易、书、诗、礼、春秋、孝经、五经总义、四书、乐、小学），史部下分15类（正史、编年史、纪事本末、别史、杂史、诏令奏议、传记、史钞、载记、时令、地理、职官、政书、目录、史评），子部下分14类（儒家、兵家、法家、农家、医家、天文算术、术数、艺术、谱录、杂家、类书、小说家、释家、道家），集部下分5类（楚辞、别集、总集、诗文评、词曲），从而将浩大繁复的学术文化部勒成系统。

在编订《四库全书》的同时，纪晓岚（1724—1805）等学者撰写《四库全书总目提要》，形成一套"古来之所未有"的反映群籍版本、文字、内容的提要，介绍作者及籍贯，以论世知人；次考书之得失，权众说之异同。其分类之系统、考订之精详、评论之允当，皆达到很高水平。《四库全书总目提要》已然成为学术史经典。[①]

《四库全书》卷帙浩繁，清代无力刻印，乾隆间抄写若干份，藏于七阁：

---

① 参见周积明：《文化视野下的四库全书总目》，广西人民出版社1991年版。

文渊阁位于北京紫禁城内的主敬殿后（主敬殿为文华殿后殿），建成于乾隆四十一年（1776）。乾隆四十六年十二月，第一部《四库全书》缮毕，入藏阁内。民国时期，藏于文渊阁的《四库全书》由故宫博物院接管。1933年春天，日寇侵略热河，北平危急，故宫博物院将文渊阁本《四库全书》装箱南迁上海。抗日战争全面爆发，又辗转运抵蜀中。抗战胜利后运抵南京。国民党政府败退大陆时，运往台湾，现藏台北"故宫博物院"。

文溯阁在辽宁沈阳故宫内。乾隆四十七年（1782），第二部《四库全书》缮成，送藏阁内。民国时期，文溯阁《四库全书》辗转流徙，现文溯阁本《四库全书》藏于甘肃。

文澜阁在杭州。杭州圣因寺行宫原有《古今图书集成》藏书堂一处，乾隆四十七年（1782）在堂后改建文澜阁贮《四库全书》，咸丰十一年（1861）太平军第二次攻下杭州，文澜阁《四库全书》大量散佚。杭州藏书家丁申、丁丙兄弟收集残余，得到8140册，仅及原书四分之一。1864年太平军退走，丁氏兄弟又不惜重金从民间收购。光绪六年（1880）在旧阁原址重建文澜阁。丁氏兄弟将书送还，并陆续钞补。民国后，归浙江省图书馆庋藏。1914年、1923年，两次组织人力就丁氏兄弟钞补未全者予以补钞。文澜阁本《四库全书》渐复其原，现藏浙江省图书馆。

文宗阁位于镇江金山寺，第一次鸦片战争中，文宗阁本《四库全书》遭英军破坏。

文汇阁一名御书楼，位于扬州天宁寺西园大观堂，文汇阁及其所贮《四库全书》被太平军焚毁。

文源阁在圆明园内"水木明瑟"之北稍西处，文源阁本《四库全书》乾隆四十八年（1783）抄毕入藏。咸丰十年（1860），英法联军入侵，大肆焚掠圆明园，文源阁本《四库全书》化为灰烬。

文津阁。乾隆三十九年（1774）在热河行宫（今河北省承德市）避暑山庄修建文津阁，与文渊阁、文溯阁、文源阁合称"北方四阁"。乾隆四十九年第四部《四库全书》（北方四阁最后一部）入藏。1913年，文津阁本《四库全书》由国民政府运归北京，藏于文华殿古物陈列所。1915年，拨交新成立的京师图书馆（今国家图书馆）。文津阁本是七部《四库全书》中保存最完整的。其他存世三阁本后来均据文津阁本补钞配齐。

（三）规模空前的图书集成

明清两代纂辑类书、丛书，不仅在中国文化史上气象空前，在世界文化史上也罕见其匹。《古今图书集成》同《永乐大典》《四库全书》相比算是小个子，但与约3500万字的《大英百科全书》比较起来，仍可称为皇皇巨帙，因而在国外获得"康熙百科全书"之称。如与18世纪中叶法国狄德罗主编的著名的《百科全书》比较，更可得见明清类书、丛书规模的宏伟。

以狄德罗《百科全书》（2268万字）为参照，可见明清类书、丛书规模之宏大：明《永乐大典》37000万字，约为《百科全书》字数的12倍。清《古今图书集成》16000万字，约为《百科全书》字数的7倍。清《四库全书》99700万字，约为《百科全书》字数的44倍。

自《四库全书》纂修迄今，无论中外，尚无一部书籍的规模可与之相比。正因为如此，有人把《四库全书》比作东方文化的金字塔，其规制之宏大可与万里长城、大运河相并列。

清乾隆间编成《四库全书》之后，今之学者编《续修四库全书》，沿袭《四库全书》体例，分经部260册，史部670册，子部370册，集部500册。《续修四库全书》的收录范围包括，对《四库全书》成书前传世图书的补选，成书后著述的续选。它与《四库全书》配套，构筑起一座中华基本典籍的大型书库，1911年以前的重要典籍，大致荟萃于此。

中国古代的图书事业，无论在规模上还是制度上都曾居于世界前列。这是中国传统文化博大而深厚的表现。

(四)总汇学术以统制文化

前文论及中国图书收藏之丰,为世所罕见,然而,这类弘扬学术的举措背后,常有帝王润色"盛世"的侈念,更包藏着强化文化统制的设计,这是秦制改良版——汉制的文化基旨的反映。

明成祖从侄儿建文帝手中夺位后,立即组织修纂《永乐大典》,意在给自己树立偃武修文、一统天下的形象,以此说服臣民。正如他在《〈永乐大典〉御制序》中所写,"大一统之时,必有大一统之著作"[①]。

乾隆帝下令编订《四库全书》,是切望通过空前规模的丛书,显示自己垂意典籍、"稽古右文",以与"十全武功"相辉映。更重要的是,乾隆帝企图通过搜罗天下图籍,达成一次全方位的学术文化汰选。"四库馆"遵循帝旨,对搜集到的图籍,剪除"异端",凡"违碍"图籍,一概"销毁"与"抽毁"。故编订《四库全书》既有保存古籍之功,也有绞杀典册之过,表现了"文化统制"的严酷。史载,乾隆销毁书籍将近三千余种,六七万卷,其规模与《四库全书》收存量相当。章太炎认为,乾隆编《四库全书》之际禁毁图籍的祸害,在秦始皇焚书之上。章氏《哀焚书》说:"乾隆焚书……其阴鸷不后于秦矣。"[②]

中国图书事业虽称繁盛,然公共图书馆制度迟未建立。这也是"文化统制"的一种表现。帝王视典籍为皇室私有,皇家虽藏书丰富,却秘而不宣。偶尔出示群臣,即被称颂为"圣恩"。南朝梁武帝(464—549)藏书23000余卷,曾在文德殿陈列数日,让王公大臣翻阅,被称作"旷典"。唐玄宗(685—762)时抄集民间书籍50000余册,编成后额外加恩,方准百官进乾元殿参观阅读。而在一般情况下,士子是无法接近皇家图书的。

私人藏书家也不轻易将书示之外人。西汉经学家匡衡,少时好读书,却因家贫,无力购书,乃为邑中"家富坟籍"的大户帮佣而"不求偿"。主人惊异地询问缘故,"衡曰:'愿得主人书遍读之'"[③]。可见当时私人

[①] 朱棣:《明成祖文皇帝御制永乐大典序》,《永乐大典》第10册,中华书局1986年版,第1页。
[②] 章太炎:《訄书》(重订本),《章太炎全集》第3册,上海人民出版社2014年版,第328页。
[③] 葛洪:《西京杂记》卷2,上海古籍出版社1991年版,第95页。

藏书是不易借到手的。再如明代天一阁藏书家范钦（1506—1585）规定"代不分书，书不出阁"，违者赶出族外，子弟念书都得上阁，不准拿出去，更不准外借，此为天一阁定制。近代图书学家缪荃孙（1844—1919）曾言及天一阁阅览的情形："余欲登阁观书，闰枝于八月间与范氏订约，至次年始得复。司马后人一百有二家，须均允乃得登，旧例也。"[①]可见要一窥天一阁藏书，实非易事，这固然是藏书家珍惜秘籍善本的防范措施，但图书不向公众开放，显然是农业社会自给自足、限制信息交流的表现。因此，中国古代藏书虽然宏富，但因缺少流通，未能发挥其应有的社会效力。

西方有较久远的公共事业传统（早有大型公共剧场、公共图书馆、公共浴场等），公共图书馆可追溯至两千年前，古罗马的国家图书馆向城市自由民开放。中世纪后期，贵族、僧侣、资产者的私人图书馆向学者和部分市民开放。16世纪宗教改革家马丁·路德创设的德意志城镇图书馆为市民服务。18世纪英、美等国设立会员图书馆，19世纪诸西方国家广兴近代意义的图书馆。随着西学东渐的展开，公共图书馆的雏形见于19世纪末叶维新派人士兴建的藏书楼，学会藏书楼对部分公众开放；1901年基督教中华圣公会在武昌兴办对教民开放的书报阅览室"日知会"（后来演为革命团体）；1902年古越藏书楼对公众开放；1903年武昌文华公书林建立并对外开放。规定意义上的公共图书馆，指由国家（中央或地方政府）资助、支持和管理的免费为社会公众服务的图书馆（如较早的公共图书馆湖北省图书馆和湖南省图书馆，始建于1904年）。

此外，禁锢图书还往往造成某些书籍仅有稀少抄本，而战乱一起，一旦祸及集中的藏书点，这些珍贵书籍便毁灭殆尽，不能再传之于后世。这是许多典籍失传的缘故。

中国古代藏书还有一显著特点，即官私藏书均以经史文学书籍为主，

[①] 缪荃孙：《艺风堂文漫存·天一阁始末记》，《缪荃孙全集·诗文》，凤凰出版社2014年版，第650页。闰枝为荃孙之内兄。范钦官至兵部右侍郎，称司马，"司马后人"指钦后人。

农工类科技书籍大受冷落。如明末清初杰出的科学家薄珏，其学精微博奥，但他手订的《浑天仪图说》《天体无色辨》等25种重要著作，却无人刻印出版。在出版家与藏家看来，经史文学大有益于世道，而科技则为雕虫小技。在这种社会氛围里，大量有价值的科技成果被湮没。又如明末科学家宋应星（1587—1666）的巨著《天工开物》，在国外有广泛影响，曾先后被译成日、法、英等国文字出版。然而在中国却受到冷遇，宋应星称，《天工开物》"丐大业文人弃掷案头，此书于功名进取毫不相关也"[1]。此语不幸而言中，《天工开物》出版后颇受冷落，以致在国内失传300多年之久，直到20世纪初，方从日本"逆输入"回来。在中国古代，此类事例甚多，许多科技著作因默默无闻而湮灭。

"古人日已远，青史字不泯。"[2] 重新审视中国古代图书事业的辉煌成就及其弊端，对于透视周制文化、秦制文化的特质，不无裨益。

---

[1] 宋应星：《天工开物》，广东人民出版社1976年版，第4页。
[2] 见杜甫《赠郑十八贲（云安令）》。

第九章　近古—近代解构周秦二制

历经"周秦之变"(公元前 3 世纪前后三四百年),吾国制度整合为相互博弈又彼此渗透的两大支派:一为帝王赞助儒家阐扬并试图复兴的已然衰微的宗法封建制("周制"),二为帝王偕法家构建并厉行的君主集权制("秦制")。两汉以降,因应帝王长治久安之需,作为制度主体的秦制汲纳周制余绪,综会成"霸王道杂之""儒皮法骨"的改良版秦制——汉制,正是这种汉制传袭后世两千年。中国近代制度的起点立基于此,中国制度近代转型的动力与障碍、优长与短板皆与周秦二制的遗存及互动相关。

一、秦制解构期

汉唐宋明哲人先后对周秦两制作历史评析,有一偏之见,也有会通之议,本书第三章、第六章附录有载,此不赘述。

经过"古今一大变革之会"的秦汉之际,中国制度以"秦制"形态延传两千年,至近古(明清之际)、近代(清民之际)再次迎来剧变,在新的时代条件和国际环境下,强势运行的秦制及其改良版汉制在西制传播的影响下,进入"解构"期,新制度在组创之中。

法国哲学家德里达(1930—2004)在《书写与差异》(1967)、《声音与现象》(1967)、《散播》(1972)等论著中,阐发解构主义。所谓"解构",指解析历史既有的制度及现存制度,打散诸成分,使之游离、再组织,建立新的文化结构。

制度"解构"往往活跃于社会转型时代。以中国而论,在明清之际,尤其在清民之际,身历"天崩地解""三千年未有之变局"的国人,反思周礼、秦法的历史功能和现实作用,又与东渐之外域制度互动,探讨实行两千余年的君主集权制经由"新民本"①这一过渡形态向民主制的拓进之路。如果说古代制度大体在周秦二制的参校中运作,近代中国制度则进入周制—秦制—西制三重因素冲突、融汇的解构—重组格局。

自明末以后的近四百年间,这样一种由表及里、由浅入深的解构、重组,于起伏跌宕之间,大略经历以下阶段:

(1) 明清之际"新民本"论者(黄宗羲、顾炎武、王夫之、傅山、唐甄等),继承并超越先秦以降的民本论,盛赞"古之君"(酋邦时代的尧舜),否定"今之君"(秦汉以下的专权帝王),空前决绝地谴责秦制,但这种对秦制的反拨,只是在草野民间隐然进行,基本没有撼动庙堂制度。故这只是制度转型的一次小规模观念性预演。

(2) 清代康雍乾嘉"新民本"隐而未彰,儒法兼采的秦制改良版——汉制得以完备、强化,皇权专制呈现落日前的余晖。至道咸间,社会内外危机凸显,"一夫为刚"的皇权制度再度被推上历史审判台,龚自珍、包世臣等在经世实学的旗帜下发起对秦制范围不大的批评。

(3) 咸同光绪之际,随着西学东渐的渐次展开,魏源、徐继畬、姚莹、梁廷枏等初识西制,即钦慕之,以其比附"三代"周制;出使域外的郭嵩焘、薛福成、黄遵宪等推介西制,比附周制,厉斥"积天下之民以奉一君"的秦制,汲纳西洋宪政。周—秦—西制交织、博弈,制度改良初兴。

(4) 19—20 世纪之交,周—秦—西三制聚讼未决,冯桂芬提出"以中国之伦常名教为原本,辅以诸国富强之术",发"中体西用"之先声;张之洞《劝学篇》系统论之;郑观应主"商战",倡"开议院以通下情";严复"辟韩(韩愈)"以抨击秦制,倡导社会进化论;康有为崇周

---

① "新民本"一名称乃笔者所拟,指继承并超越民本论、逼近民主论的近代前夜的文化思潮。见冯天瑜、谢贵安:《解构专制——明末清初"新民本"思想研究》,湖北人民出版社 2003 年版。

以推引西制；谭嗣同激烈斥秦非荀；章太炎则反其道而论之，从学理上扬秦颂荀。制度改良主义在戊戌变法前后众议纷呈，于跌宕起伏间勉力前行。

（5）清末异军突起的革命派高张推翻皇权政制的旗帜，声言"敢有帝制自为者，天下共击之"，谴责秦制的君主集权，采纳西洋民主共和制，鲜明地把变制改革汇入世界潮流。但革命派的制度启蒙尚处表浅层面。

（6）民初因民族国家危机尖锐化，新文化运动应运而兴，陈独秀、李大钊、鲁迅、吴虞等新文化运动激进派批判重点转向维系周制的儒学孔教，认为中国走向民主共和，必须去除君主专制基础——宗法式家族制度及其礼教。

（7）20世纪20年代以降，革命竞起，社会主潮进入"武器的批判"阶段，然制度变革仍多起新说。民国中期，在评判周秦二制领域，与新文化运动激进派"反周制、批儒学"相并列，现代新儒家再举"复周"旗帜，试图铸造汲纳西学的新儒学以改制，融会周制—秦制—西制的探索潜滋暗长。

总之，植根历史文化土壤的周秦二制，时至现代仍保有变异着的延续力。晚明以来的近三四百年间，评周评秦，兼以参酌西制，演绎出制度史上空前错综复杂的局面。现代中国制度的建设，既未全盘西化，也未固守中制，而二制（尤其是秦制）的影响从未中断，今人需要作理性选择，综合创新。而反顾明清之际、清民之际以来的制度考析，是选择与创新的先导。

二、明清之际："新民本"论者赞颂"古之君"，谴责"今之君"

明清两代，兼融周秦的君主政制——汉制趋于烂熟，既维系传统文明的晚期排场，又桎梏天下人心，阻碍社会更新。尤其在"天崩地解"的明清鼎革之时，一批心忧天下的民间士子痛定思痛，通过考析明亡教训，直捣君主专制真身，空前锐利地解构运行两千年的秦制及其改良版汉制，闪耀着探求制度理想的辉光。

由阳明后学的泰州学派开启端绪，何心隐、李贽、黄宗羲、顾炎武、王夫之、傅山、唐甄、颜元等栖身草野的哲人，发扬先秦汉唐的民本传统，借取中古异端（无君论、非君论等）①，承继晚明书院士子及市民的议政之风，开掘中国自身制度资源，对明代达于极致的君主专制展开整体批判，并在政治、法制、经济、文化、军事领域提出替代方案，于春寒料峭、天崩地解的17世纪，隐然试探"新民本"路径，逼近民主政制边缘，却未能跨入其内。②

（一）"私"乃建立国家制度的原动力，窃取"公"名的"今之君"（秦制帝王）乃"天下大害"

秦制执守君主专权，宣称"君权天授"、帝王代表"天下之公"。明清之际的新民本论者起而揭露此一弥天大谎，对君主专制釜底抽薪。

明末以降的新民本论者是一个驳杂的群体，其成员间颇多分歧，如何心隐、李贽辈被黄宗羲、王夫之指为"异端之尤"，顾炎武《日知录》说："小人之无忌惮而敢于叛圣人者，莫甚于李贽。"③李贽也以异端自居④。但是，这个相互论难的群体对"私欲"历史作用的肯定、对君主专权的谴责，却意旨趋同。

秦制及其改良版汉制，宣扬臣民必须泯灭私心私欲、顺从君主国家代表的"天下公意"。宋代理学倡"无私无欲"，便是帝王术的形而上阐释。明清之际新民本论者破解这种影响广远的教条，指出其违背先秦元

---

① 见拙著《明清文化史散论·晚周民本思潮与明末清初"非君论"》四"对中世各种'异端'的采摘及扬弃"，湖北人民出版社2018年版，第281—285页。
② "新民本"界说，见冯天瑜、谢贵安：《解构专制——明末清初"新民本"思想研究》，湖北人民出版社2003年版。至清康熙中叶以降，皇权专制稳固下来，新民本呼声淹没于强势的秦制旧调，中辍两百年后，于19世纪中叶以降的清民之际，得新的内外条件推助，方再度勃然兴起。以下目次论此。
③ 顾炎武：《日知录》卷18，"李贽"条，《日知录集释》，中华书局2020年版，第958页。
④ 李贽《焚书》卷2《与曾继泉书》："无见识人，多以异端目我，故我遂为异端，以成彼竖子之名。"

典精神，揭露秦制所谓之"大公"实乃伪造。

何心隐（1517—1579）称，周敦颐的"无欲"为道家虚玄之说，而孔孟并不否认自然人性，直言"食色性也"，从不避讳讲"欲"："仲尼欲明明德于天下，欲治国，欲齐家，欲修身，欲正心，欲诚意，欲致知在格物。"[①] 宣称"七十从其所欲，而不逾乎天下之矩"[②]。理学的"灭私灭欲"论，有违先儒本意。

李贽（1527—1602）否定"无欲"论，进而肯认"私"乃人心之本，指"无私"为"画饼之谈"：

> 夫私者，人之心也。人必有私而后其心乃见。若无私，则无心矣。……然则为无私之说者，皆画饼之谈，观场之见，但令隔壁好听，不管脚跟虚实，无益于事，只乱聪耳，不足采也。[③]

李贽又说，"私有积仓之获"，"穿衣吃饭即是人伦物理"[④]，清算理学的灭欲灭私论。

晚于李贽大半个世纪、历经明清鼎革的顾炎武（1613—1682）从自然人性论出发，肯定私利的正当性。认为周制比秦制有较合人性的地方，如周代公田私田耕作次序，有"先公而后私"，又有"先私而后公"，先王对此并无批评，而给予抚恤。顾氏说：

> 而人之有私，固情之所不能免矣，故先王弗为之禁。非惟弗禁，且从而恤之。……合天下之私以成天下之公，此所以为王政也。
> 世之君子，必曰"有公而无私"，此为后代之美言，非先王之

---

① 何心隐：《爨桐集》卷3《聚和老老》，明天启五年张宿何怙园刻本，第47页。
② 何心隐：《爨桐集》卷3《聚和老老》，明天启五年张宿何怙园刻本，第47页。
③ 《李贽全集注》第6册，社会科学文献出版社2010年版，第526页。
④ 见李贽《焚书·答邓石阳》，《李贽全集注》第1册，社会科学文献出版社2010年版，第8页。

至训矣。①

周制承认"私"的合理性,顾炎武赞扬其为"王政"(即王道),而嘲讽那种"有公而无私"的理学宏论是后世的漂亮话,秦制高倡的帝王"公论"不能成立。

与顾氏同期的王夫之(1619—1692)从"体用一元论"出发,阐释其公私观:

> 理尽则合人之欲,欲推即合天之理,于此可见人欲之各得,即天理之大同。②

认为天理与人欲有相通性:"虽异情而亦同行……天理充周,原不与人欲对垒",肯定人的自然欲望的合理性:

> 人欲之大公,即天理之至正矣。③

这是对"存天理,灭人欲"说的反拨。

黄宗羲(1610—1695)与顾、王同调,而且超越伦理层面,以"私说"诠释国家制度的起源:

> 有生之初,人各自私也,人各自利也,天下有公利而莫或兴之,有公害而莫或除之。有人者出,不以一己之利为利,而使天下受其利,不以一己之害为害,而使天下释其害。④

---

① 顾炎武:《日知录》卷3,"言私其豵"条,《日知录集释》,中华书局2020年版,第140页。
② 王夫之:《读四书大全说》,《船山全书》第6册,岳麓书社2011年版,第639页。
③ 王夫之:《四书训义》,《船山全书》第7册,岳麓书社2011年版,第137页。
④ 黄宗羲:《明夷待访录·原君》,何朝晖点校,凤凰出版社2017年版,第4页。

其论述的逻辑是：人普遍自私自利，超越私利、致力公益的只有大众公举的尧舜禹等"古之君"。这便暗合社会发展史实际——原始共产时代的首领因庶众推崇而大公无私（不愿放弃私利的许由、务光被淘汰）。黄宗羲以"古之君"作为历史参照系，其评议的重点是与"古之君"相反照的"今之君"，即秦汉以降的君主：

> 后之为人君者不然，以为天下利害之权皆出于我，我以天下之利尽归于己，以天下之害尽归于人，亦无不可。……以我之大私为天下之大公。……视天下为莫大之产业，传之子孙，受享无穷。①

颂扬古君，批评今君，是昔之政论传统。唐太宗询问黄门侍郎王珪："近代君臣治国，多劣于前古，何也？"王珪答曰：

> 古之帝王为政，皆志尚清静，以百姓之心为心，近代则唯损百姓以适其欲。②

黄宗羲承袭此说，又加发挥，力破"君国公天下"说，揭示近古君权乃暴力争夺的结果。为了获取政权，"今之君""屠毒天下之肝脑，离散天下之子女，以博我一人之产业……其既得之也，敲剥天下之骨髓，离散天下之子女，以奉我一人之淫乐，视为当然"③，其锋利的结论是：

> 为天下之大害者，君而已矣。④

清初唐甄（1630—1704）继承黄氏说，将君主请下神坛，称"天子之

---

① 黄宗羲：《明夷待访录·原君》，何朝晖点校，凤凰出版社2017年版，第4页。
② 吴兢：《贞观政要》，上海古籍出版社1978年版，第14页。
③ 黄宗羲：《明夷待访录·原君》，何朝晖点校，凤凰出版社2017年版，第4页。
④ 黄宗羲：《明夷待访录·原君》，何朝晖点校，凤凰出版社2017年版，第5页。

尊,非天帝大神也,皆人也"。赞扬尧舜"虽贵为天子……无不与民同情也","位在天下之上者,必处天下之下"①。痛斥凭屠杀而掠夺天下的后世人君:

> 自秦以来,凡为帝王者,皆贼也。②

又说,杀一人谓之贼,杀天下人的帝王更是巨贼,乃杀人之"大手"③。

唐甄并非否定一切杀人行为,他说:"定乱岂能不杀乎!古之王者,有不得已而杀者二:有罪,不得不杀;临战,不得不杀,尧舜之所不能免也;临战而杀,汤武之所不能免也"④,唐甄谴责的是后世君主为私自夺权,滥杀无辜,"过里而墟其里,过市而窜其市,入城而屠其城",他特别揭示:

> 大将杀人,非大将杀之,天子实杀之;……官吏杀人,非官吏杀之,天子实杀之。杀人者众手,实天子为之大手。⑤

> 自秦以来,屠杀二千余年,不可究止,嗟乎,何帝王盗贼之毒至于如此其极哉!⑥

《潜书》将专制社会的罪过归结于君主,确为惊世之论,时人"称为汉唐以来所未有","周秦而后仅见之作"。

黄氏、唐氏说继承而又超越了先秦民本论。孟子及其后学的民本论,限于指斥夏桀、殷纣等暴君为独夫、民贼,而明清之际的黄、唐辈跨进一步,指全体秦制君主(今之君)皆为祸害民众的魁首,将专制君主批判提升到空前高度。

---

① 唐甄:《潜书·抑尊》,岳麓书社2011年版,第95页。
② 唐甄:《潜书·室语》,岳麓书社2011年版,第252页。
③ 唐甄:《潜书·室语》,岳麓书社2011年版,第253页。
④ 唐甄:《潜书·室语》,岳麓书社2011年版,第253页。
⑤ 唐甄:《潜书·室语》,岳麓书社2011年版,第253页。
⑥ 唐甄:《潜书·全学》,岳麓书社2011年版,第230页。

（二）批驳秦制"尊君卑臣"，力主"君臣师友"

执守君主专权的秦制，最重纲常名教中的"君为臣纲"一伦，称"君尊臣卑"为天经地义。此说的形上之论初见于《周易》：

天尊地卑，乾坤定矣。卑高以陈，贵贱位矣。①

周秦之际法家及两汉法家化的儒者，以"天尊地卑"论证君—民、君—臣关系，力主"法自君出"，"强国弱民"，"天下之事无小大皆决于上"②。尊君虐民的极品《商君书》说："民胜法，国乱；法胜民，兵强。"③臣民愚昧而柔弱，是君治的必备条件，"民朴则弱，淫则强。弱则轨，强则越志。轨则有用，越志则乱"④（民众淳朴，个人主张就少；民众放纵，个人主张就多。主张少就守规矩，主张多就违反制度。守规矩就听从命令，违反制度就引起扰乱）。韩非说："君上之于民也，有难则用其死，安平则用其力。"⑤即使是昏暴之君，臣民也须顺从："人主虽不肖，臣不敢侵也。"⑥

尊君卑臣、扬君抑民，"人臣之事君，犹仆之事主"⑦，成为秦制君臣关系的通则。物极必反，明清之际的新民本论者直评时政败象，冷风热血，洗涤乾坤，突破专制君主拘限臣民的精神枷锁，如泰州学派"传至颜山农（钧）、何心隐一派，遂复非名教之所能羁络矣"⑧，颇有"掀翻天地，前不见有古人，后不见有来者"的气势⑨。何心隐推重友朋之道，以平等观重释"五伦"，认为"君臣友朋，相为表里者也"⑩。李贽称许何心

---

① 《周易·系辞》。
② 司马迁：《史记》卷6《秦始皇本纪》，中华书局2014年版，第329页。
③ 《商君书·说民》。
④ 《商君书·弱民》。
⑤ 《韩非子·六反》。
⑥ 《韩非子·忠孝》。
⑦ 叶向高：《纶扉奏草》卷17，明刻本，第33页。
⑧ 黄宗羲：《明儒学案》，中华书局2008年版，第703页。
⑨ 黄宗羲：《明儒学案》，中华书局2008年版，第703页。
⑩ 何心隐：《爨桐集》卷3，明天启五年张宿何怙园刻本，第36页。

隐"人伦有五，公舍其四，而独置身于师友圣贤之间"①。这种平视君臣关系的论说，是对秦制"君尊臣卑"的驳正。

（三）追迹朝仪变迁

新民本论者追溯朝仪的历史故实，揭示"君尊臣卑"违背先王古训。顾炎武称赞"王朝步自周"：周王觐拜宗庙，"不敢乘车而步出国门，敬之至也"②。而秦制国君乘龙车驰骋于宗庙、朝廷，顾氏批评道：

    后之人君骄恣惰佚，于是有辇而行国中，坐而见群臣，非先王之制矣。③

周代国君与臣下站立相见，同坐议事，朝会结束，臣向君拜辞，君主向公卿大夫施揖礼以答拜。自秦始，朝会改为君王高坐、臣子站立。顾炎武谓，这背离了"先王之制"（周制）。托古改制的汉代又部分恢复周代礼仪，皇帝召见丞相，须从御座起立，唐承汉制，大臣奏事赐坐如仪，唐太宗尤其礼遇于臣，"每召见，皆赐坐与语"④。宋代复归秦仪，为立皇威，将丞相座位移去，自此丞相及所有大臣只能立拜帝王，丧失了座席。明代帝王在朝会公然对大臣实行廷杖，清代朝会，群臣奏议要行跪拜。君主臣奴，已然毕现。近年拍摄的一些历史题材影视剧，往往不加区分地把先秦—汉唐—宋元—明清的朝会，一概表现为帝王高坐、大臣站立或大臣跪拜，并将明代才开始使用的某些宫廷套语用在汉唐，这是违背历史真实的。

明清之际新民本论者痛恶君尊臣卑论，称秦制"人君之尊，如在天上，与帝同体。公卿大臣罕得进见；变色失容，不敢仰视；跪拜应对，

---

① 李贽：《何心隐论》，《李贽全集注》第1册，社会科学文献出版社2010年版，第246页。
② 顾炎武：《日知录》卷2，"王朝步自周"条，《日知录集释》，中华书局2020年版，第82页。
③ 顾炎武：《日知录》卷2，"王朝步自周"条，《日知录集释》，中华书局2020年版，第82页。
④ 吴兢：《贞观政要》，上海古籍出版社1978年版，第12页。

不得比于严家之仆隶"①。这样的君臣关系，堵塞天下言路、杜绝贤人智者，导致国家衰亡：

> 于斯之时，虽有善鸣者，不得闻于九天；虽有善烛者，不得照于九渊。臣日益疏，智日益蔽；伊尹、傅说不能诲，龙逢、比干不能谏，而国亡矣。②

（四）倡导"君臣同事"论

黄宗羲力辟"君主臣奴"，触及秦制的要害：

第一，指出臣为天下万民出仕，非为一姓君主出仕：

> 缘夫天下之大，非一人之所能治，而分治之以群工。故我之出仕也，为天下，非为君也；为万民，非为一姓也。③

第二，君臣既然联手治理天下，便是同事协作关系：

> 夫治天下，犹曳大木然，前者唱邪，后者唱许。君与臣，共曳木之人也。④

第三，君臣关系"从天下而有之"，无之，则为路人：

> 君臣之名，从天下而有之者也。吾无天下之责，则吾在君为路人。出而仕于君也，不以天下为事，则君之仆妾也；以天下为事，

---

① 唐甄：《潜书·抑尊》，岳麓书社2011年版，第94页。
② 唐甄：《潜书·抑尊》，岳麓书社2011年版，第94—95页。
③ 黄宗羲：《明夷待访录·原臣》，何朝晖点校，凤凰出版社2017年版，第6页。
④ 黄宗羲：《明夷待访录·原臣》，何朝晖点校，凤凰出版社2017年版，第7页。此语借自《淮南子·道应训》："今夫举大木者，前呼邪许，后亦应之，此举重劝力之歌也。"

则君之师友也。①

秦制的君臣论立基于君主驾驭臣下，韩非说："有道之君，不贵其臣"②，"万乘之患，大臣太重；千乘之患，左右太信。此人主之所公患也"③。君主要独占功绩，臣子承担罪责，"有功则君有其贤，有过则臣任其罪……臣有其劳，君有其成功，此之谓贤主之经也"④。新民本论谴责这种畸形的君臣关系，倡导"君臣同事""君臣师友"，力辟"君主臣奴"说，触及秦制政治基石。

新民本论者声讨秦制的一个基本理路是，借周制之古，抑秦制之今，黄、顾如此，稍晚的吕留良（1629—1683）也将矛头直指明清达于极致的秦制，缅怀周制古意：

> 秦人无道，上下猜忌，为尊君卑臣之礼，而君臣师友之义，不可复见，渐且出宦官宫妾之下矣。宋时君臣，尚存古意，自兹以后，复蹈秦辙，礼数悬绝，情意疏离，此一伦不正，上体骄而下志污，欲求三代之治，未易得也。⑤

试图召回三代之治来挽救深重的时弊，是明清之际新民本论的锋锐所在，也是其难以摆脱的局限所在。

（五）学校议政，是非公之于士论

秦制由朝廷严控舆论，钳制天下思想。新民本论者痛恶于此。黄宗羲说："三代以下，天下之是非一出于朝廷。天子荣之，则群趋以为是；

---

① 黄宗羲：《明夷待访录·原臣》，何朝晖点校，凤凰出版社2017年版，第7页。
② 《韩非子·扬权》。
③ 《韩非子·孤愤》。
④ 《韩非子·主道》。
⑤ 《吕晚村先生四书讲义》卷6，清康熙二十五年天盖楼刻本，第9—10页。

天子辱之，则群摘以为非。"①这便使学校堕落为"科举嚣争，富贵熏心，亦遂以朝廷之势利一变其本领"②。黄宗羲追怀先秦乡校、东汉清流、明末东林的品评时政，主张学校发纵舆情，形成天下公论，变帝王独断是非为士子众议是非。这便必须提升学校的社会功能：不仅"养士"，还要产生治理天下的手段，评议国政的是非曲直，如此方有"诗书宽大之气"。黄氏发抒卓异之论：

> 天子之所是未必是，天子之所非未必非，天子亦遂不敢自为非是，而公其非是于学校。③

顾炎武赞许黄宗羲的观点，他阅《明夷待访录》后叹曰："读之再三，于是知天下之未尝无人，百王之弊可以复起，而三代之盛可以徐还也。"并称所著"《日知录》一书，窃自幸其中所论，同于先生者十之六七"④。顾炎武引黄宗羲为同调，主张"以天下之权寄天下之人"，以"众治"限定君权，"人君之于天下，不能以独治也，独治之而刑繁矣，众治之而刑措矣"⑤，反对君主将天下之权尽收于黄袍，反对君主"肆于民上以自尊"，"厚取于民以自奉"。

正是出于分天子之权的考虑，顾炎武对周制的宗法封建给予某种程度的肯定评价，主张"重氏族""行世官""寓封建之意于郡县之中，而天下治矣"，⑥反对把国权一概"收之于上"。顾氏这些"复宗法""行封建"的建策，在"复古"的外貌下，实含克服现存秦政专制于上的意蕴。

王夫之也与黄、顾旨趣相近，认为理想的社会"不以一人疑天下，

---

① 黄宗羲：《明夷待访录·学校》，何朝晖点校，凤凰出版社 2017 年版，第 13 页。
② 黄宗羲：《明夷待访录·学校》，何朝晖点校，凤凰出版社 2017 年版，第 13 页。
③ 黄宗羲：《明夷待访录·学校》，何朝晖点校，凤凰出版社 2017 年版，第 13 页。
④ 黄宗羲：《明夷待访录·顾宁人书》，何朝晖点校，凤凰出版社 2017 年版，第 1 页。
⑤ 顾炎武：《日知录》卷 6，"爱百姓而刑罚中"条，《日知录集释》，中华书局 2020 年版，第 334 页。
⑥ 顾炎武：《郡县论一》，《亭林文集》卷 1，中华书局 1959 年版，第 12 页。

不以天下私一人"①，这与黄氏的《学校》篇别无二致，与顾氏反"独治"、倡"众治"之说吻合。需要指出，王夫之的制度观有其深刻之处：破除"三代盛世"的神话，反对"泥古过高而菲薄方今"②，他在历史人物个人动机背后，从历史运动中寻求更深层的动力，在谴责秦皇因个人侈念而屡行暴政的同时，又肯定历史之"势"一发而不可止的作用：秦制废封建、立郡县便是历史之"势"的展现，秦始皇以一己之私客观上达成天下大公，故"郡县之制，垂二千年而弗能改矣"③。

（六）提高宰相职权，以选贤之臣权抑制世袭之君权

新民本论者限抑秦制还有一种主张，是恢复、强化相权，以制衡绝对君权。明初已开始削减相权，后以胡惟庸案为由，撤除丞相之职，六部等行政机构直接归皇帝管辖，君权独断达于极致。黄宗羲的《明夷待访录》特拟《置相》篇，开宗明义曰："有明之无善治，自高皇帝罢丞相始也。"指出"天子传子，宰相不传子"，宰相由选贤产生，可弥补世袭君主的弊端。意在提高"臣权"以抗衡"君权"，以"选贤"控制"世袭"，此为抑制秦制的改良之法。

汉唐以下，相权的地位呈下降趋势，汉代丞相是群臣"领袖"，唐代丞相是群臣组成的"委员会"的"主任委员"，而且丞相三分：中书省、门下省、尚书省，但仍对诏令有封驳权，未加中书、门下印鉴，皇帝诏书无效。武则天当政时有"不经凤阁鸾台，何名为敕"之说④。武则天时中书省称"凤阁"，门下省称"鸾台"，合指朝廷官署，其对帝王有所制衡，与明清取消相位，君王独揽朝政有所不同。明末清初的黄宗羲辈追怀汉唐的"以相抑君"，是对绝对君制的一种修正方案。

---

① 王夫之：《黄书·宰制》，清同治四年曾氏船山遗书本，第18页。
② 王夫之：《读通鉴论》，中华书局1975年版，第1581页。
③ 王夫之：《读通鉴论》，中华书局1975年版，第1页。
④ 司马光等：《资治通鉴》卷204《唐纪二十》，中华书局1956年版，第6444页。

（七）限兼并，倡均田

新民本论在经济制度领域，也有复周抑秦倾向。清初颜元（1635—1704）《存学编》向往周制，主张复井田、封建、学校，提出"以七字富天下：垦荒、均田、兴水利，以六字强天下：人皆兵、官皆将，以九字安天下：举人才、正大经、兴礼乐"①。他尤其注意于以井田之方推行均田，"思天地间田，宜天地间人共享之"②，"薄税敛，汰冗费，以足民食"③，"使予得君，第一义在均田，田不均则教养诸政，俱无措施处"④。

颜元继承者李塨（1659—1733）反对秦制以来的豪强兼并，提出耕者有其田设想："所以无立锥之地者，以豪强之兼并。今立之法，有田必自耕，勿募人代耕。""惟农为有田耳。"⑤ 而限定秦制兼并，只有均田一法，"非均田则贫富不均，不能人人有恒产。均田第一仁政也"⑥。先于颜元、李塨的李贽（1527—1602）认为财产私有乃"自然之理"，黄宗羲亦主张"平均授田"，王夫之倡言"有其力者治其地"，都试图用复归周制井田的方式，克服秦制的兼并愈烈、民不聊生。

（八）区分"天下""国家"

秦制政治论的基旨是"天下—国家"同一化。李悝的《法经》唱秦制先声，弘扬《法经》的商鞅"改法为律"，强调法律的普遍性，"范天下之不一而归于一"⑦，君主国家的使命是天下一统，天下归服帝王一人。弘扬《法经》的商鞅变法致力"国以富强"，"诸侯亲服"⑧，秦因之而统一六国，以严苛的《秦律》治国安邦，谓之"得天下"。《淮南子》称

---

① 《颜习斋先生年谱》卷下，《颜元集》，中华书局1987年版，第763页。
② 颜元：《存治编·井田》，《颜元集》，中华书局1987年版，第103页。
③ 颜元：《存治编·治赋》，《颜元集》，中华书局1987年版，第107页。
④ 颜元：《言行录·三什第九》，《颜元集》，中华书局1987年版，第654页。
⑤ 李塨：《平书订》卷5上《制田》，清畿辅丛书本，第1页。
⑥ 李塨：《拟太平策》卷2，民国颜李丛书本，第1页。
⑦ 段玉裁：《说文解字注》。此文是对《说文解字》"律，均布也"作注释："律者，所以范天下之不一而归于一，故曰均布。"即天下应该一致遵循同一格式、准则。
⑧ 司马迁：《史记》卷87《李斯列传》，中华书局2014年版，第3086页。

秦制"重法而弃义,是贵其冠履而忘其头足"①,将天下—国家—帝王归之为一,所谓"秦有天下,裂都会而为之郡邑,废侯卫而为之守宰,据天下之雄图,都六合之上游,摄制四海,运于掌握之内,此其所以为得也"②。又所谓"天下已定,法令出一",这"出一"即是出自权力核心——帝王,从而确立"君国一体""天下国家一体"的君主专制。

新民本论的创造性贡献,是突破"君国—天下合体"说,如顾炎武区分"天下"与"国家",提出解构秦制的千古至论:

> 有亡国,有亡天下。亡国与亡天下奚辨?曰:易姓改号,谓之亡国,仁义充塞,而至于率兽食人,人将相食,谓之亡天下……保国者,其君其臣肉食者谋之;保天下者,匹夫之贱与有责焉耳矣。③

近人梁启超将顾氏语简括为"天下兴亡,匹夫有责",流播广远。

王夫之与顾氏同调,认为"以天下论者,必循天下之公,天下非一姓之私也",反对将一姓兴亡置于万姓生死之上:

> 天下者,非一姓之私也,兴亡之修短有恒数,苟易姓而无原野流血之惨,则轻授他人而民不病。魏之授晋,上虽逆而下固安,无乃不可乎!④

他否定"普天之下莫非王土"的"定说",指出:

> 若土,若非王者之所得私也。天地之间,有土而人生其上,因资以养焉。有其力者治其地,故改姓受命而民自有其恒畴,不待王

---

① 《淮南子·泰族训》,上海古籍出版社1989年版,第228页。
② 柳宗元:《封建论》,《柳河东集》,上海古籍出版社2008年版,第45页。
③ 顾炎武:《日知录》卷13,"正始"条,《日知录集释》,中华书局2020年版,第681—682页。
④ 王夫之:《读通鉴论》卷11,中华书局1975年版,第779页。

者之授之。①

认为土地天然属于天下民众，并非私属君国，其义与顾炎武区分"天下"与一姓"国家"之论别无二致。

王夫之有权力制衡构想，主张"以法相裁，以义相制，以廉相帅，自天子始而天下咸受裁焉"②。此"裁"即裁断、制约，从天子开始的各层次皆应受到法、义、廉的评判与制衡。

唐甄强调民是国政的基石，是君心赖以存在的身体：

> 国无民，岂有四政？封疆，民固之；府库，民充之；朝廷，民尊之；官职，民养之；奈何见政不见民？
>
> 君之于民，他物不足以喻之，请以身喻民，以心喻君。身有疾则心岂得安？身无疾则心岂复不安？有戕其身而心在者乎？③

王、唐等从民—政、民—君关系论证了君主国家的基础在民，从而揭示民的天下与君的国家之间的联系与区别。

三、"新民本"在康雍乾嘉隐而未彰，重新昭显于清末民初

作为中国制度史上的一支异军，"新民本"勃兴于明末清初，又在清代中叶前后沉寂两百年。黄、顾、王、唐等"新民本"论者意识到自己的见解不会见用于当时，只能以"藏书""留书""待访""潜书"隐存，藏之名山，待乎后人。

黄宗羲著《明夷待访录》，期待未来明君如周武王那样见访箕子。顾炎武撰《日知录》，也不抱当世采纳的希望，"意在拨乱涤污，法古用夏，

---

① 王夫之：《噩梦》，古籍出版社 1956 年版，第 1 页。
② 王夫之：《读通鉴论》卷 29，中华书局 1975 年版，第 2403 页。
③ 唐甄：《潜书·明鉴》，岳麓书社 2011 年版，第 146—148 页。

启多闻于后学,待一治于后王"①,期待"有王者起,将以见诸行事,以跻斯世于治古之隆,而未敢为今人道也"②。唐甄"志在权衡天下",所著《衡书》,因生平连遇挫折,该著只得潜存待试,等候来世启用,故更名《潜书》。③

两百年后,直至清末民初,黄、顾、王、唐之书,方在新的时代条件下再度复苏。近代民主志士敏锐发现"新民本"的价值,视明清之际哲人为前驱导师。谭嗣同指黄、王论著是极少可读之近古典册,他在1896年说:

> 君统盛而唐虞后无可观之政矣,孔教亡而三代下无可读之书矣!乃若区玉检于尘编……则黄梨洲《明夷待访录》其庶几乎!其次,为王船山之遗书。皆于君民之际有隐恫焉。④

1903年,蔡元培(1868—1940)在《绍兴教育会之关系》中,尊黄宗羲为"东方卢梭";1908年章太炎在《王夫之从祀与杨度参机要》中,称黄宗羲为"立宪政体之师。观《明夷待访录》所持重人民、轻君主,固无可非议也"⑤;胡潔将《明夷待访录》比拟为"中国的《民约论》";熊十力称王夫之为"中国的孟德斯鸠";谢国桢、侯外庐称《明夷待访录》蕴藏中国最早的代议制思想。

此类评议所作中西比附,或有牵强处,却也有若干切实的道理。明清之际非君思想启迪了新时代的觉醒者,晚清维新派、革命派接过晚明

---

① 顾炎武:《先生初刻〈日知录〉自序》,"又与杨雪臣书"条,《日知录集释》,中华书局2020年版,第14页。
② 顾炎武:《先生初刻〈日知录〉自序》,"又与人书二十五"条,《日知录集释》,中华书局2020年版,第14页。
③ 王闻远:《西蜀唐圃亭先生行略》,见唐甄:《潜书》附录《唐甄事迹丛考》,中华书局1955年版。
④ 谭嗣同:《仁学》,辽宁人民出版社1994年版,第72页。
⑤ 《章太炎政论选集》,中华书局1977年版,第427页。

遗献的思想火炬,与来自西方的民主思想相结合,迈往近代民权主义,这是真实的历史理路。梁启超在论述《明夷待访录》这部奇书的启蒙功效时说:

> 梁启超、谭嗣同辈倡民权共和之说,则将其书节钞,印数万本,秘密散布,于晚清思想之骤变,极有力焉。①

孙中山在宣传民权主义时,也借助《明夷待访录》,曾将该书的《原君》《原臣》两篇抽出印行,广为赠送中日两国识者。

值得注意的是,明清之际哲人解构专制于17世纪,较西方锐评专制王权的卢梭、孟德斯鸠整整早一个世纪。黄、顾、王、唐是在没有接触西方民主宪政理念的情形下,依凭中华文化资源(如先秦的民本论、汉唐宋元的非君论、明代中末叶士人议政之风和市民文化),在当时的历史条件下突破秦制轨范,逼近民主主义的外缘。这类例证可以纠正一种流行说:中国没有民主传统,民本与民主绝缘,民主主义全然是舶来品。这种"民主舶来"说,既出于全盘西化论者,也来自拒斥西学论者,而这两种极端都忽略了一个历史实际——民本与民主固然分属不同范畴,但民本论确乎存在奔向民主主义的潜能与趋向。试看明清之际"新民本"的系列卓议,不难得出如上结论。

延传两千余年的帝制,其思想资源包括尊君论和民本论两个彼此博弈而又交融的方面。明清之际哲人的学理进路是,双重解析君主制:猛烈抨击其两翼之一的极端尊君论(来自秦制),对另一翼的民本论(源于周制)加以辨析,发挥其"重民""恤民"部分,扬弃其"尊君""卫君"部分,使先秦以降的民本论获得改造与升华,达成一种直逼近代性的"新民本"思想;而作为"解构专制"的未完成形态,"新民本"既同近代民主

---

① 梁启超:《清代学术概论》,上海古籍出版社1998年版,第18页。

存在质的差异,又是近代民主最切近的民族文化资源与前驱先路。[1]

四、道咸经世派申斥"一人为刚"的秦制

晚清初萌的制度近代转换,发端于道光咸丰间的经世实学巨擘龚自珍、魏源。消弭秦制的皇帝专权,是此际经世派政制改革的基本诉求。

(一)"万马齐喑"起"风雷"

龚自珍、魏源是近古末、近代初批判秦制的健将,乃遗世独立的思想先驱。"龚、魏之时,清政既渐陵夷衰微矣,举国方沉酣太平,而彼辈若不胜其忧危,恒相与指天画地,规天下大计。""故后之治今文学者,喜以经术作政论,则袭龚、魏之遗风也。"[2]

揭露清政衰朽最犀利者是龚自珍(1792—1841),他"以经术作政论","往往引《公羊》义,讥切时政,诋排专制"[3],锋芒直指清代奉为圭臬的秦制,对周制则怀着遥远的敬意。龚氏钩沉古史,品议古今,称:"自周而上,一代之治,即一代之学也;一代之学,皆一代王者开之也。"[4]欣赏周代宽宏的"立师"之法,批评秦制的极端尊君论,"后之为师儒不然。重于其君,君所以使民者则不知也;重于其民,民所以事君者则不知也"[5]。

龚氏景仰东周人才之盛,对清代实行秦式文化专制、压抑人才愤懑不已,认为自己所处时代"才士与才民出,则百不才督之、缚之,以至于戮之",造成一个"无才之世","左无才相,右无才史,阃无才将,庠序无才士,陇无才民,廛无才工,衢无才商,抑巷无才偷,市无才驵,

---

[1] 冯天瑜:《从明清之际早期启蒙文化到近代新学》,《历史研究》1985 年第 5 期。
[2] 梁启超:《清代学术概论》,东方出版社 1996 年版,第 69 页。
[3] 梁启超:《清代学术概论》,东方出版社 1996 年版,第 69 页。
[4] 龚自珍:《乙丙之际箸议第六》,《龚自珍全集》,上海人民出版社 1975 年版,第 4 页。
[5] 龚自珍:《乙丙之际箸议第六》,《龚自珍全集》,上海人民出版社 1975 年版,第 5 页。

薮泽无才盗"①，从朝廷到民间皆陷入无才困境，这是社会危机的征兆。

龚氏自比汉制时的上言人，"安得上言依汉制，诗成侍史佐评论"。他运用公羊"三世说"，称"吾闻深于《春秋》者，其论史也，曰：书契以降，世有三等……治世为一等，乱世为一等，衰世为一等"②，而厉行秦制的清王朝，表面繁华，实则已陷入危乎险哉的"衰世"。龚氏的衰世论可谓对他所处时代的准确而深刻的概括：

> 衰世者，文类治世，名类治世，声音笑貌类治世，黑白杂而五色可废也，似治世之太素；宫羽淆而五声可铄也，似治世之希声；道路荒而畔岸靡也，似治世之荡荡便便；人心混混而无口过也，似治世之不议。③

这种貌似"治世""盛世"的"衰世"，社会已"贫富大不相齐"，"贫者日愈倾，富者日愈壅。……至极不祥之器，郁于天地之间。……小不相齐，渐至大不相齐，大不相齐即至丧天下"④。

龚氏向往周制，他所设计的克服时弊的方案，在在源于周制。他自称："何敢自矜医国手，药方只贩古时丹"⑤，主张效法"古者天子之礼"，效法"唐虞之君"，具体到田制上，便是恢复周制的"农宗"，即把宗法制推及农村，"礼莫初于宗，惟农为初有宗"⑥。显然，涉及土地制度，龚氏如许多儒家前辈一样，留恋周制井田、痛恶秦制兼并。龚氏也主张"更法""改图"，但只是对井田古制作修订，把改良的井田制作为解救社会危机的办法，此即龚氏的"请定后王法"⑦。其实，这"后王法"不过是

---

① 龚自珍：《乙丙之际箸议第九》，《龚自珍全集》，上海人民出版社1975年版，第6页。
② 龚自珍：《乙丙之际箸议第九》，《龚自珍全集》，上海人民出版社1975年版，第6页。
③ 龚自珍：《乙丙之际箸议第九》，《龚自珍全集》，上海人民出版社1975年版，第6页。
④ 龚自珍：《平均篇》，《龚自珍全集》，上海人民出版社1975年版，第78页。
⑤ 龚自珍：《己亥杂诗》，《龚自珍全集》，上海人民出版社1975年版，第513页。
⑥ 龚自珍：《农宗篇》，《龚自珍全集》，上海人民出版社1975年版，第49页。
⑦ 龚自珍：《农宗篇》，《龚自珍全集》，上海人民出版社1975年版，第50页。

周制"先王法"的改良版。他与史上改制先驱,如汉代董仲舒的"复古更化"、王安石的《周官新义》并无二致。时人称,龚自珍若当政,必为又一王安石。此说颇为贴切。

如果说龚氏只能"托古改制",在建立新制方面难有贡献,但在批判旧制上则大展身手。他承袭明清之际谴责君治的传统,指出导致社会腐败的根源在皇权专制,统治者为了巩固政权,摧毁人们的廉耻,"去人之廉以快号令,去人之耻以嵩高其身,一人为刚,万夫为柔,以大便其有力强武"[1]。揭露一个历史真相:帝王的绝对权威是在摧折臣民人格独立性的基础上建立起来的,王者"大都积百年之力,以震荡摧锄天下之廉耻,既珍、既狁、既夷,顾乃席虎视之余荫,一旦责有气于臣,不亦暮乎!"[2]这样便导致人才的平庸和人格的普遍矮化,由此整个社会如同"将萎之华,惨于槁木"[3]。

为了纠弹当世弊政,龚氏请出古制,如在君臣礼仪方面,他列举古来朝仪:"凡常朝之仪又有三:一曰主坐臣亦坐,二曰主立臣亦立,三曰主坐臣立。"古代君臣关系不甚悬隔,比明清臣见君必行三跪九叩之礼要融洽得多。龚氏赞赏"古之大臣"对帝王"巍然岸然师傅自处之风",痛心于近古以来"臣节之盛,扫地尽矣",臣会君,"朝见长跪、夕见长跪","殿陛之仪,渐相悬以相绝"[4]。

鉴于皇权一统的严重弊病,龚氏主张"五行不再当令,一姓不再产圣"[5],即不能由一姓为王,而应向"异姓之圣智魁杰"开放,"玲珑其诰令以求之,虚位以位之"[6]。锋芒直指秦制的核心——一姓世袭的皇帝制度,将社会批判推向高峰。

---

[1] 龚自珍:《古史钩沉论一》,《龚自珍全集》,上海人民出版社1975年版,第20页。
[2] 龚自珍:《古史钩沉论一》,《龚自珍全集》,上海人民出版社1975年版,第20页。
[3] 龚自珍:《乙丙之际箸议第九》,《龚自珍全集》,上海人民出版社1975年版,第7页。
[4] 《龚自珍全集》,上海人民出版社1975年版,第99、31页。
[5] 龚自珍:《古史钩沉论四》,《龚自珍全集》,上海人民出版社1975年版,第27页。
[6] 龚自珍:《古史钩沉论四》,《龚自珍全集》,上海人民出版社1975年版,第27页。

（二）后王师前王，倡言"自改革"

与龚自珍并列于世的魏源（1794—1857）也屡次发出"衰世"之叹，他提供的出路"是以后圣师前圣，后王师前王"①，向古制学习，为拯救当时之弊而"质之往古"，指出清代的"中外官制、律例、赋额、兵额，大都因明制而损益之"，魏源便"仿宋臣鉴唐，汉臣过秦之道"，着意研究明史、明制，以之作"前事师"。而魏氏在"师古"的同时，又力主制度更新，反对开历史倒车，他具体考析秦汉以降的财制、兵制、选官制，认为后来的比先前的优胜：

> 租庸调变而两税，两税变而条编。变古愈尽，便民愈甚。虽圣王复作，必不舍条编而复两税，舍两税而复租庸调也。乡举里选变而门望，门望变而考试。丁庸变而差役，差役变而雇役。虽圣王复作，必不舍科举而复选举，舍雇役而为差役也。丘甲变而府兵，府兵变而彍骑，而营伍，虽圣王复作，必不舍营伍而复为屯田，为府兵也。……五帝不袭礼，三王不沿乐，况郡县之世而谈封建，阡陌之世而谈井田，笞杖之世而谈肉刑哉！②

与先儒相似，魏氏也谈三代、议周制，而值得注意，魏氏的"三代"论反对倒退，力主向前看：

> 宋儒专言三代，三代井田、封建、选举不可复。③

他提出一个机警的见解：

---

① 魏源：《杂篇·圣武记叙》，《魏源集》，中华书局1976年版，第167页。
② 魏源：《默觚下·治篇五》，《魏源集》，中华书局1976年版，第48页。
③ 魏源：《默觚下·治篇五》，《魏源集》，中华书局1976年版，第48页。

无三代以上之心则必俗，不知三代以下之情势则必迂。[①]

把理想化的"三代"作为遥远目标，有此方可脱俗，而更要认真考察当下的社会实际，据以确定可行之方，如此才不致陷入迂阔。诚哉议周秦之卓见也！

由扬周责秦，导出谴责专制帝制，是龚、魏的共同思路。同时，他们又明确地反对是古非今，魏源说："昨岁之历，今岁而不可用，高、曾器物，不如祖、父之适宜。时愈近，势愈切，圣人乘之，神明生焉，经纬起焉。善言古者，必有验于今矣。"[②] 龚自珍亦倡导改革，指出"自古及今，法无不改，势无不积，事例无不变迁，风气无不移易"[③]，向当政者呼吁自主改革：

一祖之法无不敝，千夫之议无不靡。与其赠来者以劲改革，孰若自改革！抑思我祖之所以兴，岂非革前代之败耶？前代所以兴，又非革前代之败耶？[④]

龚、魏生当专制帝制晚期，盛世将终，乱世已至，"更法"任务迫在眉睫，面对毫无生气的时局，深怀忧愤，又期待风雷式的改制以创新局。龚自珍诗云：

九州生气恃风雷，
万马齐喑究可哀。
我劝天公重抖擞，
不拘一格降人才。[⑤]

---

① 魏源：《默觚下·治篇五》，《魏源集》，中华书局1976年版，第49页。
② 魏源：《皇朝经世文编叙》，《魏源集》，中华书局1976年版，第156页。
③ 龚自珍：《上大学士书》，《龚自珍全集》，上海人民出版社1975年版，第319页。
④ 龚自珍：《乙丙之际箸议第七》，《龚自珍全集》，上海人民出版社1975年版，第5—6页。
⑤ 龚自珍：《己亥杂诗》，《龚自珍全集》，上海人民出版社1975年版，第521页。

龚自珍等人的秦制批判在清末影响深巨，梁启超说："晚清思想之解放，自珍确与有功焉。光绪间所谓新学家者，大率人人皆经过崇拜龚氏之一时期。初读《定庵文集》，若受电然。"[1] 齐思和说："晚清学术界之风气，倡经世以谋富强，讲掌故以明国是，崇今文以变法，究舆地以筹边防。皆魏氏倡导之，或光大之。"[2] 清末的社会批判，锋芒指向秦制的皇权专制，开一代新风，与龚、魏的开启之功颇有关系。

五、"开眼看世界"哲人以近代民主比附周制

时代风云际会促成近人对周秦二制的反思渐次加深。道咸以降以至同光，伴随西学东渐，国人关于制度文化的近代性认知，是在西制刺激下通过反思传统古制获得的。

（一）译介西制的群哲

清季最早萌生近代制度意识的士人，如林则徐、魏源、徐继畬、梁廷枏等，是第一批"开眼看世界"的先驱。值得注意的是，他们皆熟知并向往周制。他们间接或直接获悉近代西制，第一反应便是联想起号称"三代之治"的周制，通过类比思维，达成一种古与今、中与西的比附式沟通。

第一次鸦片战争前后，林则徐、魏源、徐继畬等开始突破"夷夏之防"樊篱，提出"师夷长技以制夷"方略，本节不在此一人所熟知的题目上展开，而试图揭示：这些士人没有把厉行君主专制的秦制作为改革制度的起点，而是远溯"三代"，从周制获取会通中西的变制资源。这是因为，林则徐、魏源、徐继畬们在译介西学（如林的《四洲志》、魏的《海国图志》、徐的《瀛寰志略》）的过程中发现，西来近代民主制与周制

---

[1] 梁启超：《清代学术概论》，中国人民大学出版社 2004 年版，第 197 页。
[2] 齐思和：《魏源与晚清学风》，《魏源思想研究》，湖南人民出版社 1987 年版，第 2 页。

（或曰"三代之制"）似有相类之处，他们熟用中国文化传统的比附之法，自觉不自觉地把周制与西制串联起来，以周制解释西制，又以西制对周制作近代性提升。

林则徐（1785—1850）主持翻译的《四洲志》称"育奈士"（指美国）"遽成富强之国……虽不立国王，仅设总领，而国政操之舆论，所言必施行，有害必上闻，事简政速，令行禁止，与贤辟所治无异。此又变封建、郡县、官家之局，而自成世界者"。称美制与周代的贤君政治一样，又认为美制对周制（封建）、秦制（郡县、官家）有所改变而自立局面。可见林氏论近代制度，处处以西制与周秦二制作异同比较。

魏源（1794—1857）在《海国图志》百卷本中多处流露对西方民主制和工商业的赞美，认为英国的富强是因为不囿于秦制式的重本抑末，而重商（贾）重兵（军事）相互资助，方为雄强之国："不务行教而专行贾，且佐贾以行兵，兵贾相资，遂雄岛夷。"[①]中国应当参考之，发展工商业，"缓本急标"。对于美国和瑞士的民主政体，魏氏以为"其章程可垂奕世而无弊"[②]，瑞士"推择乡官理事，不立王侯"颇类中国古制，是"西土桃花源也，惩硕鼠之贪残而泥封告绝，主伯亚旅，自成卧治，王侯各拥强兵，熟视而民无如何，亦竟置之度外"[③]。以西制与周制相比拟。魏氏关于共和制度的记述值得注意：

> 弥利坚国……公举一大酋总摄之，匪惟不及世，且不四载即受代，一变古今官家之局，而人心翕然，可不谓公乎？议事听讼，选官举贤，皆自下始，众可可之，众否否之，众好好之，众恶恶之，三占从二，舍独徇同，即在下预议之人，亦先由公举，可不谓周乎？[④]

---

① 《海国图志》，中州古籍出版社1999年版，第267页。
② 《海国图志》，中州古籍出版社1999年版，第70页。
③ 《海国图志》，中州古籍出版社1999年版，第317页。
④ 《海国图志》，中州古籍出版社1999年版，第369页。

魏源发现西制的特点：(1) 大酋（大总统）"公举"，"不世及"（不世袭）。(2) 首领四年轮替，不行终身。(3) 议事、审讯，选取官员，"皆自下始"。诸种做法皆与《礼记·礼运》的"大同"精神相吻合，乃公正、周全的良制。通篇将西制与中国的大同之制相类比，以为彼此相通。

梁廷枏（1796—1861）《合省国说·序》也认为西制与周制的"乡举里选""可畏非民""视听自民"类似。梁氏有古今中西会通之识，揭示民主制在立法、司法、行政、选举诸方面的精义：(1) 非人治、行法治，"未有统领，先有国法。法也者，民心之公也"。(2) 依法行政、依法任人，"一国之赏罚禁令，咸于民定其议，然后择人守之"。(3) 统领者由民选产生，"不能据而不退"，"其举其退，一公之民"[①]。这都是借华盛顿案例，以"三代"理想诠释近代民主制。

徐继畬（1795—1873）长期任职广东、福建，较多接触西人、西学，"了然于世界大势"，其西政知识在魏源之上。所撰《瀛寰志略》纵论外域史地，重视英、美等国政制，每每与中国古制作比较。如将美国政制纳入他所熟知的周制系统加以评议，徐氏说：

> 米利坚合众国以为国，幅员万里，不设王侯之号，不循世及之规，公器付之公论，创古今未有之局，一何奇也！[②]

"不设王侯之号，不循世及之规""公器付之公论"都是以《礼记》的《大同》篇、《小康》篇为参照而言之。

徐氏论及美利坚开国元勋华盛顿（1732—1799），更一再以中国古史人物（陈胜、吴广、曹操、刘备）及三代制度与之作比拟：

> 按华盛顿，异人也。起事勇于胜、广，割据雄于曹、刘，既已提三尺剑，开疆万里，乃不僭位号，不传子孙，而创为推举之法，

---

① 梁廷枏：《海国四说·合省国说》，中华书局1993年版，第50页。
② 徐继畬：《瀛寰志略》，上海书店出版社2001年版，第291页。

几于天下为公,骎骎乎三代之遗意。①

徐氏概述近代民主制的要领:领袖"公举",不世袭、不传子孙,"公器"(国家权力)付之公论,而这种"天下为公"的制度,皆与中国古制相通,因而称其"骎骎乎三代之遗意"。这种对近代民主制的赞颂,既表现了对西制的开放态度,也暗示中国文化传统潜藏通往近代民主的路向。

徐继畬的言论产生了国际影响。1867年(《瀛寰志略》刊行近20年后),即将离任的美国驻华公使蒲安臣代表美国政府,将一幅华盛顿肖像赠送给徐继畬,在交接仪式上,蒲安臣赞扬徐氏对华盛顿的介绍和称颂,徐氏答词称,华盛顿的"业绩成为联系古代圣贤和后代人们之间的一种纽带"②。此前的1853年,在华的美国传教士将《瀛寰志略》中赞扬华盛顿"创为推举之法,几于天下为公,骎骎乎三代之遗意"的段落篆刻在石碑上,赠送美国。该石碑题头"钦命福建巡抚部院大中丞徐继畬所著《瀛寰志略》曰",文赞华盛顿丰功伟绩,"创古今未有之局,一何奇也,泰西古今人物能不以华盛顿为称首哉"。1885年美国独立纪念碑(又称华盛顿纪念塔)落成,刻有徐继畬文字的石碑镶嵌在第10级内壁。笔者2000年访问华盛顿时拜谒此碑,深佩徐继畬"开眼看世界"、会通古今中西制度的卓识远见。③

道咸之际开眼看世界的人士还将华盛顿比拟为尧舜,称其"国家有事之秋,效力疆场以御敌;朝野升平之日,归治田亩而逍遥","以己肇国,子亦不传",皆与中国古传的"大同"精神相符合,"虽古尧舜,不啻如是"④。华盛顿在清末赢得"西洋尧舜""异国尧舜"之名,这正是中

---

① 徐继畬:《瀛寰志略》,上海书店出版社2001年版,第277页。
② 德雷克:《徐继畬及其〈瀛寰志略〉》,任复兴译,文津出版社1990年版,第147页。
③ 冯天瑜:《试论道咸经世派的"开眼看世界"》,《近代史研究》1991年第2期。
④ 广东南雄礼贤会宣道子:《华盛顿肇立美国》,《万国公报》第11年,539卷,光绪五年闰三月廿七日(1879年5月17日)。本材料转引自潘光哲:《"华盛顿神话"在晚清中国的创造与传衍》,载中国社会科学院近代史研究所思想史研究室:《西方思想在近代中国》,社会科学文献出版社2005年版。

西比附以促成近代制度认知的例证。

（二）出访西洋的卓识者

清末首位驻外使节**郭嵩焘**（1818—1891）也有相类思路，对西方民主或以周制相"附会"，或以周制为母本，对西制加以"借援"。郭氏每每"叹羡西洋国政民风之美"，将西制比拟周制，认为中国富强的"本源之计"在于学习"西洋政教"，厘正治国之本。[①] 郭氏日记有"中国秦汉以后两千年的政治制度"的概括，此指秦制，郭氏对秦制取整体批评态度，对周制持温和的欣赏，又认为西洋议会民主超迈儒家追怀的"三代""周制"。可见郭氏已超越清末流行的"中体西用"说，较明末清初黄宗羲求之于"古之君"的复古更化路径也高出一筹。郭氏思想的特立独行，是其在国内政坛、文坛被孤立的缘故。至于郭氏对西制的"借援"，更遭到严厉排击，晚年归国的郭氏几无立身之地。此所谓先觉者的孤独与悲凉。李鸿章称："当世所识英豪，于夷务相近而知政体者，以筠仙（郭嵩焘号）为最。"[②]

曾为曾国藩、李鸿章幕僚的**薛福成**（1838—1894），晚年出使英国、法国、意大利、比利时四国，著《筹洋刍议》《出使奏疏》《出使日记》，于西制有所观察与评述。

长期出使日本的**黄遵宪**（1848—1905）著《日本国志》四十卷，重点介绍明治维新，详述明治时期展开的政治、经济、军事、文化制度，并以"外史氏曰"方式，评析其利弊得失，又推论及我国，乃近代性制度史全书，对戊戌变法及此后中国制度变革有深远影响。

曾旅居香港的太平天国干王**洪仁玕**（1822—1864）著《资政新篇》，称西洋"礼义富足"，主张仿西制以变秦制，创"新天、新地、新世界"。容闳（1828—1912）在《西学东渐记》第十章《太平军中之访察》中评曰："干王居外久，见识稍广，故较各王略悉外情，即较洪秀全之识见，

[①] 见郭嵩焘《使西纪程》《郭嵩焘日记》等。
[②] 《李鸿章全集》卷29《信函一》，安徽教育出版社2008年版，第76页。

亦略高一筹。凡欧洲各大强国所以富强之故，亦能知其秘钥所在。"

淮军将领、两广总督**张树声**（1824—1884）长期从事洋务活动，限于时政大局，只能在技艺层面操办经济、军事，制度上不敢越雷池一步。1884年张氏病重，于弥留之际，口诉《遗折》，托继任两广总督张之洞等转奏清廷。"鸟死鸣哀"，张树声坦陈改制构想，《遗折》说："夫西人立国，自有本末，……训致富强，具有体用。育才于学堂，论政于议院，君民一体，上下一心，务实而戒虚，谋定而后动，此其体也；轮船、大炮、洋枪、水雷、铁路、电线，此其用也。"他批评自己参与的洋务运动，"遗其体而求其用，无论竭蹶步趋，常不相及，就令铁舰成行，铁路四达，果足恃欤！"[①] 其临终遗言，把制度改革（改革清代沿袭的秦制）这一根本问题提出，实乃戊戌变法、清末新政之先声。

六、早期改良派的"盛世危言"

与洋务派相伴而起的晚清改良派诸士，如冯桂芬、王韬、薛福成等，曾与洋务派同舟共济，思路略同，中法甲申战争（1884年）、中日甲午战争（1894年）前后，二者离异，改良派诸士揭诸政制变革，批评洋务派徒学西制皮毛，固守君主专制。如严复所说，洋务大吏"告务增其新，而未尝一言变旧"[②]。"增其新"指增添西技西艺，不作"变旧"，指维持君主专权的秦制。而改良派多弘扬周制以责难秦制，又汲纳西学的兴民治、求富强，主张"君民不隔"，"以中国之伦常名教为原本，辅以诸国富强之术"（冯桂芬语），"借西方文明之学术以改良东方之文化"，使中国"日趋于文明富强之境"（容闳语），变秦制的"重本抑末""耕战为务"为"以工商为先"谋求富强（薛福成语），针对清廷的闭锁自守，发出"盛世危言"，形成一个时段的改制思潮，其批评矛头主要指向秦制及

---

① 见张树声《张靖达公奏议》。
② 严复：《上今上皇帝万言书》，《戊戌变法》资料第二册，上海人民出版社2000年版，第319页。

其改良版汉制。

(一) 冯桂芬 (1809—1874)

冯桂芬是早期改良派的先驱。他敬仰顾炎武,在阅览制度史群籍和参与洋务实政的过程中,较早将"周制—秦制—西制"作综会比较,其自述云:"桂芬读书十年,在外涉猎于艰难情伪者三十年,间有私议,不能无参以杂家,佐以私臆,甚且屡以夷说。"[①] "在外涉猎"三十年,指追随林则徐、作李鸿章幕僚,身历洋务;"夷说"即西学、西制;"私议"指《校邠庐抗议》等独具新义的创论。

作为一个真实的历史进步论者,冯氏虽然保留"以中国伦常名教为原本"的基点,却抛弃一味"复三代"的陈说,他指出:"顾今之天下,非三代之天下比矣",赞同司马迁的"法后王""议卑而易行"之说,又补充"鉴诸国""采西学"之议[②]。冯氏指出,夷制(西制)有若干长处,当为吾国制度采纳:"人无弃材,不如夷;地无遗利,不如夷;君民不隔,不如夷;名实必符,不如夷。"[③]

这"君民不隔,不如夷",直斥君主独治,视臣民若草芥、若寇仇的秦制。冯氏锐评秦制与民心民意背道而驰:"三代以下,召乱之源不外两端:下所甚苦之政,而上例行之,甚者雷厉风行以督之;下所甚恶之人,而上例用之,甚者推心置腹以任之。于是鸢鸥可以不分,鹿马可以妄指,沸羹可以清宴,嗷鸣可以为嵩呼。五尺童子皆以为不然,而上犹以为然。……民间疾苦,多愕然谓闻所未闻者。此上下不通之弊也。"[④] 在谴责秦制的同时,冯氏主张恢复周制保留的原始民主遗法:复乡社乡校,行亲民之政;准许人民呈诗以达众议,认为"诗者,民风升降之龟

---

① 冯桂芬:《校邠庐抗议》,上海书店出版社2003年版,第2页。
② 冯桂芬:《校邠庐抗议》,上海书店出版社2003年版,第56页。
③ 冯桂芬:《校邠庐抗议》,上海书店出版社2003年版,第49页。
④ 冯桂芬:《校邠庐抗议》,上海书店出版社2003年版,第35页。

鉴，政治张弛之本原"[1]。他感慨道："微而显，婉而讽，莫善于诗，后世以为迂阔而废之，宜乎上下之情之积而不能通也。"[2] 冯氏还批评汉制的官员繁多，在《校邠庐抗议》中提出"汰冗员议"，认为大官中多皆赘疣，亟当淘汰乃至"大撤""全撤"。指出"大小京官莫不仰给于外官之别敬、炭敬、冰敬。其廉者有所择而受之，不廉者百方罗致，结拜师生弟兄以要之"[3]。

就对君主专权的秦制批判的尖锐程度而言，冯桂芬已超越洋务派，而成为引领改良派的先驱。戊戌变法时期（冯桂芬去世二十余年后），光绪皇帝师傅及办学大臣孙家鼐（1827—1909）奏请皇帝颁行冯桂芬《校邠庐抗议》、汤寿潜《危言》、郑观应《盛世危言》三书，称"其书皆主变法，臣亦欲皇上留心阅看，采择施行"[4]。孙家鼐特别强调，"臣观冯桂芬、汤寿潜、郑观应三人之书，以冯桂芬《抗议》为精密"[5]。光绪立发上谕："着荣禄迅即饬令刷印一千部，剋日送交军机处，毋稍迟疑。"[6] 随后，陈鼎（1854—1904）撰《校邠庐抗议别论》，发挥冯桂芬思想，提出"采西学""制洋器""善驭夷""重专对""汰冗员""免回避""厚养廉""变服装""合宗教""通语言文字""通婚姻"等建策，深得光绪赏识，颁布谕旨，令诸臣"悉心阅看"。冯桂芬及其追随者在近代制度改革中的地位可见一斑。

（二）王韬（1828—1897）

维新思想家、报人王韬是改良派的卓异之士，也是在域外（英、法、德、日等）见闻最丰富者。他对洋务派"仅关注器物之变"的做法持批评态度，认为只有作深层次政制改革，才能挽回民心，其"去弊"建策，

---

[1] 冯桂芬：《校邠庐抗议》，上海书店出版社2003年版，第34页。
[2] 冯桂芬：《校邠庐抗议》，上海书店出版社2003年版，第34页。
[3] 冯桂芬：《校邠庐抗议》，上海书店出版社2003年版，第8页。
[4] 中国史学会编：《戊戌变法》第二册，上海人民出版社2000年版，第430页。
[5] 中国史学会编：《戊戌变法》第二册，上海人民出版社2000年版，第430页。
[6] 中国史学会编：《戊戌变法》第二册，上海人民出版社2000年版，第40页。

要在消除君主专制，力主建立"与众民共政事"的君主立宪制度。王氏称，君宪制有中国三代遗风，而君主专权的官僚政制为恶颇甚，"君既端拱于朝，尊于二上，而趋承之百执事出而莅民，亦无不尊，辄自以为朝廷命官，尔曹当奉令承教；一或不尊，即可置之死地，尔其奈我何？惟知耗民财，殚民力，敲骨吸髓，无所不至。囊橐既满，飞而飏去，其能实心为民者无有也"①。王韬与《商君书》虐民、弱民、愚民之论针锋相对，以民本论的传统语汇，力倡民主政制。他说：

> 治民之要，在乎因民之利而导之，顺民之志而通之。
>
> 治民之大者，在上下之交不至于隔阂，……勿以民为弱，民盖至弱而不可犯也；勿以民为贱，民盖至贱而不可虐也；勿以民为愚，民盖至愚而不可欺也。夫能与民同其利者，民必与上同其害；与民同其乐者，民必与上共其忧。②

清末的王韬继明末清初的黄宗羲之后，把声讨君主专制推向又一高峰，而王氏对秦制的谴责已上升到近代民主主义的水平线。

王韬力主学习西学，尤其崇尚其科学精神，深赞培根"其言务在实事求是，必考物以合理，不造理以合物"③。

王韬介绍西学、西制，不限于技艺层面，还深探人文社会领域，如《法国志略》取材丰赡，大大超越魏源《海国图志》的"大西洋"篇，其关于拿破仑一世的兴衰专列十五节，详述法国大革命及拿破仑功业与失败，对"拿破仑法典"作肯定性介评，称其遵循18世纪80年代法国大革命传统，"循千七百八十年原理，定二千三百条律例，名之曰《民法》，……仓此法一行，褒赏遍加，民权均一，无复贵贱悬隔之弊"④。

---

① 王韬：《弢园文录外编》，辽宁人民出版社1994年版，第35页。
② 王韬：《弢园文录外编》，辽宁人民出版社1994年版，第35页。
③ 王韬：《瓮牖余谈》，岳麓书社1988年版，第44页。
④ 王韬：《重订法国志略》卷6，上海淞隐庐铅印本，第12页。

王韬倡导研习西制，又反对盲从，主张"法苟择其善者而去其所不可者，则合之道矣"，认定"善为治者，不必尽与西法同"①。日本友人赞王说为"千古笃论"。

（三）郑观应（1842—1922）

实业家、启蒙思想家郑观应针对清道光西学东渐以来，朝野议论少有对洋务运动"重技轻政"历史教训的深切总结，沉痛指出："六十年来，万国通商，中外汲汲然言维新，言守旧，言洋务，言海防，或是古而非今，或逐末而忘本，求其洞见本源，深明大略者有几人哉？"②他考究西学以对照中土之制后说：

> 察其习尚，访其政教，考其风俗利病得失盛衰之由，乃知其治乱之源，富强之本，不尽在船坚炮利，而在议院上下同心，教养得法。兴学校，广书院，重技艺，别考课，使人尽其才；讲农学，利水道，化瘠土为良田，使地尽其利；造铁路，设电线，薄税敛，保商务，使物畅其流。凡司其事者必素精其事，为文官者必出任自仕学院，为武官者，必出自武学堂，有升迁而无更调，各擅所长，名副其实。③

郑观应这些改制建策得之于对周秦二制的解构，值得注意的是，郑氏称西制"皆霸术（即秦制）之绪余"，希望吾国"宅中驭外，守尧舜、文武之法……宪章王道"，把西制归于秦制的变种，主张综会周—秦—西三制，"由霸图王，四海归仁"④，可见其学习西学与解构周秦二制紧密关联。郑氏首次正式要求清廷"立宪法"，首倡"宪法""商战"。郑观应

---

① 王韬：《扶桑游记》，湖南人民出版社1982年版，第231页。
② 郑观应：《盛世危言》，华夏出版社2002年版，第10页。
③ 郑观应：《盛世危言》，华夏出版社2002年版，第10页。
④ 郑观应：《盛世危言》，华夏出版社2002年版，第19页。

与法学家伍廷芳切磋，提出"宪法为国家根本永久大法"，在《致伍秩庸侍郎书》中说："宪法为一国之母法，必先有良好之宪法，然后各种法律始有所根据。"在《与潘兰史征君论国会及时局书》中说："最好使宪法仅规定其简单为实行立国大法，但列根本要点，不及繁琐条文，时要其能保障代议机关之存在。"郑氏参酌秦制的诸律法，又大大超越秦制，在《盛世危言后编》中阐明宪法远逾秦制的三原则：民权原则、法治原则、三权分立原则，这样，"立宪利于国、利于君、利于民，不利于官"。因为"盖宪法立则上下无偏，君民共守，而酷吏不得假君上之权，任意虐行"①。这是有限度地扬弃秦制之法，弘扬周制的"民为邦本，本固邦宁"之义，"民权愈伸，君权愈尊，朝野一心"。其说尚未突破君治，试图通过汲纳西制，走周秦交会的君民合治之路。

七、维新志士解构周秦二制的多元走向

不同程度参与戊戌维新的清末诸子，更明确地把解构周秦二制引向现实的政治改革。他们变革君主专制的目标大体一致，但对周秦二制的取舍、褒贬却颇相歧异，因而其选择的变制路径纷然有别。

（一）康有为（1858—1927）

戊戌变法主将康有为每论周制、秦制必导入"虚君共和"，清末民初康氏议制度改革，常与防止府院之争（政府与议院之争）相连；论周之封建、秦之郡县必联系到采用联邦制须防止各省自治分裂，维系中央集权。效法周制，汲纳秦制，兼采西制，是康氏三位一体的政制论。②康有为对中国制度文化作综合探索后的结论是：

吾中国二千年来，凡汉、唐、宋、明，不别其治乱兴衰，总总

---

① 夏东元编：《郑观应集·〈盛世危言〉后编》，中华书局2013年版，第397、387、368页。
② 见《康有为学术著作选·康子内外篇》，中华书局1988年版。

皆小康之世也。凡中国二千年儒先所言,自荀卿、刘歆、朱子之说所言,不别其真伪精粗美恶,总总皆小康之道也。其故则以群经诸传所发明,皆三代之道,亦不离乎小康故也。①

康氏的宏图远志是超越"小康",达成《礼记》传说的"大同"之旨,"发礼意之本""掸先圣制作之意焉"②。这当然只是一种乌托邦,但康氏的现世设计确有振作气势:

> 窃以为今之为治,当以开创之势治天下,不当以守成之势治天下,当以列国并立之势治天下,不当以一统垂裳之势治天下。盖开创则更新百度,守成则率由旧章。列国并立,则争雄角智;一统垂裳,则拱手无为。言率由而外变相迫,必至守成不成;言无为而诸夷交争,必至四分五裂。③

这是总结周秦二制经验教训,以应时局的建议:"筹自强之策,计万世之安,非变通旧法,无以为治。"④提及《洪范》之大疑大事,谋及庶人为大同;《周礼》之询谋询迁,皆合大众;汉有征辟有道之制,宋有给事封驳之条。

康氏反复引述孟子轻君重民言论,其评价是:"此明民主之义。民主不能以国授人,当听人之共举。"⑤表明康氏崇仰周制民本,而与近代民主尚存距离。这是清末解构周秦二制的论者共有的认知水平。

(二)严复(1854—1921):评秦的二重变奏

光绪宣统之际,兼通中西制度的严复探究"群己权界"(社会与个

---

① 《康有为文选》,上海远东出版社1997年版,第169页。
② 《康有为文选》,上海远东出版社1997年版,第169页。
③ 《康有为文选》,上海远东出版社1997年版,第273页。
④ 《康有为文选》,上海远东出版社1997年版,第273页。
⑤ 康有为:《孟子微》,中华书局1987年版,第103页。

人的权利分野),对"法意""民权""个人"等概念作切实的阐发,将法治、自由、人权和个性解放等理念与周制文化、秦制文化加以比较,从世界文化的视角扬周制责秦制。严氏运用卢梭的天赋人权论和孟德斯鸠的民主政治论,力辟秦制的"君权神授"论,1895年作《辟韩》,痛斥韩愈《原道》宣扬的绝对君权论,指出其为"桀、纣、秦政之治",直辟"君权天授"论:"夫自秦以来,为中国之君者,皆其尤强梗者也,最能欺夺者也,窃尝闻道之大原出于天矣。今韩子务尊其尤强梗、最能欺夺之一人,使安坐而出其唯所欲为之令,而使天下之民各出其苦筋力、劳神虑者以供其欲,少不如是焉则诛。"① 严复斥责专制君主,颇类黄宗羲、唐甄之论,而又更鲜明地为民争权。

严氏指出,君民本是依据"通功易事"原则确立的契约关系,"君"是民"出什一之赋"养活的"公仆隶","民"才是天下"真主",故专权君主是窃国大盗:

> 秦以来之君,正所谓大盗窃国者耳。国谁窃?转相窃之于民而已。②

他比照西洋政治:

> 是故西洋之言治者曰:"国者斯民之公产也,王侯将相通国之公仆隶也。"而中国之尊王者曰:"天子富有四海,臣妾亿兆。"……夫如是,则西洋之民,其尊且贵也,过于王侯将相;而我中国之民,其卑且贱,皆奴产子也。③

严复力辟秦法:"秦固有法,而自今观之,若专制之尤者",秦法

---

① 《辟韩》,《严复集》第一册,中华书局1986年版,第32页。
② 《辟韩》,《严复集》第一册,中华书局1986年版,第33页。
③ 《辟韩》,《严复集》第一册,中华书局1986年版,第35页。

"直刑而已矣。所以驱迫束缚其臣民,而国君超乎法之上,可以意用法、易法,而不为法所拘"①。

严氏声讨秦制,明示国家权力本属民众,君主是从民众那里掠取之。他指出以往论制都未脱出君主制:"中国之治制,运隆则为有法之君主,道丧则为专制之乱朝,故其中谈治之策,经世之文,皆当本君主之精神而观之,而后知其言之至善。脱以民主之义绳之,则大谬矣。"②直辟君主制的反民主之谬。

严复晚年有复归秦制倾向,认为推行秦制的法家学说有益于国家统一和救亡。严氏说:

> 齐之强以管仲,秦之起以商公,其他若申不害、赵奢、李悝、吴起,降而诸葛武侯、王景略,唐之姚崇,明之张太岳,凡为强效,大抵皆任法者也。……是故居今而言救亡,学惟申、韩庶几可用。③

晚年严复的崇秦,意在更法改革,试图以申韩之学挽救危亡。

(三)谭嗣同(1865—1898):冲决秦制罗网、突破荀学轨范

晚清辟秦之敝,以戊戌变法烈士谭嗣同达于极致。谭氏早年受墨子兼爱及黄宗羲、王夫之、龚自珍思想影响颇深,深恶皇权专制。甲午惨败后,痛感"大化之所趋",须"尽变西法",撰《报贝元征》(1895)、《仁学》(1896),倡"君末民本""君由民择",指古今专制君主为"独夫民贼","君为独夫民贼,而犹以忠事之,是辅桀也,是助纣也"④。指纲常名教为桎梏人民的网罗,号召"冲决网罗"。他深责"暴秦"行弊法,谴责清代"不但非儒术而已,直积乱二千余年暴秦之弊,且几于无法"。他

---

① 严复:《孟德斯鸠法意按语》,商务印书馆1981年版,第100页。
② 严复:《孟德斯鸠法意按语》,商务印书馆1981年版,第100页。
③ 《严复集》第三册,中华书局1986年版,第619页。
④ 谭嗣同:《仁学》,辽宁人民出版社1994年版,第75页。

对周制似有景仰之意，又认为周制已被秦制荡除，无所皈依。他列举周制诸条发问道："井田可复乎？封建可复乎？世禄可复乎？宗法可复乎？一切典章制度，声明文物，又泯然无传，非后世所能冯虚摹拟。此数者，周公借以立法之质地也。数者不可复，其余无所依附"，"古法绝废，无以为因"①。

(1) 冲决罗网

复周而不得，谭氏力主冲决一切桎梏人的网罗，打破名教的束缚：

> 初当冲决利禄之网罗，次冲决俗学若考据、若词章之网罗，次冲决全球群学之网罗，次冲决君主之网罗，次冲决伦常之网罗，次冲决天之网罗，次冲决全球群教之网罗，终将冲决佛法之网罗。②

在诸般网罗中，谭氏最注重的是"君主之网罗"。他继承顾炎武区分天下国家之说，认为君主的国家不必效忠：

> 一姓之兴亡，渺渺乎小哉，民何与哉！③

民为君国死节，乃"本末倒置"。他指出，"古之所谓忠，以实之谓忠也"。"忠"对君与臣是"共辞"（对双方共同的要求），"岂又专责之臣下乎？"④君—臣罗网是秦制编织的，且"彼君主者，独兼三纲而据其上"⑤，故首先应当冲决君主网罗。

(2) 秦政大盗，荀学乡愿

谭氏反顾思想史历程，将孔学分为孟、庄两支，孟子"故畅宣民主

---

① 谭嗣同：《报贝元征》，《谭嗣同全集》，中华书局1981年版，第201页。
② 谭嗣同：《仁学》，辽宁人民出版社1994年版，第6页。
③ 谭嗣同：《仁学》，辽宁人民出版社1994年版，第74页。
④ 谭嗣同：《仁学》，辽宁人民出版社1994年版，第75页。
⑤ 谭嗣同：《仁学》，辽宁人民出版社1994年版，第85页。

之理",庄子"故痛诋君主",而"不幸此两支皆绝不传",荀子"乃乘间冒孔之名以败孔之道,曰'法后王,尊君统'……又喜言礼乐刑政之属,惟恐箝制束缚之具之不系也。一传而为李斯,而其为祸亦暴著于世矣"①。汉、唐、宋皆承秦之绪,"显背民贵君轻之理,而谄一人,以犬马土芥乎天下","尽窒生民之灵思"。谭嗣同揭示二千年的秦制:

> 二千年来君臣一伦,尤为黑暗否塞,无复人理,沿及今兹,方愈剧矣。②

又指出秦制焚书以愚弄庶众,还不及汉代用诗书愚弄庶众:

> 焚《诗》《书》以愚黔首,不如即以《诗》《书》愚黔首,嬴政犹钝汉矣乎!彼为荀学而授君主以权……③

谭氏抨击秦制及为其论证的荀学。

谭嗣同对秦以下两千余年的儒学作如此辨析:孔子后的儒学分为两支,一由曾参传子思再传孟子,一由子夏传田子方再传庄子,两支的异中之同是谴责君主专制的秦制,而时至秦汉,秦制势盛,两支皆有式微之象,值此之际,荀卿之学借弟子韩非、李斯大张其势,"暴著于世矣",秦汉以下荀学主导政坛、学界,如萧公权所言:"儒家思想由维护封建制度一变而拥护专制政体,成为二千年中之正统学派。"④谭嗣同、夏曾佑等因以持强烈的"排荀"观点。谭氏在戊戌变法前夕说:

> 悲夫!悲夫!民生之厄,宁有已时耶?故常以为二千年来之

---

① 谭嗣同:《仁学》,辽宁人民出版社1994年版,第68页。
② 谭嗣同:《仁学》,辽宁人民出版社1994年版,第71页。
③ 谭嗣同:《仁学》,辽宁人民出版社1994年版,第71页。
④ 萧公权:《中国政治思想史》上册,商务印书馆2011年版,第18页。

政,秦政也,皆大盗也;二千年来之学,荀学也,皆乡愿也。惟大盗利用乡愿,惟乡愿工媚大盗。二者相交相资,而罔不托之于孔。①

谭嗣同的思想锋锐已突破改良派的柔性君治樊篱,进到全面否定君主制,从而与清末革命派同伍。

值得特别关注的是,谭嗣同不仅厉批秦制三纲的"君臣"一伦,对"父子""夫妇"两伦也作解剖。他说:

> 君臣之祸亟,而父子、夫妇之伦,遂各以名势相制为当然矣。此皆三纲之名之为害也。②

谭氏对夫权之酷,妇女受压迫之苦,有深度剖析:"夫既自命为纲,则所以遇其妇者,将不以人类齿。……自秦垂暴法,于会稽刻石,宋儒炀之,妄为'饿死事小,失节事大'之瞽说,直于室家施申韩,闺闼为岸狱,是何不幸而为妇人。"③

谭氏《仁学》的社会批判锋芒已不限于秦制的君主专权,还指向宗法礼教的方方面面,已开启新文化运动批判"旧礼教"的先声。

谭氏承袭明末何心隐"人伦有五,公舍其四,而独置身于师友圣贤之间"的观点,认为"五伦中于人生最无弊而有益,无纤毫之苦,有淡水之乐,其惟朋友乎!"原因是择交一曰"平等",二曰"自由",三曰"节宣惟意","总括其义,曰不失自主之权而已矣"。谭氏结论曰:"伦有五,而全具自主之权者一,夫安得不矜重之乎!"④谭氏进而引申出民主之总义:

---

① 谭嗣同:《仁学》,辽宁人民出版社 1994 年版,第 70 页。
② 谭嗣同:《仁学》,辽宁人民出版社 1994 年版,第 84 页。
③ 谭嗣同:《仁学》,辽宁人民出版社 1994 年版,第 85 页。
④ 谭嗣同:《仁学》,辽宁人民出版社 1994 年版,第 86 页。

> 民主者，天国之义也，君臣朋友也；父子异宫异财，父子朋友也；夫妇择偶判妻，皆由两情自愿，而成婚于教堂，夫妇朋友也；至于兄弟，更无论矣。①

试图将五伦皆纳入平等、自由的朋友关系中。

（四）章太炎（1869—1936）："扬秦""尊荀"

清民之际评秦，"有学问的革命家"章太炎为一异军。

戊戌变法以后，与康有为、严复、梁启超辈扬周抑秦成反照，"狂傲、癖怪"的章太炎高张颂秦旗帜，推崇君主集权，反对贵族分权，其基本观点与战国时商鞅、韩非相似。章氏说："人主独贵者，其政平；不独贵，则阶级起。"称赞秦行"直政"："要以著之图法者，庆赏不遗匹夫，诛罚不避肺府，斯为直耳。古先民平其政者，莫遂于秦。秦始负扆以断天下，而子弟为庶人；所任将相，李斯、蒙恬皆功臣良吏也。"②章氏认为，秦政之公正廉明超过汉唐宋明，文景之治不可比，"其视孝文，秦皇犹贤也"。

章氏援引法家之论："明主之吏，宰相必起于州部，猛将必发于卒伍。夫有功者必赏，则爵禄厚而愈劝；迁官袭级，则官职大而愈治。"③章氏列举汉武帝等违背法教，宠任亲贵卫氏、霍氏，摧抑宿将李广、程不识，认为秦远高于汉，"以秦皇方汉孝武，至于孝文，云有高山大湫之异"④。

章氏认为秦二世而亡，并非秦制过失，贾谊的《过秦论》乃浅见：秦"卒亡其国者，非法之罪也。……如贾生之过秦，则可谓短识矣"。秦始皇的缺点只在大修宫室、坑术士等，没有别的过失："秦皇微点，独在

---

① 谭嗣同：《仁学》，辽宁人民出版社 1994 年版，第 88 页。
② 章太炎：《秦政记》，广东人民出版社 1974 年版，第 11—12 页。
③ 《韩非子·显学》。
④ 章太炎：《秦政记》，广东人民出版社 1974 年版，第 15 页。

起阿房，及以童男女三千人资徐福，诸巫食言，乃坑术士，以说百姓。其他无过。"[1]

章太炎1901年初稿、1910年定稿的《秦献记》（与《秦政记》1910年同时刊发于日本东京《学林》第二册，1914年3月在中国发表于《雅言》第六期），具体辨析秦始皇"焚书"，认为秦的焚书是为了树立政权的威势，所谓"不燔六艺，不足以尊新王"，并没有压抑住士人的思想，"秦虽钳语烧《诗》《书》，然自内外荐绅之士与褐衣游公卿者，皆抵禁无所惧，是岂无说哉？"[2]细品章文，可见其矛头指向袁世凯的尊孔以复辟帝制。

与"扬秦"相联系，章太炎早年还赞颂荀子，曾撰《尊荀》一文，主张"法后王"，质问"何古之足道？"指出"荀子所谓后王者，则素王（指孔子）是；所谓法后王者，则法《春秋》是。《春秋》作新法，而讥上变古易常"[3]。这是对谭嗣同、夏曾佑"排击荀卿"论的一种反驳。

谭嗣同等从谴责君主专权的角度声讨秦制的祖师荀况，自有其理据，但章氏尊荀也自有道理——肯定荀子的"群学"，肯定荀子构建群体秩序的思想和社会进化的思想。以为荀子的这些见解与近代从西方传入的进化论和社会学理念古今相通。

时人评述，章氏议秦有很强烈的主观色彩，不似严复（几道）、梁启超（任公），"太炎先生之学，主观之学也。……其主观色彩之浓重，颇似康氏，故与几道客观之学及任公主观客观交用之学，均不相侔"[4]。但笔者以为，章太炎扬秦、尊荀的"主观之学"为一偏之见，但内含卓识，值得我们在讨论错综复杂的中国制度史时认真思考、参酌。限于篇幅，本目无法展开议论，学友们可就此另择场合深入讨论。

---

[1] 章太炎：《秦政记》，广东人民出版社1974年版，第20页。
[2] 章太炎：《秦献记》，广东人民出版社1974年版，第28—29页。
[3] 章太炎：《尊荀》，《章太炎全集》第3册，上海人民出版社1984年版，第7页。
[4] 甘蛰仙：《最近二十年来中国学术蠡测——为〈东方杂志〉二十周年纪念作》，冯天瑜：《中国学术流变——论著辑要》，上海人民出版社2019年版。

（五）何启（1859—1914）、胡礼垣（1847—1916）：分梳周制与秦制，挑战"中体西用"论

戊戌变法前后，与洋务派相伴生的改良派崛起，代表人物冯桂芬、王韬、薛福成、陈炽、马建忠、郑观应等在操办洋务的过程中，逐渐与"师夷长技"却基本维持秦制的洋务大吏分道扬镳。改良派诸子不满足于仅仅学习西方的坚船利炮和工商业技艺，还试图突破君主专制，仿效西方近代政治制度，遂与洋务派就如何解构周秦二制展开辩议，其典型的论战发生在洋务殿军张之洞与改良派何启、胡礼垣之间。

1898年春，戊戌变法处于决战关头，因办洋务有成而享盛誉的湖广总督张之洞进呈并刊发《劝学篇》，"内篇务本，以正人心；外篇务通，以开风气"。张氏两线作战：批评顽固派"守旧""不知道"，抨击维新派"菲薄名教""不知本"，试图另辟路径——"旧学为体，新学为用，不使偏废"①。张氏在《劝学篇》内篇的《教忠》《明纲》《宗经》《正权》诸目，混淆周制与秦制，为自己坚持的秦制（君主专制、纲常名教）到周制和儒学原旨中找依据，以加强本论的感召力。

得清廷大力推助，《劝学篇》发行数百万册，播扬海内外，同时又遭到改良派驳诘。严复等批评其食古不化、逻辑混乱，"实堕宋人体用看成两橛之迷障"②。而系统清算《劝学篇》，侧重揭露其反民权思想的，则是长期旅居香港的何启、胡礼垣合著的《〈劝学篇〉书后》。何、胡之论，详见拙编《〈劝学篇〉〈劝学篇书后〉注评》③，依本书题旨，这里只略述何启、胡礼垣与张之洞诠释周秦二制的分歧，而这种分歧，昭示了近代中国人不同的历史借鉴方向。

张之洞《劝学篇》认定"三纲为中国神圣相传之至教"，"故知君臣之纲，则民权之说不可行也；知父子之纲，则父子同罪、免丧、废祀之

---

① 张之洞：《劝学篇》，冯天瑜、姜海龙译注，中华书局2016年版，第195页。
② 《张文襄公大事记·体仁阁大学士张公之洞事略》。
③ 冯天瑜：《〈劝学篇〉〈劝学篇书后〉注评》，湖北人民出版社2002年版。

说不可行也；知夫妇之纲，则男女平权之说不可行也"①。张氏为君主专制、纲常名教寻找历史依据：君治、纲常植根于周制、渊源于儒学元典。而何启、胡礼垣敏锐地抓住症结，揭示"三纲"说并非源于周制，也不是出自儒学元典。《〈劝学篇〉书后》指出：

> 三纲之说，非孔孟之言也。
> 三纲之说，出于《礼纬》，而《白虎通》引之，董子释之，马融集之，朱子述之，皆非也。②

三纲说初拟于汉代纬书，唐人孔颖达疏解《礼记·乐记》的"纪纲"之论时引用《礼纬含文嘉》云："三纲谓君为臣纲，父为子纲，夫为妻纲。"东汉班固撰《白虎通》正式罗列"三纲六纪"，其文曰："三纲者，何谓也？君臣、父子、夫妇也。"③而纲纪说起于《吕氏春秋》："用民有纪有纲，壹引其纪，万民皆起，壹引其纲，万目皆张。"④可见纲纪说、三纲说成于秦汉之际以至东汉，是秦制派生物，而纵览《诗》《书》《易》乃至《论语》《孟子》等周制元典，未见三纲说踪影，这一并不复杂的考证，揭示了三纲说的非元典性，其不过是后儒制造的"不通之论"。这对标榜古文经学的张之洞是很难堪的事情，故而其对何启、胡礼垣一直耿耿于怀。

何、胡善作中西文化比较，每将周制与西制相类比，而与秦制相对待，发现秦制"三纲"与周制"五伦"产生时代及包含内容大有差异：

> 汉宋之学重三纲，泰西之学重五伦。重三纲者有君无民，重五

---

① 张之洞：《劝学篇》，冯天瑜、姜海龙译注，中华书局2016年版，第73页。
② 《劝学篇书后·明纲篇辩》，冯天瑜：《〈劝学篇〉〈劝学篇书后〉注评》，湖北人民出版社2002年版，第242页。
③ 陈立：《白虎通疏证》，中华书局1994年版，第373页。
④ 《吕氏春秋·离俗览·用民》，中华书局2011年版，第705页。

伦者君民兼顾，此君权民权之别，中外学术所由分也。[1]

由周制派生的"五伦"说，倡导人伦关系的和谐，双向互爱，"父子有亲，君臣有义，夫妇有别，长幼有序，朋友有信"[2]，即所谓君义臣忠，父慈子孝，兄友弟恭，夫妇相敬如宾，朋友荣辱与共。而秦制"三纲"，是一种单向垂直统辖的威权主义的人伦观。《〈劝学篇〉书后》会通古今中西，指出秦制三纲说与民权观对立，周制五伦说则与西学的民主平权相联通。《〈劝学篇〉书后》在此揭开了一个对专制统治者很不利的文化史秘密。

何、胡突破儒学独尊樊篱，指出"儒者不过九流之一。夫各流皆有其所谓精，亦有所谓病，未可以一流而概众流也。以一流而概众流，势必是非蜂起，是率天下以相争也"[3]。这显然是提倡周制的文化多元，批评秦制的文化一统。

《劝学篇》严分内外篇，隔离西学的内（政教）与外（技艺），何、胡指出其弊端："不知无其内，安得有其外"，只学西学技艺层面（外），拒绝西学政教层面（内），不可能实现中西会通，"今止言学其外而不学其内，此而名之曰'会通'，何'会'之有？何'通'之云？"[4]

何、胡的周秦之辩还将周制（三代之治）与秦制的君主集权区别开来，而与西方近代政制相类比，认为"尧舜三代之隆"与"泰西富强之本"都是实行民权的结果。[5] 在内学（政教）层面实现中西会通。

《〈劝学篇〉书后》的锋芒甚锐，指张之洞"其志则是，其论则非，

---

[1] 《劝学篇书后》前总序，见冯天瑜：《〈劝学篇〉〈劝学篇书后〉注评》，湖北人民出版社2002年版。
[2] 《孟子·滕文公上》。
[3] 《劝学篇书后·宗经篇辩》，见冯天瑜：《〈劝学篇〉〈劝学篇书后〉注评》，湖北人民出版社2002年版，第276页。
[4] 《劝学篇书后·会通篇辩》，见冯天瑜：《〈劝学篇〉〈劝学篇书后〉注评》，湖北人民出版社2002年版，第320页。
[5] 《劝学篇书后·正权篇辩》，见冯天瑜：《〈劝学篇〉〈劝学篇书后〉注评》，湖北人民出版社2002年版，第327页。

不特无益于时，然且大累于世"，"深恐似此之说，出自大吏，……又害我中国十年"①。

张氏《劝学篇》演出"开新"与"卫道"二重变奏，深具矛盾性，其对中国近代化进程发挥积极的与消极的双重影响，而《〈劝学篇〉书后》力辟其短，自成一格。《〈劝学篇〉书后》刊行三年后，张之洞仍对其耿耿于怀，称该书"宗旨专助康梁，其尤力驳者《教忠》《明纲》《正权》《宗经》数篇，谓鄙人《教忠》篇称述本朝十五仁政条条皆非，痛诋国家，改为十五不仁，一也。谓君臣父子三纲之说为非古，二也。谓只当有民权……可谓丧心病狂无忌惮"②。平情而论，张之洞所列清朝"十五仁政"（如薄赋、救灾、惠工、慎刑、戒侈等）是不应全盘否定的，但指三纲"非古"（三纲不是古代周制所产、并非出自先儒元典），何启、胡礼垣确乎言之有据，伸张民权更是在理，张南皮大发脾气也无法抹杀何、胡此二评议。《皇朝蓄艾文编》编者于宝轩称，《〈劝学篇〉书后》"崇论宏议，学贯中西"，然"持论诚有过苛，或见解失之一偏。此盖痛心时势，有激而谭，引《春秋》责备贤者之义，遂将原书（指《劝学篇》）概行抹杀。读者不可不知"。此为公允平正之论。

八、晚清革命派非秦，力辟君主专制，引入民主共和

继维新派而起、与立宪派同期并生的革命派，高扬民族、民权、民生旗帜，主张推翻清王朝的专制帝制，建立民主共和国。关于清末革命派，所论甚多，此不详述，仅从制度史角度对民权主义略作评议。

（一）孙中山以民主共和制取代秦汉帝制

孙中山（1866—1925）继承周制的民本传统及明清之际新民本思想

---

① 《劝学篇书后》前序，见冯天瑜：《〈劝学篇〉〈劝学篇书后〉注评》，湖北人民出版社2002年版，第222页。

② 《致保定袁制台江宁刘制台》，《张之洞全集》第10册，武汉出版社2008年版，第362页。

(孙中山赏识黄宗羲的《明夷待访录》、顾炎武的《日知录》),认为中国有实行民主制的历史潜质,这便是《礼记》的"大道之行,天下为公"("天下为公"是孙中山题写最多的条幅),《孟子》的"民为贵,社稷次之,君为轻",《尚书》的"天视自我民视,天听自我民听",更对黄宗羲的《原君》《原臣》大为称赏,广为题赠中外朋友。孙中山又对西方近代民主共和十分向往,参酌西方政制,提出民权主义、五权宪法、地方自治、权能分治,反对专制帝制。同盟会《革命方略》称:

> 今者由平民革命以建国民政府,凡为国民皆平等以有参政权。大总统由国民共举。……敢有帝制自为者,天下共击之! ①

反顾历史,孙中山痛论:

> 洎自帝其国,威行专制,在下者不堪其苦,则民权主义起。……今者中国以千年专制之毒而不解,异种残之,外邦逼之,民族主义、民权主义殆不可以须臾缓。②

孙氏等清末民初民主主义者把批判锋锐直指秦制核心——专制帝制,这种批判包括国体和政体两方面内容,其国体观是推翻君主专制制度,"执共和主义""五权宪法";其政体观坚持"主权在民",将中外古今的"民本"诉求熔于一炉,行"代议政体""政觉政治"。孙氏领导的同盟会发动的辛亥革命,推倒了秦制的最后形态——清王朝的专制帝制,"民国底定,共和政府成立",1912 年 3 月 5 日《时报》刊发《新陈代谢》一文,列举辛亥革命功绩:

> 共和政体成,专制政体灭;中华民国成,清朝灭;总统成,皇

---

① 《孙中山全集》第 1 卷,中华书局 1981 年版,第 297 页。
② 《孙中山全集》第 1 卷,中华书局 1981 年版,第 288 页。

帝灭；新内阁成，旧内阁灭；新官制成，旧官制灭；新教育兴，旧教育灭……①

这种兴灭，在一定意义上可以称之"秦制灭，近代新制度成"。

辛亥革命不仅推翻了一个帝制王朝，而且使得一切恢复专制帝制的倒行逆施只能昙花一现。辛亥革命后，发生过1915—1916年的袁世凯洪宪复辟，1917年的张勋复辟，都迅速瓦解。梁启超1922年在《五十年中国进化概论》中说："任凭你像尧舜那样贤圣，像秦始皇、明太祖那样强暴，像曹操、司马懿那样狡猾，再要想做中国皇帝，乃永远没有人答应。"②这无疑是推倒秦制的辛亥革命的功绩。

孙中山批判秦制的独到之处在于，揭示了中国三千载无民治，故推翻暴政唯有"革命"一途。他引述一位英国人的论说，阐发"革命"在中国政治机制中的关键作用：

中国人数千年来惯受专制君主之治，其人民无参政权，无立法权，只有革命权。他国人民遇有不善之政，可由议院立法改良之；中国人民遇有不善之政，则必以革命易之。③

在某种意义上可以说，秦制是革命（造反）孵化器，革命（造反）频繁是秦制产物。

孙中山深信自己的民权、共和制度构想是顺乎世界潮流的，他说："我们顺着潮流去做，纵然一时失败，将来一定成功，并且可以永远的成功。"④孙氏制度观洋溢着历史进步性和人民性。

---

① 《时报》1912年3月5日，第10版。
② 梁启超：《五十年中国进化概论》，《梁启超全集》第十一集《论著十一》，中国人民大学出版社2018年版，第407页。
③ 《孙中山全集》第1卷，中华书局1981年版，第442页。
④ 《三民主义·民权主义》，《孙中山全集》第9卷，中华书局1981年版，第267页。

（二）宋教仁主张中央集权，以民选责任内阁制保障国权的分工与集中的统一

与孙中山相近，宋教仁（1882—1913）力倡推翻君主专制，建立民主共和制。宋教仁对秦制的郡县制持基本肯定态度，主要采取单一国制，实行中央集权。他广泛研讨西方各国的议会政治和国家制度，翻译《俄国制度要览》《美国制度概要》《英国制度要览》《德国官制》《普通士官制》，试图择取吾国制度之优，汲纳西国制度之长，建立行政、立法、司法并立的代议制政体，给予地方立法行政之权，又规定各省立法不得与中央立法相抵触，在维护国权统一的前提下，将地方财政、实业、学校、公益事业的权限下放到地方。宋教仁在其短暂的制度建设中，显示了会通古今、并包中西的探求精神。

近代革命派清理秦制、权衡西制以创建新制度的努力，其成败得失，皆在制度史留下了不可磨灭的痕迹。梁启超1921年说：

> 我想中国历史上有意义的革命，只有三回：第一回是周朝的革命，打破黄帝、尧、舜以来部落政治的局面；第二回是汉朝的革命，打破三代以来贵族政治的局面；第三回就是我们今所纪念的辛亥革命了。辛亥革命有甚么意义呢？简单说：一面是现代中国人自觉的结果，一面是将来中国人自发的凭借。……第一件叫做民族精神的自觉，第二件叫做民主精神的自觉。[①]

梁氏从社会制度史角度对周秦二制作动态评估，颇有见地。平情而论，终结帝制，是清末民初清算秦制的一项卓异成就，但国人形成"民主精神的自觉"则远远不足，鲁迅的《阿Q正传》《药》《明天》等作品，揭示了辛亥前后社会的顿滞和民众的麻木，表明流传百代的秦制并未成为

[①] 梁启超：《辛亥革命之意义与十年双十节之乐观》，《梁启超文选》，上海远东出版社2011年版，第223—224页。

明日黄花，其合理成分传袭、弘扬还待以时日，其阻滞社会进步的劣质部件则远未荡除净尽，专制帝制每每变换形态，一再登场，演出新戏剧。故解构周秦二制，任重而道远。

九、新文化运动清理重点转向宗法礼教

中国近代化进程追求变革的重点，大略经历了"器物—制度—文化"三阶段。梁启超在辛亥革命十年后说：

> 近五十年来，中国人渐渐知道自己的不足了，第一期，先从器物上感觉不足，第二期是从制度上感觉不足，第三期，便是从文化根本上感觉不足。革命成功将近十年，所希望的件件都落空，渐渐有点废然思返。[①]

此议道出作为近代化第三期的新文化运动的因由。

民国初年的新文化人汲取戊戌维新和辛亥革命的经验教训，认识到不能满足于器物和政治制度表浅层面的更新，还必须进行深度的思想启蒙，改良国民的文化世界，这就必须会通西方新学，追讨周秦二制，尤其是探究构建中国人精神世界的周制，清算周制的思想根底——儒学宗法礼教。新文化运动显在的表现便是反周制、破礼教。后五四时期的新儒家代表之一的**徐复观**（1903—1982）综述新文化运动的历史渊源：

> 以五四运动为中心所发生的反传统运动，从历史上看，是有其必然性的。……民主科学，未曾在传统中出现，但必须彻底加以接受。为了接受新事物，应付新情势，在传统未被重新调整以前，常须出之以反传统的方式，这在历史上是数见不鲜的。……我们两千

---

① 梁启超：《五十年中国进化概论》，《梁启超文选》，上海远东出版社2011年版，第247—248页。

年的专制政治,也自然会浸透到我们的传统中去。为了彻底打倒专制,也必须把传统中的专制因素加以清除。①

徐氏进而指出激进的反传统运动的三大错误:第一,把不合理的统治与文化传统混为一谈;第二,以为传统与科学不相容;第三,不了解传统由于新事物的出现可以自然改变。徐氏期待出现"由反传统而向传统的复归,以形成新传统"②。

新文化运动(1915—1923)的代表陈独秀、胡适、李大钊、鲁迅、吴虞、蔡元培、钱玄同等,其理念同中有异,演为激进、温和、保守各种派系,但在五四时期的共同纲领是拥护"德先生"(民主)和"赛先生"(科学),提倡民主,反对专制;提倡科学,反对迷信;提倡新道德,反对旧道德;提倡新文学,反对旧文学。社会影响力较大的激进派,以进化论和个性解放为武器,认定"人权平等之说兴"与"科学之兴""若舟车之有两轮",是推进现代社会进化的基本条件。③陈独秀、鲁迅等抨击以孔子为代表的"往圣先贤",清算"旧礼教",从而在反对秦制(君主专制)的同时,更多地用力清算周制(宗法礼教),将社会批判的重点从"大共同体"(专制国家)转向"小共同体"(宗法家族)。

周制的一大特色是,将国家与宗法社稷相混合,将爱国等同于忠君。作为新文化运动发起者,**陈独秀**(1879—1942)早在 1914 年便指出:"惟中国人之视国家也,与社稷齐观,斯其释爱国也,与忠君同义",力主将忠君与爱国加以区分。④而 1915 年袁世凯称洪宪皇帝、1917 年张勋复辟清廷帝制,都高唱尊孔崇儒、忠君爱国,陈独秀由此断定,"孔教与帝制,有不可离散之因缘"⑤。

---

① 《徐复观集·论传统》,群言出版社 1993 年版,第 625 页。
② 《徐复观集·论传统》,群言出版社 1993 年版,第 626—627 页。
③ 见陈独秀撰《新青年》发刊词《敬告青年》,《独秀文存》,安徽人民出版社 1987 年版,第 9 页。
④ 见陈独秀:《爱国心与自觉心》,《陈独秀文章选编》,生活·读书·新知三联书店 1984 年版,第 67 页。
⑤ 陈独秀:《驳康有为致总统总理书》,《独秀文存》,安徽人民出版社 1987 年版,第 71 页。

1916年秋，康有为上《致总统总理书》，要求定孔学为国教（孔教），在宪法中立孔子为国教教主。陈独秀起而反对，指出"非独不能以孔教为国教，定入未来之宪法，且应毁全国已有之孔庙而罢其祀"[①]。1917年**李大钊**（1889—1927）有类似评说："孔子者，历代帝王专制之护符也；宪法者，现代国民自由之证券也。专制不能容于自由，即孔子不当存于宪法"[②]，这都有兼斥周秦二制的意味，而且批判的侧重点转向宗法封建，转向礼教。声言"我们要诚心巩固共和国国体，非将这班反对共和的伦理文学等等旧思想，完全洗刷得干干净净不可"。这样，社会批判就不能止于清算开创帝制的秦制，还要深入到构造君治、礼教的周制及为周制作论证的孔子儒学。陈氏认为，孔子之道不合现代生活，要树立民主、科学的新观念，就必须破除儒家纲常名教。他在《宪法与孔教》中指孔子为"失灵之偶像、过去的化石"，"此等别尊卑、明贵贱之阶级制度，乃宗法社会封建时代所同然"，五四健将们矛头直指周的宗法及两汉以后衍生的礼教。

鲁迅（1881—1936）以文学形式谴责周秦二制，重在宗法礼教，其白话小说的开篇借"狂人"之名呼唤：

> 我翻开历史一查，这历史没有年代，歪歪斜斜的每页上都写着"仁义道德"几个字。我横竖睡不着，仔细看了半夜，才从字缝里看出字来，满本都写着两个字"吃人"。[③]

鲁迅1918年8月给朋友许寿裳的信中说《狂人日记》的缘起："偶阅《通鉴》，乃悟中国尚是食人民族，因此成篇。""礼教吃人"说，深深震撼社会心灵。

新文化运动期间，解构周秦二制的重点，已从晚清剖析秦制的一统

---

① 陈独秀：《再论孔教问题》，《独秀文存》，安徽人民出版社1987年版，第94页。
② 李大钊：《孔子与宪法》，《李大钊全集》第2卷，河北教育出版社1999年版，第449页。
③ 鲁迅：《呐喊·狂人日记》，《鲁迅全集》第1卷，人民文学出版社2005年版，第447页。

皇权转向声讨周制的宗法礼教，被胡适推崇为"四川只手打翻孔家店的老英雄"的**吴虞**（1872—1949）说："吃人的是讲礼教的！讲礼教的就是吃人的！"①而儒学便是讲礼教的学说，故"儒教不革命，儒学不转轮，吾国遂无新思想、新学说，何以造新国民？悠悠万事，惟此为大已！"②这一方向性调整，影响延及此后一个长时期。

究其底里，新文化运动的健将并非只是抨击周制礼教，其批判的终极目标是包括秦制在内的专制制度。鲁迅 1925 年撰写的名篇《灯下漫笔》指出："中国人向来就没有挣到过'人'的价格，至多不过是奴隶，到现在还如此。"所谓天下太平，便是"厘定规则：怎样服役，怎样纳粮，怎样磕头，怎样颂圣"。任凭爱排场的学者怎样铺张，真实的历史"有其更直截了当的说法在这里：一、想做奴隶而不得的时代；二、暂时做稳了奴隶的时代"。这就是常言的历史的"一治一乱"③。这深沉、愤激的批判，显然是包括周的宗法、秦的专制在内的整个旧制度。鲁迅寄望的是"创造这中国历史上未曾有过的第三样时代，则是现在的青年的使命！"④

不可忽略的是，与激进的反对周孔、破坏礼教相并列，新文化运动还有较隐蔽的一支生力，这便是依凭周制以探求新知的"新传统主义"⑤。其代表人物是梁启超和梁漱溟。梁启超 1920 年所撰《欧游心影录》，把周文化产生的孔、老、墨"三大圣"称之拯救中国乃至西洋工业文明的良药。**梁漱溟**（1893—1988）则在《东西文化及其哲学》《中国文化要义》中推崇周文化的道德性，认为这种兼具内在修养和外在事功的传统文化可以拯救近代工业文明的畸形走势。他把人类文化分为西洋、印度、中国三类，与向前看的西方和向后看的印度有别，"中国文化是以意欲自为调和、持中国其根本精神的"，认定"世界未来的文化就是中

---

① 吴虞：《吃人与礼教》，《新青年》1919 年第 6 卷第 6 号。
② 吴虞：《儒家主张阶级制度要害》，《新青年》1917 年第 3 卷第 4 号。
③ 鲁迅：《坟·灯下漫笔》，《鲁迅全集》第 1 卷，人民文学出版社 2005 年版。
④ 鲁迅：《坟·灯下漫笔》，《鲁迅全集》第 1 卷，人民文学出版社 2005 年版。
⑤ 见本杰明·史华慈：《论五四及其以后新一代知识分子的崛起》，《剑桥中华民国史》第八章，中国社会科学出版社 1994 年版。

国文化复兴"①。

十、现代新儒家"复周"构想：以熊十力《论六经》为例

儒家自先秦即以"从周"自命②，对秦制持批评态度，却又不乏顺应、变通，两汉以下两千年间作用于周秦二制的交融与互动。儒家在保持"仁政""王道"基旨的同时，与秦制相调适，共构皇权帝制，儒家的内容与形态不断发生新变：孔孟原儒之后，会通王霸的荀子被称"新儒家"；复古更化，汲纳阴阳家、法家的董仲舒被称"新儒家"；综合儒释道、援佛入儒的宋明理学更以"新儒学"名世。至中西文化交汇的清民之际，接续宋明理学，参酌西学，康有为以周制资源建构近代政治框架，试图将改造后的儒学立为国教。自民国以降，现代新儒家兴起，强调周制的生命价值和现实意义，主张在其基础上，对西方制度吸纳与会通。民初新文化运动的激进派反孔批儒，现代新儒家被边缘化，但始终研讨、会通中西印学理，投入文化论战，参与解构周秦二制，力主复兴周制以救治时弊，构建新制度，然收效甚微。

现代新儒家的第一代宗师**熊十力**（1885—1968），于中华人民共和国成立之初撰七万字《论六经》，1951年春通过林伯渠、董必武转递毛泽东，主张以《周官》（即《周礼》）为指南，复周制、兴新制。熊氏擅长托古改制，会通元典与近代革命，他宣称："《周官》之制，正所以革除据乱世之群制群俗，乃突化而不守其故也。突化者，革命所本也。"青年时代参加辛亥革命、护法战争的熊十力是一位真挚的革命者，痛恶秦制而向往周制，而儒术自秦汉已归服于为帝制效力，熊氏深为痛惜："六经原本既篡乱，诸儒注经又皆以持帝制为本，中国学术思想绝于秦汉，至可痛也！社会停滞于封建之局，帝制延数千年而不变，岂偶然乎？"③

---

① 梁漱溟：《东西文化及其概论》，《梁漱溟全集》第1卷，山东人民出版社1989年版，第525页。
② 《论语·八佾》："子曰：'周监于二代，郁郁乎文哉，吾从周。'"
③ 《熊十力全集》第5卷，湖北教育出版社2001年版，第761页。

他认为中国古典文化中包含民主政治乃至社会主义的内核，其集中体现于《周官》（《周礼》），他在 1950 年前后著《论六经》，便是试图在人民共和国初立之际复归"周制民主"。

《论六经》分议《诗》《书》《礼》《易》《乐》《春秋》，而对《周礼》（《周官》）尤其详加发挥，弘扬儒家乌托邦，指周制为民主制度，"《周官》本为民主主义"，其矛盾性在于"然从表面观之，犹是君主政体"，他便试图剥其君主制表皮，展现其民主制实质：

> 是故《周官》之治，本以政治、经济、文化诸方面互相联系、互相促进为要道，……而其间为主动者则政治也。但此云政治，乃专指民主政治言。……是故《易》以"群龙无首"为民主之象，而《春秋》本之以通三世，《周官》本之以立民主之治也。①

熊十力不赞成中国传统文化无民主之议，在一通书信中说：

> 民主政治，兄谓中国人只有民有、民享诸义，而所谓民治，即人民议政或直接参政等法治与机构，中国古籍中似无有。吾谓不然。②

他认为周制已藏民主思想端绪，"儒学本有民主思想"③，"是故《周官》之治，本以政治、经济、文化诸方面互相联系、互相促进为要道，……而其间为主动者则政治也。但此云政治，乃专指民主政治言。……是故《易》以群龙无首为民主之象，而《春秋》本之以通三世，《周官》本之以立民主之治也"④。熊氏举例以证："《易》之为书首明民主自由。《乾》曰'群龙无首'，即其义也。"⑤ "经云'选贤与能'，明明是民主制度。"⑥

---

① 《熊十力全集》第 5 卷，湖北教育出版社 2001 年版，第 761 页。
② 《熊十力全集》第 8 卷，湖北教育出版社 2001 年版，第 655 页。
③ 《熊十力全集》第 6 卷，湖北教育出版社 2001 年版，第 373 页。
④ 《熊十力全集》第 5 卷，湖北教育出版社 2001 年版，第 695 页。
⑤ 《熊十力全集》第 4 卷，湖北教育出版社 2001 年版，第 232 页。
⑥ 《熊十力全集》第 7 卷，湖北教育出版社 2001 年版，第 423 页。

熊氏也不赞成中国传统文化无科学一说，他认为，《易传》的"开物成务"说便是科学技术的萌芽，而"科学绝亡，咎在专制，非中国从古无科学也"①。

　　视周制与西方民主可相融通，早在晚清已有人论及。如"清末三先生"之一的经学大师**孙诒让**（1848—1908）注意到《周官》精神与近代西学有相似处，"寰宇之通理，放之四海而皆准者。此又古政教必可行今者之明效大验也。"孙氏把民主政治视作世界之通则，周礼一类古政教与之相通，反之，又可从周礼洞见民主政治的道理，"由古义古制以通政教之闳意眇旨"②。熊十力更具体辨析周礼的天官冢宰、地官司徒、春官宗伯、夏官司马、秋官司寇，从其职务、职衔、功能中开掘"民主"精义。

　　有现代学者概括并提升熊十力《论六经》题旨，从《周官》中提炼出吻合民主政治的"十事"，涉及国体、政体、经济制度等方面，要者如下：

　　　　统一的联邦制国家
　　　　民主政治体制
　　　　以民富为宗旨的经济制度
　　　　道德与科技并重的普及教育
　　　　寓兵于民、全民皆兵的军事体制
　　　　教育为主、惩罚为辅的法律制度
　　　　官联、民联配合的社会组织架构
　　　　发挥礼乐的社会功能

　　以熊十力为代表的新儒家的现代制度论说，多有空想成分，在民主、科学的诠释上难免牵强附会，但其会通中西、贯穿古今的思辨，不乏哲理辉光，为今人解构周秦二制提供借鉴。

---

① 熊十力：《论六经·中国历史讲话》，中国人民大学出版社2006年版，第111页。
② 孙诒让：《周礼正义·自序》，中华书局2015年版，第1页。

结语　周制、秦制、西制与制度现代转进

制度史探究的引申目的是,"观古以识今"——通过古制了解今制的来路与去向。前文已详述"来路",终篇则略涉"去向",即中国制度的现代化走势。

现代化是传统社会向现代社会变迁的过程,由农业文明向工业文明转化、礼俗社会向法理社会迈进为其基本内容。现代化研究者将这一过程概括为:

> 从原始的糊口经济到技术密集的工业化经济;从臣属的到参与的政治文化;从封闭的先赋决定的身份制度到开放的成就取向的身份制度;从大家庭到核心家庭;从宗教性质的到世俗性质的意识形态。如此等等的一个过渡(或者说一系列过渡)过程。[①]

这一涉及经济、政治、社会制度、意识形态的转型过程,其深远意义,可以与两三百万年前人类出现、四五千年前跨入文明门槛(以文字发明、金属器发明、国家出现为标志)相提并论,是人类历史上第三次革命性转变。[②] 而制度革新正是社会现代转型的一大关键。

19世纪末叶,郑观应在其振聋发聩的《盛世危言》中指出,中国

[①] 铁普斯:《现代化理论与社会比较研究:一项批评性考察》,《社会与历史比较研究》第15卷第2期,1973年3月。

[②] 参见布莱克:《现代化的动力:一个比较史的研究》,景跃进、张静译,浙江人民出版社1989年版。本处所用数据与该书有别。

之救亡图存不能限于"制洋器",更须"变政体"。康有为总结洋务运动"师夷长技"的成败得失,主张区分"变事"与"变法",认为经济、技艺层面"师夷"虽有必要,却只是"变事"而非"变法":

> 今天下之言变者,曰铁路、曰矿务、曰学堂、曰商务,非不然也。然若是者,变事而已,非变法也。①

康氏指出,中国最需要的"变法",是对社会作有"规模"、有"条理"、有"宪法"、有"章程"的更化,是"损益古今之宜,斟酌中外之善"的制度变革②。康氏弟子梁启超把现代转型之际称为"过渡时代",其重要使命之一是破除"独夫民贼愚民专制之政",以"组织新政体以代之"③。维新派以进化论和民权平等论作武器,宣传"三世进化""民本君末",疾呼变法救亡,超越洋务派的"变器不变道",提出制度改革的历史任务。随后的辛亥革命,则有"举政治革命、社会革命毕其功于一役"(孙中山语)的急切设想,将制度变革提上实践层面。"五四"新文化运动则以观念革新推动制度变革的深入,视此为"吾人最后之觉悟"(陈独秀语)。

现代化有原发型(西欧北美)和传导型(亚非拉美)两种类别,二者的前现代制度基础相异,发展途径也各有理路。原发型现代化立基于商品经济较发达的商本制度,传导型现代化立基于商品经济欠发达的农本制度。作为传导型现代化的中国,不仅大别于自生现代化的西欧(荷兰、英国、法国等),也不同于现代文明由西欧全盘移植的北美(美国、加拿大)和澳洲(澳大利亚、新西兰)。中国有着悠久深厚的文明传统,其制度的现代转进固然受到西制的强劲影响,但变化的内在动能(积极的与消极的)深藏于三千年周制、两千年秦制之中,追究中国制度的现

---

① 康有为:《敬谢天恩并统筹全局折》,《康有为政论集》上册,中华书局1981年版,第275页。
② 康有为:《敬谢天恩并统筹全局折》,《康有为政论集》上册,中华书局1981年版,第277页。
③ 梁启超:《过渡时代论》,《饮冰室合集·文集》第6册,中华书局1989年版,第29—30页。

代走势,不能仅在外因上求解(所谓"冲击—反应"模式),还须从内在的周秦二制寻因求果,所谓"继传统,引西学",这便是"在中国发现历史"[1]。

一、周制向秦制递嬗及二者互渗

跨入文明门槛的商周二代,是立基于一次性产业(农业)的宗族社会,终身耕作的庶众(时称"黎庶""甿""黎元")结成从氏族公社因袭而来的血缘村社,村社由宗族长老(《诗经》农事诗称之"田畯""田啬夫")遵循宗族秩序加以管理,万千彼此雷同的村社分别由居于城邑的封建领主(《尚书》称之"君子")统辖,在各级封建领主的顶端,耸立着号称率领普天下"王土"和"王臣"的周天子。周制的生成机制蕴藏在"王—贵族(又分若干层次)—庶众"的多级社会结构之中。这便是《左传》所谓"王臣公,公臣大夫,大夫臣士"[2],士以下有多级次的皂、隶、庶、众,形成严密的等级制度:"天子有田以处其子孙,诸侯有国以处其子孙,大夫有采以处其子孙,是谓制度。"[3]

司马迁概括三代制度,尤其推崇周制,认为夏之政忠、商之政敬、周之政文:"夏之政忠。忠之敝,小人以野,故殷人承之以敬。敬之敝,小人以鬼,故周人承之以文。文之敝,小人以僿,故救僿莫若以忠。三王之道若循环,终而复始。"[4] "忠"指夏代政务朴实无华;"敬"指商代重鬼尊神,使人敬畏服从;"文"指周代以典章制度规范人的思想言行,实行德治,"唯德是辅""明德慎罚",以文统合忠敬,成就"郁郁乎文哉"的周制系统。周王依宗法原则、礼乐规范,向同姓及异姓贵族封土建国,结成"王与贵族共天下"的格局。由宗法—封建—井田—礼乐共构的周

---

[1] 柯文:《在中国发现历史——中国中心观在美国的兴起》,林同奇译,中华书局2005年版。
[2] 《左传·昭公七年》。
[3] 《礼记·礼运》。
[4] 司马迁:《史记》卷8《高祖本纪》,中华书局2014年版,第493—494页。

制,辖制并协和各级贵族,贵族以宗族长老身份运用血亲关系统领庶众,庶众接受族长管辖,供奉劳役、实物,"日出而作,日入而息,凿井而饮,耕田而食",与天子相隔悬远,"帝力于我何有哉"①(帝王的力量与我们有什么关系呢)。周制是松散的诸侯国联盟组成的一种柔性的、间接的君治体系。

由于古代世界处于分散状态,欧西与亚东的社会独立发展,故在彼此隔离的古代,东西之间的制度文化各成规矩,互不相干,周代的宗法封建制与同一时期的希腊、罗马的城邦民主制、帝制及共和制没有可比性。而历史机缘巧合,纪元前千年间的东亚宗法封建周制与纪元后一千年的西欧中世纪封建制度,颇有相似之处,但其走势却各有取向。武汉大学历史系教授吴于廑(1913—1993)1941年在中西会通的含义上探讨"封建社会",指出"中国有周代的封建帝国,西洋亦有查利曼的封建帝国",这两种时差二千年的封建国家,其"土地制度及社会身份亦皆有明著的类似之点",但二者的历史去向却大相径庭:

> 西洋史上的封建社会以后是工商阶级所开辟的资本主义社会;中国史上的封建社会以后则未尝有此。
> 中国社会经济史上结束封建并开辟未来的社会者即是由于异于商业势力的另一种人物与势力。②

这"另一种人物与势力"便是从旧贵族底层脱颖而出的"士",及启用他们的集权君王。与中世纪末期西欧经新兴工商业者策动,封建社会进为资本主义社会全然不同,公元前3世纪前后中国由封建周制转变成君主集权秦制,秦制及其改良版汉制沿袭两千年,直抵近代前夜,遭遇资本主义西制东渐,方曲折地发生制度转型。这是中国制度史的显在历程,

---

① 《击壤歌》,相传是夏商时代的民谣,东汉王充《论衡·感虚篇》载此。
② 吴于廑:《士与古代封建制度之解体》引言,《士与古代封建制度之解体 封建中国的王权与法律》,武汉大学出版社2012年版,第3页。

与西欧、日本的制度史轨迹大相径庭。(见导言第四、五目)

二、周秦二制对制度近代转型的奠基与阻碍

工业文明的成长大约需要社会制度提供如下条件：(1) 初步建立统一民族国家，以为统一市场奠定社会基础；(2) 行政管理科层化、专业化，以利商品经济运行；(3) 阶级阶层简单化，并可上下流动，为社会供应来自民间的政治精英与技术人才；(4) 契约关系和民间市场普及；(5) 民众原子化、职业化，提供商品经济需要的大量劳动力。

回观中国制度史，代周而兴的秦制在外形上似乎接近提供以上诸条：以皇帝为核心的中央集权早成，"书同文，车同轨，行同伦"，规范货币，初步确立统一民族国家和有限的统一市场（区域市场乃至全国市场）；经由汉代的选举制，尤其是隋唐以降的科举制，政府从民间广选干才，达成政府的科层制，每一行政职能分别由考选的职官担任，并在一定程度上引发社会阶层的上下流动；而民间市场培养的契约关系，土地私有制及租佃制促使农民原子化，可以供应从小共同体游离出来的身份基本自由的劳动力。这一切几近奠定工业文明的初基，故一些中外现代化研究者（如经济学家帕金斯、社会学家马克·艾文、史学家余英时等）认为，明清尤其是 18 世纪（以清代乾隆时期为中心）中国已较完整地具备了近代转型条件。然而，历史实际却呈现另一景象——中国并没有在 18 世纪前后自发地迈入近代社会，直至 19 世纪中叶，仍然徘徊在以小农业为基础的宗法专制社会的轨道上，伊懋可（Mark Elvin）认为，这是因为中国落入"高度均衡陷阱"，农业型自然经济走到尽头，因而社会顿滞。而笔者以为，除农业型自然经济落入"均衡陷阱"，难以前行外，中国未能自生近代转型，还有制度文化的深层原因，需要从周秦二制的基本属性及这种属性传承不辍中寻找根据。

西周末叶以降，因贵族分权炽盛而周制趋于衰弱，至东周，诸侯兼并愈演愈烈，礼崩乐坏，周制难以为继，而更具组织力、行动力的制度

应运而生——挣脱周制桎梏的强势诸侯作为新的王者，在高举"变法"旗帜的士人辅佐下，突破封建轨范，消减乃至取缔旧贵族的驭民权及土地占有权，将庶众散沙化、原子化，由王廷直接掌控，结成由郡县制、编户齐民制组合而成的秦制，君主直接临民，政治、财经、军事、监察权由帝王全面掌控。但原子化的庶众未能自由进入商品经济的劳动力市场，世世代代沦为帝王的"耕战工具"，是朝廷驱使的隶农和役工。

这种制度的产生和长期延展，肇因于其社会基础——高度分散、丧失自治力的个体农户的属性：

> 他们不能代表自己，一定要别人来代表他们。他们的代表一定要同时是他们的主宰，是高高站在他们上面的权威，是不受限制的政府权力，这种权力保护他们不受其他阶级侵犯，并从上面赐给他们雨水和阳光。所以，归根到底，小农的政治影响表现为行政权支配社会。[①]

马克思对法国中世纪晚期王权政治形成的社会基础的论析，与中国古史实际互洽，亦可视作概括秦制生成机制及社会功能的箴言。

集权的秦制比分权的周制更有利于帝王驾驭万方，通过完备的官僚体系实现中央集权，以"郡县制"管辖地方、以"编户齐民制"直控庶众、以"利出一孔"规范资财不二的君国走向，帝王又消弭、监视各种异己力量（贵族、权臣等），实现国家统一、社会稳定，保障农本经济的生产与再生产，抗御游牧人入侵，可以集中力量办大事，诸如兴筑万里长城、开掘南北大运河，修纂《永乐大典》《四库全书》等旷世典籍。上述服务于"皇权一统"的制作，就规模而言，现代也难以打破其纪录。

秦制从诞生之日起，一要辖制万众，推行"治民"，杜绝"民治"，弹压"民变"；二要平抑贵族豪强，集中事权于朝廷乃至帝王个人，达成

---

① 马克思：《路易·波拿巴的雾月十八日》，《马克思恩格斯选集》第 1 卷，人民出版社 1995 年版，第 677 页。

"治民于皇极"①、"统中夏于一王"②目标。皇权越过（或摒弃）贵族，直接控驭天下，而代表皇权"临民"的，是通过考选（非依凭身份）、由朝廷任命（非世袭）的文官体系，形成与"土可贾焉"的地主——自耕农经济相适应的效命于君主集权的官僚政治。这样一种制度体系，有小农经济这一厚实的社会基础，有经由科举考试批量生产的、忠于朝廷的职官实际运作，从而具有强韧的适应力和再生力，并因"重本抑末"成为汉代以来的基本国策，故这种制度能够长久抗御文明的近代化走势（当然不排除一些近代文明的萌芽形态在夹缝中自生自灭）。中国原生文明难以自发实现近代转型，根源即深藏此处。

三、秦制改良版——汉制是前近代制度的完成形态

周秦之际，周制式微，让主位于秦制，但此后两千年，由于宗法社会及宗法观念长期延续，由宗法支撑的周制并未因贵族权势低落而被弃之如敝屣，实际情况是，如第七章所述，两千载皇权社会以秦制为基干，又汲纳宗法周制的若干要素，汉代中叶以降更"以周抑秦""复古更化"，形成"霸王道杂之""儒表法里"的皇权政体——汉制。这种辅以"仁政""王道"的君主集权的官僚政制是中古、近古政治、经济、文化的基本样态，乃中国前近代社会向近代转进的基点。透过汉制的形成与发展，秦汉至明清的制度史演进，便洞若观火。

纵观秦汉以下君臣人等，宗法封建遗意还相当顽强地盘旋于脑际，如汉初总结秦代二世而亡的教训，献策者除痛斥秦皇暴政之外，"废封建"导致朝廷孤立被认为是一条重要的教训，有鉴于此，汉高祖刘邦曾大封异姓王、同姓王，实行"郡国并行制"，认为广封子侄为王，树立捍卫朝廷的屏障，方可防范秦代那样的王朝速亡，结果却招致新诸侯割

---

① 《尚书·洪范》："皇极，皇建其有极。"孔颖达疏："皇，大也。极，中也。施政教，治下民，当使大得其中，无有邪僻。"
② 王夫之：《读通鉴论》，中华书局 1975 年版，第 126 页。

据、叛乱，自高祖以至文、景、武诸朝，花费大气力"削藩"、平叛，武帝以下全面回归到秦代的郡县一元体制轨道上来。王夫之说："汉高天下既定之后，侈于封矣，反者数起，武帝夺之而六宇始安。"[1]然东汉、魏晋南北朝，封建势力再次抬头。至隋唐，关陇豪族长期占据政治经济特权。宋代较充分地走出贵族政治、领主经济的故辙，官僚政治、地主经济趋于成熟，明清大体承袭宋制。清中叶以后的近代化进程，其起始点便在于宋代奠基、明清承袭的皇权郡县制及其基础地主经济。而"周制"与"秦制"则像一对孪生兄弟，如影随形地伴随着整个前近代社会，迈入近代门槛以后，这对不断变化着的孪生兄弟也未离社会远去。

君主集权政治所仰赖的生产方式是小农业与家庭手工业相结合的自然经济（农本经济），辅之以商品经济配置，而工商业还有官营与民营的竞存，一部《盐铁论》尽写二者的角逐，自汉代以至明清，此种角逐未曾止息，不能判断孰胜孰负。皇权政体的主导经济政策是"重本抑末"，限制、压抑新生产关系萌生，而工商官营——民营一直互动交替，官营大体占着优势。直至明清，愈趋强势的君主专制始终是实现文明近代转型的障碍，因而解构秦制及其改良版——汉制，是实现社会近代转型的未完成的必修功课。

四、近代体用之辩中的周制、秦制与西制

先秦以至于清中叶，中国的制度论始终盘旋于周制、秦制的轨范之内，而到清民之际，伴随西学东渐，在周秦二制之外，又有西制由浅入深的渗入，制度的体用两层次皆开辟新生面。

自明清之际（17世纪）早期西学东渐以降，中国制度系统便出现体用之辩，明末徐光启（1562—1633）、李之藻（1565—1630）、方以智（1611—1671）等已涉及此一界域。至清民之际（19世纪中叶到20世纪

---

[1] 王夫之：《读通鉴论》，中华书局1975年版，第22页。

初叶)体用之辩愈趋鲜明与尖锐。清末通权达变的左宗棠以为,制、道(即"体"的层面)等固有的伦常政教(如周制、秦制)不可"见异思迁,夺其素志",而器、艺(即"用"的层面)"中不如西,学西可也"[①]。甲午之战中方惨败,国人大梦初醒,意识到不仅器艺须变,制度也必须革新,改良派诸贤力倡变制,洋务殿军张之洞(1837—1909)也有此意,他在湖广总督任上、于戊戌变法间所著《劝学篇》(1898)作了系统阐发。张氏两线作战,兼批"旧者不知通,新者不知本"[②],在《劝学篇》外篇《设学》中倡言"旧学为体,新学为用,不使偏废"[③],梁启超称张之洞为"中体西用"论的最乐道者。张论还坚守专制帝制下的纲常名教,第九章第七目已有评述,此不赘言。需要特别指出的是,张氏"中体西用"论中扩张"西政"的见解,乃近代制度史上须加注目的要处。

不同于曾、左、李等洋务先驱仅重西技西艺,张之洞认为西学包括"西政、西艺、西史"三类,放大了西政、西艺的内涵:"学校、地理、度支、赋税、武备、律例、劝工、通商,西政也。算、绘、矿、医、声、光、化、电,西艺也。"尤其把"西政"列入必须研习、践履的新学行列,强调"西艺非要,西政为要"[④],"政治之学不讲,工艺之学不得而行也"[⑤]。《劝学篇》外篇指出,西洋律例、政法皆须注目,认为"西政之刑狱,立法最善","西人有言:法律有最强效力,凡法律所承认者,虽人主不得夺之,诚以法律为全国人民所同守"。他的西政观贯穿于学校教育,主张"新旧兼学""政艺兼学","小学堂先艺而后政,大、中学堂先政而后艺"。张之洞为科举制设计的考试内容,第一场试以中国史事、国朝政治,此为"中学经济";第二场试以时务策,专问五洲各国之政。政如各国地理、学校、财赋、兵制、商务、刑律等;艺如格致、制造、声

[①] 左宗棠:《答顺天府府丞王孝凤》,《左宗棠全集》书信三,岳麓书社1996年版,第117页。
[②] 张之洞:《劝学篇》,冯天瑜、姜海龙译注,中华书局2022年版,第6页。
[③] 张之洞:《劝学篇》,冯天瑜、姜海龙译注,中华书局2022年版,第195页。
[④] 张之洞:《劝学篇》,冯天瑜、姜海龙译注,中华书局2022年版,第15页。
[⑤] 张之洞:《劝学篇》,冯天瑜、姜海龙译注,中华书局2022年版,第170页。

光化电等类。

把西政纳入制度变革的系统中来,而且视其为社会进步的要件,这是清末民初制度史的一项新进展。当然,这项开拓性工作须与中国传统制度的清理、再创紧密联系起来,作为系统工程,协同推进,方可得见成效。

中国近代制度系统在周秦二制之外,渗入了一大新因素,这便是作为工业文明产物的西制的大举楔入。而中国固有的周秦二制分别与西制发生错综复杂的交互关系。

从分权制约角度看,周制与近代宪政民主似乎有切近处:周制下的庶民与贵族拥有一定的自治权,君王和官府不能过多干预。历代儒者称道周制,借以批评秦制霸道、专制;近代改良主义者(如冯桂芬、王韬、马建忠、郑观应、康有为、何启等)更普遍追念三代之治,将三代之治(要指周制)与西方民主政治相类比,甚至衍出"西制东源"说,与"西技东源"说彼此呼应。

然而,从近代国家需要统一的法律,需要个人直接受命于国家而言,秦制又似乎较具近代性。秦制强调统一的"王法","王法"直接面对民众("临民")。由于社会的各种中间结构被打碎,直面"王法"的"民"趋于原子化,其过程与近代西欧的发展历史有形似之处,人们从小共同体的束缚中进入大共同体(秦制没有攻破的只剩家族制度,国家权力没有全然控辖家族内部,所以这个"民"还没有完全原子化)[①],这似乎提供了近代工业文明发展的条件。

如前所述,周秦二制皆未能成为近代文明完整的孵化器,它们对中国制度近代转型所起的积极作用和消极作用交织在一起,没有综会成推动近代转型的合力。从中古—近古史考析可知,君主集权的秦制导致社会人群的原子化,又建立古典的科层制管理系统,似乎为社会转型奠定了某些制度基石,但专断的皇权统治及其文化专制,又阻碍着社会近代

---

① 冯天瑜、秦晖:《传统中国的"周制"与"秦制"》,《人文论丛》2021年第2辑。

转进。至于深植宗法土壤的周制，与君主制、等级制存在盘根错节的关系，也是迈向宪政民主的障碍。

综观世界历史，那些前近代保有较深厚封建传统（相当于周制）的国家，如不列颠（英格兰、苏格兰）率先走向宪政民主，虚君天皇、封建大名的日本实现近代转型也较为便捷；反之，中古、近古维系着大一统君主制度（相当于秦制）的专制帝国（如拜占庭帝国、阿拉伯帝国、奥斯曼帝国、俄罗斯帝国及大清帝国），要转进近代社会，则较为曲折艰难。也可举出情形复杂的反例：在欧洲大陆，呈封建割裂状态的德意志神圣罗马帝国的近代转型相当艰难，法兰西则是经历路易十四的王权专制，再通过革命与复辟的几轮更迭，至拿破仑时代方大体实现向近代宪政转化（《拿破仑法典》为其标志）。

形成君主专制的制度传统主要来自秦制。马克思曾厉斥专制制度："专制制度必然具有兽性，与人性是不相容的。兽性的关系只能靠兽性来维持。"[1] "专制制度的唯一原则就是轻视人类，使其不成其为人。"[2] 本书前面章次论列的秦制的若干特征，正是君主专制"兽性"的具体表现。

秦汉以下儒者一再吁请限抑秦制、复兴周制（如恢复众卿朝议制、太学监国制以及国人参政、学校议政），然效果不彰，而君主独裁则愈演愈烈，其原因不能仅仅归结为帝王强化权力的私欲，背后还有秦制对维护国家大一统及社会控制的实效性在强劲地发挥作用。故秦汉以降两千年历朝历代，咒骂秦政暴虐的言论频出，而真正限抑秦暴、变更秦制者势小力微，原因在于产生秦政的文化生态未变，于是秦政之弊一再重演，后人"笑"前人、"哀"前人，却不肯引为鉴戒，如唐人杜牧（803—852）《阿房宫赋》所言：

灭六国者，六国也，非秦也。族秦者，秦也，非天下也。……

---

[1]《马克思恩格斯全集》第 1 卷，人民出版社 1972 年版，第 414 页。
[2]《马克思恩格斯全集》第 1 卷，人民出版社 1972 年版，第 411 页。

秦人不暇自哀，而后人哀之；后人哀之而不鉴之，亦使后人而复哀后人也。①

两汉至明清，人们抨击暴秦，慷慨激昂，而执政者又无不沿袭秦制，庶众往往服膺秦制，这是秦汉以后两千年的惯性状态。鉴于历史教训，现代制度建设，须对周制与秦制作双重扬弃，发扬两制社会治理经验，又摒弃周制设置的宗法枷锁，破解秦制第一魔障——皇权专制，弘扬"新民本"精义，践行民主共和，实现制度的现代转进。

五、从"郡县—乡里社会"到"单位社会""后单位社会"：迈向"自由人联合体"

如果把视线转入社会结构层面，又会有所发现。

秦制改良版——汉制下形成"宗法皇权社会"，可称之"郡县—乡里社会"，这是一个包容性很强的机体，可以使陈旧的与新生的、本土的与外来的文化因素相与共存，自然经济与商品经济、农耕与游牧、王道与霸道、儒家与法家、儒学与佛学等为同一制度所容纳，皇帝、可汗兼而任之（如唐太宗兼称大唐皇帝和天可汗，元世祖兼称大元皇帝和蒙古汗国可汗），在观念系统中，儒释道三教并而信之，老百姓对孔圣人、张天师、如来佛、玉皇大帝、关帝爷、赵公明轮番顶礼。诸异质文化在互相排斥、互相制约中共存互动。

自秦至清，制度多起伏跌宕，然以帝王为轴心的官僚政治（郡县制为其地方政治形态），加上基层由乡规里约组合而成为宗法乡里共同构建的"郡县—乡里社会"，其基本格局是，上有中央集权的朝廷与郡县，下为分散而自治的乡里，即所谓"俗民社会"。正如唐人杜佑所说，这种中央集权与基础社会分权乃"事理不得不然"②。费孝通1948年所撰《乡

---

① 何锡光：《樊川文集校注》，巴蜀书社2007年版，第3页。
② 杜佑：《通典》，中华书局2016年版，第3766页。

土中国》指出:"从基层上看去,中国社会是乡土性的,是不流动性的熟人社会,组成家—国—天下的差序格局,底层的基本社群是家,家族秩序由礼维系。"① 此种社会结构一直延绵下来,直至近现代逐渐发生从血缘结合向地缘结合、业缘结合的转变,其显在形态便是 1949 年以后"单位社会"的出现。有学者指出:

> 现代中国社会极其独特的两极结构:一极是权力高度集中的国家和政府,另一极是大量相对分散和相对封闭的一个个单位。长期以来,国家对社会的整合与控制,不是直接面对一个个单独的社会成员,更多地是在这种独特的单位现象的基础上,通过单位来实现的。②

这种"单位社会"是"郡县—乡里社会"在现代条件下演化的产物:既保留着传统社会的基本元素,如中央集权的郡县制存留乃至强化,同时,又因公有制经济(国有经济或集体所有经济)对生活资料分配的掌控,中央威权可以通过"单位"的组织力量渗透到基层社会物质生活、精神生活诸层面,这较之"郡县—乡里社会"朝廷政令止于县衙这一级,是大为强化了。在 1949 年以后的数十年间,"单位"是城镇中国人政治生活、经济生活、社会生活、家庭—个人生活的基本空间,乡村人 20 世纪 70 年代末以前在合作社、人民公社治下,现在辖于村委会。城乡人的生老病死、婚丧嫁娶乃至住房、医疗等生活福利,皆由"单位"掌理,个人的思想状况以及周边情态也须向单位汇报。

有一位走出国门的中年人著文说,他到异国后,多日不安,又不知何故,后来方悟出:在国外找不到"单位",而离开安身立命多年的"单

---

① 费孝通:《乡土中国》,生活·读书·新知三联书店 1985 年版。又见费孝通 1938 年撰《江村经济》,商务印书馆 2001 年版。
② 李汉林:《关于中国单位社会的一些议论》,《社区研究和社区发展》,天津人民出版社 1996 年版,第 1152 页。

位",感到很不自在,甚至惶惶不可终日。此君的感受,正说明"单位社会"对国人思想方式、生活方式的影响之深。

当代中国从计划经济向市场经济转化,"随着资源配置手段和社会结构的变革,单位体制的解体和个人化的发展是同样不可避免的"①。时下中国正在脱离"单位社会"故辙,进入"后单位社会",新的社区建设勃然兴起,然而单位组织与非单位组织仍然交叉并存,单位社会的若干基因还在相当时期发挥作用,而深蕴其间的周秦二制始终不失正反两面的参酌价值。

周制与秦制构成中国制度文化的传统主体,而传统具有双重作用:一方面,"传统是一种巨大的阻力,是历史的惰性力"②,周制的宗法属性、秦制的君主专权的独断性,皆给中国社会进步造成严重障碍;另一方面,传统又源源不竭地提供物质生活、精神生活的资源,是人们赖以前行的地基,三千年的周制、两千年的秦制,经过改造、更新,滋养着今人今制,又约束着今人今制。制度前行,依凭对过往历程的再认知及继承间的改造,在扬弃中螺旋式上升,此即所谓"大曰逝,逝曰远,远曰反"③。

回首中国近代历史,洋务运动推动了近代性物质文化的有限进步,但仅此一端,远没有完成文明的近代转型,洋务败局(如甲午惨败)证明"只模仿西技西艺,不作制度改革"是行不通的。于是有改革制度的戊戌变法和辛亥革命的兴起,但揭橥"君主立宪"和"民主共和"旗帜的两次变制改革也没有完成吾国文明的近代转型,证明简单移植"新制度"是不够的,"制度决定论"并非灵丹妙药。于是又有变革观念世界的新文化运动的发动,但"德赛二先生"只浮光掠影地飘荡而过,法制、民主与科学在制度层面和观念层面有待向深度、广度拓进,迈向"自由人的联合体"④。吾国社会尚在现代化进程之中,任重而道远。

---

① 曹锦清、陈亚中:《走出"理想城堡"——中国"单位"现象研究》,海天出版社1997年版。
② 恩格斯:《社会主义从空想到科学的发展》,《马克思恩格斯选集》第3卷,人民出版社1972年版,第402页。
③ 《老子·二十五章》。
④ 见马克思、恩格斯《德意志意识形态》《共产党宣言》,以及马克思《哥达纲领批判》《资本论》。

后　记

"人生天地间，若白驹过隙，忽然而已。"①自1979年笔者研习中国文化史以来，倏忽已逾四十余载，确有行年匆促之慨。余在此间的探讨领域，渐从专攻观念史兼及制度史，近年尤其关注中国史上制度的两大系统——周制、秦制的生成与演变，而两制与现代制度建设的关系，则是考察的终极聚焦。

笔者在二十岁前后（1961—1964年间）于寒暑假誊写先父旧作《商周史》《楚史》文稿，初涉先秦及秦汉制度，引起兴趣却所知浮泛。20世纪80年代以后，步入文化史里层，渐识制度的重要性，然直至2004—2006年撰写《"封建"考论》才开始试理吾邦制度史头绪。以笔者浅知，实难驾驭这一错综复杂的题旨，唯有攻读经史、汲纳现世启示，求教古今贤智，勉力探幽致远。

吾国有载述典章制度的悠久传统，积淀一批制度史杰构，《史记》"八书"、《汉书》"十志"及以下诸正史皆有制度专篇；唐人杜佑《通典》、宋人郑樵《通志》、元人马端临《文献通考》，乃至明人陈子龙《皇明经世文编》，清人魏源、贺长龄《皇清经世文编》，聚成制度史渊薮；近人制度专论又别开生面，如梁启超（1873—1929）《中国文化史·社会组织篇》、王国维（1877—1927）《殷周制度论》、吕思勉（1884—1957）《中国制度史》、陈寅恪（1890—1969）《隋唐制度渊源略论稿》、钱穆（1895—1990）《国史大纲》、冯永轩（1897—1979）《商周史》、费孝通

---

① 《庄子·知北游》。

(1910—2005)《乡土中国》、唐长孺（1911—1994）《魏晋南北朝史论丛》、吴于廑（1913—1993）《士与古代封建制度之解体》《封建中国的王权与法律》、严耕望（1916—1996）《中国政治制度史纲》《秦汉地方行政制度》、刘泽华（1935—2018）《中国的王权主义》等论著，提供了丰富的制度史材料及理论、方法启示，是笔者案头研习范本。

晚学谨向先哲遥致顶礼！

近年研习制度史诸题，请益多方，学友纷纷伸出援手。赐教之时彦有：楚史家宋公文（1939— ）、魏晋玄学家唐翼明（1942— ）、古近史家秦晖（1953— ）、文献学家张三夕（1953— ）、希腊罗马史家赵林（1954— ）、简帛学家陈伟（1955— ）、近代思想史家何卓恩（1963— ）、礼学家杨华（1967— ）……诸君对拙稿的学术观点乃至文字诠释，或作宏观提点，或贡献具体入微建议。每览诸君批语、听取耳提面命，直叹"友直，友谅，友多闻！"张骏杰博士（1990— ）核查全书引文，作规范化处理。商务印书馆编辑鲍海燕女史、石斌君等推动本书写作，容忍书稿一再修订增补，其敦促、斧正之功没齿难忘。

值此结稿之际，向有以教我、关心本书的列名、未列名师友深致谢忱！

冯天瑜

2022 年 10 月 21 日

于武汉大学中国传统文化研究中心